श्री शिव चरितामृत

जगमोहन ठाकुर

ISBN 979-8-88959-634-9

विषयसुची

माहात्म्य	5
श्रीशिवचरितामृत-विद्येश्वरसंहिता	7
श्रीशिवचरितामृत-रुद्रसंहिता	20
श्रीरुद्रसंहिता-सतीखण्ड	30
श्रीरूद्रसंहिता-पार्वतीखण्ड	49
श्रीरूद्रसंहिता-कुमारखण्ड	77
श्रीरुद्रसंहिता-युद्धखण्ड	82
श्रीशिवचरितामृत-शतरुद्रसंहिता	105
श्रीशिवचरितामृत-कोटिरुद्रसंहिता	125
श्रीशिवचरितामृत-उमासंहिता	146
श्रीशिवचरितामृत-कैलाससंहिता	165
श्री शिवचरितामृत-वायवीयसंहिता (पूर्वखण्ड)	179
श्री शिवचरितामृत-वायवीयसंहिता (उत्तरखंड)	202

माहात्म्य

(विद्येश्वरसंहिता)

मुनिगण बोले सूत से, नाथ! हमें बतलाएँ।
पाप विनष्ट तुरंत हो, वह साधन समझाएँ॥
शौनकादिके प्रश्न को, सुनकर सूत सुजान।
शिवपुराण माहात्यका, किये प्रेम से गान॥
कलिके प्रभावसे जीवोंमें, आसुरी-भाव वृद्धहुआ मुनें।
उध्दार-सुधार नहीं दिखता कुछभो उपाय तो आप कहें॥
हे शौनक! इस दुश्चिंता से, गुरुदेव व्यास थे घबराए।
है शिवपुराण इसका उपाय, मुनि सनतकुंवरने बतलाये॥
बस श्रवण-पठनसे पापी भी, सच्चा साधू बन जाता है।
वह जीकरके सुखमय जीवन, मरने पर मुक्ती पाता है।

-------------------------(अध्याय - 1)-------------------------

देवराज से अधम का, नष्ट हुआ सब शोक।
शिवपुराणके श्रवणसे, प्राप्त हुआ शिवलोक॥

था देवराज अतिशय पापी, ब्राह्मण-शरीरमें राक्षस था।
हरपापमें वह पारंगत था, हरएक कुकर्ममें चौकस था॥
यह भागके कभी प्रयाग गया, थक-हार वहां बीमार हुआ।
थी शिवपुराणकी कथा वहां, सुनते-सुनते यमद्वार गया॥
लेकिन यमदूतोंसे जबरन, शिवगणोंने उसे छुड़ा करके।
शिवके चरणोंमें पहुंचाया, कैलाश पुरीमें लाकर के॥
शिवनामसे जो जलजाए नहीं, जगमें ऐसा कोइ पाप नहीं।
सुन शिवपुराण जो नष्ट न हो, ऐसा कोई संताप नहीं।

-------------------------(अध्याय - 2)-------------------------

पापमयी चंचुलामें, जली पापकी आग।
भयवश उसमें वृढ हुआ, इस जगसे वैराग॥
द्विजका इससे शिवपुराण की कथा सुनाना।

सुनकर सारी कथा चंचुला का सुख पाना॥
प्राण-त्यागकर इस काभी शिव-संन्निधि पाना।
सुख पाना श्री पार्वती की सखी कहाना॥3-4॥

सागरतट परथा बसा, वाष्कल नामक ग्राम।
बसते थे पापी वहां, चारों वरण- तमाम॥
द्विजतक को अज्ञात था, होता क्याहै धर्म?
थे कुमार्गगामी सभी, करते क्रूर कुकर्म॥

द्विजमात्र नामधारी बिंदुग, अधमाधम अत्याचारी था।
तिय-त्यागी वेश्या-अनुरागी, अघसेवक, पाप पुजारी था॥
चंचुला पत्निथी बिंदुगकी, वहभी पथसे लड़खड़ा गई।
जबगिरीतो गिरती चलीगयी, सब धर्म-कर्म वह भुलागई॥
बिंदुग मरा नरक पड़ा, फिर हो महा पिशाच।
विंध्य-शिखरपर अतिदुखित, करनेलगा निवास॥
दैवयोग से चंचुला, बहुत समय उपरांत्।
महातीर्थ गोकर्ण में, जाकर हुई अशान्त्॥

थी शिवपुरांण की कथा वहाँ, वाचकथे विप्र परम ग्यानी।
पापिनी नारियों की चर्चा, सुन करके यह अति भयमानी॥
परनर से रति करने वाली, यमपुर में अति दुख पाती है।
लोहे के गर्म शलाखों से, निज अंग- अंग बिंधबाती है॥
कथा श्रवनकर चंचुला, बोली कर चिक्कार।
अतिशय भ्रष्टा हूँ मेरा, आप करें उद्धार॥
बोले ब्राह्मण मतडरो, करो शंभुका ध्यान।
शिवपुराणकी कथाका, मैं करता हूँ गान॥
द्विजने सप्रेम शिवकथा कही, श्रद्धासे इसने किया श्रवण।
वैराग्य-ज्ञान भक्ती संयुत, शिवमय होगया सफल जीवन॥
समयानुसार निजतन तजकर, चढकर विमान शिवलोक गई।
शिव-उमाने इसको अपनाया, यह सखीबनी और सुखी हुई॥

-------------------------(अध्याय - 3-4)-------------------------

कथा सुनाकर प्रेत का करवाना उद्धार।
पति-पत्नी का इस तरह होना बेड़ापार॥5॥

अच्छे सबको अच्छे लगते, सब अच्छों को अपनाते हैं।
जो बुरेहैं जिनके नहीं कोई, शिव उन्हें भी सखा बनाते हैं॥
जयति उमा, जय ईश, विविधभांती विनती करी।
जोड़ि-हाथ नतशीश, परम- कृतज्ञ चंचुला॥
अति प्रसन्न हूँ देवि मैं, बोली उमा सहास।
जो चाहो वर मांगलो, कर लो पूरी आस॥
हे अंब! पातकी मेरे पति, पापोंकी कीचमें डूब मरे।
उनकी विपत्तिका अंत न है, क्याकरूं? नही मनधीर धरे॥
तेरे पतिका है पता मुझे, मरकर यम-कष्ट पूर्ण करके।
बिन्दग बसरहा विंध्यगिरी पर, अति-पीड़ित महाप्रेत वनके॥
पति दुख सुनकर चंचुला, करके हाहाकार।
बोली माता कीजिये, उनका भी उद्धार॥
उसकी दुर्गति नष्ट हो, सद्गति मिले महान।
अगर सुने वह प्रेम से, शिव-पुराण आख्यान॥

शिवभक्त तुम्बरो यथाशीघ्र, सखि-सहित विन्ध्यगिरि जाओ तुम।
उस महा- पातकी बिंदुग को, सादर शिव-कथा सुनाओ तुम॥
गिरिजाज्ञा से चंचुला सहित, वे क्षणमें विंध्य-शिखर आए।
जकड़ा बंधनमें बिंदुग को, फिर कथा हेतु थल सजवाए॥
फिर शिवपुराणकी कथा हेतु, सादर शिवजीका ध्यान किया।
"माहात्म्य" सहित सतसंहिताका, गंधर्वराज ने गान किया॥
सुखी हुए श्रोता सभी, सुनकर शिव आख्यान।
मुक्ति-मिली उस प्रेतको, बना विमल द्युतिमान॥
दिव्य देह पाकर मुने, प्रेत बना शिव रूप।
प्रियासहित करने लगा, शिव गुनगान अनूप॥
तुम्बुरू और प्रियासहित, वह आया शिवधाम।
उमा शाम्भुकी कृपासे, मिला परम विश्राम॥
वह सखीबनी श्री गिरिजाकी, यह शंभु पारषद नित्य बना।
जिसनेभी श्रवणकिया इसका, वह निश्चय शिवका भृत्य बना॥

॥ श्री शिवचरितामृत महात्म्य संपूर्ण ॥

कथारंभ

शिवपुराणकी श्रवण-विधि, करके सूत बखान।
श्रोताओंके नियमका, बोले सभी विधान॥
सूतसे मुनिका पूछना, साधन वह बतलाएँ।
पाप भस्म तत्काल हो, वह उपाय समझाएं॥1॥

पुण्य क्षेत्र प्रयाग में, सुनकर ज्ञान सुयाग।
समुद पधारे सूतजी ब्यास शिष्य बड़भाग॥
स्वागत कर मुनिगण यूँ बोले, हैं आप ज्ञान-गुणके सागर।
रत्नों-मणियों से भरा-पड़ा, आश्चर्य जनक ज्यों रत्नाकर॥
हैं त्रिकालज्ञ सर्वज्ञ आप, करूणावश यहाँ पधारे हैं।
हम सबके संशय-रात्री के, संपूर्ण चंद्र उजियारे हैं॥
कलियुग आने पर चतुर्वर्ण, निज धर्म-भ्रष्ट हो जाएंगे।
दुस्तर अपार भव सागर में, सब डूब-डूब मर जाएंगे॥
चिंतासे हम सब ब्याकुल हैं, हों भस्म तुरंत पाप कैसे?
छोटा उपाय बतलाने में – विद्वान समर्थ आप जैसे॥

---------------(अध्याय - 1)---------------

(आगे के अध्यायों के-सार संकेत)

परिचय देकर शिवपुराण का सूत मुनिश्वर।
साधन साधक साध्य, आदिका मर्म बताकर॥
श्रवण कीर्तन मनन तीनको श्रेष्ठ बताना।
लिंग और विग्रह-पूजन रहस्य समझाना॥
निष्कल-सकल स्वरूपका, दे पहचान विशेष।
विधि हरि को पूजन मरम बोले स्वयं महेश॥2-9॥

शिवसुमिरण कर सूतजी, बोले अति हर्षाय।
शिवपुराण का श्रवन ही उसका मात्र उपाय॥

कलिकी कल्मषराशिका, कर विनाश अनयास।
चारों ही पुरूषार्थ का, यह दायक है खास॥
कलिके महान उत्पात तिमिर, निर्भयहो तबतक विचरेंगे।
जबतक श्रीशिवपुराण सूरज, धरतीपर नहीं उदित होंगे॥
बारह संहिताओं सहित ग्रंथ, एकलाख श्लोकसे शोभित है।
हरएक वर्ण हरएक शब्द, शिव कर-कमलोंसे रंजित है॥
भगवान व्यासने पुन: इसे, शिवआज्ञा से संक्षिप्त किया।
सौ-सहससे चौबिस-सहस किया, बारहसे किया सात संहिता॥
विद्येश, रूद्र, शतरूद्र, तथा चौथाहै कोटि रूद्र संहिता।
पाँचवा उमा, कैलास छठा, सप्तम है वायवीय संहिता॥
यह प्रणिमात्रका उपकारक, यह त्रिविधतापका नाशक है।
संकलन है मंत्र समूहों का, चारोंही फलका दायक है॥
सादर पठन श्रवण करे, करे प्रेम से गान।
शिवप्रिय होकर अंतमें, पावे सुगति महान॥
ऋषिगण बोले आपका, कोटि-कोटि आभार।
शिवपुराणका प्रेमसे, गान करें सरकार॥
भगवान शम्भुका सुमिरण कर, उस शिवपुराणकी कथा सुनें।
वैराग्य, ज्ञान और भक्तीका, पद-पद पर हुआ गान जिसमें॥
कल्पादि में षडकुल- रिषियो में, आपस में बड़ा विवाद हुआ।
निर्णयके लिये इन सबोंका, श्री ब्रह्मासे सम्वाद हुआ॥
मन तथा बचनसे परे हैं जो, जिनसे सारा जग प्रगट हुआ।
देवोंके देव, वे महादेव, वे परब्रह्म, वे परम पिता॥
भक्ति-भावसेवे सुलभ, अति दुर्लभ ईषाण।
भूपर जाओ करो मख, साहस्री सविधान॥
शिव-पदकी प्राप्ती साध्य तथा, शिवजीकी सेवा साधन है।
निरपेक्षहै जो फलआसा से, वह सच्चा साधक सज्जन है॥
वेदोक्त कर्मफल शिवअर्पण, करनाही शिवपद पाना है।
ब्रह्माजी बोले थोड़े में, साधन का सार बताना है॥
कानोंसे शिवकी कथा श्रवन, वाणीसे शिवके गुण कीर्तन।
(ऋषिगण लौटगए)
मनसे हो उनका सदा मनन, ये तीनो हैं महान साधन॥

बोले श्रीसूत मेरे गुरुवर, बैठेथे तपमें ध्यान मगन।
श्रीसनत्कुमार पधारे जब, तब उठकर किया नमन वंदन॥
वे बोले चिंतन हो सतका, सद्वस्तु एक शिवजी ही हैं।
शिवजीका श्रवन मनन कीर्तन, साधनभी मात्र तीन ही हैं॥
भ्रमसे मैं भी मंदराचल पर, तपकिया किया साधना इतर।
शिवआज्ञा से करुणा परवश, आ पहुंचे वहां नंदिकेश्वर॥
मुझसे बोले सच्चा साधन, शिवजीका कीर्तन, श्रवण, मनन।
साधनत्रय यही वेद सम्मत, साक्षात मुक्तीके यह कारण॥

अनुष्ठान इसका करें, मुझे विदा दें तात।
ब्रह्मधाम विधिसुत गए, कहकर इतनी बात॥
रिषिगण बोले हे मुने, जो साधनत्रय हीन।
मुक्तहो सकेंगे कभी, या होंगे भवलीन॥

हे शौनक! शिवलिंग, शिव-विग्रह, का पूजन सविधिकरे प्राणी।
निश्छल सर्वस्व शिवर्पण कर, पा सकताहै शिव रजधानी॥
रिषिगण बोले सब देवोंकी, मूर्तिमें पूजा होती है।
फिर शिवशंकरकी क्यों लिंगमें क्यों मूर्तिमें पूजा होती है?

इसका उत्तर तो स्वयं, दे सकते ईषाण।
गुरुसे जो मैंनें सुना, उसे सुनो मतिमान॥

हैं निराकार शिव ब्रह्मरूप, "निष्कल" इसलिए कहे जाते।
साकारभी हैं श्री शिवशंकर, इस कारण "सकल" कहे जाते॥
निराकार निष्कल की पूजा, लिंग रूप में होती है।
सगुन और साकार की पूजा, मूर्ति रूपमें होती है॥
नंदिकेश ने सनत देवसे, कारण यही बताया था।
आदि लिंग अथवा प्रकाट्य का, सब आख्यान सुनाया था॥

विधिहरि वाद-विवाद में, प्रगटे अग्रि स्तंभ।
आदि-अंत बिन लिंगनिरखि, टूटा विधिका दंभ॥
समाधान देने इन्हें, प्रगट हुए ईषाण।
पुरुष, पराकृत वस्तुसे, पूजे विधि भगवान॥
हो पूजित, विधि, विष्णुसे, शिव बोले हे तात।
शिवरात्रीके नामसे हो यह दिन विख्यात॥

हो 'अकल' लिंग या 'सकल' मुर्ति, पूजन जो करे आजके दिन।
वह विश्व-सृष्टिकर सकता है, कर सकता है जग का पालन॥
भरसाल की पूजाका सबफल पा जाये आज पूजन करके।
मुझको खुश करके आज कोई ले जाये खुशिया भर-भरके॥

यह लिंगभूमि यह लिंगग्राम "अरुणाचल" अब कहलायेगा।
इसका दर्शन करने वाला कैलास वास पा जायेगा॥

"ब्रह्मभाव" हे विष्णु है मेरा निष्कल रूप।
"भाव महेश्वर" जानिये सकल स्वरूप अनूप॥
एक लिंग की स्थापना करता मेरे समान।
दो लिंगों की स्थापना करे एकत्व प्रदान॥

-----------------------(अध्याय - 9)----------------------

पुन: पंचकृत्यों का, खुद प्रतिपादन करना।
प्रणव और पंचाक्षर की महिमा को कहना॥
विधि हरि दोनों ही का, शिवको शीश झुकाना।
शिवजी का वर देना और अंतर्हित होना॥10॥

पूछा शिवसे सानुनय ब्रह्म-विष्णुने मर्म।
पंचविनोद बताईये, पंचकृत्य क्या कर्म?
है कठिन गहन दुर्ग्येय कर्म, है अकथ परंतु बताता हूं।
संहार, अनुग्रह, तिरोभाव, पालन और सृजन कराता हूं॥
इन पंचकृत्य को भक्तवृन्द, पांचो भूतों में लखते हैं।
उद्भव भूतलमें थिति जलमें, संहार अग्रिमें कहते हैं॥
उत्क्रमण वायुमें बसता है, निर्वाणस्थल है गगन सदा।
विद्वान इसे पहचान त्रिसाधनमें रहते हैं मगन सदा॥

पंचकृत्य के वहन को, मेरे मुख हैं पांच।
चार दिशामें चारमुख, पंचम मध्यम सांच॥
दो कृत्य लियेहैं आप लोग, दो दियाहै रूद्र महेश्वर को।
पाँचवें को मैं न छोड़ पाया वह नही छोड़ता है मुझको॥
सबसे पहले मेरे मुख से, ओंकार मंत्रवर प्रकट हुआ।
मैं वाच्य, वो वाचक, वह मुझसे, और मैं खुद उससे, प्रकट हुआ॥
उत्तर मुखसे 'अकार' निकला, निकला 'उकार' मुख पश्चिम से।
पूरब आननसे 'बिंदु' तथा निकला 'मकार' मुख दक्षिण से॥

तदन्नतर निकला हरे!, मध्यम मुखसे 'नाद'।
पाँचो मिलकर एक हो, बना 'प्रणव' सहलाद॥
यह एकाक्षर यह प्रणवाक्षर, इससे ही निकला पंचाक्षर।
पंचाक्षर से ही मातृवर्ण उससे त्रिपदा गायत्री प्रवर॥

गायत्री से संपूर्ण वेद वेदों से मंत्र करोड़ों ही।
संपूर्ण कार्य में मंत्रमूल, और मंत्रोंमें प्रणवाक्षर ही॥
तदनंतर शिवने दोनोंको, उपदेश दिया फिर दीक्षा दी।
उपरान्त युगल शिव-शिष्योंने, आत्मार्पण किया दक्षिण दी॥
शिवबोले यह जप सभी समय, अक्षयफलदायक होता है।
आद्रायुत चतुर्दशीको यह अतिशय शुभदायक होता है॥
सूरज संक्रान्ति महाद्राको, यह कोटिगुणा फलदायक है।
आद्यान्त मृसिरा पुनर्वसुभी, आद्रा समान शुभदायक है॥
ओंकार मंत्रसे लिंग पूजे, विग्रह पूजे पंचाक्षर से।
या तो लिंगथापन स्वयंकरे, अथवा द्विजया निज गुरुवरसे॥

विविध भांति उपदेशदे, शंभुगये स्वस्थान।

श्रोता वक्ता कर रहे, पंचाक्षर का गान॥

--------------------------(अध्याय - 10)--------------------------

लिंगथापन लक्षण विधि, और पूजन उपचार।

शिव पददायक कर्मके, कहे अनेक प्रकार॥11॥

लिंगस्थापनकी विधि क्या है, लिंगोंके लक्षण बतलावें?
पूजनकी विधि शिवपद प्राप्ती, जिनकर्मोंसे हो समझादें?
उत्तरमें सूत मुनिश्वरने, शिव-लिंग भेदकी कथा कही।
स्थापन-पूजन-और जप-तपकी, पूरी-पूरी विवेचना की॥
लिंग स्थापन में औंकार वेर स्थापन में - पंचाक्षर।
युगल स्थापन की विधि समान, मंत्रादिका है थोड़ा अंतर॥
चर-अचर लिंग, फिर वाणलिंग, स्थावर और जंगमलिंग कहा।
सेवे जीवोंको लिंग-समान, यह शिवसेवा यह शिव आग्या॥
षड- दशोपचार, पंचोपचार, परिक्रमा और शिव नमस्कार।
लिंग दर्शनभी शिव- पददायक, हो कईबार या एकबार॥
जपविधि: जपमंत्र वर्ण-विधिसे, बतलाया शिव पददायक है।
एकाक्षर पंचाक्षर विधिसे, वह जपे जो जिसके लायक है॥
ब्राह्मणको नम: शिवाय उचित, वर्णंतर जपे शिवाय नम:।
विद्वान शैव यह कहते हैं, नारियां भी जपे शिवाय नम:॥
पंचाक्षर एककरोड़ जपे वह जापक विधि-पद पाता है।
दो में हरिपद, तीसरा-रुद्र, चौथा महेश-पद पाता है॥

जो पांच करोड़ जपे इसको वह शिव-समान हो जाता है।
जितना जपता उतना ही वह, आगे को बढता जाता है॥
शिव-पददायक है और कर्म, गिनतीमें जो न समाता है।
शिवक्षेत्र वास, स्नानादि दान, जप, तप आदिक कहलाता है॥

पुण्यक्षेत्र वह कौन जो करते पाप समाप्त?

जिनका आश्रय ग्रहणकर, शिवपद होता प्राप्त॥

--------------------------(अध्याय - 11)--------------------------

मोक्ष-प्रदायक पुण्य-क्षेत्रका बहुविधि वर्णन।

श्रेष्ठसमयमें नदी-स्नान के फलका वाचन॥

पुण्य-कर्म हो तीर्थ में हो न भूल से पाप।

स्नान दान शुभकर्महो, श्रवण कीर्तन जाप॥12॥
जो शिवक्षेत्र वह पुण्यक्षेत्र, मैं सविस्तार बतलाता हूं।
पहले शिवजीका नाम जपो, मैं साथ तुम्हारे गाता हूं॥
शिवजीनें स्वयं धरित्रीपर, शिवक्षेत्रों का निर्माण किया।
कुछ देवक्षेत्र, कुछ ऋषिक्षेत्र, कुछ तीर्थक्षेत्रको दान दिया॥

तीरथमें प्राणीकरे, जप-तप-दान स्नान।

नहींतो रोग दरिद्रता, मूक आदि नुकशान॥
भारतवासी मरणोपरान्त, होताहै ब्रह्मलोक वासी।
पाताहै पुन: मनुष्यजन्म, घटनेपर पुण्योंकी राशी॥

अक्षयहो जाते मुने!, तीर्थक्षेत्र के पाप।

छोटे-छोटे पापके, बड़े- बड़े संताप॥
सतलुज और सिंधुनदी तटपर हैं पुण्यक्षेत्र बहुत सारे।
श्री सरस्वती जी साठमुखी, सौमुखवाली हैं श्री गंगे॥
दशमुखहै सोनभद्रके तो, नर्मदाजी हैं चौबीस मुखी।
तमसा बारह, रेवाके दश, गोदावरिहैं इक्कीस मुखी॥
अष्टादश कृष्णावेनीके, दसमुखी हैं सुशुचि तुंगभद्रा।
इतने तीर्थहैं भारतमें शायद ही कोई गिन सकता॥
इन तीर्थोंका अणुमात्र पुण्य, बढ़कर महान बन जाता है।
जन्मांतर और कल्पांतर तक, वह नष्ट नहींहो पाता है॥

--------------------------(अध्याय - 12)--------------------------

स्नान भस्मधारण संध्यावंदन हरि-सुमिरन।

जप गायत्री प्रणव, न्यायत: धन उपार्जन॥

शौच आदि आचार, हवन-आदिक विधि-महिमा।
अग्नि, देव, ब्रह्मादि, यग्यका वर्णन करना॥
शिवके द्वारा सात शुभ, वारोंका निर्माण।
देवाराधन अल्पभी, दायक सुफल महान॥13-14॥

रिषिगण बोले सूतसे, कहिये वह आख्यान।
सत-सत शौचादिक जिसे कहतेहैं विद्वान॥
सदाचार पालक ब्राह्मण सच्चा 'ब्राह्मण' कहलाता है।
वेदाचारी वेदाभ्यासी ही 'विप्र' की संग्या पाता है॥
दो के पालक 'द्विज' होते हैं जो अल्प ग्यानही पाते हैं।
नौकरी पुरोहिताइ करके 'क्षत्रिय ब्राह्मण' कहलाते हैं॥
व्यापार और खेतीकरते, उनको हि 'वैश्य-ब्राह्मण' कहिये।
हलजोते स्वयं खेतमें जो, उसको ही 'शूद्र-ब्रह्मण' कहिये॥
परद्वेषी और परद्रोही जो 'चाण्डाल-विप्र' कहलाते हैं।
हैं धर्म-कर्मसे सदा भ्रष्ट वह 'ब्राह्मण-मात्र' कहाते हैं॥
इसीतरह हर वर्ण ही, इतर वर्ण हो जाय।
कलियुग होगा कर्म-युग कर्म-नाम दे जाय॥
राजाही सच्चा क्षत्रियहै बाकी क्षत्री राजत्वहीन।
थोड़ेही वैश्य वैश्य होंगे बाकी सब वणिक वणिज्य लीन॥
तीनो वर्णोंका सेवक ही बस सच्चा शुद्र कहाता है।
कुछ बृषल, दस्यु, कहलाता है कुछ-और और कहलाता है॥
तदन्नतर संक्षिप्त में, बोले शौचाचार।
शौच दंत-धावन तथा स्नानादिक व्यवहार॥
उपरांत 'अग्निरिति' मंत्र कहे, और लेकर भस्म त्रिपुंड करे।
यह आवयश्यकहै भंग न हो, होने पर प्रायश्चित्त करे॥
यदि स्नानकी सुविधा होही नहीं, ऐसा ही आजाए अवसर।
तब मंत्रस्नान करे न भंग होने दे नियम सुनो सत्वर॥
हो तीनोंहीं संध्या- वंदन, गायत्री- जप सूर्यार्धर्- दान।
यह उचित समयपर ही होवे, सबकार्य समयपरहै महान॥
बिन संध्याकिये न दिन बीते, बीते तो प्रायशचित्त करे।
बिन संध्याके एकदिन बीते तो त्रयशत गायत्री जपले॥
नित्यकर्मकि लोपका यदि बीते दिन सात।
गायत्रीका जपकरे कमसे कम एक लाख॥

यदि मास बीतजाए तोफिर अपना जनेउ संस्कार करे।
वरना जीवनहै मरण- तुल्य शुद्राधम होकर जिये-मरे॥
फिर शिवके सहित देव सबको, शुध्दोदक देय करे तर्पण।
ब्रह्मार्पण करके पुण्यकर्म जललेकर करे शुद्ध अचवन॥
उपरांत बैठ शुद्धासन पर ओंकार प्रणवका जाप करे।
अर्थेकि अनुसंधान सहित अथवा जैसे कर सके करे॥
हो ब्राह्मणत्व की पूर्ती अत: गायत्री जपे हजार बार।
सौबार जपे मध्यान्ह काल और सायं अट्ठाईस बार॥
जापतत्त्व को सूतजी कहकर भले प्रकार।
जपकी उत्तम विधि कही फिर बोले साभार॥
ब्राह्मण गायत्री जपे कम तो बारह लाख।
घटने पर बचती नही ब्राह्मणत्वकी साख॥
वैदिक-कर्मोंका नहीं उस द्विजको अधिकार।
जिसकी जपसंख्या नहीं लाख तलक साभार॥
है धर्म-मात्रसे अर्थसिद्धि, फिर अर्थ भोग दिलवाता है।
वह भोग सुनिश्चित भोगीको वैराग्य-तलक ले जाता है॥
पापोपार्जित धन- प्राप्त भोग भोगासक्ती का कारण है।
इसलिए धर्महै स्वर्ग-सेतु और पाप नरकका कारण है॥
कृतयुगमें ध्यान, त्रेतामें तप, द्वापरमें मखसे ज्ञान-सिद्धि।
कलियुगमें प्रतिमाकी पूजा- पूजकको देती ज्ञान सिद्धि॥
कलियुगका धर्म दानही है है दान मान देने वाला।
धनहीन सदाही धर्म करे, है धर्म सुखी करने वाला॥

हमेंसुनाएं अग्नि-मख, सुर-मख ब्रह-सुयाग।
ब्रह-तृप्ति, गुरु अर्चना, सुनूं सहित अनुराग॥
आहूति अग्निमें सुबह- शाम ही, 'अग्नियग्य' कहलाता है।
यतियोंमें और गृहस्थीमें कुछ अन्तर देखा जाता है॥
समिधाहुति उचित बटुकको तो, चावल-घृत उचित गृहस्थी को।
आत्मा अग्यारोपित भोजन, सन्यासी वानप्रथी को॥
संध्याहुति संपति देती है प्रातः आयुष्य बढाती है।
जो पड़ा मृत्यु-मुखमें उसको अमरत्व तलक ले जाती है॥
देवों के लिये जो दी जाती वह 'देव- यग्य' माना जाए।
वेदाध्ययन और स्वाध्याय आदि को 'ब्रह-यग्य' जाना जाए॥

बिना अग्निके देव-मुख कर लेनेको पूर्ण।
चतुर- वैद्य श्री शंभु नें वार रचे संपूर्ण॥
प्रथम रचे निजवार शिव; जो देबे आरोग्य।
दुतियवार निज-शक्तिका देवे संपति भोग्य॥
शिशु-रक्षकवार कुमार रचा अघ-रक्षण को श्री विष्णुवार।
आयुष्य पुष्टिकी रक्षाको रच लिया दुलारा ब्रह्मवार॥
शुभ-अशुभ कर्मफल देने को, श्री इन्द्रवार यमराजवार।
एक भोग दिलानेवाले हैं एक करे मृत्युभयको किनार॥
ग्रहसात जो सुख-दुख सूचकहैं इनवारोंका स्वामित्व दिया।
प्राणीका मंगल बने - बढ़े इन सातोंको दायित्व दिया॥
शिववारके स्वामी सूर्य हुए और शक्तिवारके सोम हुए।
हरिवारके स्वामी बुद्ध और कुमारवार के भौम हुए॥
ब्रह्माके वारके बृहस्पती है शुक्रके अंदर इन्द्रवार।
श्री शनीदेवके आधिपत्यमें ठहराया यमराज वार॥
आरोग्य प्रदायकहैं भास्कर, चंद्रमा संपती दायक हैं।
हैं ब्याधि-निवारक मंगलऔर, श्री बुधजी पुष्टि प्रदायक हैं॥
आयुष्य विवर्धक बृहस्पती और शुक्र भोगदेने वाले।
शनिदेव मृत्यु भयवारकहैं प्राणीको अभय देने वाले॥
हों प्रसन्न इसके लिए पूजा पद्धति पाँच।
इन देवोंकी कृपासे मन बाँधित हो साँच॥
उन-उन देवोंका मंत्रजाप पहला प्रकार कहलाता है।
द्वितीय हवन, तीसरा दान तपचौथा माना जाता है॥
वेदीपर चित्र में, पावक में अथवा ब्राह्मणके ही तन में।
आराध्य भावसे पूजन हो इनकी गिनती पंचम में॥
रविको रविहेतु विशिष्ट वस्तु द्विज देव आदिको हो अर्पण।
यह अति विशिष्ट फलदायीहै पापोंका होताहै मार्जन॥
सम्पति-निमित्त लक्ष्मीपूजन हो सोमवारको द्विज-भोजन।
और ब्याधि-शान्ति हित भौमवारको कालीजीका हो पूजन॥
मुंग ऊड़द अरहर आदि दालयुत अन्नोंसेहो द्विज भोजन।
बुधको परिवारिक पुष्टि हेतु भगवान विष्णुका हो पूजन॥
दधिसे युत अन्न प्रधान रहे विद्वान विप्रका हो भोजन।
हो दीर्घआयुके लिए खीर धृत मिश्रित देव यजन पूजन॥
यह वीरवारको देवपुष्टिका श्रद्धा सहित बनाये नियम।
अब भोग- प्राप्ति हित शुक्रवारको पूजे देव करे वन्दन॥

षडरस व्यञ्जन, तिलयुक्त अन्न विप्रोंको देय करे अर्चन।
अपमृत्यु निवारणके कारण शनिवारको तिलकादान हवन॥
इन देवोंकी संतुष्टि हेतु विप्रोंको तिलयुतदे भोजन।
है विभिन्न देवोंका पूजन, किन्तु करें शिवस्वयं ग्रहण॥
शुभ चाहे जो उसे उचित है सातों दिवस देव पूजन।
पूजनकी पाँचो विधियोंमें लगे जो उचित उसीमें लगन॥

-----------------------(अध्याय -13-14)---------------------

देश, काल, और पात्र, दानका करके वर्णन।
पार्थिव प्रतिमाका विधान फिर विधियुत पूजन॥
पूजनके विशिष्ट उपचारोंका विशेष फल।
मासविशेष, वार, तिथिमें दायक विशेष फल॥
लिंगविज्ञान स्वरूपका वर्णन विविध प्रकार।
थोड़े में बतला दिया, आराधन का सार॥15॥

मुनिगण बोले तृप्तिनहिं, सुनकर शुभ आख्यान।
देश काल पूजादि को, कहिए ज्ञान निधान॥
देवोंका पूजन घरमें हो, तो वह समान फलदायक है।
गोशालामें यदि पूजनहो, तो दस गूणा फलदायक है॥
यदि यही जलाशय तटपरहो, तो उससे भी दसगूणा है।
हो तुलसी, पीपल, बेल, निकट तो इन सबसे दसगूणा है॥
देवालयमें दसगुण उससे, उससे दसगुणहै तीरथ में।
उससे दसगूणा नदीतट पर, उससेभी श्री गंगातट में॥
गंगासे दसगुण सिन्धुतीर, इससेभी दसगुण अचल-शिखर।
सर्वाधिक मूल्यवान थल वह, मन रमजाए जिस धरतीपर॥
वर्णन कर कुछ देशका, गिनवाऊँ कुछ काल।
सतयुग था सतकर्म के, पूरण फलका काल॥
त्रेता में चौथाइ त्रय द्वापर युग में आध।
कलियुग में चौथाइ फल, यही कहें सुर साध॥
कलिके चौथे भाग में, चौथाई के चार।
अब विशेष जो काल हैं, उसपर करें विचार॥
सममें जोसम संक्रान्तीमें, उसकाफल दसगुण होता है।
यदि विषुवकाल हो तो संक्रांती से दसगूणा होता है॥

इससे भी दसगुण ज्यादाफल, संक्रान्ति कर्कमें होता है।
और इससे भी दसगुण ज्यादा सकान्ति-मकरमें होता है॥
इससेभी ज्यादा पुण्यका फल, देता जापकको चंद्रग्रहण।
इस चंद्रग्रहणसे भी ज्यादा, फल देने वाला सूर्यग्रहण॥

अतिशय फल है हेमुने! राहु-सूर्य कीजंग।
कोटिग्रहणसे अधिकफल, मिले अगर सत्संग॥
योगी यति तपसी मुनी, हैं पूजाके पात्र।
लाखों गायत्री जपी, ब्राह्मणहैं सत्पात्र॥
त्राण करावे पतन से, वही कहता पात्र।
गुणनिधानभी हो अगर, नाम घराए मात्र॥

निज जापक को श्री गायत्री गिरनेसे त्राण दिलाती है।
त्रयदोष त्राणके कारणही, यह गायत्री कहलाती है॥
जैसे निर्धनदे सके नहीं, धनवान ही धनदे सकता है।
वैसे पवित्र पुण्यात्मा ही, भयसे रक्षण दे सकता है॥
जिसको जो चाहिये वही वस्तु, बिन माँगेदे वहदानी है।
मांगे पर जो कुछ मिलता है, वह दूध नहीं है पानी है॥

सहज मिले सो पूर्ण है मांगे मिले सो आध।
सेवक को चौथाइ वह, हीन दे वह अपराध॥
वर्णाश्रम पालन करे, चले धर्म अनुसार।
नीतिसहितजो प्राप्तहो, सोधन शुद्ध-विचार॥

गौआदिक बारह सामग्री, चैत्रादिक बारह मासों में।
यदिहो तो उनका दानकरे, यह दान श्रेष्ठहै दानों में॥
गो, तिल, भूमि, कनक, घृत, गुड़, चाँदीऔर धान्य।
वस्त्र, नमक, कोहड़ा तथा कन्यादान सुमान्य॥
त्रय ताप नष्ट गोदान करे, भूदान द्विलोकमें दे आश्रय।
तिल दान बढ़ाता है बलको, और करे मृत्यु-भयसे निर्भय॥
जठराग्रि बढ़ाबे कनक दान, घृत दान पुष्टि देने वाला।
है वस्त्र-दान आयुषबर्धक, और धान्यहै धनदेने वाला॥
गुड़ मधुर भोज्यका दायक है, है वीर्य-विवर्धक रजतदान।
षडरसका दायक नमकदान, सबकुछ दायक सर्वस्वदान॥

पुष्टि मिले कुष्माण्ड से, अंतिम कन्यादान।
आजीवन सुख-भोग दे, शान्ति-सुभाग्य महान॥
करने को दो कर्म हैं, उत्तमतप, और दान।
प्राणी करता ही रहे, दोनो कर्म महान॥

-------------------------(अध्याय - 15)-------------------------

पार्थिव पूजन आदिका, पूजनविधि उपचार।
मास विषेशकहें सकल, फल, तिथि, वार, विचार?
पार्थिवपूजन प्रतिमापूजन, विधि सहित सूतने बतलाया।
निज, पर, देव-स्थापित-प्रतिमा, नैवैद्यान्तर विधि समझाया॥
स्वयं प्रगट श्री स्वयंभु लिंग, पूजनका अन्तर बतलाकर।
एक सहसबार पूजन करके, सत पाए सत्यलोक जाकर॥
देवाभिषेकसे आत्म-शुद्धि, हो पुण्यप्राप्ति गंधार्पण से।
नैवेद्यार्पणसे आयुवृद्धि, धन प्राप्ती धूप निवेदन से॥
ज्ञानोदय दीप दिखाने से, ताम्बुलार्पणसे भोग मिले।
इसलिये उचितहै प्राणीको, प्रतिदिन देवोंको तृप्त करे॥

देवोंके पूजादि से, जो होते फल प्राप्त।
बहुतकाल तक हे मुने, होते नहीं समाप्त॥
नाद-विन्दमय जगतयह, दोंनो शिवऔर शक्ति।
प्रकट हुई शिवलिंग बन, दोनों की संयुक्ति॥

ध्वनिलिंग कहाते प्रणव मुने, पुनि नादलिंगहै स्वयंभुलिंग।
अर्घा या यंत्रहै बिंदुलिंग, स्थापित हैं जो सो 'मकार' लिंग॥
चर लिंग 'उ' कार कहे जाते दीक्षा जो दें वे 'अ' कार लिंग।
अकार, उकार, मकारलिंग फिर नाद, बिंदु, और ध्वनीलिंग॥
इसतरह लिंगमय शंभु-उमा, और उमा-शंभुमय सभी लिंग।
वह साधक जीवन-मुक्त मुनें, पूजेजो नित-नित छहो लिंग॥

-------------------------(अध्याय - 16)-------------------------

षड्लिंग, प्रणव-महात्म्य, सूक्ष्मऔर स्थूलविवेचन।
उनके जपकी विधि महिमाका विशद निरूपण॥
कार्य ब्रह्म-लोकोंसे कारण रुद्र-लोक तक।
वर्णन पंचावरण विशिष्ट शंभुलोक तक॥
अकथनीय वैभव तथा, शैवों का सत्कार।
मुनियोंसे श्रीसूतनें, कहा सहित विस्तार॥17॥

शक्ति-शक्तिधरसे जुड़ा, हमसबका तादात्म्य।
षड्लिंगमय प्रणवका, कहिये अब माहात्म्य॥
'प्र' कहते भवसिन्धुको,' णव' का मतलब नाव।
ओंकारको इसलिए, 'प्रणव' कहा सतिभाव॥
'प्र' से प्रपंच 'ण' से नहींहै 'व' से तुम सबके वास्ते।

ज्ञानीजन ओमको प्रणव नामसे जाने इसही वास्ते॥
कर्मक्षय पूर्वक साधककको, देता नित नूतन ज्ञान सदा।
अथवा परमात्मा नितनूतन, इसलिए 'प्रणव' है कहलाता॥
शिव-स्वरूप इसप्रणवके, स्थूल, सूक्ष्म दो भेद।
दोंनो अगम तथा सुगम, यह कहते हैं वेद॥
प्रणवाक्षरहै सूक्ष्म और, पंचाक्षरहै स्थूल।
जीवन-मुक्तोंको सदा, सूक्ष्म साधना मूल॥
हैं अर्थभूत परमात्म-तत्व, ऐसा जापकही मुक्ति पाता।
मंत्रार्थ न करता अनुशीलन, ऐसा जापकही योग पाता॥
छत्तिस करोड़ मंत्र जपता, वह योग-प्राप्त होजाता है।
फिर सूक्ष्म-प्रणवका हस्व-दीर्घ, दोरूप बताया जाता है॥
त्रयलिंगमें काल-व-कला जुड़े, तो दीर्घ प्रणवहो जाता है।
यह दीर्घ प्रणव योगीजनके, हृदयस्थ सदा कहलाता है॥
जो तीनतत्वसे युक्त ओम्, वह हस्व-प्रणव कहलाता है।
'अ' से शिव 'उ' से शक्ति तथा, 'म' से एकता कहाता है॥
पांचभूत पांचो विषय, इनसे बद्ध प्रवृत्त।
करे कर्म-निष्काम जो, उनको कहा निवृत्त॥
हस्व प्रणव प्रवृत्त को, निवृत्तों को दीर्घ।
मंत्र परमलघु प्रणवयह, दायक सुफल सुदीर्घ॥
जो जपे प्रणव को नौ करोड़, वह जीव शुद्धहो जाता है।
इतनाही पुनः जपेतो वह, छिति-तत्व विजित करपाता है॥
जल-तत्व जीतलेने निमित्त, फिर नौ करोड़का जाप करे।
फिर नौ करोड़ जपकरके नर, पावक-तत्वको स्ववश करे॥
फिर नौ करोड़का जपकरके, आकाश-तत्व पर विजय करे।
ऐसे ही नौ-नौ जप करके, गंधादि विषयको वश करले॥
फिर नौ करोड जप करके, प्राणी अहंकारको भी जीते।
इसतरह एकसौ आठ कोटि, जपकरे योगको प्राप्त करे॥
जप, तप, क्रियाके योगसे, शिव-योगीहैं तीन।
अपने ही व्रत में सदा, ये रहते हैं लीन॥
एक जपयोगी एक तपोयोगि, एक क्रिया-योगि कहलाते हैं।
इन शिवयोगीकी पूजा कर, नर मुक्ति तलक पा जाते हैं॥
जो धन वैभवसे पूजाकी, सामग्रीका करके संचय।
कर आदिसे नमस्कार करते, वे "क्रिया-योगि" हैं उनकी जय॥
पूजारत परिमित भोजी शम, -दम निरत द्रोहसे रहितहैं जो।
वे "तपोयोगि" हैं दुर्लभ हैं, आदरके पात्र प्रणम्य हैं वो॥

उपरोक्त गुणोंसे युक्त शुद्ध, निर्दोष निरन्तर जप करता।
वे "जप-योगी" कहलाते हैं, जप उनका है अखंड रहता॥
सुनें ध्यानसे आपसब, कहताहूं जपयोग।
तपसीको उपदेश है, जपका हो संयोग॥
श्री पंचाक्षर मंत्रका, ले गुरुसे उपदेश।
सुखपूर्वक जपहो जहां, जाय बसे उसदेश॥
शुक्ल- पक्षमें माहके, करके जप आरंभ।
चतुर्दशी अंधेरि तक, जपे सदा निर्दंभ॥
एक माघमास एक भाद्रमास सर्वोत्तम माना जाता है।
एकभुक्त मौन, दम, सेवारत, जप सहससे शुद्धी पाता है॥
शिवचिन्तन करता हुआसदा, पंचाक्षर पांच लाख जप ले।
जप करे ध्यानभी साथ करे, तजकर दुष्कर्म सुकर्म करे॥
जप समाप्तिके दिनकरे, सहस दस-द्वय जाप।
सपत्नीक द्विज पांचका, वरण करे निष्पाप॥
इनके अतिरिक्त एक द्विजका आचार्य रुपमें वरण करे।
ईषाण, तत्पुरुष, सद्योजात, वामदेव अघोर इन्हें समझे॥
पश्चात श्रेष्ठ सामग्रीसे, शिवकी पूजा सम्पन्न करे।
विधिसहित सुखांत कर्म करके, श्री अग्निदेवका हवन करे॥
तदनन्तर सभी ब्राह्मणों का, दक्षिणा मान अनुसार करे।
जप पूर्णकरे शिव सुमिरणसे, शिवजीकी जयजयकार करे॥
इस विधिसे श्रद्धासहित, सिद्धकरे यहमंत्र।
पाप नाशहित फिर जपे, पांच लाख यहमंत्र॥
पांच लाख फिरसे जपे, मंत्र प्रेमके साथ।
चौदह भुवनों को करे, जापक अपने हाथ॥
अगर बीचमें चलबसा, तो परलोक सुधार।
भोग पूर्णकर, धरणिपर, फिर लेकर अवतार॥
करता फिर शुरु वहींसे वह, साधना जहां परछोड़ा था।
वह क्रमहोता प्रारंभपुन; जिस क्रमको इसनें तोडा था॥
फिर ब्रहलोक सारुप्य पुन; ब्रह्मा समान बनजाता है।
जप पांच-पांच लक्ष करता, वह कोटितलक पहुंचाता है॥
एक कल्पतक ब्रह्मसम, करके मंत्र-एकत्र।
होता दूजे कल्पमें ब्रह्माजी का पुत्र॥
पुनः पुत्र वह ब्रह्मका, होकर तपसे युक्त।
तेजोमयतन प्राप्त कर, हो जाता है मुक्त॥
सतलोक से क्षमा आदि चौदह, शुचिलोक पर्यंत अठाइस हैं।

शुचि अंतर्गत कैलास दिव्य, जिसमें श्री रुद्र विराजित हैं॥
शुचिलोकसे ऊपर अहिन्सादि, छप्पन ही भुवन विराजित है।
है ज्ञान कैलास इसका आश्रय, जो श्री महेशसे शोभित है॥
इसके आखिरमें कालचक्र इतने तक तिरोधान या लय।
है कर्मभोग इसके नीचे और ऊपर ग्यान भोग निश्चय॥

नीचे है कर्म माया ऊपर है ज्ञानमाया।

मतलब बता रहा हूं, क्या है ये दोनोमाया॥

'मा' श्री लक्ष्मीका वाचकहै, और 'यात' प्राप्तिको कहतेहैं।
देनेके कारण कर्म-भोग, लक्ष्मी मायाको कहते हैं॥
जैसे देती है कर्म-भोग, यह ज्ञान-भोग भी देती है।
इस तरह कर्म-ज्ञानमाया, दोनों की संज्ञा लेती है॥
यह कर्म-भोग नश्वर समझो, और ज्ञान-भोगको नित्य कहो।
बंधन नीचे है सीमासे, इसका अभाव ऊपर समझो॥
करतेजो आधि-भौतिक पूजा, वह नीचे चक्कर काटरहे।
आध्यात्मिक उपासना जिनकी, वहही ऊपर सुखबांट रहे॥

सत्य-आदि शुभधर्म युत, शिवपूजनजो लीन।

कालचक्र लांघे वही उनको कहो प्रवीण॥

उसके ऊपरहैं धर्मवृषभ, सत्यादिक चार-चरण उनके।
सादर-प्रणाम, शत-शतप्रणाम, येहैं शिवलोकके द्वार खडे॥

क्षमासींग शमकर्ण हैं, श्रुति-धुनि शब्दकहाय।

आस्तिकता दोनों नयन, बुधि निःश्वास बताय॥

उसके ऊपर दिन नहीं और नहीं है रात।

जन्म-जरा और मरणनहिं, आतप वर्षा वात॥

हैं कार्य-स्वरूप लोक नीचे, ऊपरहैं कारण-रूप भुवन।
सत्यादि चतुर्दस ब्रह्माके हैं, गंध-स्वरूप लोक सूक्ष्म॥
ऊपर कारण-स्वरूप हरिके, फिर चौदह लोक अवस्थितहैं।
उसकेभी ऊपर रुद्र जनित, अट्ठाइस-लोक व्यवस्थितहैं॥
ऊपर फिर कारणेश शिवके, छप्पनों-लोकहैं विद्यमान।
शिव-सम्मत ब्रह्मचर्य-लोक, है वहीं ग्यान-कैलासधाम॥
मंडलों कलाओं शक्ति सहित हैं, वहीं प्रतिष्ठित आदिलिंग।
वह दिव्य शिवालय है प्रसिद्ध, शिव वहीं विराजें शक्तिसंग॥

पांचों-कृत्य प्रवीण शिव, सदा ध्यानमें लीन।

दर्शन उनको सुलभ है, जो शिवमें तल्लीन॥

जो शिवको सदा देखते हैं, या शिवकी जिनपर दृष्टी है।

निःसंशय वे हैं धन्य धन्य निश्चय उनकी ही मुक्ती है॥
जैसे दिनकर निज किरणोंसे, जगका अंधियार मिटाते हैं।
वैसेही कृपा-कुशल शिवजी, जनका अग्यान नशाते हैं॥
अग्यान नष्टहोजाने पर, शिवज्ञान प्रकटहो जाता है।
शिवज्ञानसे आत्मज्ञान पाकर, शिव-भक्त धन्यहो जाता है॥

कहा आपसे वह चरित, गुरुसे मिलाजो ग्यान।

नन्दीश्वरजी से पुन; सुना यही आख्यान॥

साधक जप करके पांचलाख, अभिषेक करे फिरकरे नमन।
नैवेद्य आदिसे कर प्रसन्न, शिवभक्तों का करले पूजन॥
शिवमें और शिवके भक्तोंमें, कुछ भी तो भेद नहीं होता।
शिव-रूप मंत्रको धारण कर, वह शिवसे भिन्न नहीं होता॥

पत्नियुक्त शिव-भक्तका पूजन और सम्मान।

अतिशय प्रिय शिवको लगे, होते मुदित महान॥

-----------------------(अध्याय - 17)-----------------------

(सारसंकेत)

बन्धन- मोक्ष विवेचन, शिव पूजन उपदेश।
शिवपूजन लिंगादि में भस्म स्वरूप विशेष॥
व्युतपत्ति 'शिव' शब्दकी 'गुरु' की भी व्युतपत्ति।
धारण शिवके भस्म- का, भेद और सम्पति॥
क्या बन्धनहै? मोक्षक्या? दोनोंका क्या रूप?
सविस्तार बतलाईये, हे भक्तोंके भूप॥18॥

हैं प्रकृति आदि आठ बन्धन, जो बंधाहै उसको बन्धनहै।
इन आठोंमें जो बँधा नहीं, वह मुक्त वही निरबंधन है॥
इनके वशहोना बंधन है, इनको वशकरना मुक्ती है।
आगन्तुकहै यह बंध-किन्तु, जो स्वयंसिद्ध वहमुक्तीहै॥
प्रकृती आदिसे देह बनी, है तनसे कर्म की उत्पत्ती।
फिर नयेकर्मसे नई-देह, फिर करम-जनमकी होड़ लगी॥

कारण, सूक्ष्म, स्थूल हैं, तनके तीन प्रकार।

जाग्रत, स्वप्न, सुसुप्तिमें, है तनका व्यापार॥

सुख-दुख भोगे जीव यह, कर्मोंके अनुसार।

पुण्य-कर्मसे सुख तथा, पाप दु; ख आगार॥

शुभ-अशुभकर्मकि सुख-दुखफल, यहचक्र निरंतर चलता है।
इस चक्रके कर्त्ता शिवजी हैं, जो भजे इन्हें सो बचता है॥
सबके शासक सब इनकेवश, इसकारण शिव कहलाते हैं।
शिव कृपा करें तो आठ तत्व, प्राणीके वश हो जाते हैं॥

आराधन शिवका करे, शिवको करे प्रसन्न।

भजन सदा इनका करे, इनका बने अनन्य॥
शिवकृपासे कर्म-जनित शरीर, जब अपने वशहो जाता है।
तब शिवके लोकमें बसनेका सौभाग्य जीव यह पाता है॥
तन्मात्राएं वशमें होती, 'सामिप्य' शिवा शिवका पाता।
प्रभुका प्रसाद पाजाने पर, बुधि वशकर 'सार्ष्टिमुक्ति' पाता॥
उपरान्त समस्त शिववैश्वर्य बसते उस मुक्तकी आत्मा में।
'सायुज्य" इसीको कहते हैं, वह स्वयं विराजे आत्मा में॥

शिवपूजा लिंगादिमें, करती मुक्ति प्रदान।

अतः उचितहै हमकरें, क्रियासहित शिवध्यान॥

'शिवक्रिया' शिवमंत्र जप, शिवज्ञान, शिवध्यान।

'शिवतप' निशिवासर करे, जबतक तनमें प्राण॥

श्रेष्ठ जती उत्तम व्रती देव! परम मति मान।

शिव पूजाका लिंगमें, क्या है कहें विधान?॥

प्रथम लिंग हैं "प्रणव" ही सूक्ष्म कहाते लिंग।

पंचाक्षर को जानिये, स्थूल दूसरा लिंग॥
यह 'सूक्ष्मलिंग' निष्कल होते, और 'स्थूल' सकल कहलाते हैं।
दोनोका पूजन ही तपहै, ये भोग- मोक्ष दिलवाते हैं॥
पौरुष' और 'प्रकृतिलिंग' इतने, जिसको शिवस्वयं बता सकते।
हम तो भू के विकार भूत कुछ के ही नाम गिना सकते॥

प्रथम 'स्वयंभू लिंग हैं, दूजे बिंदु लिंग'।

तृतिय 'प्रतिष्ठित लिंग', और चौथेहैं 'चरलिंग'॥
पाँचवे कहाते 'गुरूलिंग', छठवेंको 'नाद लिंग' कहते।
इन स्वयंभुलिंगके पूजनसे, पूजकके ज्ञान सदा बढते॥
भूपर, वेदीपर, सोनापर कर 'मंत्र लिंग' का आलेखन।
कर लेय प्रतिष्ठा शिवजीकी, उसमेंही आवाहन पूजन॥

इस पूजनमें पूर्णहो, यदि श्रद्धा विश्वास।

दर्शन पाए ईश का, होकर इनका दास॥
सारा संसार लिंग- मयहै, पृथ्वी पर्वत तरु गुल्म लता।
चरलिंगोंमें द्विज हितकारक, "रसलिंग" ही प्रथम गिनाजाता॥

क्षत्रिय को 'बाणलिंग' शुभ है, यह उनको राज्य दिलाता है।
वैश्यों को शुभ है 'स्वर्ण लिंग', धनपति महान बनबाता है॥
शूद्रोंको शुद्धिदायक-सुलिंग 'स्फटिक' दिलाता सब सबको।
सधवा नारी पार्थिव पूजे, रसलिंगार्चन विधवाओं को॥
प्रवृति-मार्गी घरमें पूजे, निवृत्त करमें ही करे अर्चन।
वे सूक्ष्मलिंग कोही पूजें, नैवेद्य भस्म-विभूति अर्पण॥

तीनप्रकार विभूतिके, लोक, वेद, शिवअग्नि।

द्रव्योंकी शुद्धी करे, लेकर के 'लोकाग्नि'॥
'वेदाग्नि' -जनितजो भस्म कहे, कर्मान्तमें उसेकरे धारण।
उन-उन कर्मोंका होताहै, आत्मामें तत्क्षण आरोपण॥
शिवहैं अघोर मूरतिधारी, है मंत्र अघोर महा प्रचलित।
इससे तैयार कियाजाता, कहलाता भस्म 'शिवाग्नि' जनित॥

जग प्रपंचको भस्मकर ग्रहणकरे शिवसार।

मानो यह बतला रहे, भस्मरूप संसार॥
आकाश-सारको केशोंमें, और वायु-सारको मुखमंडल।
पावकके-सारको हृदयपटल, जलसार-तत्वको कटीपटल॥
फिर धरा-तत्वको घुंटनोंमें, सर्वस्वसार को चरणकमल।
त्रैदेव-सारसे तिलककिया, सर्वस्वसारको हस्तकमल॥
सबको शिवजीने स्ववशकिया, कोइ इन्हें न वशमें करसकता।
मृगराजके वशमें ज्यों मृगहैं, मृगइन्हें न वशमें कर सकता॥

नित्य स्वसुखआनन्दका, वाचक कहे 'स' कार।

पुरुष रुप 'ई' कार और, शक्ति स्वरूप 'व' कार॥
इनका सम्मिलित रूप 'शिव' है, आतमा मानकरहो पूजन।
पहले अंगोपर भस्ममले, उपरांत करे त्रिपुण्ड धारण॥
निर्जल-और सजल-भस्म पूजन, उपयोगमें लाया जाताहै।
शिव हरते दोष, विकार, अत; इनको गुरु माना जाता है॥
गुरु हरतेहैं तीनों विकार, शिवतत्वका बोध कराते हैं।
इसलिए गुरू कहलाते हैं, शिव जैसे माने जाते हैं॥
गुरुसेभी ज्ञानीभक्त मिले, गुरुउन्हें बना लेना चहिये।
बन्धन-मुक्ती पुरुषारथ है, छुटकारा पा लेना चहिये॥

बद्ध कहातेहैं वही, जो हैं कर्माधीन।

वशमें तीनों तनकरे, तबहो बन्धनहीन॥
शिवही मायाके निर्माता, शिवही परिमार्जन करते हैं।
वे धन्य-धन्यहैं जो शिवपर, तन-मन-धन अर्पण करतेहैं॥

शिव-भक्तोंको भिक्षान्न मिले, वह शिवकीभक्ति बढ़ाताहै।
यह शिवयोगीकी दृष्टीमें, श्री शंभु सत्र कहलाता है॥
शिवसाधनमें लीन ये, धारण करते मौन।
शिव-रहस्य शिवजानते, और जानता कौन॥

--------------------(अध्याय - 18)--------------------

पार्थिव-लिंग निर्माणकी सुंदर रीति बताकर।
पूजनकी विधि बतलाई संक्षिप्त सुविस्तर॥
पार्थिव-पूजनकी महिमा, गा-गाकर सविनय।
शिव-प्रसाद भक्षण संबंधी कहना निर्णय॥
बिल्व-पत्र महिमाकथन, जप-महिमा शिवनाम।
जो त्रिपुण्ड्रके देवता, उनके नाम- स्थान॥19-22॥

पार्थिवपूजन रीतिका अब करता हूँ गान।
यहपूजा करती सदा भोग-मोक्षका दान॥
कर नित्यकृत्य संध्योपासन, फिरकरे ब्रह्ममख और तर्पण।
शिव सुमिरण पूर्वक पुनः करे, रुद्राक्ष त्रिपुण्ड्र भस्म धारण॥
ले शुचिस्थानसे, शुचिमिट्टी, शुचितासे लिंग निर्माण करे।
चारोंवर्णको श्वेत, रक्त, पीताभ श्याम का ध्यान रहे॥
अथवा जो मिट्टी मिले, उससे हो निर्माण।
सब कर्मोंमें शुद्धिका, रखे सदा ही ध्यान॥
फिर भुक्ति-मुक्ति की प्राप्ति हेतु, पार्थिवका सादर पूजन हो।
विधियां संक्षिप्त बताता हूँ, हे मुनिगण इसका श्रवण करो॥
सारी पूजन सामग्री का, षडअक्षर से प्रोक्षण करले।
'भूरसि०' से करे क्षेत्रसिद्धी 'आ' पोस्मान०से जल संवरे॥
स्फटिका बंधन नमस्तेरूद्रं०, पंचामृत पोक्षण नमःसंभवाय०।
शिवलिंग प्रतिष्ठित करे भक्त, हो मंत्र नमः नीलग्रीवाय०॥
आसन एतत्तेरुद्रावसं० मानो महान्तम: से आवाहन।
मंत्रार्थ का अनुशीलन होवे, ऐसा कहते मुनिजन गुणिजन॥
शिव को पधराये याते रुद्र०, चामिषुं० मंत्रसे न्यास करे॥
अध्यवोचत० से अधिवासन, शिवलिंग में शिवका न्यास करे।
उपसर्पण' असौयोव सर्पित० पाद्यार्पण नमोस्तुनील ग्रीवाय ।
दे अर्ध्य रुद्र गायत्री से, त्र्यंबक से आचमन कराय॥
पयः पृथ्वीव्यां० से दुग्ध स्नान, दधि क्राव्णो०से दधिस्नान।

घृतंघृत पावा० मंत्र बोल, सादर करवाये घृतस्नान॥
मधुवाता०मधुनक्तं० मधु मांत्रों०से मधु-सर्करास्नान।
ये दूध आदि पाँचोही वस्तु कहलाते पंचामृत महान॥
मा नस्तोके० से कटिबन्धन, नमोघृष्णवे० से वस्त्रधारण।
या ते हेति: से वसन जनेऊ, नमः श्वभ्य सेहो चन्दन॥
नमस्तक्षभ्यो० से अक्षत, म: पार्याय से पुष्प अर्पण।
नमः पर्णाय० से बिल्वपत्र, नम: कपर्दिने च० से धूपअर्पण॥
दीपार्पण 'नम आशवे०' नमो ज्येष्ठाय० नैवेद।
मंत्र त्र्यंबक० आचमन, कहें संत और वेद॥
ऋतुफल अर्पणहो इमारूद्राय, नमो व्रज्याय०से सर्वसअर्पण हो।
मानो महान्तम्०' मा नस्तोके० से ग्यारहों रुद्र का पूजन हो॥
हिरण्य गर्भः० से दक्षिणादान, देवस्यत्वा० से अभिषेक करे।
पूर्वोक्त नम आसवे० से, श्री शिवजी की आरती करे॥
इमा रुदाय० से पुष्पांजलि, मानो महान्तम० से परिक्रमा।
मानस्तो के० साष्टांग प्रणाम-एषते० मंत्रसे शिव मुद्रा॥
यतोयत: से अभयमुद्रा-और त्र्यंबकं से ज्ञान मुद्रा।
नम: सेना से महामुद्रा, नमो गोभ्य: से धेनु मुद्रा॥
तदनन्तर शिवमंत्रका, करे प्रेम से जाप।
या शतरुद्रिय पंचांग को, जपें विप्रया आप॥
तदनन्तर देवागातु० मंत्रसे करे विसर्जन शिवजीका।
इसतरह पार्थिव पूजनका, थोड़ा प्रतिपादन किया गया॥
पार्थिव-पूजनकी वैदिक-विधि, थोड़ेमें श्रवण किया जाए।
सद्योजातम० मंत्र बोल मिट्टी, लिंग- हेतु लिया जाए॥
फिर वामदेवाय०से जलडाले, अघोर०से लिंग निर्माणकरे।
तत्पुरुषाय०से शिव आराधन, स्थापन पर ईशाण० करे॥
करने सब अन्य-विधानोंको, पंचाक्षर से उनका पूजन।
षोडशोपचार, पंचोपचार, सुविधानुसार विधिवत अर्चन॥
भवाय भवनाशाय महादेवाय धीमहि।
उग्राय उग्रनाशाय शर्वाय शशिमौलिन॥(पूजा मंत्र)
इस विधिका आदरहो मुनिवर, एकदूजीरीति बताता हूँ
शिव नामाष्टक से पूजनकी उपयोगी विधी समझाता हूँ॥
कर उच्चारण ॐ हरायनम; लिंग हेतु शुद्ध मिट्टीलाए।
ॐ महेश्वरायनम: कहकर, मिट्टीसे लिंग निर्माण करे॥
ॐ शम्भवे नम: कह, करे प्रतिष्ठित लिंग।
ॐ शूलपाणयेनम; से आवाहन शिवलिंग॥

ॐ पिनाकधृषेनमः कहकर, शिव-लिंगको नहलाया जाए।
फिर ॐ शिवाय नमः कहकर पार्थिवका पूजन करवाये॥
ॐ पशुपतयेनमः कहकर शिवजीसे क्षमा- प्रार्थना करे।
ॐ महादेवाय नमः कहकर, आराध्य--का विसर्जन करदे॥

करे षडक्षर मंत्रसे, अंगन्यास करन्यास।
महादेव के ध्यानमें, मन पहुंचे कैलास॥
तदनन्तर विधि-सहितहो पंचाक्षर का जाप।
फिर प्रार्थना प्रणाम और शतरूद्रिय का जाप॥
हे नाथ! भोले नाथ! में आपको भूलूँनहीं।
पुष्पाच्छत अर्पण करे विनय सहित सम्पन्न।
करे प्रणाम प्रदक्षिणा भुक्ति-मुक्ति आसन्न॥
किस कामनाकी पूर्तिको कितने पूजे लिंग।
इसका वर्णनकर पुन; बोले मुनि सप्रसंग।

मखकोटिश सम पार्थिवपूजन कहसकें न महिमा सहसानन।
इस लिंगके तीन प्रकार कहे, ये उत्तम मध्यम और अधम॥
वेदीयुत चतुरंगुल ऊँचा, सुन्दर शिव- लिंग कहे उत्तम।
उससे आधा वह मध्यम है, उससे भी आधा कहेअधम॥
हो चतुर्वर्ण विलोम संकर पूजा का सब अधिकारी है।
क्या अधिक कहें नारियां और चांडाल तलक अधिकारी है॥
वैदिकविधि से केवल ब्राह्मण अन्यान्य वर्णको अन्यविधी।
है पक्षपात कुछ यहाँ नहीं यह वाणी भोले शंकर की॥

इस प्रकार शिवशंभुका, कर पूजन उपचार।
अष्टमूर्तियों को वहीं पूजे विधि अनुसार॥
यह अष्टमूर्तियाँ शिवजीकी, पृथ्वी, जल, अग्नि, समीर, गगन।
दिनकर, निशिकर, यजमानहैं ये, श्रद्धाके सहित करे अर्चन॥
इन आठोंके ही साथ-साथ, भव, रुद्र, उग्र, भीम, ईश्वर।
महादेव, पशुपति अर्चन इन नामों से जोड़े सत्वर॥

बिल्वाच्छत तिलकादि से पूजे शिव परिवार।
इन सबके सत्कारसे शिवका मिलता प्यार॥
ईषाण, चंड, नंदी, भृंगी, वृष, सोम, शुक्र, कपर्दीश्वर।
श्री कार्तिकेय और महाकाल, ये शिवजीके परिवार सुघर॥
शिव सम्मुख वीरभद्रजीका, पीछे कीर्तिमुख पूजन कर।
ग्यारह रुद्रोंका कर पूजन फिर जपे मंत्रवर पंचाक्षर॥

शिवलिंगसे दक्षिण तरफ, केवल होआसीन।
तीन तरफ बर्जित सदा, ऐसा कहे प्रवीण॥
विद्वान पुरुषको यह चहिये वह भस्म त्रिपुंड्रकरे धारण।
हो बिल्वपत्र रुद्राक्ष-माल उपरान्त करे वह शिव पूजन॥
ऋषि बोले बिल्वपत्र महिमा सुनने को मन लालायित है।
और सुना है यह भी शिव-प्रसाद लेना निषेध हैबर्जित है॥
सच्चा शिवभक्त दृढ्ढव्रत जो, वह शिवनैवेद्य करें भक्षण।
भागे दर्शन से सभी पाप, दर्शनसे कोटि पुण्य अर्जन॥

उनको महाप्रसाद जो शिवदीक्षासे युक्त।
अन्य देवता देवि की जो दीक्षा संयुक्त॥
नारायणिसे उत्पन्न लिंग, पाषाण रजत या कनक लिंग।
केसर-स्फटिक सुवर्णलिंग, या द्वादश विश्रुत ज्योतिर्लिंग॥
इन लिंगोमें राजित शिवका, नैवेद्य-ग्रहण उसका भक्षण।
इतना ही पुण्यप्रदायक है, जिसके समान व्रत चांद्रायण॥
जिसपर अधिकार चंडका हो, वह औरको खाना नहीं चाहिये।
अग्राह्य जो होते हैं प्रसाद उसको भी पाना नहीं चहिये॥
श्री शालिग्राम का स्पर्शमात्र, अग्राह्य को ग्राह्य बनाता है।
शिवलिंग के ऊपर चढ़है जो, वह द्रव्य अग्राह्य कहाता है॥

सावधान होकर सुनो, हे जप-तपके भूप।
बिल्व वृक्ष साक्षात है महादेव काऽरूप॥
बिल्वमूलमें तीर्थसब, करते सदा निवास।
तीनलोक के लिंगका, बिल्वसदा आवास॥
जो बिल्बमूलमें जलदेता, शिवको संतुष्ट कराता है।
पुष्पादिगंध से पूजनकर शिवलोक निवास बनाता है॥
जो बेलकी जड़में आदर से, प्रतिदिन करताहै दीपदान।
मिलता वह शीघ्र महेश्वरसे, वह पालेता है तत्वज्ञान॥
शिवभक्तोंको घृतपक्व अन्न, जो खीर समेत खिलाताहै।
वह कभी दरिद्र नहीं होता, धनपति धनराज कहाता है॥

शिवलिंग पूजनका हुआ वर्णन सांगोपांग।
प्रवृति-निवृतिके भेदसे, हैं इनके दो अंग॥
प्रवृत्त- पुरुष गुरु आदिकसे, सारी पूजा सम्पन्न करे।
अगहनी चावलोंका नैवेद्य अर्पणकर सदा प्रसन्न रहे॥
निवृत्त-मार्गी हाथों परही, शिव-पूजन कर नैवेद्य धरे।
भिक्षान्नार्पण विभुतिअर्पण नैवेद्यभी अर्पण यहीं करे॥

--------------------(अध्याय - 19-22)--------------------

महिमा श्री रुद्राक्षके, धारणकी सविधान।
इनके भेद प्रभेद का, करना पुनः वखान॥

नाम भस्म रुद्राक्षकी, महिमा कहें मुनीस।
आभारी हम आपके, जोड़े कर नत शीश॥
शिवके सेवककहैं धन्य-धन्य, है सफल उन्हींका तन धारण।
वे हैं कृतार्थ जिनके मुख में, शिव नामों का है उच्चारण॥
शिवनाम भस्म, रुदाक्ष सहित हैं तीन त्रिवेणी के समान।
शिवनाम गंग भस्म-यमुना, रुद्राक्ष सरस्वती सम बखान॥
श्री शिवनाम महत्वका, कुछ करताहूँ गान।
कोईभी साधन नहीं, सुमिरण नाम समान॥
शिवनामहै वैसा दावानल जो पाप पहाड़ जलाता है।
दुखसभी पाप-मूलक समूल, क्षणमें विनष्टहो जाता है॥
शिवनाम जाप हे मुने सुनो, जितने पातककको हर सकते।
उतने पातक इस भूतल पर, पातकी न कोई कर सकते॥
शिवनाम वृष्टिकी धारामें दिन-रात जो भीगा करते हैं।
संसार रूप दावानल में, रहकर भी अक्षत रहते हैं॥
अंगोंमें नित भस्म हो, मुखमें हो शिवनाम।
उनका मंगलमय सदा, आदि मध्य परिणाम॥

अति मंगलमय भस्म के, बतलाए दो भेद।
'महाभस्म' और 'स्वल्प' फिर, इनके कहे प्रभेद॥
हैं 'श्रौत' -'स्मार्त' और 'लौकिक', ये "महामस्म" के भेद कहे।
द्विज-मात्र प्रयोग करे दोंनो, तीजेको सबके लिए कहे॥
गोबर 'आग्रेय भस्म' देता, और अग्निहोत्रसे मिले भसम।
यज्ञादिक भस्म प्रदान करे, सबके सब कहे गए उत्तम॥
मंत्रों से हो या बिना मंत्र, आदर से धारण हो त्रिपुन्ड्र।
श्री विष्णु और श्री महादेव, नित नित धारण करते त्रिपुंड्र॥
रेखाएं तीन त्रिपुन्ड्र में हैं, प्रत्येक रेखके नौ- नौ सुर।
शिव दिक्षित इसे जानते हैं, वह क्या जाने जो रहा निगुर॥
प्रथम रेखके देव का बतलाता हूं नाम।
सावधान-होकर सुनो मंत्र न है यह आम॥
ओंकार का प्रथमाक्षर 'अ' कार गार्हपत्याग्नि धर्म पृथ्वी।

ऋगवेद, रजोगुण, प्रातसवन, श्री महादेव और क्रियाशक्ति॥
प्रणवका द्वितियाक्षर 'उ' कार दक्षिणाग्नि सत्वरण महागगन।
यजुर्वेद इच्छाशक्ति अन्तरात्मा महेश्वर मध्यदिवश-सवन॥
'म' कार अवाहनीय परमात्मा दलोक तमोगुण ज्ञानशक्ति।
शिष तृतियसवन और सामवेद है, तृतिय रेख में देव सभी॥
इन्हें नमनकर भावसे धारण करे त्रिपुण्ड।
भोग-मोक्ष भागी वही, वह न पड़े भवकुण्ड॥
बत्तिस सोलह आठ या पाँच त्रिपुण्ड स्थान।
नाम सहित धारण करे यही कहें विद्वान॥
बत्तिस कह सोलह कहे, आठ कहे फिर पाँच।
विविध मंत्र और विधि कहे, कहे भावहो साँच॥

--------------------(अध्याय - 23-24)--------------------

श्रीरुदाक्ष धारण महिमा-एवं उसके विविधभेद

महिमा श्री रुद्राक्षकी, जानें शिव भगवान।
थोड़ासा बतला रहा, हे शौनक मतिमान॥
इसका दर्शन और स्पर्श तलक सारे पापोंको हरता है।
मनबाँछित उसके करतलगत, रुद्राक्षपे जो जपकरता है॥
लाखों वर्षों तक तप करके श्री महादेवके खुले नयन।
आँसूकी कुछ बुदें टपकी, शोभित सब हुई वृक्ष बन-बन॥
रुद्राक्ष उसीका नाम हुआ, सबमें इसको बाँटा शिव ने।
भद्राक्ष शुभाक्ष शिवाक्ष यही, वह धन्य हुआ पाया जिसने॥
शिवको अतिप्रिय है पावन है, यह पाप समुहका भेदक है।
यहहै अछेद्यके छेदकभी, यह श्रुतियोंके भी प्रेरक है॥
जिसतरह मनुजमें चार वर्ण, वैसे इसकेभी चार वर्ण।
क्षत्रियको रक्त, श्वेत द्विजको, वैश्योंको पीत शुद्रोंको कृष्ण॥
उत्तम, मध्यम, निम्न हैं, इनके तीनप्रकार।
आँवला, बेर चना सम, हैं इनके आकार॥
आँवले समानको श्रेष्ठ कहा, मध्यम को बेर समान कहा।
और निम्न चने सा-बतलाया एक दूजा और विधान कहा॥
यह जितना छोटा होता है उसका फल उतना अधिक बड़ा।
शिवजीको छोड़ इसकी महिमा हैकौन यहाँजो कह सकता॥
मंगलमय रूद्राक्ष सी और न कोई माल।

निज धारक नर-नारिका, रक्खेसदा सम्हाल॥

खंडित दूषित भग्न व्रण, नहींजो पूरागोल।

दाने उभरे हों नहीं, वह न रखे कुछ मोल॥

ग्यारह सौ दानोंकी माला, इससे आधे का मुकुट बने।

हो हारमें तीन-सौ-साठ मनके, इसके तिगुणेका जनेउ बने॥

इनके धारणका फल वर्णन, सैकड़ों बरष तक पूर्ण न हो।

जब एक मनकेके धारणका फल किंचित कभी अपूर्ण नहो॥

किसअंगमें कितने तलक धारणहो रुद्राक्ष।

इसे बताकर सूतजी बोले जय रुद्राक्ष॥

अंगोंमें रूद्राक्ष हो सोलह त्रिपुण्ड ललाट।

मुख मृत्युन्जय जापहो कहे रूद्र साक्षात॥

है एकमुखी वह शिव-स्वरूप, वह भोग-मोक्ष फल देता है।

दो मुखवाला देवेश्वर है, वह मन--बाँछित फल देता है॥

त्रयमुखी त्रिदेव समान कहो, सारी विद्याएं देता है।

चौमुख वाला ब्रह्मास्वरूप चारों, पुरुषार्थ देता है॥

है पाँचमुखी कालाग्निरुद्र, वहहै समर्थ सब करने में।

वह भुक्ति-मुक्ति देनेवाला वह अद्वितीय अघहरने में॥

छ: मुखवाला कार्तिक स्वरूप, हरलेता द्विज-हत्यादि पाप।

सप्ताननको अनंग कहते हर लेता घोर दरिद्र ताप॥

अष्टानन अष्टमूर्ति भैरव, पूर्णायु -प्रदायक कहलाते।

इनका सुमिरण तक विघ्नोंको, करते विनष्ट मंगललाते॥

नवमुख-भैरव कपिल और नवदुगकि रूप।

धारणकर निज बामकर, नर हो मेरे स्वरूप॥

दसमुख वालाहै विष्णुरूप मनकाम पूर्ण करने वाला।

एकादस मुख है रुद्ररूप, सर्वत्र विजय देने वाला॥

बारह मुखहै द्वादशादित्य, धारकको ज्योतिर्मय करता।

तेरह मुख विश्वेदेव रूप, मंगल करता अनिष्ट हरता॥

चौदह मुखवाला शिवस्वरूप जो करतेहैं इसको धारण।

उनके होगये पुण्य वर्धन उनके पापों का हुआ हरण॥

कहे उमासे शंभुने सबके धारण मंत्र।

भागे इसको देखकर जोहै बाधक तंत्र॥

शिवबोले रुद्राक्ष से जो नरहै सम्पन्न।

मुझसमेत सब देवता उसपर सदाप्रसन्न॥

॥ श्रीशिवचरितामृत विद्येश्वरसंहिता संपूर्ण ॥

श्रीशिवचरितामृत-रुद्रसंहिता

(सार-संकेत)

नारद-विधि सम्वादकी अवतारणाकराके।

सूत मुदित नारद विमोहकी कथा सुनाके॥

काम-विजयके मदमें, नारद का इतराना।

विधि हरिहरसे निज-तपका प्रभाव बतलाना॥

जगत पिता भगवान शिव पार्वती जगदंब।

गणपति सहित नमन इन्हें, यही मात्र अबलंब॥

शौनक आदिक नैमिषवासी, श्रीसूतसे यह सविनय बोले।

जो निर्गुण अकल महेश्वर हैं, वे सगुण हुए क्यों शिवभोले॥

जिन शिवसे उत्पन्न हैं, ब्रह्मा विष्णु महेश।

हमें सुनाएं वहकथा, करके कृपा विशेष॥

बोले श्रीसूत आप सबकी शिवकथाश्रवणमें निष्ठा है।

शिवनिष्ठा ही तो हे मुनियों! वैष्णवकी परम प्रतिष्ठा है॥

तीनों भावोंसे भावितको, शिवका चरित्र सुखदायी है।

अपवाद में उसकी गिनती है, जो हिन्सक और कसाईहै॥

भवभेषज शिवकीकथा भव भेषज शिवनाम।

भवभेषज शिवभक्तगण, भवभेषज शिवधाम॥

यही प्रश्न देवर्षिने विधिसे किया विनीत।

सिरनाकर सर्वेशको, बोले ब्रह्म सप्रीत॥

हिमगिरिकी एक पवित्र गुफा, नारद तुमको अतिशय भाया।

तुझ सहज तपस्वीका मन फिर तप करने को अति ललचाया॥

रखकर वीणा मृगछाल डाल, मुनि बैठेसहज समाधि लगी।

इस समाचारसे शचिपतिके उरमें चिन्ताकी ब्याधि लगी॥

इन्दासनकी आशामें ही, मुनिवरने आसन बांधी है।

मिलजाए मेरा राज्य उन्हें इसकारणलगी समाधी है॥

बुलबाकर रतिनाथको समझाये शचिकंत।

मनसिजकुछऐसाकरो, हो मुनिका तपअंत॥

आज्ञा पाकर चल पड़े मन्मथ औरबसंत।

था प्रताप पुरुषार्थका, इन्हें गर्व अत्यंत॥

रतिपति और ऋतुपति दोनोंने सब किये उपाय वहां जाकर।

सबकलाकामने प्रकट किये क्रोधित होकर और झुंझलाकर॥

ऋतुपतिने भी अपने प्रभाव, तत्काल वहां विस्तार किये।

जो कर सकतेथे दोनोंने मुनिवर पर सभी प्रहार किये॥

शिवजीके परम अनुग्रहसे तप-मग्न रहे मुनि निर्विकार।

मद कामदेवका चूर्ण हुआ, ये सभी तरह से गए हार॥

शौनक आदि महर्षियों, हुई कामकीहार।

थी नारदकी जीतमें, शंभु-कृपासाकार॥

यह वही स्थानथा जहां कभी शिवजीने ध्यानगायाथा।

बाधक मन्मथ को क्षणभरमें क्रोधित हो भस्म बनाया था॥

सुर विनय श्रवणकरबोले थे, यह जीवित तो होजायेगा।

लेकिन यह अंगरहित शासक, अबसे अनंग कहलायेगा॥

यह भूमि किन्तु हे देवगणो! उसके करसे बाहर होगा।

चहुंओर जहांतक दृष्टिजाय, उसका कुछनहीं असरहोगा॥

कामदेव फिर लौटकरगये इन्द्रके पास।

कही पराजयकी कथा, होकर बहुत उदास॥

मनसिज से सुनकर सभी नारदका वृत्तांत।

मुनिपद नतसिर इन्द्रको, विस्मय हुआनितान्त॥

शिवमायासे जोमोहितहैं वे शिव-लीलाकोक्याजानें।

शिवपद आत्मार्पित सज्जनही शिवलीलामाया पहचानें॥

तपलग्न समाधिमग्न मुनिने खोली समाधि चिरकाल बाद।

होगई तपस्या पूर्ण मेरी, फिर आई काम-विजय की याद॥

शिवमायासे ग्रस्त मुनि, विजय स्वयंकी मान।

पभु-प्रभाव को भूलकर – कर बैठे अभिमान॥

माया मोहित मुनि गये उसी समय- कैलास।

गर्व-सहित शिवसे कहा कामविजय इतिहास॥

शिव बोले मुनिवर सुनो बड़े ध्यान सेबात।

और किसीसे यह कथा कभी न कहना तात॥

शिवजी का उपदेश यह गया व्यर्थ बेकार।

ब्रह्मलोक नारद गए मदथा शीश सवार॥
शिवमाया मोहित नारदने, गर्वोक्ति प्रगट करदी अपनी।
पद कामजीतका मिला हमें पितुसे सब बात कही अपनी॥
शिवपदकमलोंका चिन्तनकर, श्री ब्रह्मदेव सब जानगये।
इन पर माया की छाया है, होंगे चरित्र कुछ नये नये॥
यह विजय शंभुकी है बेटा, तुम अपनी मानो विजय नहीं।
मतबोल गर्वकी यहभाषा, यदि विनय नहीं तो विजयनहीं॥
तुम कामजयीहोलिये वत्स, इस भूलमें हरगिजमत रहना।
जैसे कह दिया मुझेतुमने, भगवान विष्णुसे मत कहना॥

शिवमायासे ग्रस्तये, करके अति अभिमान।

पितु पदवन्दन करकिया, विष्णुलोक प्रस्थान॥

आसनसे उठकर श्रीहरिने नारद जी का सत्कार किया।
यहकृपा बहुतदिन बादहुई, क्या मुनिने मुझे बिसार दिया?
बिठलाया मुनिको आसनपर, शिवचरण कमलकाकर चिन्तन।
नारद से कुशल-क्षेमपूछी, श्रीहरि ने कहकर मधुर बचन॥

कामचरित देवर्षिने, किया सगर्व बखान।

शिव-प्रभाव माया-ललित, जानरहे भगवान॥

हरिबोले मुनिहैंधन्य आप, जप-तप के तोभंडारही हैं।
बाधक परभी है कोप नहीं, स्वाभाविक परम उदार भी हैं॥
दुखदायी कामादिक विकार, हे मुनिवर सदावहाँ होता।
शिवभक्ति सहित वैराग्य-ज्ञान तीनोंही नहींजहां होता॥

बड़ी कृपाहै आपकी, बोले मुनिमहाराज।

अब मुझको आग्यामिले, कई और हैंकाज॥

-----------------------(अध्याय - 1-2)-----------------------

मायापुरी नरेशकी, कन्या पर हो मुग्ध।
कामबाण की चोटसे, नारद हुए बिछुब्ध॥
हरिसे नारदजी का उनका रुप मांगना।
प्रभुका मायामय उनको बंदर-मुख देना॥
विश्वमोहिनी के द्वारा श्रीहरिको वरना।
कुद्ध मुनीका शंभुगणोंको शापित करना॥

शिवइच्छा से विष्णुने मायारची विशाल।
मुनि-मगमें निर्मित हुआ, मायापुर तत्काल॥

सौ योजनका विस्तृत वहपुर अति अद्भुत और मनोहर था।
रमणीयकता सुन्दरता में वैकुण्ठ सेभी बढचढ कर था॥
थे चतुर्वर्णिक सुखी लोग, नर-नारी इतने थे सुन्दर।
मानो रति-काम वहीं रहते, इनलोगोंका स्वरूप धरकर॥
थे नृपति शीलनिधि और उनका, ऐश्वर्य इन्द्रसे बढकर था।
कन्याथी विश्वमोहिनी और उसका हो रहा स्वयंवर था॥
उस उत्सवमें अनेक पुरके, राजा और कुंअर पधारे थे।
मुनि देखरहेथे मंत्र-मुग्ध, अपना विज्ञान बिसारे थे॥

पुरवासी से पूछकर, आएनृपके द्वार।

नृपने बिठलाया इन्हें, कर पूजन सत्कार॥

सादर प्रणाम फिर करवाया, अपनी बेटीको बुलवाकर।
होगए चकित श्री नारदजी, उसकी सुन्दरताको लखकर॥
यह मेरीकन्या है मुनिवर इसका होरहा स्वयंवर है।
इसके गुण-दोष कहें, इसको मिलनेवाला कैसा वरहै?
भूपाल आपकी यहबेटी है सुलक्षणा सौभाग्यवती।
इसके पतिहोंगे अपराजित, ऐश्वर्यवान शिव-सदृश यती॥
ले विदा चलपड़े नारदजी मगमें होरहेकामविह्वल।
कैसे पाऊं इस कन्याको, मुनि सोच रहेथे मोह-बिकल॥
सबको तजकर ले मुझकोवर, ऐसा कुछकरदिखलाना है।
प्रियहै सौन्दर्य नारियोंको, सबसे सुन्दर बनजाना है॥

देदें अपनारूप यदिहरिसौन्दर्य-निधान।

तो मिलजायेगी मुझे, कन्या रत्न महान॥

विष्णुलोक जाकर तभी पाकरके एकान्त।

सविनय सविकल विष्णुसे, कह समस्त वृत्तान्त॥

अपना यह रूप मुझे दें यह सुन्दरता में है आला।
लखते ही मेरी गर्दनमें वहकन्या डाले वरमाला॥
मेरा हितसाधन करेंआप तव नारायण बोले हंसकर।
रोगीके प्रतिजो वैद्य करे, मैं वही करुंगा हे मुनिवर॥
अपने समानही तनसुन्दर, मुखबन्दर जैसा बनादिया।
अंतर्हित होनेसे पहले श्रीनारदजीको विदा किया॥
अत्यन्त प्रसन्न हुए मुनिवर, जाबैठे मध्य स्वयंवर में।
थी सोच देखते ही मुझको श्रीमती वरेगीक्षणभरमें॥
सबने इनको नारद देखा यह भेदनकोई जान सके।
शिवके दो गणही रूपभेद, यह भलीभांति पहचान सके॥

मुनिको मोहित देखकर, द्विज-वेषी गण दोय।

आपसमें कहने लगेइन जैसा नहिं कोय
वे सुना सुनाकर हंसते थे ये सुन सुनकर भीथे बहरे।
मायाथी भोलेबाबा की ये माया-मोहित जो ठहरे॥
व्याकुलथे जिसे देखने को उसको कुछ देर बाद देखा।
तारों के मध्य चन्द्र देखा, देखा फिरदेख फिर देखा॥
वह विश्वमोहिनी सभामध्य, जयमाल लियेकोमल-करमें।
बढ रहीथी मंद-मंद आगे सबको विमुग्ध कर क्षणभर में॥
बन्दर पर पड़ी नजर ज्योंहींत्योंही वहसन्दरि कुपित हुई।
जब मिले नही मनबांछित वर तबक्रोधभूलकर दुखित हुई॥

इतने में आए वहां श्रीहरि बन नरपाल।
इसने उनके कंठमें डाल दिया वरमाल॥
श्रीमतिको लेकर गये श्रीहरि अपने धाम।
श्रीहत और निराश अतिनृपगण हुए तमाम॥

विह्वल नारदसे द्विजवेषी बोले हंस-हंसकर वे शिवगण।
हे मुनिवर अपना बन्दर मुख लो देखजरा लेकर दर्पण॥
सुनतीखे बचन रुद्रगणके मुनिवर विस्मित औरचकित हुए।
जब देखाबन्दर मुख अपना, तब अतिक्रोधित और दुखितहुए॥
माया-मोहित क्रोधित मुनिने शिवगणको दारुण श्राप दिया।
तुम दोनो राक्षस हो जाओ ऐसा ही तुमने पाप किया॥
मुझ द्विजकाकर उपहास दुष्ट द्विजकुल में राक्षस होवोगे।
तुमरुला-रूलाकर औरोंको कुलनष्ट कराकर रोओगे॥

शिवगण इनको जानकर शिवमाया से ग्रस्त।
चले गए स्वस्थान वे, लख शिव खेल समस्त॥

-----------------------(अध्याय - 3)-----------------------

श्री हरिको फटकार कर देना उनको श्राप।
माया मिटने पर पुनः करना पश्चाताप॥
अपने मार्जनका पभुसे सदुपाय पूछना।
नारदजीसे हरिका शिवकी महिमा कहना।
ब्रह्माजी की शरण-ग्रहण कीआग्या देना।
शिवके सतत भजन करने का आग्रह करना॥

कहा सूतने मुनिगणों, दे शिवगणको श्राप।
शिवमाया से कोपवश, नारद रहे थे कांप॥

अबभी उनके कोप की ठंढी हुई न आग।
श्रापदिया शिवभक्त को, फिरभी सके नजाग॥
नारायण के कपट को करके फिर-फिर याद।
ज्ञान भक्ति भूले सभी- भूलगये मर्याद॥
जा बिष्णुलोक बोले हरिसेहो कपटी, धुर्त, दुष्टभारी।
मनमाना है आचार तेरा स्वारथीसदा स्वेच्छाचारी॥
मोहिनीरुप धारण करके, सुरगणको अमृत पिलाया था।
असुरोंको सुरा पिलाकरके छिलयोंमें नाम लिखाया था॥
विषपीते अगर न शिवजी तो, रहजाती धरी तेरीमाया।
अपनी मायासे मोहित कर-तुमने इसजगको भरमाया
है सबक दिया तूने छलसे, बलसे मैं सबक सिखाऊंगा।
ऋण डालाहै तुमने मुझपर, मैं ब्याज समेत चुकाऊंगा॥

खेद खिन्न नारदमुनी, देते हरिको शाप।
जैसा तुमने है किया-वैसा पाओ आप॥

बन राजकुमार छले मुझको तो राजकुमार बनोगे तुम।
तजकर बैकुंठ क्षीर- सागर भूमंडल पर उतरोगे तुम॥
नारी के लिये रुलाया है नारीके लिये रोओगे तुम।
बन्दर-मुख मुझेबनाया है बन्दरके साथ रहोगे तुम॥
अज्ञान-विमोहित नारदने इसतरह विष्णुको शाप दिया।
शिवमायाको करके प्रणाम, स्वीकार प्रभूने आपकिया॥

अपनी माया शंभुने ली समेट तत्काल।
शुद्ध बुद्धि नारद हुए, छूटा-मोह कराल॥
ब्याकुलता सारी मिटी मिला पूर्ववतग्यान।
हियमें पश्चाताप की छायी घटा महान॥

फिर नेत्रगगनसे मुनिवरके, बरसा होगयी शुरू झरझर।
हरिचरणोंमें साष्टांग गिरे, तन कांप रहेथे थर-थर-थर॥
तत्काल उठाकर श्रीहरिनें मुनिवरको सादर किया खडा।
प्रभुरक्षमाम् - प्रभु पाहिमाम्, रो-रोकर मुनिनारद नेंकहा॥
कहेदुर्बचन नाथको दिया कुपितहो शाप।
जलता है मेरा हृदय- हुआ भयंकर पाप॥
नाथ! आपके दासका अति ब्याकुलहै चित्त।
करुणाकरबतलाइये, कोई प्रायश्रित्त॥

मुनिको उठाय हियसेलगाय, श्रीहरि बोले अतिमधुर बचन।
हे मुनिवर यह संतापलगा, शिव बचन उपेक्षा के कारण॥
हैं वही कर्म-फलकेदाता, सबके स्वामी परमात्मा हैं।

सबके अधार वे निर्विकार, वे अगुन सगुन सर्वात्माहैं॥
है एक उपाय बताता हूं, श्री शिवजीके गुणगानकरो।
शतनाम जपन, शिव क्षेत्रभ्रमण, शिव भजनोपासन ध्यानधरो॥
भस्मकरे शिवनाम एक कोटिक पाप पहाड़।
सत्य-सत्य अनुभव मेरा, मेरा सत्य विचार॥
नित सुमिरन, नित-नित भजन, नितगायन, नितध्यान।
भक्तोंका सत्कार नित, मुदित हृदय अविराम॥
इनसबसे पहले हे मुनिवर! तुम शिवक्षेत्रों में करो भ्रमण।
शिव-महिमा का दर्शन करते, आखिर में पहुंचों आनंदवन॥
इसअति उत्तम भूमिपर, रहते शिव भगवान।
दर्शन, पूजन श्रवणतक, करे भक्तिका दान॥
तदनन्तर करना मुने, ब्रह्मलोक प्रस्थान।
वे सब विधि देंगे तुम्हें, सतसंगतिका दान॥

--------------------------(अध्याय - 4)--------------------------

शिव-क्षेत्रोंमें परिभ्रमण, शिव सुमिरणअविराम।
शिवगणके उद्धार का, कहना समय प्रमाण॥
जाकर विधिके लोकमें, ब्रह्मा को सिरनाय।
शंभु- तत्व उपदेशका, करना प्रश्न- सुभाय॥

अंतर्धान हुए प्रभु, कर नारद परितोष।
शिवक्षेत्रोंका भ्रमणकर, भक्त हुएनिर्दोष॥
गिरे चरणपर शम्भुगण, क्षमाकरें मुनिराज।
श्राप-ग्रस्त अति-त्रस्त हम, करेंअनुग्रह आज॥
कहासप्रेम महर्षिने, हुई कर्मवश भूल।
शाप अटलहै किन्तु वह, होवेगा अनुकूल॥
विश्रवा पुत्रकहलाओगे- उनके घर करके जन्म ग्रहण।
ब्रह्माण्ड अधीश्वरदिग्विजयी होओगे रावण कुंभकरण॥
शिव रूप विष्णुके हाथों से, मरकर मुक्ती पा जाओगे।
अभिशाप भोगकर हे शिवगण, तुम फिर शिवगणहो जाओगे॥
हो प्रसन्न शिवगण गए, नारद मन आनन्द।
मुनि पहुँचे यात्रान्त में, आनन्दवन-सानन्द॥
काशी दर्शनसे अति अनंद-आनन्द परम शिवपूजनसें।

परमानन्द सेवा सुमिरणसे-आनन्द नमन से-वर्णन से॥
शुद्ध-बुद्धिनारद हुए करके दंड प्रणाम।
होकरके पुलकित मुदित, -गए ब्रह्मके धाम॥
भक्ति-सहित विधिदेव को, करके दंड प्रणाम।
स्तुति पूर्वक अति प्रेमसे, पूछा शिव गुणग्राम॥
देव सुनाएं कर कृपा शिवके विविध चरित्र।
देवि शिवाके अमृतमय कहिंये कथा पवित्र॥
सुनकर सुतकी प्रार्थना, विधि हिय अधिक उमंग।
अति विचित्र श्री शंभुके प्रगटे सभी प्रसंग॥

-----------------------(अध्यान - 5)-----------------------

महाप्रलय के समय अगुण-सद्ब्रह्म की सत्ता।
उस निर्गुणसे सगुण प्रगट होना शिवजीका॥
उन्हीं सदाशिवसे अम्बाका प्रगटित होना।
उन दोंनोसे आनन्दवन का सिरजन होना॥
शिवजी के बामांग से हरिका प्रादुर्भव।
प्राकृत तत्वोंका पुन:, शिव से आविर्भव॥

ब्रह्मा बोलेवत्स तू हैउपकार-सकार।
पूछा उस शिव-तत्वको, जो सारोंका सार॥
जिस समय जगतथा नष्ट-भ्रष्ट, चारोंहीतरफ अंधेरा था।
रवि-शशि नक्षत्र न तारे थे, कुछ पंच-तत्वका पता नथा॥
नथेपंच-विषय नथी कोई दिशा, था मात्रएक सद्ब्रह्मशेष।
वह मन, वाणीका विषय नथा, नथा रूपरंग नथा कोई वेष॥
समय समझकर सृजनका, हुआब्रह्म-संकल्प।
दुतिय मूर्ति साकारबन, मेरा बने विकल्प॥
दूजी मूर्तीबिन हुआ, निराकार- साकार।
वही सदाशिवब्रह्म-पर, ईश्वर –सर्वाधार॥
अपने स्वरूप से शिवजी ने अपनी शक्तीका सृजन किया।
शिव-शक्ति अंबिका नित्याने, त्रयलोकेश्वर को नमन किया॥
अष्टभुजा शुभ लक्षणा, शोभा परम विचित्र।
कोटि च्रंदगुण धारिका, मूरति दिव्य पवित्र॥
तदनन्तर देव महेश्वर ने, शिवलोक क्षेत्र निर्माण किया।

आनन्द-विपिन अविमुक्त क्षेत्र, अथवा काशी शुभनाम दिया॥
अविमुक्त क्षेत्रमें एक दिवस दोनो ने ऐसा कर विचार।
एक और पुरुषकी हो रचना, जो करे सृजन पालन संहार॥

आनंदकानन में करें, हमदोनो विश्राम।
उनके हाथों सौंपकर, यह तीनों ही काम॥
दसम अंग वामांकसे किया विचार सकार।
अदभुत् अनुपम पुरुषने, लिया तभी अवतार॥
परमेश्वर शिव-शक्तिको उसने किया प्रणाम।
स्वामिन अब निश्चितकरें, मेरा नाम और काम॥

शिव बोले व्यापक होने से, तेरा प्रसिद्ध हो विष्णु नाम।
सब कार्यों का कारण तप है, तपही है तेरा प्रथम काम॥

श्वास मार्गसे वेदका, करके ज्ञान प्रदान।
शिवा सहित शिवजी हुए क्षणमें अंर्तधान॥

भगवान विष्णु की उसी जगह प्रारंभ तपस्या विकट हुई।
तप श्रमके कारण अंगो से अगनित जलधारा प्रकट हुई॥

व्याप्त हुआ उसनीर से सूना सा आकाश।
थकेहुए श्री विष्णु ने, उसमें किया निवास॥
तबसे उनका हो गया, श्री नारायण नाम।
सभी तत्व और वस्तुएं, उनने रची तमाम॥

प्रकृति से महतत्त्व प्रकटा, फिर महतत्त्व से तीनो गुण।
त्रयगुण से त्रयविध अहंकार, इनसे तन्मात्राएं बन बन॥
तन मात्राओं से पाँचभूत- इनसे ज्ञानेन्द्रिय कर्मेन्द्रिय।
मुनिश्रेष्ठ कहीहैतत्व तुम्हें, इनकी गिनती बाईसऔर द्वय॥

एकत्रित इनवस्तु को, कर अपनेमें लीन।
शिव इच्छावश विष्णुजी हुए निन्दआधीन॥

-----------------------(अध्याय - 6)-----------------------

विष्णु नाभि से कमल, कमलसे विधि का होना।
कमल मूल अति अगम ब्रह्म का ब्याकुल होना॥

भारी तप करने पर हरि का देना दर्शन।
दोनों में विवाद बढ़ने से बढ़ना उल्झन॥
सहसा इनके बीच में बनना पावक खंभ।
उसे अनादि अनंत लखि खंडित होना दंभ॥

बोले ब्रह्मा हरि नाभी से एक प्रकट हुआ सरसिज उत्तम।
ऊंचाई-लम्बाई सुकान्ति में, वहथा अदत् और अनुपम॥
पश्चात साम्बशिव ने मुझको निज दक्षिणांग से प्रकट किया।
फिर माया-मोहित कर मुझको, हरि-नाभि-कमलमेंडालदिया॥

पुनः प्रकटकर कमलसे दिया मुझे मुख चार।
अंग कान्तिथी अरुण और, माथे तिलक त्रिवार॥
ग्यानक्षीण बलहीन और, शिवमायासे मुग्ध।
कौन हूं? मेरा कौन? मैं था चिंतासे दग्ध॥

जिस कमलसे मेरा जन्म हुआ, मैं मूलमें उसके जाता हूं।
जिसने मुझको उत्पन्न किया, मैं उसका पता लगाता हूं॥
प्रतिनाल- नाल सैकड़ों साल, मैं करता ही रह गया भ्रमण।
आखिर तक खोज नहीं पाया, है कहां कमल का मूलोद्रम॥
जब नीचे मूल न खोज सका, तब ऊपर तलक लगा बढने।
ऊपर भी खोज नहीं पाया तब, अतिशय संशय हुआ हमें॥

हुई गगन वाणी तभी तप' सुन पाया कान।
पितु के दर्शन के लिए, मैं तप किया महान॥
हो प्रसन्न प्रगटे तभी नारायण भगवान।
मैं उस छबिको देखकर, हर्षित हुआ महान॥

हे वत्स शंभुलीला-वशात, दोनों में घोर विवाद हुआ।
जो उचित नहींथाऐसा ही, दोनोंमें कटु-संवाद हुआ॥
दोनों के बीच में उसीसमय प्रगटा ज्योतिर्मय अग्नि खंभ।
था ओर-छोर का पता नहीं, हो गया हमाराचूर्ण दम्भ॥
हरि नीचेमैं ऊपर खोजा, हरसंभव सभी प्रयत्न किया।
थक हारके दोनों लौट गए, उसका कुछ आदिन अंत मिला॥
दोनों ने किया लिंगवंदन, करजोर नमित मुख हुएखड़े।
हम नहीं जानते आप कौन? कृपया अपना परिचय दीजे॥

इसीतरह करते विनय, बीत गये सौ वर्ष।
हुई दयाकरुणेशकी, मिला हमें अतिहर्ष॥

-----------------------(अध्याय - 7)-----------------------

दोनों को ध्वनिमयशिवके शरीरका दर्शन।
दोनोंका हर-गिरिजाको करना अभिनन्दन॥
शिवद्वारा अपने स्वरूप का स्वयं विवेचन।
तीनोंके एकत्वका फिर करना प्रतिपादन॥

अग्निलिंगसे ओमका, हुआ शब्दका नाद।
'प्लुत' स्वरमें अभिव्यक्त फिर, हुआ ओमका नाद॥
लिंगके दक्षिण भागमें हरिको दिखा 'अ' कार।
उत्तरदिखा 'उ' कार और मध्यम भाग 'म' कार॥
रविसा 'अ' कार तेजोमय था, 'उ' कार अग्निसादिप्तिशाली।
देखे 'म' कार शशिके समान, उपरान्त दृष्टि ऊपर डाली॥
हरिने शिवजी का ध्यान किया, तत्क्षण प्रगटे एक मुनिप्रवर।
उनने बतलाया शब्द-ब्रह्ममय, लिंग- रूपमें शिव शंकर॥
मन सहित जहां जाकर वाणी, बिन पाये वापस आती है।
श्रुति आदि जिन्हें अज, अकल, तथा, निर्गुण, गुणधाम बताती है॥
जिनका वाचकहै प्रणव, जो वाच्यार्थ स्वरूप।
अथवा वो ही ब्रह्म-पर, जिनके नाम नरूप॥
इस प्रणव का प्रथमाक्षर 'अ' कार, ब्रह्माका बोधकराता है।
द्वितियाक्षर हरिका है प्रतीक, तीजा शिवको बतलाता है॥
सृष्टि समर्थ 'अ' कारहै, मोहित करे 'उ' कार।
नित्य अनुग्रहजो करे, कहते उसे 'म' कार॥
हैं बीजी बोध्य 'म' कार शंभु, मैंब्रह्माबोध्य 'अ' कार बीज।
हैं योनि 'उ' कार बोध्य विष्णु, हैं तीनोंसाथ मैं हरी शिव॥
भू, द, निज उत्पत्तिकी, कही कथा हर्षाय।
ज्योतिर्लिंगसे ओम का, नाद यही बतलाय॥
शक्ती संभूत मंत्रद्वारा श्री हरिने शिवका किया स्तवन।
पंचानन दसभुज शिवजीने, कर कृपा दिया इनको दर्शन॥
उपरान्त प्रसन्न महेश्वरने, शब्दमय रूपको प्रकट किया।
मस्तक 'अ' कार 'आ' कारभाल,' इ' दक्षिण 'ई' बांया नयन किया॥
कान 'उ' कारथा दाहिना, बांयाथा 'ऊ' कार।
था 'ऋ' कार दक्षिणतथा, बाम कपोल 'ऋ' कार॥
'लृ' 'लृ' दोनों नासिका छिद्र, 'ए' कार ऊपरी ओष्ठ सुन्दर।
'ऐ' कार अधर 'ओ' कार तथा,' औ' कार दंत नीचे ऊपर॥
'अं' 'अः' इनके दोनों तालु, 'क' वर्ग दहिनापांच हाथ।
'च' वर्गथे पांचो बाम-हस्त, 'ट' 'त' - पांचोपद थे सुहात॥
'प' उदर 'फ' 'ब' येयुगलपार्श्व, कंधा 'भ' कार और हिय 'म' कार।
'य' से 'स' शिवतन सप्तधातु, नाभी 'ह' कार मेद 'क्ष' कार॥
देख गिरामय शिवशिवा, हमदो हुए सनाथ।
नत सिर वन्दन कर रहे, जोड़े दोनों हाथ॥
ओंकार मंत्र गायत्रि मंत्र मृत्युंजय पंचाक्षर सुमंत्र।

साक्षात हुये दर्शन इनके आखिरमें चिन्ता मणिमंत्र॥
जप पूर्वक इन मंत्रके, दोनों ने करजोड़।
श्रद्धा-पूर्वक वंदना, किया बहोर-बहोर॥

----------------------(अध्याय - 8)----------------------

सुनकर विनय हुएप्रकट, उमा-सहित ईषाण।
पंचानन के चरण में, हमने किया प्रणाम॥
उनसे पाया विष्णु ने श्वास रूप में वेद।
मुझपर भी करके कृपा दिया ज्ञानमय वेद॥
पुनः किया उनको नमन श्रद्धा सहित विशेष।
पूछा पूजन की विधि तथा अन्य उपदेश॥
शिवबोले मेरा यह स्वरूप इसका ही होपूजन -चिन्तन।
इसरुपका ध्यान सदाही, हो मेरे मंत्रों का सदा मनन॥
हो प्रसन्न मैं दे, रहा दोनोंको वरदान।
भक्ति मिले मेरी सुदृढ मुझमें प्रेम महान॥
हे ब्रह्मा मेरी आज्ञा से, अब करो जगतका शीघ्र सृजन।
और वत्स विष्णु तुम भी अबसे, इस जगका सदाकरो पालन॥
शिवजी ने अपने पूजन की, उत्तम विधि हमें प्रदान किया।
हम दोनों ने कृतार्थ होकर शिवजीको पुनः प्रणाम किया॥
वे बोले मैं हींकर्त्ता हूं, मैं सगुण और मैं निर्गुण हूं।
सच्चिदानन्द मैं हे विष्णों, मैं शिव ब्रह्मा नारायण हूं॥
वास्तविक कहो तो निर्गुण हूं, अवतारकी सुनकर विनयतेरी।
विधितनसे रुद्र देहधर कर, मैं करूं प्रार्थना पूर्ण तेरी॥
मुझमें उसमें आप में, नहीं है कोई भेद।
किन्तु सनातन है सदा, शिवका रूपअखेद॥
आज्ञा दी है सृष्टि की, प्रथम मेरी ही सृष्टि।
भृकुटि मध्यसे हो प्रकट संहारूंगासृष्टि॥
हे ब्रह्मा तुम तो सृष्टिकरो श्री विष्णु सभी को पालेगें।
मेरे अंशसे रुद्रप्रकट होकर, संहारका कार्य संभालेंगे॥
ईषाणि उमाकी शक्ति-भूता, शारदा तेरा आश्रय लेंगी।
दूसरी शक्ति लक्ष्मी बनकर, श्री हरिकी सेवा पालेंगी॥
तीसरी शक्ती काली होगी, जो रुद्रदेव को पायेंगी।
संगिनी सदाकी ये बनकर, अपना दायित्व निभायेंगी॥
हरि आप मुक्तिदाता बनकर, मेरे समान प्रियदर्शन हों।
हरिमें श्रीहरके दर्शन हों, हरमें श्रीहरि के दर्शन हों॥

हर और हरिमें तत्त्वतः तनिक न अंतर मान।
अन्तर माने यदि कोई, वह न भक्ति रसजान॥
वाम अंग प्रकटेहरी, ब्रह्मा दक्षिण अंग।
हृदय-देश से रुद्रका, हो प्राकट्य प्रसंग॥

------------------------(अध्याय - 9)------------------------

रक्षण पालन दानका, दे हरिको अधिकार।
प्रस्थित होना शंभुका, दे विधिको भीभार॥
हरे तुझे आग्या मेरी, रहना आग्यापाल।
ब्रह्माजीकी सृष्टिका, रखना सदा सम्हाल॥
दुख-संकट आएकहीं, करना उसको दूर।
पद-पद पर मेरी मदद, पाओगे भरपूर॥
जो तेरे होंगे शत्रु हरे! मैं उनको मार गिराऊंगा।
जो भी तेरे अपने होंगे मैं अपना उन्हें बनाऊँगा॥
अवतार विविध धारणकरके, उत्तम यशकाविस्तार करो।
जो डूब रहे भवसागर में तुम, उन सबका उद्धार करो॥
सदा ध्येय तुम रुद्रके, रुद्र तुम्हारे ध्येय।
रुद्र भक्त निन्दकतेरा, त्याज्य वही वह हेय॥
इतना कहकर शंभुने, पकड़ के मेरा हाथ।
हरिके करमेंसौंपकर, कहा निभाना साथ॥
आगया तुम्हारी शरणमें जो, निश्चयवहमेरी शरण हुआ।
हरि हरमें जो अन्तर माने, वह गिरा नरकमें दुखी हुआ॥
हे मुने! हरी हरसे बोले, सेवाकी शक्ति प्रदान करें।
हरिभक्त अगर हर-निन्दकहो उसकोभी नरक प्रदान करें॥
नाथ! आपका भक्तजो, वह मेराभी भक्त।
जो हरमें अनुरक्त है, हरि उसमें अनुरक्त॥
तदनन्तर हमलोगको दे अनेक वरदान।
हुए देखते - देखते, शिवजी अंतर्धान॥
लिंग पूजाका तभीसे चालू हुआविधान।
नहीं शक्ति मैं कर सकूं, पूजन फलकागान॥

------------------------(अध्याय - 10)------------------------

शिवपूजनकी विधि और, उसके फलकावर्णन।
अपरिहार्य इस पूजनका, करना प्रतिपादन॥

शिवपूजन की सर्वोत्तम विधिका फिर वर्णन।
पुष्पों, अन्नों, जलधाराओं से शिव अर्चन॥
सृष्टि-कथन मनुआदिकी सन्तानोंका गान।
दाक्षायिणि सुवनों तथा, सती- शंभु आख्यान॥

मुनिगणने श्रीसूतसे विनय किया साभार।
शिव पूजन विधि गाइये पूर्वापर अनुसार॥
तदनन्तर श्रीसूतने विविध कथा अनुसार।
पूजनविधि इनसेकहा, ब्रह्मकथन का सार॥
श्रीब्रह्माने पुत्रसे, कहा सहित विस्तार।
उसे सुनाया सूतने, इनसे भले प्रकार॥

------------------------(अध्याय - 11)------------------------

नारदजी बोले ब्रह्मा से, इसका ही फिर वर्णन करिये।
मैं अधिक-अधिक बतलाता हूं, हे नारद आप श्रवण करिये॥
ऋषियों-देवों को संग लिये मैं, क्षीर सिन्धु तट पर आया।
हम सबकी विनती को सुनकर, भगवान विष्णुने बतलाया॥
जो शिवपूजन में तत्पर है, जो शिवजीका अनुरागी है।
मैं सत्य-सत्य यह कहता हूं, जगमें वहही बडभागी है॥
सुरगण बोले हे नारायण, शिवलिंग प्रदान करें हमको।
हरिआग्यासे सुरशिल्पीने, लिंग श्रेष्ठ-महान दिया सबको॥
पद्मराजलिंग इंद्र को, कुबेर कनकमय लिंग।
धर्म पूज्य पुखराजलिय, वरूण श्याम मणिलिंग॥
फिर इन्द्र नील-लिंग श्रीहरि को, ब्रह्मा को हेममय लिंग मिला।
विश्वेदेवों को रजत लिंग, अश्विनि-सुत को मृण लिंग दिया॥
सुस्फटिक लिंग श्रीलक्ष्मी को, आदित्य गणों को ताम्र लिंग।
मोती के लिंग सोमनृप को, श्रीअग्नि देव को वज्र लिंग॥
ब्राह्मण को पार्थिव लिंग मिला, मयको चन्दन निर्मित लिंग।
मूंगे को नाग, देवी माखन, योगी जन को विभूति लिंग॥
दधिलिंग यक्ष पारद-बलिसुत, आंटेका छाया देवीको।
श्री ब्रह्मतियाको रत्नलिंग, अन्यान्य लिंग शिव सेवीको॥
विविधलिंग सबको दिया, पुन: कहा सुविधान।
फिर सबके ही साथ मैं, लौट गया निजस्थान॥

देवों ऋषियों से विधि बोले, शिवपूजन विधि बतलाता हूं।
जो भोग-मोक्ष का दायकहै, मैं उसके फल गिनवाता हूं॥
सब जीवों में है मनुज श्रेष्ठ, उत्तमकुल उससेभी बढकर।
उससे भी बढकर द्विजकुल है, उससे भी उच्च-कर्मबढकर॥
यह सब दुर्लभ हैं अगर मिलें, तो सर्वश्रेष्ठ शिवको पूजे।
वर्णाश्रम की सीमाओं को, भूलेसे कभी न पार करे॥
कर्ममय सहस्रों कर्मो में, तपयज्ञ सभी से बढकर है।
सहसों तप यज्ञों में मुनियों, जपयज्ञ सभी से बढकर है॥
उनसे भी बढकर ध्यान यज्ञ, यह ध्यान ज्ञानके साधन हैं।
योगीजन ध्यानयज्ञ द्वारा, करते शिवजीके दर्शन हैं॥

साधनवान मनुष्यको, जबतक मिले न ग्यान।
तबतक शिव आराधना, करे करम-नुष्ठान॥
जबतक नररहे गृहस्थी में, शिव पंचदेव प्रतिमा पूजे।
अथवा सबकेहैं मूल शंभु, इनको सप्रेम प्रतिदिनपूजे॥

------------------(अध्याय - 12)------------------

शिव पूजन की सर्वोत्तम विधि, अजने नारदको बतलायी।
जिस समझको समझदार समझें, उस समझको इनको समझायी॥

------------------(अध्याय - 13)------------------

पुष्पों, जलधारों, अन्नों से, पूजनकी महिमा बतलाई।
जिसविधि बिन पूजन पूर्ण नहो, वह विधि श्री विधि को बतलाई॥

------------------(अध्याय - 14)------------------

दोनों को आदेश दे, शंभु गये स्वस्थान।
हरिभी हुए अदृश्य, फिर मैंने करके ध्यान॥
शिव आज्ञा पालन के निमित्त, मैंने जलको ऊपर फेंका।
चौबीस-तत्वका समुह-अंड, तत्क्षण उस जलसे प्रकट हुआ॥
चेतना बिहीन अंड लखकर, संशयी हुआ तपघोर किया।
होकर प्रसन्न हरि प्रगटहुए, फिर मेरा संशयदूर किया॥

जो इच्छा हो मांगलो मुझसे वह वरदान।
चेतनता इस अंडमें, करिये नाथ प्रदान॥
प्रभुने विशाल रूप धरकर, अंडेमें स्वयं प्रवेश किया।
पाताल से सत्यलोक ऊंचे, अंडेको चेतन बना दिया॥

हरी बिराजे अंड मे, कहलाये बैराज।
पंचानन कैलास रच, उसमें रहे बिराज॥
श्री शिवजीकी कृपासे, रचा जो मैंनें अंड।
नारायण ने इसलिये, नाम रखा ब्रह्मांड॥
वृक्षों की रचना प्रथम करी, जो प्रथम सर्ग कहलाता है।
दूजे सर्ग में त्रियकस्रोता, पुरुषार्थ हीन कहलाता है॥
तीसरे सर्ग में उर्ध्वस्रोता, फिर अर्वाक स्रोता रचा गया।
है चौथे का मनुष्यप्राणी, पुरुषार्थ युक्तजो कहा गया॥
फिर भूत-आदिकी सृष्टिरची यह' वैकृतसृष्टि" कहाते हैं।
उपरान्त तीनकी सृष्टी की जो "प्राकृतसर्ग' कहाते हैं॥
नौवां 'कौमार" कहाए सर्ग, इसको विशेष बतलाता हूं।
इनमें सनकादिकुमारचार अपनेसा इन्हें गिनाता हूँ॥

सृष्टि-जनित आज्ञा मेरी इनने दिया नकार।
दुखी क्रुद्ध, मैंहोगया, किन्तु समय अनुसार॥
श्री नारायणका ध्यान किया, वे आए तपकी आग्या दी।
मैंने श्री शिवकी कृपा हेतु, दारुण और घोर तपस्या की॥
भूमध्य से मेरे प्रकटहुये, श्रीशंभुअर्धनारीश्वर बन।
श्रद्धासे मेरे शीश झुके, करजोडके मैंनै किया नमन॥
मैं बोला देव महेश्वर से, प्रभुविविध-भांतिसे सृष्टि करें।
अनगिनत गणोंकी कर सृष्टी, वे बोले आप इन्हें देखें॥

ये सब आपसमान हैं, सबकेसब हैं मुक्त।
ऐसी रचिये जो रहें, जनम मरण सेयुक्त॥
जो सदा दुःखमें रहे मग्न, ऐसी सृष्टी न करूंगा मैं।
प्रत्युतजो दुखमें डूब रहे, उनका उद्धार करूंगा मैं॥

जो दुखमें डूबे रहें ऐसी रचिये आप।
माया बंधन से सदा बचे रहेंगे आप॥
मुझसे ऐसा बोलकर दयासिन्धु भगवान।
मेरे देखते-देखते हो गए अंतर्धान॥

------------------(अध्याय - 15)------------------

तदनंतर पंचभूत रचना, पर्वतों समुद्रोंविटपों की।
फिर कलासे कालतलक रचकर, रचनाकी बहुत पदार्थों की॥
रचकर मरीचि को नेत्रोंसे, हदयस्थल से भृगुकी रचना।
संकल्पमात्र मैं करता था, शिवकृपा कर रही थी रचना॥

सिरसे अंगिरा व्यान से पुलह, उदानवायुसे श्री पुलस्त्य।
अपानसे सृष्टि हुई क्रतुकी, समान वायुसे श्रीवशिष्ठ॥
प्राणोंसे दक्ष गोद- नारद, दोनों कानों से अत्रिमुनी।
छायासे कर्दम संकल्पसे धर्म, वह संभव जो बातें न सुनी॥
सुर और असुरकी रची सृष्टि दोभाग किया अपने तन को।
आधे शरीरकोनारि बना, और पुरुष कियाआधेतनको॥
नरसे उसनारी के द्वारा, उत्पन्न किये उत्तमजोड़े।
मनु-शतरूपासेप्रियव्रत और, उत्तानपाद भाई जोडे॥

दोपुत्रों के साथही कन्यांयें थीं तीन।
देवहूति, आकृतिऔर, थी प्रसूति गुणलीन॥
रुचिजीकी आकृतिबनी, कर्दमकी देवहूति।
बनी दक्षकी प्राणप्रिय, पत्नी-रत्न प्रसूति॥

आकृति देवि ने रुचिद्वारा, दक्षिणा-यज्ञ को जन्म दिया।
इन दोनों ने अतिशय समर्थ बारह पुत्रों को जन्म दिया॥
कर्दम और देवहूति द्वारा, जन्मीं बहुतायत कन्यांयें।
और इधर श्री दक्षप्रसूती से, जन्मी सत्ताईस बालाएं॥
श्रद्धादिक तेरह कन्याएं, श्री धर्मदेव को ब्याही गई।
ये थी उनके ही योग्य अत: उनके भी द्वारा चाही गई॥
श्रद्धा, लक्ष्मी, तुष्टि, धृति, क्रिया, बुद्धि और पुष्टि।
मेधा, लज्जा, शान्ति वसु, सिद्धि तथा थी कीर्ति॥
ख्याति, सती, संभूति, स्मृति, क्षमा, संन्नती, प्रीति।
देवि अनुसुया, उर्जा, स्वाहा, स्वधा, प्रभृति॥
भृगु, मरीचि, शिव, अंगिरा, पुलह, पुलस्त्य मुनिश्रेष्ठ।
अत्रि, क्रतू, पावक, पितर, मुनिवर-श्रेष्ठ वशिष्ठ॥

ख्याति आदिके नाह यह, दक्षके सब दामाद।
इन सबकी सन्तान से, तीन-लोक आवाद॥
कल्प भेदसे दक्षकी, कन्याएं थी साठ।
उनमें से श्रीधर्मको ब्याह दिये दो-आठ॥

सत्ताइस दिये चन्द्रमाको, कश्यपजीको तेरह दे दी।
दीचार तार्क्ष्यको भृगु, अंगिरा, और, श्रीकृशाश्वको दो-दो दी॥
कश्यपजी की सन्तानों से है भरी हुई यह तिरलोकी।
तृण, लता, देवता, दैत्य, वृक्ष, गिनती न पक्षियों, गिरियों की॥

भली भांति पालन किया, विधि नें शिव आदेश।
निज-सृष्टि से भर दिया लघु विशाल हरदेश॥

पूर्वकाल में शंभुने, जिन्हें रचा तपहेत।
निज त्रिशूलपर फिर उन्हें, रक्षित रखा सहेत॥
वहीं सतीजी लोकहित को देने आधार।
प्रगटी थींश्रीदक्षके, घरलेकर अवतार॥

स्वयं भगवती शिवाही, धरकर सतीस्वरूप।
शिवजी से ब्याही गई, जिनके चरित अनूप॥
मखमें पति अपमान लख, किया प्राणका त्याग।
बनी उमा फिर तप किया, पाया शिव-अनुराग॥
शिवआज्ञा और कृपासे, हुआ-सृष्टिका काम।
उनके आराधन बिना, सफल नहो मनकाम॥

-----------------------(अध्याय - 16)-----------------------

नारद बोले नाथ कब शंभुगए कैलास?
हुई कुबेर-मयत्रि कब? सुनना चाहेदास??
रहते थे कांपिल्य में, यज्ञदत्त द्विजएक।
गुण निधि उनका पुत्रथा, जिसमें दोषअनेक॥
आखिरदुष्ट कुपुत्रको, दिया पितानें त्याग।
भूखा प्यासा भटकता, कई दिनों के बाद॥

नैवैद्य चुराने की खातिर, एकरात गया वह शिवमंदिर।
करने को दूर अंधेरेको, निज-वस्त्र जला डाला सुन्दर॥
चोरी में पकड़ा गया दुष्ट, फिर इसने मृत्युदंड पाया।
उपरान्त घोर यमदूतों ने, इसको बांधा और धमकाया॥
इतने शिवगणआ पहुंचे, और इसके बंधन छुडा दिया।
यमलोक को जाने वाला यह, तत्क्षण शिवलोकमें जा पहुंचा॥

वस्त्र जलाना मानकर शिवने दीपकदान।
पापी को निजलोक में दिया मान-सम्मान॥
शिवसेवा और दिव्य सुख, का फल भोग महान।
कलिंगराज का पुत्रबन, वह जन्मा मतिमान॥

बचपनसे शिवजीकी सेवा, शिवका सुमिरण शिवकाकीर्तन।
जब युवा हुआ तब नृपति बना, होने पर पितुका स्वर्ग-गमन॥
राजा दम हरदम शिवसेवन, शिवधर्मा का प्रचार करते।
थी पूर्व जन्मकी याद बनी, शिवमठ में दीपदान करते॥
आग्यादी ग्रामाध्क्षों को, हर गांव के हर शिवमंदिर में।
दिनरात अखंड जले दीपक, शिवमंदिर में शिवके घरमें॥

आजीवन इस धर्मका, पालन कर महाराज।
काल धर्म आधीन हो, गये प्रभु के राज॥
बस दीपदान की सेवासे, वे अल्कापुरी-नरेश हुए।
शिवजीका थोडासा पूजन, फल सदा दिलाएबड़े-बड़े॥
कल्पान्तरमें पुलस्त्य-नंदन, विश्रवाललन वैश्रमण हुए।
तपसे शिवको प्रसन्न करके, अलकेश्वर बन धन-धरण हुए॥

वह पाद्यकल्प यह घनवाहन, अब दीक्षित-सुवन कुबेर बना।
काशी जाकर तप मग्न हुआ, क्रोधादि दोष से शून्य हुआ॥
अस्थि चर्मका रहगया, ढांचाबनाशरीर।
दसहजारसंवत-तलक, डिगान यह तपवीर॥
देवि उमाके साथ-तब प्रकट हुए ईषाण।
अलकापति मैं हूं खड़ा, देनेको वरदान॥
अलकेवरने आंखे खोली, विश्वेश्वरका पाकर दर्शन।
सहसके न तेज महेश्वरका, बोले कर अपनेबन्दनयन॥
दृष्टिशक्ति इसनेत्रको, करिये नाथ प्रदान।
वर न चाहिये औरकुछ, दर्शन ही वरदान॥
हरके करफिरे नेत्र ऊपर, शिवके दर्शनकी शक्ति मिली।
भगवती उमाके दर्शनमें, मन बिगड़ा और विपत्ति मिली॥
मनमें ओछे विचार आए, नाता विवेक से टूट गया।
भवभामा परथी वामनजर, बस लोचन बांया फूट गया॥
क्याबकताहैदुष्टयह, बोली उमा सक्रोध।
कृपागारशिव-शंभुने, उनका किया प्रबोध॥
शिव वाले संतुष्ट हूं देता हूं वरदान।
निधिपति, गुह्यकके नृपति, धनपति बनो महान॥
धनदाता बनकर बनो द्विजतुम मेरे मित्र।
तेरे निकट निवाससे हो कैलास पवित्र॥
शक्ति सदा मेरी उमा इनको करो प्रणाम।
हो प्रसन्नजगदंबने, दिया कुबेर सुनाम॥

वर प्रदान कर शिवाशिव लौट गए कैलास।
यह कुबेर मैत्री कथा, यह कैलास निवास॥

--------------------(अध्याय - 17-19)--------------------

तपके धनी कुबेर को, देकर के वरदान।
उमा समेत महेश्वर, जाकरके स्वस्थान॥
शंकर हुए विचाररत, रुद्र मेरे हैं रुप।
वास करूं कैलास पर, धरकर वही स्वरूप॥
उसी यक्षके लोकमें, बन कुबेरका मित्र।
भारी तपकरके करूं, मैंवह भूमि पवित्र॥
कैलास गमनके निमित रुद्र, भारी डमरूका नाद किये।
ध्वनि सुनकर सबनें जानलिया, श्रीरुद्र देवने याद किये॥
आगम-निगमों सुर-सिद्ध विष्णुके साथ वहांमैं जापहुंचा।
शिव-पार्षद गण-पालादिक सब, क्षणकेअंदरही आ पहुंचा॥
दे परिचय गणपालका, नामोल्लेख समेत।
विधिबोले यह उत्सव, शिव निकेतके हेत॥
शिवआग्यासे विश्वकर्मने, अति भव्य-भवन निर्माण किया।
उत्तम मुहर्तमें शिवजीने कर गृह-प्रवेश सुस्थान लिया॥
विधि, हरि, सुर, सिद्ध, मुनीसोंने, प्रमुदित शिवकाअभिषेक किया।
आरती उतारी पूजन कर, सबने ही अर्पण भेंट किया॥
नमस्कार जयघोष से गुंज रहा आकाश।
सुमन-वृष्टि मंगल-बचन, जयशिव जयकैलास॥
श्री शिवने सबका किया, उचित मान सम्मान।
निज-निज गृह सबनेकिया, प्रेम सहित प्रस्थान॥
तप किये बहुतही कठिन शंभु, फिर सती देविसे कर विवाह।
यहकिया लोकहितके कारण, सबकी ही पूरी करी चाह॥

--------------------(अध्याय - 20)--------------------

॥ श्रीरुद्रसंहिता सृष्टिखंड संपूर्ण ॥

—————————————————————————————

प्रश्नोत्तर सुत-जनक का, शिवसे हुये त्रिदेव।
रचना विधिका नारि-नर, रचकर सुर उपदेव॥

—————————————————————————————

सुन-सुन शिव-गुणग्राम नव, बढ़े और भी प्यास।
कहें कथा शिव-सती की, श्रवण करे यह दास॥
अति-विचित्र सति के चरित, शिव संयोग-वियोग।
देह-वियोग जनमपुन; अति तप शिव संयोग॥
हे! वत्स पूर्व थे अगुण शंभु, फिर उमा सहित साकार हुए।
बांयें से हरि दांये से मैं- मध्यांग-रुद्र साकार हुये॥
पाले तीनों ने तीन कार्य, यह तीन-रूप उनके ही हैं।
मैं सृष्टि कार्य में हुआ सफल, जिस बलसे वह उनके ही हैं॥
सुर, असुर, मनुज की कर रचना, खुद को मैं मान लिया ऊंचा।
मानस-पुत्रों के बाद रचा, हृदय-स्थल से-मैंने संध्या॥
दिनमें वह खिन्न दीखती थी, खिल उठती थी होते संध्या।
सुन्दरता की परिसीमा बन, मुनियों को मोह रही संध्या॥

इसी तरह मनसे रचा, मैंने पुरुष अनूप।
विश्व-विमोहक थे मुने! उसके अदभुद रूप॥
रखो मुग्ध नर-नारि को, चले सृष्टि का काम।
सब पर शाशन हो तेरा, "काम" तुम्हारा नाम॥

————————————————(अध्याय - 1-2)————————————————

कामदेव-से रतिदेवी के ब्याह का वर्णन।
संध्या का उत्कृष्ट चरित वशिष्ट के दर्शन॥
मुनिके द्वारा तप की विधि बतलाया जाना।
उसके तप से शिवका आना -वरदे -जाना॥3-6॥

————————————————(अध्याय – 3-6)————————————————

दिया दक्षने पत्नि और सुन्दर वास स्थान।
मानस पुत्रों नें किया, उसको नाम प्रदान॥

मन को मथने से "मन्मथ" तू, हो कामरूप तो "कामदेव"।
मदमत्त बनाते अत: "मदन', वशमें तेरे मुनि, असुर, देव॥
तुम हुए दर्पसे 'दर्पक" भी "कन्दर्प" भी तुम कहलाओगे।
मन-से उत्पन्न "मनोभव" हो सर्वव्यापी हो जाओगे॥

ब्रह्मा अंतर्हित हुए, दक्ष सुमर विधि-काज।
निज "स्वेदजा' सुपुत्रि को, कर एकत्र समाज॥
मुनिमन-मोहिनि वह सुता, किया काम को दान।
मुने! मदन हर्षित हुए, रति को देख महान॥
हे ब्रह्मण! सन्ध्या-कथा, सुनने की है चाह।
ब्रह्मकुमारी का हुआ, किसके साथ विवाह॥

यह शुभ-चरित्र सुन कामिनियां, होती हैं महासती साध्वी।
नूतन तन धर मुनि सुता बनी, पहले जो मेरी कन्या थी॥
मेधातिथि कन्या अरुन्धती मुनिवर वशिष्ठकी पत्नि बनी।
वह सौम्या परम वंदनीया, पतिव्रता परम विख्यात सती॥
बोले नारद उस संध्याने, तप कहाँ किया तन क्यों छोड़ा?
कैसे त्रिदेव की आज्ञा से नाता वशिष्ठजी से जोड़ा?

मैं यह सुनना चाहता, कृपया करें बखान।
अरुंधती के चरित का, किया ब्रह्म नें गान॥

संध्या के मन में एकबार असमय में जागा काम भाव।
पावक में देह समर्पण का, संकल्प किया तब जगा भाव॥
जिस कारण यह तन भस्म करूं, उस कारण को भी भस्म करूं।
छोटे वय में नहिं काम जगे इसका, कुछ भारी यत्न करूं॥
करके कठोर तप मैं इसकी कुछ करूंगी मर्यादा-स्थापित।
यौवन के पूर्व न काम जगे, उसकी हो सीमा निर्धारित॥

शशिभागा गिरिशिखर पर, पहुंची तप के हेत।
मैंने पुत्र वशिष्ठ को, भेजा प्रेम समेत॥
तप करने तो गई वह, भाव न तपका ज्ञात।
दीक्षा और विधि ज्ञान दो, करे लक्ष्य को प्राप्त॥

तेजस्वी द्विज बनकर वशिष्ठ, देवी-सन्ध्या के पास गये।
बैठी थी देव-सरोवर तट, वह चंद्रमुखी दृढ भाव लिये॥
हे भद्रे तू निर्जन-वनमें, किस हेतु अकेली आई हो?

हो गुप्त नहीं तो कहो मुझे, तू कौन हो?किसकी जायी हो?

ब्रह्मचर्य ही हो खड़ा, धारण करके देह।

कर प्रणाम सादर उन्हें, बोली सहित सनेह॥

ब्रह्म–सुता हूं देव मैं, सन्ध्या मेरा नाम।

तप करने की चाह ले, आ पहुंची इस ठाम॥

लेकिन तप की विधि और भाव का, कुछ भी नहीं ज्ञान मुझको।

क्या आप दिला सकते मुनिवर, चिन्ता से परित्राण मुझको?

तेजों के तेज तपके जो तप, सबके आराध्य हैं आत्मा हैं।

चारों-फल दायक अद्वितीय वे शिवजी ही परम-परमात्मा हैं॥

उनको दिल में धारण करके, तुम सदा उन्हीं का भजन करो।

दे रहा मंत्र अष्टाक्षर मैं, तुम सावधान हो श्रवण करो॥

मंत्र दानदे भाव-विधि, बतलाकर मतिमान।

सन्ध्या से लेकर विदा, हो गए अंतर्धान॥

विधि-विधान को जानकर, धर तपसिन का वेष।

सुरसरि तट जाकर किया, तप प्रारंभ विशेष॥

जो मंत्र कहा था तप साधन, उससे अराधनारंभ किया।

शिवमें एकाग्र रखा मन को, तब तलक चारयुग बीत गया॥

बाहर-भीतर गगन में, दिखलाकर निजरूप।

चिन्तन में जो रूप था, धरकर वही वस्वरूप॥

शिव प्रगट हुए आगे आकर, सन्ध्या आनंद विभोर हुई।

विनती की सुध-बुध रही नहीं, एकटक आंखें शिव ओर हुई॥

बन्द किये निज नेत्र वह, होकर कुछ भयभीत।

मन्दस्मित शिव थे खड़े, जो मन-बुद्धि अतीत॥

दी दिव्यदृष्टि फिर दिव्य ज्ञान, फिर वाणी दिव्य प्रदान किया।

तब सन्ध्या ने दिव्या होकर, अति अदभुद शिव गुणगान किया॥

अति प्रसन्न शिवने कहा, हूं मैं अति सन्तुष्ट।

मांगो वह वर देवि तुम, जो हो तुम्हें अभिष्ट॥

यदि हैं प्रसन्न हे देवेश्वर तो, मुझ पर कृपा महान करें।

अभिलषित जो है मेरा मुझको, वह ही वरदान प्रदान करें॥

लेते ही जन्म कोई प्राणी, हो काम भाव से युक्त नहीं।

मेरी सकाम हो दृष्टि नहीं, कोई डाले दूषित दृष्टि नहीं॥

पति के अतिरिक्त अगर कोई, देखे तो नपुंसक हो जाये।

निष्पाप हो यदि जीवन मेरा तो, मुझको यह वर मिल जाये॥

जो-जो मांगा वह दिया, तुमको मैं वरदान।

तीजे पन में काम का प्रकट रहेगा मान।।

कौमारोत्तर में कहीं-कहीं, यह काम-प्रभाव उदित होगा।

तेरे तप और मेरे वर से, यह सीमा में सीमित होगा॥

तेरे समान त्रयलोकी में, होगी न कोई भी नारि-सती।

तपसी महर्षि दिव्याति-दिव्य, शक्ती-युत होंगे तेरे पती॥

तेरा प्रण है तन तजने का, लो वह उपाय बतलाता हूं।

वह शीघ्र करो हे देवि-यतन, जो मैं तुमको समझाता हूं॥

मेधा तिथि के यज्ञ में, करो विसर्जित प्राण।

उसी अग्नि से पुन: तुम, पाओ जन्म महान॥

पतिवत जिनको चाहती, उनका करके ध्यान।

देह अग्नि में हवन कर, पाना पति वरदान॥

फिर यज्ञकुंड से होके प्रकट तुम मुनि तनया कहलाओगी।

जिनको ध्याकर तन त्यागोगी पतिरूपमें उनको पाओगी॥

इस प्रकार देकर उसे, मनचाहा वरदान।

हे नारद! शिवजी हुए, तत्क्षण अंतर्धान॥

-----------------------(अध्याय - 6)-----------------------

(संध्या ने जिस सत्ययुग में तपारंभ किया था, उसके गत होने पर त्रेतामें दक्षने चंद्रमा को सत्ताईस कन्यांए प्रदान की थी। एक पत्नि प्रेमी चंद्रमाको दक्षका श्राप लगा। श्री ब्रह्माजी श्रीचंद्रदेव के साथ संध्या के पास आए। किन्तु इसे ध्यान मग्न देखकर शापमुक्ति के लिए चंद्रभागा नदी का निर्माण किया था, जहां संध्या ने तप किया।)

मेधा तिथिके यज्ञमें देना आत्माहूति।

अरुंधतीके रूपमें फिर उनकी उत्पत्ति॥

अरुंधती का मुनि वशिष्ठसे व्याहा जाना।

रुद्र-ब्याह-हित ब्रह्माजी का ब्याकुल होना॥

हरि का उन्हें शिवाराधन का मंत्र बताना। ||7-8-9-10||

शिव आज्ञा से देवि ने किया विसर्जित प्राण।

निज उपदेशक पती का रखकर मनमें ध्यान॥

पावक ने उसे जलाकर के, फिर भेज दिया रवि मंडल में।

देवता पितर की तृप्ति हेतु रवि ने करके दो भागों में॥

निज रथ में स्थापित किया, हुआ प्रकट दो नाम।
प्रातः सायंकाल की, संध्या कहें तमाम॥
सायं संध्या पितर प्रिय, प्रातः देव सुहाय।
वर्णहीन संध्या बिना, द्विज आदिक समुदाय॥
दिव्य देह मन प्राण युत, शिवने पुनः बनाय।
यज्ञ अंत में कुण्ड से, उसे दिया प्रकटाय॥
मुनि मेधा तिथि कन्या पाकर, हर्षित हो उसको नहलाए।
रख दिया नाम शुभ अरुन्धती, गोदी में अपनी बिठलाए॥
जब हुई सयानी पल बढकर तब तीनों देवोंने मिलकर।
मुनिवर वशिष्ठ को ब्याह दिया, वह विदा हुई डोली चढ़कर॥
तीनों देवों के कर-जलसे, शुभ क्रिया जो यह संपन्न हुई।
शिप्रा आदिक सातों नदियाँ, उस जल से ही उत्पन्न हुई॥
साध्वी सती अरुन्धती पति ब्रह्मर्षि महान।
शक्ति आदि शुभ श्रेष्ठसुत, कौन वशिष्ठ-समान॥
सकल काम और मोक्ष-प्रद संध्या-चरित विचित्र।
इस प्रसंग के श्रवण से, जीवन बने पवित्र॥

अब शिवका परम पवित्र चरित, हे पिता सुनाएं धन्य करें।
जो चरित परम मंगल कारी, जो महा अमंगल मूल हरें॥
हे नारद! धन्य-धन्य हो तुम भगवान शंभु के सेवक हो।
तुम शिव-लीला के ग्याता हो, और शिवचरित्र के गायक हो॥
मोह ग्रस्त था मैं किया शिवजीने उपहास।
रखकर ईर्ष्या शंभु से, गया दक्ष के पास॥
मैं बोला शिव का हो विवाह, पुत्रों कुछ ऐसा यतन करो।
हे कामदेव! तू रति समेत, इस कार्यभार को ग्रहण करो॥
है अस्त मेरा सुन्दरी नारि, ऐसी नारी का करें सृजन।
मेरी चिन्तित निःश्वासों से, ऋतुपति का सृजन हुआ तत्क्षण॥
यह सारे मिलकर बार-बार शिव सम्मोहन में हुये विफल।
फिर मारगणों की कीसृष्टि, रह गये ये सारे भी असफल॥
गया मनोभव हारकर, मैं कर रहा विचार।
किसी तरह शिवजी करें, नारी को स्वीकार॥
मैंने श्रीहरि का ध्यान किया, वे प्रगट हुये तत्क्षण आकर।
स्तुति करता मैं बार-बार आँखों में अश्रुनीर भर कर॥
प्रभु बोले कैसे याद किया? क्यों विनय सुनाते जाते हैं।

क्यों ब्याकुल हैं? कैसा दुख है? कहिये हम अभी मिटाते हैं॥
उन्हें सुनाकर सब कथा, कहा अगर ईषाण।
ग्रहण करें एक पत्नि को, हो मेरा कल्याण॥
सुनकर मेरे बचन को, हंसे विष्णु भगवान।
फिर शिव महिमा का किया, बड़े प्रेम से गान॥
शिव कर्त्ता, धर्त्ता, संहर्त्ता, शिव ब्रह्म परेश परात्पर हैं।
शिव हैं अनन्त शिव हैं अच्युत, शिव-परमात्मा परमेश्वर हैं॥
सर्वात्मा शिव का भजन करो, शिव ही कल्याण विधायक हैं।
जो चाह रहे वह देने में, केवल शिवजी ही लायक हैं॥
उत्तम तप हो हृदय में, रहे शिवा का ध्यान।
हो प्रसन्न देवेश्वरी, यदि देदैं वरदान॥
प्रेरित करिये दक्ष को, करें भक्ति तप ध्यान।
शिव निमित्त देवी शिवा, हों उनकी संतान॥
हे विधे! याद करिये शिव ने, हम दोनों को समझाया था।
तुम दोनों हो मेरा स्वरूप, पर पूर्ण रूद्र बतलाया था॥
भगवती उमा के तीन रूप, लक्ष्मी शारदा कहा शिव नें।
तीजा स्वरूप हैं सती देवि, यह पूर्ण स्वरूप कहा शिव ने॥
रूद्र प्रगट हो कर रहे, गिरि कैलास निवास।
सती अवतरण का विधे, समय आ गया पास॥
करिये ऐसा यत्न हो, देवी का अवतार।
अंतर्हित श्रीहरि हुए, करके मेरा सुधार॥

--------------------(अध्याय - 7-10)--------------------

दक्षका तप देवीका दर्शन और वर पाना॥

पितु आज्ञा से दक्षने, शुरू किया तप घोर।
तीन सहस्र बरस तलक, मन को सबसे मोड़॥
पीकर-जल, कभी हवा-पीकर,' मन रखा शिवा के चरणों में।
उपवास तोड़ते तब तुष्टी, वृक्षों के सूखे परणों में॥
दर्शन देकर जगदम्बाने, एक दिन कृतकृत्य किया इनको।
मैं हूँ प्रसन्न हे प्रजापते! वह मांगो जो भाए तुमको॥
हैं प्रसन्न हे अम्ब यदि, तो यह दें वरदान।
प्रकट होइये घर मेरे, बन पुत्री सन्तान॥
रूद्ररूप में शंभु का हुआ पूर्ण अवतार।

अम्ब आप शिव के लिये, हो जावें साकार॥
देती हूं यह वरदान तुम्हें, पुत्री बन कर घर आऊंगी।
तुमको मैं पिता बनाऊंगी, शिवजी को पति बनाऊँगी॥

घट जाएगा जब तेरा, मेरे प्रति अनुराग।
प्रण है मेरा उसी क्षण, मैं तन दूंगी त्याग॥
प्रण बतलाकर दक्ष को देकर के वरदान।
हुई देखते- देखते, देवी अंतर्धान॥

--------------------(अध्याय - 11-12)----------------------

दक्ष के द्वारा मैथुनी-सृष्टी का आरम्भ।
नारदजी की चोट से, आना उनमें दम्भ॥
क्रुद्ध दक्षके द्वारा, नारदजी को शाप।
विधि द्वारा दोनों में, करना मेल-मिलाप॥13॥

विधि-आज्ञा से दक्षने की नाना विधि सृष्टि।
नहीं हो सकी उसमें, जब थोडी भी वृद्धि॥
तब ब्याकुल होकर मुझे, उसने जोडे हाथ।
हे पितु! कहें उपाय कुछ, चरणों पर है माथ॥
वीरण पुत्री अक्सिनी संग, जाकर के व्याह-रचाओ तुम।
मैंथुनी-सृष्टि का आश्रय ले, बढसके जो सृष्टि बढाओ तुम॥
ऐसा ही किया दक्षजी ने, दह-सहस पुत्र उत्पन्न किये।
"हर्यस्व" कहाये वे सारे, वैदिक सुमार्ग अनुशरण किये॥
पितु ने आज्ञा दी सृष्टि करो, यह तपसे ही हो सके सफल।
नारायण सर तीर्थ जाकर जल-स्पर्श मात्र से हो निर्मल॥
सबके-सब तपमें लीन हुए, तुम उनके पास गए बोले।
धरती का अंत बिना देखे, क्यों सृष्टि हेतु तैयार हुए॥

बात मान करके तेरी, सब चलपड़े तुरंत।
पहले चलकर देखलें कहां धरा का अन्त॥
वे गए न फिर वापस लौटे, तब दक्ष दुखों में दीन हुए।
मैं ने समझाया फिर जाकर, वे सृजन कर्म में लीन हुए॥

पुनः अक्सिनी से किया, सहस पुत्र उत्पन्न।
कहलाए 'सवलाश्व', वे विमल ज्ञान सम्पन्न॥
आदेश प्राप्त कर सृष्टी का, सब-के-सब उसी प्रदेश गये।

हरिसर जल-स्पर्श मात्र से ही, शुचितम वे सभी विशेष हुए॥
भारी तप करने लगे सभी, आधार- मंत्र एकाक्षर था।
फिर वही बात हो गई जिसे, होजाने का भारी डर था॥
तुम उन सबके भी पास गए, और पूछी उनसे वही बात।
इनको भी वहीं पठाये तुम, जित भेज दिये थे और भ्रात॥

हुए नष्ट ये भी सभी, हुआ दक्ष को ज्ञात।
मूर्छा आई दक्ष को, बहुत लगा आघात॥
उसी समय तुमभी गए, विधिवश उनके पास।
तुम्हें देखकर हो गई, गर्म और भी सांस॥

ओ नीच! साधुके वेष को तू, अतिशय नीचा दिखलाया है।
मेरे भोले-भाले बच्चों को, भिक्षुक का मार्ग दिखाया है॥
जो त्याग पिता और माता को, साधु सन्यासी होता है।
करता वह प्राप्त नीच-गति को, और कई जन्म तक रोता है॥
है मेरा शाप तुम्हें निर्दय, तू जहां-कहीं भी जाएगा।
दो घड़ी से अधिक कहीं भी तू, टिकने का ठौर न पायेगा॥

शोक विवश माया ग्रसित, दिया दक्ष ने शाप।
ग्रहण किया तुमने इसे, निर्विकार रह आप॥
"ब्रह्मभाव' यह है मुने! होकर स्वयं समर्थ।
संत शापकरते ग्रहण, बचन न करते ब्यर्थ॥

------------------------(अध्याय - 13)----------------------

दक्ष की साठों कन्याओं का परिणय वर्णन।
देवीका अवतार, दक्ष द्वारा- अभिवन्दन॥

मैंने तब आकर किया क्रोध दक्ष का शांत।
तुमसे भी जोड़ा पुनः उनका प्रेम नितान्त॥
तदनन्तर दक्ष-प्रजापति ने, पुत्रियां साठ को प्राप्त किया।
मैं बता चुका हूँ प्रथम तुम्हें, विधिवत इन सबका ब्याह किया॥
कुछ लोग सती को ज्येष्ठ तथा, कुछ मंझली इन्हें बताते हैं।
हैं कल्प-भेदसे तीनों सच, कुछ छोटी इन्हें गिनाते हैं॥
इन पुत्र पुत्रियों के आगे, दम्पति ने नित आराधन से।
भगवती शिवा को मना लिया, श्रद्धा-भक्ति तप वंदन से॥

दक्ष हृदय में शिवा ने, जब से किया निवास।

तब से शोभा के हुए, वे साक्षात प्रकाश॥
दक्ष प्रिया के चित्त में, कुछ दिन इनका वास।
मंगल दायिनि वीरणी, सुख-संपति आवास॥
श्रीहरि के साथ समस्त देव, गर्भस्तुति करते बार-बार।
वीरिणी-दक्ष के गुणगा कर, मिलता था सुख इनको अपार॥
उपरान्त समय पर देवि शिवा, माता के आगे प्रकट हुई।
नभसे फूलों मालाओं की, आनंद की धारा बरस रही॥

पुत्रि-रूपमें हैं शिवा, पितागये पहचान।
हाथ जोड़कर भक्तियुत, किया विमल यश गान॥
पूर्व समय में था किया जप-तप ध्यान महान।
अतः सुता बन आ गई, लो मुझको पहचान॥
इतना कह देवी बनी शिशू, वह बच्ची तभी लगी रोने।
हर्षित दासियां दौड़ आई सब मंगल कृत्य लगा होने॥

वैदिक कुल आचार का किया शुभानुष्ठान।
विविध वस्तुओं का किये, नृप विप्रों में दान॥
वह-उत्सव वह-शोभा, वह आनन्द विशेष।
कोटियुगों तक कोटिमुख, कह न सकें श्रुतिशेष॥
रखा पिता ने पुत्रिका मंगल-दायक नाम।
दुख नाशक सुखदायक, नामों का परिणाम॥
प्रतिदिन बढती सती-ज्यों, शुक्ल पक्षका चंद।
सखियों में गाती सदा, शंभु चरित सानंद॥

------------------------(अध्याय - 14)------------------------

पुत्रीकी चेष्ठाओं से इनकी प्रसन्नता।
शिवकी प्राप्ती-हेतु सतीकी घोर तपस्या॥

थी सती पिता के साथ खड़ी, देखा हम दोनों ने एक दिन।
वह पिता सहित हम दोनों को, करके दंडवत दिया आसन॥
मैं बोला सती तू है जिनकी, और एक मात्र जो तेरे हैं।
पतिवत शिवजी को प्राप्त करो, यह मंत्र तेरे-प्रति मेरे हैं॥
हुए विदा विधि-नारद, देकर आशीर्वाद।
मिला दक्ष और सतीको, मनमें अति आह्लाद॥
हुई सयानी सती जब, देख मनोहर रूप।

सोच मग्न पुत्री निमित, हुए लोक के भूप॥
सति ने माता की आज्ञा से प्रारंभ किया शिव आराधन।
आश्विन की नंदा तिथियों में, गुड़-भात-नमक से शिवपूजन॥
कार्तिक-चौदस को मालपुओं, और खीर से शिवका आराधन।
दिन-रात एकही काम रहा, शिवका सुमिरण शिवका चिंतन॥
अगहन की असित अष्टमी को, तिल-जौ-चावलसे कर पूजन।
करती आरती बिताती दिन, ज्योतिर्मय दीप करे अर्पण॥

पौष-मास सित सप्तमी, जगकर पूरी रात।
प्रातकाल नैवेद्य में खिचड़ी भोग-सुहात॥
माघ पूर्णिमा रातको, पुनः जागरण ध्यान।
पूजे भीगे वस्त्र में, कर सरिता में स्नान॥
फाल्गुन की असित सुचौदस को, चौपहरों में चारों पूजा।
शिवको इनके बिन कोइ नहीं, शिवके बिन इन्हें नहीं दूजा॥
सित चैत्रमासके चौदसको, दिनरात किया करती कीर्तन।
फिर ढाक, दवन के फूलोंको, श्रद्धासे करती शिव अर्पण॥
बैसाख तीज सित तिलाहार, पूर्णिमा-जेष्ठ को निराहार।
आषाढ मास सित चौदसको, काले वस्त्रों से शिव-श्रृंगार॥
श्रावण सित आठ सुचौदस को उपवीत-वस्त्र-कुश से पूजन।
भादों की कृष्ण त्रयोदश को, फलफूलों से शिवका अर्चण॥
चौदस को केवल जलाहार, नवधान्यों से पूजन करती।
नियमित आहार ग्रहण करके, दिनरात सदा जप में रहती॥

नंदा व्रतको पूर्णकर, करती हैं शिव ध्यान।
दर्शन करके देवता, हर्षित हुए महान॥
आगे इनके विष्णु थे, मैं भी उनके साथ।
सती दरस से धन्यमैं, धन्य लक्ष्मी नाथ॥
हम सभी लौटकर उसी समय, जा पहुंचे श्रीकैलास धाम।
भगवान शंभु के निकट गए, कर जोड़ किया सादर प्रणाम॥
स्तुति कर नतसिर जोडकर, सभी खड़े चुपचाप।
हे नारद! अतिशय अकथ, शिवका परम प्रताप॥

------------------------(अध्याय - 15)------------------------

देवों का संतुष्ट हो, जाना शिव के पास।
करना शिवकी वंदना, आम न वहभी खास॥

हे हरे! विधे-देवों-ऋषियो, कहिये क्या कारण आने का?
हरि ने आज्ञादी हे ब्रह्मण! करिये कुछ कष्ट बताने का॥
अपने कार्यों में हम दोनों, हो सकते कभी समर्थ नहीं।
सहयोग न जबतक आप करें तबतक उसका कुछ अर्थ नहीं॥

एक कोई सहधर्मिनी, आप करें स्वीकार।
बचन दियाथा अब उसे, पूर्ण करें सरकार॥
है विवाह यद्यपि मेरे, मनके अति प्रतिकूल।
किन्तु लोकहित के लिए, यही बने अनुकूल॥
जो मुझको अनुकूल हो, वह उसको अनुकूल।
जो मुझको प्रतिकूल हो, वह उसको प्रतिकूल॥

मैं योगी वह योगिनी बने, कामारिकी वह कामिनी बने।
शिव चिंतन रहित रहूं मैं जब, तब मुझभव की भामिनी बने॥
जो शिव चिन्तन में विघ्नकरे, वह प्राण तलक खो सकती है।
जो सदा मेरे अनुकूल चले, वह ही पत्नी हो सकती है॥

सुमिरण हो परिणय न हो यह मुझको स्वीकार।
परिणय हो सुमिरण न हो, इससे है इनकार॥
मुझपर मेरे बचन पर, किया न यदि विश्वास।
त्यागूंगा उसको तभी, शर्त है मेरी खास॥

ऐसा ही होगा देव-देव, शिवकी जो शिवा कहाई हैं।
वह दक्षसुता श्रीसती देवि, बनकर धरती पर आई हैं॥
दो रूप लक्ष्मी, सरस्वती, हैं हम दोनों के साथ खड़ीं।
तीसरे रूप में महादेवि, आपके निमित्त ही सती बनीं॥

तपो निरत हैं जाइये, वर दे करिये व्याह।
स्वामिन पूरी कीजिये, हम सबकी यह चाह॥
"ऐसाही होगा' कहे, हंसकर शंभु-सुजान।
आज्ञा पाकर हमसभी, लौटे अपने स्थान॥

--------------------(अध्याय - 16)--------------------------

सती ब्याह के लिये ब्रह्म की पुन: प्रार्थना।
विनय-सहित श्रीहरिका भी अनुमोदन करना॥
शिव-द्वारा स्वीकृति बादमें सती से मिलना।
सति को दे वरदान विधाता को समझाना॥16-17॥

हे मुने! पूर्ण कर नन्दा व्रत जब, सति ने ध्यान किया शिवका।
नवमी थी सित शुभ आश्विन की, प्रत्यक्ष मिला दर्शन शिवका॥
पंचानन काथा गौरवर्ण, त्रयलोचन थे प्रति-आनन पर।
चंद्रमा भालपर शोभित थे, थी भुजाचार अतिशय सुन्दर॥

सकुचाकर श्री सती ने रखा चरण पर माथ।
हुई खड़ी संकोच में, जोड़े दोनों हाथ॥
हूँ प्रसन्न शिवनें कहा, तू मांगो वरदान।
लज्जाधीन सती हुई, जैसे मूर्ति पषाण॥

वह वर दीजे जो टले नहीं, आगे कुछ सती न बोल सकी।
शिव बोले मैं पति बनूँ तेरा, तुम सती बनो मेरी पत्नी॥
देवाधि देव हे महादेव बोली सती अतिशय मधुर बचन।
पितु से कहकर विवाह-विधि से, कर लीजे मेरा पाणिग्रहण॥

आज्ञा लेकर शंभु से, आई माँ के पास।
उधर मनोगति से गए, शिवशंकर कैलास॥

शिवजी ने मेरा स्मरण किया मैंने आ किया चरण वंदन।
सति का चरित्र शिवसे सुनकर, हर्षित हो उठा मेरा तन-मन॥
हे ब्रह्मण जाओ दक्ष सदन, जाकर कुछ ऐसा करो यतन।
जिससे सतिका और मुझ शिवका, हो जाए झटपट पाणिग्रहण॥

सुनकर शिवके शुभबचन होकर हर्ष विभोर।
ऐसा ही होगा प्रभो, मैं बोला कर जोड़॥
दक्ष स्वयं ही आपको, देंगे कन्या-दान।
किंतु सन्देशा आपका, देता हूँ सुखमान॥

मैं तुरंत दक्ष के घर आया पूछा नारद नें हे स्रष्टा।
जब सती लौट आई घर में, तब उनके लिये हुआ क्या-क्या?
सति ने घरआ पितु-माताको, श्रद्धा के साथ प्रणाम किया।
सखियों के द्वारा कहलाया, शिवने वरदान प्रदान किया॥

सुन कर माता- पिताने, पायाहर्षमहान।
महामहोत्सव कर किया, द्विजको दान-प्रदान॥
माता के आनन्द का, नहीं था पारावार।
बार-बार मुख चूमकर, जाती थी बलिहार॥

कुछ दिवश बाद होकर चिन्तित, मनमें यह दक्ष विचार रहे।
कैसे कन्या दूँ शिवजीको, शिवकृपा की बाट निहार रहे॥
बेटी के पास पधारे थे, फिर वे कैलास सिधार गये।
यदि मानें नहीं मनाने पर, यह सोच-सोच कर हार गये॥

उसी समय उनके निकट, मैं पहुंचा तिय साथ।
खड़े हुए करजोड़ कर, दक्ष झुकाए माथ॥
पूछा आनेका कारण तब, सब मैंने उनको बतलाया।
तुम शिवको कन्यादान करो, उनके कहने से मैं आया॥
शिव अर्चन किया सतीने ज्यों, ल्यों सति-अर्चन वे करते हैं।
ये शिवशंकर पर मरती हैं, वे देवि सती पर मरते हैं॥

अपनी पुत्री सौंपदो, शिवजी को अबिलम्ब।
शिवशंकरजी बिंब हैं, ये उनकी प्रतिबिम्ब॥
मैं उनको ले आऊंगा, ले नारद को साथ।
उनकी शक्ती सौंप दो, शीघ्र उन्हीं के हाथ॥
ऐसा ही होगा पिता दिया, बचन का दान।
मैं प्रसन्न लौटा वहां, जहाँ शंभु-भगवान॥

-----------------------(अध्याय - 17)-----------------------

ब्रह्म-दक्ष सम्बाद, दक्षका अनुमति देना।
शिवसे यह सब श्री ब्रह्माका स्वयं सुनाना॥
सुर-मुनियों के साथ दक्ष-गृह शिवका जाना।
सादर उनका सती-शम्भु का ब्याह कराना॥18॥

कन्या शिवजी को सौंपूंगा, यह इसी लिये तो आई है।
आज्ञा यह पूज्य पिताकी है, तब तो अतिशय सुखदायी है॥
मैं खोज रहा हूँ शिवजीको, और शिवजी मुझे खोजते हैं।
शुभ लग्न देखकर आ जाएं, हम मंडप अभी पूजते हैं॥

दिया संदेशा आपका हमने उनको जाय।
उनका संदेशा दिया, आप तलक पहुँचाय॥
अब है मेरी प्रार्थना, चलें दक्ष के गेह।
पाणिग्रहण कर सती को, ले आवें सस्नेह॥

शिव आज्ञा से मैं तुझ समेत, सारे पुत्रों का स्मरण किया।
सबने आकर के उसी समय, शिवजी को वन्दन-नमन किया॥
शिव-भक्तों के सम्राट विष्णु, कमला-समेत तत्क्षण आए।
सित चैत्र चतुर्दसि सुर्यबार, बारात सजा कर सिर नाए॥

वर यात्रा शिवनें किया परम सुमंगल वेष।
अक्षम शोभा कथनमें सहस शारदा शेष॥

दक्ष-गेह पहुँचे जभी, नंदिकेश असवार।
किया मुदित लोकेश ने, अति-स्वागत सत्कार॥
शिव समेत सब देव को, शुभ आसन पधराय।
कर पूजन दे परिक्रमा बोले अति सुखपाय॥
पितु विधि सहित कराइये, यह शुभ-मंगल काज।
हर्ष सहित मैंने मुने सजा सुमंगल साज॥
शुभ मुहूर्त में दक्षने, किया सुकन्या दान।
पाणिग्रहण कर सती का, अति हर्षित ईषाण॥
सबने शिव और सतीको सादर किया प्रणाम।
इस प्रकार पूरा हुआ, उत्सव परम महान॥

-----------------------(अध्याय - 18)-----------------------

दी प्रदक्षिणा अग्नि की, शिवने सती समेत।
हरि-द्वारा शिव-तत्त्व का, वर्णन प्रेम-समेत॥
वेदी पर श्रीशम्भु का, करना सदा निवास।
होकर विदा सती-सहित, आ जाना कैलास॥19-20

शिवको कन्या दे दाईज में, दी विविध-वस्तुएं विधि-सुतनें।
पश्चात शंभुको कर प्रणाम, प्रिय बचन कहे कमला पतिनें॥
शिव ही प्रधान ये अप्रधान, कई हैं विभाग ये निर्विभाग।
ये हैं ज्योतिर्मय परमेश्वर, अनुराग यही ये ही विराग॥
हम तीनों अंश आपके हैं, इस तीन रूप में स्वयं आप।
ज्यों अंग न तनसे भिन्न कोई, ल्यों अंगहैं हम और तनहैं आप॥

विष्णु बचन से हो सुखी, कर उनका सम्मान।
ब्रह्मदेव से मृदु बचन, बोले शंभु-सुजान॥

हे विधि आचार्य हुए मेरे, हम बहुत-बहुत आभारी हैं।
वरदान मांगियें जो कुछभी, हम देने के अधिकारी हैं॥
प्रभु इसी रूपमें इसी जगह, सर्वदा विराजें प्रिया-सहित।
वेदी के निकट डाल-कुटिया मैं करूं तपस्या यहाँ मुदित॥
शितत्र्योदशी चैत्री रविको, जोशीश झुकाएं यहां आकर।
हों पाप-ताप और रोग नष्ट, हो पुण्य वृद्धि दर्शन पाकर॥

दर्शक नारी दुर्भगा, कानी बांझ सदोष।
देवि सतीकी कृपासे, होवें सब निर्दोष॥
एवमस्तु कह तिय सहित, करके मूर्ति-प्रदान।
वेदी में स्थित हो गये तत्क्षण शिव भगवान॥

उपरान्त दक्ष से ले आज्ञा, सब सहित शंभु कैलास चले।
वृष पीठ विराजे शंभु-सती भक्तों के हिय में सदा बसें॥
हैं सती नील वर्णशोभित, शंकरजी हैं कर्पूर वर्ण।
सब ठगे रह गये देख इन्हें, हिलते न नेत्र सुनते न कर्ण॥
　　लौटाकर श्रीदक्ष को, पहुंचे शिव कैलास।
　　विदा हुए बारातगण, जिनका जहां निवास॥
श्रीसूत कह रहे हे मुनियो, शुभ स्वायंभुव मंवंतरमें।
श्रीशंभु हुए श्रीसतीरमण, और सती रमी शिवशंकरमें॥
शिव और सती विवाह की, कथा सुने जो कोय।
यज्ञ-विवाह उछाह नित तिनके घर में होय॥

-------------------(अध्याय - 19-20)---------------------

　　शिवके-द्वारा सती प्रश्न पर ज्ञान-विवेचन।
　　नवधा- भक्ति का करना विशेषत: वर्णन॥21-22-23॥

　　विधि ने सति और शंभु का, कह एकान्त विहार।
　　कहा मुने सादर सुनो, सति के विमल-विचार॥
　　एक दिवस शिव से सती, कह अपने को धन्य।
　　बोली करें कृतार्थ अब, मुझ को जान अनन्य॥
पाजाएँ परम पद बिषयि-जीव, नहीं बंधें जगत के बन्धन में।
ऐसा कर्मानुष्ठान कहें, दुख रहे न कोई जीवन में॥
हो कर प्रसन्न शिवजी बोले, हे देवि! सुनो बतलाता हूँ।
जिससे बंधक भी मुक्त बने, मैं वह विज्ञान सुनाता हूँ॥
विज्ञानोदय से जीव-ईशका भेद खत्म हो जाता है।
"मैं ब्रह्म हूँ" और नहीं कुछ भी, यह दृढ निश्चय हो जाता है॥
हे सती! पुत्र-विज्ञान है वह, मेरी भक्ति हि उसकी माता है।
उस भक्ति से भोग यहाँ मिलता, और मोक्ष प्राप्त हो जाता है॥
　　वर्ण युक्त हो या कोई, होवे वर्ण विहीन।
　　भक्ति युक्त हो वह अगर, मैं उसके आधीन॥
　　सगुणा-अगुणा भक्ति के, होते हैं नौ-रंग।
　　सुनो देवि कहता तुम्हें, मैं यह विशद प्रसंग॥
　　श्रवण कीरतन अस मरण सेवन अर्चन, दास्य।
　　मेरा वन्दन, सख्य और अर्पण आत्म उपास्य॥

तदनन्तर अंग-उपांगों का विस्तार से शिवने किया कथन।
यह भक्ति मुझे अतिशय प्रिय है, इस पर अर्पण मेरा तन-मन॥

श्रवणं कीर्तनं-चैव स्मरणं सेवनं तथा।

दास्यं तथार्चर्णं देवि वंदनं मम सर्वदा॥
　　सख्य मात्मार्पणं चेति नवंगानि विदुर्बुधा।

तीनों लोकों चारो युग में पथ कोई भक्ति समान नहीं।
कलियुग की तो आधार यही, वैराग्य-व-ज्ञान सयान नहीं॥
मैं भक्तों के वशमें रहकर, सारे विघ्नों को हरता हूँ।
उसके बैरी को दंडित कर सहयोग उसे नित करता हूँ॥
भक्तों का भर्त्ता बनकर मैं, रक्षण में तत्पर रहता हूँ।
एक बारजलाया काल को था, आगेतक भी जा सकता हूँ॥
लेकर त्रिशूल है याद मुझे, सूरज को मार भगाया था।
हे देवि! भक्तकी रक्षा में, इतने गुस्से में आया था॥
क्या कहूँ भक्त की रक्षा में, रावण को छोड़ दिया मैंने।
हो गया नष्ट सेना समेत, ऐसा मुख मोड़ लिया मैंने॥
　　भक्त न हो सकता मेरा, कभी दुखी और दीन।
　　अधिक क्या कहूँ मैं सदा, रहूँ भक्त आधीन॥
　　महिमा सुनकर भक्तकी हुआ सती को हर्ष।
　　भक्ति-शास्त्र वह कौन है? हो जिससे उत्कर्ष?
है भक्ति-विवर्धक शास्त्र कौन? इसकी जिज्ञासा रखी प्रथम।
फिर तंत्र-मंत्र महात्म्य पूछा, जीवोद्धारक साधन उत्तम॥
सब शास्त्रों का करके वर्णन, फिर तंत्र-मंत्र और यंत्रशास्त्र।
देवों की भक्तों की महिमा वर्णश्रम राजधर्म- शास्त्र॥
फिर नारिधर्म महिमा-कहकर, वैद्यक ज्योतिष और सामुद्रिक।
शिवजीने कहा सर्व-सुखप्रद, सब साधन लोक प्रलोक-सहित॥

-------------------(अध्याय - 21-23)---------------------

त्रैलोक्ये भक्ति सदशः पंथा नास्ति सुखावहः।
चतुर्युगेषु देवेशि कलौतु सुविशेषतः॥

दंडक-वनमें रामको शिवका शीश झुकाना।
मोहित-सति का राम परीक्षा करने जाना॥24॥

देव सती-शिव चरित को, कहें सहित विस्तार।
मुझ बालक पर आपकी, है यदि कृपा अपार॥
हे मुने! सुनो शिव और सती, लौकिक गति का आश्रय लेकर।
करते थे क्रीडाएं नित-नित्, सब परम मनोहर मंगल कर॥
तदनन्तर श्री सती को, शिवका मिला वियोग।
हैं अभिन्न वागार्थ इव, कहते है बुध -लोग॥
देखा सति ने दिया है, पतिने मुझको त्याग।
गई पिता के घर जहां, होता था एकयाग॥
देख अनादर शंभु का, किया प्राणका त्याग।
हिमगृह प्रकटी वह पुन; रख शिवमें अनुराग॥
घटना यह तिय त्याग की पड़ती जान विचित्र।
बोले मुनि विस्तार से, कहिए यही चरित्र॥
एक बार सती के साथ शम्भु, इस भूतलपर कर रहे भ्रमण।
धूमते- घूमते वृषभ ध्वज, जा पहूँचें दोनों दण्डक वन॥
लक्ष्मण के साथ रामजी को, देखा जो रोते जाते थे।
हा-सीते! हा-सीते! कहकर, व्याकुल वे होते जाते थे॥
शिवजी ने उन्हें प्रणाम किया, और करके जय-जयकार चले।
विस्मित मोहित हो गई सती, बोली क्या करते नाथ मेरे॥
नितप्रति श्रीब्रह्मा और विष्णु, चरणों में शीश झुकाते हैं।
वह आप महेश्वर होकर भी, एक नरको शीश झुकाते हैं॥
सेवक को क्यों कर रहे, स्वामी आप प्रणाम?
कैसी लीला कर रहे कहिये लीला धाम?
हे नाथ! कौन ये दोनो हैं, दिख रहे विरह से ब्याकुल क्यों?
आनन्द-विभोर आप क्यों हैं? हो रहे आप प्रेमाकुल क्यों?
इस लीला का अद्भुत रहस्य कुछ भी है मुझको विदित नहीं।
सिर नाये स्वामी सेवकको यह किसी तरह से उचित नहीं॥
विधि बोले नारद परमेश्वर श्री शिवशंकर बोले हंसकर।
हे देवि! यथार्थ बात बोलूं, जिसमें छल नहीं है रत्ती भर॥
वर-प्रभाव वश ही किया, मैंनें उन्हें प्रणाम।
शेष-विष्णुके अंशये, नाम लक्ष्मण-राम॥

रक्षक सुर-द्विज-धेनुके, बल और शील-निधान।
हुए अवतरित धरा पर करने जग कल्याण॥
शिव मायावश सती को, हुआ नहीं विश्वास।
मुख पर शिव भगवानके, आया एकमृदु-हास॥
हो नरहा विश्वास यदि, है फिर एक उपाय।
स्वयं परीक्षा जा करो, जिससे भ्रम मिटजाय॥
शिव आज्ञा पाकर चली सती, किस तरह परीक्षा लूं इनकी?
सीता बनकर आगे जाकर, क्षणमें पहचान करूं इनकी॥
यदि राम विष्णु होंगे तबतो, मुझ छद्मा को पहचानेंगे।
वरना मुझ नकली सीताको सचमुच की सीता मानेंगे॥
सीता बनकर वे गई वहां, थे जहाँ बिलखते लखनराम।
लखकर हंसकर श्रीरघुवर ने, करजोड़ किया इनको प्रणाम॥
क्यों आप अकेली घूमर ही, शिव कहां गए यह बतलाबें?
निजरूप त्यागकर नयारूप, क्यों बना लिया यह समझाबें?
राम बचन से सती को, अचरज हुआ महान।
अपनी करनी पर स्वयं, लज्जित हुई महान॥
सत्य-सत्य शिवके बचन, राम विष्णु-भगवान।
निज-स्वरूप धरकर किया, शिवचरणों का ध्यान॥
फिर सतीने निज भ्रम वाली वह, सारी ही कथा सुना डाली।
शिव के प्रणम्य किस तरह आप? शंका अपनी बतला डाली?
खिल उठा कमल-सा विमल-नेत्र, शिव-सुमिरण किया रामजीने।
आ गई प्रेम गंगा चित में फिर सति से कहा रामजी ने॥

----------------------(अध्याय - 24)----------------------

शिवका हरिको गोपुरका गोपेश बनाना।
रामके-द्वारा देवि सतीको कथा सुनाना॥
कह प्रणामका मर्म, सतीका मोह मिटाना।
शिवके-द्वारा देवि सतीको त्यागा जाना॥25॥

निज धाममें एक समय शिवने, एक सुन्दर भवन बनाया था।
गोशाला के अदभुद गृहमें, सिंहासन रुचिर सजाया था॥
बुलवाया सुर राज और, देव सिद्ध गंधर्व।
नागादिक उपदेव और, विधि समेत सुत सर्व॥

सुर-मुनि-नाग-सुपुत्रि और, आगम-निगम पुराण।
वीणा, झांझ, मृदंग- युत उत्सव किया महान॥
पंच-कलश में जल रखे, तीर्थों के सर्वत्र।
पुन: राज्य-अभिषेक हित, द्रव्य किये एकत्र॥
बुलवाकर श्री विष्णु को, सिंहासन पधराय।
निज हाथों अभिषेक कर, सुन्दर मुकुट पिन्हाय॥
अर्पण कर गोलोक यह कर ऐश्वर्य प्रदान।
वन्दनीय सबसे मेरे- सदा विष्णु-भगवान॥
इतना कह शिवने किया हरिको पुनःप्रणाम।
गाये सुर विधिके सहित, श्रीहरि के गुणग्राम॥

बृषभ ध्वजने गरुड ध्वजके बहु भांति मान सम्मान किये।
देवों के आगे शिवजीने, हरिको अनेक वरदान दिये॥
हो कर्ता, धर्ता संहर्ता, तीनो पुरुषारथ के दाता।
रणमें न तुम्हें जीते कोई, दुष्टों के बनो दंडदाता॥
हरि को देकर विविध वर, शंभु गये कैलास।
बना दिया स्वामी मुझे, वरना मैं हू दास॥
शिव आज्ञा से विष्णु ही, बनकर आया राम।
आप जाईये आपको मेरा पुनःप्रणाम॥
कई ग्रंथमें है लिखी, कई तरह की बात।
होता निश्चित तथ्यतो, शिवपुराण से ज्ञात॥
आज्ञा लेकर लखन संग चले गए वन राम।
दुख-सुख पाया सती ने, दोनों ही एकठाम॥
राम दरसका हरष और निज करनी का शोक।
अंग कान्ति फीकी पड़ी, धूमिल मुख आलोक॥
मंद-मंद चलती हुई होकर अधिक उदास।
वे निस्तेज निढाल-सी, आयी शिवके पास॥

शिवजीने प्रथम कुशल पूछी फिर कहा परीक्षा ली कैसे?
सिर नाये चुप ये खडी रहीं, कुछ भी उत्तर ये दें कैसे?
शिव ध्यान लगाकर जान गए, पत्नीको मनसे त्याग दिया।
अपने निवास कैलास चले, अपने प्रण से मन रहा लगा॥
'प्रण" धन्य आपका, धन्य आप, पथमें यह हुई गगन वाणी।
हे शंभु! आप जैसा न कोई, कोई न आपका है सानी॥
हो गई कांति फीकी सति की, सुनते ही गूढ़ गगनवाणी।
की कौन प्रतिज्ञा है प्रभुने? मुझसे भी कहें शूलपाणी॥

सतिजी ने पूछा कईबार, शिवजी ने चुप्पी साध लिया।
कर-ध्यान सतीने जान लिया, स्वामीनें मुझको त्याग दिया॥
शिवने विवाह से पहले ही हरिसे निज प्रण बतलाया था।
हरिने श्रीदक्ष-प्रजापति को, यह समाचार दिलवाया था॥
प्राणेश्वर ने त्यागा मुझको, अति व्याकुल प्राण लगा होने।
अति शोक में डूबी दक्ष-सुता, वह बारम्बार लगी रोने॥
दुःखी देखकर मार्ग में, कह अनेक इतिहास।
व्रत धारी प्रण बद्ध शिव, जा पहुंचे कैलास॥
ब्याघ्रासन आसीन हो, धारी अचल समाधि।
हुआ ध्यान निजरूप का, रही न कोइ उपाधि॥
देवि सतीके दु: खका, रहा न पारावार।
डूब रही जिस-सिन्धु में, उसका नहीं किनार॥
तोड़ा ध्यान-इषाण ने, दीर्घ काल के बाद।
नमन किया श्रीसती ने, ले मन में आह्लाद॥

शिवने आगे आसन देकर कई-एक मनोहर कथा कही।
लेकिन दोनों के मध्य खिंची, वह लक्ष्मण-रेखा अटल रही॥
कुछ लोग वियोग मानते हैं, लेकिन इसमें वियोग कैसा?
दोनों अभिन्न जल-लहरसदृश, वाणी के साथ अर्थ जैसा॥

------------------------(अध्याय - 25)------------------------

सन्त याग में दक्षका, देना शिवको शाप।
नंदी का द्विज-वंशको देना धोर प्रशाप॥
इस प्रकरण में शंभु का, रहना परम प्रशांत।
नंदी को भी प्रेम से कर बिठलाना-शान्त॥26॥

एक बार किया था मुनियों ने, श्री तीर्थराज में महायज्ञ।
मुनि, सिद्धि, देवता, प्रजापति, आए थे उसमें परम विज्ञ॥
निगमागम-सहित गया मैंथा, वह अद्त-संत-समागम था।
होती थी कहीं ज्ञान- चर्चा, कहीं वाद-विवाद महातम था॥
सती पार्षदों के सहित आए रुद्र सुजान।
मुझ समेत सबने उन्हें, सादर किया प्रणाम॥
उस समय प्रजापतियोंके पति, श्रीदक्ष पधरे तेजस्वी।
मुझको प्रणामकर आसनपर, बैठे आसनपर ओजस्वी॥

सबने स्तुति-सहित प्रणाम किया, बैठे कर-करके अभिवादन।
सिर नहीं झुका, कर नहीं जुड़े, नहि हुए खड़े वे भूतभावन॥

अहंकार वश दक्षने, यह समझा अपमान।
लगे चलाने शंभुपर, कटु वचनों का वाण॥

सबने ही मुझे प्रणाम किया, सब देते हैं सम्मान मुझे।
केवल यह औघर प्रेतनाथ, दे रहा न अभ्युत्थान मुझे॥

निर्लज्ज मशानीअज्ञानी, क्योंनहीं झुकाता शीश मुझे।
यह नीतिभ्रष्ट यहकर्म-भ्रष्ट, लगताहै पाखंडीश मुझे॥

इसके उद्धत कर्म से, लगी हृदय में आग।
यज्ञ बहिष्कृत दुष्टको, मिले न मखमें भाग॥

भृगु आदिक मुनि दक्षकी, सुनकर बात सरोष।
निन्दक बनकर रूद्र को लगे लगाने दोष॥

शिव निन्दा सुनकर नन्दी को, हे नारद क्रोध अपार हुआ।
अभिमानी मनुजा माता को, देने का शाप विचार हुआ॥

ओ महामूढ सठ, दुष्टदक्ष, मखपति को किया वहिष्कृत क्यों?
जो ईश्वर के भी ईश्वर, उनको ही किया तिरस्कृत क्यों?

दिया श्राप है रुद्रको, किया व्यर्थ उपहास।
अरे द्विजाधम छू गया, गर्व तेरा आकाश॥

आग बबूला हो गये, सुनकर यह फटकार।
दक्ष रोष में शुभ-अशुभ, भूले सभी विचार॥

शिवगण को देने लगे शाप, पाखण्ड वादका गानकरो।
हो वेद बहिष्कृत मार्ग-भ्रष्ट, आचार-रहित मदपान करो॥

नंदी बोले ओ दुष्ट व्यर्थ, तुमने शिवगण को श्राप दिया।
तू शीघ्र नष्ट हो जायेगा, ऐसा ही भीषण पाप किया॥

भृगु आदिवर्ण- अभिमानी ने, जिनमें शठता का है निवास।
इस कारण ही श्री शिवजीका, कर डाला है उपहास खास॥

रुद्र तेज से युक्त मैं, देता हूँ यह शाप।
तत्त्व ज्ञान से शून्य हो, करें भोग का जाप॥

इनमें कुछ होंगे ब्रह्म दैत्य, कुछ शुद्राचार्य, कहायेंगे।
कुछ भिक्षुक, निलज, दरिद्र और, कुछ दान पापका खायेंगे॥

ओ दुष्ट दक्ष, ओ शिव-द्रोही, तू तत्व ज्ञान से रंक बनो।
हर-निन्दक-मुख हो नष्ट तेरा, अजमुख हो, कर्म-कलंकबनो॥

श्राप-प्रशाप विवाद का चला भयंकर दौड़।
होना था कुछ और ही, किन्तु हुआ कुछ और॥

परम शान्त शिवने किया, नंदीश्वर को शांत।
ज्ञानी होकर क्रोध में, क्यों हो रहे अशांत॥

मुझ को शापित जानकर, दिया द्विजोंको शाप।
शिव को छू सकता नही, हो कोई भी शाप॥

वेदों को शाप नहीं लगता, वेदज्ञों को दो शाप नहीं।
हो दुष्टबुद्धि कितना कोई, दे सकता श्रुतिको शाप नहीं॥

मैं यग्य, कर्म और कारण मैं, उपकरण और यजमान भी मैं।
यग्यात्मा, यग्य-बहिष्कृत मैं, सच पूछो तो सब कुछ ही मैं॥

शिवजी के उपदेश से, नंदी हुए प्रशान्त।
शिव संग, शिवगण चलपड़े, शिवमय बने नितान्त॥

इधर द्विजोंको साथले, स्वथल चले लोकेश।
रहे बढ़ाते वे सदा, श्री शिवजीसे द्वेष

नारद! इस विद्वेष ने, करदी सीमा पार।
विस्मय कारी यह कथा, सुनो सहित विस्तार॥

----------------------(अध्याय - 26)----------------------

दक्षके - द्वारा महायज्ञका वृहदायोजन।
हरि, ब्रह्मा, सुर, नर, ऋषियोंका, समुद आगमन॥
कर सबका सम्मान, दक्षका यज्ञारम्भन।
मुनि दधीचिका शिव-निमित्त करना आवेदन॥
नहीं मानना दक्षका, मुनिवरका अनुरोध।
मुनिका वापस लौटना, करके यज्ञ-विरोध॥

शिव-विरोध में दक्षने, किया यज्ञ आरंभ।
भूल जांए शिवको सभी, ऐसा रखकर दंभ॥
ऋषि महर्षि देवर्षि युत सभी देव उपदेव।
सभी पधारे यज्ञ में, तजा मात्र महादेव॥
मैं भी आ गया बुलावे पर, श्री नारायण बुलबाए गये।
लोकेश दक्ष द्वारा सादर, सिंहासन पर पधराये गए॥
कनखल में श्री विश्वकर्मा ने, अति अदभुद भवन बनाए थे।
आगन्तुक मान्य अतिथियोंको, उसमें सादर ठहराये थे॥
ऋत्विज थे भृगु आदिक मुनिवर, अधिष्ठाता थे श्रीनारायण।
मैं ब्रम्हा मख का ब्रह्मा था, थे मुर्तिमान सारे साधन॥

दिक्पाल बने थे द्वारपाल हो प्रगट यज्ञ करते विचरण।
थे अग्निदेव भी वहां प्रकट करने को शीघ्र हविष्य ग्रहण॥
थे ऋत्विज अट्ठासी हजार, चौंसठ हजार उद्दाता थे।
होता अध्वर्यु भी उतने ही, अनगिनत गानके ज्ञाता थे॥
सिद्धों गंधर्वों आदित्यों से भरी हुई थी यज्ञ सभा।
सब थे लेकिन एक वही न थे, कहते हैं जिन्हें यज्ञात्मा॥

शिवको वहां न देखकर, शिव सेवक थे खिन्न।

मुनि दधीचि अकुला गए, जो थे शम्भु अभिन्न॥

होता है अमंगल भी मंगल, केवल जिन शिवके सुमिरण से।
होना हम धन्य चाहते हैं, उन शिवशंकर के दर्शन से॥
हे ब्रह्मपुत्र करके प्रयत्न, अब भी सतीश को बुलवाएं।
उन यज्ञ-प्राणको बुलबा कर, इस यज्ञको पूरा करवाएं॥

झुंझला कर कुछ रोषमें बोल उठे लोकेश।

विधि हरि के होते हुए, कमी न मख में लेश॥

ब्रह्मर्षि, देवर्षि, राज, सप्त, कांडर्षि, महर्षि पधारे हैं।
सुर, नर, मुनि, तथा आपभी हैं, अतिशय सौभाग्य हमारे हैं॥
उन सब को मैंने बुलवाया, जो यज्ञ-योग्य हैं लायक हैं।

शिव नहीं बुलाए जायेंगे वे हैं अयोग्य ना लायक हैं॥

शिव अयोग्य हैं योग्य सब, ऐसा बोले अज्ञ।

शिव बिन शव सम हैं सभी, शिवबिन यज्ञ अयज्ञ॥

शिव दर्शन की यज्ञमें, रही न बांकी आश।

मैं जाता हूं अब तेरा, होगा सत्यानाश॥

------------------------(अध्याय - 27)------------------------

दक्ष-यज्ञ सुन सतिका, शिवसे आग्रह करना।

श्वसुर-दमाद विरोध जानकर चिंतित होना।

शिव-आज्ञा से पितृ यज्ञको प्रस्थित होना।

मान-सहित शिवका, निज-गणको साथ भेजना॥28॥

उधर शंभु कैलास में, जागे तजकर ध्यान।

किया सती ने सिर झुका, बारंबार प्रणाम॥

हे नाथ! सुना है यह मैनें, मैके में उत्सव भारी है।
उस महायज्ञ में जाने की, हमने करली तैयारी है॥

हे देवी बिना निमंत्रण के, जाना कदापि है उचित नहीं।
सबको बुलवाया आदर से, पर मुझे किया भी सुचित नहीं॥

क्यों न बुलाया है हमें बोली सतीसरोष।

यज्ञात्मा में पिताको, दिखा कौन सादोष॥

उस पिता को, उन ऋषि, मुनियों को, देवों को मजा चखांउगी।
हे स्वामि! मुझे आज्ञा देवें मैं आज यज्ञ में जांऊगी॥

विदा किया सब साथ दे, राजोचित सत्कार।

छत्र चंवरयुत साथमें, शिवगण साठ हजार॥

------------------------(अध्याय - 28)------------------------

पतिका-भाग न देखकर, सतिका कथन सरोष।

शिव निंदक पितु दक्षपर, प्रगटाना निज रोष॥

महायज्ञ वह दिव्य था, था आलोक-महान।

हर्षध्वनि–वेदध्वनि, पड़ी सती के कान॥

यज्ञ और यजमान की, होती थी जयकार।

शिव इच्छा से उसी क्षण, बेटी आई द्वार॥

कौन उतारे वृषभ से कौन करे सत्कार।

स्वयं उतर कर आगयी, सतीयज्ञ-आगार॥

पूज्या माता और बहिनों ने, उनका समुचित सत्कार किया।
पर पिता और गणमान्यों ने, रूखा उल्टा व्यवहार किया॥
इन सबसे पाकर तिरस्कार, देवी को हुआ बड़ा विस्मय।
मां-पिता को सादर कर प्रणाम, मनहीमन कर विचार-विनिमय॥
देखा मखमें श्रीविष्णु-भाग, सारे देवों का भाग दिखा।
यदि नहीं दिखा तो एकमात्र, शिवजी का कहीं न भाग दिखा॥
तब सती ने दुस्सह-क्रोध किया सबसे अपमानित होने पर।
अतिरोष में बोली प्रजापत .क्यों तुले हुवे हो रोने पर॥
जो पूर्णयज्ञ, यज्ञांग हैं जो, दक्षिणा तथा यजमान हैं जो।
उन बिन क्यों होगा यज्ञ-सफल, जो यज्ञपुरुष, भगवान हैं जो॥
हैं हव्य-कव्य, मंत्रादि-द्रव्य, सबके ही सब स्वरूप जिनके।
आरंभ किस तरह हो पाया यह यज्ञ बिना आये उनके?
हो गई भ्रष्ट बुद्धी तेरी, इसका रण उन्हें भुलाया है।
वह भी है तेरे ही समान जो उन्हें छोड़कर आया है॥

पूजा न पूज्य की होय जहां, पूजा अपूज्य की होती है।
उत्पात, कलह और मरण-तलक, तीनो हीं वहांपर होती है॥
  हरि, ब्रह्मा, इन्द्रादिको, दी कठोर फटकार।
  सब सहमे सुनते रहे, दृष्टि भूमिपर-डार॥
  कहा दक्षने तड़पकर, शिवका मत ले नाम।
  कटुवादिनी तेरा यहां, नहीं है कोई काम॥
है ज्ञात सभीको तेरे पति, अकुलीन हैं वेद बहिस्कृत हैं।
मरघट-वासी भूतेश सदा सज्जन पुरुषों से निन्दित हैं॥
आने या बुलाने योग्न न वह, उद्दंड है घोर दुरात्मा है।
है उसे शास्त्रका ज्ञान नहीं, अपने ही मुख परमात्मा है॥
  कहा सतीने कड़क कर, आगे कुछ मत बोल।
  अपने महा-विनाश को, देखो आंखें खोल॥
हो जनक किन्तु दिखते हो यम, उत्तम होकर हो महाअधम।
तुम देवरूप में दानव हो, सज्जन के रूप में अतिदुर्जन॥
जो भी हैं तेरे इस मखमें, मैं सबकी निन्दा करती हूँ।
तेरी पुत्री हो पतित हुई, इस कारण जलकर मरती हूँ॥
करता है जो शिवकी निन्दा, जो शिवकी निन्दा सुनता है।
वह सृष्टि-तलक नरकानल में, जल-जल कर सिरको धुनता है॥
यदि दुष्ट करे शिवकी निन्दा, तो यह अचरज की बात नहीं।
सज्जन ऐसा करता है तो, इससे बढ़कर है पाप नहीं॥
हे दुष्ट देवताओं मुनियो, तुम सबके सब पछताओगे।
अब इस कुकर्मका इसी जगह, सब भलीभांति फल पाओगे॥
  हर गुरु, निन्दक दुष्टके, जीवन को धिक्कार।
  उससे नाता शिष्टजन, रखे न किसी प्रकार॥
यह दुष्ट दक्ष है पिता मेरा दाक्षायिणि मैं कहलाती हूँ।
शव-तुल्य शरीर मेरा है यह, मैं इसको अभी जलाती हूँ॥

---------------------(अध्याय - 29)---------------------

योग-अग्नि में निज शरीरको स्वाहा करना।
शिवगणमें आक्रोश बहुतका तत्क्षण मरना॥
बहुतों का हमला करना आतंक मचाना।
ऋभुओं-द्वारा इनको मार-भगाया जाना॥

योग अग्निमें सतीने, तभी किया तन त्याग।
जन्म-जन्म शिवचरण में, रखकर दृढ अनुराग॥
यज्ञ स्थल में मच गया, भारी हाहाकार।
विचलित सारे हो उठे, हाँ! हाँ! हेति पुकार॥
अचला चंचल हो उठी, कांप उठा संसार।
अपने को देने लगे शिवके गण धिक्कार॥
खुद अपनी ही देहपर, करके शस्त्र-प्रहार।
देवी के पीछे मरे, शिवगण बीस हजार॥
बाकी चालीस सहस्र भक्त सब दौड़े अस्त्र-शस्त्र लेकर।
भृगुने ऋभुओं को प्रकट किया, यज्ञानल में आहुति देकर॥
शिवगणों और उन ऋभुओंमें, उस क्षण भीषण संग्राम हुआ।
शिव इच्छा से शिवगण हारे, उपरान्त दुखद परिणाम हुआ॥
  सबके सब भयभीत थे, खोये होश-हवास।
  विघ्न निवारण के लिये सब कररहे प्रयास॥

---------------------(अध्याय - 30)---------------------

दक्ष भर्त्सना में तभी, हुआ गगन में घोष।
सुर मुनियों को यज्ञ से, गमनादेश सरोष॥

आतंक के विस्फोटक क्षण में गुंजी गंभीर गगनवाणी।
सबके सब सुनकर सिहर गए, होगए दक्षपानी-पानी॥
ओ महामूढ़ अतिदुष्ट दक्ष, तूने अनर्थ कर डाला है।
अपने ही हाथों डाल लिया, अपनी तस्वीरपे माला है॥
लेते आशीष दधीचि मुनिसे, उल्टेतुमनेअभिशाप लिया।
शिव-प्रियासतीनिजबेटीको, जलवायाभीषण पापकिया॥
शिवको मखभाग नहीं देकर, अपराध करलिया भारीहै।
तू रहा न गौरव अधिकारी, तू रौरवका अधिकारी है॥
सौभाग्यको लात मार, तुमने दुर्भाग्यको यहां बुलाया है।
शिवशक्ति शिवगणोंका विनाश, अपने हाथों करबाया है॥
इस महापाप को मूढ़ दक्ष, कैसे भी पचा नही सकते।
प्रलयंकर के प्रलयानल से तू खुदको बचा नहीं सकते॥
हे देवों, ऋषियों, हे मुनियों भागो.. वरना पछताओगे।
शिव-विमुख यहाँसे घर वापस, कोई जीवित न जाओगे॥

हे हरि, हे विधि, आपभी निकल जांय तत्काल।
नभवाणी चुपहो गई, कर सबको बेहाल॥

करनष्ट दक्षको कुटुम्ब-सहित, मख-कलश-नीरको पीजाना।
करके विनष्ट संपूर्णयज्ञ, सब मेरे पास शीघ्र आना॥

----------------------(अध्याय - 31)----------------------

नारदादिसे सती-मरणकी चर्चा सुनना।
कुपित-शम्भुका जटा-पटकना कौतुक करना॥
वीरभद्र और महाकालिकी करके रचना।
यज्ञ-ध्वंशकी आज्ञा देकर इन्हें भेजना॥32॥

----------------------(अध्याय - 32)----------------------

प्रमथ-गणोंको साथले, इन सबका प्रस्थान।
इधर अप-सकुन दीखना, घवराना भय मान॥

शिवआग्यासे शिवगण-प्रधान, तत्क्षण कालाग्निसमान चले।
शोभाकेलिए साथ उनके, गण कोटि वीर बलवान चले॥
सबके सबथे शिवके समान, रथ मनोबेग से दौड़ चला।
दस-सहस सिंहथे जुते हुये, रथ-रक्षकका क्या कहें भला॥
नव-दुर्गा और महाकाली, सब भूतगणों के साथ चली।
चौंसठ-गण, चौंसठ-योगिनियां, विकराल अस्त्रले हाथ चली॥

शिवगणने जाकर शिवजी से सारी की सारी कथा कही।
तुमको बुलबाया तुमने भी, ज्योंकीत्यों सारी व्यथा कही॥
सुनकर शिवजी को हुआ बड़ा भयंकर क्रोध।
कुशल सदा शिवकी कृपा, अकुशल शंभु विरोध॥
एकजटा भूमिपर पटक दिया, तत्क्षण उसके दो-खंड हुए।
एक से श्रीकाली दूजे से, श्री वीरभद्र बरि बंड हुये॥
वे सहसबाहु प्रलयाग्नि सरिस, अतिशय विराट बलवाले थे।
सौज्वर और तेरह सन्निपात, अतिप्रबल साथ मतवाले थे॥
काली थी बिकरालिनी संगमें भूतकरोड़।
सभी प्रज्ज्वलित तेजथे, दाह हुआ चहुंओर॥
रवि-शशि-पावक लोचनशंकर, आज्ञाहो मैं क्या कामकरूं।
सोखूं सागर पीसूं पहाड़, जगका ही काम तमाम करूं॥
देवोंको जलाकर राखकरूं, लोकों को उलटकर चूर्ण करूं।
हे नाथ! मुझेजो आग्याहो, तत्क्षण उसको मैं पूर्ण करूं॥
कांपी-धरती, हिल-गये गगन, रवि-शशि थर्राए डोल उठे।
उससेभी अधिक करसकते थे, श्री वीरभद्रजो बोल उठे॥
है कृपा आपकी शक्तिमेरी, वहही सबकुछ करसकती है।
संकल्प आपका है अमोघ, मुझमें उसकी ही मस्ती है॥
शिव बोले जयहो तेरी, तुझको आशीर्वाद।
जा अभिभानी दक्षको, अभी चखा आ स्वाद॥
करे विरोध अगर कोई, करना उसको राख।
टेढ़ी जो तुमपर उठे -फोड़ डाल वह आंख॥
मुनिवर दधीचिके बचनतोड़, टिकने वालोंको मिटना है।
अनुरोधी भी विद्रोही है, सब को पिटना है मिटना है॥

इधर सगुन-शुभ होरहा, असगुन उधर महान।
दक्ष सहित सुर संत के, अकुलाते थे प्राण॥
बोली नभवाणी पुन; दक्ष तुझे धिक्कार।
अबतो मरने के लिए, हो जाओ तैयार॥
है आस तुम्हें जिन-जिनकी भी, उनका विनाशहो जायेगा।
सब स्वयं काम आ जाएंगे, कोई तेरे काम न आयेगा॥
सुनकर सब पीले पड़े, फूल गए अंग-अंग।
हरि चरणाश्रित दक्ष के, हुए रंग- बदरंग॥

--------------------(अध्याय - 33-34)----------------------

दक्षका हरिसे मख-रक्षाकी विनती करना।
हरिका अपनेको इसमें असमर्थ बताना॥
तबतक सेना सहित वीर, काली का आना।
हरिका समझाना शिवको, सर्वोच्च बताना॥

हे हरि! आपत्ति-विपति हरिये, हे नाथ! यग्य-रक्षा करिये।
करके अनेक-विधि विनयदक्ष, श्रीविष्णु चरणपर खड़े-गिरे॥
तत्काल उठाकर मखपतिको, शिवको प्रणामकर बोले हरि।
है तुम्हें तत्वका ज्ञान नहीं, शिव परमतत्व हैं सर्वोपरि॥

जिनके विरोधसे सुधा-सिन्धु, विषका सागर बन जाता है।
जिनकी अभेलना से सुकर्म, विपरीत-विफल हो जाता है॥
पूज्यों की जहां न हो पूजा, अनपूजित पूजा जाता है।
दारिद्य, मृत्यु, और भय तीनों, तत्काल वहां आ जाताहै॥
    कुशलचाहते व्यर्थ तुम, करके शिवअपमान।
    नहीं बचा सकता स्वयं, मैं भी तेरा प्राण॥
हरिकी वाणी सुन कांप उठे राजा भयभीत हुए अतिशय।
प्रलयानिल सम सेनासमेत, आ पहुंचे गणधिप उसीसमय॥
उन सबकी घोर गर्जनासे, गुंजायमान था आसमान।
ढंक गई धूलसे दशों-दिशा, होगई धरा कंपायमान॥
    गिरे चरणपर विष्णुके, होकर दक्षअधीर।
    हे मख-रक्षक आपसा, और न कोई वीर॥
प्रभुबोले शिवका कोप आज, आयाहै वीरभद्र बनकर।
जा सकता कोई नहीं आज, इनके करसे जीवित बचकर॥
तोड़ी है प्रतिग्या मैंने भी, दुर्गति मेरी भी होनी है।
शिवद्रोहीका साथी बनकर, गठरी विपदा की ढोनी है॥
    तबतक आपहुंचे वहां, शिवगण कालसमान।
    जय शंकरके घोष से, थर्रा उठा जहान॥

-------------------------(अध्याय - 35)-------------------------

यज्ञ-स्थलसे अधिकाधिक देवोंका पलायन।
शिव अजेयताका सुरेंद्रसे गुरुका प्रवचन॥
वीरभद्रका रण-निमित्त ललकार मचाना।
बातचीतकर विष्णु आदिका वापस जाना॥
दक्ष और उस यज्ञका करके सत्यानाश।
वीरभद्रका लौटना, सैन्य-सहित कैलास॥

शिवगण शिव-अपमानसे, थे इतने ही क्रुद्ध।
    तत्क्षण धावा बोलकर, शुरुकर दिया युद्ध॥
कह करके हर-हर महादेव, -कालाग्नि सरिस ऐसेटूटे।
हारे सब सुरगण भाग चले, क्षणमें सबके छक्के छूटे॥
    इक्के- दुक्के रहगये, इन्द्र आदि धर धीर।
    सुरगुरु से करके विनय बोले हे मतिधीर॥

विजय प्राप्तहो जिसतरह, कहिये वही उपाय।
    दुर्वल- ग्यान सुरेशसे बोले गुरु झुंझलाय॥
कर्मोंका आश्रय ले ईश्वर, कर्त्ता को देता फल उसका।
करने वालोंको ही देता, बिन-कर्म न वहभी दे सकता॥
भक्तोंको छोड़ महेश्वरको, कोई भी जान नहीं सकता।
शिव-तत्त्वको शिवकी कृपाबिना, कोई पहचान नहीं सकता॥
आए शिवद्रोहीके मखमें, बोलो अब क्या कर पाओगे?
इन क्रुद्ध रुद्रकी सेनाके, आगे साहस दिखलाओगे?
    टिक न सकोगे अब कोई, होगा यग्य विनाश।
    शिवद्रोही के यज्ञमें अब, न कुशल की आस॥
तबतक आ पहुंचे वीरभद्र, दी डांट और फटकार इन्हें।
शिवके विरोध में तू भी है, हे देवराज धिक्कार तुम्हें॥
अब क्रुद्ध सरसभुजने इनपर, वह भीषणवाण प्रहारकिया।
कुछ खेतरहे कुछभाग गए, कुछ-कुछने हाहाकार किया॥
ये वीरतो थेही भद्र भी थे, शिवजीके सच्चे सेवक थे।
ये ढूंढ रहेथे उन-उनको, जो दक्षयग्य के रक्षक थे॥
    मखशाला तक आगये बने क्रोधमें लाल।
    थर-थर कंपित यज्ञने देखा अपना काल॥
ऋषि-मुनिगण बोले श्रीहरिसे, हे हरे! यग्य-रक्षा करिये।
लोकश दक्ष भय-विह्वल हैं, हेविष्णु व्यथा उनकी हरिये॥
    मुझे साथले हरिचले, करने भीषण युद्ध।
    वीरभद्रने जानकर, हरिको शंभु-विरुद्ध॥
बोले शिव-विमुख मेरे हाथों, तुम आज न बचने पाओगे।
हरिहर कहलाते थे अबतक, हरनिन्दक अब कहलाओगे॥
किन्तु बचोगे ही नहीं, गए न यदि रणछोड़।
हरि हंसकर बोले निरख, वीरभद्रकी ओर॥
मैं बिमुख नहीं शिवसेवकहूं, निन्दकभी नहीं प्रशंसक हूं।
वे स्वामि दासहूं मैं उनका, वे पिता मैं उनका बालक हूं॥
था बचन-बद्ध पहले से ही, इस कारण यहां चला आया।
मैं भक्तों के अधीन ठहरा, शिव ही जानें अपनी माया॥
मैं तुम्हें रोकता हूँ तुम भी, हे वीरभद्र मुझको रोको।
अनहोनी होगी कभी नहीं, जो होनहार है वह ही हो॥
    आप शंभुके भक्त हैं बड़ी खुशी की बात।
    क्षमा करें कटुबचन से मैंने किया अघात॥

मुझको जैसे भगवान शंभु, वैसे ही मुझको आप प्रभो।
जैसे हर हैं वैसे हरि भी, जैसे वे वैसे आप प्रभो॥
हंसकरबोले विष्णु फिर हे शिवभक्त प्रबुद्ध।
व्यर्थ करो मत समयको, करलो मुझसे युद्ध॥
नारद! दोनों ने किया, दोनों का सत्कार।
दोनों-दोनों से हुए, लड़ने को तैयार
वीरभद्र और विष्णु में हुआ घोर संग्राम।
थके सुदर्शन-चक्र भी, धनुष हुए बेकाम॥
हरि समेत सब देवता होकर अंतर्धान।
दक्ष-यज्ञ तजकर गए, अपने-अपने स्थान॥
मैंभी निजलोक चलाआया, मखजीवीभी मुख मोड़ चले।
भयभीत-यग्य मृग-बनकरके, आकाश-मार्गको दौड़ गए॥
वीरभद्रने मृग पकड़ झटदी गर्दन काट।
दक्षयज्ञमें शेष थी मार काट और डांट॥
मणिभद्र नें पटका भृगुजीको, पैरोंसे दबाकर ली हुंकार।
चिल्लाते घिघियाते मुनिकी, दाढी और मूंछें ली उखाड़॥
अतिशय प्रचंड होगए चंड, पूषा के दाँत उखाड़ लिये।
जो शिवपर हंसनेवाले थे, उन-उनके मुंखको फाड़ दिये॥
नंदीने भगको पटक दिया, ली झट निकाल दोनों आँखें।
शिव-शापक दक्षप्रजापति की, थी अनुमोदक दोनों आखें॥
दक्षिणाआदि दुर्गति में थीं, मंत्रादि महान तिरस्कृत थे।
और अंतर्वेदी के भीतर, छिपकर के दक्ष प्रजापति थे॥
उन्हें पकड़ वीरेशने सिरपर किया प्रहार।
योग-युक्त अक्षत रहा, हुआ वार बेकार॥
सिरको दोनों हाथसे दी मरोड़कर तोड़।
अग्नि कुंडमें फिर उसे दी आहुतिसी छोड़॥
यज्ञ-नष्ट कर आगये, वेसब शिव के पास।
गणाध्यक्ष पद दे उन्हें, किया शंभुने हास॥

--------------------(अध्याय - 36-37)--------------------

विष्णु पराजय में दधीचि का श्राप था कारण।
क्षुवनृप और दधीचि मुनिके विवाद का वर्णन॥
मृत्युंजय का अनुष्ठान मुनि की अवध्यता।
श्री हरिकी क्षुवके तप परवस बचन-बद्धता॥

मुनी पराजय का उसे देकर के वरदान।
श्रीहरि का जयके लिये, करना यत्न-महान॥

नारदबोले हे पिता, धन्य आपका स्नेह।
विष्णु चरितसे होरहा, मुझे बहुत संदेह॥
शिवजी को छोड़ गये ही क्यों, शिव विरोध में युद्ध किया?
शिवके अनन्य सेवक होकर, क्यों यह सब धर्म विरुद्ध किया?
विधि बोले हरिको लगा, मुनि दधीचि का शाप।
इस अनर्थ के मूल में, केवल भक्त – प्रताप॥
थे परम तपस्वी मुनि दधीचि, और क्षुवथे राजा तेजस्वी।
दोनों ही बड़े यशस्वी थे, दोनोंमें थी मित्रता बड़ी॥
किन्तु श्रेष्ठताके लिये, इनमें छिडा विवाद।
उग्ररूप धारण किया, इनका कटु संवाद॥
द्विज श्रेष्ठ है तीनों वर्णों से, कहते दधीचि मुनि उन्हें यही।
क्षुव कहते थे है नृपति श्रेष्ठ, राजा से कोई ज्येष्ठ नहीं॥
मैं पूजनीय हूं द्विज का भी, करिये न निरादर आप मेरा।
यह वेद-विरूद्ध बचन सुनकर, मुनिवर को अतिशय क्रोध हुआ॥
क्षुव के माथे पर भार्गवने, मुक्के से महा प्रहार किया।
अति-क्रोधित क्षुवने वज्रमार, मुनि को तत्क्षण लाचार किया॥
आचार्य- शुक्रको याद किया, मुनिवर नें दोनों हाथ जोड़।
वे आकर के क्षणके अन्दर, सब कटे अंगको दिया जोड़॥
किया इन्हें श्रीशुक्र ने, मृत्युंजय उपदेश।
दूरकरे यह मृत्यु को, भयको करे अशेष॥
अब प्रेम और दृढ नेमसहित, इस महामंत्रका जाप करो।
जपऔर हवन-पश्चात वत्स, अभिमंत्रित जलही पियाकरो॥
शिवविग्रह के सामने, करो बैठकर ध्यान।
रहे न बांकी मृत्युभय, यह शिवका वरदान॥
स्वस्थान शुक्र-आचार्य गये, तपहेतु दधीचि गए वन में।
मृत्युंजय जाप, ध्यान, शिवका, प्रारंभ किया मंगल क्षणमें
दीर्घकाल की भक्ति से, तुष्ट हुए ईषाण।
प्रकट हुए बोले मुने, अब मांगो वरदान॥
मैं अवध्य होऊं तथा, कभी न होऊं दीन।
अस्थि मेरी हो वज्रसी, वर दीजै यहतीन॥

वरदेके शिव स्वस्थान गये, मुनि गए पास क्षुव-राजा के।
मारी माथे पर एक लात, वह गिरा भूमि पर चकरा के॥
तब क्षुवने वज्र प्रहार किया बेकार गया वह कुलिस वार।
मुनिकी अदीनता अवध्यता, लखकर विस्मय का था न पार॥

वन जाकर क्षुव नृपति ने होकर तपमें लीन।
भजा विष्णुको उस तरह जैसे जल को मीन॥

राजा के निकट पधारे प्रभु-बोले राजा से नारायण।
लो दिव्यदृष्टि और दिव्यचक्षु, मांगो वरदान करो दर्शन॥
राजाने सभी कथा कहकर, मांगा दधीचि पर विजय मिले।
या वह आकर ऐसा कहदे, राजन! हम तुमसे हार गये॥
प्रभु बोले ब्राह्मण निर्भय है, फिर रुद्र-भक्त को भयन कहीं।
मुझको भी ब्रह्म शाप भय है, कुछ भी करना है उचित नहीं॥

विप्र शाप से प्राप्त कर हार और अपमान।
होगा शिव की कृपा से पुनः मेरा उत्थान॥

मैं जाता हूँ करने प्रयास, द्विज वरको अभी जीतने का।
तुम यहीं ठहरकर हे नरेश! आने का पथ देखना मेरा॥

----------------------(अध्याय - 38)----------------------

अपराजित सुर-विष्णु को, मुनि दधीचिका शाप।
क्षुव पर पुनः अनुग्रह, श्रीशिव कृपा- प्रताप॥

हे नारद क्षुवके काज निमित, ब्राह्मण का वेष बनाकर के।
करके प्रणाम श्रीहरि बोले, मुनिवर दधीचि- ढिग जाकरके॥

प्रभु बोले हे मुनि मुझे, दीजे यह वरदान।
मुनि बोले क्या चाहिये, इसका मुझको ज्ञान॥

हे नाथ! भक्त-वशहो उसका, सबकाम बनाने आए हैं।
हैं विष्णुआप लेकिन छलसे, ब्राह्मणका वेष बनाए हैं॥

शंभु कृपा से है मुझे, तीन- कालका ज्ञान।
छद्मवेष यह छोड़िये, करिये शिव का ध्यान॥

प्रभुबोले तेरी अभयता की मैं बड़ी प्रशंसा करताहूं।
एकबार कहो क्षुवसे जाकर, राजन मैं तुमसे डरता हूं॥

हूँ निर्भय फिर क्यों कहूं जाकर उसे असत्य।
झूठ नहीं मैं बोलता, ज्ञात आपको तथ्य॥

अब तो बलात हरिने मुनिसे, यह मनवानेकी की चेष्टा।
देवों ने इनका साथ दिया लेकिन प्रयास बेकार गया॥
कुंठित हो गए शस्त्र सारे, हरिगण को मुनिने भस्म किया।

तब माया पतिनें मायासे, अनगिनत विष्णुको प्रकट किया॥
अपनी माया त्यागिये बोले शैव-सुजान।
आप मुझीमें देखिये, अपने सहित जहान॥
मुनिके शरीरमें सकल-विश्व लखकर कोपे श्री नारायण।
क्षुव नृपति सहित उस आश्रम में, मैं भी जा पहुंचा उसही क्षण॥
अब क्रोध न करिये मत लड़िये, हरि बात हमारी मान गये।
मुनि को सिर नाया श्रीहरि ने, क्षुवने भी इन्हें प्रणाम किये॥

शरणागत क्षुवको किया, मुनिने क्षमा प्रदान।
हरिको लखकर क्रोधसे, व्याकुल हुवे महान॥

देवेश्वर-सहित देव, मुनिगण, सिरधुन-धुनकर पछताओगे।
क्रोधाग्नि प्रगट होगी शिवकी, हारोगे मर मिट जाओगे॥

क्षुवसे द्विजकी श्रेष्ठता, कहकर शिवके दास।
आश्रम के अंदर गये लौटे, सब स्वनिवास॥
"स्थानेश्वर" के नाम से है वह तीर्थ प्रसिद्ध।
दर्शन शिव सायुज्य- प्रद साधक होवे सिद्ध॥

----------------------(अध्याय - 39)----------------------

सुरों-सहित विधिका श्रीहरिसे दुः ख निवेदन।
शिवसे क्षमा मांगिये, बोले श्री नारायण॥
सबको लेकर श्रीपतिका कैलास पहुंचना।
कृपासिंधु भगवान शम्भुसे प्रभुका मिलना॥

हे शिव लीला के रसिक शंभु-तत्व तत्वज्ञ।
शिवचरित्र का श्रवणकर, हैयह दास कृतग्य॥
कर दक्षयग्यको पूर्णनष्ट, श्रीवीरभद्र शिवनिकट गए।
अब आगेका पावनचरित्र, विस्तार सहित मुझसे कहिये॥
हे नारद धन्य-धन्य तुमको, यह मंगल-चरित सुनाता हूं।
तुम सुनकर जो सुखपातेहो, मैं कहकर वह सुखपाता हूं॥
शिवगणसे हारे सुर- मुनिगण, आए मेरे ढिग दुखियारे।
हम सभी विष्णुके धाम गए, झुकगए चरण में बेचारे॥
जिसभी प्रकारहो यग्य-पूर्ण, यजमानभी जीवित होजाए।
सुरगणऋषि-मुनिगण सुखीबनें, ऐसा उपाय ढूंढा जाए॥

हे कमलापतिरमापति, मैं बोला करजोड़।
चरणशरण हम आपकी, करें कृपाकीकोर॥

हमसब अपराधी हैं शिवके, सबके हीसब हतभागी हैं।
शिवजी को दिया न यज्ञभाग, इसलिए दंडके भागी हैं॥
दुर्वचन-दग्धवे थे ही थे अब, सतीवियोग-जनित दुखहैं।
हमसबने भी दुखदिया उन्हें, शिवजीको तो दुखहीदुखहै॥
चलिये सब मिलकर इसी समय, शिवचरणों में शिर नायेंगे।
हम क्षमा मांगकर रूठे से, भोले बाबा को मनाएंगे॥

विधि, हरि, सुर, मुनिगण सभी, गए उसीकैलास।
जो है शिवको अतिप्रिय, सदा शंभुका वास॥

रमणीय पुरी अलका थी वहीं, था मित्र कुबेर महेश्वरका।
उसकेही निकट सुगंधभरा, सौगन्धिकबन सबने देखा॥
नन्दा-व-अलकनन्दा नदियां, हर-हर ध्वनिकरके बहतीथी।
दर्शन सेदर्शकके कई-एक, जन्मोंके अघको हरती थी॥
अलका सौगन्धिकके आगे, सबने बट-विटप महा देखा।
सौ योजन ऊंचा, पचहत्तर-, योजन शाखा- फैला देखा॥

उस योगस्थल विटपतर, थे शंकर आसीन।
सेवामें उनके निकट, थे सनकादि प्रवीण॥

रुद्र-अक्ष भस्मादिसे शोभितथे विश्वेश।
तुम्हेंदेरहे थे सुवन, शिवशंकर उपदेश॥

सुरमुनि मुझसहित विष्णुजीने, करजोड़ शंभुको सिरनाया।
मुझको श्रीहरिको शिवजीने, आदरके साथ प्रणाम किया॥

श्री हरिहर के मध्य फिर, हुई प्रेम से बात।
तुम तो नारद थे वहीं है, तुमको सब ज्ञात॥

------------------------(अध्याय - 40)------------------------

सुरों-सहित विधि, विष्णुका, शिवसे विनयमहान।
शिवजीका सुर-दक्ष प्रति, देना शुभ वरदान॥
दिव्यांगोंके अंग- प्रदान विकल्प बताना।
यज्ञ-स्थल पर पहुंच, दक्षको जीवित करना॥
दक्ष, विष्णु आदिकके द्वारा शिवकी अस्तुति 41-42॥

सोरठाः

बोले सुर-समुदाय विविध विनयके अंत में।
हर-हर नमः शिवाय नमस्कार स्वीकारिये॥

(वंदना) -शिवशंकरको नमस्कार है।
पूर्ण परात्पर परब्रह्म को नमन हमारा बार- बार है॥
सबके आप आदिकारण हैं, सबको ही करते धारण हैं।
करते सबका ही पोषण हैं भजन आपका सर्वसार है॥
आज्ञासे ही हवा चलती है, अग्नि जलातीहै जलती है।
फलता वृक्ष कली खिलती है, सबका आश्रय तेरा-द्वारहै॥
भग अंधे हैं नेत्र दीजिये, दक्ष यज्ञ को पूर्ण कीजिये ।
मरेहैं उनको जिला दीजिये, विनती प्रभुसे बार-बार है॥
पूषा के दांत जम जाएँ, अंग-भंग को पूर्ण बनाएं।
दाढ़ी-मूँछ पुनः भृगु पाएं, यज्ञशेष रुद्राधिकार है॥

दोहा-जिसमें शिवका भागहो, वही यज्ञहो पूर्ण।
रूद्र-भागजिसमें नहीं, वह अपूर्ण- दुखपूर्ण॥

ऐसा कह भूपर पड़े सुरगण दंड समान।
हम सबके अपराधको, क्षमाकरें भगवान॥

हो प्रसन्न दे सान्त्वना, बोले प्रभु ईषाण।
सत्यबचन मेरा सुनें, हे विधिहरि भगवान॥

मैंने न यज्ञको नष्ट किया, मैंने न किसीको दंड दिया।
जिसने भी जैसा भी पाया, अपने कर्मों का फल पाया॥
अब दक्ष प्रजापतिके धड़से, बकरेका सर जोड़ा जाए।
भग, मित्र आँखसे देखेंगे, यजमानों से पूषा खाये॥
बकरे की दाढ़ी लें भृगुजी, बिकलांग सभी पूर्णांग बनें।
मुझको देकर मख-शेषभाग, दुखरहित और सबसुखी बनें॥

अबतो सब करनेलगे, शिवकी जयजयकार।
साधु-साधुकहने लगा, मैं भी बारं- बार॥

तदन्नतर शिवको साथलिये हमसभी यज्ञकी ओरचले।
मखशालामें कुहराम देख, शिव वीरभद्र से यह बोले॥
हे महाबाहु तुम यथाशीघ्र, लोकेश दक्षको ले आओ।
हे ब्रह्मदेव अजसिर जोड़ो, भृगु आदिको चंगा करवाओ॥

अज-मुख घड़में जोड़कर, देकर जीवन-दान।
दक्ष-प्रजापति परकिया, शिवने कृपा महान

जैसे सोएसे जागे हों, ऐसे उठकर वे खड़े हुए।
शिवके चरणोंमें सिरनाया, अतिशय सनेहमें भरे हुए॥
विद्वेष-नष्ट होगया सभी, शिवदर्शनसे मन विमल हुआ।
कर विविध प्रार्थना शिवजीकी, करजोड़ दक्षने पुनः कहा॥

मुझ विग्रह करने वालेपर, करने को अनुग्रह आए हैं।
उन दीन सुरोंपर दयाकरें, जो जीवन तलक गवाए हैं॥
दयासिन्धु करिये दया, देकर आशीर्वाद।
यज्ञोद्धार करें प्रभु, मेंटें महा- विषाद॥
विधि, हरि, देव, मुनीसगण, स्तुति करते करजोड़।
अपनी ओर निहार कर, लखिये हमरी ओर॥

----------------------(अध्याय - 41-42)----------------------

शिव-द्वारा उपदेशित गद-गद दक्ष प्रजपति॥
दक्षयज्ञकी पूर्णता, देवोंका प्रस्थान।
सती-खंडकी पूर्णता, महिमाका गुणगान॥43॥

होकर प्रसन्न चंद्रावरतंश, सबकेही कष्ट मिटाकर के।
बोले हँसकर भगवान शंभु, सन्निकट दक्षके आकर के॥
मैं हूँ प्रसन्न दक्ष तुझपर, तुमसे यह सत्य बचन कहता।
सब हैं अधीन मेरे परन्तु मैं, भक्तों के अधीन रहता॥
पुण्यातमा पुरुष मुझे भजते चार-प्रकार।
सभी एकसे श्रेष्ठ हैं, सबका मुझसे प्यार॥
हैआर्त्त-प्रथम जिज्ञासु द्वितिय, फिर अर्थार्थी और ज्ञानी है।
तीनोंकी है सामान्य कथा, चौथे की अलग कहानी है॥
ज्ञानी मुझको अतिशय प्रियहै, यह सत्य-सत्य मैं कहता हूँ।

अज्ञानी कर्माधीनों से, मैं दूर सदा ही रहता हूँ॥
सगुन रूप का दक्षको, करके शुभ उपदेश।
फिर अपने वक्तव्य का, बोले सार महेश॥
जैसेमनुष्य निज अंगोंको, अपनेसे भिन्न नहीं कहता।
वैसेही भक्त मेरा जगके, हर प्राणीमें मुझको लखता॥
मैं ही बह्मा, मैं ही विष्णु, सब जीव रूप हम तीनो हैं।
है शान्ति उसीके साथसदा, जिसको अभिन्न हमतीनो हैं॥
भेद रखे हम-तीन में, उसे कहा मतिमंद।
करता नरक-निवास वह, हैं जब-तक रविचंद॥
हरि-निन्दक हर-भक्त हो, हर-निंदक हरिदास।
तेरा वाला शाप सब, जाय उसी के पास॥
शिव-आज्ञा तथा अनुग्रह से, तदनन्तर यज्ञ पूर्ण करके।
सबको शिवको दे यज्ञ-भाग, होगए दक्ष प्रिय शंकरके॥
सुर-नर-मुनि-नाग-सिद्ध-चारण, शिवयशगातेस्वस्थान गए।
हे नारद मैं निज-लोक गया, बैकुण्ठ विष्णु भगवान गये॥
सम्मानित हो दक्षसे, देख प्रीति विश्वास।
हो प्रसन्न निजगण सहित, शंभु गए कैलास॥
भोग, मोक्षदायक सदा, यह शिव-सती चरित्र।
पूर्ण करे मन- कामना, जीवन बने पवित्र॥

----------------------(अध्याय - 43)----------------------

॥ श्रीरुद्रसंहिता सतीखण्ड संपूर्ण ॥

स्थावर-जंगम दिव्य-रूप, हिमगिरिका वर्णन।
मेनाजीसे ब्याह-चरितका विशद विवेचन॥
श्रीमेनाके पूर्व जन्म- चरितोंका वर्णन।
सनकादिकके शाप और वरदानका चित्रन॥1-2॥

पितु-मखमें देवी सती, तजकर तृण सम देह।
पति-हित तप करनेलगी, जनमि हिमाचल गेह॥
कैसे पाई शंभु पति कैसे हुई सनाथ?
पितु यहकथा सुनाइये, नारद जोड़ेहाथ॥
श्री उमा-चरितसे पूर्व पुत्र, मेना-चरित्रको श्रवण करो।
जगदम्बा कीजो अम्बा हैं, पहले उनकोही नमन करो॥
स्थावर-जंगम रूपोंवाला हिमवान नामका गिरिवर है।
आश्चर्यजनक दृश्यावलिसे, वह अति विचित्र शोभाकर है॥
ऋषि, मुनि, सुर, सिद्ध, आदिसाधक, उसका आश्रयले रहते हैं।
शिवजी को वह अतिशय प्रिय है, ऐसा वे खुद भी कहते हैं॥
तपमें वह अति-शीघ्रही, करता सिद्धि प्रदान।
दिव्य-धातु मणि- आदिका, जहाँ खानहीखान॥
उसने विवाहकी इच्छाकी देवोंने भला विचार किया।
मेनासे पाणिग्रहण निमित्त, पितरोंको जा तैयार किया॥
पितरोंने देव हिमालयको, अपनी कन्याका दान किया।
नारदकी इच्छासे विधिने, विस्तार समेत बखान किया॥
मेना की उत्पत्तिका कहा चरित्र विचित्र।
श्रोता-वक्ताको करे, गायन-श्रवण पवित्र॥
पुत्रियां साठथी विधि-सुतकी, थी-एक उन्हींमें देवि स्वधा।
उसका शुभव्याह प्रजापतिने, पितरोंके साथ सप्रेम किया॥
उनकीथी तीन सुकन्याएं ज्येष्ठा जिनमें यह मेना थी।
छोटी बेटीथी कलावती, मंझली बेटी ही धन्या थी॥
तीनों पुत्री थी अयोनिजा, व्यवहार में पुत्री कहलाई।
एकबार विष्णु के दर्शनको तीनोही श्वेतद्वीप आयी॥

दर्शन कर श्री विष्णुके, सादर किया प्रणाम।
हरिआज्ञा से ठहरकर, किया तनिक बिश्राम॥
हरिदर्शनको सनकादिक मुनि, आकर प्रभु सम्मुख खड़ेहुए।
सब खड़े हुए पर ये न उठी, इससे मुनि क्रोधित बड़े हुए॥
होकर तुमसब बैकुंठ- भ्रष्ट, नरत्रिया बनो यह शाप तुझे।
फिरहुए प्रसन्न विनय सुनकर, बोले क्यों पश्चाताप तुझे॥
मेना होगी हिमगिरि प्रिया, यह पारवती की मां होगी।
शिव होंगे इसके जामाता, यह उनकी सासू मां होगी॥
धन्या श्रीजनक-पत्नि होगी, सीता इसकी बेटी होगी।
छोटी वृषभानु- प्रिया होगी, जिसकी पुत्री राधा होगी॥
हे नारद यह शापथा, या था यह वरदान।
सनकादिक मुनि होगए, तत्क्षण अंतर्धान॥

-------------------(अध्याय - 1-2)-------------------

शिवाराधनाका सविधि, दे गिरिको आदेश।
आराधन करनेलगे, सुरगण भी सविशेष॥

जब मेनाको ब्याहकर घर लाये हिमवान।
तीनों लोकों में हुआ उत्सव बड़ा महान॥
एकदिवश विष्णुआदिक सुरगण, पर्वतपतिके दरवार गये।
करके प्रणाम हो प्रेम मगन, ये सबके आगे खड़े हुए॥
बोले होगया सफलजीवन, तप-ग्यान-क्रियाएं सफल हुई।
कुलसहित आजमैं धन्यहुआ, यह भूभि धन्यहीं सकलहुई॥
सेवाकी आग्याकरें, मुझे समझकर दास।
हो प्रसन्नबोले प्रभु, पूर्ण कीजिये आस॥
शंभुशक्ति देवीउमा, सती नाम बिख्यात।
उनका ललित-चरित्र सब, आपजानते तात॥
पुत्रि रूपमें घर तेरे हो उनका अवतार।
तभी सृष्टिका भयमिटे, घटे धराका भार॥
जिससे प्रसन्नहों शीघ्रउमा, वह विधिझट इन्हें बताकरके।

सब गए देवगण उमा शरण, दर्शन की आश लगाकरके॥
श्रद्धा हैं आप, आपधृति हैं, सर्वव्यापिनी– आपश्रीहैं।
गायत्री हैं, हैं सरस्वती, हे अंब! आप सावित्री हैं॥
धर्मात्माके घर लक्ष्मि आप, पापीके यहां दरिद्रा हैं।
हैं आप तुरीय, स्वप्न, जाग्रत, हे जननि आपही निद्रा हैं॥
हैं, शान्ति, धात्रिऔरशक्तिआप, हैं नीति, गीतिहैं और गतिहैं।
हैं आप ग्रंथि, और मात्राभी, और यजुर्मंत्रकी आहुति हैं॥

स्तुति करके जगदंबका, ले दर्शन की आस।
सभी देव चुपहो गए, सुमिरणथा प्रति श्वास॥

-----------------------(अध्याय - 3)-----------------------

देवोंका श्री उमादेविके, करके दर्शन
आज्ञापाकर करना निज अभिप्राय निवेदन॥
शिवादेविका सुरगणको आश्वासन देना।
निज अवतार-ग्रहणका मनमें निर्णय लेना॥4॥

आर्त-विनय सुन सुरोंकी, प्रगट भई जगदंब।
प्राणवल्लभा शंभुकी, जन-जनकी अबलंब॥
थीपरम-दिव्य रथपरसवार, कोटिश रवि-सरिस प्रकाशमयी।
करुणामयि, अमितस्नेहमयी, थीजिसछबिकीसमता न कहीं॥
आँखें चुंधियाई टिकी नहीं, तब हाथ जोड़ बोले सुरगण।
हे अम्ब करें कम दिव्यतेज, जिससे हमसभी करें दर्शन॥

कृपाहुई दर्शन मिला, देवोंको सुस्पष्ट।
अंब इष्टकी पूर्तिहो, होय अनिष्ट विनष्ट॥
दाक्षायिणि रुद्राणी बनकर, यद्यपि काफी उपकार किया।
अपमानित होकर पितुसेही, अपने शरीरको क्षार किया॥
पाकर वियोगहैं दुखी शंभु, हम दुखीहैं काम बिगडनेसे।
सब सुखी बनेंगे हे माता, आपके पुनः अवतरने से॥

सुनकर देवोंकी व्यथा, स्वामीका अनुराग।
द्रवित दयामयिने कहा, करो व्यथाका त्याग॥
गूंगेको क्या चहिये? वाणी, प्यासेको क्या चहिये? पानी।
दुखियोंको सुख चहिये माता, मिल-जायें रुद्रको रुद्राणी॥
गूंगेको मैंदूंगी वाणी प्यासे को भी दूंगी पानी।

अंधेको मैं लोचन दूंगी, और रुद्रको दूंगी रुद्राणी॥
शिवजीभी शीघ्र शिवानीको, पानेकी इच्छा रखते हैं।
मैं उनकी इच्छा रखती हूं, वे मेरी इच्छा रखते हैं॥
मैं मेनाकी बेटी बनकर, शिवजीसे ब्याह रचाउंगी।
हे हरि!अब सबचिंता तजिये, मैं बिगड़े काज बनाऊंगी॥

इतना कह देवीशिवा, चली गई निज धाम।
विष्णु आदि सब चलपड़े, करके उन्हें प्रणाम॥

-----------------------(अध्याय - 4)-----------------------

मेनाजीको दे दरस, देकर प्रिय वरदान।
शिवादेविका उसीक्षण, होना अंतर्धान॥
वर- प्रभावसे होना, मेनासे मैनाक।
अद्यावधि जो मान्यहैं, पर्वतकुलकी नाक॥5॥

इधर तपस्यामें लगे, मेना और हिमवान।
शंभु-शिवाकी अर्चना, सेवा सुमिरण ध्यान॥
देवि शिवाकेलिए व्रत, रखा कठिन ले हर्ष।
मेना करती ही रही, यह सत्ताइस वर्ष॥
तब प्रसन्न होकर शिवा, हुई प्रगट जगमात।
मेनासे कहने लगी, हंस-हंस मीठी बात॥
जो-जो भी तुमने चाहा है मैं वह सब देने आई हूं।
तेरी झोलीमें हे मेना, खुद तकको देने आई हूं॥
बाहोंमें भरकर मेनाको, निज हृदय लगाया माता ने।
निज कर-स्पर्शसे महाज्ञान, का दान दिलाया माताने॥

मांकी अस्तुतिमें हुई, मैना तभी- विभोर।
नेत्रोंमें जलधार थी, हियमें प्रेम हिलोर॥
कहा शिवाने तुममुझे, प्रियहो प्राण समान।
जो इच्छाहो मांगलो, वह मुझसे वरदान॥
हे माता मुझे बना दीजै, सौ वीर लाड़लोंकी माता।
खुदभी मेरी पुत्री बनकर, अपनीभी बना लीजे माता॥
मां बनो प्रथम सौ बेटोंकी, फिर तू मेरीभी मां बनना।
शिव जामाता होंगे तेरे, उनकीभी सासू--मां बनना॥
देकर वर माता चलीगई, वह दिनभी आया जीवन में

सदियोंसे सूखी-सीथीजो, बदली बगिया वह मधुबनमें॥
　एक-एक करके मिली, उनको सौ सन्तान।
　ज्येष्ठ-श्रेष्ठ मैनाकथे, पर्वत-पति बलवान॥

--------------------(अध्याय - 5)--------------------

　देवीका गिरि-हृदयसे मेंना-कोखमें आना।
　सभी सुरोंका गर्भस्था को शीश झुकाना॥
　दिव्य-रूपमें प्रगट हो, मेनाको समझाना।
　तदनंतर देवीका कन्या- रूप बनाना॥6॥

चितमें भगवतिके आनेसे अति प्रभावान हिमवान हुए।
टिकतीथी नहीं नजर उनपर, वे इसप्रकार द्रतिमान हुए॥
वह शिवा देविका पूर्णअंश, श्री मेनाजी को प्राप्त हुआ।
करलिया गर्भधारण जबसे, जगका नैराश्य समाप्त हुआ॥
　शुक्ल पक्षके चन्द्रइव, दिन-दिन बढ़ता गर्भ।
　गर्भस्तुति करने गए, विष्णु आदि सुर सर्व॥
　कर विनती सुर मुनिगये, अपने- अपने द्वार।
　नवमि चैत्र, निशि मध्यको, हुआ शिवा-अवतार॥
भई प्रकटभवानी सब सुखखानी मेना मन आनंद भयो।
जगदानंद दानी देवि शिवानी पवन सुशीतल मंद बह्यो॥
सुखभा संसारा परम अपारा गगन सुमन जल वृष्टि भई।
पुनि सुरमुनि आए, दर्शन पाए, जय-जय, धुनिमय सृष्टिभई॥
　कर दर्शन सुर-मुनिगए, तब मेना हरषाय।
　करी वन्दना देविकी, बोली फिर सिरनाय॥
　इस स्वरूपसे हृदयमें, करिये सदा निवास।
　बेटीबनकर कीजिये, पूरी मेरी- आस॥
देवी बोली तुमने मेना, पहले मेरी सेवाकी थी।
मैं तेरी बेटी बनजाऊं ऐसी तुमने विनती कीथी॥
मैंने "तथास्तु" बोलाथा तब, अब बेटी बनकर आईहूं।
इसरूपमें आकर उसवर की मैं याद दिलाने आईहूं॥
तूं दिलमें रखकर दिव्य-भाव, आंखोंमें पुत्रि-भाव रखना।
लो मैं बनगई तेरी पुत्री, मुझमें तू प्रेमभाव रखना॥
　शिशु-रोदन सुन प्रेमवश, मेना भई अधीर।

हृदय लगाया अंबनें, भरे नेत्रमें नीर॥

--------------------(अध्याय - 6)--------------------

　पार्वतीका नामकरण, और विद्या-अर्जन।
　नारदका हिमगिरिके, गृहमें हुआ आगमन॥
　हाथ देखकर कन्याके, गुणदोष बताना।
　मातु पिताकी आंखोंमें, आंसू भर आना॥
　शिवसे उमा विवाहका, देकरके संदेश।
　होना नारदका विदा, दे विशेष उपदेश॥

　कन्याका सुनकर रुदन, सखियां आई धाय।
　परमानंद निमग्रहो, गिरिको लिया हंकाय॥
　तनुजाका पाकर परस, हो आनन्द निमग्र।
　जन्मकृत्य-विधिमें हुए, श्री गिरीस-संलग्र॥
तदनन्तर सुन्दर अवसर पर, करवायाउसका नामकरण।
अम्बिका, उमा, रुद्राणि आदि, एक-एक नाम भव दुःखहरण॥
गंगा ज्यों बढती वर्षमें, सितपक्ष में जैसे चन्द्रकला।
धार्मिकके जैसे सुखबढ़ते, वैसे दिन-दिन बढरही उमा॥
　तदनन्तर गुरुसे किया विद्याका अभ्यास।
　पूर्व जन्मका ग्यानसब, प्राप्त हुआ अनयास॥
शिवइच्छासे कुछसमय बाद, तुम धाम हिमाचलके पहुंचे।
परिवार सहित वे सब आकर, तेरे चरणों में शीश रखे॥
पुत्रीको करवाकर प्रणाम, करजोड़ कहा हे महामुने।
कन्याके हस्त-रेख गुणकर, जोहो गुण-दोष हमें कहदें॥
कुन्डली देखकर बोल उठे, कन्यातो यह गुणखानी है।
गौरीऔर काली मात्र नहीं, यह तो साक्षात भवानी है॥
त्रिभुवन पूजितहैं पद इसके, अनुपम यह पतिव्रता होगी।
पति इसे प्राणसे प्रियहोंगे, यह पतिकी प्राण-प्रिया होगी॥
सप्तम ग्रह यहभी कहताहै, इसका ऐसा स्वामी होगा।
नंगा-निहंग औघड- फक्कर, अवधूतों में नामी होगा॥
इतनाही नहीं व्याप्त उसको, किञ्चित त्रयतापनहीं होंगे।
वह मरघट का बासी होगा उसके मां बाप नहीं होंगे॥
　दम्पति नौका उससमय, डोलगई मजधार।

कहा तभी देवर्षि ने, तजिये सोच- विचार॥
हुए दुखीअति मातुपितु, गिरिजा मन आनंद।
सबलक्षण शिवमें समझ, खिली कुमुद मनचंद॥
बोले हिमवान महामुनि से, प्रभु विनती मैं सिरनाय करूं।
इस भावी दुखसे मुक्तिमिलेकहिये वहकौन उपाय करूं?
यह हस्तरेखहै विधिकी लिपि, यहनहीं बदल मिटसकती है।
इसके पति वैसे ही होंगे, रेखा- कुण्डलि यह कहती है॥
इसका प्रतिकूल प्रभाव नहो, ऐसा उपाय बतलाता हूं।
यह सारे लक्षण एकजगह, शिव शंकर जीमें पाताहूं॥
मेरे मतसे तो यह सबगुण, शिवमें ही शोभा पातेहैं।
यदि शिवही इसकेपति होंतो, सबग्रह शुभग्रह बनजातेहैं॥
उनसे ही परिणय करनाहै, तो तप करने जाए गिरिजा।
गिरिराज धन्य होजाऐंगे, यदि शिवसा पतिपाए गिरिजा॥
जब स्वर्णसदृश तपते-तपते, तन-मन निर्मल हो जाएंगे।
तब निश्चय ही वे भूतनाथ, गिरि-तनयाको अपनाएंगे॥
इतना कहकर चलदिये, श्रीनारद मतिमान।
निज वीणामें छेड़ते, नारायण की तान॥

-------------------(अध्याय - 7-8)-------------------

पिता-सुताका स्वप्न और, मेना गिरिकी बात।
शिवसे मंगल-अवतरण, धरतीको सौगात॥9-10॥

मेना बोली मैं ना समझी, मुनिवरके गूढ़बचन स्वामी।
हैउमा हमें प्राणोंसे प्रिय, दुख उसका मेरा मरण स्वामी॥
यदिहो विवाहतो अच्छाहो, पति सुन्दर और सुलक्षण हो।
वहहो कुलीन, सुन्दर घरहो, सौन्दर्यैश्वर्य विलक्षण हो॥
इसके विपरीत विवाह दुखद, रहजाये कुंआरी वह अच्छा।
यह हृदयहै मांका क्षमाकरें, बच्चोंका कष्ट न सह सकता॥
ऐसा कहकर धीरज खोकर, वह गिरि स्वामिके चरणों पर।
बेटीको कोई कष्ट न हो, वह लगी मांगने रो-रो कर॥
उसे बिठाया और कहा, सुनो तत्वकी बात।
झूठी हो सकती नहीं, नारदजी की बात॥
पुत्रीको जाकर शिक्षादो, तप करे भोलेशंकरके लिये।
होताहै अमंगलभी मंगल, विषहोता अमृत हरके लिये॥

पुत्रीको देने गई, मां तप का आदेश।
किन्तु देख सुकुमारिता, रहा न साहस लेष॥
असमंजस लखकर उमा, बोली सुनओ मात।
मुझे स्वप्नमें विप्रने, कही तत्त्व की बात॥
यदि शिवको पानाहो देवी, तो उनकेलिए तपस्या कर।
तप पत-रक्षक तो है हीहै, यह लेतासभी समस्या हर॥
मेनाने पतिको बुलबाकर, यह शुभ सपनेकी कही कथा।
सुनकर प्रसन्नहोकर गिरिवर, अपनीभी कहदी स्वप्नकथा॥
हे-देवि स्वप्नफल के निमित्त, है उचित प्रतीक्षा की जाए।
यह अदद घटना है इसकी, हर तरह परीक्षा लीजाए॥
हे-नारद विधिने कहा, शिवऔर शक्ति अभिन्न।
दाक्षायिणी वियोग से, हुए शंभु अति खिन्न॥
चिन्तनमें सदा सती रहती, शिव कातर सेथे चिन्ता में।
अतिशय था शोक सदाशिवको, थे मग्न उन्हींकी चर्चामें॥
शिव लोकरीति दिखलातेथे, वे दिखलाते थे प्रिया-प्रीति।
बाघंवर त्याग दिगम्बर बन, वे लगे दिखाने प्रीतिनीति॥
कभीसदाभ्रमण, कभीसदाभजन, कभीकरतेजाकर कथा-श्रवण।
फिर स्वस्वरूपमें होकर स्थित, योगेश्वर करने लगे रमण॥
तब टूटी शिवजीकी समाधि, जब हुए ब्यतीत अनंत वर्ष।
इस शुभ चरित्रको कहने में, होता है हमें अपार हर्ष॥
शिव श्रम-सीकरसे, तभी हुआ प्रकट एकबाल।
देवि धरित्रीने उसे, तत्क्षण लिया सम्हाल॥
थीं चार भुजाएं बालककी, रंगलाल शरीर मनोहर था।
शिवके आगे रोनेवाला, यह बालक अतिशय सुन्दरथा॥
हेभूमि! भौम यह तेराहै, यह भूमि दिलाने वाला है।
मुझको, तुझको सुर-नर-मुनिको, सबकोसुख देनेवाला है॥
शिव-आग्यासे स्वस्थान गई, सुत भौमसहित मां भूदेवी।
जब युवा हुआ तब काशी जा, यह मंगल हुआ शंभुसेवी॥
शंभु अनुग्रह से हुई, ग्रहकी पदवी प्राप्त।
दिव्य-लोक जाकर बसा, होकर सबमें ब्याप्त॥

--------------------(अध्याय - 9-10)--------------------

गंगोत्तरिमें शिवका, तप- इच्छासे आना।
गिरि-द्वारा सत्कार सहित, अस्तवन सुनाना॥
करे न कोइ प्रवेश, शाम्भुका आग्रह करना।

गिरिवर द्वारा ऐसी त्वरित व्यवस्था करना॥11॥
तप की इच्छा से गये, गंगोत्तरि ईषाण।
गंगा उतरी थी जहाँ, वहीं लगाया ध्यान॥
मौन-धारकर मुख्यगण, थे सेवा में लीन।
असहज सेवाधर्म में, ये सब परम प्रवीण॥
आकर गिरिपतिने उसीसमय, भगवान शंभुको नमन किया।
सौभाग्य कथनकर चरणपकड़, गद-गदवाणीसे स्तवनकिया
प्रभुनें पधारकर राईको सचमुच गिरिराज बनाया है।
कर दियासफल जीवनमेरा, सबकुछ ही सफल बनाया है॥
सेवाकी आग्या मिले, बने धन्य यह दास।
आज्ञा नहीं विनय, मेरी बोले शंभु सहास॥
तपके निमित्त मैं आयाहूं, यह बिन बाधाके चला करे।
इतना ही आप प्रबंध करें, भगवान आपका भला करे॥
हे नाथ! देवता बड़े-बड़े करके प्रयत्न थक जाते हैं।
फिरभी न आप परमेश्वरके, वे दर्शनतक भी पाते हैं॥
प्रभु स्वयं दरस देने आए, यह कृपा दासपर भारी है।
है धन्यआज मुझसा नकोई, कोईन पुण्य अधिकारीहै॥
सेवा होगी आपकी, आग्याके अनुसार।
आग्यालेकर चलपड़े, पर्वतपति निजद्वार॥
प्रिया मेनकाको सुना, यह सुखमय संवाद।
सेवक मंत्री कोबुला, बोले गिरि साह्लाद॥
अबसे मेरी बिन आग्याके कोईन गंगथल जाएगा।
यदि गयातो वह अपराधीहै, वह दंड भयंकर पायेगा॥
विघ्न-निवारणके सभी किये यत्न शैलेस।
आगे का वर्णन सुनो, हे ऋषियोंके ईश॥

----------------------(अध्याय - 11)----------------------

सेवामें गिरिजा रहे, हो यह कृपा विशेष।
गिरिवरकी यह प्रार्थना, माने नहीं महेश॥

पर्वतपति आकर पुनः, पार्वती के साथ।
ध्यान-मग्न ईषाण को, सादर नाए माथ॥
मेरी पुत्रीको करें, आग्या नाथ प्रदान।

सेवा यह श्रीचरणकी, करे बिना व्यवधान॥
कन्याको देख मूंदआँखें, फिर ध्यान-मग्न ईषाण हुए।
आशंका और कुचिंता से, कुछ परेशान हिमवान हुए॥
साहस करके एकबार पुनः, अपने आग्रह को दुहराया।
दर्शन को एकाकी आओ, शिवजी ने उनको बतलाया॥
हे नाथ! कृपाकर बतलाएं, क्या यह सेवाके योग्य नहीं?
शिव बोले बार-बार आना, है तेरे लिये भी योग्य नहीं॥
यह तो तरुणी है सुन्दरहै, यह दूर रहे तोही अच्छा।
तपसीको योगीको मुझको, तरुणी-युवतीसे मतलब क्या?
ग्यान-विराग विनाशिनी, नारी मायामूल।
दर्शन संभाषण तलक, साधकके प्रतिकूल॥
शंभु-बचनसे चकितऔर, चिंतितलख हिमवान।
तब शिव से बोली उमा, क्षमाकरें भगवान॥

----------------------(अध्याय - 12)----------------------

श्री गीरिश और गिरिजामें सम्वाद अनोखा।
पार्वतीको मिलना शिव- सेवाका मौका॥13॥

भव से तभी भवानी, बोली बचन विनीत।
हे योगेन्द्र गिरिन्द्रसे, कही ये कैसी नीति॥
जिस तपःशक्तिसे संयुतहो, भगवन भारी तप करते हैं।
जिस तपःशक्तिके कारणही, तपका विचार तक करते हैं॥
तप-जप क्या सारे कर्मोंको, करतेहैं सब जिस शक्ती से।
हेभगवन कहिये दूरहैं या, अनजान आप उस प्रकृति से॥
क्याहै प्रकृति यह कहें? कहें आपहैं कौन?
प्रकृति-पुरुष क्याभिन्न हैं, कहें तोडकर मौन?
कहना और करना प्रकृति है, तपभी है कार्य प्रकृति का।
सुनना खाना देखना आदि, सारा है कार्य प्रकृतिका॥
थोड़े में ही कह रही इस प्रसंगका तथ्य।
पुरुषआप मैंप्रकृति हूं, सत्य-सत्ययह सत्य॥
मेरे बिनहैं निष्क्रिय निरीह, कुछभी न आप करसकते हैं।
निष्कल निर्गुण मेरे कारण, साकार रूप धर सकते हैं॥
मैं न आपसे भिन्नहूं, आप न मुझसे भिन्न।

फिर क्यों अपने बचनसे, मुझे कररहे खिन्न॥
स्वीकृति मिली जबशंभुसे, हृदयहुआ तबशान्त।
नारद! यह सम्वाद है, सांख्य और वेदान्त॥
तपकी आज्ञाले शिवजी ने, दी आज्ञा गिरिको जानें की।
कालीको भी दे दी आग्या, प्रतिदिन सेवा में आने की॥
सखियों के साथ शैलपुत्री, नितप्रति सेवामें आती थी।
धोती शिवचरण उदक लेती, सादर शिवको नहलातीथी॥
जल अग्निशुद्ध शुभवस्त्रोंसे, उनके शरीरको मलती थी।
षोडस-विधिसे पूजन करके, आग्या ले घरको चलती थी॥
थे ध्यान मग्न भोलेशंकर, सेवा निमग्न थी शैलसुता।
शिवकी सेवामें गिरिजाका, इसतरह बहुतदिन बीत गया॥
करें तपस्या यह शिवा, मिटे गर्वका बीज।
पाणिग्रहण इनका करें, सोच रहे थ शीव॥

--------------------(अध्याय - 13)--------------------

तारकनें दुख दिये, सुरोंका विधिसे कहना।
विधिसे शिवके ब्याह यत्नकी आज्ञा पाना॥
ब्रह्म यत्नसे तारकका, बैकुण्ठ त्यागना।
स्वर्ग-गमनकर सभी सुरोंका यत्नमें लगना॥14-15-16॥

तारककी उत्पत्ति-तप, वरकी प्राप्ति महान।
देवासुर को जीतकर, बनना इन्द्र समान॥
कहकर यह सारी कथा, बोले पुनःप्रजेश।
विजयी तारक बनगया, तीन लोकका ईश॥
हे नारद! तीन-लोक वशकर' वह अद्रुत् शासक संचालक।
बनगया असुरकुलका पालक, और देवकुलोंका वह घालक॥
इन्द्रादि देव होकर अनाथ, आए मुझ ब्रह्माके समीप।
सब व्यथा-कथा कहकर बोले, हैं आप हमारे आसदीप॥
गति-आप हमारेहैं धाता, रक्षकहैं उद्धारक भी हैं।
हैं आप हमारे उपदेशक, हरतरह से प्रतिपालक भी हैं॥
आशाथी चक्र -सुदर्शन पर, वे भी उसपर बेकार गए।
वह सभीतरहसे जीतगया, हम सबप्रकार से हार गये॥
होकर उदास मैं बोल उठा, मैंही इस दुखका कारणहूं।
मैंने वरदान दिया जिसका, करसकता नहीं निवारण हूं॥

ब्रह्मा, नारायण, या शिवजी, तारकको मार नही सकते।
कोई भी वीर-पुरुष जगके, उसको संहार नहीं सकते॥
शिवके औरस पुत्रसे होगा उसका नाश।
एकमात्र यह युक्ति है, एकमात्र यह आशा॥
शिव-शक्तिउमा, तज-सतीदेह, हिमगिरिकेघर अवतरित हुई।
वह बहुतसमयसे साभिलाष, है शिव सेवामें लगी हुई॥
हैं ध्यान-मग्न भोलेशंकर, जाकर ऐसा उद्योग करो।
छूटे समाधि होवे विवाह, उन दोनों का संयोग करो॥
उमा-शंभुके व्याहका, तुमसब करो प्रयत्न।
तारकके प्रस्थान का, मैं करता हूं यत्न॥
देवोंको छोड़- प्रतिक्षामें, मैं स्वर्गलोक तत्काल गया।
जैसाथा उचित कहा मैंने लेकिन वह हंसकर टाल गया॥
मैं बोला तुझे मिला जितना, उससे ज्यादा हठ ठीक नहीं।
क्षमतासे अधिक दबा रखना, यह कहीं नीतिकी लीकनहीं॥
तुमस्वर्गत्याग धरतीपर जा, शोणितपुर करले रजधानी।
जो यहांहै तुझको वहां मिले, जाओ मानो मेरीवाणी॥
मैंआया विधिलोक में, गयावो पृथ्वीलोक।
सभी देव, देवेन्द्र भी, गए इंद्रके लोक॥
कहासुरोंने इन्द्रसे, करके उचित सलाह।
शिवजीकीहो शिवामें, काम-जनित शुभचाह॥
ब्रह्मदेवने जो कहा, करिये वही उपाय।
हमजाएं निज-निज सदन, दें आग्या सुरराय॥

--------------------(अध्याय - 14-16)--------------------

कामदेवको इंद्रनें, सौंपा कार्य महान।
शिवके तपको रौंदनें, इसनें किया पयान॥

देवोंके वापस जानेपर, स्मरको सुरेशनें बुलबाया।
अपनादुख बतलाकर पीछे, कर्तव्य मित्रका समझाया॥
वे बोले तुम्हेंछोड़ कोई, यह दुख न दूर करसकता है।
तीनों-लोकोंके संकटको, कोई न और हर सकता है॥
आज परीक्षाहै तेरी, आज कठिनहै काज।
आज तुम्हारे हाथमें, है हम सबकी लाज॥
शचिपतिसे तबबोला रतिपति, कैसाहै कार्य बताएं भी?

करदूं अनहोनीको होनी, लेकिन क्याकरूं सुनायेंभी॥
बोले रतिन्द्रसे तब सुरेन्द्र, वहहीं बतलाता हूं प्रियवर।
है बना अजेय असुर तारक, श्रीब्रह्मदेव से वरपाकर॥
उस दुखदायीने सुरगणको, कररक्खाहै अतिशय पीड़ित।
शस्त्रास्त्र हमारे विफलहुए, वह बनाहुआ है अपराजित॥
होगया वरुणका पाश-विफल, श्रीहरिकाचक्र हुआ निष्फल।
होसका नहीं रणमें अब तक, कोई प्रयासभी मेरा सफल॥
शिवके औरस- सुतके हाथों, वह पापी मारा जाएगा।
उस महाबलीको और कोई, हरगिज भी जीत न पायेगा॥

हिमगिरिपर तपलीन हैं शिवशंकर भगवान।
वे अकाम सर्वेश वे, वे स्वतंत्र ईषाण॥
गिरितनया सखियोंसहित, रहकर सदासमीप।
रहती सेवामें सदा, जला प्रेमका दीप॥

कुछ ऐसा मित्र उपाय करो, कामना जगे उनके मनमें।
वे करें शिवाका पाणिग्रहण, बंधजांय ब्याहके बन्धनमें॥
तपभंग करो शिवका जाकर, हेमित्र यही उपकार करो।
वे हार- जांय तेरे आगे, ऐसा अव्यर्थ प्रहार करो॥
यशपाओगे तुम, हमसबका, दुख नष्ट सभी होजायेगा।
तारक- विनाशसे मित्र तेरा, संसार सदा गुण गायेगा॥

कामदेवने तब कहा करूंगा मैं यहकाम।
सुरहितमें अपनाभले जीभी हो परिणाम॥
रतिको और बसंतको लेकर अपने साथ।
जापहुंचा उसस्थान पर, जहां त्रिलोकीनाथ॥

--------------------------(अध्याय - 17)----------------------

रुद्रकोपसे कामदेवका, जलकर मरना।
शिवचरणोंमें रतिका, आकुल क्रंदन करना॥
सुरगणकी सुन विनय, पुनः रतिको वर देना।
जीवित किन्तु अनंग कामको संगकर देना॥
कृष्ण-तनय प्रद्युम्न बन यहलेगा अवतार।
द्वापरमें मिल जायगा, यहतुमको साकार॥

ब्रह्माजी बोलेहेनारद! शिवजीके निकट कामआया।
अपने प्रभावसे सम्मोहित, करता संसार तमाम आया॥

शिवजी पर कईबाण छोड़े, आते-आते मत्स्यध्वज ने।
तपलीन विकार-रहित जोहैं, आयाविकार उन वृषधजमें॥
भगवती शिवाके प्रति मनमें, एकाएक आया आकर्षण।
छूटने- टूटने धैर्य लगा, तब लगे सोचने मनही मन॥
मुझयोगीके तपसाधनमें आगया विघ्नका क्षण कैसे?
किस पापीने यहकर्म किया, तपशशिमें लगा ग्रहण कैसै?
तब लगे देखने सभीतरफ शंकित होकर शिवपरमेश्वर।
जब बाम भागमें सरसाधे उस कामदेव पर पड़ी नजर॥

तबतक उनपर कामने, छोड़ा सर अव्यर्थ।
लेकिन वाण अमोघभी हुआ शंभुपर व्यर्थ॥
मृत्युंजयको करकुपित हुआकाम भयभीत।
लगा बुलाने आर्त्तहो, इन्द्र आदि निजमीत॥
इन्द्रादिक करने लगे, आकर दंड -प्रणाम।
क्षमाकरें, होंशान्त शिव, हे करुणाके धाम॥

तीसरे नयनसे तबतकतो, निकली ज्वाला धू-धूकरके।
ऊपर जाकर नीचे आती, मानोनभको -छू- छू करके॥
पभु-त्राहिमाम, शिव-पाहिमाम, इन्द्रादिक सुरबोले जबतक।
उस महाअग्निकी ज्वालानें, करदिया भस्मस्मरको तबतक॥

मचा सुरगणोंमें तभी, चहुंदिशि हाहाकार।
त्रिभुवनपतिके कोपसे, कांपा त्रय- संसार॥
भयसेसूखी शैलजा गई भवन बिलखाय।
विजया-जया सखीउसे, धीरज रही बंधाय॥
पति गतिलखि मूर्छितहुई, रतिहोकर बेहाल।
मानो तनको त्यागकर, गई कालके गाल॥
कभी पीटतीथी हृदय, कभी नोचती बाल।
कामेशीका दुख निरख, सभी हुए बेहाल॥

हा प्राणनाथ! हा! हा! प्रियतम कितजाऊँ तुझे कहांपाऊँ?
जिस आगने तुझेजलायाहै, मैंभी उसमेंहीं जल-जाऊं॥
इनछली देवताओंने ही, छलसे तुमको जलवाया है।
अपनेही सुखके लिये हमें, दुखसागरमें डलवाया है॥
सुरगणका-स्तवन, रुदन-रतिका, शिवद्रवितहुए इसको सुनकर
मैं हुआप्रसन्न सुनो सुरगण, और रतिको देताहूं यहवर॥
इसका पति जीवितहुआ किंतु, अबसे अनंग कहलाएगा।
प्रद्युम्न नामसे द्वापरमें, इसको फिरसे मिल जाएगा॥

करप्रणाम सुरगण गए अपने अपने धाम।

कामप्रियाने भी किया, शम्बरनगर प्रयाण॥

--------------------(अध्याय - 18-19)--------------------

शिवजीकी क्रोधाग्निको, बड़वानल बनबाय।
थापित करना ब्रह्मका, सिंधुकुक्षिमें जाय॥20॥

कामदेवको भस्मकर, त्रिनयनकी क्रोधाग्नि।
लगीफैलने हरतरफ, भभक-भभक वह अग्नि॥
हा! हा! ध्वनि चारोंओर हुई, मचगया लोकमें कोलाहल।
सुर-नर-मुनि त्राहि-त्राहिकरते, चरणोंपर मेरे गिरे विकल॥
करके आश्वस्त भयार्त्तोंको, मैं अग्निज्वालके पास गया।
कर रुद्रतेजसे उसे शान्त, फिर उसको घोड़ा बना दिया॥
लेकर उसको साथमैं, गया सिन्धुके तीर।
आया सागर सामने, धरकर दिव्य शरीर॥
सौभाग्य हमारा अहोभाग्य, भगवान पधारे मेरे घर।
सेवाकी आज्ञा मिले मुझे, मैं पूर्णकरूं प्रसन्न होकर॥
पशुपतिका और लोकहितका, रखध्यान सिन्धुसे बोलामैं।
यह अग्निनहीं बरवानल है, यह भेद यथावत खोला मैं॥
यह तुम्हें सौंपताहूँ इसको, तुम प्रलय-पर्यंत करो धारण।
रखना तुम इसका सदाध्यान, जलही इसका होगा भोजन॥
जोआज्ञा कह सिंधुने, किया इसे स्वीकार।
मैं प्रसन्न होकर चला, दे वरदान उदार॥

--------------------(अध्याय - 20)--------------------

शिव-वियोगमें उमाका, होना मरणासन्न।
नारदका उपदेशदे, करना उन्हें प्रसन्न॥

नारद रोमांचित हुए, सुनकर चरित-विचित्र।
बोले तात सुनाइये, मुझको उमा चरित्र॥
विधिबोलेमदनदहन लखकर, अतिशय भयभीतहुईगिरिजा।
सखियों समेत घरलौट गई, रोतीही उमा जया-विजया॥
शिवजी हुए अदृश्यथे, कामदहनके बाद।

उनकायह दारुण विरह, सहे उमा सविषाद॥
खाते-पीते, सोते-जगते, किंचितथा इसको सुख न कहीं।
हर श्वास-श्वासमें शिवकहती, शिवनहीं अगरतो शिवानहीं॥
हो शोक-मग्न मूर्छित होती, जगती तो रोती जाती थी।
सान्त्वना दिलाते मातु-पिता, यहशिवको भूल न पातीथी॥
प्रेरित होकर इन्द्रसे, लक्षित कर सुरकाज।
तुम पहुंचे उनके भवन, हुए धन्य गिरिराज॥
पूजित होकर शैलसे, हो आसन आसीन।
व्यथा-कथा तुमने सुनी, गिरिथे दीन-मलीन॥
तुमबोले गिरि चिन्तातजिये, श्रीभोलेशंकरको भजिये।
शुभहोगा सब मंगलहोगा, शिव-शिवकहिये, शिव-शिवजपिये॥
शैलराजको छोड़कर, चिन्तित और उदास।
तुमउठकर तत्क्षण गए, शैल सुताके पास॥
बोले पूजितहो गिरिजासे, हेगौरी! सुनो यह सत्यबचन।
तूने जोकी शिवकी सेवा, वह गर्व युक्तथा आराधन॥
शिवजीने मदन-दहन करके, तुमकोजो सकुशल छोड़ाहै।
कारण उसकाहै एकमात्र, अभिमान तुम्हारा तोड़ा है॥
भारीतप और आराधनसे, जब तेरे मल धुल जाएंगे।
तब तुमको शिव अपनाएंगे, जीवन संगिनी बनायेंगे॥
कहा शिवाने मुदितहो, हे मुनि दयानिधान।
शिव आराधनके लिए, करिये मंत्र-प्रदान॥
तब पंचाक्षर मंत्रका, तुमने दे उपदेश।
श्रद्धावर्धनके लिए, महिमा कही विशेष॥
बस उच्चारण मात्रसे, होते शंभु प्रसन्न।
इच्छित-फल देकरकरें, साधकको सम्पन्न॥
इसका सादर जपकरनेसे, शिवजी तुमको दर्शन देंगे।
जप-तप नियमोंके पालनसे, मनकाम तेरे पूरण होंगे॥
यहकहकर तुमनेकिया, स्वर्गलोक प्रस्थान।
हुई मंत्रको प्राप्तकर, गिरिजा सुखी महान॥

--------------------(अध्याय - 21)--------------------

शिव-प्राप्तीके लिये, शिवाकी घोर तपस्या।
पहलेसे भी उग्र अधिक, पहलेसे दृढता॥

दिया संदेशा उमाने, सुनें देव हिमवान।
बोलीसखि तपकी उन्हें, आग्याकरें प्रदान॥
तपसे पतकी रक्षा होगी, तपसेही शिव प्राप्ती होगी।
देंआग्या तपकी जननि-जनक, तपबिन पुत्री न सुखीहोगी॥
ले आग्या पितु- मातुकी, सुमिर शंभु-ईषाण।
मुदित, तपनिमित, सखिन्हसंग, चलीउमा सुखमान॥
सुन्दर वस्त्राभूषण तजकर, कालीने कर वल्कलधारण।
परिहार हारका किया और, धारा मृग-चर्म परम उत्तम॥
श्रृंगि-तीर्थ गंगोत्तरी, शिव-तपथलके पास।
कियाशुरु तप गौरिने, वहीं रोककर सांस॥
गौरीके तपसे हुआ, गौरि शिखर ही नाम।
कालीसे गोरी हुई, तपके ही परिणाम॥
दुष्करथा वहतप मुनियोंको, जो गौरीने प्रारंभ किया।
पंचाग्नि-ग्रीष्ममें सर्दी में, जलमध्य मंत्रका जापकिया॥
पावसमें रही भीगती वह, चट्टानोंपर लाकर आसन।
तपकरती जपती पंचाक्षरवहरहती शिवके ध्यान मगन॥
आंधी- अंधी, सर्दी- दुस्सह, वर्षाहो, धूप-प्रचंड- भले।
दुःखके पहाड़भी टूटपड़े, तिनके समानभी नहीं गिने॥
फल पत्तोंके असनपर, बीते अगनित वर्ष।
नित-नित, नव-अनुरागथा, नित-नित नवउत्कर्ष॥
पर्णोंके भी त्यागसे, हुआ "अपर्णा' नाम।
खड़ी एक-पद जपरही, शिव-शिव आठोयाम॥
यदिमैं शिवमें अनुरक्त हुई, तो वे मुझको दर्शन देंगे।
अनुराग मेरा यदि सच्चाहै, तो वे मुझको दर्शन देंगे॥
यदि मंत्र-जपाहै भावसहित, तो वे मुझको दर्शन देंगे।
यदि कियाहै तप उनके-निमित्त, तोवेमुझको दर्शन देंगे॥
पड़गया चराचर विस्मयमें, लखकर गौरीका भारीतप।
भूले स्वभाव पशु-पक्षी तक, लखकर इनकाअतिदारुणतप॥
सिंह गौको गले लगाता था, चूहे-बिल्ली की यारीथी।
गौरीकी तपस्या हेमुनिवर, सचमुच अति विस्मयकारीथी॥

-----------------------(अध्याय - 22)-----------------------

तप: तेजसे तीन-लोकका ब्याकुल होना।
विधि, हरिसहित सुरोंका, शिवचरणोंमें जाना॥

कठिन तपस्यामें इन्हेंबीत गए अतिकाल।
किन्तु न रीझे अबतलक, वे कालोंके काल॥
हिम, मंदर, मेरु और मेना, यह बोले कईबार आकर।
आए न आएंगे वे तपसी, हठछोड़ो पुत्रिचलो अबघर॥
सब क्षमाकरें वापस जाएं, मैं अभी न घरको जाऊंगी।
प्रण पूर्ण करूंगी या अपने, प्राणोंकी भेंट चढाऊंगी॥
सब चलेगए यह अचलबनी, अचलेश्वरके आराधन में।
तप पहलेसेभी उग्रहुआ, मन-मगनहुआ शिव-सुमिरनमें॥
तपसे त्रिभुवन सन्तप्त हुआ सचराचर प्राणी त्रस्त हुए।
खोजे न मिला इसका कारण, सबघोर कष्टसे ग्रस्त हुए॥
देवासुर सिद्ध-साध्य किन्नर गंधर्व यक्ष मुनि विद्याधर।
देवेश समेत देवगुरुके, चरणोंमें गिरे सभी मिलकर॥
देवगुरूके साथ सब, विह्वल और उदास।
अति आतुर आए सभी, दोड़े मेरे पास॥
स्तुति-पूर्वक पूछा मुझे, क्योंहै जगमें दाह?
मैंनेली सबके सहित, क्षीर-सिन्धुकी राह॥
हरिथे अपने धाममें, सुख आसन आसीन।
सिरनाकर हमने कहा, सबहैं दुख से दीन॥
हमसभी शरणमें आएहैं, हेनाथ! शीघ्र रक्षा करिये।
प्रभुबोले मैंभी जान रहा, कृपया थोड़ा धीरज धरिये॥
चलिये इस दुःख-निवृत्ति-हेतु, हम शंभुशरणमें जाएंगे।
जैसेभी मानेंगे शिवजी, हम वैसे उन्हें मनाएंगे॥
गिरिजाहैं तपमें उधरलीन, और इधरलीन हैं शिवशंकर।
ये तोड़ें ध्यान शीघ्र जाएं, भगवती शिवाको देनेवर॥
डरगये देवता फिर बोले, हम शिवके पास न जाएंगे।
ज्यों जला दियाथा कामदेव, वेसेही हमें जलाएंगे॥
हरिबोले प्रथम जलाया भी, फिर पीछे उसे जिलाया भी।
दंडित भी मन्मथ हुआ मगर, वरदान श्रेष्ठतम पायाभी॥
डरेंनहीं उनकी करें, शरण-ग्रहण तत्काल।
शिवसेवक का कालभी, करे न बांका बाल॥
विष्णु-बचन का सुरोंपर, ऐसा पड़ा प्रभाव।
शिव-दर्शनको चलपड़े, लेकर मनमें चाव॥
था उसीमार्गमें गौरिशिखर, थी मग्न जहाँ तपमें गिरिजा।
उन तपोमयीको इन सबने, सौभाग्य मानकर नमन किया॥
फिर सबमिल वहांगए शिवजी, भारी तपमें थे लीन जहां।

तुमको पहले आगे भेजा, सुरमें था साहस बचा कहां॥
शिवहैं प्रसन्न या क्रुद्ध अभी, यहतुम्हें देखकर आनाथा।
हम बढें या पीछे लौटचलें, तुमको यह सब बतलाना था॥

तुमने आकर दी खबर, हैं प्रसन्न सुखधाम।
तब सब दर्शन को गये, सबने किया प्रणाम॥

-----------------------(अध्याय - 23)-----------------------

आग्रह करना सुरोंका, करें उमासे ब्याह।
उत्तर देना शम्भुका, नहीं ब्याहकी चाह॥
दोष-गिनाकर ब्याहका, करना अस्वीकार।
भक्तोंका दुख जानकर, फिर होना तैयार॥

इन भयआरत, सुर-मुनियोंने, शिवको प्रणामकरकी अस्तुति।
तब नन्दीश्वरने शिवजीसे, कुछ कहनेकी मांगी अनुमति॥
आग्या पाकर बोले स्वामी, इन दुखियोंका उद्धार करें।
है फंसाहुआ मजधार बीच, इनके बेड़ेको पार करें॥

आँखें खोली शंभुने, तभी तोड़कर ध्यान।
बोले आशिषमय बचन, दीनबंधु भगवान॥
विधि, हरि, देव, मुनीसगण, कहिये मुझेबुझाय।
कैसे आए आप सब, क्या सेवाकी जाय?

हरि बोले हैं सर्वग्य आप, अग्यात आपसे बात नहीं।
तारकके मारक और अधिक, हम सहसकते आघात नहीं॥
ये सभी देवता व्याकुलहो, सब कष्ट बताने आए हैं।
"शिव-तनय" ही उसको मारेंगे, यहयाद दिलाने आए हैं॥

शिव बोले करलूं जभी, गिरिजाको स्वीकार।
ऋषि-मुनि-सुरहो कामवश, तजदेंगे आचार॥

है काम नरकका दरवाजा, यहकाम क्रोधका कारणहै।
है मोह, क्रोधका ही बेटा, यह तपो नाशका कारण है॥
मैनें इसका संहार किया, तपको निर्विघ्न बनाया है।
सबबनो तपस्वी सुखीरहो, तपहीमुझ शिवको भाया है॥

ऐसाकह निज नैनपर देकर पलक कपाट।
हुए ध्यानसुखमें मगन, तत्क्षण सुर सम्राट॥
यह देख मलीन-दीन सुर-मुनि, श्रीनन्दीकी आज्ञा पाकर।

अति-आरत रो-रोकर विनती, सबलगे सुनाने सिरनाकर॥
हे देवदेव! हे महादेव!, शरणागतकी रक्षा करिये।
हे हर! हमसब दुखियारेहैं, हरिये हमसबका दुखहरिये॥
रोतेदेखा सुरमुनियोंको, तब श्रीविधि हरिनेविनयकिया।
जिसकोसुनकर करुणानिधान, शिवजीने आँखेंखोल दिया॥

किसकारण आए सभी बोले शिव भगवान?
किस दुःख सेहैंसबदुखी कहें मुझे श्रीमान॥?

अंतर्यामीहैं आपनाथ, आज्ञाहै अतः बताता हूं।
अनगिनत दिये तारकनें दुख, थोड़ेमें उसेगिनाता हूं॥
फिरबोले इसीलिये हमसब, हेनाथ! शरणमें आएहैं।
और इसीलिये गिरिवरकेघर, गिरिजाअवतरण कराएहैं॥
श्रीशिवा और शिवके द्वारा, पैदाजो पुत्ररतन होगा।
हेस्वामी! उसकेही हाथों, तारकका शीघ्र मरण होगा॥

नारद प्रेरित शैलजा तप कररही कठोर।
उस तपके भी तेजसे, दाह है चारोंओर॥
नाथ! उन्हें जा दीजिये, दर्शन और वरदान।
निज विवाहका कीजिये, उत्सव महा महान॥
सुनकर हरिकी प्रार्थना, बोलेशंभु सुजान।
कार्य न उचित विवाहहै, यहतो दुखकी खान॥

जो खुलेनहीं वह बेड़ी यह, यह महाकुसंग कहा जाता।
हरबन्धन सेजो जायनिकल, इससे वहभी न निकलपाता॥
फौलादी बन्धनमें जकड़ा चाहेतो छूट निकल जाए।
पत्नी-बच्चोंकी बेड़ीमें, जो जकड़ा वह न निकलपाए॥
है विषय महाबंधन ऐसाजो, प्रतिपल बढ़ता जाता है।
जो विषयोंमें डूबा उसको, मुक्ती सपनाहोजाता है॥

ऐसा होते हुएभी, करूंगा पूरी आश।
रखते मेरी आशजो, होते नहीं निराश॥

-----------------------(अध्याय - 24)-----------------------

शिव-आज्ञासे सातों ऋषियोंका पदार्पण।
मेरे-प्रति गिरिजानुरागका करें परीक्षण॥
भांति-भांतिसे सबके द्वारा प्रेम-परीक्षा।
शिवसे सब बतलाना, आगे उनकी इच्छा॥25॥

हे नारद! सबके जानेपर, फिर ध्यान मग्न ईषाण हुए।
लेकिन गौरीके अतितपसे, विचलित भोले- भगवान हुए॥
स्मरण किया तो आगये, सप्तऋषीश महान।
निजसौभाग्य सराहकर, शिवको किया प्रणाम॥
सेवा पूछीतो शिव बोले, उसके ही लिए बुलाया हूं।
कर रही शैलजा भारी तप, लूं परख विचार बनाया हूं॥
गौरि-शिखरपर कररही, वहतप घोर-कठोर।
मुझे बांधना चाहती, नेम- प्रेमकी डोर॥
उसप्रेममें कितनी वढताहै, लीजिये परीक्षा जाकरके।
वे खड़ी उतरतीहैं यदितो, कहियेसब मुझकोआकरके॥
गंगोत्तरि आएसभी, शिवआग्या अनुसार।
करके मानसवन्दना, कर पूजन स्वीकार॥
ऋषियोंने कहा शैल-तनये, तेरे तपका क्या कारणहै?
किसफलकी आशाहै तुमको?किनका करती आराधन है?
गिरिजाबोली क्या बतलाऊं, कैसी हठठानी हेमुनिजन।
भयहै सुनकर हंसदें न कहीं, मेरी नादानी हे मुनिजन॥
मनहठी है, पानीके ऊपर, दीवार उठाना चाह रहा।
उपदेशसे गुरुके शिवजीको, निजनाह बनाना चाह रहा॥
मनपंछी बिना पंखके ही, नभमें उड़ान भर रहा मेरा।
शिवही पूरी करसकतेहैं मनजो भी कुछकर रहा मेरा॥
सुनकर मुनिजन हंसपड़े, श्रीगिरिजाके बैन।
बोले छल साने बचन, करके नीचे नैन॥
नारद हैं मनसे महाक्रूर, छल-कपट की बातें करते हैं।
जो चलते उनकी बातों पर, वे बहुत हानिमें पड़ते हैं॥
दक्षात्मज उनकी बातमान, यूंगए कि वापस आ नसके।
दूजेका कैसा हालकिया, कुछभी कोई बतला न सके॥
विद्याधर चित्रकेतुका तो, मरगया पुत्र घर उजड़गया।
प्रहलादबना इनका चेला दुखमें न कहींकुछ कसर रहा॥
खुद अपनी हालतभी देखो, बोलोभी क्याहै हालतेरा?
जिस-जिसने इनसे सीखलिया, मांगेसे उसेन भीखमिला॥
तुम जिन्हें चाहतीहो देवी, करतीहो तप दुष्कर भारी।
वे रुद्र सदाके उदासीन, वे निर्विकार वे कामारी॥
बेघर कुलहीन दिगंबर वे, भूतों- प्रेतों के संगीहैं।
है कुत्सित वेष सदा उनका, वे शूली नंग-धरंगी हैं॥
नारदने करवा दिया सचमुच बंटाढार।

धुर्त-कुटिलमें हैनहीं, कुछभी श्रेष्ठविचार॥
बूढे वरने इससे पहले, श्रीसतीसे ब्याह रचाया था।
कुछदिनभी साथनिभा नसके, यज्ञानलमें जलवाया था॥
ऐसे वरसे जो ब्याह करे, है उस दुल्हन की खैर नहीं।
नारदने यही कराकरके, क्या कोई चुकाया बैर नहीं?
अबभी बिगड़ा कुछनहीं देवि, तपछोड़ो घरको लौटचलो।
हैं योग्य तुम्हारे विष्णुदेव, शिवको तजदो उनको वरलो॥
सदणी लक्ष्मीके स्वामी, श्रीहरि बैकुण्ठ बिहारी हैं।
हम उनसे ब्याह करादेंगे, वे मंगलके भंडारी हैं॥
सुनकर बोली अंबिका, कहा आपने सत्य।
किन्तु कथन कैसेकरूं, हैयह प्रेम अकथ्य॥
अबतो शरीर छूटे चाहे, पर हठ न छूटने वाला है।
पर्वत पुत्री ने ठाना जो, वह नहीं टूटनेवाला है॥
नारदजीके उपदेशों को, मैं हरगिज छोड़नहीं सकती।
जोहैं अटूट विश्वास मेरे, मैं उसको तोड़ नही सकती॥
घरबसे मेरा या उजड़जाय, इसकी न मुझेकुछ चिंताहै।
गुरू और इष्टकी निन्दासुन, जिन्दारहने पर लज्जा है॥
नहीं जानतेआप सब, शिवका तत्त्व ययार्थ।
इस कारणही कह रहे, यह कटुवाणी व्यर्थ॥
मुझसे नकरें शिव-ब्याह अगर, तो मैं क्वारी रहजाउंगी।
कहती हूँ सत्य अन्यवर से, मैं नहीं विवाह रचाऊँगी॥
सूरज पश्चिमसे उगे भले, या मेरु- मूलसे हिलजाये।
शीतल होजाये आग मुने, पंकज पर्वत पर खिलजाये॥
किन्तु न हठ मैं छोड़ती, कहूं ये सच्ची बात।
जीवनके हों दिवस या, होय मरण की रात॥
वढता देखी प्रेमकी मुदित सप्त मुनिनाथ।
शिवचरणों में चल पड़े, इन्हें झुकाकर माथ॥

------------------------(अध्याय - 25)------------------------

शिवका ब्राह्मण-वेषमें, गिरिजाश्रम पर जाय।
सत्कृत होकर उमासे, कहना बचन बनाय॥
तपका कारण पूछना, गिरिजाका संकेत।
विजयाके द्वारा कथन, शिव-प्राप्तीही हेत॥26॥

शिवजीको मस्तकझुका, गिरिजा चरितसुनाय।
ले आग्या सप्तर्षिगण, गए पुन: सिरनाय॥
सप्तर्षि गणोंके जाने पर, लीलानिधि शिवहो प्रेममगन।
लूं स्वयं परीक्षा गिरिजाकी, ऐसा निश्चयकर मनहीमन॥
अतिवृद्ध विप्रका वेषबना, सुन्दर सिरजटा बनाली है।
करमें पलाशका दंड और, रुद्राक्ष गलेमें डाली है॥
तेजोमय विप्र छत्रधारे, आश्रम आगए ब्रह्मचारी।
सखियोंसे घिरी वेदिकापर, बैठी तपमूर्ति दिखी न्यारी॥
कर सादर द्विजदेवका, पूजनऔर सत्कार।
प्रमुदित पूछा शिवाने, हाथ जोड़ साभार॥
हे ब्रह्मव्रती!हैं आपकौन? और यहां कहांसे आएहैं?
हे तेजपुंज परिचय देवें, क्यों दर्शन देने आये हैं?
स्वेच्छ्या विचरनेवाला मैं, द्विज, तपसी-शुचि पर उपकारी।
तुम कौनहो?किसकी पुत्रीहो? बनमें क्योंकरती तपभारी?
किसका आराधन करतीहो, हेदेवि परम-सौन्दर्यवती।
हो वेदजननि गायत्री, या लक्ष्मी हो या हो सरस्वती॥
गायत्री लक्ष्मी न मैं, नहिं शारद विधिभाम।
पर्वत पुत्री हूं मेरा, पार्वती है नाम॥
थापूर्वजन्म में नामसती पुत्रीथी दक्षप्रजापति की।
जलकरकेभस्महुई थीमैं, जब निन्दासुनी प्राणपतिकी॥
पा लिया था मैंने पुनःउन्हें, परपुनः मुझे वे छोड़गये।
क्रोधित होकर कर कामदहन, वेमुझसे नातातोड़ गये॥
करके यह घोर तपस्याभी, शिवजीको पुन: न पानेपर।
हेविप्र! तुलीथी मैं इसक्षण, इस तनकोपुनःजलाने पर॥
आगये आप मैं ठहर गई, करकृपा आप जब जायेंगे।
तबहम शिवत्यक्ता इसतनको, पावकमें भस्म बनाएंगे॥
यह प्रणहै मुझशिवभक्ताको जबतलक न वे अपनाएंगे।
तबतक इस तनको बार-बार हम सदा जलाते जायेंगे॥
जब न हुए वे विप्रवर जानेको तैयार।
तब गौरीने स्वयंको, दिया अग्निमें डार॥
लेकिन उनके तपके कारण, चंदनसी आग हुई शीतल।
फिर ऊपर उठनेलगी उमा, द्विजबोले हुई सफल-असफल॥
होगई आगयह अतिशीतल, यह तपकी हुई सफलता है।
पर हुआ मनोरथ सफलनहीं यह तपकी हुई विफलता है॥

मुझ सर्वानन्द प्रदायकसे, अपना अभिष्ट बतलाओ तुम।
तब गौरीने संकेत किया, हे विजये इन्हें बताओ तुम॥
हे नारद! ब्रह्माजी बोले, विजया बोलीसुनिये ब्राह्मण।
सब सुनाचुकी गिरिजा लेकिन, फिर सुननाहैतो लीजै सुन॥
गिरितनया मेना की पुत्री, है सखी मेरी ये पार्वती।
इन-शिवार्पिताने शिवनिमित्त जगविदित अपूर्व तपस्याकी॥
ब्रह्मा, हरि, इन्द्रादिसुर, नहीं किसीसे हेतु।
इनके प्राणाधार हैं, भालचन्द्र -बृषकेतु॥
शिवको ही पतिरूपमें, पानेकी है टेक।
वहीएक इनके सदा, ये भी उनकी एक॥
जटिल तपस्वीने कहा, लगताहै परिहास।
निजमुख उमाकहें इसे, तो करलूं विश्वास॥

---------------------(अध्याय - 26)---------------------

मर्म जानकर द्विजका, शिवकी निंदा करना।
शिवको जाओ भूल, उमाको आज्ञा देना॥

सविनयबोली शैलजा, विप्रसुनें वह तथ्य।
कहा मेरी प्रियसखीने, सत्य-सत्य, वहसत्य॥
मैं सत्य आपसे करती हूं, साक्षीहै कर्म बचन औरमन।
पति-भावसे श्रीशंकर जीका, हे द्विजवर मैंनेकिया वरण॥
उनको पाना है कठिन इसे रही मैं जान।
प्रण पर अर्पण प्राणहै जानें शिवभगवान॥
पार्वती चुप होगई, कहकर इतनी बात।
बोले ब्राह्मण जटिलतब हुआसत्य अबग्यात॥
अबतक भारी जिग्यासाथी, इन देवीको क्या पाना है।
किस दुर्लभवस्तु प्राप्तकरने, इनने महानहठ ठाना है॥
तुमजैसा चाहो वही करो, सुख-दुख तुमकोही सहना है।
मैं अपनी-राहचला मुझको, अबऔर न कुछभी कहना है॥
ऐसाकह द्विज ज्योंहुए, चलनेको तैयार।
कहा उमाने ठहरिये, हे तपसिद्ध उदार॥
जिसमेंहो हितमेरा द्विजवर, वह यथाशीघ्र मुझसे कहिये।
जबतक पूरीहो बातनहीं तबतकतो आपयहाँ रहिये।।

यह सुनकर ठहरगए ब्राह्मण बोले सुन-सुनकर मेरेबचन।
हित-अहित काहोगा ग्यानतुम्हें, और खुलजायेंगे बंदनयन॥
शिवमें है मेरी पूज्यबुद्धि, उनकाहै मुझको पूर्ण ज्ञान।
इसलिये यथार्थ कहूंगामैं, तुम सुनना होकर सावधान॥
वे वृषभध्वज, विभूतिभूषित, सिरपरवे करें भस्मधारण।
बाघम्बरहै उनकी धोती, हाथीकाखालहै उर्ध्ववसन॥
भिक्षाकापात्र बना खप्पर, अंगोंमें सांपोंकी माला।
वे विषभक्षी अभक्ष्यभक्षी, उनके नेत्रोंमें हैं ज्वाला॥

जन्म कहाँ? किससे-व-कब? नहीं किसी को ज्ञात।
रहते इनके साथमें, भूत- प्रेत दिनरात॥

सर एक नहीं हैं पांच-पांच, हे देवि भुजाएं हैं दस-दस।
पति उन्हें बनाना चाहरही, तू ही जानो किसकारण-वश॥
भिक्षुककी पत्नी जान दक्ष, बेटीतक को भी छोड़ दिया।
सादर सुरगणको बुलवाया, पर शिवसे नाता तोड़ लिया॥
तुम त्रियारत्नहो क्यों उनको पतिरुपमें पाना चाह रही?
क्यों ओछे कांचके बदलेमें शुचि स्वर्ण गवांना चाह रही?
तज उज्ज्वल चन्दन अंगोंमें, कीचड़ लपेटना चाह रही।
कर सूर्य-तेजका परित्याग, जुगनूको पाना चाह रही॥
वारीक वस्त्रतज चर्म-बसन घरत्यागके जाना चाहो वन।
भण्डार रत्नका त्याग रही, करने के लिये लौह धारण॥
तुम कमललोचना हो देवी, उनके भद्देहैं तीन नयन।
हे देवी! कहाँ तुम चन्द्रमुखी और कहाँ शंभुहैं पंचानन॥
तेरे सिरपर सुन्दर वेणी उनके सिरपरहै जटाजूट।
छप्पन-व्यन्जनहै तुम्हें सहज, और उनका भोजन कालकूट॥

अंगराग चन्दन कहाँ, कहाँ चिताकी राख?
कोमल-मधुर स्वभावकंह, कहां रोष औरमाख?
दिव्य अंगभूषण कहां, कहां सर्प सबअंग?
दिव्यांगना सखीकहां- कहां प्रेत का संग??
मृदुध्वनि कहां मृदंगकी डमरू कहां निनाद?
कहाँ आम्रकी मधुरता कहां नीमका स्वाद॥
वरके अगणित गुणोंमें, एक न उनके पास।
उन निराशकी तू भला, क्यों रखतीहै आस?
उनकी जाति नहीं कोई, ना विद्या या ग्यान।
अरुचि मनोहर महलसे, रुचिकर उन्हें मशान॥

सुन्दर हार कहाँ, कहांनरमुंडों का हार।
इधरसादगी औरउधर, उल्टे सब व्यवहार॥

---------------------------(अध्याय - 27)---------------------------

उमाका शाम्भु महत्ताका प्रतिपादन करना।
द्विजको डांटकर पुन: बोलने से रुकवाना॥
दर्शन देना रुद्रका, कहना चलने साथ।
गिरिजाका सकुचाकर, उन्हें झुकाना माथ॥28॥

विप्रबैन सुनकर हुए रक्त उमाके नैन।
बोली लीलाऐन से, होकर अति बेचैन॥
अबतक मैंने यह समझाथा, कोई ग्यानी संत पधारेहैं।
हो गया ग्यात धर शैवरूप, शिवद्रोही आए द्वारे हैं॥
बाह्मण अवध्यहैं इसेमान, अबतुमसे विप्र कहूं मैं क्या।
"शिवको मैं जानरहा देवी" यह वचन तुम्हारा है झूठा॥
ऐसा वे कहतेनहीं, जिनको शिवकाग्यान।
यद्यपि ऐसा रूपभी, धर लेते भगवान॥
स्वेच्छासे उनब्रह्मनें, धारण किया शरीर।
व्यथित शैलजानें कहा धरकर उरमें धीर॥
शिवके स्वरूपको भलीभांति मैं जानके अर्चन करती हूं।
कारणवश आज विप्रतुमसे "शिव तत्व" का वर्णनकरती हूं॥
जो हैं निर्गुण, हो गये सगुण, उनकी क्याहोगी जातिभला?
विद्याओंके आधार हैंजो, उनको विद्यासे मतलब क्या?
जो उच्छवासमें श्रीहरिको, सारेही वेद प्रदान किये।
उत्तम प्रभु उनसे औरकौन? जो लियेनहीं बस दिये-दिये॥
जो आदिहेतुहैं सबकेही, उनकी क्या आयु, अवस्था क्या?
जिनसे उत्पन्नहुई प्रकृति, उन शक्तिमानकी क्या समता?
'प्रभुशक्ति" और "उत्साहशक्ति" फिर' मंत्रशक्ति" अक्षयमहान।
जो सदाभजनकरते शिवका यह उनको शिवकरते प्रदान॥
मृत्यु जीतते भजनकर, शिवके भक्त तमाम।
मृत्युंजय है इसलिये, शिवजी का एकनाम॥
हरिकोहरिता, विधिकोविधिता, मिलती सुरको जिनसे सुरता।
होतेहैं मनोरथ सुफलसभी, जो शिवसेवासे है जुडता॥

क्या कमी उन्हेंहै जो मुझको, पानेकी शंभु करें इच्छा।
शिवकी सेवाबिन जन्म-जन्म, मांगेसे मिले नहीं भिक्षा॥
जो नष्ट नहो ऐसी लक्ष्मी जिनकी सेवासे मिलती है।
सिद्धियां नाचतीहैं आगे, सूखीकलियां भी खिलती है॥
धरवेष अमंगल दें मंगल, भक्तोंको देते सुख अपार।
कहतेहैं वेद, पुराण, शास्त्र, उन निर्विकारमें क्या विकार॥
      मंगलमय शिवनामका, जो करतेहैं जाप।
      मंगलमय उनका दरश, हरे पाप संताप॥
शिवचिता-भस्म धारणकरते, यहकहा आपने अभी-अभी।
जिस भस्मको शिव धारणकरते, सिरधरते उसको देवसभी॥
जो अपवित्र होती पवित्र, ज्योंही शिव करलेते धारण।
वे परब्रह्म, वे परमेश्वर, वे सगुण तथा वेही निर्गुण॥
जगके कर्त्ता, भर्त्ता, हर्त्ता, जोहैं धारणकर रूप सगुण।
वे कैसे जाने जासकते, बुद्धीके द्वारा शिव निर्गुण॥
      परमात्मा-शिवका गहन, अगुणरूपका ग्यान।
      कैसे जानें बहिर्मुख, प्राणी आप समान?॥
जो पापी और दुराचारी, वे निश्चय देव बहिष्कृत हैं।
शिवतत्व भला वे क्याजानें, परित्यक्त और जो निन्दितहैं॥
तुमने शिवकी निंदाकी है, मैंनें तेरी पूजाकी है।
परित्यक्त तुमहुए और मैंभी, हो गई पापिनीछी:छी: है॥
ओ दुष्ट तू क्याजाने शिवको, वे सत्पुरुषोंके हैं प्रियतम।
वे हैं अभिष्टतम देवमेरे, उनसा न कोई वेहैं अनुपम॥
ब्रह्माऔरविष्णु नहीं उनसे, फिरऔर देवकी बातही क्या।
सबकेसबकालअधीन सदा, और उनके काल अधीनसदा॥
करके विचार मैं भली-भांति, कररही तपस्या बन आकर।
उनको पानेका प्रण मेरा, वे करुणा-सागर परमेश्वर॥
      मौन-धार करनेलगी, उमा शंभुका ध्यान।
      कुछकहने उद्यत हुआ, ज्योंही द्विज-विद्वान॥
      विजया से बोली उमा, होकरके बेचैन।
      शिवनिन्दा में यह पुन:, कहेनहीं कटुबैन॥
जो शिवकी निन्दा करताहै, केवल न पाप उसकोलगता।
होताहै वहभी अघभागी, जो शिवजीकी निन्दा सुनता॥
शिवभक्तकरे, शिवनिन्दक-वध, निन्दकद्विजहोतो त्यागकरे।
दे त्यागभूमि, सचैल न्हावे, पछताये शिव- अनुराग करे॥

शिव निन्दा पुन: करेगा यह, यहहै अवध्य इसको त्यागें।
दिखजाय न मुख फिरसे इसका, हम इतनीदूर अभी भागें॥
      चलीजभी सखियोंसहित, गिरिजाकह यह बात।
      तभी शंभु निजरूपमें, प्रकट हुए साक्षात॥
      पकड़ हाथनिज प्रियाका, बिहंसे शिव भगवान।
      झुका उमाका शीश निज, प्रियतमको पहचान॥
शिवबोले मुझे छोड़करके, हेप्रिये कहां तुम जाओगी?
मैंहूं प्रसन्न मांगो मुझसे, जोभी चाहो वर पाओगी॥
अपने तपसे खरीद मुझको, तुमने स्वामीसे दासकिया।
तेरेबिन जीना हुआकठिन, तुमने मेरा मनमोह लिया॥
तुम पत्नी मेरी सनातन हो, अब साथहमारे चलो उमा।
ली बारंबार परीक्षा है, इसकारण मुझको करो क्षमा॥
      मैं तेरे आधीन हूं, पूर्ण करूं सब आश।
      चलो चलेंहम शीघ्रही, निजनिवास कैलास॥
      सुनकर शिवके प्रियबचन, हो आनंद विभोर।
      बोली प्रियवाणी उमा, नाकर सर करजोड़॥

------------------------(अध्याय - 28)------------------------

      गिरिजा और गिरीशमें, होना मृदु सम्बाद।
      शिवजीका स्वीकारना, गिरिजाको आह्लाद॥

      कहा शंभुने होगई, पूरी तेरी आस।
      अबतो देवि चलो मेरे, साथ-साथ कैलास॥
तब कहा उमाने हे-स्वामी, कुछ आस और पूरीकरिये।
जोहै विवाहकी रीति-नीति, उसविधिसे आपमुझे वरिये॥
मैं अभी पितृगृह जातीहूं, ऐसीही मुझको आज्ञा दें।
हेनाथ! पितासे आप मेरी, याचक बनकर याचना करें॥
होकर प्रसन्न श्री शिवबोले, हैदेवि हमारा ज्ञान तुझे।
तू क्या हो?किसे पताहै यह? तेरी बसहै पहचान मुझे॥
मेरा स्वभाव तुम जानरही, मैंतुम्हें सत्यसब कहता हूं।
सब मेरेवश में रहते हैं, मैं तेरे वशमें रहता हूं॥
सचतो यहहै भिक्षुक बनकर, मुझसे मांगना नहीं होगा।
वे देसकतेहैं तुम्हें मुझे, फिरभी याचना नहीं होगा॥

हो खरा किन्तु याचक बनकर, वहभी खोटाबन जाता है।
हो बड़ा किन्तु याचक बनकर, वहभी छोटा बनजाता है॥
मनहीमन शिवने कहा, फैला भी दूं हाथ।
वापस भेजेंगे मुझे -रिक्तहस्त गिरिनाथ॥
यद्यपि तुम्हें बतादिया, अपने मनका भाव।
किन्तु करूंगा मैं वही, जैसा तुम बतलाव॥
याचक बननेका प्रभु, आप लूटिये भाग्य।
दाता बननेका उन्हें, दे देवें सौभाग्य॥
जानरही मैं आप हैं, करुणाके भंडार।
लीलाका विस्तारकर, करिये यश विस्तार॥
"एवमस्तु" कहकर हुए, शिवजी अंतर्धान।
निज-जनमें जाकर किया, उमाचरित्र बखान॥

-------------------------(अध्याय - 29)-------------------------

पार्वतीका लौटना, पितु- गृहमें सत्कार।
शिवनें नट बनकर किया, नट-लीला विस्तार॥
हाथ- मांगना उमाका, मेनाका इनकार।
अंतर्हित होना तभी, सुन गिरिकी फटकार॥

होकरप्रसन्न चलपड़ी इधर, गिरिजा निज पितुकीरजधानी।
सज-धजकरउधर हिमालयभी, करनेको निकले अगवानी॥
अद्भुत उनसबका मिलनहुआ, सबकी आँखोंमें पानी थे।
विह्वलथे पिता हिमाचल तो, रुकते न अश्रुथे रानीके॥
पुत्री तुमने इस गिरिकुलको, करदिया धन्य उद्धार किया।
सचमुच होगई तरनतारन, खुद तरकर सबको तार दिया॥
घरलाकर सादर किया, पुत्रीका सत्कार।
तृप्त याचकोंने किया, मंगल मंत्रोच्चार॥
गए हिमाचल एकदिन, करने गंगा स्नान।
नट बनकर आये इधर, घरमें शंभु-सुजान॥
रक्तांबर-धारी रूद्रदेव, करमें डमरू और श्रृंग लिये।
महिलाओंमें मेनाके निकट, अत्यदत मनहर नृत्यकिये॥
डमरुका डमडम श्रृंगिनाद, सुन- सुनकर दौडे नरनारी।
शिवजीका मधुरगीत सुनने, गिरिजा घरलगी भीर भारी॥

सबके सब मोहित हुए, ऐसा दृश्य अनूप।
पार्वतीके हृदयमें, प्रगट हुआ शिव- रूप॥
हिय-मंदिरमें शिवप्रगट हुए, मनसे पूजन करके गिरिजा।
मनहर मूरति निहार मनमें, मनमें हीं मूर्छिपड़ी गिरिजा॥
"वर मांगो" सुनकर हो सचेत, वरमांगा आप मुझे वरिये।
सुन "एवमस्तु' बोली गिरिजा, अब बाहर आप नृत्य करिये॥
भिक्षा लाई मेनका, भर रत्नोंसे थाल।
नहीं चाहिये यहहमें, रखिये इन्हें सम्हाल॥
यह हीरे मोती स्वर्ण रजत, लेजाओ मुझेनहीं चहिये।
मुझको सच कहताहूं देवी, भिक्षामें तेरी बेटी चहिये॥
होगई कुपित मेना सुनकर, उल्टा सीधा फटकार उठी।
आगये स्नानकर गंगासे, गिरिवरको तुरत पुकार उठी॥
शीघ्र इसे बाहर करो, बोल उठे गिरिराज।
किन्तु प्रज्वलितनट-निरख, ठिठका भृत्यसमाज॥
नट विष्णुरूपमें प्रकटहुआ, फिर ब्रह्मा बना वही तत्क्षण।
फिरसूर्यबना फिर रुद्रबना, लखकर गिरिपति होगए मगन॥
उमा-सहित शिववे बने, परमेश्वर ईषाण।
नट बनकर मांगा पुनः देबेटी हिमवान॥
भिक्षामें बेटी शिवा दिया न शिवको दान।
हो निरास वे होगये क्षणमें अंतर्धान॥

-------------------------(अध्याय - 30)-------------------------

देवाग्रहसे शिवका ब्राह्मण वेष बनाकर।
शिवकी निंदाकरना, हिमगिरिके गृहजाकर॥
शिवसे-उमा विवाह नहीं करनेको कहना।
मेना-गिरिका सबकुछ सुनकर चुपही रहना॥31॥

है धुलिकणोंकी भी गिनती, गिनतीहै नभके तारोंकी।
सागरके जलकी बूंदोंकी, झाड़ोंकी और पहाडोंकी॥
धरतीके तृणकी गिनतीहै गिननेवाला गिन सकताहै।
अनगिनत शंभुकीलीलाहै, जिसको नकोई गिनसकताहै॥
नटलीलासे गिरिमेनाका, शिवप्रेम औरभी निखर गया।
इन्द्रादिदेवने हो प्रसन्न, जाकर शिवजीको बतलाया॥

कार्य-सिद्धिकी आसका, पाकरके विश्वास।
कियाविदा शिवने उन्हें, चले स्वयं अनयास॥
वैष्णव-ब्राह्मण वेषमें, मायापति भगवान।
शैलराजकी सभामें, जापहुंचे ईषाण॥
सबने प्रणामकरके द्विजसे, मंगलमय आशीर्वाद लिया।
गिरि-मेनाने भूपर गिरकर, इनको प्रणाम साह्लाद किया॥
गिरिने पूजन नमनकर, कहा आपहैं कौन?
धन्यहुआ पाकर दरस मुझ-समेत यह भौन॥
द्विजबोले गिरिवर ब्राह्मणहूं, वैष्णव वरिष्ठविद्वानहूं मैं।
मैं भ्रमणशील ज्योतिषविदहूं, मनकेसमान गतिमान हूंमैं॥
लक्ष्मीसी सुन्दरि सुलक्षणा, बेटीहै तुम्हारी हे राजन।
यहसुनाहै उसे दे रहेहो, जो हैकुरूप और तीननयन॥
मरघटबासी भुजंगमाली, तनपर जिसकेहै बसन नहीं।
वहहै कुपात्र, वहहै कुशील, खानेको उसको असन नहीं॥
वहभस्मी, क्रोधी, अविवेकी, वहअतिशय वृद्ध जटाधारी।
वहभिक्षुक, अकुल, अगेहीहै, वह भयप्रद मुंडमालधारी॥
कैसे उसको कररहे, तू कन्याका दान?
वहनिर्गुण, निर्धनसदा, सुतातेरी गुणखान॥
खा-पीकर द्विजने किया, मोदसहित प्रस्थान।
दुखीहुए रानीसहित, गिरिनायक हिमवान॥

-----------------------(अध्याय - 31)-----------------------

मेंनाका क्रोधितहो कोप- भवनमें जाना।
शिव-आज्ञासे सातोंऋषिका, गिरिगृह आना॥
अरुंधतीका मेंनाको जाकर समझाना।
इधर वशिष्ठादिकका गिरिको मर्म बताना॥
उचित सर्वथाहै तुम्हें, हर-गिरिजाका ब्याह।
शिवकी शक्ति सदा उमा, इनके शिवही नाह॥32-33॥

हे नारद! विप्र बचनसुनकर, मेनाको व्यथा अपार हुई।
रोने- धोनेकी क्या चर्चा, मरने तकको तैयार हुई॥
कोप-भवनमें कोपकर मेना हुईप्रविष्ट।
गिरिवरभी इसकलहसे, हुएदु:ख आविष्ट॥

बुलवाकर ऋषिसातको, इधर शंभु-भगवान।
समझाने भेजा उन्हें, मेना-और हिमवान॥
गिरिबोले सेवा बतलाकर, हे मुनिवर मुझे धन्यकरिये।
मैं सदा-सदाका सेवकहूं, मत कहनेमें बिलंब करिये॥
ऋषिबोले शैलराज सुनिये, शिव कहलातेहैं जगतपिता।
शिवकोही कन्यादान करें, कारण हैं शिवा जगतमाता॥
करजोड़ हिमाचल बोलउठे, राजीथे ऐसा करने को।
एक विप्र बिगाड़गया ऐसा, मेना बैठी है मरने को॥
चिन्ता नकरें यह अरुन्धती, जाकरउनको समझायेगी।
सच उन्हें बताकर यथाशीघ्र आशाहै उन्हें मनाएगी॥
शिवा मेनकाके निकट, गई तुरत मुनिनारि।
समझाकर लाईवहां, जहां सकल मुनि झारि॥
सप्तर्षि कह रहेथे राजन शिवजीको कन्यादान करो।
प्रण-पूर्ण करो गौरीशिवका, विधिके विधानका मानकरो॥
सकुचाकर सविनय गिरिबोले शिवहैं विवाहके योग्यनहीं।
होतेहैं नरकगामी पितु यदि, होवर कन्याके योग्य नहीं॥
तब वशिष्ठबोले नृपति लोकवेदके सार।
प्राप्त हुएहैं जो बचन उसके तीनप्रकार॥
एक सुननेमें प्रियलगताहै, पीछे असत्य दुखदायक है।
कहताहै ऐसा शत्रुविग्य, जो सुखहर्त्ता नालायक है॥
सुननेमें कड़वा मोदहीन होताहै वह दूसरा बचन।
परिणाम सत्यऔर सुखदायक, ऐसा कहतेहैं बांधवजन॥
तीजी श्रेणीमें वह वाणी सुननेमें अमृत समान लगे।
वह, सभीसमयमें सुखदायक, जोबोले वही महान लगे॥
तीनोंप्रकार के बचनोंमें, बोलूं मैं तुमसे कौन बचन?
देवोंके देव हैं महादेव, है उनकेपास न भौतिक धन॥
धनदेकर दूजोंको शिवजी, खुदग्यान सिन्धुमें रहें मगन।
उन सर्वेश्वर शिवशंकरको, क्या कभी लुभा पाएगा धन॥
धनहीनों को कन्या देकर पुत्रीघाती होता दाता।
कन्यावधका भागीहोता, इस सचका किसको नहीं पता॥
लेकिन क्या शिवजीनिर्धनहैं, धनपति कुबेर किंकर जिनका।
उत्पति पालन विनाश होता जिनका वस एक इशारा पा॥
हरिहर ब्रह्मा जिनकी विभूति, कैसे वे निर्धन सकते?
लक्ष्मी शारदा अंश जिनकी, - कैसे वे निर्धन हो सकते?

ये शिवा सदासे शिवकी हैं, दाक्षायणि सती कभी थीं ये।
पतिका अपमान न सह पाई इसकारण प्राण तजीथीं ये॥
वे शिवकी सदाकी पत्नीही बन तेरीसुता आ चुकी हैं।
और घोर तपस्या करके ये, शिवसे वरदान पा चुकी हैं॥

ये उनकी इनके हैं वे, यह सच अबलो जान।
शिवको अर्पण कर इन्हें पाओ सुयश महान॥
कर न सके ऐसा अगर तो भावी बलवान।
होगा दोनोंका मिलन, पर न तेरा कल्याण॥
कभी प्रतिग्या ईशकी होती नहीं असत्य।
साधु पुरुषजो भी कहें, वह भी होता सत्य॥

----------------------(अध्याय - 32-33)----------------------

मेरु आदिके कथनसे, मेना और हिमवान।
गिरिजासे शिवब्याहका लिया शुभाग्रह मान॥
सप्तर्षियोंका लौटना, शिवसे कह सब बात।
जाना निज-निजधामको, पुलकित प्रफुलित गात॥34 36॥

विधिबोले नारद वशिष्ठने, कहकर प्राचीन कथाओं को।
शिवआग्यासे हरली उनकी, शिवमाया जनित व्यथाओंको॥
अनरण्य ने बेटी पद्माका पिप्लाद से ब्याह रचाया था।
श्रीधर्मके वरसे जिस प्रकार, उनने धन-यौवन पाया था॥

दस पुत्रोंकी प्राप्तिका, कहकर प्रिय आख्यान।
मुनि वशिष्ठ बोले करो, शिवको कन्यादान॥
लग्न, योग, नक्षत्र, तिथि, सब होंगे शुभ साथ।
नृप इस पुत्रीरत्नको, सौंपो शिवके हाथ॥

विस्मित श्रीगिरिपति गिरिगणसे, बोले सबअपनीराय कहें।
मुनिगणकी बातें सुनली है, अब जोहो उचित उपाय कहें॥
तब कहा पर्वतों ने मिलकर जो कहाहै सप्तऋषिश्वर ने।
हमकार्य उसीअनुसार करें, अन्तर न साधु और ईश्वर में॥

देवकार्य हितही हुआ, कन्याका अवतार।
शिवकीही वह शक्तिहै, शिव उसके भर्तार॥
सुनकर गिरिगणके बचन, हुए मुदित शैलेश।
मैनाभी प्रमुदित हुई, मिटा भरमऔर क्लेश॥

सबको भोजन करबा करके, उनसबने भोजन ग्रहण किया।
शैलेन्द्र ने जोड़ेकर दोनों, मुनियोंसे सविनय बचन कहा॥
मेरा सबकुछ शिवकाही है, कन्याभी शिवको ही दूंगा।
उनका, उनको अर्पण करके, तन-मन उनको ही सौपूंगा॥

शिव याचक भिक्षा शिवा, दाता तुम शैलेश।
गौरव इससे क्या अधिक, बोले सप्त मुनीस॥
विविध भांति श्री शिवाको, देकर के आशीष।
दे फल-फूल गिरीसको, शिव पंह गए मुनीस॥

कर विनय-नमन बोले मुनिगण, हेनाथ आपकी जय होवे।
करिये अब हमसबको धनधन, हेनाथ! आपकी जय होवे॥
जो काम आपने सौंपाथा, हम पूर्ण उसे कर आए हैं।
दे दिया उन्होंने बचन-दान, हम वही सुनाने आएहैं॥
अब यथाशीघ्र जाकर-स्वामी, कन्याका पाणिग्रहण करिये।
करचुकीं आपकावरण उमा, अब उनको आपवरण करिये॥
हरिविधिशचिपतिऋषिमुनिकिन्नरगंधर्वसिद्धसब, विद्याधर।
अप्सरा आदिको दे न्यौता, हेनाथ बुला लीजै सादर॥

देप्रदक्षिणा शंभुकी, -करके पुनः प्रणाम।
लेआज्ञा सातों गए, अपने अपने धाम॥

----------------------(अध्याय - 34-36)----------------------

लग्न-पत्रिका भेज लग्न-सामान जुटाना।
आरम्भ-मंगलाचार कुटुम्बी-जन बुलवाना॥
दिव्य-रूपमें गिरि, नद, नदियोंका आ जाना।
देव-शिल्पिसे मंडपादि- निर्माण कराना॥37-38॥

बोले नारद किया जब, मुनियों ने प्रस्थान।
तदनन्तर क्या क्याकिये, गिरिवर श्रीहिमवान?
हे नारद! बोले ब्रह्माजी, आगेकी कथा सुनाता हूं।
जिस गायनसे शिवकृपा मिले, मैं उसीचरितको गाता हूं॥
सातों मुनियोंके जाने पर आमंत्रित किया बान्धवों को।
लिखवायी लग्न-पत्रिका और, भेजा शिव-निकट कुटुम्बोंको॥
शिवको प्रणामकर उनसबने, आग्याले तिलक प्रदान किया।
दीलग्न- पत्रिका हाथोंमें, शिवने सबको सम्मान दिया॥

वापस आकरके उन सबने, हिमगिरिसे सारी कथा कही।
मंगलाचार प्रारंभ करें, इसमें देरी अब काहे की॥
फिर लिखित निमंत्रण भेजदिया, नाना देशोंके स्वजनोंको।
उपरान्त लगे संग्रह करने, सब वैवाहिक सामानों को॥
सूखे पदार्थके ढेरोंको, कहना पहाड़ अच्छा होगा।
जो द्रव पदार्थ था भिन्न-भिन्न, सरवरसे कई गुणा होगा॥
बहुमूल्य वस्त्र-मणि, स्वर्ण-रजत, सबका संग्रहकर शैलपती।
मांगलिक कृत्य प्रारंभ किये, करके ब्राह्मणपदमें विनती॥

विप्र- तियाओंने किया सब लोकानुष्ठान।
इसीबीच आनेलगे बान्धव और मेहमान॥

थे सपरिवार आगे सुमेरु, मणि- रत्नोंका उपहार लिये।
मंदर-दुर्दर, नीलादि, क्रौंच, सबसे सप्रेम हिमवान मिले॥
मंद्राचल, मलय, त्रिकूट, विंध्य, करवीर, महेन्द्ररु, उदयाचल।
कैलास, गंधमादन, वैकट, श्री पारियात्र और अस्ताचल॥

दिव्यरूप धारी सभी, सभी दिव्य परिवार।
दिये दिव्य-उपहार सब, लिये दिव्य सत्कार॥
सरिता, सागर, नदी-नद, जान शिवा-शिवब्याह।
सपरिवार आए सभी, लिये परम उत्साह॥

गोदावरि यमुना सरस्वती, बेणी गंगा नर्मदा तथा।
नारायणि, सरयू, सोनभद्र, आदिक, नद-नदी, कौन गिनता॥
सबके सब दिव्य रूपधारी, सबके सब शोभाधारी थे।
सबका स्वागतकर, शैलराज, मनमें हर्षित अति भारीथे॥

यथायोग्य सबकाकिया, स्वागतऔर सत्कार।
ठहराया वह भवन था दूजा इन्द्रागार॥

सजवाया नगर-डगर घर-घर, मंगलमय बन्दनवारों से।
मालायें सजी मालतीकी, घर सज्जित तोड़नद्वारों से॥
बुलवाए गए विश्वकर्मा, सुन्दर मण्डपकी रचना को।
करदी साकार हिमालयकी, निजमनकी, सुघर कल्पनाको॥
मंडपकी मनोहरता कहना, शारदके लिए असंभव था।
था यहां असंभव भी संभव, दर्शकको भारी अचरज था॥
जंगमथा पराजित स्थावरसे, जंगमसे स्थावर हारा था।
जल-थलकी तरह दीखताथा, थल जलके जैसा न्याराथा॥

जलऔर, थलको, निरखकर, थके, निहार-निहार।
अंतर करनेमें हुए, बड़े- बडे लाचार॥

बनराज कहींथे बने हुए, थीं कहीं पंक्तियां सारसकी।
थे मोर-चकोर कहीं कोयल, तो कहीं महकथी मधुरस की॥
हाथी- घोड़े और द्वारपाल, कृत्रिमभी सच्चे लगते थे।
वाणीको शब्द नहीं मिलते, वे इतने अच्छे लगते थे॥
रथ-रथी और वाहनसेना, सबकीथी अतिअद्भुत रचना।
मंडपके महाद्वार ऊपर, नंदीका विग्रह सुघर बना॥
भृगुआदि मुनी, देवोपदेव, सिद्धादि, साध्यगण थे निर्मित।
भगवान विष्णुभी थे निर्मित, गडुरादि पार्षदोंसे सेवित॥
पुत्रों- समेत मेरी मूरत, वेदोंका पाठ कर रही थी।
एरावत-हाथीपर सवार, छबि इन्द्रकी अतिनिखर रहीथी॥

थी मंडपकी हेमुने! शोभा अमित अपार।
हारगयामैं कथनकर, किन्तु न पायापार॥

गिरि आग्यासे विश्वकर्मनि की अद्भुत देवलोक रचना।
निज-निज लोकोंमें ठहरे सब, यह लोक हमारा खूबरहा॥
था सत्यलोक मुझब्रह्माका, श्रीविष्णु हेतु बैकुण्ठ धाम।
शचिपतिके लियेथा इंद्रलोक, शिवजीके लिये कैलाशधाम॥

सबकरके गिरिवर रहे, शिवकी बाट निहार।
शंभु-प्रतिक्षाका चरित, शिव सनेहका सार॥

--------------------(अध्याय - 37-38)--------------------

नारद-हाथों शम्भुका, आमंत्रण शुभपाय।
समय-पूर्व आएसभी, हर्षित सुर-समुदाय॥
हरका मंगलाचार और, कर ग्रह-पूजन काज।
चल पड़ना कैलाससे, वर-बारात समाज॥39॥

नमस्कार है आपको, विष्णु शिष्य ममतात।
मिली शिवकथा श्रवणको, बड़े भाग्यकी बात॥
मुनि बोले सुनना चहूं, वैवाहिक सुचरित्र।
सुनकर यह मंगल-कथा होवे श्रवण पवित्र॥
होकर प्रसन्न श्री विधिबोले, वह मंगलचरित सुनाता हूं।
जिसका दर्शनकर, और सुनकर, गाकरभी नहीं अघाता हूं॥
करके सहर्ष पत्री स्वीकृत, लानेवालोको मान दिया।
सातों-रिषियोंको भलीभांति, श्रीशंकरने सम्मान दिया॥
आवें आपसभी पुनः जबहो मेरा ब्याह।
आझाले सातोंगए, लेकर हृदय उछाह॥

यादकिया शिवनेतभी, तुझको सहितसनेह।
अहो-भाग्य कहकर ललन, तुमआए शिवगेह॥
चरणपकड़ तुमनेकिया, सादर उन्हें प्रणाम।
उमाकथा तुमसे समुद, शिवनें कही तमाम॥
तेरे उपदेशसे गौरीने, तप जग-विख्यात महान किया।
वर रूपमें मेरी प्राप्तीका, मैंनें उसको वरदान दिया॥
सप्तर्षिगणोंने जाकरके, करदिया लग्न-साधन-शोधन।
सातवें दिवसही वहदिनहै, हो उत्सव-पूर्वक यहहै मन॥
इसलिये सभी प्रियदेवोंको, मुनियों सिद्धोंऔर अन्योंको।
जा करो निमंत्रित तू सादर, भक्तों योगियों अनन्यों को॥
कर शिरोधार्य शिवकी आग्या, तुमने तत्क्षण प्रस्थानकिया।
जाकिया निमंत्रित उनसबको, वापस आ पुन: प्रणामकिया॥
शिव आग्यासे तुम ठहर गये, उत्सव महान प्रारंभ हुआ।
शिवगणका दशों-दिशाओंमें, शुभ नृत्य-गान आरंभ हुआ॥
इसबीच सदल-बल नारायण, आए सादर पधराये गए।
मैं आया तब वे स्नेह-सिन्धु, आदरसे मेरे गले लगे॥

देवराज आए तभी सुर-समाज के साथ।
पाए शिवकास्नेह सब, सादर नाकर माथ॥
तदनन्तर आए मुनी, नाग सिद्ध उपदेव।
उत्सवमय सब देवथे, उत्सवमय महादेव॥

देवाधिदेवनें इन सबका, अति पृथक-पृथक सत्कार किया।
फिर महामहोत्सव शुरुहुआ, मिलकर सबने जयकार किया॥

सप्त -मातृकाएं तभी, बड़े प्रेमके साथ।
शिवको पहनानेलगी, आभूषण निजहाथ॥
स्वाभाविक जो वेषथा, वहही बना विशेष।
भिन्नवस्त्र आभरण सब, वैवाहिक सविशेष॥

बनगये मुकुट श्रीचन्द्रदेव, तीसरा नेत्रबन गया तिलक।
दो सर्प जो कर्णभूषण थे, वे कुंडल बनकर गए लटक॥
बनगया भस्मही अंगराग, बाघम्बर दिव्य-दुकूल बने।
प्रतिकूल सदा जो दिखतेथे, वे सुघर औरअनुकूल बने॥
होगया कठिन वर्णन उसका, जितना होगया रूप सुन्दर।
दुल्हा सरकारकी जय होवे, यह सबने कहा जोडकर कर॥
शिव-वन्दन कर श्रीहरि बोले मंडपका सुस्थापन करिये।
नांदीमुख श्राद्ध प्रथमकरके, बांकी विधान पूरण करिये॥

हे नारद! इस कार्यका, हमें मिला अधिकार।
किया पूर्ण मैंने इसे, सादर विधि अनुसार॥
कर प्रणाम सब विप्रको, कर आगे भूदेव।
हर्षसहित कैलाससे, निकल चले महादेव॥

----------------------(अध्याय - 39)----------------------

कैलास शिखर पर छोडेथे, श्रीशशिशेखरने थोड़ेगण।
जोसाथ चलेथे गणाधिपति, सबकेथे कोटिश-कोटिशगण॥
विकृत विशाख दुंदुभ कपाल कुण्डक बिष्टंभ चंद्रतापन।
संदारक कंदुक शंखकर्ण, आवेशन कुंडविकृतानन॥
सन्नाह, सनादक, महाकाल, अग्निक, अमोघ, कोकिल सुमंत्र।
सन्तानक, कुमुद, सुकेश, वृषभ, अहिरोमक, षणमुख, चतुर्वक्त्र॥
        क्षेत्रपाल नंदी तथा भैरव चले बरात।
        कोटिकभूत-पिशाचगण, थे सब इनकेसाथ॥
शतमन्यु सनातन वीरुपाक्ष यज्ज्वाक्ष स्वयंप्रभु पूर्णभद्र।
लोकान्तक दैत्यान्तक भानुक लकुलीश चैत्र और वीरभद्र॥
थेसभी सहसभुज जटाजूट सब नीलग्रीव त्रयलोचन थे।
कुण्डल केयूर भस्मधारी सबके रुद्राक्षाभूषण थे॥
शिव अनुजा बन चण्डीदेवी आई अतिशय प्रसन्न होकर।
माथे परथा एक स्वर्ण-कलश आरूढथी प्रेत सवारी पर॥
बिकराल भूत- प्रेतों द्वारा मचरही बराती में हलचल।
था तीनलोकमें कोलाहल शिवका मंगल सबका मंगल॥
शिवगणके पीछे देव सभी, थे लोकपाल इनके पीछे।
उनके पीछेथे कमलापति, मैं ब्रह्मा था उनके पीछे॥
मेरे पीछेथे देवराज, उनके पीछे ऋषि मुनिगण थे।
उनके पीछे गंधर्वसभी, उनके पीछे किन्नरगण थे॥
सुर- वधुएं, कन्याएं सारी, जगकी सबकी सब माताएं।
गायत्री सावित्री लक्ष्मी कितने कितने को गिनवाएं?
        हुई सम्मिलित आ सभी, जान शिवाशिवव्याह।
        हुआ न होगा फिर, कभी ऐसा व्याह-उछाह॥
        धर्मरूप निज बषभपर शिवजी रहे विराज।
        तीनलोक में हो रहा महा महोत्सव आज॥

----------------------(अध्याय - 40)----------------------

हिमगिरि द्वारा बरातका, अनुपम अभिनन्दन।
मेनाजी का नारद से पाना सब विवरण॥
सगण शंभु को देखकर, मूर्छाका आख्यान।
विधिद्वारा नारद प्रति, यह मंगल गुणगान॥41-42-43॥

तदनन्तर शिवने नारदको भेजा कौतुक हित मेनाघर।
रहेगये दंग श्री नारदजी हिमपुरकी सुन्दरता लखकर॥
गिरिवरने भी मुनिवर को ही भेजा बाराती लाने को।
अगवानी में मैनाक आदि-चलपड़े सुरीति निभानेको॥
चलपड़ी बरात अनंदमयी आगया सजीला नगर द्वार।
पर्वतों द्विजोंके सहित जहांथे, खड़े हिमाचल लिये प्यार॥
यथायोग्य सब देवसे मिलकर चले गिरीश।
गए वहाँ शिवथे जहां, सब ईशों के ईश॥
महादेवजीको निरख हुए मगन गिरिराज।
सादर इन्हें प्रणामकर कहा धन्य मैं आज॥
वृषध्वज थे वृषभारूढ़ मुने! चन्द्राननथे प्रसन्नआनन।
श्री अंगों परथे आभूषण था रतनजड़ित रेशमी-वसन॥
वामांगमें थे भगवान विष्णु मैं दक्षिणांगमें शोभित था।
थे पृष्ठभाग में देवराज और देव समाज सुशोभित था॥
गिरिने हरिदर्शन किया हरदर्शन के बाद।
सबको कर सादर नमन पाया आशीर्वाद॥
सभी पधारें करकृपा बोले श्री गिरिराज।
साथ-साथ सब चलपड़े, वर-बारात समाज॥
मेनाने वर-दर्शन निमित्त, बुलबाया नारद मुनिवरको।
शिव-इच्छा पूर्ण चलेकरने, नारद प्रणामकर शंकरको॥
मुनिको प्रणाम कर मेनाने, दिखलाने कहा जमाई को।
तपकिया उमाने जिनकेलिये, उन शिवशंकर सुखदाईको॥
कियाइधर शिवने तभी, लीलाका विस्तार।
मेनाके अभिमान को कर देने को क्षार॥
कहा विष्णुसे जाईये ले आगे बारात।
भूतों-प्रेतोंकी मेरे, होगी साथ जमात॥
हर आग्यासे हरिचले, लेकर सुर- समुदाय।
चले बिहंसि सबदेवता, शिवजीको सिरनाय॥
ऊपरी भवनमें मेना थी, थे साथ देवऋषि वीणाधर।

मेनाका मानचूर्ण करने, कस चलेकमर प्रभु-विश्वेश्वर॥
बाजे- गाजेके साथ- साथ, गंधर्व आदि दीखे पहले।
फिर मणिग्रीवादिक यक्षचले, फिर रविनन्दन यमराजचले॥
उनके पीछेथे वरुणदेव, फिर वायुदेवका था समाज।
धनपतिकुबेर उनके पीछे, फिर शोभित दीखे देवराज॥
फिरचंद्रदेव, फिर सूर्यदेव, फिरथे भृगु आदिक मुनिप्रवर।
उनके पीछे मैंथा नारद, थे एक से एक सभी बढकर॥
"येहीं शिवहैं" पूछे मेना हरदलके स्वामीको लखकर?
'ये सेवकहैं', सुन खुशहोती, फिर शिवहोंगे कितने-सुन्दर॥
इसी बीच आये वहां, श्री हरि शोभा धाम।
जिनकी सुन्दरता निरख, लज्जित कोटिश काम॥
वे कमलनयन, पीताभवसन, निज आभासे आलोकित थे।
चक्रादिक चारभुजाओं में, मुकुटादिक से आभूषितथे॥
उन अप्रमेय छबिनिधिको लख, मेंनाजी बोलउठीं सहसा।
ये ही शिवहैं इनको पाकर, होयेगी धन्य मेरी-तनया॥
हर नहींहैं ये हैं हरि देवी, शिवसेवक हैं शिवप्रियवर हैं।
उनके आगे कुछ नहीं हैं ये, वे शिवहैं सबसे बढकरहैं॥
ब्रह्माजी बोले प्रिय नारद, मेना तेरी बातें सुनकर।
अतिशय प्रसन्न होतीथीं वे, अपने सुभाग्यका वर्णन कर॥
उमाको जनकर धन्यमैं, धन्य-धन्य गिरिराज।
मेराजो भी है मुने, धन्य सभी कुछ आज॥
जिन-जिन देवों, देवेशोंके, दर्शनसे धन्य हुई मैं अति।
जो इन सबके पति वे होंगे, मेरी पुत्री के प्यारेपति॥
हे नारद! मेरी बेटीके, संभवही नहीं सौभाग्य कथन।
सचतो यह है सौ बर्षोंमें, हो सके नहीं इसका वर्णन॥
हे नारद! ज्योंहीं हुई, पूरी इनकी बात।
तुम बोले दर्शन करो, गौरीवर के मात॥
मेनाने नेत्र घुमाया तो, अद्भुत स्वरूपमें थे शंकर।
अदभुत वाहन शृंगार सभी, अद्भुत थे सारेही अनुचर॥
भूतों- प्रेतों की इतने में आगई परम अद्भुत सेना।
पलकें रह गईं खुली इनकी, हतप्रभ रहगईं खड़ी मेना॥
कितनेही बने बबंडरथे, करतेथे ध्वनि कितने हर-हर।
कोई टेढ़े कुरूप मुखसे, कहते बम-बम जय शिवशंकर॥
थे बालोंभरे किसीके मुख, तो पीठकी तरफ किसीके मुख।
थे किसीके बहुतेरे मुखतो, ऐसे भी जिनके एक न मुख॥

थे पैर किसीके अनगिनती, तो बिना पैर वाले अनगिन।
थे बहुत हाथवाले कितने, तो कितने ही थे हाथों बिन॥
कोइ लंगड़ा, काना, अंधाथा, कोई दंडलिये कोई पाशलिये।
हाथोंमें किसीके मुद्ररथे, कोई उल्टे बाहन से चलते॥
थेकान किसीके एकनहीं, तो किसी-किसीके कान बहुत।
सारांश यही शिवके सबगण, जितनेभी थे सबथे अद्त॥

बाराती तो देखली, जो आए हैं साथ।

दुल्हेको भी देखिये यही त्रिलोकीनाथ॥

भयदायक शिवगणको लखकर, भय व्याकुलथी मेनारानी।
सब कोर- कसर पूरी हो ली, जब देखा वर औढरदानी॥
थेबृषारूढ भोलेशंकर, निर्गुण गुणसागर पंचानन।
हरमुखमें तीन-तीन लोचन, अहिभूषण थे विभूतिभूषण॥
भयसे पीली- आँखों द्वारा, मेनाने देखेजटाजूट।
था नीलाकंठ पड़ा उनका, जो रुका कंठमें कालकूट॥
माथेपर चंद्रमुकुट देखा, तन पर था उनके बाघंबर।
गजचर्मलपेटेहैं कटिमें, एकहाथमें उनके नर-खप्पर॥
करमें-त्रिशूल, भीषण-पिनाक, आकृति-कराल, सब नेत्रलाल।
गिरगई भूमिपर मेंनाजी, जितनाही दुख उतना मलाल॥

सबने मुझकोही ठगा, करूंमैं अब क्या हाय।

इतना कह मूर्छित हुई, सखियांथीं निरुपाय॥

विविध भांति सेवा हुई, इन्हेंहुआ तबचेत।

हुए कोपभाजन सभी, पति और पुत्रसमेत॥

--------------------(अध्याय - 41-43)--------------------

संग्या पाकर कररही रुदन-विलाप प्रलाप।

अड़ी त्रिया हठपर लगी करने उल्टा जाप॥

जलजाऊँ मरजाउं पर, करूं न कन्यादान।

विधि, हरि देव मुनीससे, बोली बचन प्रमाण॥

नहीं असुन्दर दीखता, मुझको शंभु समान।

यदि सुन्दर बनजांय, तब दूं कन्याका दान॥44॥

तिरस्कार करने लगी, मेना पाकर चेत।

सभी पुत्र और पुत्रिका, नारद तुम्हें समेत॥

दुर्बुद्धे देवर्षे तुमने सब तरह, हमारा नाश किया।
विपरीत विधाताथे हमपर इसलिए तेरा विश्वास किया॥
पुत्रीसे अतितप करवाकर -पतिसे उपासना करवाकर।
बतलाओ तोक्या तुम्हेंमिला, मेरा समस्त पुर जलवाकर॥
सतमुनियोंकी दाढी नोचूं, मुनि-पत्नि बड़ी धूर्ता निकली।
दूजोंके दोष गिनाऊं क्या, जब बेटीही मूर्खा निकली॥
इस दुष्टाने सोना देकर, लेलिया कांच है बदले में।
कीचड़ ले लिया पोतनेको - सुन्दर चंदनके बदलेमें॥
धृष्टाने कौआ पाल लिया पिंजड़े से हंस उड़ा करके।
गंगाजल फेंकदिया इसने, जलपिया कुएं परजा करके॥
धिक्कार मेरी बेटी तुझको, तेरे तपको उपदेशकको।
धिक्कार तुम्हारी सखियोंको, भ्राताको, पिताऔर मुझको॥
आएन निकट-गिरराज मेरे, सप्तर्षिन मुख-दिखलांय मुझे।
करवाकर मेरा सर्वनाश, अब कोई मत समझांय मुझे॥
मैंही सारे दुखकी जड़हूं, होगई न क्यों मैंहीं बन्ध्या।
यह पुत्रीही मरगई नक्यों, क्यों नही ये मेरागर्भ गला॥

मेनाका बढतागया, यह अनुताप-विलाप।

मूर्छित होकर गिरपड़ी, करके पश्चात्ताप॥

उसीसमय देवीसहित, मैंने किया प्रवेश।

मेनासे कह रहेथे तू, कुछ बचन विशेष॥

क्रोधित मेनासे मिली, तुझे कड़ी फटकार।

शिवमहिमा तब इंद्रने, कहा सहित विस्तार॥

बोलीमेना सब मिलकर क्यों, यहउल्टी शिक्षादेते हो?
मेरी सुन्दरी सुपुत्री से, यह कैसा बदला लेते हो?
आकर सप्तर्षि तभीबोले, यह बदलानहीं विधानहै यह।
लेकिन यहतेरा हठ जोहै, शिवका महान अपमानहै यह॥
सबकी बातोंको झुठलाकर, बोली सबको नोचूंगी मैं।
अपनी बेटीके इसीसमय, टुकडे टुकड़े कर दूँगी मैं॥

फिर वहही क्रन्दन-रुदन, फिरसे वही विलाप।

आकर समझाने लगे, आखिर गिरिवर आप॥

बोली मेना हे मेरेनाथ! कहतीहुं सुनिये और करिये।
हैं कईतरीके एक चुनकर, बेटीके अभी प्राण हरिये॥
मैं जीते- जी हरके करमें, बेटीके हाथ न डालूंगी।
उसकाभी वध करडालूंगी, अपनाभी प्राण गंवालूंगी॥
तब मांको स्वयं पार्वतीने, रमणीय बचनसे समझाया।
हे धर्मचारिणी मातु तुझे, ऐसा अधर्म कैसे भाया॥

हैं रुद्रदेव सबसे ऊपर, है कोइ नहीं उनसे बढकर।
सारीश्रुतियां यह कहतीहैं, शिवही सतहैं शिवहीसुन्दर॥
सबके सुखदाई स्वामीये, सब इनकी सेवा करते हैं।
ईश्वर के भी हैं ईश्वर ये, भर्ताको भी ये भरते हैं॥
मां उठो!मुझे उनको सौंपो, मां अपनाजीवन सफलकरो।
हम-दोनोंका मंगल करके, विधिके विधानको मां बलदो॥
मैं उनका वरण करचुकीहूं, तुम मेरे प्रणको सही करो।
अथवा मैं बहुत कहचुकी अब, जो तुमको भाये वहीकरो॥

लगी डांटने उमाको कहकर बचन कठोर।
"दारुण-हठ" मतकीजिये, बोले हरिकर जोड़॥

हे पितरोंकी मानस कन्या, हे गिरिप्रिया है धन्य तुम्हें।
तू अबतक धर्माधार रही, प्रियरहा है धर्म अनन्य तुम्हें॥

किसकारण तुम कररही, आज धर्मका त्याग।
किस कारण सचमें, तेरा रहा नहीं अनुराग॥

शिवहैं सत, शिवही सुन्दरहैं, शिवने संसार बसाया है।
लक्ष्मी- नारायणको रचकर, ब्रह्मा- शारदा बनाया है॥
तदनन्तर स्वयं रुद्रबनकर, यह साराजगत बनाया है।
शिव-शक्ति उमाहै आदिशक्ति, भगवान रुद्रकी मायाहै॥
जबहमें न शिवका अंतमिला, फिर कौन पार पा सकताहै?
जिनके तहतक हम जा न सके, फिर औरकौन जासकताहै?

आज त्रिलोकी नाथ वे, आए तेरे द्वार।
देवी!शीघ्र चलकर करो, तुम उनका सत्कार॥
विष्णु बचन सुन मेनका, होकरकेकुछ शांत।
हठ मेरा अबभी अटल, बोली तद उपरान्त॥

यदि सुन्दर रूप धरें शिवजी, तबमैं कन्या दे सकतीहूं।
अन्यथा करोड़ उपायोंसे, हठसे न कभी डिग सकती हूं॥

अब मेना चुप होगई शिव मायाको धन्य।
हरिइच्छा को धन्यहै हर इच्छा को धन्य॥

------------------------(अध्याय - 44)------------------------

सुन्दर दिव्य-स्वरूप किया शिवजीने धारण।
मेंनाके हठ क्रोध आदिका हुआ निवारण॥
पुरवासीका अतिशय सुन्दर वर बिलोकना।
अपने जीवन- जन्म आदिको सफल मानना॥45॥

हरिसे प्रेरितहो नारदनें, जाकर सिरनाया शंकरको।
फिरभिन्नभिन्न स्तुतियोंद्वारा, करलियाप्रसन्न महेश्वरको॥
नारद-इच्छासे शिवजीने, अति सुन्दर-रुप किया धारण।
नारदही क्या ब्रह्माजीसे, मुश्किलथा जिस-छबिका वर्णन॥
मेनासे मुनि जाकर बोले, सर्वोत्तम रूप धरा शिवने।
चलिये चलकर दर्शन करिये, सोनेमें गंध भरा शिवने॥
रहगई ठगीसी तब मेना, जब सुन्दर शिवशंकर देखा।
उस सुन्दरतासे आलोकित उसने धरती अंबर देखा॥
थे छत्र लगाये सूर्यदेव, श्रीचंद्र मुकुटमें शोभित थे।
थी चंवर दुलाती गंग-यमुन, आजू-बाजूमें विधि-हरिथे॥
कोटिश मन्मथसे भी सुन्दर, सर्वांग मनोहर शंकर थे।
वसना-भूषण अतिशय सुन्दर, जैसे न कोई ऐसे वर थे॥
सारांश यही वरका वर्णन, मुश्किल ही नहीं असंभव था।
जैसी सुन्दरता उनमेंथी, कानोंसे कोई सुना न था॥

चित्र-लिखित मेना हुई, लख दुल्हेका रूप।
धन्यहै बेटी उमाको, मुझ समेत धन भूप॥
मैंनेंकी निन्दा बहुत, किया घोर अपमान।
क्षमाकरें अपराध सब, हे भोले भगवान॥

कर बार-बार शिवकोप्रणाम, फिर क्षमा-मांगकर बार-बार।
हिमगिरिको बहू-बेटियोंको, मेनाने बुलाया बार-बार॥
पुरवासिनि सभी दौड़आयी, थी अस्त-व्यस्त जैसी-तैसी।
शिव-दर्शन कर सब बोलउठी, ऐसा दुल्हा देखा न कभी॥
होगये धन्य पर्वतवासी, होगये सभीके नयन सफल।
जिसने शिवका दर्शन-पाया, होगया सभी जनम सफल॥
सब इष्टदेवको मना रहे, यह जोड़ी चिर सानंद रहे।
सब शिवपूजनमें मगन हुए, जय हरे हरे शिवहरे हरे॥

चन्दन अक्षत खीलसे, कर पूजन सानन्द।
सबके मुखही गारहे, शुभ- मंगलमय छंद॥

------------------------(अध्याय - 45)------------------------

आयाथा वर-पक्षसे, वस्त्राभूषण साज।
देवि उमाकी होरही, नीराजना सुकाज॥
हिमगिरि-गृहमें सुर-सहित, होकर शिव आसीन।
पूजन दुलहिन-दुलहने, एक-दूजेकी कीन॥46॥

मंगल ध्वनिके मध्य शुभ, मंगल मोदनिधान।
मंगलमय परिकर सहित, गे गिरिगृह भगवान॥
सजा आरती विविध विधि, करतीं मंगल गान।
वर परिछन करने लगी, मेना मुदित महान॥
हुई थकित एकबार फिर लखकर शिव सौन्दर्य।
निज नयनों पर हो रहा, उसे परम आश्चर्य॥
थी मधुर मनोहर अंगकांति मुखरेपर थी मुस्कान मधुर।
एकानन शिवके तीन नयन, चम्पक समान परिधान मधुर॥
मालती हारकी महक मधुर, श्रीचंद्रदेव की चमक मधुर।
मुखमण्डल परथी प्रभामधुर, कुमकुम-कस्तूरी गमकमधुर॥
कोटिश कंदर्प बिल्लजित होंछबिऐसी मधुर मनोहरथी।
आरती उतार रही माता, अपने जामाता शंकरकी॥
गंधर्वयशोगाथा गाते करती थी नृत्यअप्सराएं।
बाजेवाले और कलाकार, उसके गुण विधि क्या बतलाएं॥
मुदित हिमालय ने किया, मंगललोकाचार।
परिछन मेनाने किया - खडे थे वर सरकार॥
तदनंतरगणके सहित, गयेशंभु-जनवास।
कुलदेवीपूजनचली, गिरिजासहित हुलास॥
नीलांजनसी थी अंगकांति, मुस्कान मंदथी आननपर।
सादर देवोंने सिर नाया, शिवशक्ति लगी शिवसे बढ़कर॥
शिवजीने तभी उमाजी को, सब लोगोसे छिपकर देखा।
गौरी में सती रूप देखा, सब भूलगए ऐसा देखा॥
अंबाका पूजन किया, जगदंबा ने जाय।
विप्र-रमणियों के सहित, गई पितृ गृहधाय।।

------------------------(अध्याय - 46)------------------------

आयाथा वरपक्ष से, वस्त्राभूषण साज।
देविउमा की होरही, नीराजना सुकाज॥
हिमगिरि गृहमें सुरसहित, होकर शिव-आसीन।
पूजन दुलहिन दुलहने एकदूजे की कीन॥

कर गिरीशने प्रेमसे, सब लौकिक आचार।
शिव समेत सब देवको, बुलवाकर आगार॥

शिवका लाया वस्त्राभूषण, पहनाया गया पार्वती को।
आरती दिखायी गई पुन; श्रद्धाके सहित शिवाजी को॥
उपरान्त महोत्सव शुरुहुआ, नृत्यों और गायन वादनका।
दोनों पक्षोंकेही द्वारा आबन्टन हुआ वस्त्रधनका॥
तदनन्तर शैलेशसे, पाकर आदर-मान।
देवसहित शिवने किया, जनवासे प्रस्थान॥
थोड़ेपल बाद गर्ग बोले, होगया उपस्थित लग्न समय।
वर सहित बराती बुलवाएं, वेदादि मंत्र हों मंगल मय॥
जबमिला बुलाबा तबहरिने, करदिया सुसज्जितश्रीहरको।
करवाकर बृषभारूढ सभी, चलपड़े लिये शंकर वरको॥
था छत्रटंगा शिवके ऊपर, चहुंओरसे चंवर हिल रहे थे।
विधि, हरि, इंद्रादिक, देव-मुख्य, सबके मुख-कमल खिलरहेथे॥
भेरी आनक सुशंख गोमुख बजतेथे विविध भांति बाजे।
होती थी वर्षाफूलोंकी, पद-पद आनंद नवल राजे॥
वर्णनमें आता नहीं, वह आनन्द अशेष।
सर्व प्रशंसित शंभुने, गिरिगृह किया प्रवेश॥
वृषसेउतारकर शिवजीको, आदर समेत घर लाया गया।
आंगनमें रत्न-सिंहासन पर, विधि हरि समेत बिठलाया गया॥
सखियों समेत मेंनाजी ने, आरती उतारी शिवजी की।
मधुपर्क आदिसे कर पूजन, पाकरके आग्याद्विजवर की॥
गिरिवरने विधि हरिके समेत, शिवजी को वेदी परलाया।
बैठीथी दुल्हन उमा जहां, दुल्हा शिवको भी बिठलाया॥
कहा पुरोहित गर्गसे हो वाचन पुण्याह।
सुरगुरु आदिकके हृदय, था आनंद अथाह॥
अंजलि में श्रीउमाके चावल भरे समंत्र।
शिवके ऊपर अक्षत, छोड़ा पढकर मंत्र॥
तब देवी सुमुखि-पार्वतीने, दधि, अक्षतादि, कुश, औरजलसे।
श्री रुद्रदेव की पूजाकी, जो मिलते सदा प्रेम- बल से॥
शिवजीने भी हर्षित होकर, की पूजा देविभवानी की।
होगई शिवानी शिवजीकी, और शिवहोगए शिवानी की॥
त्रिभुवनके सौन्दर्य ये, शोभा के आधार।
मुदित लक्ष्मी आदि सब, आरति रही उतार॥

------------------------(अध्याय - 47)------------------------

शिवऔर शिवा विवाहका, होना शुभ आरम्भ।
गोत्र प्रश्न पर शंभुका, मुख होजाना बंद॥
नारदद्वारा गोत्रका, कहना सब आख्यान।
हिमगिरिद्वारा प्रेमसे, होना कन्यादान॥

मेनाने स्वर्णकलशलेकर, पति-सहित शंभुका कर पूजन।
वस्त्राभूषणकरके अर्पण, श्रीभालचंद्रका किया वरण॥
तिथि आदिका कीर्तन होनेपर, परमेश्वरसे प्रेरित होकर।
कुल-गोत्र आदिका परिचयदें, गिरिपति शिवसेबोले हंसकर॥
सुन सुमुखशंभु होगये विमुख, होकरअशोच्य ये शोच्यहुए।
शिव हुएनिरुत्तर यह लखकर, नारदजी गिरिपतिसेबोले॥
हे गिरिपति तुम त्रिभुवनपतिसे, यह कैसा प्रश्न पूछते हो?
क्या पूछें क्या पूछानजाय, इतना भी नहीं बूझते हो?
विद्वान औरज्ञानी होकर, क्या बोलरहे अज्ञानी से।
लज्जित होतेहैं हम सारे, तेरी ऐसी नादानी से॥
इनके कुल-गोत्र नाम कोतो, विधि हरितकनहीं जानते हैं।
सबके ही गोत्र मात्र शिवहैं, ऐसा ही सभी मानतेहैं॥
हैं तीनलोकमें जितने कुल, उन सबके मूलसदाशिव हैं।
सारे नामोंके स्वमि और, नामी भी स्वयं सदाशिव हैं॥
जिनके एक दिवसमात्र मेंही, लाखों-विधियोंका लय होता।
होता न दरस इनका तुमको, तपशिवाने कियानहींहोता॥
येनिराकार साकार यही, ये निर्गुण भी हैंसगुण यही।
ये हैं अनाम नामीहैं ये, जगपिता यहीजग सुअन यही॥

इन परमेश्वर शंभूको, सका न कोईजान।
जिसपर करें कृपा स्वयं, वह पाए पहचान॥

हे तात गोत्र और कुल इनका, जो है वह नाद कहाता है।
शिव सदा नादमय कहलाते, और शिवमय नाद कहाता है॥

मिला तुम्हारे बचन से, गिरिपतिको संतोष।
सब विस्मय जाता रहा, किया शंख उद्घोष॥

साधु-साधु सब कहउठे, सुर, नर, मुनि, विद्वान।
यही अनादि अनंतहैं, ये हैं परम सुजान॥

शिवको गिरिवरने, किया सादर कन्यादान।
हुईजयध्वनि, वेद-ध्वनि, वाद्य-सुनाद महान॥

मैं अपनी कन्या परमेश्वर, भार्यार्थ आपको देता हूं।
प्रभु ग्रहण करें संतुष्ट बनें, मैं सभी बलाएं लेता हूं॥

इमां कन्या तुभ्यमह ददामि परमेश्वर।
भार्यार्थम परिगृह्णीष्व प्रसीद सकेलेश्वर"॥

गिरिपति प्रसन्नथेयहकरके, गिरिजापति भी यह करनेमें।
एक देकरदान प्रसन्नहुए, एक ग्रहण दान को करने में॥

धरा स्पर्शकर शिव किये, काममंत्रका पाठ।
महा महोत्सवमय हुए, लोक छहो और आठ॥

गुणगाने सब गंधर्व लगे, सब नाच रही सुर-सुन्दरियां।
कुलरीति लोकव्यवहार रीति, की मुखर हुई मंगलध्वनियाँ॥

गिरिने कन्यादान की, की सांगता प्रदान।
स्वजनों ने पूजन किया, करके विविध विधान॥

दुलहा-दुलहिनको उनसबनें, मनमाने द्रव्य किये अर्पण।
गिरिपतिने दियेदहेजअमित, जिसका होसकतानहीं कथन॥
रत्नादि पात्र द्रव्यादि सहित, एकलाख सुसज्जित गौएं दी।
इतनेही सज्जित अश्वोंको, अपनी बेटीको अर्पित की॥
हाथी करोड़ दी सज्जितकर, इतनेही रथथे स्वर्ण जडित।
उसकाहै वर्णन शक्य नहीं, जो दी गिरीशने हर्षितचित॥
फिर शैलराजकी आज्ञासे, दुल्हनजी का अभिषेक हुआ।
ऋषियोंने लेकर शंभुनाम अभिषेक यग्यको पूर्ण किया॥

----------------------(अध्याय - 48)----------------------

शिवविवाह सम्पन दक्षिणादिकका वितरण।
कोहवर घरमें वर-दुल्हन का वास सुहावन॥
वहां रमणियों द्वारा लोकाचार कराना।
रतिका पतिको शिवसे, जीवनदान दिलाना॥
वर-वधुद्वारा परस्पर, खिलवाना मिष्टान्न।
तदनन्तर शिवशंभुका, जनवासा प्रस्थान॥49-50-51

काम मंत्र:-
कोऽदात्कस्माआदात कामोदातकामायादात कामी-

दाता काम: प्रतिग्रहीता कामै तत्तै।(शु० यजुर्वेद संहिता)

विधि-आज्ञासे शंकरजीने, अग्निस्थापना करा करके।
आहुतिमें वे लावे डाले, मैनाक दिये जो ला करके॥
वर-दुल्हनने देकर आहुति, दी अग्निदेव की परिक्रमा।
शिव-आज्ञासे मैंने सहर्ष, बाकी नियमोंको पूर्ण किया॥
कर वर-दुल्हनका सिरभिषेक, ध्रुवतारेका करके दर्शन।
शिवजीने शैलसुपुत्री के, सिरमें सिन्दर किया अर्पण॥

अब दुल्हा-दुल्हन हुए, एकासन आसीन।

भक्तोंका होनेलगा, मन इस छबिमेंलीन॥

जितने भी मंगल दानकहे, शिवने सहर्ष सम्पन्न किये।
द्विजगणको मुद्राएं, शत-शत, कोटिश सुरल, और द्रव्यदिये॥
जयकारें मंगलगीततथा, मांगलिकवाद्य-ध्वनि मुखर हुआ।
नारद! इस महामहोत्सवमें, सारा हिम-आंचल निखरउठा॥
फिर आग्या लेकर विधि, हरि, सुर, अपने-अपने डेरे आए।
औरइधर रमणियोंसे घिरकर, दुल्हा दुल्हन कोहवर आए॥
करबाकर लोकाचार पूर्ण, "कौतुकागार" में लाकरके।
करवाये मंगल कृत्य सभी फिर "केलिसदन" पहुंचाकरके॥
की पूर्ण रीति वनिताओंनें, दोनोंकी गांठ खुला करले।
नवसप्त सजी नवसप्त देवि, आ खड़ीहुई सिर नाकरके॥
शारदा- लक्ष्मी, सावित्री, शचि, लोपामुद्रा, अरुन्धती।
गंगा, तुलसी, स्वाहा, संज्ञा, रति, अदिति, रोहणीऔर पृथ्वी॥

शतरूपा और अहल्या, ये वह सोलह नारि।

देव नाग कन्याएं, एकटक रही निहारि॥

सबनेकी गौरीश से, विविध प्रकार बिनोद।

वर-वधुने भोजनकिया, मिष्ट-अन्न मनमोद॥

इस परमहर्षके अवसर पर, रतिने शिवसे एककी विनती।
मेरे पतिकी हरिये विपत्ति, करिये जीवित हे गिरिजा पति॥
मैं पति वियोग दुख सहतीहूं, पत्नी वियोग सहचुके आप।
है छिपानहीं जगविदितहै यह, कैसे वह दुख सहसके आप॥
संयोग आपको प्राप्तहुआ, पर मैं वियोगमें मरती हूं।
दे दीजे प्राणदान उनको, मैं कातर विनती करती हूं॥
सब सुखीहैं ब्याह महोत्सवमें, मैं डूबीहूं पतिके दुखमें।
मुझपर प्रसन्न होइये देव, मैंभी सुखपाऊं इस सुखमें॥

हे सर्वेश्वर, हे परमेश्वर, अपने ही करिये पूर्णवचन।
हे सर्व समर्थ कृपालु हरे, मेरे पतिको दीजै जीवन॥
खोलगांठशिवको दिया, पतिके तनकी राख।
फूट-फूटकर रोपड़ी, कह-कहकर हा-नाथ॥
सुनकर रतिका रोदन-कन्दन, रोपड़ी सभीकी सब देवी।
रति-पतिको जीवितकर दीजे, अति दीनबचन वे सबबोली॥
होकर प्रसन्न करुणेश्वर ने, रति-पतिको जीवन दानदिया।
मन्मथको रतिको शिवजीने, बांछित अनेक वरदान दिया॥

इस घरसे बाहर रहो, जाओ हरिके पास।

सन्त, भक्तको, मनोभव, कभी न देना त्रास॥

बामांगी शिवाको शिवजीने मिष्टान्न खिलाया प्रेमसहित।
मीठामुख करवाया शिवका, गिरिजाजीने हो महा मुदित॥

आज्ञा लेकर शिवगये, सुन्दरतम जनवास।

इनके दर्शन से मिला, सबको प्रेम प्रकाश॥

शिवने लोकाचारवश, सबको किया प्रणाम।

सबने शिवको सिरझुका, पाया हर्ष महान॥

--------------------(अध्याय - 49-51)--------------------

फिर गिरिपतिनें वरके समेत सब बरातियोंको बुलवाया।
सुन्दर आसनपर बिठलाकर, अतिसुन्दर भोजन करवाया॥
भेजा बिश्राम निमित सबको, सब पहुँचे अपने डेरे पर।
मेनाकी प्रार्थना पर आए, निजवास भवनमें शिवशंकर॥
था "वासभवन" वह रत्नभवन, शोभितथा रत्नप्रदीपों से।
थे रत्नपात्र और रत्नकलश, सज्जित मुक्ताओं मणियोंसे॥

भवन नहीं वह नगरथा, सुन्दर सुघर अशोक।

सुन्दर इसका नाम था, हे नारद! "शिवलोक"॥

"वासभवन' को निरखकर हुए प्रसन्न महेश।

मिली बड़ाई शैलको, धन्य- धन्य शैलेश॥

लीला पूर्वक शिव हुए, रत्नासन आसीन।

देख नींदवश ईशको, गिरि ने आज्ञालीन॥

बीत गई रजनी सकल, आया प्रातःकाल।

चारों वाद्योंमें बजा, मधुर-मधुर सुरताल॥

हरिआदि देवता उठ-उठकर, देवेश्वरका करके सुमिरण।
वापसकैलास लौटनेको, सब सजालिए निज-निजवाहन॥
हरिका शुभसंदेशा पाकर, शिव चलनेको तैयार हुए।

मंगलगातीथीं पुरंध्रियां, सब विविधभांति श्रृंगार किये॥

ले आग्या गिरिराजसे, शिवआए जनवास।
विधि हरिकी कर प्रार्थना, बैठे हरिके पास॥
वेद-ध्वनि शंखध्वनि, गीतध्वनिका शोर।
मंगलध्वनिसे लोकसब, थे आनंद विभोर॥

-----------------------(अध्याय - 52)---------------------

शैलेश्वरका बरातियोंको विदा न करना।
सप्त मुनीशोंका गिरिवरको राजी करना॥
मेनाका देवाधिदेवको धिया सौंपना।
पुरके बाहर वर-बरातका पुनः ठहरना॥

बीती बातों-बातमें, तीन मांगलिक रात।
आज चतुर्थी कर्मका, आया नवल प्रभात॥
नित्य-नित्य बढतागया, दान-मान सम्मान।
सविधि चतुर्थीकर्म पर, उत्सव हुआ महान॥
हिमगिरिसे चलनेकी आग्या, मांगी सबने पांचवें दिवस।
थोड़ेदिन और कृपा करिये, वेबोले होकर स्नेह- विवश॥
ये कहेंनहीं वे सुनेंनहीं, इसतरह बहुत दिन बीत गए।
समझाने पर मुनि सातोंके, गिरिराज अंतमें मान गए॥
गमनोद्यत देवसमेत शंभु, जा मांगीआग्या गिरिवर से।
उससमय शोकवश हो मेना, रोदन करउठी उच्च स्वरसे॥
हे सबके पालक गिरिजाका, करियेगा कृपासहित पालन।
इसके लाखों अपराधोंको, करियेगा क्षमा हे क्षमा-सदन॥
यहजन्म-जन्मकी चेरीहै, हे नाथ! आपके चरणों की।
आगे भी रहेगी जन्म-जन्म, सेविका आपके चरणों की॥

चर्चासे शिवभक्ति की, होती हर्ष विभोर।
निन्दासे होतीव्यथित, ज्यों देगी दम तोड़॥

होगई अचेतन श्री मेना, शिवजीको सौंप शिवानी को।
करके सचेत ले विदा चले, कैलासपुरी रजधानी को॥

पुरबाहर आकर रुके, सबसमेत भगवान।
आने परही उमाके, अब होगा प्रस्थान॥

-----------------------(अध्याय-53)---------------------

मेनाका एक विप्रतियाको तभी बुलाना।
पतिव्रतका श्री गिरिजाको उपदेश दिलाना॥54॥

बोले सप्तर्षि गिरिश्वरसे, अब और न अधिकबिलंब करें।
श्री शिवा देविकी यात्राका, जाकर के उचित प्रबंध करें॥
रोपड़े हिमाचल यह सुनकर, फिर बोले करनाही होगा।
कर विदा प्राणप्रिय बेटीको, जीते जी मरना ही होगा॥
बेटीको विदा करो देवी, अब यह होचुकी परायी है।
हो गई शोक विह्वल मेना, आंखोंमें गंगा आई है॥
कर लौकिक कुलाचार-पालन, पुत्रीका शुभ-श्रृंगार किया।
रो-रोकर अपनी बेटीको, जी-भरकर मां ने प्यार किया॥

थी मेनाकी एकसखि, ब्राह्मण-त्रिया विशेष।
लगी सुनाने गौरिको, पातिव्रत्य उपदेश॥

वह धन्य नारिहैइसजगमें, जो पतिव्रता कहलाती है।
है पूज्या सबसे बढकर वह, पापोंका नाश कराती है॥
पतिको परमेश्वरके समान, जो मान सदा सेवाकरती।
वह साध्वी वही माननीया, वह अनायास भवसेतरती॥
पतिके भोजनकर लेनेपर, पतिव्रता सदा भोजन करती।
पतिके सोनेपर यहसोती, जगनेसे पहले नित जगती॥
छल, कपट, छोड़ हितकरे सदा, सज्जितहो करे स्वामि-दर्शन।
भूलेसे करे श्रृंगार नहीं, जब पतिका हो परदेश गमन॥
कटु सुनकरभी कटुकहे नहीं, होकर प्रसन्न माने आग्या।
पति हितमें सदारहे तत्पर, रुख लखकर करदे कहे बिना॥

जायनपतिआग्याबिना, कोई तीरथ धाम।
पति पादोदक पानकर, पाए पुण्यतमाम॥
स्वामी सीथग्रहणकरे, समझे महाप्रसाद।
देव, पितर, गौ-भागमें, करे न कभी प्रमाद॥

गृहदेवी गृहसामग्री को, रक्खे रक्षित भी संयत भी।
रहकर प्रसन्न गृहकार्य-कुशल, खर्चीली अधिक न बनेकभी॥
हो जाय नपुंसक, या रोगी, बूढा या सुखिया या दुखिया।
अपमान, निरादर, उल्लंघन, भूलेसे कभी न करे त्रिया॥
होवे रजस्वला तब पतिसे, वह तीन-दिनों तक दूररहे।
जबतक न शुद्धहो अपनीबात, पतिके न कानमें पडने॥

चौथेदिन हो करके पवित्र, पतिके ही दर्शन करे प्रथम।
अथवा पतिका चिंतन करते, आदरसे करे सूर्य-दर्शन॥
रोली, काजल, हल्दी, सिंदुर, पतिका आयुष्य बढाती है।
सिंदूर लगाना मारुतिका, इसकी ही याद दिलाती है॥
कोई न बनाबे सखी कभी, कुल्टा, छिनाल, सन्यासिनको।
सपनेमें भी दे माननहीं, पति बंचकि और विद्वेषिनको॥

मूसलोखली जांत-सिल, और चौखटा-द्वार।
इन सबपर बैठे नहीं, पतिव्रता जो नार॥
पतिके सम्पति, विपतिमें, रहती एकसमान।
सानुकूल रहती सदा, यह सतिकी पहचान॥
ब्रह्मा, विष्णु, महेशसे ऊंचा पतिका मान।
पतिव्रताके चरणमें, झुकतेहैं भगवान॥

कर उल्लंघन पतिकी आग्या, जो व्रत आदिक करलेतीहैं।
वह नारी नरकरूप होकर, पतिका जीवन हर लेतीहैं॥
पतिको जो बोले कटुक-बचन, वह मरकर होतीहै कुतिया।
पतिको जो कातर बचन कहे, वह कहलाती अधम-त्रिया॥
हरसंभव चेष्टा- सेवासे, जिसने पतिको संतुष्ट किया।
मानो उसने इस त्रिभुवनको, संतुष्ट और परितृप्त किया॥
आत्मज, भ्राता और पिता आदि, सीमित सुख देनेवालेहैं।
देते असीम-सुख सदा- सदा, वे पतिदेवता निरालेहैं॥
भर्तिहैं गुरु, भर्तिहैं देव, तीरथ और धर्म सभी भर्ता।
सबको तजकर पतिव्रता नारि, बस एकमात्र पूजेभर्ता॥
निजको तजती, परको भजती, वह क्रूर उलूकी होतीहै।
वहही ऐंचा- तानी होकर, अपनी सुंदरता खोतीहै॥
उसके जीवनकी बगियामें आतीहै कभी बसंत नहीं।
जगमें पतिबंचक नारीके, दुखका है कोई अंत नहीं॥
वह धन्यजननि, वे धन्यजनक, जिनके घरजन्मी पतिव्रता।
वह धन्यपती वह सदासुखी, जिसके घर नारी पतिव्रता॥
पितुकुल, पतिकुल और जननीकुल, तरतीहै तीन-तीन पीढी।
पतिव्रता नारिका पुण्यबनी, बैकुंठलोककी है सीढी॥
वह जहां- जहां पद रखतीहै, वहभूमि दिव्यहो जातीहै।
अपनी शुचितासे देवोंको, निर्दोष पवित्र बनातीहै॥
रवि, शशि स्पर्श करते इनका, अपनेको धन्य बनानेको।
जल पवन स्पर्श करते इनका, अपनेको अमल बनानेको॥

योंतो घर-घरमें रूप और, यौवनकी कलियां खिलती है।
पर पतिव्रतारूपी कलियां, शिव-आराधन से मिलतीहै॥
भार्याहै मूल गृहस्थीकी, सब सुखकी मूल सदा भार्य।
सारे धर्मोंकी जड़ है यह, संतति सुखकी दाता भार्या॥

जोहैं भार्याहीन वे सदादुखी और दीन।
देव, पितृ नरयग्य से, वेहैं सदा बिहीन॥
होती देह पवित्र यह कर गंगामें स्नान।
दरसमात्रसे सतीके, शुचिता मिले महान॥
पतिव्रताहै पतिसहित, शंकर-उमा समान।
दोनों का पूजनकरे, जो विद्वान सुजान॥

पतिदेव-प्रणव और पत्नीऋचा, पतितपहै और क्षमानारी।
सत्कर्म पत्निहै पतिहै फल, है धन्यपती धन्यानारी॥

शैलसुते है भेदकुछ कहूं, बुद्धि अनुसार।
पतिव्रता के संतजन, कहते चार प्रकार॥

इनकी यहचार श्रेणियांहैं, उत्तम, मध्यम, अधमाति अधम।
हेदेवि! ध्यान देकर सुनना, मैं कहतीहूं इनके लक्षण॥
सपनेमें भी परनरके जो, करती न कभी चिंतन सुमिरण।
उत्तम वहही कहलातीहै, मन जिसका पतिमें करे रमण॥
पितु, भ्रात, पुत्र माने परको मध्यमा वही कहलातीहै।
जो धर्म-विचार बचे अघसे, वह अधमा मानी जातीहै॥
पतिभयसे या कलंकभयसे, बचतीहै जो व्यभिचारों से।
अति अधमा वही कहीजाती, विद्वानोंके सुविचारों से॥

देवि क्षमाकरना मुझे, दिया न यह उपदेश।
लोकाचार निमित्त ही, कहा है धर्म-विशेष॥
तुम साक्षात महेश्वरी, तेरेपति भगवान।
तेरे सुमिरण मात्रसे, होताहै कल्याण॥
सुनकर इस उपदेशको, हुआ शिवाको हर्ष।
कथन श्रवण इस कथाका, देताहै उत्कर्ष॥

--------------------------(अध्याय-54)-----------------------

वर-दुल्हन बारात आदिकी हुई विदाई।
निखर उठी कैलासपुरीकी सुंदरताई॥
विदा हुए सब अतिथि-गण, हर्ष-विषाद समेत।
उमा-शम्भु सानंद तब, किये निवास निकेत॥55॥

मेंनासे बोली विप्रतिया, अब नहीं बिलम्बकरो देवी।
शुभ-समय यहीहै यथाशीघ्र बेटीको विदाकरो देवी॥
आंसूके सागरमें डूबी माताने बुलाया कालीको।
ऊंचे-स्वरमें करउठी रुदन, जब गलेलगाया कालीको॥
गिरगयी भूमिपर दोनोंही, रोते-रोते मूर्छित होकर।
सुधखोबैठी देवियांसभी, सबथींअचेत गति-मति खोकर॥
हेनारद! अंतर्यामीशिव, रोपड़े स्वयं ब्याकुल होकर।
फिर दूजाकौन भला होगा, जो दुखीनहीहो रो-रोकर॥
पुत्रों, मंत्रियों, द्विजोंके संग, आगए शैलपति इसीसमय।
उनकाभी भागचला धीरज, बेटीको लगायाजभी हृदय॥

फूट-फूटकर रोपड़े, करतेहुए विलाप।
धीरजपाया सुमिरकर, उमा-महेश-प्रताप॥
तब मंगबाकर पालकी, मेनाऔर हिमवान।
बिठलाकर प्रियपुत्रि को, देकर आदर मान॥
कर प्रणाम सबको उमा, चली शम्भुके धाम।
रो-रोकर सबने किया, सादर इन्हें प्रणाम॥
करुण-रुदनसे उमाके, रोया सकलसमाज।
भाइ-बंधु पुरनारि-नर, महरानी-महाराज॥

उत्तम यात्रा लग्न में, कर विवेक धरधीर।
किया विदा दे साथ में, अद्भुत भूषण-चीर॥
चली शिवा सबको पुन:, करके नमन-प्रणाम।
पहुंची सबके साथही, जहां शम्भु सुखधाम॥
सहित बरात शिवाशिव, आये पुर-कैलास।
मांगविदा सब चलपड़े, निज-निजगृह आवास॥
उपरांत शम्भुनें हरिसमेत, मुझको प्रणाम करजोड़ किया।
हेनारद! हमदोनोंनें भी, भगवान शम्भुसे विदा लिया॥
अब उमा-शम्भुका निजपुरमें, सुखमय सानंद निवासहुआ।
सुखमिला शिवगणों को अतिशय, अति मंगलमय कैलास हुआ
छंद-आनंददायक शोकनाशक आयुवर्धक यहकथा।
करता श्रवण लेकरनियम, पाता भगति सुखदायिका॥
मिलता परमविश्राम फिर शिवधामहो उसको सुलभ।
सुखशांतियुत पुरुषार्थ-चारों कुछनहीं उसको अलभ॥

शिवसमान शिवकीकथा, सदाकरे कल्याण।
श्रवणकरे जो वहतरे, सिंधु बिना जलयान॥

॥ श्रीरुद्रसंहिता पार्वतीखण्ड संपूर्ण ॥

उमा-शंभुढिग श्रीकुमारका लाया जाना।
तारकवध हित इन्हें पुन: वापसले जाना॥
महिसागर संगमपर होना युद्ध भयंकर।
वीरभद्र और तारक में मुठभेर घोरतर॥
श्रीहरितारक मध्य फिर रण होना घनघोर।
शिवनन्दनका निरखना, उभय-पक्ष वरजोड़॥1-8॥

श्रीनारद जीको श्रीविधिने श्रीकार्तिकेयकी कही कथा।
गंगोत्पन्न कृत्तिका-ललनका भेद बताया छ: सिरका॥
हरगिरिजाकी सेवामें फिर उनके आने की बात कही।
शिवकी गोदीमें श्रीस्कंद, देवोंने इन्हें बधाई दी॥
विद्याएं शक्ति-शस्त्र आदिक, देवोंने उन्हें प्रदानकिया।
भगवती उमाने सर्वोत्तम ऐश्वर्य पुत्रको दान किया॥
सम्पत्ति लक्ष्मीने देदी, सिद्धियां सभी सावित्री ने।
चिरयौवन दिया पिताश्रीने, और चिरजीवन माताश्रीने॥

तारक मारा जायगा, हे हर! इनके हाथ।
अतः भेजिये अब इन्हें, हमलोंगोंके साथ॥
लोकहितोंका ध्यान कर कारुणिक ईषाण।
भेज दिया प्रियपुत्रको करने कार्य महान॥
सेनापतित्वमें कार्तिकके, वे सब रणभूमि चलेआए।
तारक-संहारक बन धाया, सब असुरवृन्द संगसंग धाए॥
गूंजी नभवाणी उसी समय, हे देवो तुम विजयी होगे।
जय पाएंगे कुमार रिपुपर, तुम सभी विजयका यशलोगे॥
भय मिटा बढ़ा उत्साह जभी, देवोंने नभ-वाणी सुनली।
उन सबकी अभय गर्जनासे, हरएक दिशा थर्रा उट्ठी॥

देव- अनीके अग्रणी, थे शिवउमाकुमार।
तारकके पीछे उधर, असुर अनीक अपार॥
अत्यंत भयंकर कोलाहल सुनकरभी अभय देवता थे।
लोहा लेने को असुरों से बेताब और ब्याकुल से थे॥

होकर विमान आरूढ़ कुंअर आगे आकर ज्यों खड़े हुए।
शंख-ध्वनि सुनकर जूझपड़े सुर असुर क्रोधमें भरे हुए॥
देव असुरमें उससमय, हुआ युद्ध घमसान।
रुण्ड, मुण्ड और रक्तसे, भूमि हुई शमशान॥
क्रोधिततारक जयकाम लिये आगेको आया महाबली।
इन्द्रादि देव आगे आकर, असुरोंकी देने लगे बली॥
तारकका संहारक बनने, तब आगे आए वीरभद्र।
फिर वह महानसंग्राम किया, भगचली असुरसेना समग्र॥
करके अपने कर-दसहजार, क्रोधित तारकहो सिंह सवार।
फिर प्रमथ-गणों और देवोंको, वह लगा गिराने मार-मार॥

वीरभद्र होकर कुपित, लेकर श्रेष्ठ त्रिशूल।
करनेचले समाप्त जब, तारकको जड़मूल॥
ऐसा करनेसे रोकदिया, आगे आकर सेनापति ने।
तब तारकने वह समरकिया, सब अमर पड़गए दुर्गति में॥
पिटतेहैं विवश देवता सब, यह नहीं विष्णुसे सहा गया।
सहस्रार धधकता हुआ चक्र, नहिं बिना उठाए रहा गया॥

प्रभुने अपने चक्रसे किया प्रहार महान।
किन्तु चक्रको चूर्णकर गर्जा वह बलवान॥

-----------------------(अध्याय - 1-8)-----------------------

विधि- आज्ञासे सेनापतिका रणमें जाना।
तारक वधकर धरतीका परिताप मिटाना॥
देव-विनय सुन हो मुदित, दे इच्छित वरदान।
जा पहुँचे कैलासये जहाँ शंभु-भगवान॥9-12॥

श्रीविष्णु और असुरेशवरका, है ब्यर्थ और बेकार युद्ध।
मारा न पछाड़ा जायेगा, हरिके कर मेरे वर विरुद्ध॥
इसलिये बिलंब त्यागकरके, हे कुंअर आप सग्राम करें।
है हाथ आपके वध उसका, जल्दीसे काम तमामकरें॥
ऐसाही होगा यह कह कर, नभयानसे सेनापति उतरे।

चमकीली शक्ति हाथमें ले, प्रलयंकर के से दौड़ चले॥
षण्मुखको अति प्रचंड देखा, तब असुरोंसे बोला तारक।
क्या यही कुमार शंभु-सुतहै क्या यही मेराहै संहारक?

इस एकाकी से लड़ूँ, मैं एकाकी आज।

इसका वध करके करूँ मैं सुरहीन सुराज॥

इनदोनोंके बीचमें, हुआ घोर-संग्राम।

कभी असुरतो सुर कभी, करतेथे कोहराम॥

गिरतेथे ओलेसे गोले, वाणोंकी थी बौछारें सी।
लाशोंका गिरना दिखताथा, दिखती न शस्त्रकी धारेंथी।
अरिके संहारका करविचार, शिव सुमिरणकर कुमार बोले।
तेरी शक्ती तोली मैंने, तू मेरी शक्ति तोल तो ले॥
थे शक्ति युद्धमें युगल-कुशल, घातें प्रतिघातें हुई शुरू।
अति पराक्रमीथे दोनोंही, हर दाव- पेंचके परम गुरु॥
होगया पवन-संचरण रुद्ध, सूरजकी हुई प्रभा फीकी।
पर्वतों वनों सागरों सहित, सारीही धरती काँप उठी॥
आगए हिमालयादि पर्वत, कोमल कुमारकी रक्षामें।
आश्वासनमें बोले कुमार, मत पड़ें व्यर्थकी चिन्ता में॥
मैं अभी आप सबके आगे, इस पापीका वध करता हूं।
बैकुण्ठ और पाताल सहित, धरतीकी पीड़ा हरता हूं॥
ले शक्ति "कांतिमति" हाथोंमें, वैरीपर घोर प्रहार किया।
देवोंने जयजयकार किया, असुरोंने हाहाकार किया॥

छिन्न-भिन्न उसके हुए सभी अंग प्रत्यंग।

गिरा धरापर विखरकर, प्राण तजगया संग॥

अब दैत्योंके छक्के छूटे, रहगये सभी हक्के बक्के।
कुछ दलेगये कुछ शरणहुए, कुछलेकर प्राण भगे बचके॥
विजयी कुमारको कर प्रणाम, देवोंनेकिये विजय-उत्सव।
सुनकर शिव-उमा प्रसन्न हुए, आगये वहींपर सबकेसब॥

ले गोदीमें पुत्रको, किया उमानें प्यार।

नमस्कार जयकारकी, ध्वनिमें बारंबार॥

विजयोत्सवमें मुख्यतः, थाकीर्तन सविशेष।

चले गए कैलास फिर, सहगण उमा-महेश॥

हे शिवनन्दन, हे दुख भंजन, हमसब भारी आभारी हैं।
करविनयविविध-विधि, विधिबोले, सबकेसब शरण तुम्हारीहैं॥
श्रीहरि आदिक सब देवोंको दे अभयदान वरदान दिये।

सबके समेत कुमार कार्तिक कैलास पुरी प्रस्थान किये॥
आकर कैलास सभी सुरने शिवउमासे शुभआशिष पाया।
आज्ञा ले-ले प्रस्थान किया, सबने मनचाहा वर पाया॥

उमास्कंद सब गणसहित, शिव निवसैं कैलास।

इस चरित्रके श्रवणसे, भंग न होती आस॥

--------------------(अध्याय - 9-12)----------------------

देविशिवाका मैलसे श्रीगणराज बनाना।
द्वारपाल बालक पर शिवका शूल चलाना॥
कुपित शिवाके द्वारा पलमें प्रलय मचाना।
सुरमुनियों की सुनकर विनती शर्तबताना॥
गजसर धड़से जोड़ना, शिव आग्या अनुसार।
जीवित होने पर हुआ मंगल भले प्रकार॥13-18॥

कार्तिकेयका सुन चरित, मिला परमआनन्द।

श्री गणेशका चरित अब, कहिये आनंद कंद॥

विधिबोले मैंने पहलेभी, यह पावन चरित सुनाया था।
शनिदेवकी क्रूरदृष्टि ने ही, गणपतिका शीश उड़ाया था॥
वह कल्पान्तरकी थी गाथा अब, श्वेतकल्पकी सुनो कथा।
इसमें कृपालु शंकर-द्वारा, श्री गणानायकका शीश कटा॥
एकबार भवानीसे बोली, उनकी प्रिय- सखी जया-विजया।
सबकेसब गण शिवजीके हैं, कमसे कम एकतो हो अपना॥
अच्छा विचारहै सोचूंगी, चिंताकी कोई बात नहीं।
ये शिवगण मेरेभी गणहैं, कुछ हुआ कभी उत्पात नहीं॥

एकदिवश कर रहीथी, जब जगदंबा स्नान।

तभी डराकर गणोंको, आ पहुंचे ईषाण॥

लज्जितहो करके, उमा खड़ीहुई तत्काल।

क्यों सखियोंके बचनको, दियाथा मैंनें टाल॥

करनाही होगा अब ऐसा, यह निश्चित करके माता नें।
अपने शरीरके मैल सेही, एक मूर्ति बनाके माता नें॥
फिर प्राण डालकरके उसको वस्त्राभूषण से सजा दिया।
बेटा बनजा तू द्वारपाल, पहरे पर उसको खड़ा किया॥
मेरी आज्ञाके बिना वत्स, कोई भी अन्दर आ न सके।

कोई भी हो, कैसा भीहो? आगे एक पैर बढा न सके॥
हे माता ऐसा ही होगा-, इस आग्याका पालन होगा।
तबतक न कोई आपायेगा, जबतक इस दममें दमहोगा॥

बेटेका मुख चूमकर, दिया दंड एक हाथ।
खड़ाकिया निजद्वार, कहा डार कर-माथ॥
बेटा करने जा रही, माता तेरी स्नान।
तू अपने कर्तव्यका, रखना पूरा ध्यान॥

माता श्री स्नानागार गई, बालक पहरे पर हुए खड़े।
लीलाधारी शिव उसीसमय, उसही चौखटपर आ पहुंचे॥
था उन्हें पूछना भी किससे, बढ़ चले प्रभू घरके अंदर।
आगे न आप जासकतेहैं, बोले गणेश आगे आकर॥
इससमय आप वापस जाएँ, या करें प्रतीक्षा आग्या की।
सुनकर क्रोधित होगये शंभु, रहगया नहीं धीरज बांकी॥
ओमूर्ख! तू किसको रोकरहा, क्या तुमको कुछभी नहींपता।
होगया भस्म मन्मथ जिससे, वह क्रोध कठिनहै शंकरका॥
शिवगण गणेशको समझाये, हम तुम्हें हटाने आए हैं।
बचना होतो भागो जल्दी, हम यही बताने आए हैं॥

शंभुगणोंको पड़ गई, उल्टे ही फटकार।
भागो तुम तब बचोगे, वरना दूंगा मार॥
शिवजीसे जाकर कहा, सभी गणोंने हाल।
द्वारपालके रूपमें, हैं गिरिजाके लाल॥

निजगणको और देवगणको, भेजा शिवजीने रण करने।
गणपतिको पराजित करनसके, करदिया परास्त गणेश्वरने॥
तब स्वयंशंभु रणमें आए, निज गणों- सुरोंको साथ लिये।
कुछसमय घोर-संग्रामकिया, फिर उठा शूलको हाथ लिये॥

उड़ादिया निज-शूलसे, उस बालकका शीश।
कुपित हुई देवी उमा, कांपे त्रिभुवन ईश॥

करके उत्पन्न असंख्य सैन्य, बोली मां अभीप्रलय करदो।
इस नभको करदो चूर्ण-चूर्ण, यह घरा रसातल में धरदो॥
शक्तियां जलानेलगी गगन, जल उठी दिशाएं धू- धूकर।
शिवगण भयभीत हुए भागे, पर प्राणबचाने जांय किधर॥
नारद ब्याकुल ऐसे दौड़े कैलास पहुंच कर सांस लिया।
सचराचर नष्ट न होजाए कुछ ऐसा तुरत प्रयास किया॥
बोले माताने दंडदिया, अब क्षमा करेगी माता ही।

इस जलतीहुई त्रिलोकीको, शीतलता देगी माता ही॥
गिरगए चरणपर गिरिजाके, मां त्राहिमाम मां पाहिमाम्।
हम शरण आपकीहैं जननी, मां रक्षमाम मां रक्षमाम॥

विविधभांति विनतीतुम्हें, मातु करो स्वीकार।
तेरे हाथोंमें सृजन, पालन और संहार॥
अवसर रक्षणका अभी, अभी न करसंहार।
जले पुत्रतेरे बहुत, मचीहै - चीख-पुकार॥

जीवित होजाए पुत्रमेरा, यह प्रथम-पूज्य माना जाए।
होऊं प्रसन्न इसबालकको, पद सर्वाध्यक्ष दिया जाए॥
ऋषियोंने कहा देवनृपसे, वे हो उदासबोले शिवसे।
'शिवजी बोले ऐसाही हो, सुख पाए तीनलोक इससे॥
उत्तर- दिशिजाओ जल्दीसे, सबसे पहले जोमिले तुम्हें।
उसकासर इसधड़से जोड़ो, तो जीवन मिलसकताहै इन्हें॥
गज मिला एकदंती वह भी, उसका सर लायागया तुरत।
सरजोड़ा गया तुरत घड़से, मंत्रितजल डाला गया तुरत॥

शिव-इच्छासे जी उठा, बालक वह तत्काल।
गोदीमें मांने उसे, झटपट लिया सम्हाल॥
आनंद–मग्न हुए सभी, हुई विपत्ति विलीन।
परम प्रसन्न हुई उमा सृष्टि हुई दुखहीन॥

----------------------(अध्याय - 13-18)----------------------

पारवतीका गजसिर पर वरदान लुटाना।
देवों द्वारा प्रथम पूज्यभी माना जाना॥
शिवजी द्वारा इन्हें पद, सर्वाध्यक्ष प्रदान।
सुरगणका करके विनय, निजस्थान प्रस्थान॥19॥

लगालिया निज हृदयसे, होकर हर्ष विभोर।
भूषण-बसन प्रदान कर, मां बोली तृणतोड़॥
अतिकष्ट झेलनापड़ा तुम्हें, लेकिन तुम धन्य हुआ बेटा।
अब सब देवोंसे प्रथम पुत्र, होगी तेरी पूजा बेटा॥
विधि-सहित तुम्हें जो पूजेंगे, सिद्धियां उन्हें करगत होगी।
उनके सबविघ्न नष्ट होंगे-, यह दुनिया आगे नत होगी॥
शिवजी ने गोद लिया इनको, यह है मेरा दूसरा ललन।

सुनकर गणेश उठकर सादर, शिवजीके किये चरण वन्दन॥
फिरविधि, हरितथा देवगणको, गणपतिनें समुद प्रणामकिया।
दे-देकर सबने अंकमाल, आशीष और वरदान दिया॥
वर देकर बोले तीनदेव, इनका पहले पूजन होगा।
इनके पूजन बिन पूजकका, निष्फल पूजन-अर्चन होगा॥

सर्वाध्यक्ष बना पुनः दे अनेक वरदान।
मैं प्रसन्न तुझपर हुआ, बोले प्रभु ईषाण॥

सबलोक प्रसन्न हुए तुमपर, मेरे प्रसन्न हो जानेसे।
तुम सदारहोगे सुखी पुत्र, जननी को सुखी बनाने से॥
बालक होने परभी तुमने, अतिशय पुरुषार्थ दिखाया है।
इसलिये रहोगे निर्विरोध, तुमको शक्तीने जाया है॥
भादोंकी कृष्ण चतुर्थीको, उत्पन्न हुए चन्द्रोदय पर।
इसलिये मुझे यहतिथि प्रियहै, यहमास मुझेहै अतिसुन्दर॥
इसतिथिसे करके व्रतारंभ, जो इसी दिवश संपूर्ण करे।
सारी सिद्धियां प्राप्तकर वह, दुर्भाग्य शिलाको चूर्ण करे॥

वर्षके- बारह व्रतोंको कह समेत विस्तार।
कह तथास्तु' देवर्षिगण, किये पुनः जयकार॥

गणाधीशका पद मिला उत्सव हुआ महान।
गिरिजाके आनन्दका संभव नही बखान॥

लेआज्ञा सुर, मुनिगए, सब निज-निज आवास।
विधि, हरिभी लेकर गये, शिवचरणोंकी आश॥

मिलताहै पूत निपूतेको, भार्यार्थी भार्या पाता है।
आरोग्य प्राप्त करता रोगी, निर्धन धन संपति पाताहै।
सौभाग्य अभागेको मिलता, दुखिया सुखिया बनजाताहै।
सबकुछ पा जाता जो सुनता, अथवाजो इसे सुनाता है॥

----------------------(अध्याय - 19)----------------------

युगल-भ्रातकी बाल-केलि पितु-मातुकी सेवा।
ब्याह-कलह भू प्रदक्षिणा, गणपतिको मेवा॥
दो पत्नी, दो पुत्र प्रसिद्ध, देव गणपति के।
आए कार्तिक लौट देके चक्कर पृथ्वी के॥
मातु-पितासे हो दुखी, घर तजगये कुमार।
मल्लिकार्जुन साक्ष्यहैं, मातु पिताका प्यार॥20॥

विधिकीजिह्वा जितनी-जितनी, शिव-कथा सुनातीजाती थी।
उतनी- उतनीही कथाप्यास, नारदकी बढती जाती थी॥
दोनों भाईकी बालकेलि, मनहरण चरित्र अपार सुना।
"लंबोदर' रखा नाम शिवने, मातानें "सुमुख' उदार चुना॥
षणमुख, गजमुख पितु-माताकी, सेवा दिन-रातकिया करते।
चरणोंमे शीश झुकाते वे, प्रतिपल आशीष लिया करते॥

जननि-जनकके हृदयमें, जगी मांगलिक चाह।
अब हो जाना चाहिये, इन दोनोंका ब्याह॥

पितु-माताकी इस इच्छाको, दोनों बच्चेभी जान गये।
पहले मेराही हो विवाह, दोनोंहीं यह हठ ठान गये॥

दोनोंमें ही बढ गया, हदसे अधिक विवाद।
गया पिता-माता तलक, यह हठमय संबाद॥

दोनोंको बुलाकर शिवबोले, दोंनोंही मेरे प्यारे हो।
कम अधिक नहीं तुम दोनोंही, मेरी आंखोंके तारे हो॥
धरतीकी करके प्रदक्षिणा जो प्रथम लौटकर आएगा।
यह शर्त मेरीहै वह पहले, अपना विवाह कर पाएगा॥
यह सुनतेही करके प्रणाम, कार्तिकजी दौड़ चले तत्क्षण।
पर परम विवेकी श्रीगणेश, यहलगे सोचने मनही मन॥
क्या करूं? कहां जाऊं? मुझसे, मीलोंतक चला न जाएगा?।
पृथ्वीकी प्रदक्षिणा मुझको आकाश-कुसुम हो जाएगा॥

फिर जो किया गणेशने, सुनो लगाकर ध्यान।
घर जाकर वे आगये, कर विधिपूर्वक स्नान॥

दो आसनपर पितु-माताको, बिठलाकर गणपति ने सादर।
ली सात प्रदक्षिण दोनोंकी पूजन-प्रणाम विधिपूर्वक कर॥
फिर भिन्न-भिन्न अस्तुति करके, बोले अब देरनहीं करिये।
हे पिता! आपसे विनती है, मेरा विवाह जल्दी करिये॥
लौकिक-गतिका आश्रयलेकर शिवबोले यह कहतेहो क्या?
पूरी पृथ्वीकी परिक्रमा, बेटा पहले करके तो आ॥
वहही तो करके आयाहूं, हेपिता न कोई एक बार।
मैंने इस पूरी पृथ्वीकी, परिक्रमा लगाई सात-बार॥
वेदोंमें शास्त्र- पुराणोंमें, ऐसा बतलाया जाता है।
पितु-मातकी प्रदक्षिणा-पूजा, महिकी परिक्रमा कहाता है॥

या कह दीजे झूठ यह, या कर दीजे ब्याह।
विस्मित हर-गिरिजा हुए, बढ़ा स्नेह उत्साह॥

बिल्कुल यथार्थ बातें तेरी, राई रत्ती अन्यथा नहीं।

मैंनेली मान बात तेरी अब तुमको कोई व्यथा नहीं॥
थी विश्वरूपकी सिद्धि-बुद्धि, सुन्दरतम दोनों कन्याएं।
अर्पितकी गई गणेश्वरको, विधि किसविधि आनंद बतलाएं?
वह हर्ष न वाणीमें आता-, किस तरह कहे इसको वक्ता।
कुछसमय बाद श्री गणपति ने, दो पाया लाभ, क्षेम बेटा॥

कर प्रदक्षिणा घरा की आए ज्येष्ठ कुमार।

नारद जीसे सुन कथा क्रोधित हुए अपार॥

दरवाजे से ही लौटपड़े, वे रुके न लाख रोकने पर।

कुछ कहानहीं कुछ सुनानहीं, जा बसे क्रौंचनामक गिरिपर॥
उसदिन से ही लोकत्रयमें, इनका कौमार प्रसिद्ध हुआ।
इनके सुमिरण से ब्रह्मचर्य, व्रत करनेवाला सिद्ध हुआ॥
सुर, नर, मुनि इनके दर्शनको, जाते कार्तिकी पूर्णिमा को।
शिवगए पुत्रके ही पीछे, लेसाथ- साथ जगदंबा को॥

------------------------(अध्याय - 20)------------------------

॥ श्रीरुद्रसंहिता कुमारखण्ड संपूर्ण ॥

तारक के तीनों पुत्रोंका अतितप करना।
विधिका वरदानों से उसकी झोली भरना॥
मय द्वारा उसके लिये त्रयपुरका निर्माण।
जिसकी शोभाके निकट, त्रिभुवनभी था म्लान॥1॥

कार्तिक-गणपति चरितसे, पाया मोद महान।
शिवके इतर चरित्रका, करें पिताश्री गान॥
खेल-खेलमें शंभुने, किया त्रिपुर का नाश।
भस्म किया एकवाणसे, सुरकंटक अनयास॥
विधि बोले हेनारद तुमको, यह पावन चरित सुनाता हूं।
जो कहे व्याससे सनत्कुमर, मैं तुमसे वही बताता हूं॥
तारक पुत्रोंको पितुवधसे, हे मुनिवर क्लेश महान हुआ।
तपहेतु मेरुगिरि कन्दर को, उन तीनोंका प्रस्थान हुआ॥
फिर तारकाक्ष, विदन्माली, कमलाक्ष सहित तपमग्न हुआ।
तीनोंही के भारी तपसे, चर- अचर जीव उद्विग्न हुआ॥
होकर प्रसन्न श्री ब्रह्मदेव, देकर दर्शन मृदु- बचन कहे।
भारी तपका क्या कारणहै, किसिलिए शीत और तपन सहे?
कहा दैत्यने हेविधे, यदिहैं आप प्रसन्न।
दूर रहे हमसे जरा, मृत्यु न हो आसन्न॥
शत्रु हमारे नष्टहों, हमहों रोग विहीन।
आधि-व्याधिसे ग्रस्तहो, कभी नहों हमदीन॥
हम अजर-अमरहों यह सुनकर, श्रीब्रह्माजी हैरान हुए।
अपने स्वामी गिरिवरशायी, श्रीशंकरजीका ध्यान किये॥
फिर बोले असुरो भूतल पर, जो जन्मा है और जन्मेगा।
वह अमर नहीं हो सकताहै, बार्धक्यभी उसको जकड़ेगा॥
मैं स्वयं अजर और अमरन हूं, देभी न सकूंगा ऐसावर।
लेकिन जो हो दुर्लभ असाध्य, ऐसा वर लेलो दैत्य प्रवर॥
करना होगा मरणका हेतु कोई स्वीकार।
ऐसाहीं वर मांगलो, करके पुनः विचार॥

हम पराक्रमीहैं, दुर्जयहैं, हे नाथ हमें यह वर चहिये।
सबसे अभेद्य हो, रक्षितहो, ऐसा तीनोंको घर चहिये॥
मनके समान गतिमान होजो, ऐश्वर्योंसे सम्पन्न रहे।
स्वर्णिमहो बोला तारकाक्ष, उसमें हर प्रजा प्रसन्न रहे॥
कमलाक्षको प्रियथा रजतनगर, ब्रह्मासे उसने यह मांगा।
विदन्माली ने वज्र सरिस, लोहेका महानगर मांगा॥
मध्यान्हकाल अभिजितमुहूर्त, नक्षत्र पुष्यमें चंद्रहों जब।
तीनो-पुर आपमें मिलने, एकही स्थान पर आयें तब॥
तदनन्तर नीले मेघों पर, होकर अदृश्य यह टिका रहे।
बीते जब एक सहस्रवर्ष, तब तीनों मिलकर एक बने॥
उस समय असंभवसे रथपर होकर सवार प्रभु शिवशंकर।
जब वार करें अद्भुत सरसे तबही जल पाए तीन नगर॥

मुनिवर वेदव्यास से बोले सनत कुमार।
'एवमस्तु' कह ब्रह्मने मयको कहा पुकार॥
तीनोंके अनुकूल तुम करो त्रिपुर निर्माण।
किया विधाताने तभी निज पुरको प्रस्थान॥
स्वर्ण रजत और लौहमय रचकर तीन प्रदेश।
कर अर्पित उन दैत्यको खुद भी किया प्रवेश॥
तारकके तीनों पुत्रोंने, पाकर सुन्दर-तम तीन नगर।
निज-निजपुर मध्य प्रवेशकिया, परिकरसमेत हर्षित होकर॥
थे तीनों- पुर दिव्यातिदिव्य, कैलास शिखर जैसे उंचें।
चंद्रमा समान धवल उज्ज्वल, शोभित प्रासाद गोपुरोंसे॥
सुर-तरूओंकी पंक्तियाँ सजी, दीवारें मणियों से जगमग।
सौंदर्यैश्वर्य समग्र यहां, भू लुंठित दिखतीथी पग-पग॥
अप्सरा सिद्ध गंधर्वों और, चारणोंसे था यह नगर भरा।
हर घरमें बना शिवालय था, था अग्निहोत्रका स्थान बना॥
वेदग्य विप्रका आदरथा, उनका आवास समावृत था।
पतिव्रता नारियांथीं घर-घर, हरपुरुष सुचरित सुपूजित था॥
हर, विधिके पूजक सभी, अतुल पराक्रम वीर।
सूर्य मरुद्गण इंद्रसम, सबके सब रणधीर॥
आगम निगम सुशास्त्रमें वर्णित जो-जो धर्म।

सबका वहीं निवास था, था बस नहीं अधर्म॥
प्रजा समेत नरेशथे, शिवके भक्त महान।
बीतगया काफी समय, नहीं किसीको ध्यान॥
सारांश यही कोई प्राणी, मत स्वत्व किसीका हरण करे।
थोड़ेमें खुशरहना सीखे, प्रारब्धजनित दुख सहन करे॥
वह अपनी खुशी बढ़ानेमें, दूजोंकी खुशी न भंग करे।
सबका सुखही अपना सुखहो, सुखमय पथको मत तंगकरे॥

-----------------------(अध्याय - 1)-----------------------

तारक-पुत्रोंके प्रभावसे दग्ध देवता।
ब्रह्माजी के आगे रोए अपना दुखड़ा॥
विधिने हरढिग, हरने हरिढिग, भेजा उनको।
हरिमायाने भ्रष्ट किया तारक सुअनों को॥2-5॥

तदनन्तर श्री व्याससे, बोले सनत्कुमार।
शिवलीलाका हे मुनें, कहीं न मिलता पार॥
त्रिपुर-नरेशोंका दिया, सह न सके दुख भार।
शक्रआदि करने लगे, विधिसे करुण पुकार॥
त्रिपुरेश मयासुरने धाता हम सबको है संतप्त किया।
हम दुखियोंकी रक्षाकरिये, अबिलम्ब नाशाकरिये उसका॥
मैंने वरदान दिया उसको मैं प्राण न उसके ले सकता।
पर भय नकरो किंचित कोई, मैं समाधान हूं दे सकता॥
सर्वाधीश महेशकी, शरण लीजिये जाय।
है उनके ही हाथमें, समाधान सदुपाय॥
ब्रह्माजीके बचनसुन, देव दुखी और दीन।
गये वहां थे जिसजगह महादेव आसीन॥
बद्धांजलि शीश झुका सबने, देवाधिदेवको नमन किया।
दिव्यातिदिव्य सुस्तोत्रोंसे, परमेश्वर शिवका स्तवन किया॥
फिर बोले तारक - पुत्रोंनें, हे नाथ! परास्त किया हमको।
निजवशमें किया त्रिलोकीको, सब अपराजेय ऋषी-मुनिको॥
बन बैठा स्वयं यज्ञभोक्ता, जगको उत्पीड़ित करता है।
निस्तार पुण्यका करताहै, विस्तार पापका करता है॥
करदे विनष्ट वह इसजगको, इससे पहले विनष्टहो वह।

शिव सेवकहै या शिवद्रोही, हे महादेव सुस्पष्ट हो यह॥
शिवबोले देवगणों इसक्षण, ऐसा कुछकरना उचित नहीं।
पुण्यात्मा त्रिपुर नरेशोंसे, रणकरना लड़ना उचित नहीं॥
है पता मुझे उनके आगे, देवोंकी अति निर्बलता का।
धर्माचरणोंके कारणसे, असुरोंकी महा प्रबलता का॥
मैं अति रणकर्कशहूं तथापि, मित्रोंसे द्रोह न करताहूं।
जिसकाहो प्रायश्चित्त नहीं, वह पाप न सिरपर धरता हूं॥
मदपान, विप्रवध, आदिकका, शास्त्रोंमें प्रायश्चित्त लिखा।
लेकिन कृतघ्नता-मार्जनका, कुछकहीं नकोई विधानलिखा॥
तबतक उनकावध शक्य नहीं, जबतक करतेवे भक्ति मेरी।
इसलिये हरीकी शरणगहो, कर सकते वे ही युक्ति कोई॥
गए सभी हरिकी शरण, कही व्यथा सब रोय।
जिस प्रकारहो विश्वहित, आप करें प्रभु सोय॥
हरिने मायासे असुरोंकी, सीधी मतिको उल्टी करदी।
जो सदाचार-मय रही सदा, वह अनाचारकी चेरि बनी॥
होगये धर्मसे बिमुख सभी, नारियां पातिव्रत तोड़ गई।
संयम-नियमोंकी सीमाको, अनयास प्रजाएं तोड़ गयीं॥
नर - नारी हुये दुराचारी तप-प्राप्त लक्ष्मी चली गई।
सब शुभआचरण समाप्तहुए, सबशक्ति, भक्तिभी चलीगई॥
मयसमेत त्रिपुरेशकी, हुई शक्तियां क्षीण।
शिवइच्छा ही मूलथी, सारे हुए मलीन॥

-----------------------(अध्याय - 2-5)-----------------------

देवोंका देवाधिदेवके आगे रोना।
त्रिपुरहननके लिए न इनका उद्यत होना॥
शंभुमंत्रका देव तथा विष्णू द्वारा जप।
शिवप्रसादसे देवशिल्पि द्वारा बनना रथ॥6-8॥

प्रजासहित त्रिपुरेश जब, हुआ मोहसे मूढ़।
घटना उसके बादकी, मुझे सुनाएं गूढ़॥
वही सुनाता हूं सुनो, बोले सनत्कुमार।
तीनोंही पुरमें मचा, भीषण हाहाकार॥
शिव-अर्चन त्यागादैत्योंने, स्त्रीधर्म समग्र समाप्त हुआ।

सब बने दुराचारी प्राणी, हरओर कलह परिव्याप्त हुआ॥
तब विधि, हरिसहित, समस्त देव, देवाधिदेवकी शरण गए।
सुन्दर शब्दोंमें उन सबने, स्तुति करके मीठे बयन कहे॥
हैं आप सृजनकर्ता ब्रह्मा, हरिपालक, रुद्र संहारक हैं।
सत्-चित्-आनंद स्वरूपआप, प्रभु आप विपत्ति विदारकहैं॥
है नमस्कार श्रीचरणोंमें, सबने साष्टांग प्रणाम किया।
श्रीरुद्र- मंत्रको श्रीहरिने, मनही मन डेढ़ करोड़ जपा॥

तबतक सारे देवता, स्तुतिमें हो तल्लीन।

रहे सुनाते शंभु को, होकरके अति दीन॥

जय-जय सुरस्वामी अंतर्यामी, प्रणत नमामि-नमामि हरे।
जगकर्ता, भर्ता, संहर्ता, प्रभुकोटि- कोटि प्रणमामि हरे॥
सुर विपति विदारक, संकटहारक, जड़ताजारक जय शंभो।
आश्रितदुखभंजन, असुरनिकंदन, जनमन-रंजन जयति विभो
हेनाथ! त्रिपुरने हम सबको, प्रायः विनष्टकर डाला है।
अब सिवा आपके हम सबको, कोई न बचाने वाला है॥
वे नहीं आपके भक्त रहे, कोई न धर्मके पालक हैं।
हम सत्य कह रहेहैं भगवन, वे शुभकर्मके घालक हैं॥

शरण आपकी हमसभी, दुखी दीन, बलहीन।

जो इच्छाहो आपकी करें आप स्वाधीन॥

जपपूर्ण किया हरिने, विनती पूरीकी सभी देवता ने।
सर्वेश्वर शंभु प्रसन्न हुए बातेंकी मधुर सुभाषा में॥
हे देवगणों वे दैत्यसभी, इससमय न मेरे भक्त रहे।
लेकिन पहले धर्मात्माथे, और भक्तभी थे मेरे पक्के॥
जिसकारण नास्तिक हुएसभी, वहभी मुझसे अज्ञात नहीं।
फिर मेरेहाथों उनका वध, अनुचित लगता क्या तातनहीं?॥
जिनकी मायासे वे बिगड़े, मेरी भक्तीसे विमुख हुए।
वे हरि या कोई अन्यदेव, क्यों स्वयं न उसका वधकरते?

शंभु-बचनसुन हरिसहित, सुरगण हुये उदास।

विधिबोले हर स्वामिहैं, हम दासोंमें दास॥

हेनाथ! आपकी आग्यासे, मोहित दैत्योंको किया गया।
वह मरे आपके हीहाथों, वरदान उसे यह दिया गया॥
सुर- साधु-बाह्मणोंके-रक्षक, अब दैत्योंकावध समुचितहै।
प्रभुक्षमाकरें उन पापीका, संहार न होना अनुचित है॥
सम्राट आप देवोंके हैं, यह जगत कुटुम्ब आपका है।

हरिहैं युवराज, पुरोहितयह-ब्रह्माभी सदा आपका है॥
देवेंद्र आपके मंत्रीहैं, हम सभी देवता सैनिक हैं।
हमसभी आपके सेवकहैं, और आप हमारे मालिक हैं॥

शिवबोले रथ-सारथी कोई ठाठ-न बाट।

धनुषबाणभी योग्य नहिं, मैं कैसा सम्राट?

प्रबल दैत्यसे किस तरह जीतूंगा संग्राम?

कैसे होगा शस्त्रबिन, रिपुकाकाम तमाम?

तभी पधारीं शैलजा, लिये पुत्रको गोद।

प्रियासहित निजभवनशिव, गये भरेमनमोद॥

सभी देवता ऋषिमुनी, दुःखमें हुए अधीर।

हरिबोले दुख त्यागिये, सुनिये धरकर धीर॥

है सुना श्रेष्ठजन आराधन, कथमपि सुखसाध्य नहींहोता।
महदाराधन में महाकष्ट, पाए बिन कार्य नहीं होता॥
ये शीघ्रतुष्ट होजाते हैं कहलाते आशुतोष इससे।
वहयुक्ति बतातांहूं करिये, होंगे प्रसन्न शिवजी जिससे॥
हो 'ऊं' प्रथम पश्चात 'नमः फिर 'शिवाय' हो फिर 'शुभं'
शुभं' ।
फिर 'कुरु' 'कुरु' पुनःशिवायनमः फिर कहे अन्तमें
पुनः' ऊं' ॥
सच्चे मनसे यह मंत्र अगर, हम सारे एक करोड़ जपें।
तो हो प्रसन्न भगवान शंभु, यह महाविपत्ति दूर करदें॥
फिर क्याथा सभी देव, ऋषि, मुनि, लगगए शंभु-आराधन में।
सबिशेष स्वयंहरि विधिपूर्वक, होगयेमगन शिवसुमिरण में॥

जाप-पूर्ण कर देवगण, नतसिरजोड़े हाथ।

प्रगट हुए भगवान-शिव, जगदंबाके साथ॥

हूँ प्रसन्न मैं मांगिये मनचाहा वरदान।

सुर, मुनि, विधि, हरिसे, मुदित बोलेप्रभु ईषाण॥
यदिहैं प्रसन्न प्रभुहम सबपर, तोबेड़ेको उस पार करें।
हम सबकी रक्षा करें नाथ, त्रिपुरासुर का संहारकरें॥
शिवबोले ऐसा ही होगा, पर कुछतो आप विचार करो।
रथ सारथि धनुषवाण आदिक, पहले यहतो तैयारकरो॥

हे विधि, हरि हो आपही त्रिभुवनके आधार।

मुझ सम्राटके योग्य जो, उसे करो तैयार॥

-------------------------(अध्याय - 6-8)-------------------------

सर्वदेवमय रथपर शिवजीका विराजना।
युद्ध हेतु प्रस्थित होना पशुपति कहलाना॥
श्री गणेश पूजो-परान्त त्रयपुरका जलना।
मय-दानवका जीवित, उससे बचके निकलना॥9-10॥

मनमें अतिशय जिज्ञासाथी, आगेका सुननेको वर्णन।
श्रीव्यासदेवसे हो प्रसन्न, बोले श्रीविधि मानस-नन्दन॥
मुनिवर पश्चात् विश्वकर्मा, रचदिये तुरन्त कनकमय रथ।
अद्तथा देवलोकमय रथ, वर्णनअतीत था दिव्य सुरथ॥
दाहिनेचक्रमें द्वादशरवि, शशि, नखत कलाओं सहित बाम।
ऋतुएं पहियोंकी नेमि बनी, नभथे रथाग्र लगते ललाम॥
उदयस्ताचल रथके कूबर, बैठक बनकरथे मंद्राचल।
था महामेरु रथ-अधिष्ठात्र, आश्रयस्थान था शाखाचल॥
अयन-द्वय बने लौहधारक, रथ बेग बनगया संवत्सर।
बनगईं कलाएं कील सभी, और बना मुहूर्त्त बन्धबंधुर॥

सर्वदेवमय, भूतमय, सर्वलोकमय यान।

जिसका संभवहै नहीं "मोहन" लिखितबखान॥
मैं अधिककहूं क्या हे मुनिवर! थोड़ेमें तुम्हें बताता हूं।
ब्रह्मांडमें जो भी थे पदार्थ, सबको उस रथमें पाता हूं॥
विधि-हरि आज्ञामें रहकर रथ, तैयार किया जगकर्मा ने।
रथ और उसका सामानसभी, बतलायाथा विधि ब्रह्मा नें॥

आश्चर्योंका विषयथा, रथवह दिव्य-महान।

वेद अश्व, विधि सारथी, बैठे शंभु सुजान॥
रथपर पदरखा शंभुने ज्यों, घोड़े सिरके बल गिरे सभी।
धरती कांपी पर्वत कांपे, सहसाननको कंपकपी लगी॥
धरणीधरने नंदीश्वर बन, रथको धंसनेसे रोक लिया।
उनसेभी बोझ न सहागया, क्या करते घुटने टेक दिया॥
ॐकारके चाबुकसे विधिने, सब वेदअश्वको खड़ा किया।
शिवआज्ञासे विधिने रथको, त्रिपुरोंकी दिशामें दौड़ाया॥
हरप्राणी सहितसमस्तदेव, पशुहों मुझको मानें पशुपति।
वध तभी करूंगा दैत्योंका, बोले देवोंसे गिरिजापति।

सुन पशुत्वकी शर्तको, हुए देवता खिन्न।

शिवबोले शंकित नहो, तुमसब मेरे अभिन्न॥

पशुभाव प्राप्त होनेपरभी, तुम सबका पतन नहीं होगा।
करलोगे अगर पाशुपत-व्रत, तब बन्धन शेष नहीं होगा॥
जो भी इस व्रतको रक्खेगा, उसमें पशुभाव नहीं होगा।
लेकिन इसव्रतके बिना देव, कुछ शेष बचाव नहीं होगा॥
कहकरतथेति विधि, हरि, सुरने, तत्क्षण पशुत्व स्वीकारकिया।
पशुपाशसे तब श्रीपशुपतिने, फिर उनसबका उद्धार किया॥
उससमय जो रूप हुआ उनका, सर्वथा असंभवहै वर्णन।
देवादिक हर्षध्वनि समेत, फिर किये शंभुका अभिनंदन॥

असुरोंके वधको हुआ शिवजीका प्रस्थान।

साथचले रणके लिए, सुर, मुनि, वीर प्रधान॥
विविधायुधधारी श्रेष्ठवीर, सब करके जयजयकार चले।
हाथी-घोड़े, सिंह, रथ-वाहन, बैलोंपर कई सवार चले॥
जितने गणराजथे यात्रामें, गिनतीया पार असंभव था।
हे मुनिवर! बोले सनत्कुंमर, वर्णन करता हूँ थोडासा॥
आरूढ यानपर थे नंदी-, चलरहे घेरकर महाकेश।
सोमप, सोमधृक, विगतवास, भास्कर-वर्चा, ज्वर-रौद्रवेश॥
सूर्याक्ष, सोमवल्ली, सवर्ण, सुर, सनक, सूरिनामा, सुन्दर।
प्रस्कंद, कपन, यन्ताआदिक, अतिकम्पन, सुन्दरऔर हिमकर॥
पंचाक्ष, शताक्ष, सहस्रअक्ष, अजवक्त्त, महोदर अर्धवक्त्त।
सतिजहुइन्द्रजयद्विशिखत्रिशिखहयवक्त्त, इन्द्रऔर अष्टवक्त्त

अद्त सेनाके सहित, ठहरे निश्चित ठौर।

धनु पर सर-संधान कर, देवोंके सिरमौड़॥

भेद न पाए लक्ष्यको, कारण वश ईषाण।

शिथिलकिये अंगुष्ठको, श्री गणेश भगवान॥
नभवाणी गूंजी, गणपतिका, जबतक सत्कार नहीं होगा।
हे हरे! तबतलक दैत्योंका, हरगिज संहार नहीं होगा॥
शिवजी और भद्रकालिकाने, तब किया गजाननका पूजन।
पूजनके पूर्ण होतेही, त्रिपुरोंने किया एकत्व- ग्रहण॥
जयध्वनि करके विधिसुरसमेत, बोले अबवाण प्रहार करें।
हों अलग त्रिपुर इससे पहले, इन तीनोंका संहार करें॥
संधान पूर्व श्री पशुपतिने, पहले धनुका टंकार किया।
ललकारा प्रथम बैरियोंको, फिर भीषणवाण प्रहार किया॥
थे वाण-विष्णु, और नोंक अग्नि, छोड़ाथा खुद प्रलयंकरने।
होगया त्रिपुर तत्काल-भस्म, छोड़ा न किसीको शंकर ने॥

हा! हा! करके जलरहे सभी, बूढ़े- बच्चे सब नर- नारी।
कररहा विलाप महेश्वरसे, जल-भुनता तारकाक्ष भारी॥
हे नाथ! आपके हाथोंसे, होरहा मुझेहै प्राप्त- मरण।
हरजन्म-जन्म, हर योनि-योनि, बस बनारहे प्रभुका सुमिरण
        शिवआज्ञासे अग्निने, किया असुरको भस्म।
        क्षणमें पूरी होगई, अग्नि- दानकी रस्म॥
जैसे लंकाके जलने पर बचगया विभीषणका था घर।
वैसेही केवल एकबचा शिवसेवक मयनामक निशचर॥
जिनकर्मोंसे विकाश मिलता, उसको सत्कर्म कहाजाता।
जिनसे विनाश पाता प्राणी वह निन्दितकर्म कहाजाता॥
        सबको यह उपदेशहै, करे न निन्दित कर्म।
        शुभ और हितकर कर्महीं-सभी धर्मका मर्म॥

----------------------(अध्याय - 9-10)----------------------

        देवोंकी विनतीसे शिवका कोप त्यागना।
        हो प्रसन्न सुर, मुनियोंमें वरदान बांटना॥
        मयका आना शिवजीसे वरदान मांगना।
        वरपाकर मयका निज वितललोक लौटना॥11-12॥

ब्रह्मपुत्र कहने लगे, आगे का आख्यान।
रौद्ररूपमें अतिकुपित, लखकर प्रभु ईषाण॥
भयभीत हुए सब देववृन्द, नतसिर करबद्ध प्रधानदेव।
विनती करनेको हुएखड़े, पर कर नसके कुछ बहदेव॥
साहसकर करनेलगे स्तवन्, फिर सबने शिवकी कीविनती।
भय नहीं करो, इच्छा बोलो, बोले प्रसन्न होकर शिवजी॥
        हैं प्रसन्न यदि आप तो, पूरी करिये आश।
        विपति-ग्रस्त हमहों जभी तभीकरें दुखनाश॥
        'ऐसा ही होगा' सदा, है मेरा वरदान।
        था अभिष्ट जो औरभी, वहभी किया प्रदान॥

शिवको प्रसन्न लखकर उसक्षण, मयने आकरके सिरनाया।
करजोर चरणपर लोटगया, आँखोंसे पानी बरसाया॥
हे दैत्यश्रेष्ठ, मैं हूँ प्रसन्न, अब तुझे न कोई भय दूंगा।

तुमजो कुछभी वर मांगोगे, वह तुमको सदय हृदय दूंगा॥
शाश्वती सुभक्ति प्रदान करें, मैत्री दें अपने भक्तों की।
दीनोंपर दया-भाव रक्खूं, संगतिमें पड़ूं न दुष्टों की॥
        निर्भयहो शिव-भक्तिमें रहूं सदा तल्लीन।
        आसुर-भावापन्न हो बनूं न दुख आधीन॥
        मन: कामकी पूर्तिका, देता हूँ वरदान।
        वितलबास जाकर करो, मेरी आज्ञा मान॥
        शिवआग्या रखशीशपर, समुद सहितपरिवार।
        अधोलोकको चल पड़ा, मय करके जयकार॥
        गणोंसहित प्रस्थितहुए, निजपुर उमा महेश।
        लुप्त रथादिक होगए, विधिसमेत कमलेश॥
सबकेसब निज-निज धामगए कह-कहकर हर-हरमहादेव।
हम सभभी दोनों हाथ उठा, कहते हैं हर- हर महादेव॥

----------------------(अध्याय - 11-12)----------------------

        दम्भका तप हरिसे सुतप्राप्तीका वरपाना।
        शंखचूडका जन्म, तपस्या प्रिय वरपाना॥
        विधिआग्यासे पुष्करमें तुलसीसे मिलना।
        ब्रह्माजीका इनदोनोंको आशिष देना॥
        फिर गान्धर्व-विवाह, रीति-नीतिसे करग्रहण।
        प्रमुदित तुलसीनाह, अतिविचित्र जिसकेचरित॥13-29॥

अथसे इतितक सबकथा कही, असुरेश्वर वीरजलंधरकी।
फिरलगे सुनाने वहचरित्र, जो भक्ति दिलाए शंकरकी॥
विधिके मरीचि, उनके कश्यप, दामादथे दक्ष प्रजापतिके।
दनु सन्तानोंमें भक्त दंभ, पायाथा जन्म विप्रचिति से॥
इस विष्णु-भक्तके आंगनमें, थी कोई भी संतान नहीं।
गुरुदेव शुक्रसेकी विनती, गुरू-कृपा बिना कल्याण नहीं॥
श्रीकृष्ण-मंत्र पाकर गुरुसे, तपघोर किया पुष्कर जाकर।
अति कठिन क्लेशमें जपकरते, बीते लाखोंही संवत्सर॥
तब उस तपसीका तप: तेज, तीनों लोकोंमें व्याप्त हुआ।
त्रिभुवनके सारे प्राणीका, सब सुख-आनन्द समाप्त हुआ॥
सुर, मुनि, सुरेशको आगेकर, श्रीब्रह्माजीकी शरण गए।

सबको लेकर श्रीब्रह्मदेव, भगवान विष्णुके चरण पड़े॥

रक्ष-रक्ष कहकर गिरे, हरि चरणोंमें जाय।

विपतिकालमेंहेत्रिपति!, तुमबिन कौनसहाय?

अनहोनी होगी नहीं, मत घबडाओ तात।

मुझसे इस तपतेजका, भेद नही अज्ञात॥

दानवका तपःतेज यहहै, करताहूं शान्त अभी जाकर।

निज-निज घरजाएं आपसभी, वहभी जाएगा वर पाकर॥

दानवके पासगये श्रीहरि, बोले हे दम्भ! मांगलो वर।

सुनकर चरणोंमें लोटगया, विनती क्याकरे भंगथा स्वर॥

नार-अयन, सरसिज-नयन, कृपासिन्धु भगवान।

पुत्र- प्राप्तिका दीजिये, नाथ हमें वरदान॥

हो विष्णु- भक्त वह परमवीर, तीनोलोकों को वह जीते।

वहकरे पराजित अजिततलक, पर उसे न कोई जीत सके॥

'ऐसा ही होगा' यह कहकर, प्रभुने तुरंत प्रस्थान किया।

वह घरआया कालान्तरमें, शुभसमय प्राप्त संतान किया॥

हेमुने! पार्षदोंमें प्रधान, प्रभुका प्रिय गोप सुदामा था।

श्रीराधाजीसे शापितथा, उसको धरतीपर आना था॥

उसनेही दानवके कुलमें, आकरके किया जन्मधारण।

उत्सव समेत कर जातकर्म, दानवने किया पितृपूजन॥

शंखचूड रक्खा गया, अवसर पाकर नाम।

शुक्लपक्षके चंन्द्रवत्, वह बढता अविराम॥

मां परम सुखीथी हाथ फेर, बच्चेको दूध पिलाने में।

परमानंद मिलताथा पितुको, शिशुको गोदीमें खेलाने में॥

कुछ बडा- हुआजब शंखचूड, मुनि जैगिषव्यसे मंत्रलिया।

विधिकी प्रसन्नताके निमित्त, पुष्करमें तप प्रारंभ किया॥

तपसी दानवका यह बेटा, तपमें पितुसे आगे निकला।

सुरविजयी जगविजयी होओ, श्री ब्रह्मासे वरदान मिला॥

कृष्ण-कवच विधिनेकिया, प्रीतिसमेत प्रदान।

विजय प्रदायक जो सदा, दे मंगल कल्याण॥

विधिबोले लो इसीक्षण, बदरीवन की राह।

तपकरती तुलसी मिले, उससे करो विवाह॥

ब्रह्मदेव प्रस्थित हुए, देकर प्रिय वरदान।

कवच गलेमें बांधकर, चला दनुज सुखमान॥

बदरीवन जाकर वह सहसा, उस तपोभूमि में जा पहुंचा।

बैठीथी तपमें मग्न जहाँ तुलसी, धरमध्वजकी कन्या॥

अत्यन्त सुन्दरी तुलसीकी, छबिअति कमनीय मनोहर थी।

हथियार डालकर शंखचूड, बोला आखें तो खोल सती॥

हो कौन? यहाँ क्या करतीहो? किसकी पुत्रीहो बतलाओ?

एकाकी विपिनबास यह क्यों? यदिगुप्त नहोतो समझाओ॥

कन्या मैं धर्मध्वजकी हूं, इस वनमें तप करती हूं मैं।

हे पथिक बढो अपने पथपर, मत ठहर यहां डरती हूं मैं॥

नारियां दोषकी खान सदा, विषतुल्या माया निन्दनिया।

यह मोहरूपिणी अतिप्रबला- ब्रह्मा तक इससे डरें सदा॥

डरते हैं इससे सदा, बड़े- बड़े विद्वान।

यह असाध्य वह रोगहै, जिसका नहीं निदान॥

हे मुनिवर! उक्तबचन कहकर, जब मौनहुई देवी तुलसी।

दानव बोला आधी- सच्ची, आधी बातें तेरी झूठी॥

अग्रणी तू पतिव्रताओंमें, मैं भी न कोई साधारण हूं।

है नाम शंखचूड मेरा, देवोंमें भयका- कारण हूं॥

दनुवंशी दंभ-पुत्रहूं मैं, प्रभु पार्षद कभी सुदामा था।

अपनी गलतीसे शापमिला, प्रारब्धका ताना बाना था॥

श्री ब्रह्मदेवकी आज्ञासे, मैं पास तुम्हारे आया हूं।

गांधर्व रीतिसे कर विवाह, तुमको अपनाने आया हूं॥

होगई पराजित सचमुच मैं, होकर प्रसन्न बोली तुलसी।

हारेन नारियोंसे कदापि, दुनियांमें सच्चा वीर वही॥

नारी जिसको जीतेवह नर, पावन भी पतित कहाता है।

वह देव, पितर, और मानवमें, अति निन्दित मानाजाता है॥

द्विज दसदिनमें होता पवित्र, क्षत्रिय बारह दिनमें होता।

'पंद्रहदिन वैश्योंको लगते, और शूद्र तीसवें दिन होता॥

किन्तु पराजित नारिसे, सदा अपावन सोय।

शुद्ध नहोता जबतलक, जलकर राख न होय॥

लेते न पितृगण पिण्डदान, सुर ग्रहण न करतेहैं पूजन।

नारिसे जीतागया जो नर, वह जीता नारकीय जीवन॥

हुई परीक्षा आपकी, निकले खरे नितान्त।

आवश्यकहै कामिनी, वरे परखकर कान्त॥

हे मुनिवर! बोले सनत्कुंवर, ब्रह्माजी आए उसी समय।

बोले सुत पुरुष-रत्न तुमहो, यह भीहै त्रिया-रत्न निश्चय॥

तुलसीसे बोले निपुण है यह, निःसंशय तू भी निपुणा है।

मत और परीक्षाले इसकी, संगीतहै यह, तू वीणा है॥
अब करविवाह इससे तुलसी, तेरा यह जन्म सफल होगा।
तू नित्य- नवीना बनीरहो, और यहभी नित्य-नवल होगा॥

यह पायेगा कृष्णको होने पर देहान्त।
तू श्रीहरिको पाओगी, होनेपर तनशान्त॥

अन्तर्धान हुए प्रभू देकर आशीर्वाद।
कर-विवाह तुलसीगई, पतिगृहको साह्लाद॥

----------------------(अध्याय-13-29)----------------------

शंखचूड़का असुरराज्यका स्वामी होना।
देवोंका अधिकार छीनना आपा खोना॥
ब्रह्मशरणसुर, विधिका, श्रीहरिशरणमें जाना।
हरिद्वारा दम्भजके, जन्मका मर्म बताना॥
सबको लेकर विष्णुका आना शिवके पास।
आनेका कारण कथन, हो न दासका नाश॥30॥

शैव शिरोमणि व्याससे, बोले सनत्कुमार।
तपबिन पतरक्षण नहीं, तप सबका आधार॥

तपकर वरपाकर करविवाह, घरआया शंखचूड़ जिसदिन।
दानव- दैत्योंने स्वागतमें, अपनेको सौंपदिया उसदिन॥
आचार्य शुक्रभी आएथे, संरक्षक बनकर उस दलके।
साष्टांग प्रणामकिया इसनें, आँखोंसे प्रेम अश्रु छलके॥
गुरुने आपसमें कर सलाह दैत्येश्वर इसको बना दिया।
इसनेभी उनकी आशाको तत्काल पूर्णकर दिखा दिया॥
सुर ही आंखोंके कांटे थे पहला उनपर आक्रमण किया।
बचगए वहीजो भागगये, जीभर कर सबका दमन किया॥

गिरिकंदरमें जा छिपे, सुर होकर बलहीन।
भटकरहे भयभीत सब, यत्र-तत्र हो दीन॥

बल-पूर्वक वशमेंकिया, यमकुबेर रवि-चंन्द्र।
तीनलोकको जीतकर, बनकर खुदही इन्द्र॥

यह लगा हड़पने यग्य-भाग, सबको रखकर अनुशासनमें।
सबका राजा, सबका शासक, यह एकछत्र था त्रिभुवनमें॥
यह ऐसा शासक था मुनिवर, थी एक प्रजाभी दुखीनहीं।

दुख थातो सिर्फ देवता को, थे देवमात्र ही सुखी नहीं॥
क्याथी मजाल, दुष्काल पड़े, कभी सुनी न गई महामारी।
था ग्रहों का कहीं' प्रकोपनहीं, थी शनी देवकी लाचारी॥
बिन बोये अन्न उपजताथा, मणियोंकी कई खदानें थीं।
यद्यपि था कोई रोगनहीं, पर थी न कमी औषधियों की॥

'चतुराश्रमके लोगथे, निज कर्मोंमें लीन।
किन्तु देवतामात्रथे, खिन्न, दुखी और दीन॥

गोलोक-निवासी गोविंदका, यह सखा, भक्त और सेवक था।
स्वाभाविक सहज साधुथा यह, पर शापबद्धथा परवश था॥
सर्वस्व गंवाकर सुर, मुनिगण, श्री ब्रह्माके दरबार गए।
आकुलहो कहने लगे व्यथा, हम हार-हारकर हार गए॥
ढाढसदे हरिका सुमिरणकर, विधिले सबको बैकुण्ठ चले।
जो भागे भोगोंके पीछे, प्रभुको पीछे करता पहले॥
एक दुखमें पड़कर भजताहै, एक दुखसे डरकर भजताहै।
एक दुखमेंभी हरिभजताहै, और सुखमेंभी हरिभजता है॥

सभी देवता विधिसहित, पहुंचे प्रभुकेपास।
देह-गेह भूले सभी, लख हरिका मृदुहास॥

माथेपर कृट-मुकुट सुन्दर, कुण्डल झलमलथे कानों में।
सुंदर वनमाला गर्दनमें, दिव्यायुध चार- भुजाओं में॥

ब्रह्माने सुरमुनि सहित सादर किया प्रणाम।
विनय विविधविधि करकहा, रक्ष-माम-सुखधाम॥

स्वागत पूर्वकबोले श्रीहरि, निज चिन्ताका कारण कहिये।
आगया कौनसा महाकष्ट, कहिये कहिये मत चुप रहिये॥
सादरप्रणाम करके विधिने, करतूत कही तुलसी-पति की।
देवोंके दुखको कहककरके, अपने वरकी भी चर्चा की॥
हंसकर हरिबोले ब्रह्मदेव, मैंने सुनली वरदान कथा।
अभिशाप-कथा मुझसे सुनिये, उस शखचूड़ दंभात्मजका॥

दानव होनेका मिला, श्रीराधासे शाप।
शिवहाथों मरकर पुनः, वहहोगा निष्पाप॥

होगा पार्षद कृष्णका, तजकर दानव देह।
अंत सन्निकट आगया, नहीं तनिक संदेह॥

चलोचलें शिवकी शरण, हमदोनों तत्काल।
शिवके सेवकका कभी, होय न बांकाबाल॥

हेव्यास! सनत्कुमार बोले करते शिवजीके गुणचिंतन।
चलपड़े शंभुलोक दोनों, शिव-सभाका पाया शुभदर्शन॥
दिव्याभाधर सुपार्षदोंसे, था आलोकित वह सभा-भवन।
सब शंभु-स्वरूप भस्मरंजित, त्रयनेत्र सभी सब-पंचानन॥
सब नीलकंठ कर्पूरगौर, रुद्राक्ष सभी के आभूषण।
सबपरमधन्य, शिवकेअनन्य, सबकरतेथे शिव-शिवसुमिरण॥
शशिभाल-सभा, शशिमंडल-सम, शोभितथी मणि-मुक्ताओं से।
वाणी नजिसे कहसकती वह, सज्जितथी उन्हीं कलाओं से॥
मणियोंकीथी सीढ़ियां बनी, थे इन्द्रनील मणिके खंभे।
चन्दन-पल्लवथा कनक-ग्रथित, वहकौन नजिसका मनमोहे
    थी अद्त शिवकीसभा, सतयोजन विस्तार।
    सिंहासन आसीन थे, उमा- सहित सरकार॥
तारोंमें जैसे चंद्रदेव - देवोंमें वैसे महादेव।
सबके ईश्वर वे सर्वेश्वर, सुरअधिनायक देवाधिदेव॥
कुंडल किरीट मणिमाल आदि, आभूषणसे आभूषितथे।
भस्मांग रमाए हाथोंमें, ले लीलाकमल मुदित चितथे॥
    उमाकान्तथे शान्तअति, मुखछबि मंगलमूल।
    पार्वती दे रहीथीं, प्रियतमको ताम्बूल॥
    हिला रहे कइएक गण, श्वेत चंवर ले हाथ।
    शिवस्तवनमेंथे मगन, सिद्धादिक नतमाथ॥
वे गुणातीत वे गुणनिधान, वे निराकार ही सकार।
वे निर्मम वे मायाधीश्वर, कर्पूर- गौर करुणावतार॥
विधिहरिने कर सादरप्रणाम, करजोड़ कहा रक्षाकीजै।
उद्धार कीजिये दीनबंधु, भयआरतके भय हरलीजे॥
    (वंदना)असहायऔर दीन उधारे नजायेंगे।
    करुणावतार आप पुकारे न जायेगें॥
    अपनेपनेके ब्याजसे कहनेको कहदिया।
    हम आपकी इच्छाओंसे न्यारे नजायंगे॥
    मंजूरहो जो आपको वह आप कीजिये।
    खाली गए तो हमभी दुबारे न आएंगे॥

------------------------(अध्याय - 30)------------------------

देवगणोंका शिवसेदुःख निवेदन करना।
पुष्पदन्तको शंखचूरके पास भेजना॥

युद्धहेतु शिवजीका, सेनासहित निकलना।
शंखचूड़का सेना-सहित पड़ाव डालना॥
शिवचरणों में भेजना रिपुका रण संदेश।
असुरेश्वरके दूतसे, शिवका कथन विशेष॥31-35॥

हे मुनिवर! बोले सनत्कुंवर, विधि, हरिके दीन-बचन सुनकर।
गंभीर मेघवाणी समान, वाणी बोले शिव करुणेश्वर॥
हे हरे! हे विधे! भयत्यागो, सबविधि कल्याण तुम्हारा हो।
तुमसबको दुखीकिया जिसने, वह ग्रास कालका प्यारा हो॥
    यथाशीघ्र जाओ सभी, रूद्र-शरण कैलास।
    वे मेरे ही रूप हैं पूर्ण करेंगे आस॥
कैलास पहुंचकर इनसबने, स्तुतिकी भगवान महेश्वर की।
हे नाथ! आपके ही हाथों हो, मृत्यु शीघ्र असुरेश्वर की॥
हर बोले उसका भयतजकर, अपने-अपने घर जाओ सब।
रिपुको अब मराहुआसमझो, विजयोत्सव महा मनाओ सब॥
आनंदित होकर सभी, कर प्रभुको प्रणिपात।
लौटे निज-निजधामको, परम प्रफुल्लित गात॥
जो कालरूप दुष्टों कोहैं, सज्जनको कृपा रुप संतत।
वे महारुद्र रिपुवध निमित्त, तैयार खड़े होगये तुरत॥
रथचित्र तुम्हारे द्वारा मैं, एकबार उसे समझाऊंगा।
समझे तो असुरलोक दूंगा, वरना गोलोक पठाऊंगा॥
समझा न लाख समझाने पर, माना नहिंलाख मनाने पर।
रथचित्रसे रूखीभाषामें, बोला उल्टे क्रोधित होकर॥
'बिन महादेवसे युद्धकिये, मैं राज्य नहीं वापस दूंगा।
जबतक जीवितहूं देवोंका अधिकार नहीं वापस दूंगा॥
    जाकर अपने स्वामिसे, कहो मेरा संदेश।
    जैसा उचित लगे उन्हें, वैसा करें महेश॥
    पुष्पदंतने आकहा, रिपुकी कटु गर्वोक्ति।
    वीरभद्रने तब सुनी, शिवकी यह क्रोधोक्ति॥
हे वीरभद्र! हे क्षेत्रपाल! हे नन्दिन! हे आठों भैरव।
मैं चला शत्रुसंहार हेतु, तोड़ने अभी उसका गौरव॥
हो शस्त्र-सज्ज तुम सभीवीर, कार्तिक गणेशके साथचलो।
सेनाके सहित भद्रकाली, चलपड़ें अभी यह उन्हें कहो॥

चलपडे रुद्र सेनासमेत, सबको ऐसी आज्ञा देकर।
पीछे-से सारे वीरचले, कोलाहल किलकारी देकर॥
सेनानायक कार्तिक, गणेश, सर्वस्त्रशस्त्र सजकर धाए।
कर शंखनाद होकर प्रसन्न, भगवान शंभुको सिरनाए॥

मुनिवर शिवके सैन्यका, था इतना विस्तार।
कथन असंभव जानकर, वाणी है लाचार॥

आठों गणनायक, गण कोटिश, आठों भैरव, ग्यारहों रुद्र।
बारहों सूर्य, उंचास पवन, सब क्रोधित सब अत्यंत उग्र॥
चंद्रमा, विश्वकर्मा, सुरेन्द्र, यम, वरुण, युगल अश्विनी कुंवर।
नलकूबर, नवग्रह, कामदेव, कोटभ, कोरट, सबवीर-प्रवर॥
सौ हाथोंवाली श्रीकाली, सेना समेत शिव संग चली।
जिह्वालंबी योजन भरकी, हाथों में शूल गगन चुंबी॥
तलवार, ढाल, कर-चक्र, गदा, धनुवाण, विशाल भयंकर था।
मूसल, मुद्गर और खडग, वज्र, योजनभर गहरा-खप्पर था॥

वैष्णवास्त्र वरुणास्त्रयुत, वायव्यास्त्र गरुड़ास्त्र।
पर्वतास्त्र पर्जन्य और, पाशुपतास्त्र ब्रह्मास्त्र॥

सूर्यास्त्र महानल कालकाल, यमदंड महेश्वर अस्त्र लिये।
कोटिशयोगिनियां, डाकिनियां, दौड़ी कोटिशदिव्यास्त्र लिये॥
फिर भूतप्रेत बेताल और, कुष्माण्डों ब्रह्माराक्षसों से।
घिर करके आए कार्तिकेय, किन्नरों पिशाचों यक्षों से॥
शिवको प्रणामकर आज्ञासे, वे पार्श्व-भाग करलिये ग्रहण।
चलपड़े शंभु अरिमर्दनको, करने रिपुदलका पूर्ण दमन॥

खड़े- हुए हर बटतले, शशिभागाके तीर।
सनकुंवर बोले सुनो, हे मुनीश मतितिधीर॥

लौटाकर शिवका दूत उधर, पहुंचा दानव घरके भीतर।
सबकथा सुनाकर तुलसीको, बोला आग्यादो खुशहोकर॥
कह-कहकर अमितकथाओंको, समझाकरविविधभांति उसको।
कर प्रातःकृत्य-दानादि कार्य, सारा साम्राज्य दिया सुतको॥
तुलसीने बहुत विरोध किया, उसको ढाढस दे समझाकर।
धारणकर कवच, शस्त्र आदिक, निज सेनापतिको बुलबाकर॥
बोला सिरमौड़ वीरके तुम, पहचान आजहै वीरों की।
हैं वीर तुम्हारे सबसैनिक, गिनती न तेरे रणधीरों की॥

शस्त्र-सज्ज होकरकरें, सभी अभी प्रस्थान।
लें जीवन या शत्रुके, या दें अपने प्राण॥

टुकड़ियां छियासी दैत्योंकी, हो शस्त्रसज्ज प्रस्थानकरें।
बलशाली कंकोंकी सेना, रण-आंगनमें पहचान बनें॥
असुरोंके जो पचास कुलहैं, वे शीघ्र यहांसे निकल पड़ें।
धौम्रौंके सौकुल, कवच सजा, टक्कर देनेको निकलपड़े॥
कालकों, कालकेयों, मौर्यों, दौहृदों को मेरी आग्या है।
सर्वायुध सहित सभी निकलें, संग्राम शंभुसे करना है॥

दे आग्या सैन्येशको, सैन्य-सहित दैत्येश।
रण-मदमत्त निकलचला, सुनो चरित्र विशेष॥
तीनलाख अक्षोहिणी, सेना लेकर साथ।
चढ़विमान प्रस्थितहुआ, नाकर गुरुको माथ॥

नदियोंमें श्रेष्ठ पुष्पभद्रा, तटपर सिद्धाश्रम जा पहुंचा।
बटवृक्ष तले रुककर इसने, शिवजीकी सेनाको देखा॥
एक दूत पठाया शिवजीसे, वह बोला युद्ध नहीं करिये।
देवोंका राज्य करो वापस, हमको भी युद्ध नही चहिये॥
हम नहीं पक्षधर देवोंके, हम भक्तोंके अधीन रहते।
करते उसकी इच्छानुसार, निजइच्छा विवश नहीं रहते॥
ब्रह्माकी प्रार्थना पर हरिनें, मधुकैटभ को संहारा था।
प्रहलाद प्रार्थनाको सुनकर, हिरणाकुश कोभी मारा था॥

देवोंकी सुन प्रार्थना, किया त्रिपुरको क्षार।
शुंभादिक वधमें हुई, कारण यही पुकार॥

वेही सब देव दुखीहोकर, फिर ब्रह्माजीकी शरण गए।
ब्रह्मा श्रीहरिकी शरण गए, वे सबही मेरी शरण हुए॥
उन देवोंके संरक्षणको, मैं आज समरमें आया हूं।
तुमसभी कृष्णके पार्षदहो, यह याददिलाने आया हूं॥
अबतक जो आए गए दैत्य, कोईभी तेरेसमान नहीं।
तुम भान-भूलकर युद्धकरो, तबलडनेमें नुकशान नहीं॥

मेरे इस संदेशको, कहो स्वामिसे जाय।
जैसा उचितलगे उसे, करे वही मनभाय॥
इतना कहकर चुपहुए, महारुद्र भगवान।
वापस दूत चलागया, करके उन्हें प्रणाम॥

-----------------------(अध्याय - 31-35)--------------------

वीरभद्र और शंखचूडमें, युद्ध भयंकर।
घमाशान-रण कालीजीसे हुआ घोरतर॥

होना युद्ध-विरत शिवका, नभवाणी सुनकर।
आजाना हरिका तुलसीका शील भंगकर॥
शिव त्रिशूलसे अंतमें, होना अरि संहार।
शंखोत्पत्ति कथा पुन: तुलसीचरितउदार॥36-40॥

कहा दूतने दाम्प्यसे, शिवका प्रतिसंदेश।
हो प्रसन्न उसने दिया, तुरत युद्ध आदेश॥
रणघोष किया सेनापतिने, गोलीसी छूटी सेनाएं।
रणकर्कश शिवने दीआज्ञा, दो मृत्यु सामने जो आएं॥
अमरों-असुरोंका महायुद्ध, प्रारंभ हुआ हे महामुने।
रणभेरी-शंखोंकी ध्वनिको, गर्जन-तर्जनमें कौन सुने॥
भिड़गए इन्द्र वृषपर्वा से, और विप्रचित्तिसे सूर्यदेव।
कालासुरसे भिड़ूगये काल, रणवीर दम्भसे विष्णुदेव॥
मयसे भिड़गए विश्वकर्मा, शोभाकर से श्रीवैश्वानर।
संहारसे यम, चंचलसे वायु, घटपृष्ठसे श्रीबुध वीर-प्रवर॥

भिड़े परस्पर क्रुद्धहो, जोड़ीको पहचान।
चंद्रदेव और राहुमें, युद्ध हुआ घमशान॥
जोड़ीका संहारकर, करते जय-जयकार।
कहताहूं संक्षिप्तमें, तजकर के विस्तार॥
बटवृक्षके नीचे एकतरफ, रणदेख रहेथे श्रीशंकर।
उसतरफ सिंहासनपर बैठा, रणदेखरहाथा असुरेश्वर॥
इसतरह युद्ध चिरकालचला, तब शंखचूड़ आया रणमें।
उसका मद चूर-चूर करने, श्री वीरभद्र आए क्षणमें॥
ये उसे व्यर्थ करदेते थे, वह जो भी अस्त्र चलाता था।
इनके भी पलटवार को, वह बेकारतुरन्त बनाता था॥
उससमय कालिका देवीने, ऐसी भीषण गर्जना करी।
मूर्छित होगई दैत्यसेना, मचगई महा अफरा-तफरी॥
कर अट्टहास मधुपानकिया, फिरनृत्य भयंकर शुरू हुआ।
कोलाहल रहा कुछक्षणों तक, फिर युद्ध घोरतर शुरुहुआ॥

शंखचूड़ पर कालिने, छोड़ा आग्रेयास्त्र।
शांतकिया उसनें उसे, लेकर वैष्णवअस्त्र॥
नारायणास्त्रका कर प्रयोग, देवीनें भड़काई ज्वाला।
भूपर गिरकर सशैन्य उसने, उसकोभी वापस कर डाला॥
ब्रह्मास्त्र चलाया देवीने, प्रज्वलित अस्त्र लहलहा उठा।

तब शंखचूड़नने करप्रणाम, बह्मास्त्रसे उसको शांतकिया॥
फिर होकर कुपित दंभसुतने, दिव्यास्त्रोंकी करदी वर्षा।
मुख खोला देवी कालीने, सारे अस्त्रोंको लिया चबा॥
सौ-योजन लम्बी महाशक्ति, का रिपुने घोरप्रहार किया।
करके सौ- टुकड़े आयुधके, देवीने मुष्टिक मार दिया॥

चक्करखाकर गिरपड़ा, कुछक्षण रहा अचेत।
उठकर पुनः खड़ाहुआ, ज्योंहीं हुआ सचेत॥
मातृ-बुद्धिवश दैत्यवह, कर नसका प्रतियुद्ध।
उसे उठाकर कालिने, फेंक दिया हो क्रुद्ध॥

गिरतेही तुरत खड़ाहोकर, कालीजीको करके प्रणाम।
हो रथारूढ अत्यंत कुद्ध, देवोंमें मचाया त्राहिमाम्॥
अब भूखी भद्रकालिकाजी, कररहीं असुरका रक्तपान।
गूंजी नभवाणी खाओ मां, बांकीहैं लाखों रिपु महान॥
पर शंखचूड़को मतखाना तेरे हाथों न मरेगा यह।
करचुकाहै जैसे नीचकर्म, वैसाही शीघ्र भरेगा यह॥
करके मनमाना दुष्टदलन, शिवके समीप आई देवी।
जैसा रणमें अबतलक हुआ, सबबातें बतलाई देवी॥
हंसपड़े शंभु सुनकर चरित्र, देवीको आश्वासन देकर।
नंदीपर होकरके सवार, चलपड़े साथियों को लेकर॥

शिवको आयादेखकर, रिपुनें किया प्रणाम।
रथारूढ होकर पुनः, किया घोर संग्राम॥
शशिशेखर और दंभसुतमें, सैकड़ों वर्षतक युद्धचला।
हो क्रुद्ध त्रिशूल उठाये हर, जिससे बचसकता कौनभला?
गूंजी नभवाणी पुन: तभी, हेनाथ न ऐसा जंग करें।
वरदान देव-मर्यादा है, मत ब्रह्म-बचनको भंग करें॥
यद्यपिहैं आप समर्थ-पूर्ण, ब्रह्माण्ड नष्ट करसकतेहैं।
कर महाप्रलय तत्काल आप, रचना नवीन करसकते हैं॥
लेकिन जबतककहै दिव्यकबच, तुलसीका धर्म अखंडितहै।
यह नहीं मरेगा तबतक प्रभु, जबतक यह महिमामंडितहै॥

कबच न इसके पासहो, हो तुलसीव्रत भंग।
तभी मरेगा दुष्ट यह, तभी कीजिये जंग॥
कह 'तथास्तु' हरने दिया, हरिको यह दायित्व।
कबच प्राप्तकरके करें, सतिके भंग सतित्व॥
वृद्ध विप्र बनकर हरि, पहुंचे रिपुके पास।
भिक्षादो बोले बचन, होकर बहुत उदास॥

वह बोला दूंगा मुंहमांगा, ये बोले पहले बचन मिले।
वहबोला बचनदिया तुझको, येबोले मुझको कबच मिले॥
दे दिया कबच प्राणोंसा प्रिय, लेकर चंपत भगवानहुए।
फिर शंखचूड-का वेष बना, तुलसीके आगे जा पहुंचे॥

करके तुलसीका शीलहरण, बोले शिवसे वापस आकर।
होगई पूर्ण प्रभुकी आज्ञा अब, रिपुका नाशकरें जाकर॥

हो प्रसन्न भगवान हर, ले प्रज्वलित त्रिशूल।
फेंका रिपुको लक्ष्यकर, भस्म हुआ जड-मूल॥
भस्मसातकर दनुजको, वापस आया शूल।
नभसे विजयी रूद्रपर, लगा बरसने फूल॥
विनय बड़ाई कररहे, सुर, मुनिगण, करबद्ध।
आंखोंमें बरसात थी, वाणी थी- अवरुद्ध॥

हो शापमुक्त वह शंखचूड, बनगया कृष्णजीका पार्षद।
उसकी हड्डीसे अतिपवित्र, शंखोंका हुआ तभी उद्भव॥
शिवके अतिरिक्त सभीसुरको, अतिप्रिय लगताहै शंखनीर।
श्रीलक्ष्मी और नारायणको, सर्वाधिक प्रिय है शंखनीर॥

सेना सहित गये शिव, नित्य धाम कैलास।
ऋषि मुनिसुर प्रस्थितहुए, सब निज-निजआवास॥

----------------------(अध्याय - 36-40)----------------------

आग्रहपर तुलसी-चरित्रका फिरसे वर्णन।
शाप विवश पाषाण, रूपमें प्रभुका दर्शन॥
शिवद्वारा तुलसी-महिमाका विशद विवेचन।
शालिग्राम-शिलाके भी महत्व का वर्णन॥
तुलसी सेवकका करे, काल न बांका बाल।
शालग्रामको सेवकर, भक्त बनें खुशहाल॥41॥

आग्रहपर श्री व्यासके, बोले सनत्कुमार।
शंभु-चरितहै अतिअमित, वेद न पावें पार॥
श्रीचंद्रचूड़ की आग्यासे, हरि शंखचूड़से कबच लिये।
उसकाही वेषबना उसके, रनिवासके आगे जा पहुंचे॥
रथ-नक्कारोंकी ध्वनि सुनकर, तुलसीने खिड़कीसे झांका।
विजयीपति रथसे उतररहे, मनहर स्वरूप फिर-फिर ताका॥

हो दान-मानसे सम्मानित, विप्रोंने मंगलाचार किया।
आनन्द मग्रहो तुलसीने, झटपट सोलहश्रृंगार किया॥
मायापति तुलसीपति बनकर, तत्क्षण तुलसीके भवन गये।
पूजन सत्कार ग्रहण करके, साध्वीके पतका हरण किये॥

सुख सामर्थ्य विभेदसे उसे हुआ संदेह।
ओ पापी तू कौनहै? बोली तजकर नेह॥
प्रगटे हरि निज रूपमें करते पश्चाताप।
यह बोली पत्थर बनो, यह है मेरा शाप॥

बेचारी लुटीहुई नारी, रोतीथी सरको धुन-धुन कर।
दुख-शोक-मिटाने समझाने, आगये तभी भोले शंकर॥
हरबोले दोनों श्रवणकरो, सुखदायक यह मेरी वाणी।
जो होताहै अच्छा है वह, जो होगी वह मंगल होनी॥

हो चुकाजो उसके होनेमें, देवी तुम खुदही कारण हो।
यहतेरे तपकाही फलहै, क्यों धैर्य न करती धारण हो॥?

दिव्यदेह धारणकरो, करके यह तनत्याग।
लक्ष्मीसी बनकर करो, श्री हरिसे अनुराग॥
नदी बनेगी गंडकी, जो छोड़ोगी देह।
तुलसी वीरुध-बन सदा, पाना हरिका स्नेह॥

कुछसमय बाद हरि-पूजनमें, सर्वोत्तम होगा मान तेरा।
मेरे वरसे इस त्रिभुवन में, होगा अपूर्व सम्मान तेरा॥
पौधों, वृक्षों, और पुष्पोंमें, सर्वोच्च तुम्हीं कहलाओगी।
नारायणि- गंडकि बनकर तुम, भारतमें पूजी जाओगी॥
होओगी लवण-पयोधि-प्रिया, वह तुम्हें प्राण-प्यारा होगा।
पत्थर से शालग्राम होकर, तुममें निवास हरिका होगा॥
श्री शालग्रामके ऊपरसे, जो तुलसी दूर हटायेगा।
वह प्रिय-वियोगका आज न कल, दारुण संताप उठायेगा॥

शालग्राम से जो करे, शंख तुलसिका दूर।
प्रिय-वियोगऔर रोग-भय, उसे मिले भरपूर॥
हरिका वह प्यारा बने, रख तीनों को साथ।
व्यासदेवसे कहरहे, कथा सनत मुनि नाथ॥
अंतर्धान हुए शिव, कर तुलसी तन- त्याग।
हरि- समेत वैकुंठ जा, पाई हरि अनुराग॥

पार्थिव तनसे गंडकी बनी, होकर प्रशप्त हरि-शिलाबने।
कीड़ों से छेदे गए पुन; श्री शालग्राम वे कहलाए॥

भोग- मोक्षदायक मुने, यह सुखमय आख्यान।
श्रवण- मनन- चिंतन करे, वह पाए विश्राम॥

----------------------------(अध्याय - 41)----------------------------

देवि उमाका हाथोंसे शिवनेत्र ढांपना।
शंभु स्वेदसे असुरांधक का पैदा होना॥
हिरण्याक्षका पुत्र कामनासे तप करना।
पुत्ररूपमें शिवजीका अन्धक को देना॥
जीत त्रिलोकी धराको ले जाना पाताल।
प्रभुकरसूकर रूपसे उसका वध तत्काल॥

हे व्यास! जिसतरह अंधकने, गणपतिके पदको प्राप्तकिया।
पहलेतो किया युद्धशिवसे, पीछे फिर इन्हें प्रसन्नकिया॥
रणकर्कश शरणागत रक्षक शंकर भगवान निराले हैं।
भक्तों के प्रति वत्सलता से कहलाते भोले भाले हैं॥

किसकुलकाथा दीपयह, किसपितुका थालाल?
गणाध्यक्ष कैसे बना, मुझे कहें तत्काल?
जिग्यासा पर व्यासके बोले सनतकुमार।
शिवलीला का हे मुने शिव ही पावें पार॥

लीला-विहारकी इच्छा से, एकबार शंभु काशी आये।
भैरवको कर रक्षक नियुक्त, रजधानीके भीतर आये॥
भक्तोंको जो सुखदे ऐसी लीलाओंका विस्तार किया।
उरवासी पुरवासी जनका शुभमंगल भले प्रकार किया॥
मंदर गिरिपर शिवशंकर ने एकबार कई क्रीडाएं की।
दोनों हाथोंसे गिरिजाने शिवकी दोनों आंखें ढंक ली॥
शिवकी आंखें ढंक जाने से छागया अंधेरा वहां घना।
सन्तप्त अग्निके होतेही, इनके ललाटसे जल टपका॥

प्रगटहुआ उस स्वेदसे, जीव एक विकराल।
अंधा क्रोधी भयप्रद, सुन्दर जिसके बाल॥
नर्त्तन करता वह कभी गाता करता हास।
उसे देखकर श्री उमा, डरकर हुई उदास॥

शिव बोले देवि मनोहारी, अद्भुत लीलाएं करती हो।
जबलीलाका फल प्रकटहुआ, तबउसे देखकर डरतीहो॥
निजहाथ हटाया अंबाने, शिवनेत्र खुला प्रकाश छाया।

पूछा गौरीने कौनहै यह? हैपिता कौन? किसने जाया?।
अंधेरेमें पैदा होकर, अंधाहै अतः हुआ अंधक।
जन्माहै, मेरे पसीनेसे, जब नेत्र दियाथा तुमने ढंक॥
मैं पिता, और तुम मातोहो, इसकी रक्षा करती रहना।
हे मुनिवर सनत्कुंमर बोले, शिवकीलीलाका क्या कहना॥

शिव- आग्यासे अंबिका, उसको लेकर गोद।
पालन-पोषण में लगी, मनमें भरकर मोद॥

कश्यपनंदन हाटकलोचन, तप हेतु उसीबनमें आया।
संताननिमित तपकरनेकी, प्रेरणा पत्निसे था पाया॥
शिवके दर्शनकी इच्छासे, तल्लीन होगया वह तपमें।
क्रोधादि दोषको तजकरके, खोगया सप्रेम मंत्रजप में॥
निश्चल निश्चेष्ट ठूंठसा वह, आखिर समाधिमें लीन हुआ।
मनसेथा तपःशक्ति-संयुत, तनसे दुर्बल और क्षीण हुआ॥
वृषभध्वज शिव होकर प्रसन्न, उसको वर देनेको आये।
बोले वर मांगों असुरराज, जो भी तेरे मनको भाये॥

होप्रसन्न उसदैत्यने, रखा-चरण पर भाल।
बोला इस कंगालको, नाथ दीजिये लाल॥
लिखा न तेरे भाग्यमें, कोई औरस पुत्र।
यह लो मेरा पुत्र यह, अबसे तेरा पुत्र॥

शिवकीस्तुतिकर सुतकोलेकर, वह निश्चरघर खुशहाल गया
तदनन्तर जीत सभी सुरको, ले धरतीको पाताल गया॥
सुर, मुनिगण हरिकी शरणगये, वे शूकर बन तत्काल चले।
बाधाओं को करके विदीर्ण, पलभर में वे पाताल गये॥
अगली दाढोंसे दैत्यों और, सेनाको करके तहस-नहस।
रिपुका सरकटा सुदर्शनसे, आड़ेथे जिसमें सहस-सहस॥
अंधकको दे राज्याधिकार, दाढोंपे उठाकर धरती को।
करदिया प्रतिष्ठित यथास्थान, सुखदिया समस्त त्रिलोकीको

शंभु कृपासे विजित हो, हरि आये वैकुंठ।
झुकारहे हरि सरउन्हें, नीला जिनका कंठ॥

----------------------(अध्याय - 42)----------------------

कनक-कशिपुका उग्रतप, ब्रह्माका वरदान।
नरहरिद्वारा वध तथा, नृप प्रहलाद महान॥43॥

भ्रातावध सुना हिरण्यकशिपु, तब असुरोंको देदी आग्या।
करदो विनष्ट सुर-मुनियोंको, भूलेसे कोई न रहे बचा॥
करदिया सुरोंका लोकनष्ट, सबभागे लेकिन जांय कहां?
निर्भयथी कोई जगह नहीं, ये अपने प्राण बचांय जहाँ॥
सब छद्म-वेषमें धरतीपर, रहतेथे जहां- तहां छिपकर।
था दु: ख-निमग्न हिरण्यकशिपु, भाईको जल-अंजलि देकर॥
वह सोच रहाथा मनही मन, यदि मैं होजाऊं अजर-अमर।
सबसे अजेय होजाऊँ तो मुझसे न कोई लेबे टक्कर॥

तीनलोक परहो मेरा, एक छत्र साम्राज्य।
रहे अकंटक यह सभी, मेरेतक अविभाज्य॥
तपसे दुर्लभहो सुलभ, हो असाध्यभी साध्य।
तप मेरा अबलंब है, तप मेरा आराध्य॥

ऐसा विचारकर चलागया, तप करनेको मंदरगिरिपर।
एक गुफामें जाकर हुआ खड़ा, दोनों अंगूठे के बल पर॥
ऊपरको उठीथी युगलभुजा, थी दृष्टि गगनकी ओर लगी।
पूरे छियानबे सहस वरष, उसकी यह तप-साधना चली॥
तपसे संतप्तहुए सब सुर, विकृत होगया सभीका मुख।
दुख मिलातोथा आसुर-तपसे, पर मिलानहींथा ऐसा दुख॥
सब ब्याकुलहो विधिलोक गये, सब सुनागए अपना दुखड़ा।
थोबड़ा बिगाड़ दिया सबका, हम कैसे दिखलाएं मुखड़ा?॥

भृगु आदिकके साथ विधि, गए दनुजके पास।
बोले इच्छित मांगकर, करो पूर्ण निज आस॥

बोला वैकुंठ या भूतलपर, हे स्वामी! निशि या वासरमें।
ऊपर या नीचे वरदाता, नभमें घरमें या बाहर में॥
जल, पावक, गिरि, शस्त्रास्त्रोंसे, कोई कहींन मुझको मार सके।
इस सृष्टीका कोई प्राणी, मुझको न कहींभी पछाड़-सके॥
ब्रह्माजी बोले 'एवमस्तु' , तप छोड़ो राज्य करो जाकर।
होकर प्रसन्न घर चलागया, ब्रह्मादि देवको सर नाकर॥
वह असुरोंका सम्राट बना, त्रयलोक नष्ट करने के लिए।
बन गया धर्मका उच्छेदक, देवोंको नष्ट करने के लिए॥
सबको जीता भूखा रक्खा, पानी तक उन्हें नसीब कहां?
पहले भी गए सताए थे, पर ऐसा मिला रकीब कहां?

अति आतंकित देवगण, गये विष्णुके द्वार।
रक्षा करिये प्राण की, बोले रुदन पसार॥

राक्षस-वधका दे त्वरित बचन, स्वस्थान सभीको लौटाकर।

हरिने धरलिया विचित्ररूप, मानवका धड़ और सिंहका सर॥
आकार विशाल भयंकरथा, मुख खुलाथा दाढें निकली थी।
नासिका थी सुन्दर, तीखे नख, गर्दनपे जटाएं बिखरी थी॥
कोटिश सूर्यों सा था प्रकाश, प्रलयानल सा प्रभाव भीषण।
सूर्यास्त हुआ ये उदित हुए, दौड़े-जैसे हों प्रलय- पवन॥
जैसेही असुर- नगर आए, असुरों पर बिजली टूट पड़ी।
वह चीड़-फाड़ वह मार धाड़, ज्वालामुखि जैसे फूट पड़ी॥

लगेखोजने मिलगया, हिरणाकुश प्रहलाद।
कहा पितासे पुत्रने, नमन करो साह्लाद॥
मुझे जगन्मय दीखते, ये अनन्त भगवान।
दर्शन इनका कीजिये, ये कल्याण निधान॥

विकराल बने ये दीखरहे, करसके तो करिये शरण-ग्रहण।
इनसे रण करना मरना है, मतकरें पिताश्री मृत्युवरण॥
वह बोला- बेटा डरो नहीं, सचमुच डरनाही मरना है।
इसको चरही चट करलेंगे, मुझको न यहां कुछ करनाहै॥
बोला वीरों- पकड़ो इसको, सब एक साथही टूट पड़े।
वे सब क्षणभरमें भस्म हुए, नरहरि ही केवल दिखें खड़े॥
वे उधर खड़े यह इधर खड़ा, दोनोंमें रण घनघोर हुआ।
शस्त्रास्त्र, शक्ति, पाशांकुशका, प्रभुपर प्रहार कमजोर हुआ॥

तब नरहरिने दैत्यको, पकड़ा तोड़- मरोड़।
लिटा जानुओं परलखा, निज नखघोर-कठोर॥
छाती उसकी चीरकर, फाड़ दिया हरपोर।
प्राणराम ने ली विदा, लिथरे तनको छोड़॥

अति क्रोधितथे नरहरिस्वामी, रिपुवधसे बड़े प्रसन्नहुए।
प्रहलाद प्रभूको सर नाकर, षडविधिसे शरणापत्र हुए॥
प्रभुके चरणोंको सेवकने, निज अश्रुजलोंसे सिक्त किया।
असुरोंके राजाके पदपर, प्रभुने इनको अभिषिक्त किया॥

हर-विपत्ति हरदासकी, देकर सुख संपत्ति।
अंतर्धान हुए हरि, देकर अविरल भक्ति॥

------------------------(अध्याय - 43)------------------------

तपकर वरपाकर अंधकका त्रिपुर जीतना।
उमारूप पर मोहित होकर युद्ध छेडना॥
नंदी-मूर्च्छा मांके द्वारा युद्ध भयंकर।
निगलगए आचार्य शुक्रको भोलेशंकर॥

हरिका कालीरूपसे असुररक्त का पान।
शिवत्रिशूलमें विंधरहा, अंधक ध्वजा-समान॥44-46॥

हे मुने! धर्मका पालनकर, लघुभी विशाल बन जाता है।
सबकी आंखोंका ताराबन, प्रभुका प्यारा बन जाता है॥
उसकी उंचाइयों के आगे, सुरभी नीचे हो जाते हैं।
उसके शरीरकी राख-सदा, शिव माथेतिलक लगाते हैं॥
अपने कर्तव्योंका पालन, सच्चा स्वधर्म कहलाता है।
हम कहें धर्मका मर्मजिसे, वह हीतो कर्म कहाता है॥
निज कर्मोंसे गिरने वाला, इतना नीचे गिरजाता है।
कहतेहैं कीट- पतंग तलक, उससे उंचाहो जाता है॥

नीच, कृतघ्नी, पतितकी, सुनो व्यास आख्यान।
ऐसों को भी तारते, शिव- समान नहिं आन॥

अंधक अपने भाईयोंसहित, एकदिन विहारमें डूबा था।
इसकेकामान्ध भाईयोंको, इससे विद्वेष अजूबा था॥
क्रोधितहो कहा अरे-अंधे, है तुम्हें राज्यसे मतलब क्या?
हम सबही इसके स्वामीहैं, कौएको बेलसे मतलब क्या?
था महामूर्ख वह हिरण्याक्ष, तप करके तुझको पाया है।
कैसे तुम अधिकारी होगे, दूजेने तुझको जाया है॥

हृदय-चीरकर घुसगया, बचन बना विषवाण।
अंधक दुखमें दीन हो, लिया स्वयं से ज्ञान॥

रात्रीमें निर्जन बनजाकर तप इसने घोर-कठोर किया।
हठपूर्वक प्राण त्यागनेका, संकल्प मानसिक घोरकिया॥
रुकजाओ यह क्या करतेहो, ब्रह्माने उसको समझाया।
जो चहिये तुम्हें वही देने, मैं दौड़ा- दौड़ा हूं आया॥
हे देव! राज्य छीने जिनने, वे मेरे सेवक भृत्य बनें।
मैं उन्हें नचाऊं जिसप्रकार, वैसेही वे सब नृत्य करें॥
दें आप मुझे दो-दिव्यनयन, इन्द्रादि मुझे कर दियाकरें।
नर, नाग, दैत्य गंधर्व आदि, मेरे चरणों में झुके रहें॥

आप सहित हरिहर कभी, मुझे न पावें मार।
विधिबोले क्या कहरहे, यहतो तनिक विचार॥

कोई भी ऐसा हुआ नहीं, होगा भी नहीं जो मरे नहीं।
सत्पुरुष तुम्हारे जैसा तो, ऐसा विचार भी करे नहीं॥
मरनेका कोई भी कारण, स्वीकार तुम्हें करना होगा।

ब्रह्माहूंमैं, पर मुझको भी, निश्चित दिनपर मरना होगा॥
जननीमें असुरभावके वश, मुझमें जागे जब काम-भाव।
तब होजाए मेरा विनाश, हो जाए मेरा तिरोभाव॥
विधि चकितहुए ऐसा सुनकर, क्या करूँ बतावें शिवभोले?
शिवजी की आज्ञा मिलने पर, ऐसा ही होगा वे बोले॥

छूकर सबल बना दिया, उसकी दुर्बल देह।
सिद्धों मुनियोंके सहित, ब्रह्मा गए स्वगेह॥

हो नेत्रवान और सबल-सफल, यह अपनी नगरीमें आया।
प्रहलाद आदि भ्राताओंने, दे राज्य भृत्य पद अपनाया॥
असुरोंकी सेनाको सजकर, देवोंको शासित किया प्रथम।
करदाताकरके शचिपतिको, वीरोंमें होकर सर्वोतम॥
गंधर्वों, यक्ष, राक्षसों को, नर, नागों वृक्ष पर्वतों को।
चौपायों- तक काबूमें कर, जीता तीनोंही लोकों को॥
अपने अनुकूलवस्तुओं और, सहसाधिक श्रेष्ठ रमणियों को।
ले साथ नगर अपने आया, रत्नेंद्रों दुर्लभ मणियों को॥

अबतो उसका लक्ष्यथा, सदा भोग बस भोग।
सभी अनर्थोंका इसे, मिला पूर्ण सहयोग॥

आया सन्निकट विनाशकाल, बुद्धि इसकी विपरीत हुई।
सद्धर्मों से विद्वेष और, पापों से इसकी प्रीत हुई॥
देवोंको वेदोंको गुरुको, ब्राह्मणको नहीं मानता था।
जो मनमाने वह करलेना, अपना वह धर्म मानता था॥
आया अतिनिकट मरणइसका, यह भूलारमण कररहा था।
दुर्योधन, वैधस, हस्ति आदि, मंत्री भी भ्रमण कर रहा था॥
जो कुछ देखा था तीनों ने वह बतलाने दौड़ा आया।
हमने एक त्रियारत्न देखा, जिसका न कहीं जोड़ा पाया॥

अंधक बोला शीघ्र कह, क्यों करते हो देर।
स्वामि गुफाहै उसजगह, जहां दीखता पेड़॥

बैठाहै योगी ध्यान मग्न, सर पर उसके है चंद्रकला।
प्रति अंगमें लिपटे हैं भुजंग, पहने है मुंडों की माला॥
हैं चारभुजाएं गौरवर्ण, वह तनपर भस्म रमाए है।
बघछाला हस्तिचर्म कटिमें, अति अद्त वेष बनाए है॥
बानरमुख एकबिकराल पुरुष, सर्वायुध धारण किये खडा।
वह सेवामें है सावधान, है एक बैलभी वहां खड़ा॥
है पार्श्वभाग में तपसी के, बैठी वह सुलक्षणा नारी।
उसकी सुन्दरता के आगे, है फीकी यह दुनिया सारी॥

कामातुर दैत्येश ने भेज दिया संदेश।
वापस आकर चर इसे बोला बचन विशेष॥
हे नाथ! क्षमाहो योगीने, जो कहे आपके लिए बचन।
वह एक शब्दभी कहनेमें, मेरातो कांप रहा तन मन॥
उसक्रूर, कृतघ्न, निशाचरको, यमकाभी भय रहगया न क्या?
मंडूक- कूपका क्या जाने, सागर कितना होता गहरा॥?
(गीत) कहांतो मैं मेरे आयुद्ध, मृत्युको भी भयदायक युद्ध।
कहाँबलहीन वृद्धवह क्षुद्र, अगर होजाऊँ किन्चित क्रुद्ध॥
जगेगी मुझमें रणकी भूख, सिन्धु सारे जाएंगे सूख।
बनेंगे पर्वत सारे धूल। चराचर होंगे नष्ट समूल॥
यदि वहहै तैयार तो, मैं भी हूं तैयार।
जो करनाहो वह करे, करके पुनः विचार॥
कामातुरमें भय नहीं, और न उसमें लाज।
अनुजा-तनुजा क्यागिनें, मांभी लुटती आज॥
मुनिवर वह इतना आतुरथा, चल पड़ा तभी सेना लेकर।
नंदीश्वरसे छिड़ गया युद्ध, इतना घमशान भयंकर तर॥
चर्बियों मांस और मेदोंकी, मचगई कीच युद्धस्थल में।
डाकिनी कबन्धोंको लेकर, नाचने लगी समरस्थल में॥
नंदीके घोर- पराक्रमके, आगे राक्षस लाचार हुए।
बचगए जो मरनेसे थोड़े, वह लेकर प्राण फरार हुए॥
श्री सनत्कुमर बोले मुनिवर, शंकरजी बोले गिरिजा से।
मर्त्योंने अमरोंके ऊपर, आक्रमण किया अति दृढता से॥
महाकठिन व्रत पाशुपत, कर न सकूंगा भंग।
विघ्न तेरे मिससे हुआ, छिड़ा भयंकर जंग॥
मैं एकाकी निर्जन वनमें, जाता हूं इसे पूर्ण करने।
रक्षकों सहिततुम यहींरहो, ली विदा उमासे शंकर नें॥
वे चले गए व्रत करनेको, ये यहीं प्रतीक्षा करती थी।
यद्यपिथे सुतवत् रक्षकगण, फिरभीवे कुछ-कुछ डरती थी॥
व्रतमें थे शेष हजारवर्ष, यह सबसे कठिन पाशुपत- व्रत।
शिव जगह ढूंढकर बैठगये, होगये कठिन साधना निरत॥
कुछसमयबाद कामांधअसुर, फिर गुफा-द्वारपर आ धमका।
अगणित योद्धाओंके समेत, अंधक नें युद्धारम्भ किया॥
जल, अन्न नींदको बिसराकर, वीरक-गणसहित नंदिकेश्वर।
दिन-रात युद्धमें डटेरहे, ढीले न पड़े सब रत्ती भर॥
बीत गये इस युद्धमें, दिवस पांचसौपांच।

रण में आने दी नहीं, रणवीरों ने आंच॥
असुरोंके शस्त्रास्त्र से, घायल हुआ शरीर।
गुफाद्वार पर गिरगए, मूर्च्छित नंदीवीर॥
तारागणको ज्यों ढंकता घन, वैसेही सबवीरक-गणको।
आगे बढचले दैत्यसारे, -शस्त्रास्त्रोंसे ढंककर इनको॥
भगवती उमाने उसीसमय, विधि, हरिको, आतुर याद किया।
वे विविध-वेष धरकर आए, बढते दैत्योंको रोक लिया॥
ब्राह्मी, नारायणि, वैश्वानरि, ऐंद्री, नैऋति तथा वारुणि
कौबेरी, याम्या, यक्षेश्वरि, गारुडी तथा प्रचंड वायवि॥
इन सबके साथ समस्त देव, गुह्यक, सिद्धादि तुरत आए।
शस्त्रास्त्रोंसे सज्जित ही थे, रिपुपर एकबएक कहर ढाए॥
रणाग्रणी थी शैलजा, शुरु हुआ संहार।
ध्वनिथी जयजयकारकी, या फिर हाहाकार॥
एक- दो- सौ- दोसौ नहीं, बीते वर्षहजार।
व्रत पूरा कर आगए, रणमें सुर-सरदार॥
सौ तो सौ पूराहै लेकिन, अस्सी भी कम न कहा जाता।
अमरों-असुरोंके इस रणमें, कुछ यहही दृश्य नजर आता॥
चिन्तित होकर असुरेश्वरने, गुरुदेव शुक्रको बुला लिया।
राक्षसगण मरेथे जितनेभी, सबको गुरुजीनें जिलादिया॥
यहदेख कुपितहोकर शिवने, आचार्य शुक्रको निगल लिया।
सेनाकी घटती संख्याने, रिपुको अंदरसे हिला दिया॥
था विपुल पराक्रम युत अंधक, मायावी-बुद्धिमान भी था।
उन्माद ग्रस्त भीथा उसके, सैकड़ों साथ वरदान भी था॥
उस मायावीने मायाकी, शिवके त्रिशूलसे छिदने पर।
गिरतेही शोणितकी बुन्दें, उठती अनेक अंधक बनकर॥
अबतो पूरे रणमंडलमें, अंधक-ही अंधक दिखते थे।
थे बलमें भी अंधक समान, वैसेही लड़ते टिकते थे॥
सैनिकोंका भी था यहीहाल, गिरते शोणितकी बुन्द एक।
शस्त्रास्त्र सहित लड़ने लगते, वे हो-होकर सैनिक अनेक॥
हरिने अरिकी योजना, को करने नाकाम।
कंकालीका रूप धर, मचा दिया कोहराम॥
उस अति भयंकरी देवीकी, सब देवोंने जयकार किया।
भूदेवी और अन्यान्यों ने, पुष्पादिक से सत्कार किया॥
उस रक्तपायिनीमें ऐसी, कुछ रक्त पानकी भूख जगी।
गिरती लोहूकी बुन्दोंको, ऊपरही वह चाटने लगी॥

जितने रिपुथे उतनी बनकर, वह रक्त बुंदको चखती थी।
अब प्रतिपल दैत्योंकी सेना, लाखों-लाखों में घटती थी॥

रण आंगनमें बचगया, अब अंधककही मात्र।
कुपित रूद्रका वह बना महाक्रोधका पात्र॥
निज त्रिशूलमें वेधकर शिवने स्थाणु समान।
ऊपर इसे उठा लिया, करके मृतक समान॥

भगवान सूर्यकी किरणोंने, जर्जर अंधकको सुखादिया।
मेघोंने जलधाराओं से, अंधक को गीला बना दिया॥
हिम-शीतल, चंद्रकिरणने भी, आकरके उसे विशीर्ण किया।
वह मरानहीं जिसकी छाती, शिवजीने स्वयं विदीर्ण किया॥

सुनकर उसकी प्रार्थना, शिवजी हुए प्रसन्न।
गणाध्यक्ष पद दे, उसे किया स्नेह संपन्न॥
इसप्रकार जब होगया, महायुद्धका अंत।
राहतमें आए सभी, विप्र, धेनु, सुर संत॥

आनन्द मनाया देवोंने, शिवजीकी जय जयकार किया।
लाकर गिरिगुफामें स्वामीने, सब देवोंका सत्कार किया॥
फिर सादर विदाकिया सबको, आँखोंसे मोती झड़ते हैं।
गिरिजाके सहित चन्द्रमौली, अति उत्तम लीला करते हैं॥

--------------------(अध्याय - 44-46)--------------------

नंदीद्वारा शुक्रका, हरकर लाया जाना।
क्रुद्ध रूद्रके द्वारा उन्हें निगलही जाना॥
सौ वर्षोंके बाद शुक्रका बाहर आना।
शुक्र- मार्गसे आना अतः शुक्र कहलाना॥
वर्णन मृत्युन्ज्य तथा, शंभुनाम शतअष्ट।
अंधक को वरदान दे, सभी मिटाना कष्ट॥47-49॥

हुएचकित श्रीव्यासजी, सुनकर कथा विचित्र।
बोले सनल्कुमार से, कहिये विशद चरित्र॥
शिव उरमें किये शुक्रने क्या? क्यों जठराग्निमें जलेनहीं?
फिर जीवित बाहर निकलगए, यह बात उतरती गले नहीं॥
शिवके त्रिशूलमें बिंधाहुआ, अंधक बचकर निकला कैसे?
वह गणाध्यक्ष किसतरह बना, जैसे समझूं कहिये वैसे॥

हे मुनिवर! बोले सनत्कुंअर, घबड़ाकर घोर-पराजय से।
अंधक जा पहुंचा शुक्रशरण, सहयोग प्राप्तिके आशयसे॥
हम शरण आपकीहैं गुरुवर, अबिलम्ब मेरी रक्षा करिये।
मृत संजीविनी मंत्र-द्वारा, सब मृतकोंको जीवित करिये॥

शरणागत रक्षण प्रथम, अपना धर्म विचार।
अंधकके सहयोग को, शुक्र हुए तैयार॥

रणआंगन आकर दैत्य गुरू, शिव-मंत्र प्रयोग लगे करने।
जीवित होकर सब मृतक वीर, प्रमथोंसे तभी लगे लड़नें॥
जब लगे मारने प्रमथों को, दानव- प्रवीर जीवित होकर।
प्रमथोंने प्रमथेश्वर शिवसे, सब कथा सुनाई रो-रो कर॥
शिवजी बोले रूखे- स्वर में, ओ नन्दी यथाशीघ्र जाओ।
ज्यों लबाको बाज उठाता है, वैसे ही उसे उठा लाओ॥

नंदीको आग्या मिली, गर्जे सांढ समान।
क्षणमें जा पहुंचे जहां, दैत्याचार्य महान॥

अनगिनत दैत्यका मर्दनकर, पलमें ही प्रलय मचाआए।
गजको ज्यों शरभ उठाता है, वैसे ही उन्हें उठा लाए॥
खिसके तब वस्त्र दैत्यगुरुके, आभूषण सभी लगे गिरने।
दैत्यों के फेंके अस्त-शस्त्र, बुन्दोंकी तरह लगे झड़ने॥
सब शस्त्रास्त्रोंको जला दिया, नंदीके मुखकी ज्वाला ने।
रख दिया शुक्रको नंदीने लाकर, शिवजीके चरणों में॥
शिवने उनको फलके समान, मुखमेंडाला और निगलगए।
असुरोंमें हाहाकार हुआ, शिवके गण रण- में प्रबल हुए॥

अब दैत्योंमें विजयकी, आश होगई चूर।
साहस सब जातारहा, जोश हुआ काफूर॥
सांढोंके सींग न हो जैसे, हाथी ने सूंड गंवाया हो।
दैत्योंकी हालतथी जैसे, पक्षीने पंख कटाया हो॥
अंधकने साहस दिया उन्हें, अपनी ओजस्वी वाणीसे।
रणमें जो पीठ न दिखलाए, जग- रक्षित ऐसे प्राणीसे॥
रणमें जो प्राण गंवाताहै, वह अति-उत्तम गति पाता है।
दुर्लभ चारों- पुरुषार्थोंको, वह अनायास पा जाता है॥
सुनकर प्राणोंका मोह छोड़, असुरोंने वह संग्राम किया।
शिवगणकी और प्रमथगणकी, हर कोशिशको नाकामकिया॥

दोनोंदलमें जब मचा, कोलाहल घनघोर।
शंभु उदरमें शुक्र तब, दौड़े चारों ओर॥

बाहर आने के लिये, ढूंढ रहे थे राह।
हुई न पूरी शुक्रकी, सौ वर्ष तक चाह॥
शिव उदरमें दिखा शुक्रजीको, पातालसहित चौदहोंभुवन।
ब्रह्मा नारायण सूर्य, चंद्र, इन्द्रादिकके पाये दर्शन॥
प्रमथासुर युद्धमिला उनको, शिवमिले शंभुका उदरमिला।
लेकिन ये बाहर निकल सकें, ऐसा न एकभी डगरमिला॥
तब मंत्र महान लगे जपने, ये शैव-योगका आश्रय ले।
ये बनकर शुक्र लिंग-पथसे, शिव-करुणासे बाहर निकले॥

निज स्वरूपको प्राप्तहो, शिवको किया प्रणाम।
पुत्र-मान शिवने इन्हें, शुक्र बताया नाम॥
विविध भांति श्रीशुक्र ने किया शंभु गुणगान।
शिव-आज्ञासेचल पड़े, पुन: युद्ध- -मैदान॥

शिवके त्रिशूलमें बिंधाअसुर, शिवकाही ध्यान कररहा था।
सौ-आठ शंभुके नामों का, वह जाप महान कर रहा था॥
शिवके शत-अष्ट मूर्तियोंके, था ध्यानमें वह दानव तन्मय।
शिवके प्रसादसे मुक्त हुआ, होगया महाभयसे निर्भय॥
होकर प्रसन्न शंकरजी ने, उसको त्रिशूलसे मुक्त किया।
करके दिव्यामृतकी वर्षा, उसदानवको अभिषिक्त किया॥
फिर बोले हूं प्रसन्न तुझपर, तेरी अद्भुत आराधन से।
दो, एक सहस संवत भरके, दुख-पूर्ण तुम्हारे साधन से॥
दुखमेंतुम पुण्यकमाए हो, सुख तुम्हें प्राप्त होना चहिये।
जिस सुखकावर चाहो मांगो, दुखअब समाप्तहोना चहिये॥

भूपर घुटने टेककर, जोड़के दोनों हाथ।
अंधक बोला कांपकर, जय-जय भोलेनाथ॥
कहे दुर्बचन आपको, किये पापमय कर्म।
मांके प्रति दुर्भावना, किये महान अधर्म॥

प्रभु आप क्षमा करदें मुझको, होवें मुझपर प्रसन्न माता।
ये महाबली रणकला निपुण, मत क्रोधकरें मुझपर भ्राता॥
मैं पार्वती को मां मानूं, - दोनोंका हमेशा दास रहूं।
देवोंसे वैर न हो मेरा, गणके ही साथ निवास करूं॥

दुष्ट भावना हो नहीं, यह दीजै वरदान।
हे दीनोंके बन्धु जय, जय जय कृपानिधान॥
उमा महेश्वरको निरख, हुआ असुर वह मौन।
कह 'तथास्तु' अपना लिया, शिवजी जैसा कौन?

श्री सनत्कुमर बोले मुनिवर, शिवजीकी कृपा हुई ज्योंही।
जन्मान्तर कर्म--समूहों की, गांठें हरएक खुली त्योंही॥
होगए मनोरथ पूर्ण सभी, अंधकने पाया शंभु- -पिता।
माता मिलगई पार्वती सी, कार्तिक -गणपति जैसे भ्राता॥
पद गणाध्यक्षकाप्राप्तहुआ, शिवगणके साथ निवास मिला।
पानेमें रही नकोइ कमी, श्री चरण शंभुका खास मिला॥

मृत्यु विनाशक मंत्रका, करें भक्तजन जाप।
मां मिल जाएं उमासी, शिवजी जैसे- बाप॥

----------------------(अध्याय - 47-49)----------------------

वाराणसि में दैत्यगुरूका, अति तप करना।
शिवजीको निज चित्तरत्न ही अर्पण करना॥
अष्टमूर्ति- अष्टक स्तोत्रसे करना अनुनय।
सदय हृदय शिवजीका, उनको करना निर्भय॥
मृत -संजीवनि मंत्रवर, करना इन्हें प्रदान।
देना शुक्राचार्य को, और कई वरदान॥50॥

पाया कैसे शुक्रने, मृत्यंजय का दान?
वर्णन करताहूं सुनो, यह अद्भुत आख्यान॥
वाराणसि में भृगुनन्दनने शिवजीकी कठिन तपस्या की।
अद्भुत आराधनके निमित्त, एक शिवलिंगकी स्थापनाकरी॥

सुंदरसे एक कूपका, करवाकर निर्माण।
करतेथे उस नीरसे, शिवलिंग-पूजन, स्नान॥
पंचामृत अर्पण लाखबार, चन्दन और उपटन सहसबार।
सैकड़ों पुष्पसे शिव-अर्चन, करचुके शुक्र अनगिनत बार॥
शिव सहसनामसे नृत्यसहित, शिवकाअसतवन किया करते।
अन्यान्य विविधअसतोत्रोंका, गायनभी नित्य किया करते॥

पांच-सहस संवततलक रहे अराधनलीन।
शिवकी कृपानहीं हुई, फिरभी हुए न दीन॥
मनमें संकल्प एकही था, शिवजीको हमें रिझाना है।
मृत्युंजय महामंत्र विद्या, जैसेहो उनसे पाना है॥
अतिदुस्सह, घोर-नियमलेकर, अत्यंत कठिन शिव आराधन।
भृगुनन्दनने प्रारम्भकिया, निर्मल करके इन्द्रिय और मन॥
फिर चित्तरत्नको विमलबना, शिवजीके अर्पणकर डाला।
भक्षणके लिए धूमकण था, सुमिरणको शंभुनाम माला॥

इस तपमें तपतेहुए उन्हें, जब बीते एक हजार वरष।
तबहुए प्रसन्न सतीस्वामी, आचार्य शुक्रको दियादरस॥

हे भृगुनन्दन तपोधन, बोले शिव भगवान।
मांगो संशय छोड़कर, मनचाहा वरदान॥
इष्टदेवके दरससे, होकर हर्ष- विभोर।
नाचउठे मुनिहो मगन, ज्यों घन-लखकर मोर॥

भार्गवने अष्टमूर्तिधारी, भगवान शंभुको किया नमन।
यजमान, चंद्र, रवि, पंचभूत, आठोंमें आठोंका वन्दन॥
अठ-मूर्त्यष्टक-स्तोत्र द्वारा, श्रद्धा समेत अस्तवन किया।
अष्टांगसहित शिव-चरणोंमें, मुनिवरने अगनित नमनकिया
गिरगये चरणपर सुधखोकर, फिर नहीं शुक्रसे उठा गया।
करुणानिधान शंकरजीसे अब, और बिलंब न सहा गया॥
छातीसेलगाकर मुनिवरको, शिवजी बोले अतिमधुर बचन।
हे कवे! हृदयसे कहताहूं, तुम भक्त मेरेहो अतिपावन॥
तेरे तप से, आचरणों से, लिंगस्थापन, आराधन से।
चित्तोपहार से, भावों से, अविमुक्त पुरीमें साधन से॥
मैं तुझे पुत्रवत मान वत्स, कहताहूं तुमसे सत्यबचन।
करके मेरे तनमेंप्रवेश तुम पुनः करोगे जन्म-ग्रहण॥

मृत संजीवनि मंत्रवर, मेरा तप साकार।
करताहूं अर्पण तुम्हें, तुममेहै अधिकार॥

यहहैअमोघ औरप्रबल, सफल, यह निष्फल कभीन जाएगा।
जिसपर इसका प्रयोगहोगा, वह तत्क्षण जीवन पाएगा॥
नभ आंगन में बनकर तारा बेटा तुम शोभा पाओगे।
रवि, शशि, पावककी किरणोंसे तुम आगे माने जाओगे॥
शुक्रोदय होने पर धार्मिक वैवाहिक कार्य सफल होंगे।
तेरेसन्मुख रहनेपर सब, यात्रादि कार्य निष्फल होंगे॥
तेरे द्वारा सुस्थापित यह, शुक्रेश्वर लिंग कहलायेगा।
इसका अर्चन करने वाला, संपूर्ण सिद्धि पा जायेगा॥
जो तीन-शुक्रके योग-सहित, निज अर्चन पूर्ण कराएगा।
वह मेरा तुमसा प्रिय होकर अपना मनबांछित पाएगा॥

समा गये उस लिंगमें, शिव देकर वरदान।
निजआश्रमको चलपड़े, प्रमुदित शुक्र महान॥

----------------------(अध्याय - 50)------------------------

तप करके वाणासुरका शिव से वरपाना।
शिवजी का शोणितपुरमें आवास बनाना॥
कृष्ण-तनयका सपने में ऊषाको दर्शन।
हरकर उन्हें चित्रलेखाका शीघ्र आनयन॥
वाणासुरऔर कृष्णमें छिड़जाना संग्राम।
कृष्ण शौर्यसे असुरमें, मच जाना कुहराम॥51-54॥

हे महाप्राग्य! श्री सनत्कुंबर हमहैं कृतग्य आभारी हैं।
हैं आप अनुग्रह मूर्ति मुने, जगजीवों के उपकारी हैं॥
शिवका निवास शोणितपुर क्यों क्या वाणासुरमें पाया था?
है जिज्ञासा उसको क्योंकर गणका अध्यक्ष बनाया था?
हेव्यास! दक्षने कन्याएं तेरह ब्याही थी कश्यप से।
सब की सब परम सुशीला थी, थी एक-एक से बढकर के॥
दिति ज्येष्ठा थी उसके बच्चे बलशाली दैत्य कहाते थे।
जो प्रथम हुए वे हिरण्याक्ष और कनककशिपु कहलाते थे॥
ह्लादह्लाद संह्लाद तथा प्रहलाद हुए हिरणाकुश के।
सिरके दानी प्रह्लाद-पुत्र, धर्मात्मा बड़े विरोचन थे॥

दानीथे सर्वस्व के, बलि उनकी सन्तान।
शिवभक्तोंमें श्रेष्ठथे, पुत्र इन्हीं के वाण॥

तीनोंलोकोंको जीत लिया, उस बलशाली वाणासुरने।
खुदलगा चलाने राज्यकार्य, रजधानी कर शोणितपुरमें॥
शिव-इच्छासे सब देववृन्द, वाणासुरके किंकर से थे।
थीसुखी प्रजा सबकीहीसब, सुर-दुखिया हदसे बढकरथे॥
एकबार हजारों हाथोंसे, ताली देकर वह महाअसुर।
ताण्डव नर्तनमें हुआ मगन होगए प्रसन्न शंभु-शंकर॥
जो भी वरचाहो वह मांगो, शिवजी बोले असुरेश्वर से।
करके प्रणाम बलिनन्दनने, वरमांगा प्रभु सर्वेश्वर से॥

मेरे रक्षक आप बन करिये यहीं निवास।
शोणितपुर अध्यक्ष बन रहिये मेरे पास॥
"एवमस्तु" कहकर उसे, आत्मज गणके साथ।
शोणितपुर रहनेलगे, कौतुकनिधि गिरिनाथ॥

अमृत-से जल लेने वाला, मूरख ही तो कहलाएगा।
दाता अतृप्त होगा देकर, याचक प्यासा रह जायगा॥

अंजलिभर दूध मांगनाहै, क्षीरोदधिका अपमान न क्या?
कणभर कुबेरसे धनलेना, उनकाहै घटाना मान न क्या?
बलिनन्दन माया मोहितथा, साक्षी वरदान मांगना है।
इसका प्रमाण हे महामुने! आगेकी अदत घटना है॥
ताण्डवकर पुनः असुरपतिने, श्रीशिवजीका सत्कार किया।
अपने हजार हाथ जोड़े, - सरटेके नमन हजार किया॥

बलिसुत बोलाहूं बली, कृपा आपकी नाथ।
बिना कामके हो रहे बोझ हजारों हाथ॥
एक साथ खुजला रही, मेरी भुजा हजार।
करबा सकते आपही, इनका कुछ सत्कार॥

अतिरिक्त आपके त्रिभुवनमें, कोई मेरेजैसा वीर नहीं।
यम, वरुण, कुबेर, सुरेश आदि, क्षणभरभी धरते धीरनहीं।
ये हाथ आपसे मिले मुझे, अब कोई ऐसा युद्ध मिले।
या तो इसके करदे टुकड़े, ऐसा ही योद्धा क्रुद्ध मिले॥
अथवा वह इन हाथों-द्वारा, निज जीवन सेही हाथ धोले।
ऐसा अवसर दीजे दाता, मैं शरण कहूं, या वह बोले॥

वाण बचनको श्रवणकर, रुद्र हुए अंगार।
बोले दैत्याधम तुझे, बार-बार धिक्कार॥
मूर्ख तुम्हारा दर्प यह, होगा चकनाचूर।
प्राण बचानेके लिए, तू होगा मजबूर॥

मेरे समान दुर्धर्षवीर, रणमें तुझको ललकारेगा।
पर्वत सी तेरी बाहों को, काटेगा तुझे पछारेगा॥
तू क्षुद्र कुएंका मेंढकहै, इसका एहसास करादेगा।
ओ आसमान छूनेवाले, मिट्टीमें तुझे मिला देगा॥
नर सिरवाला यह मयुरध्वज, जब अनायास गिरजायेगा।
लोजान तभीसे अभिमानी, तेरा दुर्दिन आ जाएगा॥

जा! तू अपने महल जा! है इसमें कल्याण।
करप्रणाम वह चलपड़ा, शिवकी आज्ञा मान॥

थोड़ेही दिनमें सत्यहुआ, शिवजीका अबिचल प्रबल-बचन।
एकरोजअचानक मानवमुख, उस मयुरध्वजका हुआ पतन॥
वाणासुरकी कन्या ऊषा, सोईथी निज अन्तः पुर में।
होकर वह त्रियाभाव पीड़ित - होगई बिकल-अंतर-उर में॥
सपनेमें उसका कृष्णपौत्र, अनिरूद्ध ललासे हुआ मिलन।
जगने पर प्राणप्रिया सखिसे, ऊषाने इसका किया कथन॥

हे सखी! स्वप्न-सुंदर-वर से, अतिशीघ्र मुझे तू मिलवादे।
है सपथ तुझे वे जहांभी हों, तू आज-आज उनको लादे॥

हुई चित्रलेखा बड़ी, सुनकर के हैरान।
कैसे ला सकती उसे, हूं जिससे अनजान?
बलिपौत्री तत्क्षण हुई, मरने को तैयार।
उसे रोककर मरणसे, करके सुद्ढ विचार॥

बोली ओ सखि! कहतो तेरा, कैसा वह प्रियतम प्यारा है?
हो वह त्रिभुवन में जहाँ कहीं, लानेका काम हमारा है॥
तदनन्तर चित्रलगी लिखने, सुन्दर कपड़ोंके परदों पर।
देवों दैत्यों दानवों तथा, यक्षों सिद्धादि और किन्नर॥
कहने में देर लगरही थी, थी देर न उसके करने में।
वह तन्मयथी मशीन जैसी, लिखनेमें और रंग भरनेमें॥
अब व्यस्तथी मंत्रीकी पुत्री, मानवके चित्र बनाने में।
ऊषाभी अस्त-व्यस्त सीथी,; यह नहीं' , 'नहीं' बतलाने में॥
विधुवंशी यादव, वृष्णि आदि वीरोंके चित्रलगी लिखने।
वसुदेव, कृष्ण, बलराम आदि, परदे पर सभी लगे दिखने॥

बनाचित्र प्रद्म्नका, तदनन्तर अनिरुद्ध।
यही, यही हैं बोलकर, ऊषा हुई विमुग्ध॥

वहदिव्य-योगिनी उषा-सखी, थी सिद्ध-प्रसिद्ध बुद्धिवाली।
ऊषाथीप्राण-समान इसे, अति सरल हृदय भोली-भाली॥
थाज्येष्ठ कृष्णचौदस उसदिन, अनिरुद्धको हरकर लेआई।
अत्यन्त प्रसन्न हुई ऊषा, निज प्रियतमका दर्शन पाई॥
कोइ सचको लाख छिपाए पर, यह नहीं छिपाए छिपता है।
बादलमें छिपा हुआ सूरज, सारे जगका तम हरता है॥

समाचार सुनकर हुआ आग-बबूला बाण।
भेजे सैनिक सहस-दस, सभी गंवाए प्राण॥

वह खुदजाकर अन्तः पुरमें, दुर्जयको रण करते देखा।
जिस-जिसको रण करनेभेजा उस-उसकोही मरते देखा॥
अनिरुद्ध लालने महाशक्ति, फेंकी वाणासुरके ऊपर।
वह खाकरके गहरी-पीड़ा, रणछोड़ा अंतर्हित होकर॥
फिर छलसे नागपाश-द्वारा, अनिरूद्धलालको बांध लिया।
फौलादी पिंजड़े में खल ने, इन महावीर को कैद किया॥
कुम्भांड! अभी इस पापीको, सबसे घटिया दो मृत्युदंड।
अतिक्रोधित वाणासुर बोला, इसको छोटा है प्राणदंड॥

महाराज क्या कहरहे करिये तनिक विचार।
होगी इसको मार कर अपनी भारी हार॥
बलमें यहहै नारायणसा, साहसमें यह शिवजैसा है।
सैकड़ों नाग डसरहे इसे, फिरभी जैसे का तैसा है॥
ऐसा कहकर बाणासुरसे, प्रद्युम्न-तनय से बोला वह।
जीवित रहनाहो नीच तुझे, तो "शरण" "शरण" जल्दीसे कह॥
नीच निशाचर है कहां, तुम्हें धर्मका ग्यान।
पीठ दिखाना सिसकना, नहीं वीरकी शान॥
लड़कर मरजाना जीनाहै, दीनता दिखाना निम्न मरण।
कांटे-जैसा चुभने वाला, है नहीं गवारा कायरपन॥
अनिरुद्धकेसुनअविरुद्धबचन, यहहुआचकितऔरक्रोधित भी
इतने में हुई गगनवाणी, चुपचाप जिसे सुन रहे सभी॥
ओ महाबली शिवकेसेवक, ओ बलिनन्दन कुछतो सोचो।
शिव ईश्वरके भी ईश्वरहैं, वे परमेश्वर हैं गौर करो॥
वे जिस निर्बलको भी चाहें, अतिशय बलवान बनादेंगे।
वे चाहें जिस बलशालीको, मिट्टीमें उसे मिला देंगे॥
तू अपने अभिमानवश, हुआ इष्टसे दूर।
गर्व तुम्हारा हे असुर! वे करदेंगे चूर॥
शान्त गगनवाणी हुई, बोले सनत्कुमार।
त्यागदिया असुरेशने, वधका हीन विचार॥
नागपाशमें थे बंधे, श्री प्रद्युम्न कुमार।
मनही मन करनेलगे, दुर्गाकी जयकार॥
है अम्ब आपको नमस्कार, मेरी भारी विपदा हरिये।
हूं नागपाश में बंधाविवश, माता मेरी रक्षा करिये॥
तत्काल प्रकटशिव-शक्तिहुई, और कृपाशक्तिसे युक्तकिया।
करकेविदीर्ण असिबन्धनको, क्षणभरमें इनको मुक्त किया॥
पहुंचाकर अंत: पुर इनको, श्री अंबा अंतर्धान हुई।
खिलउठा कमलमुख ऊषाका, खेली मुखपर मुस्कान नई॥
प्रिया-मिलनका सुखमिला, मनमें हर्ष अपार।
श्रीअनिरुद्ध प्रसन्न थे, करते प्रेमविहार॥
ग्रंथ भिन्नतासे कथा, मिलती भिन्न-विभिन्न।
कल्पभिन्नता से सभी, सचहैं और अभिन्न॥
नारद आए द्वारिका, कई वर्ष उपरान्त।
कृष्ण-सहित सबनेकिया, स्वागत शिथिलनितांत॥

सत्कृत होकर नारदबोले, भगवन कहिये क्यों चिन्तित हैं?
जिनकेसुमिरणसे ब्यथामिटे, वे खुदहीआज व्यथितचित हैं॥
अपहृत अनिरुद्ध हुए मुनिवर, कमसेकम चारवर्ष पहले।
अबतक चलपाया पता नहीं, सारे प्रयास बेकार हुए॥
श्री कृष्णचंद्र आगे बोले, सर्वज्ञ आप हैं बतलाएं?
वहकहां और किसहालमेंहै? हम खोजें कहां? कहाँजाएं?
मुनि बोले सर्वसमर्थ आप, सर्वज्ञ हैं जन आनंदी हैं।
वाणासुरके शोणितपुरमें, अनिरुद्ध लालजी बन्दी हैं॥
कहकरके सारीकथा विदाहुए मुनिराज।
रणभेरी बजनेलगी, सजे युद्धके साज॥
बलरामकृष्णसात्यकिप्रद्युम्न, गदआदि, महारथि निकलपड़े।
द्वादशक्षोहिणी सैन्यलिए, मनमें अदम्य उत्साह लिये॥
ग्यारह सहस्रयोजनका पथ, क्षणमेंही सबने पार किया।
था चमत्कार बलदाऊका, सबने इनकी जयकार किया॥
चहुंदिशिहिमका उत्तुंग-शिखर, उसमध्यमें दुर्गम दिव्यनगर।
शिव संरक्षकथे, यहपुर था, अतिशय सुन्दर अतिदुर्गम-तर॥
पुर रक्षामें सजगथे, अग्निदेव साकार।
चारोंतरफ अभेद्यथा, उनका तेजअपार॥
नभगंगाका गरुड़ने, मुखमें भरकर नीर।
फेंका ज्योंहीं अग्निपर, भागे तजकर धीर॥
स्वाहास्वधा, बषट्कार-अग्नी, सैनिक बनचले अंगिराके।
श्रीकृष्ण वाणकी चोट लगी, तब सारे भागे घबड़ाके॥
हो गए पराजित पावकदल, वाणासुरसे बोले शिवजी।
पोतेके साथ बहू देकर, स्वागत उनकाहो उचित यही॥
योद्धाहैं कृष्ण आपजैसे, तब रणआग्या मुझको दीजे।
वरदान युद्धकादिया मुझे, तो नाथ उसे पूरा कीजे॥
आप मुझे सहयोग दें, बोला शिवसे वाण।
मायापतिके होठ पर, खेल गई मुस्कान॥
तबतक यादव रणवीरों ने, प्रारंभ युद्धकर डाला था।
उपवनों, गोपुरों, द्वारोंको, कई एक नष्टकर डाला था॥
यहदेख क्रोधसे, जलभुनकर, वाणासुर रणको निकल पड़ा।
शिवजीके साथ कुमारचले, ज्यों प्रलयंकरसंग प्रलयचला॥
सेना और महारथी दोनों, थे एकजैसे दोनों दल में।
बारह- बारह अक्षोहिणियाँ, सेनाएं थी दोनो दलमें॥

श्रीशिवमें और कृष्णमें, हुआ भयंकर युद्ध।
सात्यकि बाणासुर उधर, लड़तेथे हो कुद्ध॥
शिवसे बोले भगवान कृष्ण, हेनाथ! आपकी जयहोवे।
निर्गुण, गुणआश्रय, स्वप्रकाश, जगनाथ आपकी जयहोवे॥
इस गर्वीले वाणासुरको, जो शापदियाथा खुद प्रभुने।
उसकेही पूरे होनेमें, क्यों बाधा खड़ी किया प्रभुनें?
मैं उसकी सहस भुजाओंका, छेदन करने ही आया हूं।
हों व्यर्थ नहीं श्री शंभुबचन, पूरा करने ही आया हूं॥
सत्य करूं श्रीमुखबचन, आज्ञा करें प्रदान।
हो प्रसन्न श्रीकृष्णसे, बोले शिव भगवान॥
मैंने ही शाप दियाथा और मैंने ही कृष्ण-बुलाया है।
लेकिन भक्तोंका कष्टकोई, मुझसे न सहनहो पायाहै॥
मेरी आँखोंके आगेही उसकी बांहोंका छेदन हो।
इसलिये मुझे जृम्भृत करके, तब इसअभेद्यका भेदनहो॥
कियाधनुष पर कृष्णने, जृंभणास्त संधान।
निद्रित शिवजी होगये, लगतेही वहवाण॥

-------------------(अध्याय - 51-54)-------------------

वाण भुजाओंका खंडन श्रीकृष्णके द्वारा।
वधमें रोक लगाया जाना शिवके द्वारा॥
सपरिवार द्वारिका कृष्णका लौटके आना।
वाणासुरका ताण्डव करना शिवको रिझाना॥
शिवजीके द्वारा उसे फिर मिलना वरदान।
महाकालका पदतलक, देना उसे महान॥55-56॥

महाप्राग्य श्रीव्याससे बोले सनत्कुमार।
हरिहरकी अद्भुत-कथा, सुनें सहित विस्तार॥
निजगणों सुतोंके सहित शंभु, लीलावशात सोए रणमें।
तब महाबली बलि-पुत्रवाण, हरिसे लड़ने आया रणमें॥
कुंभाण्ड सारथीथा उसका, वह शस्त्रास्त्रोंसे सज्जित था।
चिरवांछित युद्धमिलाउसको, वह मनहीमन अतिहर्षितथा॥
भीषण संग्रामारंभ हुआ, चलताही रहा बहुत दिन तक।
तब क्रुपितहुए भगवानकृष्ण, भयभीत होउठा कालतलक॥
ले हाथ सुदर्शन महाचक्र, वे लगे काटने वाण- भुजा।

कटगए सभी कर छप-छपकर, बचगई मात्रथी चारभुजा॥
लगे कृष्णजी काटने, वाणासुरका शीश।
मोहनींदको त्यागकर जागगए जगदीश॥
मतसर इसकाकाटिये बोले शंभु-सुजान।
इसे अमरताका दिया, है मैंने वरदान॥
शिवआज्ञासे श्री गिरिधरने, लौटाया चक्र सुदर्शन को।
शिवजीको नमनकिया हरिनें, शिवनेभी नमनकिया इनको॥
यह भक्त पुत्रहै बाणमेरा, यह कृष्ण आपका मित्र बने।
वर-वधुको अर्पण करसादर, यह अबसे परम पवित्र बने॥
घर आपजांय वरवधू सहित, मैं भी अपने घर चलता हूं।
पलतेहैं भक्त सदा मुझसे, मैं भी भक्तों से पलता हूं॥
चलेगए भगवान शिव, गणोंसहित स्वस्थान।
वाणासुरके घरगए, प्रेम- सहित भगवान॥
उषासहित अनिरुद्धसे, मिलकर हुए प्रसन्न।
प्रेमाशीश प्रदानकर, उन्हें किया सम्पन्न॥
वधु उषाको प्राप्तकर, मिला बहुत आनन्द।
मिली चित्रलेखा वधू जिससे परमानन्द॥
शिवकी आज्ञाका कर पालन, वाणासुरसे ले विदा चले।
परिवारसहित प्रस्थित होकर, प्रभुशीघ्र द्वारका पहुंचगए॥
विद्वेष रहित हो वाणासुर, नंदीश्वर के समझाने पर।
तत्काल पहुंचकर शंभुसदन, सररक्खा उनके चरणों पर॥
तदनन्तर ताण्डव शुरुहुआ, बलिपुत्र भक्त वाणासुर का।
उस नृत्य-भावको देख-देख, दिल पिघल उठा शिवशंकरका॥
शिवबोले संतुष्टहूं बलिसुत प्यारे वाण।
जो अभिलाषा होतेरी, मांगो वह वरदान॥
भरजांय घाव मेरेसारे, बाहोंकी बनी रहे क्षमता।
देवोंसे मेरा वैर मिटे, यह राज्यहो बेटी–बेटेका॥
गणनायकत्वकी प्राप्तीहो, शिवभक्ति हमेशा बनीरहे।
हो दयाभाव हर प्राणी पर शिवजीकी सेवाबनी रहे॥
बाणासुरकी आँखें छलकी करजोड़ेथा वह मौन खड़ा।
बोले "तथास्तु' भगवानशंभु अबसे तू महाकाल कहला॥
वाणासुरको दानकर मनचाहा वरदान।
परमेश्वर शंकर हुए पलमें अंतर्धान॥

--------------------(अध्याय - 55-56)--------------------

गजराक्षसका तपकरना इच्छित वरपाना।
करना अत्याचार शंभु- कर मारा जाना॥
करधारण गजछाल कृत्तिवासा कहलाना।
कृत्तिवासेश्वरलिंगका शुभ अस्थापन करना॥57॥

ब्याग्ररूपमें दैत्य का, शिवसेवक पर वार।
शिव- द्वारा जनरक्षण, राक्षसका संहार॥
"ब्याघ्रेश्वर" उसदिवससे, शिवका होना नाम।
'इनके दर्शन, श्रवणका, अति मंगल परिणाम॥58॥

मुनिवर श्रीशशिमौलिका, सुनें चरित्र महान।
श्रीशिवजीके क्रोधमें, शिवकी कृपा महान॥
मिलता उनसे दंड जो, उसमें कृपा विशेष।
अपनी लीलाका मरम, जानें स्वयं महेश॥
महिषासुर पुत्र गजासुरने, देवी से करने वैर प्रबल।
बदला लेनेकी इच्छासे, करके कठोर तप हुआ निबल॥
तपकी ज्वालामें दग्धदेव, श्री ब्रह्माजीकी शरण गए।
उस तपसीको श्री ब्रम्हाने, जो मांगा वह वरदान दिये॥
जो कामाधीन बने न कभी, मैं मरूं उसी नर-नारीसे।
होऊं अजेय अतिबलशाली, सब कांपें मुझ गजभारी से॥
मांगा यह वरदान था, पाकर हुआ प्रसन्न।
जीत दिशाएं दिशिपको, हुआ गर्व सम्पन्न॥
काशी जा करनेलगा, दारुण अत्याचार।
आतुर सुर-मुनि आदिने, शिव-शिवकिया पुकार॥
कामारि शंभुअतिक्रुद्ध हुए, राक्षससे भारी युद्धकिये।
करके उसका मद चूर-चूर, उसको त्रिशूलमें पिरो लिये॥
तब विनती करनेलगा असुर, सुनकर प्रसन्न होकरशंकर।
बोले जो इच्छाहो तेरी, तू वही मांगले मुझसे वर॥
हैं प्रसन्न मुझपर अगर, तो यहदें वरदान।
मेरे तनके चर्मको, धारण करें इशाण॥
कृतिवासा के नामसे, आप बनें विख्यात।
मरकर भी हूंगा अमर, इस वरसे हे तात॥
कहकर "तथास्तु' फिर बोलेशिव, लिंग बनजाएगा तेरातन।
"कृत्तिवासेश्वर' कहलायेगा, मोक्षप्रदहो उसका दर्शन॥
ओढा गर्जचर्म दिगम्बरने, काशीमें बड़ा हुआ उत्सव।
जय-कृतिवासा, कृतिवासेश्वर, जयजयबोलें मिलकर हमसब

--------------------(अध्याय - 57)--------------------

हरकेकर मारागया, खल दुन्दभि, निर्ह्नद।
ग्रहणकीजिये हे मुने! यह 'शिव-चरित' प्रसाद॥
हरिके हाथों स्वर्णाक्ष मरा, मां दितिको दु: ख महान हुआ।
आश्वासन दे दुन्दभि बोला, द्विजही देवोंका प्राण हुआ॥
यदि विप्रनहीं तो यज्ञनहीं, जब यग्य-नहीं तव देव-नहीं।
द्विजको विनष्ट करडालें तो, नारायण और महोदव नहीं॥
ऐसा विचारकर उस खलने, ब्राह्मण विनाश प्रारंभ किया।
द्विज-बहुलक्षेत्रकाशी सुनकर, तत्क्षण काशी प्रस्थानकिया॥
जो द्विज समिधाकोवनजाते, खाता उनको बनचर बनकर।
जलमें जोस्नान निमितजाते, उनको खाजाता बन जलचर॥
रात्रीमें सोए विप्रोंको वह, केहरि बनकर खाता था।
इसतरह विप्रभक्षी दानव, ब्राह्मणका नाश कराता था॥
शिवरात्रीकी रात्रिमें, थे एक द्विज ध्यानस्थ।
आ पहुंचा खल ब्याघ्रबन, करने को उदरस्थ॥
शिवसे नहीं सहा गया, घोर विप्र- संहार।
हुए प्रगट उस दुष्टका, करने बंटाढार॥
दवा कांखमें शीशपर, किया भयंकर वार।
तत्क्षण दानव मरगया, अंतिम बार दहाड़॥
उसकी भीषण दहाड़ सुनकर, काशीके कांप गएतपसी।
आगए बहुत से दौड़-दौड़, थे जहां विप्र-रक्षक शिवजी॥
था ब्याघ्र कांखमें दबामरा, मुस्कानथी शिवजीके मुखपर।
अस्तुति जयकार लगेकरने, सबलोग चरणपर गिर-गिरकर॥
तदन्नतर सब विप्रसे, बोले शंभु सुजान।
रक्षा ब्राह्मण कीहुई, और सबका कल्याण॥
आकरके यहां प्रेम-पूर्वक जो मेरा दर्शन पायेगा।
उसके अनिष्ट मिटजाएंगे, वह निरूपद्रव होजाएगा॥

इसलिंगका सुमिरण-श्रवणमात्र, संग्राममे विजय दिलाएगा।
व्याघ्रेश्वर-चरित श्रवणकरके, मनबांछित फल नर पाएगा॥

-----------------------(अध्याय - 59)-----------------------

विदलोत्पलका पार्वती पर मोहित होना।
उमाके करसे कंदुकसे इनका वध होना॥
उस कंदुकका 'कंदुक-ईश्वर" नाम कहाना।
'ज्येष्ठेश्वरके निकट, स्वयं स्थापित होजाना॥
दर्शन इनका भक्तका, पूर्ण करे मनकाम।
युद्ध-खंडका हे मुने! पूर्ण हुआ आख्यान॥59॥

हे मुने! दैत्य दो-भाईथे, जिनकाथा नाम विदल-उत्पल।
ये महाबली तो थेहीथे, वरदान प्राप्तकर हुए प्रबल॥
कोई नर हमे न मारसके, ब्रह्मासे यह वर पाया था।
फिर जीत त्रिलोकीको उसने, देवोंको खूब सताया था॥
देवोंकी कष्ट कहानी सुन, उन सबसे बोले ब्रह्मदेव।
जपिये भव सहित भवानी को, कल्याणकरेंगे महादेव॥

सुमिर शिवा-शिवको हुए, ब्रह्मदेवता मौन।
अभयहुए सब देवता, अब भयदायक कौन॥
नारद जीसे श्रीगौरीकी, सुन्दरताकी चर्चा सुनकर।
जा पहुंचायह दोनों भाई, थे जहाँ भवानी और शंकर॥
यह उमा-हरणकी इच्छाले, गणबनकर उनके निकट गया।
शिवजीने इन बहरूपियेको, क्षणभरमेंही पहचान लिया॥
गिरिजाजी गेंद-फेंकतीथीं, और शिवजी उसे लपकते थे।
पहचान गई गणको गौरी, बाबाभी इसे समझते थे॥
संकेत समझकर गौरीने कंदुकसे महाप्रहार किया।
एकबारमें दुहरी चोट पड़ी, दोनों राक्षसको मार दिया॥
एक इधरगिरा, एक उधरगिरा, ज्यों ताड़केफल गिरजातेहैं।
विद्युताघातसे महाशिखर, दो तरफ जथा गिर जाते हैं॥
दैत्योंको संहारकर, गेंद बन गई लिंग।
दुष्ट विनाशकहैं यही, "कंदुक ईश्वर' लिंग॥
यह दिव्य "कंदुकेश्वर-चरित्र" जो सुनता और सुनाता है।
कर तलगत उसके भोग-मोक्ष, वह अभय सुखीहो जाताहै॥

-----------------------(अध्याय - 59)-----------------------

॥ श्रीरुद्रसंहिता युद्धखण्ड संपूर्ण ॥

शिवजीके पंचावतारका विधिवत वर्णन।
सद्योजात, वामदेव, तत्पुरुषके गुणकीर्तन॥
फिर अघोरकीकथा, उन्हींका करके वन्दन।
तदनंतर ईषाण अवतरण कथा सुहावन॥1॥

शौनकने कहा सूतजीसे, आगेका चरित कथन करिये।
सज्जन-कल्याण-निमित शिवके, अवतारोंका वर्णनकरिये॥
हे शौनक! बोले सूतमुनी, श्री शिवजीका सुमिरण करिये।
अवतार चरित्र सुनाता हूँ, आदरके साथ श्रवण करिये॥
सत्पुरुषोंकी गति, शिवस्वरूप, श्रीनंदीश्वरसे सनत्कुवर।
पूछे जब यही-प्रश्न उनसे, तब उनने दिया था यह उत्तर॥
है धुलिकणोंकी भी गिनती, गिनतीहै नभके तारों की।
पर कल्प और कल्पान्तरके, गिनती न शंभु-अवतारों की॥

कुछ अवतारोंकी कथा, कहूं बुद्धिअनुसार।
श्वेत-लोहितमें शम्भुका, सद्योजात अवतार॥

मेरी बुद्धीमें यह शिवका, प्रथमावतार कहलाता है।
उस दिव्यचरितका कर सुमिरण, रोमान्च मुझेहो आता है॥
उन परमेश्वरके चिन्तनमें, विधिका मन एकाकार हुआ।
इतनेमें लोहित-धवल-वरण, सुन्दर कुमार साकार हुआ॥
पहचान इन्हें श्री ब्रह्माने, अंजली बाँध वन्दना किया।
ये सद्योजातकुंअर शिवहैं, होकर प्रसन्न फिर ध्यान किया॥
इसबीच सफेद रंगवाले होगए प्रगट सुकुमार चार।
ये भी थे परमेश्वर स्वरूप-, मानो तन धारे वेद चार॥
चारों सुकुमार कुमारोंने, विधिसहित किया विधिका वंदन।
इनकाथा नाम सुनन्द, -नन्दन, उपनन्दन तथा विश्वनन्दन॥
तब सद्योजात स्वयंभूने, ब्रह्माको ग्यान प्रदान किया।
उपरान्त सृष्टि संरचनाके, आत्यंतिक बलका दान किया॥

सद्योजात प्रथमहुआ, यह शिवका अवतार।

रक्तकल्पका अब सुनें, वर्णन भले प्रकार॥

बीसवां हुआथा रक्तकल्प, ब्रह्माका रक्तवरण तन था।
सुतहेतु ध्यानमें बैठेथे, शिव चिन्तनमें तन्मय मन था॥
कुछसमयबाद सुत प्रगटहुआ, उसलालकाभी था लालवरण।
थे नेत्रलाल श्रृंगार लाल, और लाल- लाल वस्त्राभूषण॥
ये वामदेव शिवशंकर हैं, विधिध्यान किये पहिचान गए।
तदनन्तर दोनों हाथजोड़, आदरसे उन्हें प्रणाम किये॥
विरजा, विवाह, विशोक तथा, चौथेका नाम विश्वभावन।
ये चारों प्रगटहुए उसक्षण, चारोंका ही था रक्तवरण॥

प्रभुने ब्रह्माको दिया, शक्ति सहित विज्ञान।

यह द्वितीय अवतारका, परमोत्तम आख्यान॥

फिर इक्कीसवां कल्प-आया, था नाम 'पीतवासा' जिसका।
ब्रह्माका तनथा पीतवर्ण, पीताभ वस्त्र आभूषण था॥
पुत्रार्थ ध्यानमें बैठेथे, चिरकालसे वे तन्मय होकर।
आँखोंके आगे आ पहुंचा, एक सुन्दर तनय प्रगट होकर॥
पीताम्बरधर उस बालकको, श्री ब्रह्माने पहिचान लिया।
'तत्पुरुष' शंभुहैं इष्टमेरे, जब ध्यानकिया तब जान लिया॥
शांकरि-गायत्रीसे विधिने, श्री महादेवको नमन किया।
होगए प्रसन्न चंद्रशेखर कइ, एक कुमारको प्रकट किया॥

शक्ति-ग्यान देकरकिया, विधिका कार्यसुधार।

हुआ 'तत्पुरुष' नाम से, यह तीजा अवतार॥

उस 'पीतकल्प' के चुकनेपर, शिवकल्प' का शुभआरंभ हुआ।
बीते जब दिव्य सहस्रवर्ष, एकार्णवका भी दिन चूका॥
तब सृष्टि कामनासे ब्रह्मा, कर रहे विचार दुखी मन से।
किसतरह सृजनका कामबने, जग जगजाए संजीवनसे॥
उससमय विधाताके आगे, एक बालक प्रकट हुआ सुंदर।
उसका था काला वेष-वर्ण, काली पगड़ी और हार सुघर॥
ये हैं 'अघोर' भगवान शंभु, ब्रह्माने तभी किया वन्दन।
उठकरके करनेलगे विनय, उनसे कह-कहकर इष्टबचन॥
तब उस 'अघोर' से प्रगटहुए, तेजस्वी बालक और चार।
येकृष्ण कंठध्रुक, कृष्णशिखर, कृष्णास्य, कृष्णनामी कुमार॥

ब्रह्माजी के कार्यमें, देकरके सहयोग।
किया प्रचारित वहहुआ, 'घोर' नामका योग॥
यह 'अघोर' शिव शंभुका, था चौथा अवतार।
"विश्वरूप' शुभकल्पका, अब कहता हूं सार॥
पुत्रहेतु कररहे थे, विधि शिवजी का ध्यान।
प्रगट हुईं श्री शारदा, कर सिंहनाद महान॥
उसीतरह प्रगटे वहां, परमेश्वर ईषाण।
उज्ज्वल उनका वर्णथा, शुद्ध स्फटिक समान॥
अज, अरूप, सर्वेश को, विधिनें किया प्रणाम।
शिवजी ने उपदेश दे, पूर्ण किया मनकाम॥
अर्द्धमुंड, मुंडी, जटी, और शिखंडी नाम।
चार सहित ईषाणसे, सिद्ध हुए सबकाम॥
शिवजीका 'ईषाण' यह, था पंचम अवतार।
हे सर्वज्ञ महामुने! ऋषिवर सुनत्कुमार॥
जो इन अवतारोंकी गाथा, सुनताहै तथा सुनाता है।
वहपाकर जगमें काम्यभोग, निर्वाण प्राप्त करजाताहै॥

-------------------------(अध्याय - 1)-----------------------

अर्द्ध नारि-नरके सहित, अष्टमूर्ति अवतार।
नंदीश्वर का सनत से, वर्णन यथा प्रकार॥2-3॥

कहताहूं उन अवतारोंको, जो श्रेष्ठ और सुखदाता हैं।
जग अष्ट-मूर्तियोंका स्वरूपवे जगके भाग्य विधाता हैं॥
भव, रुद्र, उग्र, पशुपति, इषाण, पुनि शर्व, भीम और महादेव।
क्षिति, जल, पावक, आकाश, वायु, क्षेत्रग्य, सूर्य और चंद्रदेव॥
इन अष्ट मूर्तियोंके द्वारा, ये आठों तत्व अधिष्ठित हैं।
या यह कहिये इन आठोंमें, ये आठों तत्त्व प्रतिष्ठित हैं॥
शिवका सलिलात्मक-रूप मुने, जो जगका जीवनदाता है।
शास्त्रों में संतों के मतमें, 'भव' नाम से जाना जाता है॥
जगके बाहर भीतर रहकर, करता जो सदा भरण-पोषण।
यह कहना सतपुरुषोंका है, वह करता 'उग्र' नाम धारण॥
गगनात्मक शिवरूपजो वह कहलाता 'भीम'।
कोटिश-नभ सीमित मुने, पर यहभीम असीम॥
जो सर्वात्मा जो सर्ववास, भवपाशका नाश कराता है।

वह शिवजीका अति सौम्यरूप, ही 'पशुपति' माना जाताहै॥
शिवका तमनाशक सूर्यरूप, जगमें 'ईषाण' कहाता है।
आह्लादक शिवका चंद्ररूप, ही 'महादेव' कहलाता है॥
आत्मा और परमात्मा, शिवका अष्टमरूप।
शिव के सारे रूप में, है यह रुप अनूप॥
यहजग शिवका रूपहै, शिवजीहैं जगरूप।
इसीलिए तो कह गए, है यह रूप अनूप॥
शिवजीकी पूजा करने से, यह विश्व सुपूजित होता है।
शिवमें सब, सबमें शिवजाने, वह शिवप्रिय सबप्रिय होताहै॥
तरुमूलके सिंचन से जैसे, शाखाएं सिंचित होती है।
वैसेही शिवकी सेवा से यह दुनिया सेवित होती है॥
कोई भी प्राणी कभी, दे न किसीको कष्ट।
सबमें राजित हैं सदा, यही मूर्तियां अष्ट॥
अर्द्ध नारी-नर रूपका, मुनें सुनें आख्यान।
पाया इस अवतार से, ब्रह्मा ने वरदान॥
जब ब्रह्म-सृष्टिकाहो पाया, चिरकाल-तलक विस्तार नहीं।
तब ब्रह्माजीके कष्टोंका, बिल्कुल दिखताथा पार नहीं॥
मैथुनी सष्टिके बिना नहीं, विस्तार सृष्टिका संभव है।
गुंजी गंभीर गगनवाणी, यह भी तप बिना असंभव है॥
अबतक महिलाओंके कुलका, शिवजीनें कियाथा सृजननहीं।
लाचार विधाता सोच रहे, होरहा सफल कुछ यतन नहीं॥
शिवासहित शिवकाकिया, बड़े प्रेमसे ध्यान।
घोर तपस्यामें लगे, ब्रह्मदेव भगवान॥
हो प्रसन्न परमेशशिव, धर नारी-नर रूप।
हुएप्रगट विधिकेनिकट, सब देवोंके भूप॥
छबिदेख अर्द्धनारीश्वरकी, विधिने साष्टांग प्रणाम किया।
फिरहाथ जोड़कर विनयसहित, इनदोनोंका गुणगान किया॥
तब ब्रह्मासे बोले शिवजी, है तेरी कामना ग्यात मुझे।
होकर प्रसन्न देने आया, मैं प्रजावृद्धि की दात तुझे॥
निज तनके आधे हिस्सेसे, शिवने देवीको अलग किया।
तब ब्रह्मदेवने विविधभांति, देवीका वंदन बिलग किया॥
देवी! सृष्टिके आदिमें, शिवसे मेरी सृष्टि।
फिर इनकीही कृपासे, जगकी मुझसे सृष्टि॥
किन्तु मानसिक सृष्टिका, हो नरहा 'विस्तार।

बार-बार रच-रच हुआ, अब मैं भी लाचार॥
मैथुनी सृष्टिसे प्रजाबढे, नारीकुलका तुम सृजन करो।
सबका उद्भम तुमहीतो हो, कुछकरो अंब कुछयतन करो॥
दो शक्ति नारिकुल रचनाकी, एक और वरदान प्रदान करो।
तुम दक्षकी पुत्री बन करके, शिवइच्छा का सम्मान करो॥
कहकर 'तथास्तु' शिवभामिनिने, ब्रह्माको शक्ति प्रदान किया।
फिर तत्क्षण अपने ही समान, एक देवीका निर्माण किया॥
हंसकर अपनी शक्तिसे, बोले लीलाधाम।

ब्रह्माजीकी हे प्रिया, करो पूर्ण मनकाम॥

शिवआग्याको शिवाने, किया तभी स्वीकार।

बेटी बनने दक्षकी, हुई देवि तैयार॥

ब्रहदेवको शक्तिदे, शिवाजीको सिरनाय।

दयामयी परमेश्वरी, शिवमें गई समाय॥

आनन्द दानकर ब्रह्माको श्री शिवजी अंतर्धान हुए।
हे मुने! अर्द्धनारीश्वरके, इसभांति पूर्ण आख्यान हुए॥

-----------------(अध्याय - 2-3)-----------------

पुनि वाराहकल्पके नौ अवतारका वर्णन।4।

एकबार श्रीरुद्रजी, बड़े हर्ष के साथ।

शिवचरित्र कहनेलगे, विधिने जोड़े हाथ॥

बाराहकल्प के सप्तम में, तेरे प्रपौत्र मनुसुत होंगें।
उस चतुर्युगीके द्वापरमें, हमलोक हितार्थ प्रगट होंगें॥
पहला-युगचक्र, प्रथम-द्वापर, प्रभु स्वयं व्यासबन आयेंगे।
कलियुगमें शिवासहित आकर, हम मुनिवर-श्वेत कहायेंगे॥
हिमगिरि पर मेरे चार शिष्य, अति तेजस्वी पैदा होंगे।
वे ध्यानयोग के आश्रय से, मेरे अति प्रेमपात्र होंगें॥

द्वापरमें होंगे पुनः, सत्य प्रजापति व्यास।

मेराहोगा आगमन, सहित शिष्यगण खास॥

कलियुगमें आऊंगा ब्रह्मण, मेरा सुतार नाम होगा।
दुन्दभि, शतरूप, हृषीक, शिष्य, औरचौथा केतुमान होगा॥
वे चारों ध्यानयोग-बलसे, मेरे निवास पर आएंगे।
मुझ अविनाशीको तत्व सहित, जानेंगे मुक्ती पाएंगे॥
तीजे द्वापर में ब्रहदेव, श्री भार्गव व्यास बनेंगे जब।

मैं दमन नामसे प्रगटूंगा, उसनगर-निकटही आकर तब॥
मेरे विपाप, पापनाशन, विशोक, विशेष शिष्य भी तब।
मेरा विशेष आश्रय पाकर, मेरा सहयोग करेंगे सब॥

व्यासदेव सहयोग को, यह मेरा अवतार।

कलिमें निवृतिमार्ग को, दूंगा सुद्दढ अधार॥

चौथे द्वापरमें जब होंगे, अंगिरा मुनिश्वर वेदव्यास।
उससमय सुहोत्र बनूंगा मैं, चार ही रहेंगे शिष्यखास॥
पंचम द्वापरमें जब सविता, ही व्यास पुकारे जाएंगे।
मैं कंक बनूंगा वे मेरा, सहयोग सदा ही पाएंगे॥

सनक, सनंदन, सनातन, चौथे सनत्कुमार।

योगी सिद्ध महात्मा शिष्य बनेंगे चार॥

छठवें द्वापरके मृत्युव्यास, डालेंगे विभाजन वेदों में।
मैं लोकअक्ष बन शिष्यसहित, वैरस्य जगाऊं विषयोंमें॥
शतक्रतुनामक सुव्यास होंगे, हे ब्रह्मण! सप्तम द्वापरमें।
मैं योगी जैगिषव्य बनकर, आऊंगा योग प्रगटकरनें॥
अष्टमके व्यास वशिष्ठ तथा, मैं दधिवाहन कहलाऊंगा।
शिष्योंके सहित व्यासजी को, अपना सहयोग लगाउंगा॥
सारस्वत नवम व्यास बनकर, जब धराधाम पर आयेंगे।
शिष्योंके साथ मुझ ऋषभका, सहयोग सदा वे पाएंगे॥
मैं ऋषभ- रूपमें बहुतेरे, दुखियोंका कष्ट मिटाऊंगा।
अपने भक्तोंकी नईयाको, भवसागर पार लगाऊंगा॥

ब्रहदेव मैंने कहा, तुमसे ऋषभ- चरित्र।

यशदायक इसका श्रवण, जीवन करे पवित्र॥

-------------------------(अध्याय - 4)-------------------------

फिर दसवेंसे अट्ठाइस अवतारका गायन॥5॥

फिर व्यास त्रिधामाजी होंगे, हे ब्रह्मण! दसवें द्वापरमें।
भृगुतुंग शिखरपर विचरेंगे, निबसेंगे गिरिके गह्वर में॥
मैं अपने चारोंपुत्र सहित, उनको सहयोग सदा दूंगा।
ग्यारहवें व्यास 'त्रिवृत' होंगे 'तप' नामसे मैं भी प्रगटूंगा॥
बारहवें होंगे 'शततेजा', मैं 'अत्रि' नाम धारण करके।
प्रगटूंगा हेमकंचुकीमें, कलियुगमें अवसर पाकर के॥
तेरहवां द्वापर आने पर जब व्यास बनेंगे 'नारायण'।

मैं 'बलि' नामक मुनि होउंगा, आवास हमारा गंधमादन॥
काश्यप, वशिष्ठ,' विरजा,' सुधाम, ये मेरे चारपुत्र होंगे।
साहाय्य व्यासजीका करने, हम सदा-सदा प्रस्तुत होंगे॥
चौदहवें होंगे 'रक्ष' व्यास, मैं 'गौतम' नाम धराऊंगा।
पंद्रहवें होंगे 'त्रय्यारुणि', मैं वेदशिरा कहलाऊंगा॥

'देव' बनेंगे सोलवें, मैं हुंगा 'गोकर्ण'।
चारपुत्र योगी परम, शासित चारोंवर्ण॥

सत्रहवें देव 'कृतंजय' जी, मैं हूंगा विप्र गुहावासी।
चार ही पुत्र होंगे मेरे, चारो ही परम पुण्यराशी॥
होंगे अठारवें 'ऋतंजय', उससमय 'शिखण्डी' हुंगा मैं।
अपने चारों पुत्रों समेत, उनका सहयोग करूंगा मैं॥
होंगे उनीसवें 'भरद्वाज', मैं 'माली' नाम धराऊंगा।
बीसमें व्यास गौतम होंगे, मैं 'अट्टहास' कहलाऊंगा॥
प्रति अवतारोंकी तरह मेरे, इसबारभी होंगे पुत्रचार।
क्रमश: सुमन्त, वर्विर, कबन्ध, चौथे कुनिकन्धर अतिउदार॥

'वाच: श्रवा' इकीसवें, होंगे पूजित व्यास।
मैं हूंगा' दारुक' मेरा, दारुक-विपिन निवास॥

बाइसवें द्वापरके होंगे, अतिपूज्य व्यास श्री 'शुष्मायण'।
'लांगली-भीम' मैं होऊंगा, सुर पायेंगे मेरा दर्शन॥
'तृणविन्द' मुनीश्वर तेइसवें, द्वापरके व्यास कहायेंगे।
कालिंजर गिरिपर तब हमभी, मुनि' श्वेत' नामसे आएंगे॥
चौबिसवें व्यास 'यक्ष' होंगे, मैं 'शूली' हुंगा नैमिष में।
मैंमुण्डीश्वर' होउंगा-जब, श्री 'शक्ति' बनेंगे पच्चीसवें॥
छब्बिसवें व्यास 'पराशरजी', तब मैं सहिष्णु कहलाऊँगा।
'श्रीजातुकर्ण्य' सत्ताईसवें, 'शशिशर्मा' मैं बन आऊंगा॥
अट्ठाइसवें में स्वयं हरी, 'द्वैपायन व्यास' कहाएंगे।
हम भी कृष्णावतार पलमें, 'लकुलीयोगी' बन आएंगे॥
हे मुनियों! इसप्रकार शिवनें, सब योगेश्वर अवतारों की।
सम्यक शुभकथा कही विधिसे, प्रत्येक व्यास अवतारोंकी॥
हरद्वापरमें व्यासावतार, हर कलिमें योगेशावतार।
हर योगेश्वर के चार-चार, अविनाशी शिष्योत्तम उदार॥

ब्रह्मदेवसे रुद्रने, कहकर यह आख्यान।
विदा लियावे होगये, पलमें अंतर्धान॥

------------------------(अध्याय - 5)------------------------

नंदीश्वर अवतारकी, सुन्दर कथा सुनाना।6।

कहे बयालिस अवतरण, के अबतक आख्यान।
'नंदीश्वर' अवतार का, अब करते हैं गान॥
सनत्कुंमरके प्रश्न पर, करकेपुनः विचार।
'नंदीश्वर' बोले सुनो, हे सर्वग्य कुमार॥

शिवअंशसे जन्म ग्रहण करके जैसे मैंने पाया शिवको।
तुम सावधान हो श्रवण करो, वह कथा सुनाता हूं तुमको॥
पितरोंकी आज्ञासे शिलाद, मुनि नें तप घोर-कठोर किया।
पर पुत्र अयोनिज और अमर, श्री देवराज से नहीं मिला॥
सुरपति की आज्ञासे मुनिने, प्रारंभ किया शिव आराधन।
होकर प्रसन्न श्रीशिवजी ने, आकरके दिया दिव्य दर्शन॥

शिव बोले मुनि मांगिये, मुंह मांगा वरदान।
अमर-अयोनिज दीजिये, मुझे पुत्र-सन्तान॥

मैं जगत्पिता होकर मुनिवर, अब तुमको पिता बनाऊंगा।
मैं ही तो अमर अयोनिज हूं, मैं बेटा बनकर आऊँगा॥

'एवमस्तु' कहकर हुए, शिवजी अंतर्धान।
मुनि शिलादनेभी किया, आश्रमको प्रस्थान॥

कुछसमय बाद मैं प्रगटहुआ, उससमय पिताजीके तनसे।
जिससमय यग्यके कार्योंमें, वे लगे हुएथे तन-मन से॥
था रंग प्रलयरविके समान, अथवा प्रलयानल सा प्रकाश।
त्रयनेत्र त्रिशूली मुझे देख, आनंदित धरती और अकाश॥

मुझ नंदीको देखकर आनंदित साह्लाद।
नमन, वंदना विविध-विधि, करने लगे शिलाद॥

'कुटिया में आकर धरा मैं मानवशिशु रूप।
जातकर्म आदिक किये पितुने कर्म अनूप॥

पांचवें वर्षमें वेद- शास्त्र, अध्ययन पिता ने करवाया।
सातवें वर्षमें मित्र तथा, मुनि वरुणका मैं दर्शन पाया॥
सत्कृतहो मित्र- वरुणबोले, बालक शास्त्रोंका ज्ञाता है।
लेकिनहै आयु बहुत थोड़ी, एकसाल गुणन में आता है॥
इतना सुनतेही पिता मेरे, मुझको छाती से लिपटाकर।
हा-बेटा, हा- बेटा कहकर, वे लगे बिलखने घवड़ाकर॥
नंदीने कहा पिता कहिये, किसकारण ब्याकुल होते हैं?
क्या विपति आपड़ी, किसदुखसे, क्यों फूट-फूटकर रोतेहैं?

हे पुत्र! तेरीहै अल्पआयु, हम सभी इसलिये रोते हैं।
मांगाथा अमरपुत्र हमने, सुन-मरण विकल हम होतेहैं॥

नंदी बोले हे पिता, मत होवें बेहाल।
कालभी कर सकतेनहीं, मेरा बांकाबाल॥

कहताहूं -सत्य शपथ लेकर, कोई मुझे संहार नहीं सकते।
सुर, असुर, काल, यमभी मिलकर, मुझको वे मारनहीं सकते॥
किसबल पर किसतप पर बेटा, कर दोगे होनी अनहोनी?
किस ज्ञान योग वैभव द्वारा, अनहोनी करदोगे होनी?

महादेवके भजन से, में जीतूंगा काल।
अनहोनी होनी करूं, होनी को दूं टाल॥

है न कोई इसकेसिवा, कोई शेष उपाय।
वनमें जाकर तपकरूं, दें आज्ञा हर्षाय॥

पितु चरणोंमें करनमन, करके दंड प्रणाम।
नंदी वनको चलपड़े, लेकर शिवका नाम॥

------------------------(अध्याय - 6)------------------------

वर-प्राप्ती अभिषेक तथा, विवाह बतलाना॥7॥

वनजाकर मैं होगया, उत्तम तपमें लीन।
रुद्रमंत्रके जापमें, मनहो गया विलीन॥

शिव आशुतोष संतुष्ट हुए, आगए शीघ्र दर्शन देने।
मैं दर्शनपाकर धन्यहुआ, चरणोंपर गिरा नमन करने॥
वे करुणासागर बोलउठे, अमृतसी मीठी वाणी में।
हे नन्दी!तुम आनन्दीहो, आनन्द करो हरप्राणी में॥
आओ लगजाओ गलेमेरे, मुझपर तुम यह उपकारकरो।
मनचाहा वर लेकर मुझसे, मेरा कुछ हल्का भार करो॥

बांहों में भरकर मुझे, फेर रहे थे हाथ।
निरख रहे थे वे मुझे, पार्वती के साथ॥

वे बोले मैंही भेजा था, जो तुम्हें मिले थे दो ब्राह्मण।
तुमतो हो अजर-अमर बेटा, है तुझे देखना कहां मरण॥
गणनायक सदारहोगे तुम, तुम मुझे प्राणसे प्यारे हो।
सारे कुटुम्बियों के समेत, मेरी आंखोंके तारे हो॥

मेरे तरसे तू बनो, बलमें मेरे समान।

जन्म-जराऔर मृत्युके, तुमहो नहीं प्रमाण॥
शोभितथा जो वक्षपर, वह निकालकर माल।
मुझ नंदीके गलेमें, दिया शंभु ने डाल॥

माला गर्दनमें पड़तेही, दसभुजासे मैं सम्पन्न हुआ।
तीसरानेत्र मिलगया मुझे, मैं स्वामीके आसन्न हुआ॥
जलजटासे लेकर शिवबोले, हे जल! तू अभीनदी बनजा।
वह पंचनदी तत्काल हुआ, ज्योंही शिवके करसे छूटा॥
त्रिस्लोता, जटोदका, बृषध्वनि, जम्बूनद और स्वर्णउदका।
ये पांचों पावनहो जाते, सुनते ही नाम महेश्वर का॥

जप शिवपूजनजो करे, करके इनमें स्नान।
हे मुनिवर! उसकोमिले, शिव सायुज्य महान॥

भगवती उमाकी सहमतिसे, शिवने गणनायक बुलबाए।
अपने सुपुत्र नंदीश्वरका, इन सबसे परिचय करवाए॥
अग्रणी रहेगा यह सबका, सब इसका अनुगामी होगा।
गणका, अधीश, नायक, नेता, तुम, सबका यह स्वामीहोगा॥
तदनन्तर सुरों मुनीशों ने, मेरा अभिषेक विधान किया।
मरुतों ने बेटी सुयशा का, मेरे कर कन्यादान किया॥

पत्नि- सहित मैंने किया, बारंबार प्रणाम।
विष्णु, ब्रह्म, गिरिजा, तथा, शिव सच्चे सुखधाम॥

शिवबोले यह देरहा, मैं तुमको वरदान।
बुधि, विवेक, ऐश्वर्यमें, होओ मेरे समान॥

मेरे प्रेमी महान योगी, तुम बनो महान धनुर्धारी।
तू सर्वजीत, तू सदापूज्य, हो कीर्तितेरी मंगलकारी॥
तू जहां रहो, मैं वहाँ रहूं, मैं जहां रहूं, तू वहां रहो।
हैंभक्त पितामह, पितातेरे, उनकोभी प्राप्त मेरावरहो॥
वेदोनों गणाध्यक्ष बनकर, मेरेही निकट विराजेंगे।
वे मुझको सदा निहारेंगे, हम उनको सदा निहारेंगे॥

कहा अंबिकाने ललन, मुझसेभी वरमांग।
मांगलिया मैंने अटल, चरणोंमें अनुराग॥

सुयशासे जगदम्बा बोली, बेटी वर तुमभी करोग्रहण।
तेरीभी तीन नेत्रहोवें, कट जावें जन्म- जरा बंधन॥

मुझमें अपने स्वामिमें, पाओ भक्ति अनन्य।
पुत्र पौत्र भी भक्तहों, वे सब ही हों धन्य॥

शिवआज्ञासे विधि.हरि, सुरने, हमको अनेक वरदान दिये।

उपरान्त सभीने शंभु-सहित, निज-निज थलको प्रस्थानकिये॥
मुने सुनाया आपको, मैं अपना अवतार।
इसका वर्णन-श्रवणतक, करता भवसेपार॥

----------------------(अध्याय - 7)----------------------

महिमा भैरवकालकी, विश्वानर आख्यान।
शिव ही तेरे पुत्र हों- शिवका ही वरदान॥8-13॥

श्री भैरव अवतारका, कहकर चरित विचित्र।
महिमाका वर्णन किया, जो हैं परम पवित्र॥
अगहनकी कृष्ण- अष्टमीको, श्री भैरवका अवतार हुआ।
इस- तिथिके व्रती मनुष्योंके, सब पापोंका संहार हुआ॥
उपवास रखें इनके आगे, जगकर भररात करें कीर्तन।
सद्गति उसनरकी निश्चितहै, शिवजीका उसे मिले दर्शन॥
कोई भी कहीं करे यह व्रत, उसकी भी शुभगति होती है।
भैरवका नाम बोलते ही, पापोंकी दुर्गति होती है॥
भैरवकी भक्ति नहो जिनमें, उनकी अतिदुर्गति निश्चित है।
काशीमें तो इसका पालन, अनिवार्य सदा शत-प्रतिशत है॥
हो भजन न काशीमें रहकर, दुखबढे शुक्ल शशिके समान।
अर्चन-आराधनहो न अगर, सुखघटे कृष्ण शशिके समान॥
वीरभद्र और शरभका, कह अवतार चरित्र।
जन वत्सलता शंभुकी, कहने लगे विचित्र॥
रमणीय नर्मदा के तट परथा, बसा नर्मपुर रम्यनगर।
शाण्डिल्ल गोत्रके वहां मुनी, रहतेथे सुखसे विश्वानर॥
पुण्यात्मा, ब्रह्मतेजधारी, शिवभक्त जितेंद्रियथे ब्राह्मण।
निष्ठाथी ब्रह्मचर्य व्रतमें, था कर्म ब्रह्मका आराधन॥
गुणवती शुचिष्मतिथी पत्नी, सहयोग सदा वह करतीथी।
अनुकूल सदा पतिके रहकर, हरएक परिचर्या करती थी॥
देवोंको, पितरोंको प्रियहो, ऐसाही जीवनथा उनका।
दिन ढलताहै प्रतिदिन जैसे, इसतरह बहुतदिन बीतगया॥
भोग, त्याग सब मिलगया, प्राणनाथके साथ।
पत्नी बोली एकदिन, जोड़े दोनो हाथ॥
इच्छाहै एक बहुतदिनसे, हम गृहस्थियोंको उचित भी है।
क्या बतलाऊं मैं प्राणनाथ, वह स्वयंआपको विदित भीहै॥

हृदयेश्वर मुझको करें, शिवसा पुत्र प्रदान।
नहीं चाहिये और कुछ, नाथ हमें वरदान॥
यह मांग रहीहै दुर्लभ वर, होगए सोच रत विश्वानर।
शिवबोल रहेइसके मुखसे, या मिलारही यह उनमेंस्वर॥
चलपड़े उसीक्षण महामुनी, देकर पत्नीको आश्वासन।
'वीरेश लिंग' की काशीमें, ये किये उपासन आराधन॥
अद्भुत तपद्वारा ये त्रिकाल, लिंगार्चनमें तल्लीन हुए।
चौबीस पक्ष, दो अयनसहित, बारहवां मास व्यतीत हुए॥
एकदिवस लौटे जभी, करके गंगा स्नान।
लिंग-मध्य दीखा इन्हें, बालक एक महान॥
कानोंतक शिशुके दीर्घनयन, होठोंपर गहरी लालीथी।
थी जटा सुशोभित माथेपर, और मुखपरहंसी निरालीथी॥
दर्शन पाकर होकर कृतार्थ, मुनि लगे बोलने बार-बार।
हे नाथ! आपको नमस्कार, हे शंभु! आपको नमस्कार॥
मन-कामद अष्टपदों-द्वारा, मुनिने शिवजीका स्तवन किया।
चरणों पर गिरने लगे किन्तु, प्रभुने ऐसा करने न दिया॥
शिशु शिवबोले मांगिये, मनचाहा वरदान।
जो इच्छाहो दीजिये, वह वरदान महान॥
'एवमस्तु" मैं आरहा बनकर तेरा पुत्र।
यस छाएगा आपका, यत्र तत्र सर्वत्र॥
शुचिष्मती और आपकी, पूर्ण करूं मनकाम।
जनमूं उनकी कोखसे, गृहपति होगा नाम॥
तेरा गाया 'अभिलाषाष्टक' संवत भर मुझे सुनाएगा।
होगी पूरी अभिलाषाएं, वह पुत्र- पौत्र धन पाएगा॥
हे सनत्कुंवर! ऐसा कहकर, बालक-शिव अंतर्धान हुए।
प्रस्थित अपने घरको होकर, विश्वानर सुखी महान हुए॥

----------------------(अध्याय - 8-13)----------------------

विश्वानर- घर पुत्ररूपमें शिवका आना।
विधिका नामकरण करना, भविष्य बतलाना॥
गृहपति का काशी में, घोर तपस्या करना।
शिवजीसे वर पाना दिक्पतिका पदपाना॥
भक्त और भगवानका, सदा-सदा तादात्म्य।
श्री' अग्निश्वर' लिंग, और पावकदेव महात्म्य॥14-15॥

घरआकर द्विजने हर्षसहित सबचरित पत्निसे बतलाया।
आनन्द मग्न हो देवी ने, शिवजीको सादर सरनाया॥
'आधान-गर्भ' का बह्मणने, शुभसमयसे विधिअनुसार किया।
कालोपरान्त शास्त्रानुसार 'पुंसवन"आदि संस्कार किया॥
मंगलमय प्रसवहेतु द्विजने, शुभसंस्कार 'सीमन्त' किये।
जो भी संभव होपाया वह, सब शुचिष्मतीके कंत किये॥

शुभदिन और शुभलग्नमें, हुआ शंभु अवतार।
धन्य जननि जिनने किये, निराकार साकार॥

उससमय पवनवाहन बादल, चढगए गगनपर उमड़-घुमड़।
काली घनघोर घटाओंसे, बरसाने लगे फूल झर-झर॥
दुन्दिभियां फूंकी देवोंने, होगई दिशाएं सब निर्मल।
सुर मुनि गंधर्व पधाररहे, सब लेकर साथ द्रव्य- मंगल॥
श्री ब्रह्माने विनम्रतासे, शुभ 'जातकर्म' सम्पन्न किया।
प्रिय नामरखा 'गृहपति' शिशुका, आशिषसे उन्हें प्रसन्नकिया॥
ब्रह्माके वापस जाने पर, शिवजीने भी प्रस्थान किया।
लेकिन पहले उस बालककी, रक्षाका उचित विधान किया॥

श्रीहरिने भी ली तभी, अपने पुरकी राह।
सभी पधारे ले हृदय, पुन: दरसकी चाह॥
समय-समय पर दे इन्हें, सभी उचित आचार।
'वेदाध्ययन' करा रहे, पिता स्नेह साकार॥

एकदिवस देवऋषि नारदजी, गृहपतिके दर्शन को आये।
सत्कृत होकर उन-तीनोंसे, बालकके लक्षण बतलाये॥
यह भाग्यवानहै, गुणनिधिहै, लक्षण सब बड़े विलक्षण हैं।
लेकिन विद्युत या पावक भय, बारहवें वर्ष प्रबलतम हैं॥

ब्रह्मलोक नारद गए कहकर इतनी बात।
पति-पत्नीके शीशपर, हुआ वज्र आघात॥

हा पुत्र! हा ललन! हा बेटा!, अपना तो सत्यानाश हुआ।
गिरपड़े भूमिपरहो मूर्च्छित, शवके समान शिवदास हुआ॥
दुखियारी मां हा! हा! कहकर, बेसुधहो रुदन कर रही थी।
जब सुअन-नहीं, तबप्राण नहीं, वह मरणका यतन कररही थी॥

देख दुखी पितु-मातुको, गृहपति हुआ उदास।
लगा पूछने विकल हो, जाकर उनके पास॥

हे पिता! शीघ्रकहिये मुझको, क्या हुआ? आप क्योंरोते हैं?
आ गई विपत्ति कौन ऐसी, जिस कारण धीरज खोते हैं?
लूं डाल अगर निज माथेपर, पद-धूलि आपके चरणोंकी।

तो कालभी वापस लौटजांय, इसतुच्छ मृत्युकी क्यागिनती॥
है मेरी प्रतिग्या सत्य- सत्य, यह झूठ नही हो पायेगी।
जो मृत्यु डरातीहै जगको, वह खुद मुझसे भय खायेगी॥

इष्टदेव ईषाण हैं, महाकाल के काल।
होन सकेगा सचकहूं, मेरा बांकाबाल॥
ज्यों अकालमें अमृतकी, हो वर्षा धनघोर।
त्यों बेटेके बचनसे बंधी आस की डोर॥

जा बेटा, शिवकी शरणमें जा, वे परमशरण्य शिरोमणिहैं।
सबके कर्ता, धर्ता, भर्ता, इस जगके वे रक्षामणि हैं॥
ले आग्या पितु और माताकी, गृहपति काशीमें आकरके।
कर स्नान ध्यान श्रीगंगामें, श्री विश्वनाथ मंदिर पहुंचे॥
दर्शन से परमानन्दमिला, ये बारंबार प्रणाम किये।
यहबात बड़े सौभाग्यकी है, हम विश्वनाथके दरसकिये॥
हूं धन्य आज मैं परमधन्य, श्री नारदका आभारी हूं।
यह संतकृपाका ही फलहै, शिवदर्शनका अधिकारी हूं॥
हे मुने! कहा नंदीश्वरने, गृहपतिनें कर लिंगस्थापन।
अत्यंतकठिन और घोरनियम, के सहित किया शिव-आराधन॥

एक एककर इसतरह, बीते बारह मास।
वर्ष बारवां देखकर, सुरपति आए पास॥

मैं देवराजहूं हे द्विजवर, आया हूं तुझको देने वर।
जोभी इच्छाहो वहमांगो, अतिशय प्रसन्न मैं हूँ तुमपर॥
देवेन्द्र! शंभुहैं स्वामि मेरे, वेही मेरे वरदायकहैं।
उनके अतिरिक्त किसीसे भी, याचना मुझे दुखदायक हैं॥
मतकरो मूर्खता वर मांगो, शिवमें और मुझमें भेद नहीं।
जो भेद देखता दोनोंमें, उसका मिटता है खेद नहीं॥
गिरिकेअरि आप जाइये भी, जग-विदित आपका दुराचरण।
वरलूंगा तो शिवसे लूंगा, वरना दूंगा अपना जीवन॥

क्रुद्ध इन्द्रके वज्रसे, निकली ज्वाल- कराल।
नारद-बचन स्मरणकर, मूर्च्छि गिरे तत्काल॥

तत्क्षण आकर शिवशंकरने, बालकको जीवनदान दिया।
अबउठो वत्स भयको त्यागो, हो सदा-सदा कल्याण तेरा॥
वेसेही खुली आंख शिशुकी, जैसे सोएसे जागा हो।
द्युतिमान शंभु ऐसे दीखे, मानो शत-शत रविआभा हो॥
बृषभध्वज नीलकंठ शिवका, था चमकरहा तीसरा नयन।
मस्तकपर चन्द्र सुशोभितथे, ये कियेहुए थे धनु घारण॥

आँखोंमें आँसूतब छलके, जब शिवजीको पहचान लिया।
सारा शरीर होगया शिथिल, प्रभुने भी यह सबजान लिया॥

मुस्काकर शिवने कहा, मतहो भयवश दीन।
मेरे भक्तको इन्द्रक्या, काल न करे मलीन॥

मैंने ही इंद्र-रूप धरकर, हे प्रियवर तुझे डराया है।
विधिके बचनोंको सत्यकिया, और निर्भय तुम्हें बनाया है॥
बनकर 'पावकपद' के भागी, तुम बनो सुरोंके वरदाता।
'जठराग्नि" रूपसे तू बनजा, हर प्राणीका जीवन दाता॥
'दिकपाल रूप" से धर्म, इंद्रके मध्य तेरी सत्ता होगी।
सेवा पूरी मानवता की, हे वत्स! देरे द्वारा होगी॥
थापकहो तुमजिस 'शिवलिंग' के, वह 'अग्नीश्वर' कहलाएगा।
सेवकके विद्युत, पावक-भय, मंदाग्नि आदि विनशायेगा॥

अग्निश्वर के दासकी, मृत्यु न होय अकाल।
अग्निलोकका वासभी, उसे मिले हर हाल॥

नंदीवर बोले मुने, बुलवाकर परिवार।
'दिक्पति पद' पर शिवउसे, बिठलाए दे प्यार॥

गृहपति नामक 'अग्न्यावतार', दुष्टोंको पीड़ित करता है।
सज्जन, सतियों, यतियों समेत, भक्तोंकी पीड़ा हरता है॥
आधार हैं ये द्विजातियों के मंगलके हेतु सुहावन हैं।
'पावक' कहलाते हैं क्योंकी, ये सबको करते पावन हैं॥

--------------------(अध्याय - 14-15)--------------------

महाकाल आदिक दस अवतारोंका वर्णन।
एकादश रुद्रावतारका, पावन गायन॥

'यक्षेश्वर' अवतारकी, कहकर कथा पुनीत।
स्नेह-शिथिल नंदीहुए, अतिशय शिवमें प्रीत॥
फिर सादरबोले मुने, श्रवण करो चितलाय।
करुणासागर शंभुहैं, लीलाके समुदाय॥

अपने उपासकोंके हितमें, इनका विशेष अवतारहुआ।
पहलाहै उनमें 'महाकाल', जो संतोंका आधार हुआ॥
इनकींहैं शक्ति 'महाकाली', भक्तोंकी आसपूर्ण करती।
हैं 'तार' की श्री 'तारादेवी', आश्रितके कष्ट सदाहरती॥

मुने 'बाल भुवनेश' ही, हैं तीजा अवतार।
'बाला भुवनेशी' सदा, इनकी शक्ति उदार॥

हैं भुक्ति, मुक्तिके ये दाता, और सेवकके सुखदायक हैं।
चौथे 'षोडश विद्येश' हुए ये भोग, मोक्ष के दायक हैं॥

'षोडश श्री विद्या' हुई इनकी शक्ति महान।
पंचम 'भैरव' नाम से हैं अवतार सुजान॥

ये करते जनकी आसपूर्ण 'भैरवि' शक्ति इनकी गिरिजा।
भक्तोंको इष्ट प्रदात्री हैं, इनके समान ये स्वयं सदा॥
हे सनकुमर शंकर जीका, छठवां अवतार 'छिन्नमस्तक'।
हैं शक्ति 'छिन्नमस्ता' इनकी, ये सर्वाधिक पूजित अबतक॥

'धूमवान' के नाम से, है सप्तम अवतार।
शक्ति हुई 'धूमावती', स्नेह रूप साकार॥
सुखदायक 'बगलामुख', है अष्टम अवतार।
शक्ति हुई 'बगलामुखी', सदा लुटाती प्यार॥

'मातंग' प्रसिद्ध नाम शिवका, नौवां अवतार कहाताहै।
'मातंगी' हुई शिवादेवी, जन सबकुछ इनसे पाता है॥

फिर दसवें अवतार में,' कमल' धराया नाम।
शिवा स्वयं' कमला' हुईं, कोटिश इन्हें प्रणाम॥
सुखदायक शिवभक्तको, शिवके दस अवतार।
सेवा कर इनकी बने, सेवक सुख आगार॥

शिव-पर्वों पर श्रद्धापूर्वक, जो इस चरित्रको गाता है।
वह भुक्ति-मुक्तिका अधिकारी, शिवका प्यारा बनजाताहै॥
ब्राह्मणको ब्रह्मतेज-वृद्धधी, क्षत्रियको विजयलाभ मिलता।
धनलाभ वेश्यको शूद्रोंको, अतिशय सुखलाभ सदा मिलता॥

अब एकादश रुद्रका, सुनो श्रेष्ठ अवतार।
असत जनित बाधादिका जो करते संहार॥

है पूर्वकालकी बात मुने, इन्द्रादि असुरसे हार गए।
फिर भागे-भागे वे सारे, श्रीकश्यपजीके द्वार गये॥
ब्याकुल सबने कर नमस्कार, उनसे अपना दुख बतलाया।
शिवभक्त महामुनिने सबको, आश्वासन देकर ठहराया॥
काशी आकर श्रीकश्यपने, करके एक शिवलिंग स्थापन।
अत्यंत कठिनतप शुरुकिया, शिवचरणकमलमें रखकर मन॥

तप-निमग्न मुनिके निकट, बहुतसमयके बाद।
हुए प्रगट भगवान शिव, देने आशीर्वाद॥

वर मांगो बोले महादेव सुनकर मुनिने हर्षित होकर।

साष्टांग प्रणामकिया प्रभुको फिर बोलउठे संयत होकर॥
मुझ शरणागतकी हे स्वामी! सबभांति आप रक्षा करिये।
बच्चोंके दुखसे दुखी हूंमैं, दुख हरिये मुझे सुखी करिये॥
हैं आप सहायक देवोंके, प्रभु आप कहाते महादेव।
मेरेघरबन कर पुत्र मेरा, आजाएं हे देवाधिदेव॥
कहकर 'तथास्तु' भगवान शंभु, मुस्काकर अंतर्धनि हुए।
सुनकर वरदान-बचन शिवका, कश्यपजी सुखी महान हुए॥
घर आकर श्रीकश्यप जी ने, देवोंसे सब वृत्तान्त कहा।
कालान्तरमें श्री सुरभीने, ग्यारह रुद्रोंको जन्म दिया॥
शिवमय सारा-संसार हुआ, उत्सवही ऐसा हुआ वहां।
सब सुरगण हर्ष-विभोर हुए, भय-संकट कोई रहा कहां?
नंदीश्वर ने प्रेमसे, करके उन्हें प्रणाम।
आदरसे उनसबोंका, फिर बतलाया नाम॥
पिंगल, कपालि, विरूपाक्ष, भीम, अजपाद, विलोहितऔर शास्ता।
भव, चंड, शंभु और अहिर्बुध्य, शुभनाम गिनाए ग्यारह का॥
इन रुद्रोंने समरमें, किया असुर संहार।
मिला पराभव दैत्यको, देवोंको जयहार॥
फिर इंद्र, आदि सबदेवोंने, अपने सबकार्य संभाल लिये।
अब भी ये सारे महारूद्र, रक्षामें हैं जयमाल लिये॥
तात! सुनाडाला तुझे, यह सुखमय आख्यान।
करताहै यह आयु, यश, सुख, संपत्ति प्रदान॥

-----------------------(अध्याय - 16-18)--------------------

दुर्वासा और हनुमत के अवतारका वर्णन।19-20।

दुर्वासाके रूपमें, शंभु लिये अवतार।
नंदीबोले हे मुने, सुनिये चरित उदार॥
श्री अत्रि और अनसूयाने, श्री ब्रह्माकी आज्ञा पाकर।
सन्तान हेतु अत्यंतघोर, तपकिया ऋक्षकुलगिरि जाकर॥
होकर प्रसन्न हरि, हर, ब्रह्मा तीनों उनके आश्रम आए।
हम तीन बनेंगे पुत्र तेरे, वरदान तुम्हें देने आए॥
वर देकर तीनों चलेगए, ब्रह्मांश से श्रीचंद्रमा हुए।
श्री विष्णुअंशसे 'दत्त' तथा, शिवअंश से दुर्वासा आए॥

अंबरीष रघुवीर और, नंदललन घनश्याम।
दुर्वासाके कोप को, सबही करें प्रणाम॥
दुर्वासा बनकरकिये, शिवने चरित विचित्र।
अब हनुमत-अवतारकी, सुनिये कथापवित्र॥
हनुमान रुपमें शिवजीने, अत्युत्तम लीलाएं की हैं।
भगवान रामको कपिवरने, अपनी अतिसेवाएं दीहैं॥
मोहिनी रूपका दर्शन कर, लीलावश मोहित हुएशंभु।
दिव्यातिदिव्यकर शुक्रपात, तत्काल तिरोहित हुएशंभु॥
एक पत्र-पुटकमें ऋषियोंने, आदरसे उसे संभाल लिया।
गौतम- कन्यामें, कानोंके, रस्तेसे इसको डाल दिया॥
सुसमय अंजनि गर्भसे, जन्मे सुत बलवान।
लक्षण, गुण आधार पर, नाम हुआ हनुमान॥
बचपनमें उगते सूरजको, फल समझलिया, और निगल गये।
देवोंकी सुनकर आर्त्त विनय, तत्काल उन्हेंफिर उगल दिये॥
शिवका अवतार समझकर तब, सुर-मुनियोंने वरदान दिया।
भगवान सूर्यके शिष्यबने, उनसे विद्याका दान मिला॥
गुरु-आज्ञा मांकी सम्मतिसे, सुग्रीवके साथ लगे रहने।
तदनन्तर मुनिवर से नंदी, श्रीरघुवर कथा लगे कहने॥
श्री रघुवरका संपूर्णचरित, संक्षिप्त में नंदी सुना गए।
'हनुमान-चरित कहते-कहते अपना-आपातक भुलागए॥
विस्मयकारक कर लीलाएं, श्रीरामकार्य का संपादन।
असुरोंका किया मानमर्दन, श्रीरामभक्तिका संस्थापन॥
अग्रगण्य ये भक्तिमें, भक्तों के आधार।
जय जयकार करूं सदा, धन्य रुद्रअवतार॥
धन, मान, आयुका संबर्धक, हे मुनिवर श्रीहनुमान चरित।
संपूर्ण अभिष्ट प्रदायक है, श्रीभक्त श्रेष्ठ हनुमान चरित॥
जो इस चरित्रको भक्ति सहित, सुनता है और सुनाता है।
वह जगमें सदा सुखी रहता, श्रीरामधाम पाजाता है॥

----------------------(अध्याय - 19-20)--------------------

पुन: शंभुका अति अद्भुत पिप्लाद अवतरण।21-25।

अस्थि याचना सुरोंकी, दिये दधीचि तुरंत।
वज्र बनाना अस्थि से, वृत्रासुरका अंत॥

शाप सुवर्चाका लगा, सुरगण हुए अशांत।
जन्म-कथन पिप्लादका, तथा पूर्ण वृतान्त॥

कह 'महेश' अवतार और, श्री 'बृषेश' अवतार।
नन्दीश्वर कहने लगे, श्रीपिप्लाद अवतार॥

हे परमविग्य श्री सनत्कुंवर, इस महाचरितका श्रवण करो।
शिवभक्ति विवर्धक दिव्यकथा, सुनकर मुक्तीका वरणकरो॥
एकबार सुरेश सहित सबसुर, दैत्योंके हाथों हार गये।
चरणोंमें अस्त-शस्त्र फेंके, सब मुनि दधीचिके द्वार-गये॥
उपरान्त देव देवर्षि सभी, ब्रह्माके चरणों में जाकर।
रक्षाकरिये हे ब्रह्मदेव! दुख उन्हें सुनाया रो-रोकर॥
वृत्रासुर जयमें श्रीब्रह्मा, त्वष्टाकी करनी जान गए।
उसनेही इसे प्रयुक्त किया, भेजाहै यह पहचान गए॥

वृत्रासुरका अन्त हो, मिलकर करो प्रयत्न।
मुनिदधीचि हैं इससमय, इस धरतीके रत्न॥

हड्डियां हैं वज्रसरिस उनकी, शिवजीका है वरदान उन्हें।
वृत्रासुर वध हो जाएगा यदि, करदें अस्थि प्रदान तुम्हें॥

उस हड्डीसे इंद्रतुम, करो वज्र निर्माण।
उसी वज्रसे वृत्रको, करना मृत्यु प्रदान॥

सब सुर, सुरगुरुको साथलिये, सुरपति मुनिके आश्रमआए।
पत्नीके- सहित दधीचीके, चरणोंमें सादर सिरनाए॥
बिनकहे समझकर सबमुनिने, पत्नीको भेज दिया बाहर।
तब स्वार्थ- परायण इंद्रदेव, बोले थोड़ासा सकुचाकर॥
हम शरणागत हैं याचक हैं, हम लाज बेचकर आए हैं।
वृत्रासुर के वध के निमित्त, हड्डियां मांगने आए हैं॥

कह 'तथास्तु' मुनिने किया, शिवशंकरका ध्यान।
तुरत लोकहितके लिए, त्याग दिया निजप्राण॥

निर्बंधन मुनिने किया, ब्रह्मलोक प्रस्थान।
पुष्पवृष्टि होनेलगी, और जयगान महान॥

बुलवायागया सुरभि गौको, पार्थिव तनको चटवाया गया।
हड्डीसे देवशिल्पि द्वारा, वज्रादि अस्त्र बनवाया गया॥
शिवतेजोद्दिप्त- इंद्र द्वारा, वृत्रासुर पर आक्रमण हुआ।
वज्राहत गिरा असुर उसका, सिरके कटतेही मरण हुआ॥

देवोंने मनाया विजयोत्सव, सबलगे पुष्पवर्ष करने।
और इधर लौटकर आश्रम में, रक्खा जब पैर सुवर्चा नें॥

मरण स्वामिका जानकर, करते हुए विलाप।
दुष्टदेव पशुहों सभी, दिया क्रोधकर शाप॥

अपने तनके त्यागका, ज्योंही किया विचार।
तभी गगनवाणी हुई, उसे पुकार- पुकार॥

हे देवि! इससमय मरनेका, मनमें कुछकरो विचार नहीं।
तुम गर्भवती हो अत: तुम्हें, मरनेका है अधिकार नहीं॥
सुनकर होगई शिथिल लेकिन, पतिबिना न उसको जीनाथा।
पत्थर से उदर विदार लिया, गर्भस्थ सुपुत्र नगीना था॥
वह प्रभावान, दधीधिनन्दन, सामर्थ्यवान रुद्रावतार।
यहमर्मजान शिवसे सुतको, कर उठी सुवर्चा नमस्कार॥

इस पीपलके मूल में, करो सुपुत्र निवास।
आज्ञादो मुझको ललन, जाऊं पतिके पास॥

देवीने तब समाधिद्वारा, प्राणेश्वर का अनुशरण किया।
शिवलोक पहुंचकर पतिसमेत, देवाधिदेवको नमन किया॥
इतनेमें इन्द्रसहित सुरगण, मुनिनन्दनके सन्निकट गए।
'पिप्लाद' नाम होगा इनका, ब्रह्माजी सबको बतलाए॥
देवोंने मनाकर हर्षोत्सव, अपने-अपने घरगमन किया।
पिप्लादने पीपलके नीचे, चिरकालिक तप आचरण किया॥

शिव आज्ञाका पूर्णत:, करने को निर्वाह।
पद्मासे मुनिने किया, तपके बाद विवाह॥

दसपुत्र हुएजो पद्मासे, सब तपसी और महात्मा थे।
सुखवर्धक मातु-पिताके वे, सबके ही सब धर्मात्मा थे॥
लीलावतार, रूद्रावतार, पिप्लादकी अद्त लीलाएं।
जो इन्हें यादकरते उनको, लगती न शनी की बाधाएं॥
नंदीश्वर बोले थोड़े में यह, पावन चरित सुनाया है।
श्रोता और वक्ता दोनोंने, मनबांधित इससे पाया है॥

--------------------(अध्याय - 21-25)--------------------

'शिवके द्विजेश्वरावतार' की कथा सुनाना।
कीर्त्तिमालिनी- भद्रआयुका व्रत बतलाना॥

"वैश्यनाथ"की कहकथा, नंदीश्वर भगवान।
'विप्रेश्वर' अवतारका, कहते हैं आख्यान॥
हे मुनिवर शिवके कृपापात्र, भद्रायु बड़े धर्मात्मा थे।
दो अवतारोंके हेतुबने, थे नरपति किन्तु महात्मा थे॥
चंद्रांगद-सीमन्तिनी-सुता, थी कीर्त्तिमालिनी परमसती।
उससे विवाहकर नरपतिवर, भद्रायु कहाए परमसुखी॥
वनविहारको येगए, पत्नि-सहित एकबार।
करूं परीक्षा धर्मकी, शिवने किया विचार॥
भगवतीउमा ब्राह्मणीबनी, शिव दौड़रहे बनकर ब्राह्मण।
पीछे था ब्याघ्र पड़ा इनके, ये भाग रहे कर रहे रुदन॥
राजाके पास गये भागे, बोले राजन रक्षा करिये।
रक्षितहैं आप कहा नृपने, हे ब्राह्मणदेव नहीं डरिये॥
जबतक ये बाण चढ़ापाए, तबतक वह बाघ निकटआकर।
लेगया दबोच ब्राह्मणीको, सरके प्रहारको झुठलाकर॥
अबतो ब्राहमणचिक्कार उठे, है कहां तुम्हाराबल राजन?
बारह-हजार गजबल तेरा, है कहां गया इसपल राजन?
शस्त्रास्त्र तुम्हारे कहांगए? और कहांगया रक्षाका बचन?
है जीवन तेरा मृतक-तुल्य, मेराभी होगा अभी मरण॥
धन और प्राण देकर राजा, करते शरणागतकी रक्षा।
जो कर नसके उसकीरक्षा, उसका मर जानाही अच्छा॥
है तुझको धिक्कार और, मुझकोभी धिक्कार।
दुखी विप्र अब होगए, मरने को तैयार॥
द्विजका विलाप पौरुष-निन्दा, तैयारी देखी मरने की।
मनही मन सोचा राजाने, होगई इति श्री करने की॥
होगया पराक्रम नष्टमेरा, चिर पालितधर्म विनष्ट हुआ।
हो गया नष्ट जीवन मेरा, सबकुछ ही मेरा नष्ट हुआ॥
अब राज्य-सम्पदा तथाप्राण, सबका विनाशहो जाएगा।
है बचा नहीं ऐसा कुछ भी, जो काम हमारे आएगा॥
चरणोंपर गिरकर ब्राह्मणके, बोले पापीपर कृपा करें।
हे देव! शोकका त्यागकरें, है विनय इससमय धैर्यधरें॥
इस राजा- रानीके समेत, है राज्य आपके चरणों में।
इसके अतिरिक्त कहेंजोकुछ, लाकरधरदूं इन चरणों में॥
कहा विप्रने बस करो, मतलो कोई नाम।
अंधेके-आता कभी, दर्पणभी कुछ काम॥

भिक्षाटन से जीने वाला, घर लेकर कहो करेगा क्या?
जिसको अक्षरका ग्याननहीं, वह लेकर ग्रंथ पढ़ेगा क्या?
रखलो धन- राज्य पास अपने, देदो मुझको अपनी रानी।
मुंह सूखगया सुनकर नृपका, भद्रायु हुए पानी-पानी॥
ब्राह्मणने नृप विनयपर, दिया न कुछभी ध्यान।
बोला दो रानी हमें, या भोगो परिणाम॥
द्विजके प्राणोंकी रक्षामें, करदूं इनको पत्नी- अर्पण।
जलमरूं अग्निमें फिर मैंभी, ऐसा विचारकर मनही मन॥
तदनन्तर आग जला नृपने, दी ब्राह्मणको अपनी रानी।
करके प्रदक्षिणा पावककी, बरसाकर आंखोंसे पानी॥
ध्यान शंभुकाकर नृपति, करते अग्रि प्रवेश।
उसीसमय प्रगटे वहां, महादेव विश्वेश॥
पंचानन शिवके माथेपर अतिशय शोभितथी चंद्रकला।
पीलीसी कुछ-कुछ दिखतीथी, माथेपर लटकी हुई जटा॥
कोटिश सूर्योंसे तेजस्वी, हाथोंमें शूल, कुठार, ढाल।
थे बृषभारूढस्वामि शंकर, श्रीनीलकंठ श्रीचंद्रभाल॥
उमानाथ के दरस से, राजा हुआ सनाथ।
विविध भांतिकर वन्दना, पुनः झुकाया माथ॥
चरणोंमें झुकते राजाको, शिव-उमाने आशीर्वाद दिया।
फिरबोले कठिन परीक्षाले, मैंनेही तुम्हें विषाद दिया॥
मैं ही ब्राह्मण बनकर आया, ये उमादेवि ब्राह्मणी बनी।
वह ब्याघ्रभी मायानिर्मितथा, लेलो अपनी प्यारी पत्नी॥
मैं तुम दोनों से हूं प्रसन्न, देने आयाहूं दुर्लभ वर।
राजा बोले दर्शन देकर, दे दिया प्रभुने सारा वर॥
मातु-पिता रानी सहित, मुझे बनालें दास।
पद्माकर और सुनय भी, पायें निकट निवास॥
कीर्त्तिमालिनी ने कहा, सदा आपके पास।
मात- पिता मेरे रहें, बन चरणोंके दास॥
ऐसाही होगा नृपति, है मेरा वरदान।
क्षणभरमें ही शिव-उमा, होगये अंतर्धान॥
शिवका यह सुन्दर-चरित, भोग-मोक्ष दातार।
श्रोता वक्ता दोउ करें, नमस्कार जयकार॥

------------------------(अध्याय - 26-27)-------------------

शिवजीका 'यतिनाथ" और हंस नाम अवतार।
'कृष्ण दरस' अवतारकी, कथा सहित विस्तार॥28॥

नंदीश्वर बोले मुने, शिवकी कथा अपार।
कहता हूं 'यतिनाथ' का, मैं पावन अवतार॥
आहुकनामक शिवभक्त भील, अर्बुदके वनमें रहता था।
पत्नीका नाम आहुकाथा, व्रतमें जिसका मन रहता था॥
एकरोज खोजमें भोजनकी, कुछ अधिकदूर यह निकल गया।
और इधर शाममें, घर उसके, एक सन्यासी-बाबा आया॥
आ पहुंचा आहुकभी वापस, यतिराजके पाकर के दर्शन।
अति आनंदित होकर इसने, तत्काल किया इनका पूजन॥
यति बोले थोड़ी जगह मिले, तो सोकर रात बिताऊंगा।
कल प्रातः सूर्य निकलते ही, मैं लौट कुटीको जाऊँगा॥
किन्तु मेरेघरमें प्रभू है थोड़ा ही स्थान।
किसप्रकार रह पाएंगे, आप यहाँ श्रीमान॥
आगत-आहतहो लौटगए, तो धर्म नष्ट हो जाता है।
आहुकसे कहा आहुकाने, पापी गृहस्थ हो जाता है॥
इनसहित आप घरमें रहिये, मैं बाहर रह पहरा दूंगी।
हिंसक पशुओं की टोलीको, दावाहै मेरा हरा दूंगी॥
घरसे निकालकर पत्नीको, मैं घर कैसे रहसकता हूं।
इन अतिथि देवको भीबाहर, रहने कैसे कह सकता हूं॥
मैं ही बाहर में रहूं, लेकर तीर कमान।
सुखसे ये घरमें रहें, शिवसमान मेहमान॥
रख दोनोंको साग्रह घरमें, यह बाहर आकर हुआ खड़ा।
हिंसक पशुओं से रात्रीमें, यह बड़ी देर तक खूब लड़ा॥
लेकिन पशुओंने नोंच-नोंच, आखिरमें इसको चबा लिया।
अगलेदिन दृश्य देख यतिनें, हाथोंमें सिरको दबा लिया॥
श्रद्धेय अतिथिको दुखीदेख, दुःखसे व्याकुल होनेपर भी।
बाबाजी मत दुखकरें आप, भीलनी यतीसे बोल पड़ी॥
भीलराजका इससमय, हुआ बड़ा कल्याण।
धर्मात्मा को ही मिले, ऐसी मृत्यु महान॥
बाबाजी कर दीजिये, एक मेरा उपकार।
कर दीजे मेरे लिये, एक चिता तैयार॥

यतिनें तैयार चिता करदी धू-धूकर, आगलगी जलनें।
भीलनी चितापर बैठगई, वहभी तत्काल लगी जलने॥
हुएप्रगट उसही समय, शिवशंकर भगवान।
बोले मुझसे मांगलो, मनचाहा वरदान॥
दर्शन पाकर शंभुका, ऐसी हुई विभोर।
ऐसामिला असीमसुख, जिसका ओर न छोर॥
बिन मांगे बोल पड़े शिवजी, मैं हंसरूप में आऊंगा।
इसरूपसे दूर कराया है, उसरूपसे तुम्हें मिलाऊंगा॥
यह नल होगा, तुम दमयन्ती, यह राजा, तुम होगी रानी।
ऐसा सुख-मोक्ष मिले तुमको, जिसको सब तरसेंगे प्राणी॥
लिंगरूप में वहीं विराज गए, शंकरजी बोले नंदीश्वर।
था आहुक अचल धर्मपथपर, इसलिये कहाये अचलेश्वर॥

-----------------------(अध्याय - 28)-----------------------

'कृष्णदरस' अवतारकी कथा सहित विस्तार।29।

हे मुने! श्रेष्ठ अवतारोंमें, उत्तम चरित्र यह करो श्रवण।
एक अद्भुत रूपधरा शिवने, जिसकाहै नाम "कृष्णदर्शन"॥
मनु-श्रद्धदेवके नवम-पुत्र, गुरुकुलसे जब वापस आए।
अपने हिस्सेका धन लेने, सब भ्राताओंके पास गए॥
हे नभग! बंटचुका है वहतो, हिस्सेमें पिता तुम्हारे हैं।
सब बोले उनकी आज्ञासे, ये हम- सबके बंटवारे हैं॥
भ्राताओंके सुन बचन, आकर पितुके पास।
कर प्रणाम बोले नभग, पुत्र- पिताका दास॥
धन है, उन सबके हिस्सेमें, मेरे हिस्सेमें आप हुए।
सेवा-सौभाग्य मुझे देकर, हे पिता!धन्य मुझको करिये॥
मनुबोले चकित-दुखित होकर, बेटा वे सारे ठग निकले।
होता है बुरोंका सदा बुरा और भला उन्हें जो स्वयं भले॥
तू पाकर के पितृधन, पुत्र बनो धनवान।
पैतृक धनके धनीसे, मन मतकरना म्लान॥
एकयज्ञ कररहे हैं महान, आंगिरस गोत्रके ब्राह्मणगण।
होरही भूलहै उसमें कुछ, उसको सुधार दो पालो धन॥
होकर प्रसन्न चलपड़े नभग, जा पहुंचे शीघ्र यज्ञ-प्रांगण।

छठवें दिन विश्वेदेव-जनित, मंत्रोंका करके उच्चारण॥
करदिया दूर जोथी कमियां, होगया पूर्ण वह महायज्ञ।
धन यज्ञशेष देकर उनको, वे सारे ब्राह्मण हो कृतग्य॥

सबने उनको कर नमन, किया स्वर्ग प्रस्थान।

हे मुनि! उसी समय घटी, घटना एक महान॥

सुन्दरतन कृष्णनयन वाला, एकव्यक्ति वहांपर आकरके।
बोला यह धनतो मेराहै, तू जाता कहाँ उठा करके॥
क्या कहते आप नभगबोले, यह तो ऋषियोंने मुझे दिया।
वे बोले यग्यशेष धनको, ब्रह्माजी ने ही मुझे दिया॥

निर्णय तेरे पिताका, है मुझको स्वीकार।

आओ उनसे पूछकर, मतकर अन्य विचार॥

श्राद्धदेवसे नभगने, सभी बताई बात।

वे बोले कुछ यादकर, धन्य आज तुम तात॥

वे कोई अन्य नहीं बेटा, देवाधिदेव शिवशंकर हैं।
सबवस्तु जगतकी है उनकी, यज्ञावशिष्ट भागी हरहैं॥
जा जल्दी उनके चरणपकड़, जल्दीसे मांग क्षमा बेटा।
जल्दी से उन्हें प्रसन्न करो, है यही मेरी आग्या बेटा॥
पितु आज्ञासे लौटकर, रख चरणोंपर माथ।

कहा नभगनें कीजिये, क्षमा त्रिलोकीनाथ॥

यज्ञशेष हरवस्तु पर, है प्रभुका अधिकार।

कहा पिताजी ने यही, हों प्रसन्न सरकार॥

फिर भांति-भांतिसे कर विनती, प्रभुके चरणोंपर शीश रखा।
मनु महाराज भी आ पहुंचे, वन्दनकर शिवसे मांगि क्षमा॥
तुम दोनो से प्रसन्न हूं मैं, लो ब्रह-तत्वका ग्यान नभग।
यह यग्यशेष जो भी धनहै, करताहूं तुझे प्रदान नभग॥
संसार में सबसुख मिले तुम्हें, तू हुए मोक्ष के अधिकारी।
तेरे चरित्र का गान – श्रवण, हो सबको ही मंगलकारी॥

हुए 'कृष्णदर्शन' तभी, हे मुनि! अंतर्धान।

पिता पुत्रने भी किया, अपने घर प्रस्थान॥

----------------------(अध्याय - 29)----------------------

शिवजीका अवतार बताना 'अवधूतेश्वर'।

उनकी महिमाको बतलाना अदत-सुन्दर॥30॥

इन्द्रदेवके गर्वको, करने चकनाचूर।

'अवधूतेश्वर' शिवबने, अवतारों में शूर॥

शिवके दर्शन को एकबार, श्री देवराज कैलास गए।
गुरुदेव वृहस्पतिके समेत, कइएक देवको साथ लिये॥
दोनोंकी परीक्षाको शिवजी, अवधूत रूपमें उन्हें मिले।
थे कोटि सूर्यसे प्रभावान, लेकिन शरीरपर वस्त्र नथे॥
इनसबका मार्ग रोककर वे, थे मध्य मार्गमें खड़ेहुए।
देवेन्द्र लगे डांटने इन्हें, अत्यंत क्रोधमें भरे हुए॥

इनकी डांटोंका हुआ, कुछभी नहीं प्रभाव।

कहा इंद्रने मूर्ख अब, अपना करो बचाव॥

अवधूतेश्वर' वधहेतु तभी, निज वज्र इन्द्रने उठा लिया।
तत्काल वज्रधरके करको, निष्क्रिय शिवजीने बनादिया॥

वज्र हाथमें था मगर, हो पाया न प्रहार।

जलतेथे अति क्रोधमें, इन्द्र हुए लाचार॥

'अवधूतईश' प्रज्ज्वलित हुए, अबतो इनकीही बारीथी।
खुलनेको था तीसरा-नयन, होचुकी पूर्ण तैयारी थी॥
सुरगुरु पहचान गए शिवको, करजोड़े बोले त्राहिमाम्।
हम शरणागतको क्षमाकरें, प्रभु रक्षमाम्, हर पाहिमाम्॥
देवाधिदेवके चरणों में, तत्काल गिराया सुरपतिको।
हे हर! करिये रक्षाइसकी, अब क्षमाकीजिये शचिपतिको॥
हे देवदेव! हे महादेव!, हमदोनों पर, मत क्रोध करें।
हम नहीं वध्य हैं, रक्ष्य हैं हम, हमको दे प्रेम-प्रबोधकरें॥

'शिवबोले वापस नहीं, हो सकती यह आग।

त्यक्त केंचुलीको पुनः, नहीं पहनता नाग॥

धारणकर सकते नयदि, तो फिर इसे सम्हाल।

सुरगुरू बोले सिन्धुमें, इसे दीजिये डाल॥

फेंका शिवने अग्निको, मानी इनकी बात।

सागरमें गिरकर बना, वह बालक विख्यात॥

वह सिन्धुपुत्र जगविदितवीर, प्रख्यात जलंधर कहलाया।
कालान्तर में वह वृन्दापति, शिवके हाथों मुक्ती पाया॥

'अवधूतेश्वर' शिव हुए, तत्क्षण अंतर्धान।

मुनिवर करती यहकथा, भुक्ति, मुक्तिका दान॥

सुरपति, सुरगुरु, सुरसहित, होकर सुखसम्पन्न।

प्रस्थित अपने पुरहुए, होकर परम प्रसन्न॥

----------------------(अध्याय - 30)----------------------

पुनः 'भिक्षु' अवतार कथाका करना वर्णन।
राजपुत्र और विप्रतनय, पर करुणा वर्षण॥31॥

'शिवस्वरूप शिवभक्तप्रिय, नंदीश्वर भगवान।
सनत्कुमर से कररहे, शिव चरित्रका गान॥
भ्रमभंजक शिवका हुआ, 'भिक्षुवर्य' अवतार।
श्रवणकरो हे व्यासजी, शिव करुणा आगार॥
राजा विदर्भकि धर्मशील, शिवभक्त 'सत्यव्रत' नामीथे।
थी प्रजा-प्राणसीप्रिय उनको, वे सुर-सम्पतिके स्वामीथे॥
कुछ समय-बाद शाल्वपतिनें, इनके पुरपर आक्रमण किया।
अपनी भारी सेना-द्वारा, इनकी सेना का दमन किया॥
लड़ते-लड़ते हो गई, सेना सभी समाप्त।
राजा भी संग्राममें, किये वीरगति प्राप्त॥
निकल महलसे चलपड़ी, रानी सुन सम्वाद।
रुकी सरोवर तीर पर, घोर निशा के बाद॥
एकाकी नृपनारि ने, जना पुत्र सन्तान।
जल पीने सरवर गई, वहीं गवायी प्राण॥
जल पीती रानी बनी, महामकर की ग्रास।
रोता बालक छोड़कर, सती गई पति पास॥
बालककाकरुण-रुदन सुनकर, रक्षामें स्वयं शंभु आए।
मंगलमय मृदुचरित्र शिवने, तत्काल वहां पर दिखलाए॥
छोटेसे शिशुको गोदलिये विधवा ब्राह्मणी वहां आई।
एकाकी रोते बालक को, देखा तो काफी चकराई॥
हैं नाल तलक-काटे न गए, तब जननी इसकी गई कहां?
कोई तो होना ही चहिये, वह लगी ढूंढने जहां- तहां॥
जब इधर-उधर कोई न मिला, तब पड़ी सोचमें यहभारी।
औरस सा इसे पाल- लेती, यदि होती सही जानकारी॥
वर्ण वंशकाभी पता, यदिहो जाता ज्ञात।
किं कर्तव्य विमूढ मैं, खड़ी खा रही मात॥
सन्यासी बनकर तभी, आए शिव भगवान।
बोले मत संदेह कर, इसे पुत्र निज मान॥
कर पालन इसका प्रेमसहित, देवी होगा कल्याण तेरा।
आशीष हमारा लगे तुम्हें, जगमें हो ऊंचा मानतेरा॥

आग्याहै पालन करलूंगी, पर इसका ज्ञान जरूरी है।
परिचय तकभी मिलसके नहीं, तो अपनीभी मजबूरी है॥
मेरे ही भाग्यसे भिक्षुकवर, लगताहै आप पधारे हैं।
लगता है आप स्वयं शिवहैं, त्रयलोकीके रखवारे हैं॥
शिशुभी होगा आपका, पूर्वजन्मका भक्त।
अपने मनके भावको, मैं करती हूं व्यक्त॥
कुछ होंगे कर्मदोष इसके, जिसने यहहाल बनाया है।
मुझकोभी शिवकी मायाने, प्रेरित कर यहाँ बुलाया है॥
सचहै भिक्षुकने कहा, यह तेरा अनुमान।
कहा पुनः सक्षिप्तमें, शिशुका सब आख्यान॥
यहहै विदर्भका राजपुत्र, रणमें राजाका निधन हुआ।
महलोंसे भागी रानीका, कुछपूर्व यहां आगमन हुआ॥
दे जन्म पुत्रको बेचारी, जल पीनेगई सरोवर में।
आहार-ग्राहका बनकर वह, अब जापहुंची कालोदरमें॥
कह द्विजाने भिक्षुवर, बड़े खेदकी बात।
क्याहै कर्म-रहस्य और, कौन भेद यहतात?
क्यों असमय मारेगए नृपति? क्यों असमय रानी गईचली?
यहशिशु किसलिए अनाथ बना? मैं पूछ रहीहूं कर्मजली?
क्यों मेरा पुत्र दरिद्र बना? ये दोनों सुखी बनेंगे क्या?
इस समाधानके साथ-साथ, अपनाभी परिचय देंगे क्या?
कहा शंभुने देवि सब, है कर्मोंका खेल।
जीव-मात्र संसारके रहे इसी को झेल॥
थे पूर्वजन्ममें पाण्ड्यनृपति, इस शिशुके पिता विदर्भराज।
करतेथे धर्मपूर्वक ये, पृथ्वी- पालनका कठिन काज॥
एक दिवस प्रदोष-कालमें ये, तल्लीनथे शिवके पूजन में।
भारी कोलाहलको सुनकर, क्रोधित होकर अपने मन में॥
दी पूजा छोड़, गए बाहर, कटवादी दोषीकी गर्दन।
शिवपूजन पूर्ण कियेबिनही, सोगए नृपति करके भोजन॥
यह राजकुंअर भी इसीतरह, पूजनबिन भोजन कियाग्रहण।
यह वही सत्यव्रतथा जिसका, सुखभोग समयमें हुआमरण॥
वहीपुत्र यह इससमय, बना दरिद्र अनाथ।
कर्म-भोग मिलता सदा, सबको हाथों-हाथ॥
मौत दियाथा सौत को, इसकी मां ने क्रूर।
ग्राह बनी उसने लिया, बदला भी भरपूर॥

हे देवि! तुम्हारा यह बेटा, था पूर्वजन्म में द्विज उत्तम।
यह बनकररहा दानभोजी, करसका न दान भजन-उद्यम॥
इसकारण ही निर्धनहै यह, तू जाकर दोष निवारणकर।
भगवान शंभुका व्रत-पूजन, अबसे जीवनमें धारण कर॥
यज्ञोपवीतके बादकरे, दोनों-बालक शिव आराधन।
कल्याण करेंगे शिव इनका, देंगे वरदान और दर्शन॥

दर्शन देकर दविजाको, देकर वर-उपदेश।
अंतर्धान हुए तभी, करुणा सिन्धु महेश॥

दोनों बच्चों को गोदमें ले, चलपड़ी एक- चक्रा नगरी।
घर वहींथा इस-शिवदर्शिनिका, शिव-शिवरटते घरपहुंच गई॥
दोनोंके पालन- पोषणमें, लगगई प्रीतिपूर्वक देवी।
शिवआज्ञाको कर्त्तव्य मान, करनेको पूर्ण जुटी देवी॥

यथा समय इनको मिला, विप्रोंसे उपवीत।
शिव आराधनसेजगी, इनमें प्रीति- प्रतीत॥
मुनिवर श्रीशाण्डिल्य से, इन्हें मिला उपदेश।
शिव प्रदोष-व्रतमें जगा, इनका प्रेम अशेष॥

एकाकी विप्रपुत्र एकदिन, स्नानार्थ गए गंगातट पर।
मणियों-रत्नोंसे भरा हुआ, एक स्वर्णकलश पाये तटपर॥
घरले आए आनंद हुआ, मातान शिवको सरनाया।
शिवव्रत- पूजनका फलहै यह, याकहें सदाशिवकी माया॥
दोनों एकबार गए वनमें, आ मिली एक गंधर्वसुता।
निजपिताकी आग्यासे उसने, उस राजपुत्रका वरणकिया॥
गंधर्वोंका सहयोग मिला, भगवान शंभुकी मिली कृपा।
वैरी को हराकर राजपुत्र, गद्दी विदर्भकी प्राप्त किया॥

बनी राजमाता द्विजा, द्विजकुमार ही भ्रात।
धर्मगुप्त राजा बना, हुआ लोक- विख्यात॥
'भिक्षुवर्य' अवतारका पूर्ण हुआ आख्यान।
पुरुषार्थ चारों करे गायन श्रवण प्रदान॥

-----------------------(अध्याय - 31)-----------------------

'सुर-ईश्वर' अवतारका, अति पावन आख्यान।
उपमन्यूकाघोर तप, पाना प्रिय वरदान॥32॥

नंदीश्वर कहनेलगे, मुनिवर सनत्कुमार।
कहताहूं अब शंभुका, श्रेष्ठ इन्द्र-अवतार॥
आचार्य धौम्यके ज्येष्ठ भ्रात, उपमन्यु बने इसमें कारण।
इन ब्याघ्रपाद सुतके हितमें, शिवकिये इन्द्रका तनधारण॥
थे सिद्ध जन्मसे उपमन्यू, लेकिन दरिद्रताके कारण।
मामाके घरही रहतेथे माता, समेत कर कष्ट सहन॥
भूखे- बालकको एकबार, जो मिलादूध वह थोड़ा था।
बोला इसमें भरकर दे दो, हाथोंमें बड़ा कटोरा था॥
लाचारथी मां सुतके जिदसे, बीमार गरीबी के मारे।
अपना घर-द्वार अगरहोता, क्यों रहती भाईके द्वारे॥

सिलपर दाने पीसकर, जलमे उसको घोल।
बेटा- पीलो दूध यह, मांके निकले बोल॥
नकली दूध न पीसका, वहबालक अनमोल।
माता क्या यह दूधहै, सच-सच मुझसे बोल॥

भूखाबेटा इतना रोया, दुखियारी मां सह-सकी नहीं।
कह दियापुत्रसे वह सबकुछ, जो अबतकथी कहसकी नहीं॥
बेटा सबकुछ उसको मिलता, होतीहै जिसपर शंभुकृपा।
लोटेभर क्या? वे यदिचाहें, तो दूधका सागरभी मिलता॥

(शिवको मनालो न चूको है मौका।
शिवजीजे चाहें तो क्या नहीं होता॥)

'कृपाबिना शिवकी बने, पानीतलक मुहाल।
जा! जा! शिवकी-शरणजा, मेरे सच्चे लाल॥
मातु-बचन का पुत्रपर, ऐसा पड़ा प्रभाव।
कियाप्रणाम निकलचले, आव-न-देखी-ताव॥

तपके निमित्त हिम-शिखरगए, वे रहने लगे वायुपीकर।
ले आए आठ-ईंट चुनकर, उससेही बनाया शिव मंदिर॥
शिवलिंग बनाकर मिट्टीसे, प्रारंभ कर दिया आवाहन।
पंचाक्षर मंत्रोच्चार सहित, वे करते नित शिवका पूजन॥
पूजनके बाद मंत्रराजा, पंचाक्षरका जप करते थे।
जिसमेंथा कहीं विरामनहीं, ये वैसाही तप करते थे॥

इनके तपसे जब हुआ, सारा जग संत्रस्त।
सिद्ध, साध्यऔर अमरतक, जलनेलगे समस्त॥
तबदेनें वरदान और, करने जग कल्याण।
इन्द्ररूपमें आगए, शिवशंकर भगवान॥

शिव इन्द्र, भवानी शचीबनी, ऐरावत बनगए नंदीश्वर।
गण सारे बने देवता सब, शिव बोले बेटे मांगो वर॥
है तपमें मेरे बहुत कमी, इसकारण आप पधारे हैं।
वरदें मुझको शिवभक्तीका, शिवजीही मेरे प्यारे हैं॥
क्या तुम्हें न देदूं, इंद्रहूं मैं, परशिवजी तुमको क्यादेंगे।
मतकरो निरादर पुत्र मेरा, हम तुम्हें कुबेर बना देंगे॥

कुछ न चाहिये आपसे, देव हमें वरदान।
देर होरही आपको, करें शीघ्र प्रस्थान॥
शिवनिन्दाकी इन्द्रनें, सुने हुए अंगार।
मरजाने और मारने, हुए तभी तैयार॥

सुरपति पर अघोरास्त्र फेंका, नंदीने उसको पकड़ लिया।
जलनेको आग प्रगटजो की, शिवजीने उसको शान्त किया॥

शिवजी प्रगट तभीहुए, तजा इंद्रका रूप।
गणभी थे निजरूपमें, तजकर देवस्वरूप॥
वत्स! पुत्र तुमहै मेरा, हम तेरे पितुमात।
लगा कलेजेसे उसे, रखा शीशपर हाथ॥

घृत, दधी, दूधका, और मधुका, अनगिनत सिन्धु पाओ बेटा।
भक्ष्यादिक, भोज्य- पदार्थोंका, सागर अनेक पाओ बेटा॥
अमरत्व तथा गण-आधिपत्य, करताहूं वत्स प्रदान तुझे।
हों दिव्य वस्तुएं प्राप्त सभी, देताहूं यह वरदान तुझे॥

व्रताधीश श्रीपाशुपत दिव्य पाशुपत ज्ञान।
तथा पाशुपत योगका किया विवेक प्रदान॥
हृदय लगाकर भक्तको, पुन: सूंघकर माथ।
सौंपदिया प्रिय पुत्रको, पार्वतीके हाथ॥
गणोंसहित भगवान शिव, लौट गए कैलास।
हो प्रसन्न उपमन्युभी, आए मां के पास॥
सुनकर माताको मिला, कथन न हो वहहर्ष।
श्रवण, कथन इस कथाका, देता है उत्कर्ष॥

------------------------(अध्याय - 32)------------------------

लीलासागर शंभुका, शुभ किरात अवतार।
इस प्रसंगमें कृष्णऔर, अर्जुन कथा उदार॥
दुर्वासाके कोपसे प्रिय पांडवकी रक्षा।
फिर अर्जुनको मिली शक्र-विद्याकी शिक्षा॥

पार्थिव पूजन रीति बताना तपकी प्रेरणा।
इन्द्रकील पर्वत पर अर्जुनका तप करना॥
देवराजका पार्थको, देना शुभ वरदान।
शिवनिमित्त फिर पार्थका, करना तपऔर ध्यान॥33-38॥

'जटिल', 'नृतक', और 'विप्र' का, कह अवतारचरित्र।
निज विवाह में ही धरे, यह सब रूप विचित्र॥
'दोण-पुत्र' अवतारका, कहकर प्रिय आख्यान।
बोले कहताहूं सुनो, यह शुभ-चरित महान॥
जुएमें फिरसे जीतलिया, पांडवको जब दुर्योधन नें।
पांचों भाई द्रोपदी सहित, लेलिये निवास द्वैतवन में॥
भगवान सूर्यका दियापात्र था इस विपत्तिमें प्रतिपालक।
मुनि दुर्वासाके आने पर, श्री कृष्ण बनेथे संरक्षक॥
केशवकी सम्मति तो थीही, मुनि व्यासदेवने दी आग्या।
अब करिये शिवकी उपासना, मिट जायेगी सारी बाधा॥
शिव दुखहर्त्ता, सुखकर्त्ता और इच्छित फल देनेवाले हैं।
थोड़े में ही प्रसन्न होते, देवों के देव निराले हैं॥

शिव आराधन के बिना कभी न मिटता शोक।
नहीं सुधरता है कभी लोक और परलोक॥
"शक्रमंत्र" का जपकरें दृढ़ता पूर्वक पार्थ।
इन्द्र दानदेंगे इन्हें, शिवका मंत्र यथार्थ॥

तदनन्तर शक्र-सुविद्याका, अर्जुनके प्रति उपदेश दिया।
उपदेशक व्यासदेवजीने, शिवपूजनका आदेश दिया॥
वे बोले इंद्रकील गिरि पर, श्री गंगाके पावन तटपर।
करनाहै जपतप तुम्हें पार्थ, प्रारंभ करो जल्दी जाकर॥

मंत्र मिले देवेन्द्रसे, शिवसे मिले प्रसाद।
विद्यासे रक्षण- मिले, मुझसे आशीर्वाद॥
अंतर्धान हुए मुनी, दे सबको आशीष।
आगेका अद्भुत-चरित, सुनिये महामुनीश॥

होगये तेजसे युक्त पार्थ, जैसेही किया मंत्रधारण।
हम पांडवगण विजयीहोंगे, सबलगे सोचने मनही मन॥
अर्जुनसे बोलेज्येष्ठभ्रात, आशिषहै भाई जाओ तुम।
पालनकरके गुरुकी आज्ञा, हमसबको सफलबनाओ तुम॥

भ्राताओं और द्रौपदीसे, मांगी श्रीअर्जुनने अनुमति।
परमात्मा यात्रा सफलकरें, जाओ हमसबकी है सहमति॥

हो प्रसन्न अर्जुन चले, पहुंचे गंगातीर।
नमन-निमज्जन मात्रसे, निर्मल हुआ शरीर॥

मनहीमन करप्रणाम गुरुको, गुरुमंत्रको पुन: प्रणाम किया।
करके अपकर्ष इन्द्रियोंका, गणपति- गणेशका नाम लिया॥
फिर लगाके आसन बैठगए पार्थिव लिंगका निर्माण किया।
तदनन्तर अनुपम तेजराशि भगवान शंभुका ध्यान किया॥
ये करतेथे त्रिकाल पूजन, अत्यंत प्रेमसे लगातार।
अविराम मंत्रजप करतेथे करते प्रणामभी बार-बार॥

लगा निकलनें शीशसे ज्वालाबनकर तेज।
गिरिरक्षक नें गुप्तचर दिया इंद्रको भेज॥

सिरनाकर कहा गुप्तचरने क्याजानें कौन तपस्वी है।
हम डरकर भागे आए हैं क्या पता चंद्रहै या रवि है॥
होगया ग्यात सुरपतिको तब संपूर्ण मनोरथ अर्जुनका।
आगए परीक्षा लेने वे, निज वेष बनाकर ब्राह्मणका॥

विप्रदेवका पार्थने, किया उचित सम्मान।
क्या सेवा हो आपकी आग्या करें प्रदान॥

द्विजवरने तपसी अर्जुनसे कुछ ऐसे-ऐसे कहे बचन।
साधारण होता कोई तो तपसे उसका डिगजाता मन॥
देखा अर्जुनको अडिग अचल, तब दर्शनदिया प्रगटहोकर।
अतिशय प्रसन्नहो शचिपतिने, देदिया इन्हें शिवमंत्रप्रवर॥

नंदीश्वर बोले मुने देकर प्रिय वरदान।
शिवसुमिरण करकेकिया सुरपतिनें प्रस्थान॥
मनको वशकर पार्थने धर शिवजीका ध्यान।
मंत्रजाप करने लगे तपके साथ महान॥

----------------------(अध्याय - 33-38)----------------------

मूक नामके दैत्यका शूकर बनकर आना।
शिवजी का किरात बन रक्षामें आ जाना॥
शूकरकावध अर्जुन और किरातके द्वारा।
फिर दोनोंमें- युद्ध त्रिलोकी कांपा सारा॥39॥

व्यास और देवेन्द्रकी, आग्याके अनुसार।
पार्थ ध्यानकरने लगे, मंत्र सहित उच्चार॥

रविपर एकाग्र दृष्टिरखकर, ये एक पैरपर खड़े हुए।
जपथा अखंड मंत्रवरका, इसतरह बहुत दिनबीत गए॥
ऐसा तपतेज बढा इनका, भयभीत देवता हुए बिकल।
सब शिवके चरणोंमें जाकर, बरसाने लगे आंखसेजल॥

भक्त आपका है कोई दारुण तपमे लीन।
वरदेकर करते न क्यों, उस दुर्बलको पीन॥
मत चिन्तितहों आपसब मुझको है सबज्ञात।
सबजाएं निज-निज सदन बन जाएगी बात॥

हे मुनिवर बोले नंदीश्वर, सज्जन न त्यागते सज्जनता।
दुर्जन भी तो दुर्जन ही हैं, वे ही क्यों छोड़ें दुर्जनता॥
दुर्योधनने अर्जुनवधको एक दुष्ट दैत्यको भेज दिया।
वह मूक नाम वाला राक्षस, बनकरके शूकर दौड़ चला॥
पर्वत शिखरोंको उखाड़ता, वृक्षोंको छिन्न-भिन्न करता।
घुर-घुर डराबने रब करता, वहशूकर पार्थ निकट पहुंचा॥
सावधान अर्जुन हुए शूकर महा निहार।
शिवचरणोंका ध्यानकर करनेलगे विचार॥
मन जिसेदेखकर हो प्रसन्न, वह निश्चित उपकारी होता।
ब्याकुलता बढ़े देख जिसको, वह सचमुच अपकारी होता॥
आचारही कुलका परिचय है, तनही परिचयहै भोजन का।
है ग्यानका परिचय बातचीत, और आंख प्रेम अपनापनका॥
हो उठी मेरी इन्द्रियाँ बिकल, देखा ज्योंही इस शूकर को।
निश्चयही यहहै शत्रुमेरा, संधान करूं अपने सरको॥

हुए पार्थ डटकर खड़े, किया वाण संधान।
तबतक खुदभी आगए, भक्तबन्धु ईषाण॥

देनी थी सजा दैत्यवरको, करनीथी अर्जुन कीरक्षा।
लेनी थी परीक्षा भक्तीकी, देनीभी थी इनको शिक्षा॥
गणसभी साथ थे भीलबने शिवस्वयं बनेथे भीलराज।
जैसे थे महावीर ये खुद, वैसा ही था इनका समाज॥
सुनकर गुर्राहट शूकरकी, शिवजीनें किया घोर-गर्जन।
रोमांचित हुए पार्थ सुनकर, और लगे सोचने मनही मन॥
क्या शिवजी स्वयं किरात बने, मेरी रक्षा में आए हैं।
श्री व्यास तथा श्रीकृष्ण स्वयं, मुझको ऐसा बतलाए हैं॥

जो लोग प्रेमसे शिवजीका, करते हैं कीर्तन और भजन।
दुखउन्हें न जाग्रतमें दिखता, देता न स्वप्नमेंभी दर्शन॥
यदि आही जाता है दुखतो, इसमें है कर्मदोष कारण।
प्रारब्ध में अधिक भले ही हो, थोड़ेमें हो जाता भंजन॥

जांय लक्ष्मी या रहें, मृत्यु दिखे प्रत्यक्ष।
भला कहे या जगबुरा, शिव सुमरूं निष्पक्ष॥
करके शिवजीका भजन, वही करूं सुखप्राप्त।
जो रहता अक्षय सदा, होता नहीं समाप्त॥

अर्जुन विचारमें खोएथे, तबतक वह शूकर आ पहुंचा।
उसके पीछे धनु-वाणलिए, वह भिल्लराज भी दीखपड़ा॥
इन- दोनोंने ही एकसाथ, शूकर पर घोर प्रहार किया।
मरते-मरते उसराक्षसने, आखिरी बार चिल्कार किया॥
अर्जुनका सर सिरमें घुसकर, फिर पुच्छभागसे निकलगया।
शिववाण पुच्छमें चुभा और, मुखको विदारकर निकल गया॥

अर्जुन आगेथे अतः, मुखमें मारा वाण।
पुच्छ- प्रहार इसीलिये, पीछे थे ईषाण॥
लक्ष्य भेदकर भूमिपर, गिरापार्थ का वाण।
हुआ भूमिगत वह जिसे, छोड़े थे ईषाण॥

शूकरको मरा पड़ा लखकर, सुरगणने जय-जयकार किया।
हे मुने! पुष्प-वर्षण करके, कह "साधु' 'साधु' सत्कार किया॥
अर्जुन ने और भीलवरने, शूकरका दैत्य रूप देखा।
सुख माना दोनोंने मनमें, वैरीका मृतक रुपदेखा॥
मनही मन पार्थ सोचतेथे, यह मुझेमारने आया था।
शिवजीने मेरी रक्षामें, मुझसे ही सर चलवाया था॥

प्रेरित कर करवा दिया बैरीका संहार।
किया कीरतन शंभुका, सादर जय-जयकार॥

-------------------(अध्याय - 39)---------------------

क्षमा मांगना पार्थका शिवजीको पहचान।
स्नेहदान दे शंभु का होना अंतर्धान॥
पांडव को दर्शन देने श्री कृष्ण आगमन।40-41॥

भेजा शिवने दूतको, लानेको निजबाण।
निजसर लेने आगए, अर्जुनभी उस स्थान॥

था वाण वहां अर्जुनवाला, जिसको अर्जुनने उठालिया।
जबलगा रोकने शिवअनुचर, तो उसे पार्थने डांटदिया॥
मतकरो मूर्खता यह देखो, इसपरहै मेरानाम लिखा।
तब भीलबने गणनायकने, अर्जुन को डांटा और कहा॥
तू तपसीहै या ढोंगीहै, तपसी छल-कपट नही करता।
होता न बराबर सचकेतप, क्या यहभी तुमको नहींपता॥
मत मुझे अकेलासमझ धृष्ट, मैं एकसेनाका नायक हूं।
मेरेहैं अति समर्थ स्वामी, मैं उनके पदका पायक हूं॥
यह बाण है मेरे स्वामीका, छोड़ा था तेरी रक्षा में।
पर तू केवल निर्लज्ज नहीं, है कृतघ्नियोंकी कक्षा में॥

बदलेमें उपकार के, करता है अपकार।
चल उनसेही मांगले, वाण और दो चार॥
बचन नथे यहभीलके, थे विष-मिश्रित-तीर।
चुभे पार्थके हृदयमें, जलने लगा शरीर॥
लेआ अपने स्वामिको, कर न व्यर्थ-बकवास।
युद्ध उसीसे है उचित, तुमसे रण उपहास॥

नंदीश्वर बोले हे मुनिवर, वहदूत लौट वापस आया।
जो हुई बातथी अर्जुनसे, सब हाथ जोड़कर बतलाया॥
सुनकर प्रसन्नहो मनही मन, बोलेकिरात आक्रमणकरो।
मत छोड़ो धृष्ट तपस्वीको, हे वीरो उसका दमन करो॥
फिर भील-रूपधारी भोला, सैनिकोंसमेत निकटआए।
धनुवान चढ़ाकर अर्जुनभी, डट गए हृदयमें हर्षाए॥

चर द्वारा भील्लेशने, फिर भेजा संदेश।
आफत लेकर आएगा, तेरा यह आवेश॥

दुखसे पीड़ित सब भ्राततेरे, पत्नी अतिशय दुखियारी है।
तुमभी मरने को आतुर हो, बुद्धी विपरीत तुम्हारी है॥

एकबाणके लिये क्यों, गंवा रहेहो प्राण?
नहीं मिलेगा जगतमें, तुझ जैसा नादान॥

जा कहदे अपने स्वामीसे, बोले सरोष चरसे अर्जुन।
लौटाया अगर बाण मैंने, तो कहलाऊंगा कुलदूषण॥
हो जांय मेरे भाई दुःखार्त, विद्याएं मेरी निष्फल हों।
वापस न करुंगा वाण तुझे, चाहे अपने अंतिम पलहों॥
बनराज न डरते गीदड़ से, क्षत्रिय न भीलसे डरते हैं।
दें हमें चुनौती काल अगर, तो उनसे भीहम लड़ते हैं॥

कहा दूतने शंभुसे, वह न दयाका पात्र।

यतिकी रग-रगमें भरा, दंभ-दोषही मात्र॥
सुनकर किया किरातने, घोर धनुषटंकार।
किया पार्थने भी तभी, वाणों की बौछार॥

अबतक देखा या सुना नहीं, दोनोमें ऐसा युद्ध हुआ।
बेकार वार होता देखातो, अर्जुन अतिशय क्रुद्ध हुआ॥
शिवके चरणोंमेंकर प्रणाम, तत्काल भीलको गिरा दिया।
फिर पकड़ पैर उसके दोनों, सैकड़ों बार ही घुमा दिया॥
शिवजी अपनी लीलावशात्, खुल-खुलकर हंसते जाते थे।
अर्जुन उनकी इच्छावशात्, उनको ही घुमाए जाते थे॥

पराधीनता भक्तकी, शंभु सदा स्वाधीन।
इस लीलाको देखकर, गणसब हुएमलीन॥
तब हंसकर उस भीलने, ग्रहणकिया शिवरूप।
व्यास' कृष्ण' द्वारा कथित, वहथा रूपअनूप॥

शिवका दर्शनकर अर्जुनको, विस्मयऔर पश्चाताप हुआ।
कर उठे हाय पुण्यार्चन में, मुझसे यह भारी पाप हुआ॥
हूँ जिनकी शरण, उनसेही रण, है मेरा मरण धिक्कार मुझे।
तप, जप, पूजन, व्रत और हवन, सबहुआ हरण, धिक्कार मुझे॥
मैं क्या कर डाला हायनाथ, पर आपने भी क्या कर डाला।
मैं मायाद्वारा छलागया, पर स्वयं आपने मुझे छला॥

हैं अक्षम्य प्रभु मेरे, ये सारे अपराध।
युद्धकिया बकतारहा, ओछे बचन अबाध॥
पार्थगिरे शिव- चरणपर करके हाहाकार।
हृदय-लगाया शंभुनें, करूणा- स्नेहागार॥

तुमतो हो मेरे परमभक्त, हे पार्थव्यर्थ मत खेदकरो।
होकर उत्तीर्ण परीक्षामें, मत मुझ अभेद में भेदकरो॥
मैंहूं अतिशय प्रसन्नतुमपर, मांगोमुझसे मनचाहा वर।
कुछभी है ऐसी वस्तुनहीं, जोकरूं न तुमपर न्यौछावर॥
जोहुआ वो अच्छाहुआ और, जोहोगा वह अच्छा होगा।
जो भलैहैं उन्हें भला होगा, और बुरेहैं उन्हें बुरा होगा॥

दिया पार्थनें सिर झुका जोड़े दोनों हाथ।
करूं वन्दना किसतरह, हेनाथों को नाथ॥

देवाधिदेवको नमस्कार, शिव महादेवको नमस्कार।
है पंचाननको अभिवादन, हरको प्रणाम है बारबार॥
एकानन हैं, पंचानन हैं, हे नाथ! आप सहसाननहैं।

त्रयनेत्र, पंचदसलोचन हैं, अतिशय कृपालु, सौम्यानन हैं॥
हाथोंमें डमरूऔर कपाल, सज रही गले में मुंडमाल।
त्रयपुण्ड्र विराजित चंद्रभाल, कालोंकेकाल प्रभु महाकाल॥
मुझ परही अनुग्रह करनेको, करलिया किरात वेषधारण।
करुणावरुणालयको प्रणाम, लीलानायक को अभिवादन॥

नाथ आप स्वामी मेरे, मैं चरणोंका दास।
दर्शनसेही होगया, सभी दुखों का नाश॥
परासिद्धि इसलोककी, नाथ मुझेहो प्राप्त।
धर्मयुद्ध में शत्रुको मैं कर सकूं समाप्त॥

इतना कहकर, जोड़े निजकर, अर्जुन शिवसम्मुख हुए खड़े।
यह है अनन्य सेवक मेरा, शिवजी प्रसन्न हो गये बड़े॥
देकर अमोघ पाशुपत अस्त्र, बोले हो पार्थ विजय तेरी।
श्री कृष्ण-सहायक हों तेरे, उनको समझो आत्मा मेरी॥

पार्थ सुपूजित शिव पुनः, दे अनेक वरदान।
हुए देखते- देखते, क्षण में अंतर्धान॥

होकरप्रसन्न वापस आए, सबको ही परमानन्द मिला।
नवजीवन मिलाभाईयोंको, कृष्णा-मुख कमलसमान खिला॥
हे मुनिवर! तृप्ति न मिलतीथी, शिवजीकी कथा श्रवणकरके।
श्रीकृष्ण पधारे उसी समय, सब धन्य हुए दर्शन करके॥

शिवआराधन से सदा, मिटता कष्ट समूल।
उनकी कृपा बना रही, कांटों को भी फूल॥
इस चरित्रका हे मुने, श्रवण कीर्तन गान।
पूर्ण करे मनकामना, मिले सदा कल्याण॥

----------------------(अध्याय - 40-41)----------------------

द्वादश ज्योतिलिंग-कथा महिमाका वर्णन॥42॥

नंदीश्वर बोले मुने ज्योतिर्लिंग महान।
इन द्वादश अवतारका कहताहूं आख्यान॥
सौराष्ट्र में "सोमनाथलिंग' हैं, हैं "मल्लिकार्जुन" श्रीगिरिपर।
हैं उज्जयिनीमें 'महाकाल', ओंकार में राजित 'अमरेश्वर' ॥
'केदार' हिमालयपर्वत पर, डाकिनी मेंहैं 'भीमाशंकर'।
श्री 'विश्वनाथ' हैं काशीमें, गौतमीके तट 'त्र्यम्बकेश्वर' ॥

हैं चिताभूमिमें बैद्यनाथ", दारुकवन में हैं 'नागेश्वर'।
हैं सेतुबन्ध पर "रामेश्वर', और शिव-आलयमें 'घुश्मेश्वर"॥

 हैं परमात्मा शंभुके, ये बारह अवतार।
 दरस मात्रसे बाँटते, भक्तोंमें फलचार॥
 "सोमनाथ" के नामसे, है पहला अवतार।
 चंद्रदेव के दु: खका, इनने किया संहार॥

क्षय और कुष्ठरोग मिटता, इन सोमेश्वरके पूजन से।
होता है सारा पाप- नष्ट, श्रीचंद्रकूप- जल सेवन से॥
श्री "मल्लिकार्जुन" शिवजीका, दूजा अवतार कहाता है।
इनसे अभिष्ट पातासेवक, सारा अनिष्ट मिटजाताहै॥
है "महाकाल" तीजावतार, यह भक्तजनोंका रक्षक है।
अपने हूंकार मात्रसे ही, यह दुष्टजनोंका भक्षक है॥
देने अभिष्टफल भक्तोंको, चौथा अवतार धरे शंकर।
ओंकारमें दो-दो लिंगबने, "ओंकारेश्वर" और "परमेश्वर"॥

 पंचम श्री "केदार" हैं लिंगरूप अवतार।
 राजितहैं हिमशिखरपर, भुक्ति-मुक्ति दातार॥

छठवां अवतार "भीमशंकर," जो कामरूपमें राज रहे।
करके भीमासुरका विनाश, अबतकभी वहीं विराज रहे॥
जो भोग-मोक्षके दायकहैं, सप्तम अवतार कहाते हैं।
वे "विश्वनाथ" हैं काशीमें, नित सबसे पूजे जाते हैं॥
जो विश्वेश्वरके अनुचरहैं, उनकोहै पद-कैवल्य सुलभ।
चारोंफल उनके अनुगत हैं, कुछभी न कभी उनको दुर्लभ॥
गौतमी किनारे "त्र्यंबक" हैं, अवतार कहातेये अष्टम।

इनके आने- विराजनेमें, कारणहैं भक्त- प्रवर गौतम॥

 रावणके कारण हुआ, बैद्यनाथ अवतार।
 स्वर्ग और अपवर्गि, ये असीम दातार॥

बैजूनामक एकभक्त हेतु, ये "बैद्यनाथ" कहलाते हैं।
ये चिता-भूमिके वासीहैं, नौंवां अवतार कहाते हैं॥
"नागेश्वर" दसम कहातेहैं, जतरक्षणको अवतरण हुआ।
मिलगया सुप्रियको संरक्षण, पापी दारुकका मरण हुआ॥
इनके दर्शन और अर्चनसे, पातक विनष्ट हो जाते हैं।
जगतेहैं सुख सौभाग्य सभी, दुर्भाग्य दोष सोजाते हैं॥

 लिंगरूपमें ग्यारवां, "रामेश्वर" अवतार।
 भक्तिसहित थापितकिये, राघवेन्द्र सरकार॥
 "घुश्मेश्वर" के नामसे, बारहवां अवतार।
 घुश्माके मृतपुत्रको पुनः जिलावनहार॥

हे सनत्कुमार किया मैंने, ज्योतिर्लिंगोंका शुभवर्णन।
यह भोग, मोक्षका दायकहै, हम पठनकरें या करेंश्रवण॥
शतरुद्र नामकी यह संहिता, होतीहै पूर्ण प्राग्य मुनिवर।
है कीर्तिकथा इसमें वर्णित, जो सौ अवतार लिये शंकर॥
जो इसे समाहित चित होकर, सुनताहै और सुनाता है।
सुख-भोग प्राप्तकरता जगमें, वह मोक्ष अंतमें पाताहै॥

------------------------(अध्याय - 42)------------------------

॥ श्रीशिवचरितामृत शतरूद्रसंहिता संपूर्ण ॥

'ज्योतिर्लिंगों' -'उपलिंगों' का वर्णन करना।
उनके पूजन- दर्शनकी महिमाको कहना॥1॥

निराकार हो धारते, अखिल विश्व-आकार।
जिनकी कृपा-कटाक्षहै, भोग-मोक्ष दातार॥
जिन्हें देखते योगिजन, सचिदानंद स्वरूप।
गिरिजाका अर्धांगमें, शोभित रूप अनूप॥
उन शिवजीको हैमेरा, नमस्कार- शतवार।
जय-जय श्रीगिरिजारमण, जय करुणाअवतार॥
शौनक बोले सूतसे, हे कृपालु सर्वज्ञ।
आभारी हम आपके, हम चिरऋणी कृतज्ञ॥
हे देव! आपने हमसबको, अद्द शिव-चरित सुनाया है।
क्याकहें औरभी सुननेको, हम सबका मन ललचाया है॥
श्रीमान् आपके श्रीमुखसे, सुनकर शिवजीकी अमृतकथा।
हम सबकी तृप्ति न होतीहै, इसलिये सुनावें और कथा॥
अनगिनत तीर्थहैं धरतीपर, तीर्थोंमें शिवलिंगहैं अनंत।
करिये उनसबका आपकथन, हे परम शैव, हे परमसंत॥
कहा सूतजीने सुनें, लिंगमयहै सबतीर्थ।
शिवबिन उनके कथनमें, कोई नहीं समर्थ॥
कुछका मैं वर्णन करताहूं, जिस दृश्यकाभी होता दर्शन।
जिनकाभी श्रवण कियाजाता, जिसकाभी होताहै वर्णन॥
वहसब शिवकाही है स्वरूप, कुछभीहै उनसे भिन्न नहीं।
तत्त्वतः जानते जो इसको, वेही होतेहैं खिन्न नहीं॥
लिंगरूपहै यह सारा त्रिलोक, लिंगस्वरूपहैं तीर्थ सकल।
भक्तोंने जब-जब, जहाँ-जहाँ, शिवजीको पुकारा हुआबिकल॥
तब- तब शिवजीने वहाँ-वहां, जाकर तुरंत अवतार लिया।
भक्तोंका कार्य पूर्ण करके, लिंगरूप शम्भुनें धार लिया॥
भूमंडलके लिंगका, मुश्किल वर्णन-जान।

उनके नाम गिनारहा, जोहैं प्रमुख-प्रधान॥
ज्योतिर्लिंगोंको प्रथम-प्रथम यह सेवक शीश झुकाता है।
देताहै सिद्धि-स्मरण जिनका, पापोंका नाश कराता है॥
देता सकाम को इष्ट सभी, निष्काम न पाता पुनर्जनम।
इन द्वादश- लिंगोंका प्रसाद, खातेही होते पाप भसम॥
इन द्वादश-लिंगोंकी चर्चा, यद्यपि पहले भी की मैंनें।
आगेभी फिर विस्तार-सहित, कहनेकी ठान रखी मैंनें॥
ज्योतिर्लिंगों के उपलिंगों, का वर्णन करता हूं मुनिवर।
हैं सोमनाथके 'अंतकेश', राजित महिसागर संगम पर॥
' रुद्रेश्वर' हैं मलिकार्जुनके, हैं महाकालके 'दुग्धेश्वर'।
ये दूधनाथ भी कहलाते, स्थितहैं नर्मदा किनारे पर॥
ओंकारेश्वर के' कर्दमेश', हैं बिंदु-सरोवर के तटपर।
केदारेश्वर के' भूतेश्वर' रहते हैंयमुना के तटपर॥
'भीमेश' भीमशंकर के हैं, बलबर्धक बसें सह्यागिरि पर।
'नागेश्वर' के भी 'भूतेश्वर', हैं 'रामेश्वर' के 'गुप्तेश्वर'॥
उपलिंग जो 'घुश्मेश्वर' के हैं, वे 'ब्याघ्रेश्वर' कहलाते हैं।
दर्शनसे मिटते पाप सभी, मनकाम पूर्णहो जाते हैं॥

---------------------(अध्याय - 1)---------------------

काशि आदिके विविध-लिंगका क्रमशः वर्णन।
"अत्रीश्वर" उत्पत्ति कथामें अति आकर्षण॥
गंगाधर गंगासहित, करते जहां निवास।
अत्रिश्वरके अत्रिके, सदा-सदा हम दास॥2-4॥
है प्रसिद्ध काशीपुरी, श्री गंगा के तीर।
लिंगमयी यह भूमिहै, शिव-निवास सुस्थीर॥
काशीके श्री" अविमुक्त" आदि' तिलभांडेश्वर 'कृतिवासेश्वर'।
गंगासागर के 'भूतेश्वर" दूरेश्वर" "सिद्धनाथ ईश्वर॥
"नारीश्वर" "बटुकेश्वर" समेत, "रंगेश" श्रृंगेश्वर" गोपेश्वर"।
"श्रीवामेश्वर" "श्रीकामेश्वर" "श्रीविमलेश्वर" "श्रीजप्येश्वर"॥
हैं श्रीप्रयागके "ब्रह्मेश्वर", "सोमेश्वर" "भारद्वाजईश्वर"।
अतिशय प्रसिद्ध श्री" माधवेश" वैसेही "शूलटंकईश्वर"॥

राघवके श्री अवधमे, राजित हैं नागेश।

अत्रीश्वरकी कथाका, करिये श्रवण मुनेश॥

अनसूया पर प्रसन्न होकर, कुटियामें आयीं श्रीगंगा।

आश्रममें सदा निवासकरें, करजोड़के बोली अनसूया॥

यदि एकवर्षकी शिवसेवा, पतिसेवाका फलदो मुझको।

तो यहांसदा रहजाऊंगी, सच-सच कहतीहूं मैं तुझको॥

तू खुश है मेरे दर्शन से, मैं खुश हूं तेरे दर्शन से।

होताहै मेरा पापनाश, तुझ पतिव्रताके दर्शन से॥

मेरे दर्शनमात्रसे, जग होताहै शुद्ध।

पतिव्रताके दरससे, मैं होतीहूं शुद्ध॥

पार्वती और पतिव्रता, दोनों एक समान।

पतिसेवाके पुण्यफल, मुझको करो प्रदान॥

फल एकसालकी सेवाका, अनुसूयाजीनें दान किया।

गंगा-समेत गंगाधरको, आनंद प्रदान महान किया॥

पार्थिवलिंगसे हो प्रगट, शिवशंकर भगवान।

बोले देवी धन्यतुम, धन्य तुम्हारा दान॥

पतिव्रता इस धरापर, तुझसी कोइ न आन।

मैं प्रसन्नहूं मांगलो, कोई प्रिय वरदान॥

पूजनकरके पति-पत्नीनें, श्रीगंगा और गंगाधर से।

करजोड़ चरणपर सिर रखकर, यहकहा बड़ेही आदरसे॥

हे नाथ! अंब सुरसरिसमेत, आश्रममें सदा निवास करें।

यदिहैं प्रसन्नमुझपर स्वामी, तो पूर्ण हमारीआस करें॥

कह 'एवमस्तु' दोनोंने ही, आश्रमके निकट निवासकिया।

"अत्रीश्वर" नाम ग्रहणकरके, भक्तोंकी पूरी आस किया॥

-----------------------(अध्याय - 2-4)-----------------------

ऋषिकापर शिवजीका, परम अनुग्रह करना।

दुष्ट दैत्यवर मूढासुरका निग्रह करना॥

'नंदिकेश' बन आश्रममें आवास बनाना।

संवत्सरमें एकदिवस गंगाका आना॥5-7॥

सुनादिये श्रीसूतनें शिवलिंग कथा अनंत।

ऋषिगण बोले वहकथा, हमें कहें हे संत॥

गंगा कबमिली नर्मदासे, शिवजी कब बने 'नंदिकेश्वर'?

सम्पूर्ण चरित्र कहें हमसे, यदि कृपा आपकीहै हमपर॥

बोलेश्रीसूत सुनेंसादर, थी तपस्विनि ब्राह्मणि ऋषिका।

नर्मदा-किनारे रहतीथी, प्रारब्ध विवश होकर विधवा॥

वह ब्रह्मचर्य-पालन पूर्वक, करतीथी नित पार्थिवपूजन।

थीकठिन तपस्यामें निमग्न, शिवनाम सदाकरती सुमिरण॥

दैवातएकदिन कुटियामें, आ पहुंचा पापी मूढासुर।

ऋषिकाका देख रूप-यौवन, तत्काल हो उठा कामातुर॥

तपस्विनीके शीलका, करनें सत्यानाश।

हरप्रकारसे दुष्टवह, करने लगा प्रयास॥

दान, मान, और विनयसे, जब नबना कुछकाम।

देवीको छूनें बढा, क्रोधित काम-गुलाम॥

ऋषिका होकर अत्यंत विकल, बोली हे शंभु दया करिये।

हे देवदेव, हे महादेव, चरणाश्रित की रक्षा करिये॥

अबला, विधवा, पतिहीना के, पतकी रक्षा करिये स्वामी।

हे प्रणतपाल, आश्रितरक्षक, अबिलम्ब कष्ट हरिये स्वामी॥

होकर तत्काल प्रगटशिवनें, उस दुष्ट असुरका नाश किया।

अपनेपर अपने आश्रितका, अब और सुदृढ विश्वास किया॥

ऋषिकापर करके कृपा, बोले कृपानिधान।

हूं प्रसन्न तुझपर अतः, मांगो कुछ वरदान॥

ऋषिका बोली हे देवदेव, हे महादेव, हे कृपासिंधु।

जनरक्षक और धर्मरक्षक, हे भयनाशक, हे दीनबंधु॥

हे नाथ! बचाकर धर्म मेरा, मेरा यह प्राण बचाया है।

रक्षा केवल मेरी न हुई, रक्षित संसार बनाया है॥

श्रीचरणोंकी कीजिये उत्तम-भक्ति प्रदान।

मांग रही हूं आपसे, एक और वरदान॥

भक्तोंके हितके लिये करिये यहां निवास।

ऐसा ही होगा शुभे, शिव ने कहा सहास॥

इतनेमें ब्रह्मा और विष्णु, करने आये शिवका दर्शन।

की दोनोंनें इनकी पूजा, करजोड़ किया शिवका वंदन॥

तदनंतर आई श्रीगंगा ऋषिका की करके सराहना।

बोली मैंभी सम्वत्सर में, एकदिन आऊंगी हे बहना॥

कह रहे सूत हे महर्षियों! श्रीगंगा की बातें सुनकर।

ऋषिका बोली मां स्वागतहै, आभारीहूं यह पाकरवर॥

तपसिनकी आस पूर्णकरने, लिंगमें भगवान विलीन हुए।

तबसे वे हुए "नंदिकेश्वर" दुखरूप दैत्य बलहीन हुए॥

आशिषदे विधि-विष्णुभी, चलेगये, निजधाम।
तबसे सब उस तीर्थको, करते सदा प्रणाम॥
वैशाख सुसातमको गंगा, हरवर्ष वहां पर आती हैं।
जो पाप मनुष्योंसे लेती, उसको वह यहां धुलाती हैं॥

------------------------(अध्याय - 5-7)------------------------

सोमनाथ का उद्भव तथा चरित्र मनोहर।8-14।

कपिला नगरीके कालेश्वर, रामेश्वरके चरित्र कहकर।
उन शिवलिंगोंकी कथाकही, जो राजितहैं सागर तटपर॥
तदनन्तर सूत महात्माने, अगणित लिंगोंकी कथा कही।
कहरहे कथा ज्योतिर्लिंगकी, मुनियोंकीथी प्रार्थना यही॥
पत्नियां सताईसथी विधुकी, लेकिन प्रियथी रोहिणी उन्हें।
वे सभी पितासे जाबोली, हमसभी करें क्या पिता कहें?
तब प्रजापती ने निशिकर को अत्यंत प्रेमसे समझाया।
फिरभीजब चंद्र नहींमाने, तब उनको बहुत-क्रोध आया॥

क्षयका रोग तुम्हेंलगे, दिया दक्षनें श्राप।
क्षणमें क्षीण हुए विधू, बढ़ा लोकमें ताप॥

इन्द्रसहित ऋषि-मुनिसभी, होकर बहुतउदास।
उसीसमय चलकर सभी, पहुंचे विधिके पास॥

सब सुनकर ब्रह्माजी बोले, शिवही विपत्ति हर सकते हैं।
आराधन करें चंद्रतो शिव, क्षयकाभी क्षय कर सकते हैं॥
जाकर प्रभास श्रीहिमकरने शिवजीकी कठिन तपस्या की।
जप मृत्युंजयका दसकरोड़, करलिया किन्तु सोए न कभी॥

हो प्रसन्न प्रगटे वहां शिवशंकर भगवान।
शुक्लपक्षमें वृद्धि हो दिया इन्हें वरदान॥

सोम प्रार्थना पर पुनः सोमनाथ भगवान।
ज्योतिर्लिंग बनकर बसे करने सुखका दान॥

दर्शन पूजन सोमेश्वरका मनबांछित प्राप्त कराता है।
क्षय कुष्ठरोग का चिररोगी चंगा निरोग हो जाताहै॥

सोमकुंड में रुग्ण यदि स्नान करे छ: मास।
क्षय कुष्ठादिक रोगका मूलसहित हो नास॥

जो सोमनाथ जी का चरित्र सुनता है और सुनाता है।

मनबांछित सभी प्राप्त करके पापोंसे मुक्ती पाता है॥

------------------------(अध्याय - 8-14)------------------------

मल्लिकार्जुन महाकाल चरितामृत सुन्दर॥15-16॥

'मल्लिकार्जुन' चरितका, मैं करता हूँ गान।
जिसे श्रवणकर मूर्खभी, हो जाता विद्वान॥
करके प्रदक्षिणा पृथ्वीकी, श्री कार्तिकेय वापस आए।
गणपति परिणय-गाथा सुनकर, उल्टेपद क्रोन्चशैल धाये॥
पीछाकर उमा-महेश्वरने, घर चलनेका अनुरोध किया।
आक्रोशमें बारह कोसभगे, कार्तिकने ऐसा क्रोध किया॥
बेटा वापस घर नहीं चले, हम भी न लौटकर जाएंगे।
यह दूर भले हमसे जाए, हम इससे दूर न जाएंगे॥

हुए प्रतिष्ठित शिवउमा 'मल्लिक-अर्जुन' नाम।
सूत सहित मुनिगणों ने, सादर किया प्रणाम॥

प्रत्येक मास में मातु पिता बेटे से मिलने जाते हैं।
जाती है उमा-अमावसको पूर्णिमाको शिवजी जाते हैं॥
जो करता है दर्शन उसका, सब पाप नष्टहो जाता है।
होतेहैं दूर अनिष्ट सभी, सारे अभिष्ट पा जाता है॥

ऋषियोंने कहा प्रभो तीजे ज्योतिर्लिंगका करिये वर्णन।
श्रीसूत सुनाने लगेकथा श्रीशिवजीका करके सुमिरण॥
नगरी अवन्तिमें शिवसेवक द्विजप्रवर वेदप्रिय रहतेथे।
वे वेद-विहित पार्थिवपूजन, हवनादिक नितप्रति करतेथे॥
शिव आराधकथे शिवमयथे, शिवजीका अर्चन सफलहुआ।
शिवचाकरने शुभगति पाई, शिवसुमिरण नित-नित नवलहुआ॥
थे पुत्रचार सब निर्विकार तेजस्वी और तपस्वी सब।
शिवपूजन व्रतके धनी सभी ओजस्वी और यशस्वी सब॥

सकृत, सुव्रत, त्र्यदेवप्रिय, प्रियमेधा था नाम।
लगता था ज्यों आ गए चारों भाई राम॥

उससमय रत्नमाल गिरिपर, दूषण नामक एक असुर प्रवर।
मदमत्त और उन्मत्त हुआ श्री ब्रह्माजी से वर पाकर॥

वह धर्म और धर्मात्माका, कहता था नाम मिटाना है।
होतनिक धर्म जिनमें उनको, यमपुर तुरंत पहुंचाना है॥
इसतरह एकदिन सैन्यसहित वह उज्जैनी पर चढ़आया।
भयविकल सभी पुरवासीको इन चारों द्विजने समझाया॥

दादृस दे करने लगे, ये चारों शिवध्यान।

निकटगए निशिचर-निकर, होकर क्रुद्ध महान॥

दूषणनें भीषण आग्यादी, मारो-काटो मतदेर करो।
है यह चारो ही धर्मधूरि, हे वीरो! इसको ढेर करो॥
सब ज्योंही बढे मारनेको, त्योंही श्रीशिवजी प्रगट हुए।
धंसगया गढ़ासा धरतीमें, ऐसे प्रलयंकर विकट हुए॥
ओ भक्तोंके विकराल-काल, देखो मैं महाकाल पहुंचा।
हुंकार मात्रसे शिवजीके, सबजलकर काल गाल पहुंचा॥
सुमनोंकी वर्षाकी सुरने, ऋषि-मुनियोंने जयकार किया।
चारोंनें चरण-वन्दनाकर, शिवका पूजन सत्कार किया॥

कहा शंभुने मांगलो, तुम इच्छित वरदान।

हम चारोंको दीजिये, नाथ भक्ति-निर्वाण॥

हे 'महाकाल' इसनगरीमें, अब आप विराजें सदा-सदा।
दर्शनसेजनको धन्यकरें, भक्तोंकी सदा करे रक्षा॥

कह 'तथास्तु' लिंगमय बने, वे कालोंकेकाल।

जो इनका दर्शनकरे, होय न बांकाबाल॥

--------------------(अध्याय - 15-16)--------------------

महाकाल माहात्म्यका, अतिविचित्र आख्यान।
धन्य सेन, श्रीकर भगत, धन्य-धन्य भगवान॥16॥

थे अवन्तिके भक्तवर, चन्द्रसेन भूपाल।

शास्त्रोंके तत्वग्य ये, कर्मवीर जनपाल॥

शिवपार्षद मणिग्रीवने, इन्हें सखाप्रिय जान।

प्रेमसहित इनको किया, चिन्तामणि प्रदान॥

भक्त शिरोमणिका बढा, चिंतामणिसे मान।

कंठदेश में पहनकर, लगते सूर्य समान॥

मणिके लोभी राजाओंने, इनकी नगरीको आ घेरा।
यह देख नृपतिने डालदिया, श्रीमहाकाल-पदमें डेरा॥

उपवास पूर्वक अहोरात्र, शिवका आराधन करते थे।
संदेह-रहित दृढचित होकर, शिवनाम कीर्तन करते थे॥
विधवा-ग्वालन सुत-सहित तभी, श्रीमहाकाल मंदिर आयी।
राजाके द्वारा प्रेम सहित, पूजित शिवका दर्शन पाई॥

महाकालको नमनकर, घरआई सानन्द।

बढा पुत्रके हृदयमें, शिवका प्रेम अमंद॥

देखथा इसने शिव-पूजन, शिवमय होकर आयाथा घर।
पूजनके लिये ढूंढलाया, एक सुन्दर गोल-गाल पत्थर॥
फिर कृत्रिम गंध-पुष्प द्वारा, इसने प्रारंभ किया पूजन।
मानसिक दिव्य- द्रव्योंद्वारा, करचुका शंभुका आराधन॥
फिर बार-बार दलफूलों से, यह करके बार- बार पूजन।
हो प्रेममगन शिव-शिव कहते, यह करनेलगा नृत्य-कीर्तन॥
ओ श्रीकर आकर भोजन कर, मां लगी बुलाने जल्दीकर।
फिर झुंझलाकर, कुछ खिसियाकर, वहलगी हिलाने खुदआकर॥

मां हाथ पकड़कर खींचरही, फिरभी यह बालक जगा नहीं।
फिर लगीपीटने क्रोधितहो, फिरभी यह बालक जगा नहीं॥
बालोंको कसकर झटकदिया, फिरभी यह बालक जगा नहीं।
धरती पर उसको पटकदिया, फिरभी यहबालक जगा नहीं॥
शिवध्यान परायण यहबालक, जब किसीतरहभी नहीं जगा।
तब क्रुद्धाने दल-फूल सहित, शिवलिंग उठाकर फेंक दिया॥
जागा श्रीकर, हा!हा! कहकर, सिरलगा पीटनें रो-राकर।
हा महादेव!, हाशिव!, कहकर, गिरपड़ा वहीं मूर्छित होकर॥
जब खुली आँखतो रहीखुली, पलकें दोनो निष्पलक हुई।
शिवलोक भूमिपर उतराहै, या उज्जैनी शिवलोक हुई॥
वह शिविर, बना सुन्दर मंदिर, जिसमेंथे खंभे मणियों के।
थी भूमि स्फटिकमणिसे मंडित, गुम्बद सुवर्णमय कलशोंसे॥
थे द्वार-कपाट स्वर्णकि सब, नीलम हीरे के चबूतरे।
मंदिरके मध्य, स्वयं शिवजी, बनकर मणिलिंग प्रतिष्ठितथे॥
देखा श्रीकर ने शिवलिंग पर वह ही पूजन सामग्री थी।
कुछसमय पूर्व पत्थरलिंग पर इसने जो स्वयं अर्पण कीथी।

परमानन्द समुद्र में श्रीकर हुआ निमग्न।

वन्दन अर्चन विनयमें हुआ पुनः संलग्न॥

निज भवनगया तब 'दंग हुआ मणि-स्वर्णरत्नका महल बना।

थी कनक पलंग पर मां सोई इसने जल्दीसे दिया जगा॥
ग्वालन देवीसी लगती थी आभूषित रत्नाभूषण से।
कुछ समझ नपाई तब पूछा छाती से लगाकर नन्दन से॥
बेटे से सुनकर सब चरित्र राजाको समाचार भेजा।
नित--नेम पूर्णकर चन्द्रसेन आए तो चमत्कार देखा॥
मंत्रियों पुरोहित सहित नृपति आनन्द सिन्धुमें हुए मगन।
आंखोंमें सबके आंसू थे बालक- श्रीकर के कर दर्शन॥

शिव संकीर्तनसे तभी गूंज उठा आकाश।
बीती पलमें रात यह, रविका हुआ प्रभात॥
शिवचर्चा और भजन में बीत गई वहरात।
हुई उजेनी में नवल मंगलमई प्रभात॥

भक्ति-भक्त भगवन्तका लखकर प्रबल प्रताप।
मन ही मन बैरी नृपति करके पश्चाताप॥
आपस में लगे बोलने वे हैं महाकालके भक्त सेन।
मणिक्या उन भक्तशिरोमणिके वशमें हैं शंकर कृपाऐन॥
बालक हों भक्त जहां ऐसे तो राजाका कहना ही क्या।
हों परम सहायक शिवजिनके उनके बलका कहनाही क्या॥

क्या पाएंगे हम सभी करके वैर विरोध।
नहीं बचेंगे एकभी--है अमोघ शिवक्रोध॥
उचित यही है हमकरें उनसे मेल-मिलाप।
होगी सबपर शिव-कृपा मिटे शोक-संताप॥
होकर सारे एक मत डाल दिये हथियार।
आज्ञा लेकर सब गए महाकाल दरबार॥

करके सब महाकाल पूजन घर आए सब उस ग्वालनके।
दर्शन कर थकते नहीं कोई उस कंगालन के लालन के॥
आगे आकर श्री चंद्रसेन इन सबको आदर मान दिये।
उत्तम आसन पर बिठलाकर सबको आनंद महान दिये॥
फिर सबको दिव्य शिवालयका, और स्वयंभुलिंगका दरसमिला।
उसकाहै वर्णन शक्य नहीं, जो इन-लोगोंको हरष मिला॥
श्रीकरको सब राजाओंने, मिलकर अनेक उपहार दिये।
सारे जनपदके गोपोंके, शासनका भी अधिकार दिये॥

उसीसमय उस सभामें, प्रगटहुए हनुमान।
हुएखड़े सब नमितसिर, देने अभ्युत्थान॥
झुकते श्रीकरको दिये, अंकमाल बजरंग।

सुख आसनपर बैठकर, बोले मधुर प्रसंग॥
हे राजाओ इस बालकने, शिवकी पूजाका करदर्शन।
पालिया मंत्रबिन शिवजीको, बस प्रेमसहित करके पूजन॥
यह गोप-वंशमें भूषणहै, है श्रेष्ठ भक्त शिवशंकर का।
पायेगा भोग-मोक्ष दोनों, अतिप्यारा यह परमेश्वर का॥
श्री- नंद आठवीं पीढीमें, इसकेही कुलमें आएंगे।
पत्नी जिनकी यशुदा होगी, श्रीकृष्ण पुत्र कहलाएंगे॥

आजसे इसका जगतमें "श्रीकर" होगा नाम।
सुनकर श्रीकरने किया, उठकर पुनः प्रणाम॥
आंजनेयने प्रेमसे, रखा शीश पर हाथ।
शिवपूजन उपदेश दे, इसको किया सनाथ॥
देकर वर लेकर विदा, होकर अंतर्धान।
महावीरजी ने किया, रघुबर पुर प्रस्थान॥

राजागणनें भी ले आग्या, निज-निज पुरको पस्थान किया।
श्रीकर और चंद्रसेनने भी शिव अर्चन परम-महान किया॥

इन दोनोंने अंतमें, किया परमपद प्राप्त।
'महाकाल' का शुभचरित, देतासुख पर्याप्त॥

----------------------(अध्याय - 17)------------------------

'श्री "अमलेश्वर" लिंग का, पावन प्रादुर्भाव।
नारद और गिरिविन्ध्यके, तपका सफल प्रभाव॥

'महाकाल' का करश्रवण, मुनिगण चरित-विचित्र।
बोले श्री परमेश का, कहें पवित्र- चरित्र॥
बोले श्रीसूत महर्षिगणों, सब करिये श्रवण कथा सुन्दर।
एकबार देवऋषि नारदजी, हर्षितहो गए विन्ध्य गिरिपर॥
पर्वतपतिने प्रसन्न होकर, इनका अतिशय सम्मान किया।
अपने वैभवका कईबार, अभिमान समेत बखान किया॥
मुनिवरने दीर्घ सांसलेकर, चुपसाध लिया कुछकहा नहीं।
तबकहा विंध्यने चुप क्योंहैं, क्या गया आपसे सहानहीं?

नारद बोले मेरुहैं, पर्वत- पति सर्वोच्च।
देवलोकको छूरहे, कई शिखर परमोच्च॥
उतना ऊंचाहै नहीं, गिरिवर तेरा मान।

'नारायण' कहकर किया, नारदने प्रस्थान॥
मनही मन विन्ध्य लगेकहने, धिक्कारहै मेरे जीवनको।
उससे भी ऊंचा नहीं उठा, तो नही रखूंगा इस तनको॥
शंकरजी ही प्रसन्न होकर, दे सकते हैं यह मान मुझे।
भारीसे भारी तप करके, पाना है यह सम्मान मुझे॥
शिवशरण ग्रहणकर उसीसमय, गिरिपति पहुंचे ओंकारेश्वर।
तत्काल बनाकर पार्थिव-लिंग, होगये ध्यानमें ये तत्पर॥

हिले न अपने स्थानसे, बीत गए छ: मास।
लगे हिलाने आ स्वयं, शिवजी उनके पास॥
हूं प्रसन्न तपसे तेरे, बोले प्रभु ईषाण।
मांगो मुझसे भक्तवर, मनचाहा वरदान॥
कहा विन्ध्यने कीजिये, मुझको सुमति प्रदान।
इष्टकार्यकी सिद्धिमें, हो न कभी जो म्लान॥
सबसे ऊंचेहों शिखर, सबसे बढकर मान।
ऐसीहै मनकामना, पूर्ण करें भगवान॥

शिवबोले ऐसाही होगा, गिरिने गिरीशको किया नमन।
इतनेमें आए देववृंद, और मुनिगण करने शिव दर्शन॥
करके पूजन बोले वे सब, हे स्वामी यहीं निवास करें।
ओंकारमें परमेश्वर बनकर, हमसबकी पूरी आस करें॥
शिवजीनें 'एवमस्तु' कहकर, उसलिंगके ही दोभाग किये।
"ओंकारेश्वर" और" परमेश्वर" एकके ही युगल विभाग किये॥

दोनों की कर वन्दना, पाकर प्रिय वरदान।
सुर, मुनि निज-निज सदनको, किये सहर्ष प्रयान॥
जो अभिष्ठा विन्ध्यको, उसको करके सिद्ध।
युगललिंगकी कृपा से, जगमें हुए प्रसिद्ध॥

जो करता पूजन इनका, वह नहीं गर्भ में आता है।
होता नकभी अनिष्ट उसका, वह मनबांछित पाजाता है॥

------------------------(अध्याय - 18)------------------------

"केदारेश्वर" तथा "भीमशंकर" का उद्भव।
कथा तथा माहात्म्य, आदिका वर्णन अभिनव॥19-21॥

अवतार विष्णुके दो भाई कहलाते हैं नर नारायण।
करतेहैं नित्य-तपस्या वे, आवास बनाकर बदरीबन॥

शिवलिंग बनाकर वे दोनों, शिवजीका लगे स्तवन करनें।
इसलिंगमें प्रतिदिनकी पूजा, आजाएं आप ग्रहण करनें॥

हो प्रसन्न हरने किया, यह आग्रह स्वीकार।
न्यौछारहै भक्तपर, शिवजीका सब प्यार॥

ये नित्य बुलातेथे उनको, और वेभी प्रतिदिन थे आते।
इसतरह बहुत दिन बीत गए, जाते- आते, आते-जाते॥
होकर प्रसन्न एकदिन बोले, नर-नारायण से शिवशंकर।
तेरी पूजासे तुष्ट हूं मैं, हे भक्त शिरोमणि! मांगों वर॥
ये बोले आप तुष्ट हैं यदि, तो पूर्ण हमारी आस करें।
इस पुण्यक्षेत्रमें सदा-सदा, हे स्वामी! आप निवासकरें॥

दोनों के अनुरोधको, लिया शंभुने मान।
ज्योतिर्लिंगके रूपमें, हुए प्रगट ईषाण॥
"केदारेश्वर" नाम से शिवजी हुए प्रसिद्ध।
दर्शक के करते सदा सर्वकामना सिदध॥

जो भक्ति सहित पूजे उसके, हो जाते सारे इष्ट सुलभ।
उस शिवशंकरके प्यारेको, सपने मेंभी हो दुख दुर्लभ॥
शिव नामांकित या चित्रांकित, कंकण या कड़ा चढाताजो।
होकरके तीनों--ताप मुक्त, शिवजी के दर्शन पाता वो॥

दर्शन- पूजन जोकरे, जाकरके दो बार।
उसका संभव ही नहीं जन्म दूसरीबार॥

हे मुनें! 'भीमशंकर' जीका, मैं पावन चरित सुनाता हूं।
जो भक्त-विपत्तिविदारक हैं, मैं उनको शीशझुकाता हूं॥
जो लोकहितोंकीरक्षामें, डाकिनि भू में अवतरित हुए।
ज्योतिर्लिंग बनकर शिवशंकर, मंगलमय सुखके सरित हुए॥
प्राचीनकाल में महाबली एक दैत्य हुआ था भीमासुर।
वह धर्मऔर धर्मात्माके, प्रतिपल विनाशकोथा आतुर॥

पूछी इसने एकदिन अपनी मां से बात।
क्यों रहती एकाकिनी, कहाँ है मेरे तात?
रावणके अनुज महानवीर, थे पिता तुम्हारे कुंभकरण।
परिवारसहित असमय उनका, श्रीरामके हाथोंहुआ मरण॥
पुष्कसी तुम्हारी नानी थी, कर्कट नानाथे पूजनीय।
मेरे पति श्रीविराध द्वारा, अपराध हुआथा दंडनीय॥
इसलिये रामके ही हाथों, पतिदेवका भी संहार हुआ।

हे पुत्र तुम्हारी माता का, सूना सारा- संसार हुआ॥
गए सुतीक्षण मुनीका, करनेको आहार।
मातु-पिताका करदिया, उसने ही संहार॥
असहाय अनाथ सह्याद्रिपर, मैं सदा अकेली रहतीथी।
क्या बतलाऊं मैं हायपुत्र! कैसे असह्य दुख सहती थी॥
यह उन्हीं दिनों की घटना है, आगए कहीं से कुंभकरण।
मुझ अबलासे वह महाबली, करबाकर गए गर्भ धारण॥
फिर तेरा जन्म हुआबेटा, यह मेरी दुखद कहानी है।
अंतिम आसरा तुम्हारा है, वरना नैयामें पानी है॥
मातकी सुनकर ब्यथा, क्रोधित हुआ असीम।
हारें मुझसे हरितलक, लगा सोचने भीम॥
तपसे सारा कुछ संभवहै सबने तपका गुणगान किया।
तप राईको पर्वतकरता, तिनकोंको वज्र समान किया॥
ऐसा विचारकर राक्षसने, विधिसहित तपस्या घोर किया।
चिरकाल-तलक एकासन रह, हिलना डुलनाभी छोड़ दिया॥
तब ब्रह्मदेव आकर बोले, हे वत्स मांगले इच्छित वर।
वह बोला तीनों लोकोंमें, बलवान न हो मुझसे बढकर॥
शिव-शिव कहकर ब्रह्मने, दिया इसे वरदान।
किया स्वयंके लोकको, हर्ष सहित प्रस्थान॥
होकर प्रसन्न चलपड़ा भीम, मातासे बोला घरआकर।
बलवान बना मैं सर्वाधिक, मां ब्रह्माजीसे वर पाकर॥
हे शौनकादि! उस गर्वितने, इंद्रादि देवको जीत लिया।
सहयोगी श्री हरिभी हारे, देवोंने माथा पीट लिया॥
सबको निकालकर सत्तासे, हाथोंमें करके इंद्रासन।
जीतने धराको निकलपड़ा, अनुचरों सहित करता गर्जन॥
सबसे पहले भीमासुरनें, घेरा आकर गढ कामरूप।
शिवभक्त सुदक्षिण शासकथे, उसगढके स्वामी वीरभूप॥
तत्काल भयंकर युद्धहुआ, योद्धाओं सहित नृपतिवरसे।
भीमा जीता शिवइच्छा से, या ब्रह्म प्रदत्त महावर से॥
पापीने राज्य छीन उनको, तत्काल कैदमें डाल दिया।
हाथों में डाली हथकड़ियां, पैरों में बेड़ी डाल दिया॥
पार्थिव-पूजनमें लगे, भूपति किसी प्रकार।
प्रणवयुक्त पंचाक्षर, जाप बना आधार॥
करनेको था शेष बस, यही एक शुभकाम।
हाथोंसे शिवपूजन -मुखसे जप अविराम॥

इधरहो मोहित असुर वरदानके अभिमान में।
होगया संलग्न वह शुभ धर्मके अपमान में॥
संपूर्ण जगतको वशमें कर, खुदको जगदीश बना डाला।
वेदोक्त धर्मकरके विलुप्त, करदिया, अदृश्य तिलक माला॥
होकर अतिशय पीड़ित सुरमुनि, शिवजीका करनेलगे स्तवन।
करुणावतार शिवशंकर ने, करुणावशइन्हें दिया दर्शन॥
पूछा इसतरह विकल क्योंहैं? क्याकार्य आपका सिद्ध करूं।
किस दुखदायीको इसी समय अपने त्रिशूलमें बिद्ध करूं॥
सुरगण बोले आपसे, नाथ न कुछ अग्यात।
सहन न होता अब हमें, भीमा का उत्पात॥
अतः करें अबिलंब उस, महादुष्ट कानाश।
हम शरणागतकी प्रभो, आप आश विश्वास॥
शिवबोले ऐसा ही होगा मेरे प्रिय भक्त सुदिक्षण हैं।
उनसे जा कहिये दुखनकरें, आने वाले सुखके दिन हैं॥
ब्रह्माकेवरसे राक्षसने, उनकाजो कियाहै तिरस्कार।
आताहूं चुकता करने मैं, करने उसका दारुण संहार॥
शिव आज्ञासे नृपतिको, दे करके संदेश।
सुर मुनिगण हर्षितगए, अपने अपने देश॥
गणोंसहित भगवानशिव, जाकर नृप केपास।
रक्षामें तत्पर हुए, लेकर गुप्त निवास॥
संदेश शंभुका मिलते ही, राजाको परमानन्द मिला।
लगगई समाधि सुदक्षिणकी, शिवदर्शनका आनंद मिला॥
करताहै राजा पुरश्चरण, हे भीम तेरे संहार लिये।
सुनकर वध करने आ पहुंचा, करमें नंगी तलवार लिये॥
भीमा ने कहा सुदक्षिण से, कैसा करतेहो पुरश्चरण?
वे बोले पुरश्चरण कैसा? मैं तो करताहूं शिवपूजन॥
कैसी शिवपूजा? शिवकैसे? बककर शिवजीको बुरा-भला।
क्रोधितहो पार्थिव लिंगपरही, भीमाने दिया तलवार चला॥
उसपार्थिव शिवलिंगको, छू न सकी तलवार।
प्रगट हुए "भीमेश्वर" बनकर क्रोधसकार॥
बोले भक्तों की रक्षाको, मैं लेताहूं अवतार सदा।
पापीके वधकी इच्छासे, होते निर्गुण साकार सदा॥
शिवके पिनाककी ठोकरसे, खंडित उसकी तलवार हुई।
फेंका त्रिशूल शिवके ऊपर, खंडित उसकी भी धार हुई॥
भिरे परस्पर युद्ध में, ये दोनों रणलुब्ध।

महासमर यह देखकर, विश्वहो उठा क्षुब्ध॥
नारद बोले शंभु से, करके - दंड प्रणाम।
इसपापीका शीघ्र प्रभु, करिये काम तमाम॥
नारदकी प्रार्थना पर शिवने, क्रोधित होकर हुंकार किया।
क्रोधाग्नि भयंकर प्रगटहुई, रिपुका ससैन्य संहार किया॥
होगया शान्त संपूर्ण जगत, इंद्रादि देवगण शान्त हुए।
धर्मस्थापन करके जगमें, जगदीश्वर शान्त नितान्त हुए॥
मुनिगण बोले चरोंकी, पूर्ण कीजिये आश।
"भीमेश्वर' बनकर यहाँ, करिये सदा निवास॥
जग उनके आधीन वे, भक्तोंके आधीन।
ज्योतिर्लिंगमें बिहंसकर, शिवजी हुए विलीन॥
डाकिनि भूमिथी अति-निन्दित, शिवजीने महिमावान किया।
अथवा शिव--भक्त सुदक्षिणने, कांटेको फूल समान किया॥
हे शौनकादि! "भीमेश्वर" के, जो दर्शन करने आते हैं।
सिरनाकर बोले सूत मुनी, वे भोग- मोक्ष पा जाते हैं।

-----------------------(अध्याय - 19-21)-------------------

विश्वनाथकी कथा तथा महिमाका वर्णन।
इस-प्रसंगमें पंचक्रोशिकी, कथा विलक्षण॥22॥

हे ऋषियों! श्रीविश्वेश्वरकी, अब पावन-कथा सुनाता हूं।
करते जो नष्ट महापातक, मैं उस चरित्रको गाता हूं॥
दो होनेकी इच्छा जागी, अद्वैत अगुण परमेश्वर में।
वे निराकार साकारबने, "शिव" कहलाए त्रिलोक भर में॥
शिवके शरीरसे उसीसमय, एकमूर्ति नारिकी प्रगट हुई।
हे शौनकादि!वह शिवादेवि, भवकीभवानि या शक्तिहुई॥
उनदोनोंने रहकर अदृश्य, फिर प्रकृति-पुरूषकी रचनाकी।
नभवाणीसे तपकी आज्ञा, और सृष्टि-वृद्धिकी आज़ादी॥
पंचकोसकी भूमिका, कर शिवनेनिर्माण।
तप-निमित्त श्रीविष्णुको, तत्क्षण किया प्रदान॥
तप करते श्री विष्णुके, बीते काल अनन्त।
जलधारा प्रति रोमसे, चली न जिसका अन्त॥
आकाश भरगया उसजलसे, हिलगया शीश विष्णूजी का।
गिरगया कानसे मणिकुण्डल, बनायातीर्थ 'मणिकरणिका॥

जब लगी डूबने पंचक्रोशि, शिवने त्रिशूल पर थाम लिया।
उपरान्त विष्णुने प्रकृतिसहित, चिरकालतलक बिश्रामकिया॥
फिर कमल-नाभिसे प्रगट हुआ, उससे ब्रह्मा उत्पन्न हुए।
शिव-आज्ञासे ब्रह्माद्वारा, शुभ सृष्टि-कार्य सम्पन्न हुए॥
ब्रह्माण्ड बनाये ब्रह्माने, फिर उसमें चौदह भुवन रचे।
उन जीवोंको आवास दिया, जो थे कर्मों से बंधे हुए॥
मुक्त बनें प्राणी सभी, कटे कर्म की डोर।
पंचक्रोशि शिवनें अतः, दिया भूमिपर छोड़॥
यह काशी यही पंचकोशी, यह मोक्ष-दायिनी पुरी हरे।
तुम इसका त्यागनहीं करना, यह कभी न तेरा त्यागकरे॥
जब महाप्रलय होता जगमें, तब इसे उठा लेते शिवजी।
फिर नई सृष्टि जब होतीहै, तब इसको रखदेते शिवजी॥
कर्मोंका कर्षण करती है, इसलिए कहाती है काशी।
अविमुक्तेश्वर मुक्ती बांटें, यह मुक्तिपुरीही हैकाशी॥
जिसकी गति कहीं न संभवहो, ऐसे भी जो दुर्गतिराशी।
उसकीभी गति और प्रगतिजहां, ऐसी बस एकपुरी काशी॥
जो आज्ञा कह रुद्रनें, नाकर अपने माथ।
कहा न काशीको कभी, आप छोड़िये नाथ॥
निर्गुण-शिवसे अविमुक्तेश्वर, बोले हे शिव! हे महादेव!
काशी साम्राज्य आपकाहै, हों राजा आप अवश्यमेव॥
उमासहित इसनगरमें, करिये सदा निवास।
मंगल हो संसारका, सबकी पूजे आस॥
अपने प्रियकी प्रार्थना, मान गए सर्वेष्ट।
उनके बसनेसे हुआ, काशी सबसे श्रेष्ठ॥

-----------------------(अध्याय - 22)---------------------

काशी और विश्वेशकी महिमा अमित अपार।
सुमिरण पुण्य प्रदायक करे पाप को क्षार॥23॥

कहा उमा ने शंभुसे, हे करुणा अवतार।
क्षेत्र, लिंग "अविमुक्त'" की, महिमाकहें उदार॥
शिवजी बोले हे देवि! सुनो यह प्यारा क्षेत्र हमारा है।
यह प्राणिमात्रकी मुक्ति तथा, भुक्तीका एक सहारा है॥
मेरे व्रतका आश्रयलेकर, सिद्धादि विभिन्न वेष धरकर।

करतेहैं महायोग साधन, यम-नियम आदिमें रत रहकर॥
महायोग का नामहै, देवि पाशुपत योग।
श्रुति प्रतिपादित योगयह भोग-मोक्ष संयोग॥
हे देवि। मुझे काशीनिवास, प्रियही क्या अतिप्रिय लगताहै।
है महिमा इस पुरकी इतनी, कहना भी मुश्किल लगता है॥
सदामुक्त हैं हे उमें ज्ञानवान और भक्त।
काशी में मुक्ति लहैं पापी विषयासक्त॥
है इस नगरी की विशेषता हों किसी वर्ण या आश्रमके।
जो मरते यहां मुक्ति पाते, वह जाते नहीं नगर यम के॥
अपवित्र नारिहो या पवित्र, छारी, विवाहिता या विधवा।
जैसी हो कैसी भी हो वह, वन्ध्याहो या हो रजस्वला॥
प्राणत्याग करके यहां पाती वह निर्वाण।
हरप्राणी पाते यहाँ, मरकर मुक्ति महान॥
है सार धर्मका सत्य सदा जो मोक्ष सार वह समता है।
तीर्थों का महासार काशी काशीसे मेरीममता है॥
जिनकी न धर्म में प्रीतिकभी जोपाप के अनुरागी सच्चे।
वह भी करतेहैं मुक्ति प्राप्त काशीमें प्राणत्याग करके॥
इसकी महिमा है नहीं, ब्रह्मा तकको ज्ञात।
वर्णन मुझसे भी कठिन, वाणी खाती मात॥
विश्वेश्वर अविमुक्तका, कर सादर गुणगान।
शीश झुकाया सूत ने, दिया सबों ने मान॥

-----------------------(अध्याय - 23)-----------------------

लिंग त्र्यम्बक कथा मध्य गौतमकी गाथा।
पर उपकारी मुनिवर को जग नाए माथा॥
तप प्रभावसे मुनिको अक्षय जलकी प्राप्ती।
अनावृष्टि में इनने ऋषियों की रक्षा की॥
छलसे ऋषियोंने इन्हें दे गो-वधका पाप।
आश्रमसे बाहर किया दिया बहुत सन्ताप॥24-25॥

गुरू मुखसे जैसा सुना, मैंने यह आख्यान।
वही सुनाताहूं मुने, सुनिये देकर ध्यान॥
दक्षिणमें ख्यात ब्रह्मगिरिपर, रहतेथे मुनिवर श्रीगौतम।
पत्नी का नाम अहल्या था, वह धर्मचारिणी थी उत्तम॥
जैसे ही आप तपस्वी थे, वैसे ही पर उपकारी थे।
लोकार्पितथा इनका जीवन, ये शिवके परम पुजारी थे॥
कालान्तर में उस धरती पर, सौ वर्षों का दुष्काल पड़ा।
नदियां भी सूख गई सारी, पेड़ों - पौधों का हाल बुरा॥
भागचले प्राणी सभी इस प्रदेशको छोड़।
अनावृष्टिने सन्तके दिया हृदयको तोड़॥
तपकर मुनिने वरुणको, अतिशय किया प्रसन्न।
मांगा उनसे वृष्टि हो-, जिससे हो फल-अन्न॥
प्रभुके विधानमें परिवर्तन, हे मुने! न मैं कर सकता हूं।
इस गड्ढेको अक्षय जलसे, कहियेतो मैं भर सकताहूं॥
नहीं घटेगा जलकभी, तप, पूजन, जप, दान।
अक्षय होंगे कर्म सब, राई मेरू समान॥
अंतर्धान वरुण हुए देकर के वरदान।
अब मुनिवर करनेलगे, खुलेहाथ जलदान॥
मिलती है महत्ता पुरुषोंको, इन महापुरूषके आश्रयसे।
परिचित भी महापुरुष होते, इन महापुरूषके आशयसे॥
जो जैसोंका आश्रय लेता, वह वैसाही बन जाता है।
साधूका संग साधु करता, -दुष्टोंका दुष्ट बनाता है॥
उत्तम पुरुषोंकाहै स्वभाव, वह परदुख करपाते न सहन।
अपने पर कष्ट उठाकरभी, कर लेते परका कष्ट हरण॥
उपकारी इन्दियजित, दया निधान, अमान।
इन चौखंभों पर टिका, धरती का सम्मान॥
आश्रममें मुनिके धान्यादिक, फल, फूल, वृक्ष लहलहा उठे।
पशु आकर यहाँ प्रसन्न हुए पक्षी-समूह चहचहा उठे॥
ऋषि मुनिगण तथा विविधप्राणी, आकरके यहां लगे रहने।
दुख अनावृष्टिका रहा नहीं, आश्रमका सुख कहते न बने॥
शिष्योंं, पुत्रों, भार्या समेत, आकर मुनियोंने बास लिया।
लगता था स्वर्ग-सुखोंने भी, आकरके यहीं निवास लिया॥
अक्षय जलसे था, यहां अक्षयही आनंद।
पशु-पक्षी तक गारहे, यहां सुमंगल छंद॥
एकबार प्रवासी विप्रोंकी, पत्नियां बड़ी नाराज हुई।
भड़काया अपने पतियोंको, यहकह-कह मेरी लाज गई॥
पानीके लिये अहल्यासे, आई थी सभी झगड़ करके।

उल्टी सीधी कह आईथी, सब उल्टे उन्हें अकड़ करके॥
इन कुटिलाओंके कुटिल-स्वामि, करके गणपतिका आराधन।
मांगने-- लगे वरदान सभी, पाकर गणेशजी का दर्शन॥
अपमानित करके गौतमको, बाहर निकाल दें आश्रम से।
उनको भी जलते देखेंगे, हैं जले हुए हमगौतम से॥

घोर निरादर और उन्हें, मिले मार-फटकार।
यह वर हमको दीजिये, हे शिव- उमाकुमार॥
मांग रहे हैं आप सब, यह कैसा वरदान?
श्री गणेशजी ने कहा होकर करके हैरान॥

उपकारी के अपकार सदृश, होती है कोई हानि नहीं।
सुखदायीका दुखदायी बन, क्याहोगी तुमको ग्लानि नहीं?
अपना हित मांगो हे विप्रो! आनन्द मिलेगा देने में।
सुखपाओ सुखबांटो सबमें, क्यों आगेहो दुख देने में॥

और मांगलो वर कोई, करके पुन: विचार।
विप्रोंने अन्यान्य वर, किया नहीं स्वीकार॥
'एवमस्तु' कहकर हुए, गणपति अंतर्धान।
जाते- जाते कहगए, होनहार बलवान॥

हे शौनकादि! कहरहे सूत, अद्भुत चरित्रका करो श्रवण।
माया गणपतिकी गौ बनकर, आश्रममें करनेलगी भ्रमण॥
दुर्बल कांपती हुई गैया, गौतमके खेतमें जा पहुंची।
वह चरनेलगी धान और यव, गौतमकी इसपर नजरपड़ी॥
मुट्ठी भर तिनकेके द्वारा, मुनिवर ने इसको हांक दिया।
तिनके से छूकर गिरी गाय गिरते ही उसने प्राण तजा॥

छिपकर विद्वेषी सभी, देखरहे थे दृश्य।
कहा उन्होंने निकलकर, ओ पापी! अस्पृश्य॥
आश्चर्य-चकित बोले गौतम, हे देवि! अहल्ये इधर तो आ।
यह देखो तो मेरे हाथों, होगई वृद्ध गौ की हत्या॥
क्या करूं? कहां जाऊं? हा-हा! क्रोधित मुझपर परमेश्वर हैं।
क्रोधित मुझपर आश्रमवासी आबाल-वृद्ध सब मुनिवर हैं॥
द्वेषी विप्रोंने तब इनपर, दुर्बचन वाणका वार किया।
शिष्यों पुत्रोंने भी आकर गौतमजीको धिक्कार दिया॥
गो-वधिक तुम्हेंअपना मुखरा, तत्काल छिपालेना चहिये।
इस आश्रमसे तुझ पापीको, जल्दी से जा लेना चहिये॥
तेरे रहते रुक जाएगा, हम सबका नित्य भजन-पूजन।

दें हव्य- कव्य, सुर- पितरोंको, तो वेन करेंगे इसेग्रहण॥
गाली दे करने लगे, सब पाषाण प्रहार।
गौतम बोले है मुझे, हरआज्ञा स्वीकार॥
एककोस जाकर किया, आश्रमका निर्माण।
किया वहांभी पहुंचकर, विप्रोंने अपमान॥

गो हत्याका तेरे सरपर, पातककहै चढ़ाहुआ जबतक।
हो देवकर्म या पितृकर्म, करसकते तुम न कोई तबतक॥
अति दीन भावसे शुद्धीका, पूछा उपाय जब गौतम नें।
मैं वही बताता हूं मुनियो, जो बतलाया उन निर्मम ने॥
गो-वधिकहूं मैं ऐसा कहते, महिकी प्रदक्षिणा तीन करो।
व्रत करके एक महीनेका, इसगिरि की सौ प्रदक्षिणा दो॥
अथवा श्रीगंगाको लाकर कर, उसमें सादर अवगाहन।
पार्थिवलिंग एककरोड़ बना, फिरकरो शंभुका आराधन॥
मनमें श्रद्धा विश्वास पूर्ण, तन मेंहो पूरा अनुशासन।
फिर प्रदक्षिणा ग्यारह गिरिकी, तव पार्थिवलिंगका आराधन॥

सौ-घट गंगानीरसे, हो पार्थिवका स्नान।
द्वेषी विप्रोंने कहा, तब तेरा कल्याण॥
आज्ञा पालन का बचन देताहूं श्रीमान्।
की प्रदक्षिणा शैलकी, पार्थिवका निर्माण॥
सेवामें सब शिष्यथे, था पत्नीका साथ।
बाहर- भीतर साथ थे इनके भोलेनाथ॥

----------------------(अध्याय - 24-25)----------------------

प्रियासहित गौतमका करना शिवआराधन।
होकर अति संतुष्ट, शंभुका देना दर्शन॥
श्रीगंगा के साथ रुद्र का वहीं निवसना।
सुर-मुनियों का इनदोनों का वन्दन करना॥
हुई गौतमी नाम से श्रीगंगा विख्यात।
ज्योतिर्लिंग शिवनेकिया, नाम "त्र्यंबक" प्राप्त॥26॥

देखी अपनेमें अचल अद्भुत सेवा-भक्ति।
गौतमके आगे हुए, प्रगट शंभु और शक्ति॥
परम प्रसन्न दयानिधि शिवशंकर भगवान।

बोले आया हूं तुम्हें, देने को वरदान॥

प्रेमाश्रु छलककर आंखोंसे, धाराकी तरह लगी बहने।
चरणोंपर गिरकर प्रियासहित, शिवसे मुनिवर्य लगेकहने॥
हे नाथ! हमें निष्पाप करें, हमको पवित्र करदें स्वामी।
निष्पाप और कृतकृत्य हो तुम, बोले शंकर अंतर्यामी॥
वे ही पापीहैं जिन सबने, तुमको पापी ठहराया है।
तुमने तो अपने दर्शनसे सबको निष्पाप बनाया है॥
वे हत्यारे अत्याचारी, सिर धुन- धुनकर पछताएंगे।
वे जिन-जिनको भी देखेंगे, सबको पापीष्ठ बनायेंगे॥
चकितहुए सुन शिवबचन, त्रियासहित मुनिनाथ।
बोले सादर जोड़कर, अपने- अपने हाथ॥
वे अत्याचारी नहीं नाथ, वे तो मेरे उपकारी हैं।
शिवदर्शनके अधिकारी बन, हमउनके अतिआभारी हैं॥
सुनकर मुनिके हृदयोदगार, बोलेशिव अतिप्रसन्न होकर।
हो धन्य, श्रेष्ठतुम मुनियोंमें, अतिश्रेष्ठ मांगलो मुझसे वर॥
यदि हैं प्रसन्न मुझपर स्वामी, तो गंगा मुझे प्रदान करें।
हे महादेव मेरे मिससे, जगका उपकार महान करें॥
गंगाधरने तब किया, गंगा उन्हें प्रदान।
मुनिने दोनोंका किया, प्रेमसहित यशगान॥
गौतम श्री गंगासे बोले, हे अम्ब! मेरा उद्धार करो।
शिवजीभी बोले गंगासे, बिनती मुनिकी स्वीकार करो॥
वैवश्वत मनुके अट्ठाइस, कलियुगतक यहीं रहो देवी।
मैं रहलूंगी यदि रहें यहां, शिवजीके साथ शिवा देवी॥
मैं सदा साथ हूँ देवि तेरे, आगे भी साथ निभाऊंगा।
तीर्थों, क्षेत्रों, सुर, मुनियोंको, बुलवाकर दर्शन पाऊंगा॥
हम दर्शन- देने नहीं नाथ, दर्शन करनेको आएंगे।
तब धन्य-भाग्य होगा अपना, जब शिवजी हमें बुलायेंगे॥
सुर, मुनि, तीरथ, क्षेत्र सब आकरके एकसाथ।
गंगा, गौतम, शंभुको झुका रहे थे माथ॥
सादर गंगा शंभुका, कर सप्रेम गुणगान।
मांगा वहीं निवासका, फिर सबने वरदान॥
मैं आपसबों के दर्शनका यदि अवसर पाती जाऊंगी।
तो गंगा बोली आश्रम में रहकर के मैं सुख पाऊंगी॥
सिंहराशिपे जब-जब बृहस्पती, स्थित होकरके सुखपाएंगे।

सादर सब बोले तब- तब हम सारे दर्शन को आएंगे॥
शिवबने 'त्र्यम्बक' ज्योतिर्लिंग, गौतमि- गोदावरि श्री गंगा।
होते हैं पाप नष्ट सारे दर्शन- पूजन से मन चंगा॥
होते सिंहस्थ गुरू जब जब करते सब तीर्थ निवास यहां।
सब क्षेत्र, देवता, ऋषि, मुनिका होतासुखप्रद आवास यहां॥
दर्शन, पूजन, वन्दन करके सब पाप मुक्त हो जाते हैं।
सुमिरणसे भक्ति प्राप्त होती दर्शनसे सब सुख पाते हैं॥
शौनकादिसे सूतजी, कहकर यह आख्यान।
शिव गंगाको नमन कर, हर्षित हुए महान॥

------------------------(अध्याय - 26)------------------------

वैद्यनाथ प्राकट्य कथा और महिमा वर्णन।27-28॥

तुम सुनकर थकते नहीं तात मैं कहकर नहीं अघाता हूं।
श्री वैद्यनाथ ज्योतिर्लिंगका, अतिपावन चरित सुनाता हूं॥
अभिमानी राक्षसेन्द्र रावण, कर रहाथा शिवका आराधन।
जब शिवजी नहीं प्रसन्न हुए, तब शुरु किया दूजा साधन॥
दक्षिणी-भागमें गिरिवर के, विधिवत करके अग्नि-स्थापन।
शिवको स्थापितकर तपपूर्वक, आरम्भकिया विधिसहित हवन॥
ग्रीषमकी भीषण गर्मी में, करताथा पंच-अग्नि सेवन।
वर्षा में भीगा रह-रहकर मैदान में करता रहा सयन॥
सर्दीमें जलमें ही रहकर, करता था शिवका आराधन।
जो कभी किसीने किये नहीं, ऐसेभी किये बहुत साधन॥
इतने पर भी जब हुए, शिवजी नहीं प्रसन्न।
तब यह हठपर आगया, होकर अतिशय खिन्न॥
या मुझको आशीषदो, यालो मेरे शीश।
देता हूं सिर भेंट में, लेलो हे जगदीश॥
अपने ही हाथों काटलिया, रावण नें अपना पहला सर।
शिवको अर्पितकर हवनकिया, जलगया शीशवह धू-धूकर॥
इसतरह से एक-एक करके, नौसर का इसने दान किया।
दसवें सिरको भी देनेका, मनमें संकल्प महान किया॥
जो है अभक्तसे सदा दूर, भक्तोंके सदा निकट है जो।
सर जिसे चढायाहै तुमने, अब तेरे निकट प्रगट है वो॥

एकानन से दस आननकर, बोले प्रसन्न होकर शंकर।

जो मांगा वह मिलगया तुम्हें, वहभी लेलो जो चाहोवर॥

हे महेश बस शेष है, एक हमारी आस।

लंकागढमें कीजिये, परिकर सहित निवास॥

बेमन से करके उसे, एक शिवलिंग प्रदान।

शिवबोले एकबातका, रखना रावण ध्यान॥

जिस जगहभी रक्खोगे लिंगको यहवहीं अचलहो जाएगा।

उठने चलनेकी चर्चा क्या, हिलडुल तक तनिक न पाएगा॥

रावण ने बीसो हाथजोड़ शिवजी से कहा बहुत अच्छा।

शिवलिंग उठाकर हाथोंमें तत्क्षण लंकाकी ओर चला॥

शिवकी मायासे रस्ते में, वह मूत्र वेगसे व्यथित हुआ।

ऐसातो कभी हुआही नहीं, वह सोच-सोचकर चकित हुआ॥

हे भाई। इन्हें सम्हालो तो, एक ग्वालेसे बोला रावण।

वह मूत्रत्यागने बैठगया, उठ नहींसका कितनेही क्षण॥

उठो-उठो जल्दी करो, लो शिवलिंग सम्हाल।

थककर बूढे ग्वालने, दिया भूमि पर डाल॥

फिरतो थापित होगये, उसीजगह वह लिंग।

'बैद्यनाथ' के नामसे, उत्तम ज्योतिर्लिंग॥

इनका दर्शन सुमिरण पूजन, सारे पापोंको हरता है।

इहलोकमें देकर दिव्यभोग, भवपार भक्तको करता है॥

लिंग पुनः उठानेका प्रयास, रावणका सब बेकार गया।

कैलास उठा लेने वाला-- लिंग उठान पाया हार गया॥

लंका आकर प्रिय पत्नीको, यह सुनागया वरदान कथा।

और उधर देवता, ऋषियोंको, जब शिवलीलाका पता चला॥

आपसमें झटपट कर सलाह, चलकर अतिशीघ्र वहां आये।

विधिवत् लिंगस्थापन करके, पूजनकर शिव दर्शन पाये॥

शिवआज्ञा से दे उन्हें "बैद्यनाथ" शुभ नाम।

निज-निजगृह सबचल पड़े, करके पुनः प्रणाम॥

क्या करडालेगा पतानहीं, पाकर वर अभिमानी रावण।

भयभीत देवता नारदसे, बोले कुछ करिये आप यतन॥

"नारायण"' "नारायण" कहकर, नारदजी जाकर लंका में।

बोले रावण से महाबली, मैं पड़ा हुआहूं शंका में॥

तुम महाबली तो थेहीथे, शिव से पाये वरदान भी तू।

अब कैसे इसका पताचले, कितने भारी बलवान हो तू॥?

रावण बोला करदूं जल-थल, तोड़ूं नभके सब तारों को।

सुरमेकी तरह पीस डालूं, पृथ्वीको और पहाड़ों को॥

बोले नारद मतपीस शैल, कैलास उठाकर दिखलादे।

शिव-कृपासे वह होगया धृष्ट, कुछसबक उसेतू सिखलादे॥

रावणनें जाकर तभी उठालिया कैलास।

कहा उमानें शंभुसे दास दे रहा त्रास॥

धृष्ट तेरे अभिमानको करने चकनाचूर।

आने वाले शीघ्रहैं इस धरती पर शूर॥

कुलका सत्यानाश कर, प्राण गंवाना आप।

दुखी उमा को देखकर दिया शंभुने शाप॥

शौनकादिसे सूतजी, कहकर विमल चरित्र।

'नागेश्वर' लिंगकी कथा, कहने लगे पवित्र॥

----------------------(अध्याय - 27-28)--------------------

"नागेश्वर" का उद्भव गौरव परम विलक्षण।29-30।

है अतिविचित्र शिवका चरित्र हे विप्रो! सुनो सुनाता हूं।

गुरुदेव सदा भजते जिनको मैं भी उनका गुण गाताहूं॥

दारुका राक्षसी दुष्टथी, निर्दयी धमंडी भारी थी।

सब डरते थे उससे अतिशय वह पार्वती की प्यारी थी॥

बलवान कठोर स्वामि इसका दारुक कहलाया करता था।

वह धर्म और धर्मात्माका दिन- रात सफाया करता था॥

धर्म, यज्ञऔर द्विजोंसे, रखकर द्वेष अपार।

सत्पुरुषों को ढूंढकर, यह करता संहार॥

सागर तटपर सेना समेत यह रहता था ऐसे वन में।

जो चलता फिरता नगरभी था, जाताथा सतयोजन क्षण में॥

इसके अत्याचार से कांप उठा संसार।

रहे सज्जनोंके सदा, साधु-संत आधार॥

दुखियारी प्रजा और्व मुनिसे, जाकर बोली रक्षा करिये।

दारूकसे हमें बचा लीजे, अबकरिये कृपा दया करिये॥

इन सबको तुरत अभयदेकर, दुष्टोंको मुनिने शाप दिया।

राक्षसगण प्राण गवाएंगे, धरतीपर यदि उत्पात किया॥

आनंदित हुए संत, सुर, मुनि राक्षसगण सुनकर घबड़ाये।

दारुकसे और दारुका से जाकर अपना भय बतलाये॥
हम रहा करेंगे सागर में वह बोली करो नही चिन्ता।
चलकर उसदिनही सागरमें, उसवनके सहित निवासलिया॥

घटने की आशा मिटी बढ़ा और भी त्रास।
सिन्धुवाससेबढगया, दारुण प्रजा विनाश॥

एकबार बहुत सारी नावें जो थी लोगोंसे भरी हुई।
बसतेथे जहां असुरसारे वह उसी मार्गसे जा निकली॥
असुरोंने पकड़कर इनसबको तत्काल कैदमें डालदिया।
दे-देकर असहनीय पीड़ा दयनीय सबों का हाल किया॥
सुप्रिय नेताथे इसदलके, ये शिवके परम दुलारेथे।
शिव इन्हें प्राणसे प्यारेथे, ये शिवजीको अतिप्यारे थे॥
जब इन्हें सतानेलगे असुर, बोलउठे शिव-रक्षमाम्।
हे दुष्ट विनाशक, जनरक्षक, हे प्राणेश्वर प्रभु पाहिमाम्॥
क्षणभर भी अगर देर करदी अंधेर यहाँ हो जायेगा।
जो नहीं चाहते नाथ आप, वह यहां अभीहो जायेगा॥

हा-शिव! कहकर रोपड़े, होकर बहुत अधीर।
ओखोंसे उस भक्तके, लगे बरसने नीर॥

उसीसमय एक विवरसे, प्रगट हुए भगवान।
जिन्हें भक्तहैं प्राण-प्रिय, जो भक्तों के प्राण॥

शिवजीके साथ-साथ निकला, आलोकित शिवजीका मंदिर।
ज्योतिर्मयलिंग प्रकाशित थे, उस सुन्दर मंदिरके अंदर॥
सुप्रियने शिवके साथ-साथ, शिवलिंगका कियाजभी दर्शन।
तत्काल प्रणाम निवेदन कर, दोनोंका किया पूजनार्चन॥
शिवने विशेष आयुध-द्वारा, सब असुरोंका संहार किया।
सुप्रियका मित्रोंके समेत, वर देकरके सत्कार किया॥

गौरी-वनको भीमिला, शिवजीसे वरदान।
बसें यहां धर्मात्मा, मेरे भक्त सुजान॥

चारोंवर्णोंके धर्मोंके, पालक ही यहां निवास करे।
परद्रोही, राष्ट्र, धर्म- द्रोही इस वनसे दूर प्रवास करें॥
कहते हैं सूत दारुकाकी विनतीसे उमा प्रसन्न हुई।
बोली क्याकरूं कार्यतेरा? तू क्यों उदास और खिन्नहुई?
करिये रक्षा मेरे कुलकी, बोली दारुका भवानी से।
होगीरक्षा चिन्ता नकरो, आशिषहै तुम्हें शिवानीसे॥
हे स्वामी! यह मेरी प्रियहै बोली शिवसे भगवती उमा।

देवीहै, शक्ति मेरीही है, यह वास करेगी कहां भला॥
यह ही रहे प्रशासिका, सुखी रहें सुर संत।
सत्य आपकाहो बचन जबहो युगका अंत॥

अच्छाहै मैं भी इस वनको, अपना आवास बनाऊँगा।
धार्मिक को, अपने भक्तों को, संतोंको सुख पहुंचाउंगा॥
जो वर्ण- धर्मके प्रतिपालक, मेरे दर्शनको आएंगे।
राजाओं के राजा होकर, वेचक्रवर्ति कहलाएंगे॥
सुत महासेनका वीरसेन, एक पराक्रमी राजा होगा।
मेरा दर्शन कर चक्रवर्ति, वह वीर महाराजा होगा॥

कहा सूतने ब्राह्मणों, उमा और ईषाण।
ज्योतिर्लिंग बनकरकिये, जगको सुखी महान॥
"नागेश्वरी" उमा हुई "नागेश्वर" ईषाण।
सुमिरण से भी भक्तको, ये देते वरदान॥

---------------------(अध्याय - 29-30)---------------------

"रामेश्वर" प्राकट्य तथा माहात्म्य निरूपण।31।

सीताजीकी खोजमें, सैन्य सहित रघुवीर।
सुग्रीवादि समेत जब, पहुंचे सागर तीर॥
लगेसोचने किसतरह, करें सिन्धुको पार?
अबतो बस भगवानशिव, हैं अपनें आधार॥
श्रीगणपतिको करप्रथम, आदरसहित प्रणाम।
शिव पूजन करने लगे, लखन और श्रीराम॥
पार्थिव-पूजन कर राघवने सोलह विधिसे अर्चना किया।
दिव्यस्तोत्रों का गायन कर प्रार्थना तथा वन्दना किया॥
हे मेरे स्वामी महादेव! हे नाथ महेश्वर! कृपा करें।
हे सदा-सदा के सहयोगी, दयनीय दासपर दयाकरें॥
है भक्त आपका दशकंधर, वह जगविजयीहै दुर्जय है।
वरदान आपसे पाकर तो, वह क्रूर, नृशंस पापमय है॥
मैं भी हूँ दास आपकाही, हे स्वामि करें सहयोग मेरा।
हो दूर कष्ट इस धरतीका, सीतासे हो संयोग मेरा॥

तदनन्तर प्रभुने किया, नमन अनेक प्रकार।
जय शिवशंकरका किया, घोषपूर्ण उच्चार॥

किया मंत्रका जपपुनः, तदनंतर शिव ध्यान।
फिर पूजन करके किया तांडव नृत्य महान॥
गाल बजाकर जबकिया, बबम शब्दका नाद।
उसीसमय शिव आगये, देने आशीर्वाद॥
पल झपक न पाए राघवके शिवजीथे इतनेही सुंदर।
हे राम! मांगिये मुझसे वर हँसकर बोले भोलेशंकर॥
पूजन-वंदन कर प्रभुबोले, रावणपर मुझको मिले विजय।
कहकर "तथास्तु" शंभु बोले, श्रीराम! आपकी होवे जय॥
तदनन्तर कहा रामजी ने, एक पूर्ण और भी आश करें।
परहित निमित्त "रामेश्वर" बन, हे स्वामी यहां निवास करें॥

ज्योतिर्लिंग बनकर किया शिवने वहां निवास।
ईश आपहैंरामके, राम आपका दास।।
चार मुक्तियों से भरा, है इनका भंडार।
किया सूत ने प्रेमसे, इनकी जयजयकार॥

--------------------(अध्याय - 31)--------------------

"घुश्मेश्वरका" उद्भव और महिमाका वर्णन॥32-33॥

घुश्माकी शिव भक्तिसे, जिया मृतक सन्तान।
धन्य भक्तकी भक्तिको, धन्य धन्य भगवान॥
हे मुनियो "घुश्मेश्वर" चरित्र, कहता हूँ सादर करो श्रवण।
थी त्रिया-रत्न घुश्मा जिसने, सर्वस्व किया शिवपर अर्पण॥
विषलेकर अमृत बांटने का, जिसने इतिहास रचाया था।
जिसकेमृत-सुतको शिवजीने, आकरके स्वयं जिलाया था॥
दक्षिण में रम्य- देवगिरि पर, एक विप्र सुधर्मा रहते थे।
ये भरद्वाज कुल भूषण हैं ऐसा सब पुरजन कहते थे॥
थी पत्नि सुदेहा अनुकूला परमेश्वर पतिमें लखती थी।
पति शिव- सेवामें रहते थे, यह पति-सेवामें रहती थी॥
नियमित संध्याएं, अग्निहोत्र, घर-आएका -सम्मान भीथा।
धनवान और दाताभी थे, वैदिक शिक्षाका दान भी था॥
शिव प्राण-समान इन्हें प्रियथे ये भी शिवजीके प्यारेथे।
शिव भक्त इन्हें अतिप्रिय लगते, ये उनके ट्गके तारेथे॥

घरमें सबकुछ था मगर, थी न कोइ सन्तान।
द्विज- पत्नीके हृदयमें, था यह कष्ट महान॥

किये बहुत इसके लिए ब्राह्मण ने उद्योग।
किन्तु पुत्रकी प्राप्तिका, बना नहीं संयोग॥
घुश्मा मेरी बहनहै, करें उसीसे ब्याह।
मेरा दृढ विश्वासहै, होगी पूरी चाह॥
ये बोले तेरी प्रिय-अनुजा, जब सौत तेरी बन जायेगी।
तब प्रेम न यह रह जायेगा तुम दोनो में ठनजाएगी॥
मैं सबदिन प्रेम निभाऊंगी, यह देती हूं मैं नाथ बचन।
बस आप हमारीघुश्माको, ले आंय बनाकरके दुल्हन॥
घुश्माका पाणिग्रहण करके, ब्राह्मण अपने घरले आए।
सुख मिला सुदेहा को भारी आनन्द सुधर्मा भी पाये॥
पति, सौत, अतिथिकी सेवा वह, दासीकी नाईं करती थी।
पार्थिवलिंग बना-बना प्रतिदिन, शिवजीकापूजन करतीथी॥
सुन्दर तालाब निकटही था, करतीथी वहीं विसर्जित वह।
सबकी सेवाका महापुण्य, प्रतिदिन करतीथी अर्जित वह॥

प्राप्त किया शिवकृपा से उसने ऐसा पुत्र।
जिसकी समताथी नहीं, और कहीं अन्यत्र॥
सौभाग्यवान सद्गुणी पुत्र, पाकर घुश्मा का मान बढा।
बढगयीभक्ति शिवचरणोंमें, पूजन, सुमिरण गुणगान बढा॥
पर उधर सुदेहा के मनमें, गंभीर द्वेष की आग लगी।
वह चिंगारी थोड़े दिनमें, भीषण ज्वाला बनकर भभकी॥
जब ब्याह हुआ उस बालकका, सुन्दरी बहू घरमें आई।
तब तो विद्वेष बढा इतना, हो गई नष्ट सब अच्छाई॥

सोए में एक रात वह कर चाकू से वार।
टुकड़े-टुकड़े कर किया, बालकका संहार॥
गठरी में बांधकर हर टुकड़ा, जा फेंका उसी सरोवर में।
प्रतिदिन घुश्मा पार्थिवलिंगको, डाला करतीथी जिस सरमें॥

वापस आकर सोगई, मिला बहुत आराम।
इधर बहूके भवनमें, मचा घोर कोहराम॥
शैय्याथी रक्तमयी पतिकी, मांसों के कुछ टुकड़े भी थे।
जो पहनके सोयेथे स्वामी, उसवस्तके कुछ चिथरे भी थे॥
घुश्मा से सारी व्यथा- कथा, रो- रोकर दुखी बहू बोली।
वहहिली न शिवकी सेवासे, आसनसे तनिक नहीं डोली॥
थी यह ही दशा सुधर्माकी, वे भी पूजन में थे अविचल।
घुश्माने पूजन पूर्णकिया, चलपड़ी बिसर्जनको अविकल॥
शिव-दाता, पालक, रक्षक हैं, यह सोच रहीथी मनही मन।

वे तोड़भी लेते पुष्पोंको, और गूंथभी लेते वही सुमन॥

पार्थिव--लिंग विसर्जने, पहुंची सरवर तीर।
जल अर्पितकर शीशपर, लगी छिड़कने नीर॥

सरवरतट परथा, खड़ा उसका प्यार पुत्र।
कहा सूतने ब्राह्मणों, वहथी सम-सर्वत्र॥

दर्शन करके पुत्रका हुआ न हर्ष विषाद।
हुए प्रगट देनेलगे, शिवजी आशीर्वाद॥

शिवबोले लूंगा प्रथम, उस दुष्टके प्राण।
दूंगा इसकेबाद मैं, तुम्हें बहुत वरदान॥

करके प्रणाम घुश्मा बोली, उसको हे नाथ! क्षमा करिये।
वहतो है मेरी बड़ी बहन, उसकी सब विधि रक्षा करिये॥
शिव बोले जैसेको तैसा, यह दैवीन्याय सनातन है।
यह बोली भला-बुरेका भी, सज्जनका धर्म पुरातन है॥
उसके सब पाप-नष्ट होवे, हे देव! आपके दर्शनसे।
अपकारीका उपकार बने, इतनी आशाहै जीवन से॥
उसकी मर्जी है वह चाहे, उपकारी का अपकार करे।
वरदान मुझे दें यह घुश्मा, अपकारीका उपकार करे॥

कह "तथास्तु" बोलेपुन:, अतिप्रसन्न भगवान।
घुश्मे! मुझसे मांगलो, और कोई वरदान॥

आप वास लेकर यहां, करें लोक-कल्याण।
संरक्षण दें भक्तको, दें ऐसा वरदान॥

"एवमस्तु" होगा मेरा,' घुश्मेश्वर' शुभनाम।
लिंगमय यह सरवर बने, शिव-आलय शिवधाम॥

सौ-एक पीढ़ियों तक तेरे, कुलके बच्चे सज्जन होंगे।
सबके सब होंगे उपकारी, उनके न कोई दुश्मन होंगे॥

इतना कहकर शिवबने, ज्योतिर्लिंग स्वरुप।

वह सरबना शिवालय, सब तीर्थों में भूप॥

तदनन्तर एकसौ एकदिया, परिक्रमा सबोंने मिलकरके।
फिर क्षमा सुदेहा ने मांगा, घुश्माके पदमें गिरकरके॥
अपने पापोंसे त्राण हेतु, फिर उसने प्रायश्चित किया।
फिर ऐसीभूल नहो कोई, शिवपूजन इसीनिमित्त किया॥
ज्योतिर्लिंगोंके यह बारह, हमने तुमसे आख्यान कहे।
दर्शन करनेवालोंके भी, सौभाग्य प्रताप महान कहे॥

--------------(अध्याय - 32-33)----------------

शिव आराधनसे मिला, हरिको चक्र महान।
निग्रह असुरोंको मिला, सन्तोंको परित्राण॥34॥

मुनिगण बोले सूतसे, हे सर्वज्ञ सुजान।
कहें "हरिश्वरलिंग" की महिमाका आख्यान॥

बोले श्रीसूत हरीश्वर की हे मुनियों कथा सुनें पावन।
भगवान विष्णुको चक्र मिला करके इनकाही आराधन॥
प्राचीन काल में असुरों ने, देवों पर अत्याचार किया।
तब विष्णु शरणमें जाकरके, इन सबने हाहाकार किया॥
आश्वासन देकर इन सबको, तत्काल विष्णु कैलास गये।
शिव आराधन आरंभ किया, निर्मित करके शिवलिंग नये॥
शिव- सहसनामका प्रेमसहित, वे पाठ सुनाते जाते थे।
प्रत्येक नाम- पर एक- एक, वे कमल चढ़ातेजाते थे॥
शिवजी ने प्रेमपरीक्षाकी, एक फूलकमलका छिपा दिया।
इसलीलाका नारायण को, पूजाके मध्य न पता चला॥
जब एकफूलकमपायातो, कुछचकित हुए और खोजकिया।
कमलापति ने सारी वसुधा, छानीपर कहीं न कमलमिला॥
संकल्प पूर्ण करना हीथा, हरिने निकाल कर एक नयन।
जैसेही इसे किया अर्पण, त्योंही शिवजी ने दिया दर्शन॥

धन्य आपके प्रेमको, बोले शिव भगवान।

अब तो मुझसे मांगिये, मनचाहा वरदान॥

अंतर्यामी हैं आप नाथ, करता हूं आज्ञाका पालन।
बलवान समर्थ दैत्यगणसे, पीड़ितहैं अतिशय सुर, मुनिजन॥
शस्त्रास्त्र मेरे सबव्यर्थ हुए, इसलिये शरणमें आया हूं।
पीड़ा न देख सकता जगका, इसकारण नेत्र चढ़ाया हूं॥
निज नेत्रप्रथम स्वीकार करें, फिर दिव्यचक्र स्वीकारकरें।
अन्यायी आतताईयों का, जाकर जल्दी संहार करें॥
उस सहस्रार से श्रीहरिने, सब दैत्योंका संहार किया।
देवोंने, संतोंने, सबनें, हरिहरकी जयजयकार किया॥

हमको सुननाहै मुने, वह शिवनाम हजार।

सुनकर होती प्राप्तहै, शिवकी कृपा अपार॥

----------------(अध्याय - 34)----------------

शिवको जो संतुष्ट करे, उसव्रतका वर्णन।35-36।

कहता हूं मुनियों सुनो, शिवके नाम हजार।
करता हूं हर नामको, नमस्कार सौ वार॥
तदनन्तर सूत महामुनिने, शिव सहस्रनामका गान किया।
प्रत्येक नामके अर्थों को, विस्तार समेत बखान किया॥
इसकी महिमाको श्रीहरिसे, अति अमित बताई थी शिवनें।
भवरोगकी यही महौषधिहै, विधितक समझाईथी शिवनें॥
दुख उन्हें स्वप्नमें भी न मिले, जो इसका पाठ रखाते हैं।
उनको न त्रिताप कभी लगते, जो इनका जाप लगाते हैं॥
धन, विद्या सहित अभिष्ट सभी, इसका जापक पा जाताहै।
हरबल प्रदान करताहै यह, रोगोंका नाश कराता है॥

आग्रह पर मैंने कहा, तुमसे गुप्त प्रसंग।
सुनने वालोंको मिले, सुर दुर्लभ सत्संग॥

----------------------(अध्याय - 35-36)--------------------

तदनन्तर मुनिनें कहे, उन भक्तोंके नाम।
शिव आराधनसे हुए, जिनके पूरण-काम॥
फिर इनसे पूछागया उन-उन व्रतके नाम।
जिनके करनेसे व्रती, बन जाता सुखधाम॥37-38॥

जो प्रश्न आपने कियेवही, पूछेथे विधि-हरि, गिरिजा नें।
मैं वही बताता हूं सुनिये, जो कहा उन्हें शिवज्ञाता नें॥
हैं मुझ अनंतके व्रत अनंत, दस उसमें मुख्य कहाते हैं।
छः को बतलाकर शिव उसमें, फिरचार प्रधान बताते हैं॥
इन चारोंमें भीसदा, शिवरात्री हैं प्रधान।
हरे इसे मैं मानता, भोग- भोक्षकी खान॥
इसके समान व्रत नहीं कोई, यह धर्मका उत्तम साधन है।
हरप्राणी कर सकते इसको, भवरोगका यह संजीवन है॥
फाल्गुनकी कृष्ण त्रयोदशि तिथि शिवरात्री मानीजाती है।
कोटिश विप्रोंके वधका अघ, यह क्षणमें नाश कराती है॥
तदनन्तर शिवने कहे, व्रतविधि नियम समस्त।

नाम- मात्रका श्रवणकर, दुख भागे हो त्रस्त॥
प्रत्येक प्रहरके पूजनकी, शिवजीने विधियां बतलाई।
श्रीसूतने सारे ऋषियोंको, पद्धतियां पूरी समझाई॥
हित चाहनेवालोंमें तबसे, इस व्रतका खूब प्रचार हुआ।
नारद और केशवके द्वारा इस व्रतपतिका सत्कार हुआ॥

----------------------(अध्याय - 37-38)--------------------

व्रतपति शिवरात्रीका विधिसमेत उद्यापन।39।

तब ऋषिगणबोले विधिसमेत, कहिये इसव्रतका उद्यापन।
शिवकोप्रियहै जो अनुष्ठान, हम आज करेंगे वही श्रवण॥
अच्छा मैं वही सुनाता हूँ, सब श्रवण करो सादर इसको।
चौदह वर्षों तक लगातार, करनेकाहै विधान इसको॥
एक भुक्तरख त्रयोदशी, चतुर्दशी उपवास।
भक्तिसहित पूजन करे, रखे पूर्ण विश्वास॥
रचकर श्री गौरितिलक मंडल सर्वतोभद्र तैयार करे।
विधिसहित करे कलशस्थापन, गणपतिकी जयजयकार करे॥
हो पार्श्वभाग में प्रथम कलश, मंडल के बीच में दूजा हो।
उसपर शिव-उमा विराजित हों, श्रद्धासे उनकी पूजा हो॥
साथ एक आचार्यहों ऋत्विज होवें चार।
पूजन चारों प्रहरकी, पृथक नियम अनुसार॥
रात्रि जागरण में करे, भजन कीरतन गान।
प्रातः पूजन पूर्ण कर, करे हवन सविधान॥
प्राजापत्य विधान कर, दे द्विज भोजन दान।
सब ऋत्विज आचार्यका करे खूब सम्मान॥
वत्स सहित आचार्य को करे धेनुका दान।
कलश, वस्त्र, शिवमूर्तिभी उनको करे प्रदान॥
तदनन्तर प्रभुको हाथजोड़ श्रद्धा-समेत वन्दना करे।
साष्टांग-प्रणाम करे शिवको फिर छल विहीन प्रार्थना करे॥
हे देवदेव! हे महादेव! शरणागत वत्सल देवेश्वर।
इस व्रतसेहो संतुष्ट आप करुणेश्वर कृपाकरें मुझपर॥
व्रत में कुछ कमी रहीहो तो, शिवके प्रसाद से पूरी हो।
जपकी त्रुटियां भी पूरी हो, मनसे पापों की दूरी हो॥

पुष्पांजलि अर्पण करे, शिव को नाएमाथ।
पाए सब मनवांछित, भोग-मोक्ष के साथ॥

------------------------(अध्याय - 39)------------------------

प्रार्थना (मंत्र)
देव देव महादेव शरणागत वत्सल।
व्रतेनानेन देवेश कृपां कुरु ममोपरि॥
मया भक्त्यनुसारेण, व्रतमेतदकृतं शिव।
न्यूनं संपूर्णं यातु, प्रसादात्तव शंकर॥
अज्ञानाद्यदि वा ज्ञानाज्जप पूजादिकं मया।
कृतं तदस्तु कृपया सफलं तव शंकर॥

अनजानेमें व्रत हुआ, शिवजी हुए प्रसन्न।
किया भीलको शंभुने, भुक्ति-मुक्ति संपन्न॥

सबसे पहले यह व्रतकरके, किसने शुभकृति कमाई है?
अनजाने में इसके फलसे, किसने उत्तम गति पाई है?
हे मुनियों सुनो सूत बोले, पावन इतिहास सुनाता हूं।
जो सब पापोंका नाशकरे, वह तुमको श्रवण करातांहूं॥
वनमें रहताथा भीलएक, वहथा स्वभाव से महाक्रूर।
हिन्सा, हत्या, चोरी-जारी, इन कामोंमें था महाशूर॥
गुरुद्रुह उसका नामथा, था विशाल परिवार।
पाल रहाथा यह उन्हें, करके नित्य शिकार॥
इसीतरह उस व्याधके, गए बहुतदिन बीत।
आई तिथि-शिवरात्रिकी, व्रतपति शिव मनमीत॥
भूखे परिवारके आग्रह पर, यह निकलपड़ा ले धनुषवाण।
कुछभी न मिला दिनबीतगया, था भूख-प्याससे विकलप्राण॥
थाउधर बिलखता सब कुटुम्ब, यहइधर वध्य पासका नहीं।
इस चिन्तामें खाली हाथों, यह वापस घर जासका नहीं॥
एक बेल वृक्षपर बैठ गया, जोथा सन्निकट सरोवर के।
पीनेके लिये सम्हाल लिया, जलपात्रमें वह पानी भरके॥
थी बड़ी प्रतीक्षा मृगया की, कब आएमृग कब मारूं मैं?

कबहो जाऊँ मैं सफल कार्य, कब घरकी राह सिधारूं मैं?
प्रथम प्रहरमें रातके, आई हिरणी एक।
बाण चढ़ाया वधिकने, पत्ते गिरे अनेक॥
कांटे चुभने से हाथ हिला, गिर गया पात्रसे थोड़ा जल।
नीचे शिवलिंगपर जलभीगिरा, औरगिरे बेलके कईएक दल॥
प्रथम प्रहरकी होगई, पूजा यह अनजान।
मिटा पाप उसव्याधका, मिला कृपाकादान॥
खड़-खड़सुनकर, चौंकी हिरणी, डरगई ब्याधका दर्शन कर।
'बोली क्यों मुझको मार रहे, अपराध मेरा बोलो वनचर॥
अपराध से मुझको क्या मतलब, मैं मार तुझे ले जाउंगा।
भूखेहैं सारे कुंटुम्ब मेरे, उन सबको खूब खिलाऊँगा॥
जीवनका अंत देख बोली, अपना कर्तव्य निभाऊंगी।
परहित में अर्पित कर जीवन, मैं आज परम फल पाऊंगी॥
उपकारमें तन तजने वाला, जो पुण्य कमाकर लेजाए।
कह सके नहीं चाहे कोई, सौ वर्षों तक कहता जाए॥
छोटे हैं बच्चे मेरे, होंगे सभी अनाथ।
उन्हें सौंपकर बहिन, या प्राणनाथके हाथ॥
कहती हूँ सत्य शपथ लेकर, मैं शीघ्र लौटकर आऊंगी।
जाने दो उनके पास मुझे, मैं दौड़ी- दौड़ी आऊंगी॥
सच परहै धरती टिकी हुई, सच पर है सीमा में सागर।
सचपर ही निर्झर झड़ताहै, सबकुछहै सचके ही बलपर॥
सन्ध्या न करे, बेचे जो वेद, उस ब्राह्मणको जो पापलगे।
पतिसे विद्वेष रखे हरदम, उस पत्नीको जो पाप लगे॥
शिवद्रोही, महा कृतघ्न और, परद्रोही कीगति पाऊँ मैं।
मुझको जगभरका पापलगे, यदि नहीं लौटकर आऊं मैं॥
जाओ आना शीघ्रही, बोला झटपट व्याध।
कर मतलेना निम्नतम, बचन-भंग अपराध॥
जल पीकर वापस गई, मृगी हर्षके साथ।
रहा जागता प्रहरतक, मलता व्याधा हाथ॥
तब राह देखकर दीदीकी, जल पीनेको आगई हिरण।
तरकस से खींचा वाणगया, करनेको उसके प्राणहरण॥
ऐसा करनेके समय पुन:, पत्ते भी गिरे जलभी छलका।
द्वितीय- प्रहरकी पूर्ण हुई, अनजानेमें शिवकी पूजा॥
यहदेख मृगी भयभीत हुई, बोली वनचर करते हो क्या?

भूखोंको भोजन देनाहै, भूखाहै पेट मरूंगा क्या?

कहा मृगीने धन्य मैं, जन्म हमारा धन्य।

इस तनको भी धन्यहै? तुमको भीहै धन्य॥

बच्चे हैं छोटे-छोटेसे, उन सबसे मिलकर एकबार।

स्वामीको सौंपकर आजाऊं, हे वनचर मुझको तभीमार॥

मुझे नहींहै तनिक भी, तेरे पर विश्वास।

इसीसमय इस वाणसे, होगा तेरा नाश॥

ऐसा मतकरो मृगी बोली, कहतीहूं विष्णु-शपथ लेकर।

अपना सब पुण्य हारजाऊं, आऊँन अगर मैंघरजाकर॥

वह सारा- पुण्य हारताहै, जो देकर बचन पलटता है।

जो निजनारीको लातमार, परत्रियके लिए भटकता है॥

श्रुतिपथका करके उल्लंघन, जो कल्पित मार्ग बनाता है।

जो विष्णुभक्त होकरके भी, शिवनिन्दक बन इतराता है॥

पितु-मातुकी करता श्राद्ध नजो, उस पापीकी गति पाऊंमैं।

इनसबका पाप लगे मुझको, यदि नहीं लौटकर आऊँ मैं॥

जाओ आना शीघ्रही, बोल उठा वह व्याध।

तूभी मतकरना अधम, बचन-भंग अपराध॥

यह सुनकर जलपीकर हरिणी, घर चलीगई हर्षित होकर।

जगनेमें और प्रतीक्षा में बीता निशिका द्वितीय प्रहर॥

प्रारंभ हुआ तीसरा प्रहर, यह मृगकी लगा खोज करने।

इतनेमें आया एक हिरण, यह लगा वाण धनुपर धरने॥

ऐसा करनेके समय पुन; पत्तेटूटे जल भी छलका।

तीसरे प्रहरकी हुई पूर्ण, अनजाने ही शिवकी पूजा॥

दया हुई भगवान की, भाग गया शैतान।

इस वनचरके हृदयका जागगया इन्सान॥

देखा मृगनें व्याधको, सुनकर खड़-खड़ शब्द।

क्या करतेहो कहउठा, होकरके वह स्तब्ध?

ब्याधा बोला देख लो, चढा चुका हूं वाण।

भूखोंके भोजन निमित, लूंगा तेरा प्राण॥

मृग बोलाहृष्ट-पुष्ट होना, हे व्याध हमारा हुआसफल।

मन होगा जैसे गंगाजल, तन होगा जैसे तुलसीदल॥

परहितमें जिसकालगे न तन, सब उसका ब्यर्थ कहाताहै।

करताजो पर उपकार नहीं, वह निन्दित माना जाताहै॥

लेकिन बच्चोंके निकट, जाने दो एकबार।

मां तक उनको सौंपकर, देकर ढेरों प्यार॥

मुझ पशुपर इन्सान तुम, कर इतना उपकार।

जाकर आने के प्रथम, मुझे आज मत मार॥

ब्याधा बोला ऐसा करके मैं, अबतक भी दुख सहता हूं।

अब नहीं करूंगा मैं ऐसा, तुमसे मैं सच-सच कहताहूं॥

जो गये नहीं आये अबतक, तुम भी न लौटकर आओगे।

तुम सारे ही बच जाओगे, लेकिन मुझको मरवा दोगे॥

सच कहताहूँ कहउठा हिरण, सारा ब्रह्मांड टिका सचपर।

जिसकी वाणी झूठी होती, उसका सबपुण्य नष्ट जलकर॥

दिनमें मैथुन, व्रतमें भोजन, करलेने पर जो पापलगे।

झूठी- साक्षी, थाती- चोरी, इत्यादिमें जो संताप लगे॥

सच कहताहूं इनपापों को, अपने ही शीश धराऊं मैं।

घरजाकर बच्चोंसे मिलकर, यदि नहीं लौटकर आऊं मैं।

जो शिवका नामनहीं जपता, करता है जो उपकार नहीं।

शिव पूजन, बिना भस्म धारण, लेता आहार विचार नहीं॥

करता है जो अभक्ष्य- भक्षण, उसपापीकी गति पाऊं मैं।

उससे भी अधम कहाऊं मैं, यदि नहीं लौटकर आउ मैं॥

जाओ आना शीघ्रहीं, यही कह सका व्याध।

मतलेना सबकी तरह, बचन-भंग अपराध॥

जलपीकर मृग घरगया तुरत, तयकिया सभीने मिलजुल कर।

तीनों ही चले प्राण देने रहकर के दृढ अपने प्रणपर।

बच्चों को सौंप पड़ोसीको, चल पड़े उन्हें दे आश्वासन।

बच्चे न बचेंगे बोल उठी, जेठी हिरणी हे जीवनधन॥

मैंने ही प्रथम प्रतिज्ञा की, इसलिए मुझे जाने दीजै।

छोटी बोली सेविका हूं मैं, यह पुण्य मुझे लेने दीजे॥

बच्चों को तेरी जरूरत है, इस कारण मैं ही जाता हूँ।

सबमिलकर आज़ादो मुझको, मैं तुमसबको गुहराता हूं॥

धर्मदृष्टि से यह बचन हुआ नहीं स्वीकार।

साथ-साथ ही चल पड़े तीनों आखिरकार॥

इधर इन्हींकी टोहमें, रहा जागता व्याध।

पूर्णहुआ तीजाप्रहर, चौथेमें भी आध॥

मृग-मृगीके पीछे बच्चे भी, चलपड़े प्रेममें बंधे इधर।

जिस पथपर चले जारहे ये, वहही पथ हमसबको सुंदर॥

इनसबको आया देख व्याध, की देर न वाण चढ़ाने में।

सोचा अबकरूं बिलंब नहीं, सबको ही मार गिराने में॥

ऐसा करनेके समय पुन; टूटे पत्ते जल छलक गया।
होगई पूर्ण शिवरात्रीकी, यहचौथी और अंतिम पूजा॥
होगये वधिकके पापभस्म, मृगबोला सोच न अन्य करो।
हे तात! चलाओ शीघ्रवाण, हम सबके जीवन धन्य करो॥

सुन-सुनकर मृगके बचन, व्याध हुआ हैरान।
शिवपूजा से पा, गया यह अति दुर्लभ ज्ञान॥

यह लगा सोचने पशु होकर, ये कर्मवीरहैं धन्य इन्हें।
परहित में करते प्राणत्याग, ये धर्मवीरहैं धन्य इन्हें॥
ये पशु-शरीरमें भी सच्चे, पुण्यात्मा और महात्मा हैं।
हम मानव होकर दानवहैं, पशुसेभी नीच दुरात्मा हैं॥
परको पीड़ा देकर हमनें, इस नीच देहको पाला है।
अनगिनत जीवका वधकरके, हमने अनर्थ करडाला है॥
जगमें इनकी जय-जय होगी, गाली देगा संसार मुझे।
धिक्-धिकहै मेरे जीवनको, है बार-बार धिक्कार मुझे॥

धन्य तुम्हेंहै हे मृगो, बोला लज्जित व्याध।
तुम सबजाओ और, मेरे क्षमाकरो अपराध॥

व्याधा के ऐसा कहते ही, होगए प्रगट भोलेशंकर।
बोले मैं तुम परहूं प्रसन्न, अब जोभी चाहो मांगोवर॥
शिवजीका करस्पर्श पाकर, वह जीवन-मुक्त-हुआ तत्क्षण।
सब-कुछ पालिया नाथ मैंने, श्री चरणोंका पाकर दर्शन॥
शिवजीने अति प्रसन्न होकर, इसको अनेक वरदान दिये।
शुभनाम दिये, साम्राज्य दिये, कुलवृद्धि और सम्मान दिये॥

नाम तुम्हारा "गुह" हुआ, श्रृंगवेरपुर धाम।
तुमसे मिलनेआएंगे, लखन सीयऔर राम॥

तुमने बिनजाने जिसलिंगकी, पूजा कीहै हे भील-प्रवर।
अर्बुद पर्वतपर वह अबसे, कहलाएगा श्री "ब्याधेश्वर"॥
इनका दर्शन करनेवाला, सब इच्छित-फल पाजाएगा।
मेरी प्रियताके साथ-साथ, चारों पुरुषारथ पाएगा॥
वह मृगपरिवार निहालहुआ, श्रीशिवजीका दर्शन पाकर।
प्रभुने भी सबको प्यारदिया, अपनी गोदीमें बिठलाकर॥
तुम सबहो धन्य मुझेप्रियहो, अब साथमेरे कैलास चलो।
तेरी शुभकीर्ति युगान्तर तक, हे प्रियवर कभीन धूमिल हो।

मृगकुलको निजधाम और, दे गुहको सम्मान।
शिवासहित श्रीशिव हुए, पल में अंतर्धान॥
कहा सूतने मुनिवरो, कर पूजा अनजान।
पा सकताहै व्याध यदि, ऐसी सुगति महान॥

'फिर जान-बूझकर भक्तिसहित, व्रत शिवरात्रीका कोइरखे।
बोलो हे मुनियों! व्रती व्यक्ति, ऐसा क्याहै जो पा न सके?
इतनेहैं व्रत तप तीर्थ दान, संभव जिनका यशगान नहीं।
लेकिन ये सारे मिलकर भी, हैंशिवरात्रीके समान नहीं॥

हमसबको यह चाहिये, धरकर शिवका ध्यान।
व्रत रखकर शिवरात्रिका, करें आत्म-कल्याण॥

---------------------(अध्याय - 40)-------------------------

भुक्ति- मुक्तिकी महिमा तथा स्वरूप-विवेचन।41॥

भुक्ति-मुक्तिका हे मुने, लिया आपने नाम।
यह मिलकर देतीहै क्या, कहें सहित परिणाम?
बोले श्रीसूत महामुनियों, थोड़ेमें इन्हें बताता हूं।

मुक्तियां कईहैं सुखदायिनि, मैं कुछके नाम गिनाता हूं॥
'सारूप्या' -' सायुज्या' हैं ये, ये 'सानिध्या" सामिप्या' हैं।
अत्यंत कठिन पांचवीं हैं जो, वहकहलाती 'कैवल्या' हैं॥
जिनसे सर्जित, पालित होकर, फिर जिनमें जगतसमाता है।
वे "शिव" हैं यह संपूर्ण जगत, उनसे ही व्याप्त कहाता है॥

वेदों ने उन शंभु के, बतलाए दो रूप।
निर्गुणको निष्कलकहे, सकलको सगुण स्वरूप॥

दोनोंको सविस्तारकहकर,' शिवतत्व' और 'शिवज्ञान' कहा।
शिवज्ञान तथा शिव-सुमिरणको, शिवप्राप्तीका सोपान कहा॥
जितनाहीकठिन ज्ञान-शिवका, उतनाही है आसान--भजन।
करतेहैं मुक्ती- प्राप्तिहेतु, इसलिए संतजन सदा भजन॥

भक्ति सहितहो शिवभजन, भक्ति पुत्रहैं ज्ञान।
विविध भक्तियोंका किया, आदर सहितबखान॥
नहीं भक्ति और ज्ञानमें, थोड़ा भीहै भेद।
साधकको और भक्तको, कभी न होता खेद॥

-----------------------(अध्याय - 41)----------------------

विधि हरिहर और रूद्र-तत्वका किंचित वर्णन॥42॥

शिव-कौन? विष्णुऔर रुद्र-कौन? ब्रह्माहैं कौन बता दीजे।
इनमेंहैं निर्गुण कौन-कौन? यह हमसबको समझा दीजे॥
जिसप्रभुसे सगुणरूप प्रगटा, वहही निर्गुण कहलाता है।
उस सगुणरूपका शास्त्रोंमें,' शिव' नाम बताया जाता है॥
शिवसेजो प्रकृति-पुरुष प्रगटे, तपकरके जलमें कियाशयन।
'नारायणि' प्रकृति कहाई और, ये पुरुष कहाए "नारायण"॥
जो नाभिकमलसे प्रगटहुए, वेही 'ब्रह्मा' कहलाते हैं।
विधिने जिनका दर्शनपाया, वे 'विष्णू' माने जाते हैं॥
दोनोंका कलह शान्त करने, जो रूपधरा था निर्गुण ने।
उनको कहतेहैं 'महादेव", श्रीसूत लगे जय-जय कहने॥
विधिके ललाटसे प्रगट हुए, वे ही तो रुद्र कहाते हैं।
सबके चिन्तन-हित निराकार, आकार अनेक बनातेहैं॥

    परे गुणोंसे शिव सदा रूद्र सदा गुणधाम।
    किन्तु न इनमें भेदहै, एक तत्व दो नाम॥
    आभूषण और स्वर्णमें, जैसे तनिक न भेद।
    वैसे शिव और रुद्रभी, समहैं और अभेद॥

जिसक्रमसे जो सुर प्रगटहुए, उसक्रमसे वे लयपाते हैं।
पररुद्रदेव लयके क्रममें, शिवमें साक्षात समाते हैं॥
हरप्राणी इनको भजते हैं, पर ये न किसीका करें भजन।
ये जनवत्सल हैं इसीलिए, करतेहैं भक्तोंका चिन्तन॥
जो जिनको भजते हैं प्राणी, वे उनमें ही लय होते हैं।
भगवान रूद्रकी प्राप्तीका, ताक्कालिक अवसर खोते हैं॥
है रुद्रभक्तकी बात और, वे तत्क्षण शिवहो जाते हैं।
रहती न जरुरत औरों की, यह चारोंवेद बताते हैं॥

    होते हैं अज्ञान के, द्विजो अनेकों रूप।
    सदा सर्वदा ज्ञानका, होता एक स्वरूप॥

ब्रह्मा से लेकर तृण आदिक, जो कुछभी देखा जाताहै।
शिवरूपही है कुछऔर नहीं, अन्यत्व असत्य कहाताहै॥
थी सृष्टिपूर्व शिवकी सत्ता, मध्यान्तमें भी शिवरहते हैं।
इन सबसे परे शून्यता में, शिवकी सत्ता सबकहते हैं॥
इसलिये चतुर्गुण कहलाते, हैं शक्तिमान इसलिए सगुण।
बतलाए इनके दोप्रकार, कारणहै विदित सगुण-निर्गुण॥
प्राकट्य वेदका किया अत:, ये वेदनाथ कहलाते हैं।
कर्ता, भर्त्ता, हर्त्ता, साक्षी, निर्गुण भी इन्हें बताते हैं॥

है कालमान औरों केलिये, लेकिन इनपर उनका अकाल।
इनकी आश्रिता "महाकाली", ये कहलाते हैं '॰"महाकाल"॥
उत्पादक नहीं कोई इनका, पालक न, कोई संहारक है।
ये स्वयं सभीकुछ हैं सबके, धर्त्ताका कोई न धारक है॥
होते अनेक एक होकर, ये हैं अनेक में एक सदा।
ज्यों बीज-वृक्षऔर फल बनकर, फिर बीजभावको पाजाता॥

    विप्रवरो यह ज्ञानही, कहलाता शिवज्ञान।
    ज्ञानी इसको जानते, और सभी अनजान॥
    मुनिगण बोले सूतजी, और कहें यह ज्ञान।
    जग-शिव, शिवजग, किसतरह, इसकाकरें बखान॥

------------------------(अध्याय - 42)----------------------

शिव-सबंधी तत्त्वज्ञान का पुष्कल वर्णन।
कोटिरूद्रसंहिता का उपसंहार विवेचन॥43॥

    कहा सूतने गुप्तअति, दायक जो निर्वाण।
    गुरुमुखसे मैंने सुना, सुनो वही शिवज्ञान॥

ब्रह्मा, नारद, सनकादि, ब्यास, इसके स्वरूपको बतलाए।
वास्तविक वही शिवज्ञान' वत्स, जो इन गुरुजनने समझाए॥
ब्रह्मा से लेकर तृण प्रयंत, जो कुछ दिखलाई देता है।
वहसब शिवही है एकवही, इनसबको ही रचलेता है॥
कोई न जानता शिवजीको, सबको ही जान रहे शिवजी।
जगको रचकर जगमें बसकर, जगसे हैं दूर सदा-शिवजी॥
जैसे सूर्यादि ज्योतियों का, होता प्रतिबिंब मात्र जल में।
शिव को जगमें वैसे समझो, सूर्यादि नहीं जैसे जल में॥
शिवबिन कुछनहीं, सभीकुछ शिव, मतभेदजहां अज्ञानवहां।
दिखता है द्वैत अविद्या से, है ज्ञान जहाँ भगवान वहां॥

    अंश ईशका जीव यह, हो जड़तासे ग्रस्त।
    भिन्न मानता स्वयंको, बना अवश और त्रस्त॥
    शिवहो जाता जीव यह, मिटते ही अज्ञान।
    दिखते फिर इसको सदा, कण-कणमें भगवान॥
    बनकर श्रुतिपथका पथिक, ढूंढे जो विद्वान।
    सबमें ब्यापक शंभुको, वह लेता पहचान॥

है काष्ठ-मात्रमें अग्नि किन्तु, मिलताहै मन्थन करनेसे।
उसही प्रकार व्यापक ईश्वर, मिलताहै साधनकरने से॥
सर्वत्र मात्र शिवही शिवहैं, भ्रमसे भिन्नता दीखती है।
मिट्टी-गागरमें जिसप्रकार, कुछको भिन्नता दीखती है॥

जैसे कारण-कार्यमें, नही तनिकभी भेद।
सबमें शिवहैं उसतरह, माने सदा अभेद॥

भिन्नता दीखती अज्ञोंको, जब बीजसे अंकुर होता है।
फिर वृक्ष-फूल, फिर फूलमेंफल, फिरबीज अंतत: होताहै॥
वह बीजहै, तरु-फल-फूल नहीं, ज्ञानी बसबीज देखता है।
अज्ञानी अंकुर तरु, आदिक, उसमें हरचीज देखता है॥
सबही शिवहै कुछऔर नहीं, शिवऔर जगतमें भेद नहीं।
सबमें शिवको, शिवमें सबको, जो देखे उसको खेदनहीं॥
है ईश-अंश पर अहंयुक्त, इसकारण जीव कहाता है।
होतेही मुक्त अहंबुधिसे, यह तत्क्षण शिवहो जाता है॥

रजत-ग्रस्त ज्यों स्वर्णका, घटजाताहै मोल।
अहंकारसे ग्रस्त त्यों, जीव हुआ बेमोल॥

क्षार-आदिसे शुद्धहो, हुआ कनक बहुमूल्य।
संस्कार से शुद्धहो, जीवहुआ शिव-तुल्य॥

गुरुशरण-ग्रहणकर जीवप्रथम, शिवबुधिसे करेवरण-पूजन।
इतनेसे पापराशि जलते, होजाता निर्मल तन और मन॥
शिवभाव गुरूमें होतेही, अज्ञान नष्ट होजाता है।
होज्ञानयुक्त और अहंमुक्त, प्राणी शिवसा होजाता है॥
दर्पणमें चेहरेके समान, सर्वत्र शंभुही दिखते हैं।
होतेहीपतन प्राप्त-तनके, प्राणी शिवमें जा मिलते हैं॥

कर्माधीन शरीरका, करें नजो अभिमान।
कहलाते ज्ञानी वही, यहही उत्तम ज्ञान॥

अनुकूलमें हर्षरहित हैंजो, प्रतिकूलमें दुख न मनाते हैं।
समभाव दु: ख-सुखमें रहते, वेही ज्ञानी कहलाते हैं॥

शिवका चिंतनहै ज्ञानमूल, और भक्तीका हैप्रेममूल।
होताहै श्रवण प्रेमद्वारा, सत्संगको कहते श्रवणमूल॥
सत्संगसे गुरूप्राप्ती होती, गुरुकृपासे ज्ञान प्राप्त होता।
गुरूकृपा और ज्ञान पाकर, निश्चयही जीव मुक्त होता॥

प्रभुका सदा भजनकरे, समझदार-सज्ञान।
भक्तियुक्त शिवका भजन, देताहै निर्वाण॥

सिद्धादिक सद्गुरु-कथित, यहहीथा शिवज्ञान।
तुम सबभी रख गुप्तही, रखना इसका मान॥

ऋषिगण बोले हैं धन्यआप, शिवके अन्य अनुरागी हैं।
शिवज्ञान सुनाया हमसबको, हमसबभी अति बड़भागी हैं॥
अज्ञान मिटाया हमसबका, शिवज्ञान दिया संतुष्ट किया।
हम भक्तिहीनथे, दुर्बलथे, की कृपा हमें परिपुष्ट किया॥
हे द्विजो! सूतबोले इसको, अन-अधिकारीसे मत कहना।
जो शिवका नहीं पुजारीहो, वह पूछेभी तो चुप रहना॥
गुरुने इतिहास- पुराणों और, वेदों- शास्त्रोंका मंथन कर।
जो सारमिला वह मुझेदिया, और मैंनें तुम्हेंदिया प्रियवर॥

एकबारके श्रवणसे, जलजाते सबपाप।
मिलती भक्ति अभक्तको, मिटते कठिन त्रिताप॥

द्वितियबारके श्रवणसे, मिलती उत्तम भक्ति।
त्रितियबारके श्रवणसे, भोग-मोक्षकी प्राप्ति॥

उत्तम फलकी प्राप्तिहित, सुने पांचवींबार।
सबकुछ मिलजाता उसे, व्यास-बचन अनुसार॥

शिवजीको अतिशय-प्रिय, है यह शिव-विज्ञान।
'कोटिरुद्रसंहिता' श्रवण, शिवकी प्राप्तिसमान॥

----------------------(अध्याय -43)----------------------

॥ श्रीशिवचरितामृत कोटिरुद्रसंहिता संपूर्ण ॥

श्रीशिवचरितामृत-उमासंहिता

उमा महेश्वर कृष्णके, तपसे हो संतुष्ट।
दियेकई वरदान वह, जो था इन्हें अभिष्ट॥1-3॥

त्रिगुणधार करते सृजन पालन और संहार।
स्थित जो अपने रूपमें त्रिगुणी माया पार॥
पूर्णब्रह्म उन शंभुका हम करते हैं ध्यान।
जो त्रिदेवबनकर करें लीला परम महान॥
शौनकादि बोले करें नमस्कार स्वीकार।
चौथी संहिताको सुना, किया बड़ा उपकार॥
"उमा संहिता' का करें हम सबके प्रति गान।
है जिसमें शिव-उमाका, परम दिव्य आख्यान॥
सादर बोले सूतजी, सुनो चरित्र –विचित्र।
श्रवण-मात्रसे ही बनो, तुमसब परम पवित्र॥
पूछा था गुरुदेव ने, यही प्रश्न एकबार।
वही सुनाताहूं तुझे, कहे जो सनत कुमार॥
हिमगिरि पर शिव-तप हेतुकही, सबकथा कृष्णके आने की।
उपमन्यु कथित पद्धति द्वारा, अतिदारुण तप अपनाने की॥
होकर प्रसन्न परिवार सहित शिवजीके दर्शन देने की।
तपसी केशवकी शिवजीसे, प्रार्थना पुत्र एक देने की॥
सब कहकर मुनिव्यास से बोले सनतकुमार।
दीनबचन सुन कृष्णका बोले शिव सुखसार॥
"संवर्तक" रविको मिला, मुनियोंसे यह शाप।
मानव बनकर धरा पर, रवे जन्मलें आप॥
"साम्ब" नाम से सूर्य वे होंगे तेरे पुत्र।
पूजित होंगे आपभी, यत्र-तत्र- सर्वत्र॥
शिवसें अनेक वर पाकरके, केशवने किया पुनः वंदन।
श्री गिरिजा बोली मुझसेभी वर मांगो हे वसुदेवललन॥
केशव बोले यदि हैं प्रसन्न तो हे माँ ऐसा दीजे वर।
मैं सदा विप्रसे प्रेम करूं और रहूं सदा पूजन तत्पर॥

मुझपर माँ-पिता प्रसन्न रहें उत्तम होवे सन्तान सभी।
हर प्राणीका प्रेमी बनकर मैं करूं यज्ञ और दान सभी॥
इन्द्रादि देवको तृप्तकरूं सहसाधिक यज्ञ-यजन द्वारा।
सेवाहो साधु अतिथियों की उत्तम पवित्र भोजन द्वारा॥
प्रेम- बांधबों में रहे, रहूं सदा सन्तुष्ट।
दें माता वरदान यह, यदिहैं मुझपर तुष्ट॥
"एवमस्तु" माँ ने कहा, बोले सनत्कुमार।
कृष्ण तुम्हारे सुयशका, हो अतिशय विस्तार॥
कार्तिक गणपतिके सहित उमाशंभु भगवान।
अंतर्धान हुए इन्हें दे इच्छित वरदान॥
मुनिवर श्री उपमन्यु को, करके दंड प्रणाम।
वर प्राप्तीकी कह-कथा, गए द्वारिका-धाम॥

------------------------(अध्याय- 1-3)----------------------

नर्क दिलाने वालेकुछपापोंका वर्णन।4-6।

सनतकुंवर बोले सुनो मुनिवर व्यास सुजान।
पाप- परायण जीव के कहता हूं परिणाम॥
परनारीपरधनकी इच्छा चितसे परका अनिष्ट चिन्तन।
चौथा मानसिक पापबोले निन्दित कर्मों में लगे लगन॥
अप्रिय असत्य व्यर्थ चुगली वाणी के पाप कहाते हैं।
शारीरिक भी हैं चार पाप अब वह ही तुम्हें बताते हैं॥
बेकार कार्य, अभक्ष्य-भक्षण, प्राणी-हिंसा पर-द्रव्य हरण।
इन बारह पापों का मुनिवर साधन है तन मन और बचन॥
शिवकी, गुरुकी, पितुआदिक की जो प्राणी निन्दा करते हैं।
ऐसे उन्मत्त, धर्म द्रेषी अति दुखद नर्क में गिरते हैं॥
मदिरापायी, द्विजहत्यारा, गुरु त्रियगामी और स्वर्णचोर।
और इनसे जो सम्बन्ध रखे, सब महापातकी दुष्ट घोर॥
भय द्रेष क्रोधके वश हो जो ब्राह्मण के दोष बताता है।
भड़काने, उकसाने वाला द्विज हत्यारा कहलाता है॥

द्विज को देकर लेता है जो, निर्दोष पे दोष लगाता है।
ऐसा मनुष्य भी हे मुनिवर द्विज हत्यारा कहलाता है॥
ब्राहाण का अपमान भी है अवसान समान।
गो, द्विज, सुरकी भूमिका हरण-मरण समजान॥
झूठीसाक्षी, झूठावादा, परित्याग पिता और माता का।
हे ब्यास अभक्ष्य-भक्षकों को अघ लगताहै द्विजहत्या का॥
द्विज द्रव्यहरण. भाईसेछल अभिमान क्रोध अतिशय करना।
पैत्रिक धनके बंटबारे में मनमाना उलट फेर करना॥
करना कृतघ्नता कंजूसी सत्पुरुषों से ईर्ष्या रखना।
परनारि समागम कन्या और नर-नारीका विक्रय करना॥
नारीवश, नारिजीवि होना रक्षा न नारियों की करना।
छलसे बलसे या कोशल से परनारीका सेवन करना॥
त्यागना ब्रह्मचर्यादिक का सेवन पर के आचारों का।
अनुराग काल्पनिक तर्कोंसे परित्याग आर्ष-सच्छास्त्रों का॥
निन्दा सुर, साधु, अग्नि, गुरुकी, सुर पितृयज्ञका त्यागकरना।
करना स्वकर्मका परित्याग नास्तिक हो सदा पाप करना॥

उपपातकी कहा इन्हें इनका क्रूर स्वभाव।
सत्य प्रेम सद्भावका इनमें सदा अभाव॥
स्वामि मित्र गो विप्रका कार्य करेजो नष्ट।
नर वह नरकगमन करे, शास्त्र कहें सुस्पष्ट॥

द्विजदुखदायी मदिरापायी जो सहजक्रूर हिंसाप्रेमी।
शूद्राचारी और कामकीट जो पापकर्म के नित नेमी॥
मलमुत्र त्यागता शुभथल पर रस्ता रोके सीमा तोड़े।
जो सदा कपट आचार करे आश्रितको छोड़ स्वयं खाये॥
सन्यास छोड़ करले विवाह, कर ग्रहण नियमको खुदतोड़े।
शिवप्रतिमा का जो भेदक हो, गौओंको पीटे दमन करे॥
पोषण न करे दुर्बलपशुका बोझा ज्यादा दे पीड़ा दे।
बिन चारापानी के उनको गाड़ी में या हल में जोते॥
बैलोंके कूटे अंडकोश जोतते हैं बन्ध्या गायों को।
देतेहैं कुछ सत्कार नहीं आशा लेकर घरआयों को॥
हैं महानारकी जीव वही वे नर्कसिन्धु में गिरते हैं।
ऐसे पापी किसकारण से बचने की आशा करते हैं॥
धन-सम्पति मरनेवालों के कुछ नहीं साथमें जाताहै।
जाताहै धर्म-अधर्म साथजो सुख या दुख पहुंचाता है॥
नरकोंमें वह राजा पकता चिरकाल तलक दुखलेता है।

बिन साम दान या भेद रखे जो दंडसदा ही देता है॥
घुसखोरी मनमानी होती अधिकारी भृष्टाचारी हैं।
पकते नरकोंमें ऐसे नृप ये उसकेही अधिकारी है॥

बिन समझे देताहै जो निरपराध को दंड।
ऐसा राजा नर्क में पाता दंड प्रचंड॥
दंड भुगतने के लिये यमयातना शरीर।
पाकर पापी भोगते अतिदुख खोकर धीर॥
प्राणी करले पापका प्रायश्चित्त नितान्त।
बिनभुगते कल्पोंतलक पाप न होते शान्त॥

------------------------(अध्याय - 4-6)----------------------

पापी- धर्मीकी यमपुर यात्राका वर्णन॥7॥

हे व्यास! सनतकुमार बोले, अतिशय यमलोक भयंकरहै।
जाना सबको ही पड़ता है, सब कर्माधीन नारि-नर है॥
ऐसा प्राणीहै नहीं, जो यमलोक न जाय।
कर्मोंकाफल कल्पतक, बिन भुगते न नशाय॥
शुभकर्मी सौम्यमार्ग द्वारा शुभ पूर्व-मार्ग से जाते हैं।
पापी दक्षिणीमार्ग द्वारा जाते अतिशय दुख पाते हैं॥
यमलोककी दूरी योजनमें छ्यासी हजार की कहते हैं।
पापीकोबहुत दूर लगता धर्मात्मा निकट देखते हैं॥
कांटे, कंकर, अंगार कहीं पथ पर छूरे की धार कहीं।
लपटोंकी जैसी धूप कहीं, अंधों जैसी अंधियार कहीं॥
पापीजन के मार्गकी कहकर ब्यथा अपार।
दुर्गति कहकर जीवकी बोले सनतकुमार॥
उनको कष्ट अपार है किये न जिनने दान।
दानीजन को मार्ग में मिलता सुख-सम्मान॥
अतिकष्ट उठाकर पापीजन जब प्रेतपुरी में जाते हैं।
श्री सूर्य-ललन के द्वारा वे अत्यंत निरादर पाते हैं॥
धर्मात्मा को स्वागतपूर्वक पाद्याध्यर्घासन देतेहैं ये।
अपने आत्मीय मित्र जैसा अपनत्व उन्हें देते हैं ये॥
शुभकर्म सदा करनेवाले हैं पूज्य आप हैं धन्य आप।
दिव्यातिदिव्य सुखकेनिमित्त प्रस्थानकरें वैकुण्ठ आप॥
धर्मात्माजन के लिये धर्मराज हैं आप।

पापीको यमराज हैं महाकठिन प्रख्यात॥
टेढी भौंहें बिकराल रूप ऊपर को सारे बाल उठे।
भुजदंड प्रचंड अठारह और, विविधायुध दिखते खड़ेतने॥
फुंफकार मारते भैंसे पर आरूढ आप हैं क्रोधातुर।
सब वस्त्रलाल, गलमाल लाल, कोयलेसा रूप महाभयकर॥
घन-गर्जन सरिसबचन, उनके, प्रज्वलित अग्निसे लालनयन।
पीरहेहों जैसे सागरको गिरि निगलके उगल रहेहों अगन॥
प्रलयानल जैसे बिकट मृत्यु काजल के जैसे काल देव।
अत्युग्र रोग, आधी-ब्याधी सायुध सब इनको रहे सेव॥
महामारी, मारी, बीमारी रुद्रादिकगणकी गिनती क्या?
रविनन्दन की क्या गनवाऊँ इतना ही है परिवार बड़ा॥
यमराज पापियों को मुनिवर भारी फटकार लगाते हैं।
और धर्मयुक्तबचनों द्वारा श्री चित्रगुप्त समझाते हैं॥

-----------------------(अध्याय - 7)-----------------------

नरकों की कोटियां बताई गई उठाईश।
सबके पांच-पांच नायक कुल एकसौचालिस॥8॥

तपते तपते बनगए, जो पर्वत अंगार।
पापीको यमदूत-गण, उसपर देते मार॥
जीवित कर फिरसे उसे उसकी शुद्धीहेत।
नर्क- सिन्धुमें डालते अतिशय क्रोधसमेत॥
नरकों की सात कोटियां हैं पृथ्वी के नीचे हे मुनिवर।
हैं चार-चार इनके विभाग यह कहकर बोले सन्तकुमर॥
ये मिलकर कुल अट्ठाईस हैं कुछके हम नाम गिनाते हैं।
घोरा है प्रथम सुघोरा को द्वितीय शास्त्र बतलाते हैं॥
अतिघोरा और महाघोरा तीजी-चौथी कहलाती है।
पचवीं छठवीं तो धोररूपा और तलतला कहलाती है॥
सतवीं भयानका कालरात्रि और भयोत्कटा अठवीं नवमी।
हैं चंडा और महाचंडा कहलाती दसवीं ग्यारहवीं॥
फिर हैं चंडकोलाहला और प्रचंडानाम।
पद्मा और पद्मावती सबके सब दुखधाम॥
भीता और भीमाको कहकर, फिर कहा कराला-विकराला।

बारह से ये उन्नीस कहे बीसवीं कोटि बोले बज्रा॥
तिन-कोणा और पंचकोणा तेइसवीं कहा सुदीर्घा को।
फिर अखिल आर्तिदा तथा समा फिर भीमबला और भीमाको॥
दीप्तप्रया से हो रहा कोटि अठाइस पूर्ण।
पापीजन को यातना यहां मिले परिपूर्ण॥
प्रत्येक कोटि के पांच-पांच नायक बतलाए जाते हैं।
हे महामुनिश्वर श्रवणकरें कुछके हम नाम बताते हैं॥
रौरव है नाम प्रथम जिसमें रोते हैं धीर भी घबड़ाकर।
दूजे का नाम महारौरव वीरोंका जहां बिलखता स्वर॥
है शीत, उष्णफिर है सुघोर येपांच नरकके नायक हैं।
इसमें दुखपाते वही जीव जो औरों के दुखदायक हैं॥
बतलाए नाम मुनीश्वर को इन सहित एकसौ अटठाइस।
रहजाए न कोई नामशेष है अपनी भी भरसक कोशिश॥
लेकिन यदि सबके नाम लिखूं तो ग्रंथ बड़ा हो जाएगा।
पढने और गाने वालों को संभव है श्रम हो जाएगा॥
इस कारण संक्षिप्तमें कर थोड़ा अनुवाद।
मुनिवर के सतसंग का चखूं चखाऊं स्वाद॥
बोले ब्यास- महर्षि से सादर सनतकुमार।
कहा"नरकमंडल" जिसे यह उसके अनुसार॥
"महानरक मंडल"कहा, वह इसके अतिरिक्त।
एकसौचालिस वे सभी, गौरव से अभिषिक्त॥

------------------------(अध्याय - 8)------------------------

विविध पापके विविधदंडका समुचित वर्णन।
कुक्कुर, काक देववलि आदिक का प्रतिपादन॥
वलिकी आवश्यकता, महिमादिक का गान।
नवम-दशम अध्यायमें, इनका उचित बखान॥9-10॥

इन महाभयंकर नरकों में ऐसी पीडा दीजाती है।
क्या कहूं देखते ही उसको पापी की फटती छाती है॥
'द्विजिह्व' नरक में पाखंडी अत्यंत रुलाए जाते हैं।
'जुड़वेंजिह्वा' जैसे हलसे वे बहुत सताए जाते हैं॥
मल ठूंस-ठूंस जबरन मुख में यमदूत पीटते हैं उसको।

मां-बापको डांट लगाने में आई न लाज कुछभी जिसको॥
कर दमन धेनु सुर मंदिरका अपना अधिकार जमाते हैं।
पावक में कोल्हू में वे ही जारे या पेरे जाते हैं॥
पर त्रियगामी उसी ही प्रकार मारे और पीटे जाते है।
धारण कर पहले सा शरीर पावक में घसीटे जाते हैं॥
सत्पुरुष आदिके निन्दक के कानों में डलते तप्तकील।
खौलते तेल डाले जाते उत्पीड़न में आती न ढील॥

परम पूज्य पितु-मातु पर उठते जिसके हाथ।
उनकेमुख में ठोंकते कील नरक के नाथ॥

आंखों में कील ठोंक देते तकता है जो परनारी को।
छिदवानी पड़तीहै जिह्वा वलिरहित स्वयं आहारी को॥
सन्तों शास्त्रों गुरुजनकी जो खिल्लियां उड़ाया करते हैं।
छाती से सिर तक छिदवाकर वे महानरक में सड़ते है॥
मलद्वार-लिंग छिदवाते जो मल मूत्रत्यागते मन्दिर में।
ईश्वरका और पापका भी भय नहीं है जिनके अन्दर में॥
धन रहते तृष्णा के कारण जो करते उसका दान नहीं।
भोजन के द्वारा जो करते घर आएका सम्मान नहीं॥
गिरते अपवित्र नरकमें वे अब करते हैं उनकी चर्चा।
भोजन करलेते जो मनुष्य, बिनभाग दिये कुक्कुर गौ का॥

मिलतेहैं यम-मार्गमें श्याम-शवल दो स्वान।
चार- दिशा में जो रहें कौवे चार महान्॥
मन्त्र युगलसे ये करें सभी ग्रहण बलिभाग।
ऐसा जो करते नहीं, उनके मुख में आग॥

शिवपूजन और अग्न्याहुति मंत्रों समेत बलिका अर्पण।
जो करे उन्हें बैकुण्ठ मिले नरकोंका उन्हें न हो दर्शन॥
मंडप चौकोर सुवासित कर ईषाणमें धन्वन्तरिको बलि।
दे पूर्वदिशा में सुरपतिको दक्षिण में दे श्रीयमको बलि॥
पश्चिम में सुदक्षोम को दे पितरों को देवे दक्षिण में।
अर्यमा निमित पूरबमें दे होवे रोमान्चित क्षण-क्षण में॥
धाता-व विधाता द्वार-देश बलिकरे निवेदित फिर सादर।
कुत्तों को उसके स्वामी को पक्षियों को देवे भूतल पर॥

देव पितर नर प्रेत खग सबको नरकी आश।
कीट तलकको भी कभीकरे न कोई निराश॥
निश्चित इनकी जीविका है गृहस्थ के हाथ।
धर्मात्मा गृह स्वामि के रहते हैं हरि साथ॥

वषट हंत स्वाहा तथा चौथा स्वधा अकार।
धर्म-धेनु के हे मुने, यह ही है थन चार॥
देवों केजो भागमें वह है स्वाहाकार।
स्वधाकार है पितरका बोले सनत्कुमार॥
वषटकारसुर आदिका हंतकार नर भाग।
अतः उचित है नर रखे धर्म-धेनु अनुराग॥

युगल-मंत्र=द्वौ श्वानौ श्याम शवलौ यम-मार्गानुरोधकौ।
यौस्तस्ताभ्यां प्रयच्छामि तौ गृह्णी तामिमं वलिम॥
मंत्र-2:
ऐंद्र वारुण वायव्या याम्या नैऋत्यकास्तथा।
वायसा पुण्यकर्मानास्ते प्रगृह्नतु में वलिम॥

है धर्मधेनु का पालक जो वह अग्निहोत्रि कहलाता है।
इसका परित्यागी अंधा बन अंधेर नरक में जाता है॥
सबको बलिदेकर आगतकी कुछदेर प्रतीक्षा समुचित है।
साक्षात् देवता अभ्यागत स्वागत न मिले तो अनुचित है॥

जिस घरसे ये लौटते खालीहाथ निरास।
हर ले जाते पुण्य सब दे जाते अघरास॥

--------------------(अध्याय - 9-10)-----------------------

याम्यमार्ग में सुविधादायक दान गिनाए।11।

पापीजन यममार्गमें, पाते कष्ट अपार।
ऐसे धर्म बताइये, हों सुख से भवपार॥
प्राणीके सुख-दुखमें मुनिवर शुभ- अशुभ कर्मही कारण है।
अब उन धर्मोंका नाम सुनें जो करता कष्ट निवारण है॥
जो दयावान हैं सज्जन हैं सुखदायी उनकी यात्रा है।
जूते -खड़ाऊं के दानी जो घोड़े से उनकी यात्रा है॥
जो छत्रदान करता मुनिवर वह छत्र लगाकर जाता है।
जो शिविकादानकिया उसको रथपर बिठलाया जाता है॥
शय्या-आसनका दानी ही विश्राम-मार्ग में पाता है।

होती न धूपसे कष्ट उसे जो पथमें वृक्ष लगाता है॥
पुष्पक विमान से जाते जो फुलवारी यहां लगाते हैं।
मन्दिर के बनबाने वाले घर जैसा ही सुख पाते हैं॥
सुर, गुरु, द्विज, मातु-पिताकी जो, सेवा उपासना करतेहैं।
वे पूर्ण मार्गमें सुख-पूर्वक, पूजित हो यात्रा करते हैं॥
जो दीप दान करताहै वह, आलोकित होकर जाता है।
गोदानी इच्छित वस्तुसहित, सम्मानित होकर जाता है॥

जलदाताको जलमिले सेवकको सम्मान।
वह-वह पाताहै वहां जो जो करता दान॥

जी दीप अन्न गृह दानकरे, यमराज न जातेहैं उसतक।
जो स्वर्ण रत्नका दानीहै, संकट न पहुंच पाते उसतक॥

सब दानों में अन्नका है सर्वोत्तम दान।
समता उपमा भी नहीं यह अतएव महान॥

तत्काल तृप्ति देताहै ये, बल बुद्धि बढाने वाला है।
इसके अभावमें नरमरते, यह आला और निराला है॥
संपूर्ण जगतका यह धारक, संजीवन सा बलकारक है।
प्राणोंका प्राणयहीतो है, यह दुख दौर्बल्य निवारक है॥
निन्दा नकरे फेंके नकोई, ये अन्न राम नारायण हैं।
दुखिया-सुखिया, राजा-भिक्षुक, सबका इसपरही जीवन है॥
ब्रह्माहैं- अन्न, अन्न-विष्णू, ये शिवजीहैं परमेश्वर हैं।
इसलिये लोकमें वेदोंमें, यह दान सभीसे बढकर हैं॥
अन, जल, गो, वस्त्र, अश्व, शय्या, आसनऔर छत्र आठऐसे।
है अष्ट-दानका बहुत मान, ग्रंथोंमें वेद पाठ जैसे॥

इस आठों के दान से, होता प्राप्त विमान।
अतः उचित है मनुजको करे सदा ही दान॥

जो करते हैं श्राद्ध, में इस प्रसंग का गान।
उनके पितरोंको मिले सदा अन्नका दान॥

-------------------------(अध्याय - 11)----------------------

कूप जलाशय वृक्षारोपण आदि बताए।
शिवकासुमिरण पाप नाशका उत्तम साधन।
ग्यान आदिकी महिमाका पुष्कल प्रतिपादन॥12॥

जलदान श्रेष्ठहै हे मुनिवर, जलही इसजगका जीवनहै।
कूंआ, तालाब, बावड़ीके, दानीके साथ परम धन है॥
जिसके कूंएंसे जलनिकले, उसका सब पाप निकलता है।
जिसजलकोगो, द्विज, सन्तपियें, वहवंश फूलता-फलता है॥
जिसके बनबाए जलाशय में, गर्मीमें भी जल रहता है।
उसपर न कोई संकट आता, वह सदासुखी ही रहता है॥

जिसके सरवरमें टिके वर्षा ऋतुका नीर।
वह दातामें श्रेष्ठहै, वहीशूर वहवीर॥

हे मुनिवर! शरद, शिशिरतक भी, जिसके तड़ागमें टिकता जल।
दानादि अनन्तों यज्ञों का, वह पाताहैअतिदुर्लभ फल॥
अब वृक्षलगानेके फलका, मैं करताहूं किंचित वर्णन।
वृक्षोंकी हरियालीसे ही, खुशियाली पातेहैं जन गण॥
दुर्गम वीरान- स्थानों में जो प्राणी वृक्ष लगाते है।
वे बड़भागी सारे कुलको भवसागर पार लगाते हैं॥
ये पेड़ पुत्र बनकर उनके कुलको अनुकूल बनाते हैं।
युग-युगतक शास्त्रों संतोंमें उनके गुणगाये जाते हैं॥
आदेश यहीहै शास्त्रोंका उपदेश यहीहै सन्तों का।
सबको ही पेड़ लगानाहै पालन करनाहै वृक्षों का॥

वृक्ष- प्रेमियों को मिले सुखमय अक्षय- लोक।
वृक्षदयाज्ञिकजलदको कभी न मिलता शोक॥

सदा सत्य जो बोलते करते पर उपकार।
उन नरहरि के पुण्य से सुख पाता संसार॥

सच परब्रह्म, सच परमयज्ञ, तपपरम सत्य, सच परमज्ञान।
सच परहै धरती टिकी हुई, सतवादी सर्वोपरि महान॥
सोए नरमें है सत्य जगा, सच में संसार प्रतिष्ठित है।
सुर नर मुनि पितृ नीर विद्या, सचपर ही सब अबलंवित है॥
तपते हैं रवि, चलती है हवा, जलती है आग, जलाती है।
अचला की अचलता की गरिमा सच की महिमा कहलाती है॥

परमात्मा कहते जिसे वहही तो हैसत्य।
हर प्राणीको है उचित बोले केवल सत्य॥

अपने- अपनों के लिए बोलें जो न असत्य।
वही स्वगकि नृपतिहैं सत्य सत्य यह सत्य॥

वेद मंत्र और यज्ञका द्विज मे सदा निवास।
यह भी झूठे द्विजों में करते नहीं प्रकाश॥

तदनन्तर करने लगे तप चरित्रका गान।
वक्ता उनसे व्यास से श्रोता नहीं महान॥
हेव्यास! सनतकुमार बोले तप कर्मसार के सार में है।
बिन तपके मिलजाए जोसुख वहनहीं कोई संसार में है॥
तपसे ही सब दुख मिटते हैं सब सुख भी मिलते हैं तपसे।
ब्रह्मा करते हैं सृजन कार्य, पालन हरि करते हैं तपसे॥
तपसे संहार शंभु करते श्री शेष धरा धारण करते।
सुन्दर शरीर, सौभाग्य-भाग्य, सब मिलता तपके कारणसे॥

---------------------(अध्याय - 12)----------------------

वेदोंके स्वाध्याय विविध दानोंका वर्णन।
नरक दिलानेवाले पापोंका दिग्दर्शन॥
शिवसुमिरण पापोंका प्रायश्चित्त महत्तम।
ज्ञानादिक महिमाका प्रतिपादन सर्वोत्तम॥13-16॥

फलखाकर जंगलमें रहना करना मौनीबनतपमहान।
अथवा स्वाध्याय आगमोंका, दोनोंका ही फलहै समान॥
पढ़ने में हैं जितने ही फल, दूने हैं वही पढ़ाने में।
थोड़ा सुखहै सुख पानेमें, ज्यादाहै सुखी बनाने में॥
रवि अंधकारका कर विनाश, पावन प्रकाश फैलाते हैं।
विद्वान पुरूष अज्ञान मिटा, सद्ज्ञानकी जोत जलाते हैं॥
जो पुराण-विद्वान का करतेहैं सम्मान।
साधु-पुरूषहोतेहैं वे पाते सुगति महान॥
रथ, गजाश्व, गो भूमि जो देते इनको दान।
लोक और परलोक में होते सुखी महान॥
हे मुनिवर! बोले सनतकुमर, जो शिवकी कथा श्रवणकरते।
करते वे भस्म कर्म-वनको भवसागर से बिन श्रम तरते॥
दो घड़ी एक या आध-घड़ी शिवकथा श्रवण करते हैं जो।
उनकी न कभी दुर्गति होती कैलास गमन करते हैं वो॥
शिवसेवा जैसा कर्म नहीं शिवकथा श्रवन सा धर्म नहीं।
शिव नामकीर्तन कल्पवृक्ष है गुप्त और कुछ मर्म नहीं॥
यज्ञ दान तप तीर्थके जो फलकहे अनन्त।
शिव-पुराण के श्रवण में वही बांटते सन्त॥

स्वर्णदान भूदान और अति पवित्र गोदान।
दाता का उद्धार और याचक का कल्याण॥
इनके समानहै तुलादान विद्या का दान निराला है।
गौ वस्त्र छत्र जल अंनदान अतिसुख पहुंचाने वाला है॥
जो-जो अभिष्ट हो, अतिप्रिय हो वह दान करेतो अक्षय हो।
है दान मित्रवर दाताका यह जिसे मिले वह निर्भय हो॥
है तुलादानकी अति महिमा कल्याण चहे वह दान करे।
तीनो कालोंके पापों को यह तुलादान ही भस्म करे॥
ब्रह्माण्डदान की कह महिमा, ब्रह्माण्डका भी वर्णन करके।
फिर कहा श्रीसनत्कुमरजीने सादर श्री व्यास मुनिश्वर से॥
ऊपर जो पाताल से नर्क कई विख्यात।
वर्णन उनका कर रहा सुनो ध्यान से तात॥
पापीजन क्रूर यातनाएं जिन-जिन नरकों में पाते हैं।
वे रौरव शूकररोध ताल विवसन आदिक कहलाते हैं॥
विशसन व-महाज्वल तप्तकुंभ और लवण विलोहित वैतरणी।
कृमि, क्रिमिभोजन, दारुणरोधन सबकी सब ही दुखकी जननी॥
फिर अधःशिरा संदंश कृष्ण असिपत्रविपिन और वह्निज्वाल।
अप्रतिष्ठ अवीचीकालसूत्र महारौरव शाल्मलि अतिकराल॥
झूठी- साक्षी देने वाले मरकर रौरव मे गिरते हैं।
गोघाती चोर ब्रह्मघाती सब तप्तकुंभ में पड़ते हैं॥
गुरु, भगिनी, गो, जननिके वधिकोंका यहठौर।
तप्त लौह में जल रहे पापी के सिरमौर॥
पत्नीबिक्रयी अधिकब्याजी, अपने आश्रितके त्यागी को।
करता है तप्तलौह दंडित, ऐसे पापी हत भागी को॥
गुरुद्रोही वेदविनिन्दक और जो करे अगम्या नारिगमन।
जिसमें ये सारे गिरते हैं उस महानर्क का नाम ‘लवण’॥
गिरता है चोर विलोहित में मर्यादा त्यागी भी गिरता।
द्विज-देव पितृगण विद्वेषी, कृमिभक्ष नरकमेंहै सड़ता॥
करता जो अभिचारिक प्रयोग हिन्सा प्रधान मख करता है।
वह पूर्वकथित कृमीश नामक अति दुखदनरक में पड़ता है॥
भोजन करलेता है जो पंचयज्ञ को त्याग।
‘लालाभक्ष’ उन्हें मिले जो ऐसे हतभाग॥
अन्त्यजप्रेमी अभक्ष्यभक्षी ऐसे ब्राहाण जब मरते हैं।
‘रुधिरौध’ ‘पूयवह’ कहे जिसे वह उसी नरकमें पड़ते हैं॥

यज्ञादि नष्ट करनेवाला घर ग्राम नष्ट जो करता है।
वह महापातकी दुखद नदी वैतरणी में जा गिरता है॥
यौवन-ज्वर से मतवाला बन तोड़े जो धर्मकी मर्यादा।
वह मरकर 'कृत्य' नरक में जा पाताहै यातनाएं ज्यादा॥

वह जाता असिपत्रवन जो काटे वन पेड़।
'वह्निज्वाल' में वहजरे जो काटे अज भेड़॥
'वह्निज्वाल' में जलेंगे भष्टाचारी लोग।
निराश्रमी 'संदंश' में भोगे अतिदुख भोग॥
कभी ब्रह्मचारी कोई करे वीर्य का त्याग।
गिरे 'स्वभोजन' नरकमें कोसे अपना भाग॥

इसतरह सहस्रों नर्क और वैसे ही सहस्रों पापकर्म।
वैसी ही हजार यातनाएं पापी भी जानें सभी मर्म॥
मन, वाणी, और कर्मद्वारा विपरीत कर्म जो करते हैं।
नरकों में उल्टेलटके वे स्वर्गों को देखा करते हैं॥
जितनेही जीव स्वर्गमें हैं उतनेही इधर नर्क में हैं।
मतलब दोनों ही हैंसमान राई-रत्ती न फर्क में हैं॥

पापी- प्राणी नर्क में करके प्रायश्चित्त।
चले प्रगतिकी राहपरज्यों मधुमाखी छत्त॥
बतलाए मनु राज ने इसके कई उपाय।
प्रायश्चित लघुके लघु दीर्घ के दीर्घ दिखाय॥

लेकिन इन प्रायश्चित्तों में शिवसुमिरण ही सर्वोत्तम है।
हरजीव इसे कर सकताहै यह सबके लिये सुगमतम है॥
प्रातःसायं मध्यान्ह में जो श्रद्धा से गाये शंभुनाम।
इहलोक में सारे सुख पाकर मरकर जाए शिवलोकधाम॥
शिव- सुमिरणसे पापोंकाक्षय, फिर पापक्षयसे भयकाक्षय।
दुख, मृत्यु, नर्कका तत्क्षण क्षय, वह पालेताहै मोक्ष अभय॥
यह नर्कहै क्या? और स्वर्गहै क्या? यह पाप-पुण्यका नामही है।
है स्वर्ग दिलाता पुण्यकर्म, और नर्क पापका काम ही है॥

सदा न सुख देती यहां सुखदायी जो वस्तु।
दुख न सदा देती यहां जो दुखदायी वस्तु॥
सुख-दुख दोनों वस्तु हैं मन के मात्र विकार।
अतः सिद्ध होता यही ज्ञान मात्र सुखसार॥

-------------------(अध्याय - 13-16)-------------------

लक्षण मरणासन्न के दिये अनेक गिनाय।
काल विजयके भीकई, बतला दिये उपाय॥17-25॥

द्वीपों मनुओं और लोकोंका परिचय देकर।
रणपरिणामशरीरत्रिया स्वभाव बतलाकर॥
कालचक्र पर कालिललन की जिज्ञासा पर।
सनत्कुंमर ने व्यासदेव को दिया ये उत्तर॥
हे व्यास! पूर्वमें शिवजीने सुनकर यह प्रश्न भवानीसे।
वह कहता हूं जो बतलाया निज प्राणप्रिया महारानी से॥
हे स्वामी! पारवती बोली अब कहिये मुझसे कालज्ञान।
है चिन्ह मृत्युका कौन कौन? और आयूका है क्या प्रमाण?

प्राणप्रिया मैं हूंअगर आप प्राणके नाथ।
तो यह सब बतलाइये जोड़रही मैं हाथ॥
शिवजी बोले प्रश्न को देकर मैं सम्मान।
लक्षण चिन्ह बता रहा सुनना देकर ध्यान॥

हे प्रिया! अचानक जब शरीर पीला या उजला होजाए।
ऊपर से कुछ-कुछ लाल दिखे तब प्राण छमासी होजाए॥
मुंह, कान, नेत्र और जिह्वाका होजाए अचानक असतंभन।
हे देवि! समझ लेना चाहिये छः मास रह गया है जीवन॥
रवि, शशि, पावक प्रकाशमें भी कुछदिखे न काला-काला हो।
छः मास रह गए प्राण शेष समझे जो लक्षण वाला हो॥

रहे फड़कता बामकर अगर एक सप्ताह।
समझे बाँकी रहगया प्राण एक ही माह॥

जल तेल घृत तथा दर्पण में जब दिखे न अपनी परछांई।
रह गए प्राण छः मास- शेष समझे अब मृत्यु निकट आई॥

इससे सम्बन्धित सुनो देवि! दूसरी बात।
मृत्युकालका मर्मसब, जिससे होता ज्ञात॥

हो दूर स्वयंसे जब छाया या उसछाया में सर न दिखे।
तो पन्द्रह दिन के अन्दर ही चलने की तैयारी समझे॥
शशिमंडल रविमंडल दोनों जब प्रभाहीन दिखलाई दे।
तब कालचक्र ज्ञाता प्राणी पंद्रहदिन ही जीवन समझे॥
ध्रुवतारा अरुन्धती चंदा तारा-तक जिसे न दीख पड़े।
जीवन है एक-मास उसका चलने की तैयारी करले॥

निशिमें इन्द्रधनुष दिखे दिनमें उल्का-पात।
समझे आयू शेष है भजन करे दिन- रात॥
सप्तर्षि, गगन-गंगा न दिखे तब समझे जीवनशेष हुआ।
रवि शशिमें असमय ग्रहण दिखे तब समझे जीवन शेष हुआ॥
हर दिशा घूमती दीख पड़े तब समझे जीवन शेष हुआ।
नीली मक्खियां सदा घेरे तब समझे जीवन शेष हुआ॥
काक कबूतर गीध यदि सिरपर बैठे आय।
एकमासकी अवधितक वह प्राणी मरजाय॥

--------------------(अध्याय - 17-25)--------------------

आकाशका भी होता विनाश बिकरालकाल के हाथों से।
है हाथमें उसके स्वर्ग तलक कुछ बचा न उसके हाथों से॥
हे नाथ! उमा बोली मुझको है याद आपने एकबार।
उसको विनष्ट कर डाला था लेकिन सुनकर उसकी पुकार॥
फिर उसे जिलाकर हे स्वामी जो मांगा वह वरदान दिये।
वह और अधिक बलवान हुआ, ऐसी शक्तियां प्रदान किये॥
कोईभी तुम्हें न देखेगा, लेकिन तुम देखोगे सबको।
तुमपर न किसीका वश होगा, तुम वशमें रक्खोगे सबको॥
वह वशमें है आपके, आप कालके काल।
काल आपके भक्तका करे न बांकाबाल॥
वह साधन बतलाइये होवे काल विनष्ट।
साधकजन को काल यह कभी न देबे कष्ट॥
शिव बोले सुरनर नाग यक्ष इनके वश की यह बात नहीं।
पर ध्यानपरायण जो योगी यह उनके लिये कुछबात नहीं॥
तन पंचभूत से बनता है और उनमें ही मिल जाता है।
माटी का बना खिलौना यह फिर माटीमें मिल जाताहै॥
आकाश से वायु प्रकट होती वायू से तेज प्रगट होता।
फिर तेजसे जल उत्पन्न हुआ धरतीका जलही प्रस्तोता॥
कारण में होते सभी भूत अंत में लीन।
कहता हूं जो भूतके कारण कहे प्रवीण॥
पृथ्वीके पांच चार जलके और तेजके तीन कहाते हैं।
वायू के दो गुण होते तो आकाश के एक बताते हैं॥
जब भूत त्यागता अपना गुण तब वह विनष्ट हो जाता है।
और जब फिर उन्हें ग्रहण करता तब वह उत्पन्न कहाता है॥

कालजयी को चाहिये प्रतिदिन करे प्रयत्न।
अपने-अपने कालमें हो गुण चिंतन यत्न॥
योगीनर बैठ सुखासन पर श्वासों से योगाभ्यास करे।
सबके सोने पर दीप बुझा धारण का शुरु प्रयास करे॥
दोनों तर्जनी अंगुलियों से दोनों कानों को बन्द करे।
यह बन्दरखे दो घड़ियोंतक पावक-प्रेरित शुभशब्द सुने॥
जो शामको लियागया भोजन यह उसकोतुरत पचाता है।
सब रोग ज्वरादि उपद्रव का शीघ्र विनाश कराता है॥
जो साधक प्रतिदिन इसीतरह इस शब्द-ब्रह्ममें रमता है।
वह काम-मृत्यु विजयी बनकर जगमें स्वच्छंद विचरता है॥
समदर्शी सर्वज्ञ बनकरे सिद्धियां प्राप्त।
"शब्द-श्रवण" से इसतरह रहे न ब्रह्म अप्राप्त॥
धान चाहता जो पुरुष करे प्वाल का त्याग।
मोक्षार्थी भी इस तरह देता बन्धन त्याग॥
देवि कहा मैंने तुम्हें "शब्द- ब्रह्म" का मर्म।
इसको पाकर और की चाहत महा अधर्म॥
वे कालपाश में मोहित हैंजिनको है इसका ज्ञान नहीं।
उनके दुख का है अन्त नहीं पशु उन्हें कहो इन्सान नहीं॥
जबतक न ब्रह्मकी प्राप्तीहो तबतक ही आना जाना है।
वह ब्रह्म सदासे प्राप्त ही है अनुशीलन मात्र बहाना है॥
निद्रालस जीत सुआसन पर बैठे इसका अभ्यास करे।
सौ वर्ष आयुवाला प्राणी आजीवन अगर प्रयास करे॥
तब उसका तनभी मृत्यु-विजय करनेवाला हो जाता है।
वृद्धों में भी इस चिन्तन का प्रत्यक्ष लाभ दिखलाता है॥
फिर तरुण अगर अभ्यासकरे, तबफिर उसका कहनाही क्या।
वह प्राप्त करे जो ब्रह्मलाभ उस प्राप्ती का कहनाही क्या॥
यह "शब्द-ब्रह्म" ओंकार नहीं यह मंत्र न बीज न अक्षर है।
यह नाद अनाहत है देवी बिन वाद्य के यह बजता स्वरहै॥
बिन उच्चारण उच्चरित है यह, चिंतन ही इसका होता है।
यह "शब्द-ब्रह्म" कल्याण-रूप मंगलमय दिन-दिन होता है॥
नौ प्रकार के "शब्द" हैं मैं कहता हूं नाम।
नाद-सिद्धि भीहै यही, यही परम बिश्राम॥
है 'घोष' कांस्य "सिंगा" घंटा' वीणा "बांसुरी" बताये हैं।
'दुम्दुभी" शंख' सतवें अठवें 'घनगर्जन' नवम गिनाये हैं॥

यदि नवों छोड़कर के प्राणी ‘तुंकार‘ मात्र अभ्यास करे।
है पुण्य-पापकी क्या मजाल इस साधकको वह छूभी ले॥
कहताहूं एक विशेष बात योगी इसका अभ्यास करे।
यदि शब्द सुनाईदे न उसे, फिरभी धीमा न प्रयास करे॥
कहताहूं देवि! अवश्यमेव वह सतमें दिवस प्रकट होता।
यह मृत्यु जीतने वाला है, आगे न कोई संकट होता॥
उन नवों ‘शब्द‘ को कहता हूं जिनका होता आराधन है।
होता है ‘घोष‘ प्रकट पहले, जो आत्म-शुद्धिका साधन है॥

हर लेता सबरोग यह, बनता मनका मीत।
‘कांस्यनाद‘ है दूसरा, यह है शब्द अजीत॥
भूत प्रेत ग्रह जहरको, यह लेताहै बांध।
‘श्रृंगनाद‘ है तीसरा यह अभिचारिक साध॥
उच्चाटन और मारण तथा नियोग प्रयोग।
मनचाहा शुभ अशुभ का हो सन्योग वियोग॥

अब ‘घंटानाद‘ कहूं जिसका, मैं खुद उच्चारण करता हूं।
इसमें इतना आकर्षण है मैं सदा कंठ में धरता हूं॥
आकर्षित सुर नर मुनि समेत, गंधर्व यक्षकी कन्यायें।
सिद्धियां मनोबांछित देकर करती है पूर्ण कामनायें॥
पांचवांनाद यह ‘वीणा‘ है योगीजन सदा श्रवण करते।
सैकड़ों सहस्रों मील दूर दर्शनकी शक्ति ग्रहण करते॥
‘बांसुरीनाद‘ को ध्याकरके योगीजन सभी तत्त्व पाते।
‘दुन्दभि‘ चिन्तनकरके योगी-जन जरा-मरण को बिसराते॥
योगी चिन्तनकर ‘शंखनाद‘, जो चाहे वेष बना लेते।
फिर‘ मेघनाद‘ का चिन्तनकर, आपत्ति-विपत्ति मिटालेते॥

बहुरुप ‘तुंकार‘ का, करे सदाजो ध्यान।
कठिन न कुछ उसकेलिये, सबकुछही आसान॥
इच्छित सिद्धियां प्राप्तकर वह होता सर्वज्ञ सर्वदर्शी।
मनमाने वेष बनाकर वह इच्छा हो जहां जाता है वहीं॥

साधक वह निर्मल बना उसको नहीं विकार।
‘शब्द-ब्रह्म‘ नवधा कहा मैंने यथा प्रकार॥

------------------------(अध्याय - 26,)------------------------

मृत्युविजय के चार योगसाधन का वर्णन।
प्राणायाम भ्रूमध्य-अग्निका ध्यान विलक्षण॥

वायुपान मुख से करना है तीजा साधन।
मुड़ी-जीभसे गले की घंटी का असपरसन॥27॥

शिवजी से देवि उमा बोली हैं प्रश्न मेरे पहले जैसे।
योगीजन योगाकाश-जनित वायूपद को पाते कैसे?
हे देवि! योगियोंके हितमें सबकुछ मैंने बतलाया है।
करते वो काल-विजय कैसे यह सविस्तार समझाया है॥

योगी धरता जिसतरह देवि वायुका रूप।
सुनना इसको ध्यान से बोले सुरके भूप॥
योगशक्तिसे प्राप्तकर मृत्युदिवशका ज्ञान।
होवे प्राणायाम में तत्पर वह अविराम॥

यह करनेपर पंद्रहदिन में वह आया काल जीतता है।
जो वायु जीतता योगी वह सारा संसार जीतता है॥
वह जरा-मरण पर विजयहेतु नितरहे धारणामें तत्पर।
नित प्राणकावह आयाम करे है प्राणायाम नाम सुन्दर॥
करते हैं प्राणायाम समय योगीजन जिनका ध्यान उमे।
उनके सहस्र मुख हाथ पैर वे परमेश्वर भगवान उमे॥

शिरोमंत्र ब्याहति सहित गायत्रीजप तीन।
प्राणवायु रोके रखे हो मंत्रों में लीन॥

रवि शशि ग्रह जाते बारबार, फिर लौट भी आते बार-बार।
जोगी जो गया ध्यान द्वारा आया न लौटकर एक बार॥
सौवर्षों तक तपकर ब्राह्मण हे देवी जो फल पाता है।
वह प्राणायाम एक करके साधक तत्क्षण पाजाता है॥

प्रात: उठकर एक भी करले प्राणायाम।
वह ब्राह्मण निष्पापहो बसे ब्रह्मके धाम॥

जो सदाही प्राणायाम करे वह जरा-मरण वश करता है।
गतिमानवायु जैसा होकर आकाशमें विचरण करता है॥

देवि कही मैंने तुम्हें वायु- सिद्धि की बात।
श्रवण-मात्रसे भी सुलभ रिधि-सिधिकी सौगात॥

अब ‘तेजसिद्धि‘ की बिसदकथा थोड़ेमें तुम्हें सुनाता हूं।
करते हैं सिद्ध इसे जैसे मैं वह विधान बतलाता हूं॥
कोलाहल रहित शुद्धथल हो, जनशून्य तथा एकान्त शान्त।
सुन्दर सुखमय शुभ-आसन पर आसीनहो सुखसे तदुपरांत॥

दिनकर निशिकरकी कान्तियुक्त भ्रूमध्य तेजका ध्यान करे।
यह करे नितान्त अंधेरे में तब दर्शन तेज महान करे॥
उंगलियों से दाबे नेत्रों को जिससे तारेका दर्शन हो।
आधेमुहर्त तक लगातार उस दिव्य तेज का चिन्तन हो॥
वह ज्योति सफेद लाल भी वह पीली काली भी होती है।
वह इन्द्रधनुष के भी समान कई रंगवाली भी होती है॥

इस साधनसे हे उमे! साधक होता सिद्ध।

करगत होती सिद्धियां, जोहैं लोक-प्रसिद्ध॥

वह विविध-वेष, परतन-प्रवेश, अणिमादि गुणोंको पाता है।
मर्जी हो जहां प्रगट होता, अथवा अदृश्य हो जाता है॥
नारायण को पाता नरहै उस दिव्य-ज्योति का दर्शनकर।
साधन न मोक्षका और कोई, शैलजा से बोले विश्वंभर॥
मारे आसन ऊंचाकर तन, अंजलि से वायु करेभक्षण।
हे प्राणप्रिये! मृत्युंजयका यह है, अमोघ अनुपम साधन॥
तालू से अमृत टपकता है, ऐसा करने पर एकक्षण में।
जो सदा-सदा इस अमरित का सेवन करता है जीवन में॥

काल-विजय करता वही, भूख न उसको प्यास।

तनपर उसके दिव्यता, मुख पर परम प्रकाश॥

गजजैसा बल घोड़ेसी गति, दर्शन की शक्ति गरुड़ जैसी।
अद्भुत पाता वह श्रवण-शक्ति, और अंगकान्ति विद्याधर सी॥
वह बुद्धि बृहस्पति सी पाता पालेता आयु देवता सी।
जो धरेवेष जाए जो देश उस योगीकी समता न कहीं॥

तालू छूने का करे, जिह्वा से अभ्यास।

होता थोड़ेसमय में उसका सफल प्रयास॥

हे देवि! गले की घांटी को छू लेती है यह जीभ जभी।
तब उससे अमृतस्राव होता पीने वाला मरता न कभी॥

काल-विजय के शंभुने कहे अनेक उपाय।

धन्य-धन्य बोली उमा बार-बार सिरनाय॥

----------------------(अध्याय - 27)--------------------------

मुनि मेधाने सुरथ से, कहा सहित विस्तार।

देवि उमा ने ही लिया, काली का अवतार॥

मुनि ने मधु-कैटभ के वध की कथा सुनाई

तदनंतर छाया-पुरुष, सर्ग, कश्यपकुल मन्वंतरमनुकुल।
कुल-सत्यव्रतादिक, पितृकल्प, व्यासावतार सुनकर मंगल॥

मुनिगण बोले सूत से, देव धन्य हैं आप।

कही हमें ऐसी कथा, सुनकर मिटा त्रिताप॥

सुनकर आख्यान जगत्पितुके हे मुनिवर हम न अघाते हैं।
अंबा-चरित्र अब सुनने की लालसा को रोक न पाते हैं॥
हैं परब्रह्म की पराशक्ति जो शिवा उमादि कहाती हैं।
सबकी उत्पन्नाहोकर क्यों उत्पन्न स्वयं हो जाती हैं?॥
हो जाती सती-दक्षकन्या या पर्वत-पुत्री पारवती।
जो कही आपने श्री मुखसे हम सबने सादर जिसे सुनी॥
मांकी विभिन्न अवतारकथा हे मुनिवर कहें कृपाकरके।
उपकारों पर उपकार करें माता का चरित सुना करके॥

कहा सूतने धन्य हो, पूछा मातृ-चरित्र।

पूछे बांचे या सुने, तीनों परम पवित्र॥

तीनों के पूज्य चरण-रजको ऋषियों ने तीरथ माना है॥
चित उमा-चरित चिन्तक जिनका उनकोही सार्थक माना है॥
वे धन्य, धन्य उनकी माता, कुल धन्य उन्हीं का माना है।
मां की भक्ती से रहित है जो वह माया-का दीवाना है॥
संसारकूप में पड़ा है वो माता का भजन नहीं करता।
गंगाको छोड़ मरुस्थल में पानी की बुन्द बिना मरता॥

जिनके सुमिरण मात्रसे, धर्म-आदिके साथ।

करगत होते चार-फल, उन्हें झुकाओ माथ॥

पूछा था यही सुरथने और मुनि मेधा ने बतलाया था।
कहताहूं वह चरित्र- मांका जो मुनिने उन्हें सुनाया था॥
थे स्वारोचिष मन्वन्तर में नृप विरथके सुरथ महानपुत्र।
गिरि, सिन्धु सहित इस धरतीपर शाशनथा उनका एक-छत्र॥
उनकी अनबन थी तत्कालिक धरती के नौ नरनाथों से।
छीनना चाहते को वे सब साम्राज्य सुरथ के हाथों से॥

उन सबने कर मंत्रणा लिया पुरीको घेर।

युद्ध हुआ हारे सुरथ हुई ग्लानि भी ढेर॥

साम्राज्य हाथसे निकल, गया खुदतक भी गए निकाले ये।
बच गया शेष था एक नगर, उसमें जा डेरा डाले ये॥
लेकिन था प्रबल शत्रुका दल, उसने पुनश्च आक्रमण किया।
ये पुन: न साहस जुटा सके कुछ इस प्रकार से दमन किया॥

घर के भेदी भी उसी समय मर्मों को ऐसे भेद गए।
जिस पत्तलपर खाये अबतक उस पत्तलको ही छेद गये॥

मंत्री-गण रिपु बन गए लूटे कोषागार।
इस विपत्तिमें सुरथने करके खूब विचार॥

करके शिकार का दिखलावा घोड़े पर होकर के सवार।
एकाकी वन में निकल गए मुनिवर मेधाकेगये द्वार॥

चहुंओर थी फूलों की बगिया, थी गुंज वेद के मंत्रों की।
थे मित्र ब्याघ्र के बक़ड़े तो गैया थी मैया सिंहों की॥

निज शिष्य-प्रशिष्यों से घिरकर बैठेथे मुनिवर श्रीमेधा।
विद्वान नरेश सुरथको जब निजचरणों में झुकते देखा॥

आसन भोजन आदिसे कर नृपका सत्कार।
रहने की भी दी जगह सुविधा के अनुसार॥

एकदिन अति-चिन्तित आश्रममें थे सुरथ शोकमें मग्न बड़े।
एक वैश्य अचानक आ पहुंचा थे जिसके दोनों नेत्र भरे॥

राजाने पूछा कौन हो तुम? और यहां किसलिये आए हो?।
आँखों में क्यों आंसू तेरे तुम किससे गये सताये हो?॥

है नाम समाधि, वैश्य हूँ मैं, धन और कुल उत्तम पायाहूँ।
जिनमें बसता है प्राण मेरा, उनसे ही गया सताया हूं॥

धनलोभी तिय पुत्र ने, मुझको दिया निकाल।
जिन्हें दिया सुख उन्हींने दिया दुखों में डाल॥

कैसे होंगे वे सभी, कुशल न उनका ज्ञात।
इस दुखमें हूं जलरहा हाय! कहूँ क्या तात॥

बोले नृप जिसनेदिया, घरसे तुम्हेंनिकाल।
क्यों होते उसके लिये, रो-रोकर बेहाल॥

बोला समाधि है सत्ययही, यह मैंभी पूर्ण समझता हूं।
लेकिन जितना सुलझाता हूँ, उतनाही और उलझता हूं॥

गये नृपति लेकर इसे मुनि मेधाके पास।
बोले उन्हें प्रणामकर, होकर सुरथ उदास॥

छिन गई राज्यलक्ष्मी मेरी, इसको गृहलक्ष्मी ने त्यागा।
है असंतोष मुझमें भारी, इसको ममता ने है बांधा॥

हम समझके भी न समझते हैं हे प्रभु! इसका क्या कारण है?
तुड़-तुड़कर भी जुड़ जाती यह आशा भी क्यों बिन कारण है?॥

मुनि बोले हे नृपतिवर हे विद्वान सुजान।
जगदम्बाकी है यही लीला बड़ी महान॥

वे आदि शक्ति जगजननी ही धरती है नाम महामाया।
ब्रह्मातक जिससे मोहित हैं, है मोहमयी प्रबला माया॥
'जो है' यह उसे छिपाती है,' है नहीं' उसे दिखलाती है।
नरक्या? नरेश देवेश की भी बुद्धी जिसमें चकराती है॥

मोहित ब्रह्मातलक को, नहीं तत्वका ज्ञान।
फिर मनुष्य कैसे भला, उसे सके पहचान॥

आश्रय लेकर त्रिगुण का, वह ही करे त्रिकर्म।
उतपति, पालन नाश का, वह ही जाने मर्म

स्नेहमयी जगदंबिका जिसपर हुई प्रसन्न।
परम तत्त्वकी प्राप्तिसे वह होता सम्पन्न॥

सबको मोहित करने वाली है देवी कौन-- महामाया।
हे मुने! बतायें बोलेनृप कब और उन्हें किनने जाया॥
जलमें था जबयह जग-निमग्न नारायण मग्न शयनमें थे।
उससमय कर्ण-मल से उनके दो असुर भयंकर प्रकट हुए॥
वे ख्यात-नाम मधु, कैट्भ थे शतकोटि सूर्य से तेजस्वी।
लगताथा अभी निगललेंगे गिरि, सिन्धुसहित सारीपृथ्वी॥
वध करने दौड़ पड़े दोनों ज्योहीं देखा श्री ब्रह्मा को।
अपनी रक्षाका कुछ उपाय जब सूझानहीं विधाताको॥
परमेश्वर तो थे निद्रामें परमेश्वरि से बोले ब्रह्मा।
मोहित असुरोंको करो अंब दो परमेश्वरको शीघ्र जगा॥

सुनकर कातर प्रार्थना, करने असुरविनाश।
'डरो-नही' के शब्द से, गुंजाती आकाश॥

हरिके मुख और नेत्रसे प्रकट भई जगदंब।
बोली रक्षा में तेरी, अब है नहीं -विलंब॥

त्रैलोक्य--मोहिनी वहीशक्ति, कहलायी तभी 'महाकाली'।
तत्काल जनार्दन जाग उठे, आगई चक्षुओं में लाली॥
फिर हरिमें और मधु, कैटभमें, अति बाहु-युद्ध संग्रामहुआ।
बिन अन्तर पांच सहस्रवर्ष, इस रणका नहीं विराम हुआ॥
माया से तभी महामाया, इन दोनों को करली मोहित।
मधु- कैटभ बोले श्रीहरि से वरमांगो वह जो भाये चित॥

हो प्रसन्न हे असुर यदि, बोले श्री भगवान।
मरो मेरे ही हाथ से, तुम दोनों बलवान॥

'एवमस्तु' बोले असुर, दिया यही वरदान।
धरान गीली हो जहाँ लो दोनों के प्राण॥

'अच्छा' कहकर विष्णुने, लेकर चक्र महान।
रखकर मस्तक जाँघ पर, लिये युगलके प्राण॥
काली की उत्पत्ति का, यह था विमल-चरित्र।
'महालक्ष्मि' अवतार का, कारण सुनो विचित्र॥

सार--संकेत।

महालक्ष्मी वही समय पर बनकर आई॥
उनके हाथों महिषासुर का हुआ सफाया।
सरस्वती वह बनी, शुंभ ने दूत पठाया॥28-46॥

रंभ नाम के दैत्य का महिषासुर था पुत्र।
डंका उसकी विजय का बजता था सर्वत्र॥
उसने सुरसहित सुरेश्वरको, संग्राम-भूमिमें हरा दिया।
भागे इंद्रासन से सुरेन्द्र इतना ही उनको डरा दिया॥
हाथोंमें तीनलोक इसके, इन्द्रासन उसका आसन था।
तन-मन से था जितना कठोर- उतना कठोर ही शासन था॥
तब सभी पराजित देववृन्द श्री ब्रह्माजी की शरण गए।
ब्रह्माजी इन सबको लेकर शिवऔर विष्णुकी शरण गए॥
देवोंने शिव और केशवको, करके प्रणाम सब कही कथा।
जो-जो दुख दिये हमें उसने, क्या कहें हाय! हेनाथ! व्यथा॥
रणमें हमको जीतकर, घर से दिया निकाल।
इधर-उधर हम फिर रहे, बन करके कंगाल॥
महिषासुर ने हम देवों की, दुर्दशा न कोई छोड़ी है।
उसने हम सबके कर्मों की, श्रृंखला तलक भी तोड़ी है॥
रवि शशि या वरूण कुबेर इन्द्र, गंधर्व वायु और विद्याधर।
इन सबके कर्म दुरात्मा वह, लेता है नाथ स्वयं ही कर॥
है असुरपक्ष को अभयदान, हम सबको मिला महाभय है।
रक्षा-करिये, पीड़ा-हरिये, कहिये शरणागत निर्भय है॥
उसके वध का कीजिये, नाथ तुरंत उपाय।
हरिहरअतिक्रोधित हुए, आखेंउठी ललाय॥
क्रोधित हरि शंकरके मुख से और सभी देवताके तन से।
एकतेज प्रज्वलित प्रगट हुआ, हर दुखी जीवके जीवन से॥

भर गई दिशाएँ क्षण भर में, फिर सभी तेज एकत्र हुआ।
परिणतहो गया नारिमें वह, तब हर्ष व्याप्त सर्वत्र हुआ॥
वह थी साक्षात महालक्ष्मी, देवी थी महिषमर्दिनी वह।
उनमेंथा सबका तेजनिहित, थी आर्त पुत्रकी जननी वह॥
मुखमें शिवका तेजथा, करमें हरिका तेज।
बालोंमें यमतेज था, वक्षस्थल शशि तेज॥
कटिभाग था इन्द्रतेज निर्मित, जंघा और उरमें वरूण तेज।
पृथ्वी का तेज नितम्बों में, और चरणों में था ब्रह्म तेज॥
कर उंगलियों में बसुओं के, रवि तेज से पद की उंगलियां।
सब दन्त प्रजापति तेजयुक्त, पावक से तीनों ही अंखियां॥
नासिका कुबेर तेज निर्मित, भौंहों में तेज साध्यगण के।
दोनों कानों में वायुतेज, अन्यान्य तेज सब सुर-गणके॥
शूल दिये शिवने उन्हें, हरि ने चक्र महान।
पाशदिये श्रीवरुणने, वायु- धनुष और वाण॥
दिया इंद्र ने वज्र और घंटा किया प्रदान।
अग्निदेवने शक्ति और, यम ने दंड महान॥
दी प्रजापती ने अक्षमाल, और दिया कमण्डल ब्रह्माने।
इस तरह जरूरी सामग्री, दे दी अनगिनत देवता ने॥
दी क्षीर-सिन्धु ने वस्त्र हार, सारे शरीर के आभूषण।
इतनी वस्तुएं मिलीइनको, जिनका संभव न यहां वर्णन॥
देवी ने करके अट्टहास, गर्जना किया भारी स्वर में।
वहनाद गगनमें गूंजउठा, प्रतिध्वनि होउठी विश्वभरमें॥
हलचल मच गईत्रिलोकी में, सागर ने मर्यादा तोड़ी।
अचला उस क्षण चंचला हुई, पीड़ित देवों ने जय-जयकी॥
भारी- स्वरसेसबोंने, की प्रार्थना अनेक।
माता श्रीकेचरणमें, निज-निज माथा टेक॥
क्षुभित देखकर लोकको, सुनकर गर्जन घोर।
महिषासुर सेना सहित, चला'शब्द' की ओर॥
शस्त्रास्त- सज्ज सब रणलोलुप, आ पहुंचे देवी के आगे।
दिनकर और निशिकरथे मलीन, आलोकित लक्ष्मीके आगे॥
महिषासुरकी सेनामें थे, विख्यात करोडों महावीर।
चिक्षुर चामर उद्धत उदग्र उग्रास्य ताम्रसे शूरवीर॥
वाष्कल अंधक दुर्धर दुर्मुख अत्युग्र महाहनु और विडाल।
हे राजन! उग्रवीर्य आदिक विकराल त्रिनेत्रादिक कराल॥

सुर वैरी निशचर निकर, थे इतनेही क्रुद्ध।
आते ही करने लगे, जगदम्बा से युद्ध॥
सबके ही सबथे युद्ध कुशल, पारंगतथे शस्त्रास्त्रों के।
इस भीषण रणमें थे प्रहार मायास्त्रों के दिव्यास्त्रों के॥
कौतुक में ही जगदम्बा ने, रणवीरों का संहार किया।
जो इन्हें मारने आये थे, उन सबको क्षण में मार दिय॥
महिषासुर माया युद्ध करो, या दिव्ययुद्ध जो चाहे कर।
देवीबोली मारा न मुझे, तो अब मेरे हाथों से मर॥
चढ़बैठी यह महिषासुर पर, पैड़ों से दबा रखा कसकर।
तल्क्षण त्रिशुलसे वार किया, उस महाअसुरकी गर्दन पर॥
था दबा पैरसे शूल विद्ध, फिर भी वह रूप बदल करके।
जबलगा निकलने निजमुखसे, माता हंसपड़ी मचल करके॥

आधा निकलाथा असुर, दिया रोक और डाँट।
देवी ने निज खडगसे, डाली गर्दन काट॥
भागे सैनिक असुरगण, रणक्षेत्रको छोड़।
हाय! त्राहि और पाहिका, करते व्याकुल शोर॥

वंदना सहित सुरगण बोले, हमहैं कृतज्ञ आभारी हैं।
हे माता आप स्वामिनी हैं हम सारे दास पुजारी है॥
महालक्ष्मि अवतार की, कहकर कथा पवित्र।
सरस्वती अवतार का, कहने लगे चरित्र॥

--------------------(अध्याय - 28-46)----------------------

सरस्वतीके पास से, लौटा दूत निरास।
एक-एक आनेलगा, योद्धा लड़ने पास॥
देवीके हाथों मरा, चंड- मुंड घुम्राक्ष।
रक्तबीज मारागया, शुम्भ हुआ रक्ताक्ष॥47॥

मुनि मेधाबोले सुनोसुरथ, यह कथा निराली-सुखदायी।
थे शुंभ-निशुम्भ प्रबल दानव, आपस में थे भाई -भाई॥
करके आक्रमण त्रिलोकी पर, उसने सुरगणका किया दमन।
जाकर सुरवृन्द हिमालय पर, माँ उमादेविका किया स्तवन॥
सुर बोले महेश्वरी दुर्गे, जयकार आपकी हो माता।
भक्तों का हित करने वाली, भंडार दयाकी हो माता॥

दुर्गति समस्त हरने वाली, जयकार आपकी हो माता।
सद्गति समस्त करनेवाली, जयकार आपकी हो माता॥
हैं आपही पालक संहारक, हे अंब आपकी जय होवे।
हैं आप त्रिलोकी की रक्षक, जगदंब आपकी जय होवे॥
माता तारा को नमस्कार, माता' कालीको नमस्कार।
'श्री विद्या' और' छिन्नमस्ता', हैं आप आपको नमस्कार॥
मा' भुवनेश्वरि को नमस्कार,' भैरवि' रूपिणिको नमस्कार।
मां 'बगलामुखि' को नमस्कार, मां 'धूमावति' को नमस्कार॥
हैं 'त्रिपुरसुन्दरी',' मातंगी', भी आप आपको नमस्कार।
'अजिता' 'विजया' 'मंगला' 'जया', मां 'विलासिनी' को नमस्कार॥

हैं सभी आपके रूप आपके नाम आपको नमस्कार।
धरतीहैं घोर स्वरूप घोरही काम आपको नमस्कार॥
'दोघ्री" स्वरूप में भी प्रणाम, जननी' स्वरूप में भी प्रणाम।
मां अपराजिता' को नमन तथा नित्या महाविद्याको प्रणाम॥
पालिका सदा शरणागतकी, मां 'रुद्राणी' को नमस्कार।
मां नमस्कार, मां नमस्कार, मां नमस्कार, मां नमस्कार॥

संचालन करती जननि, कोटि-कोटि ब्रह्मांड।
चरण कमल में आपके, है प्रणाम साष्टांग॥
बहुत प्रसन्न हुई उमा, बोली स्नेहिल बैन।
कहिये भी क्या कष्टहै, भरे हुए क्यों नैन?॥
किसकी विनती कररहे आप, यह कहतेहुए उनके तनसे?
एक- दिव्य कुमारी प्रकटहुई, करके प्रणाम बोली उनसे॥
ये सुरगण सब शुंभासुर से पीड़ित हैं और सताए हैं।
करते हैं सब मेरी विनती, रक्षाकी आससे आए हैं॥,
निकली शरीर-कोशसे वह, इसलिये 'कौशिकी' कहलाई।
यह 'सरस्वती' 'महोग्रतारा' "उग्रतारा" यह ही कहलाई॥
माँ के अंग से हो स्वतः प्रकट, जगमें कहलाई 'मातंगी'।
वे बोली देवों भय न करो, मैं सारे कष्ट मिटाउंगी॥

सिद्ध करूंगी कार्य मैं, तजिये चिन्ता-शोक।
है सबकोमेरा बचन, होगा सुखी त्रिलोक॥
इतना कहकर हो गई, देवी अंतर्धान।
मुनिवर मेधाने कहा, हे राजन! मतिमान॥
हिमगिरि पर करनेलगी मां कौशिकी निवास।
एकाकी तपलीन वे, करने असुर विनाश॥

जो चंड-मुंड कहलाते थे, एकदिन वे दूत असुरवरके।
देवीका देख रूप मनहर, गिरपड़े वे मूर्च्छा खा करके॥
जागे तो दोनों दौड़ पड़े, जा कही कथा शुंभासुर से।
वह तो अपूर्व सुन्दरी है, ले आवें उसको जा करके॥
सुनकर सबकथा असुरपति झट, बोला सुग्रीवको बुलबाकर।
कहकर मेरा संदेश सभी, ले आओ उसको समझाकर॥
चल पड़ादूत आज्ञा पाकर, जगदम्बा से बोला जाकर।
तीनों लोकों में हैं प्रसिद्ध, शुंभासुर मेरे स्वामिप्रवर॥
हूँ दूत उन्हीं का मैं सुकंठ, संदेशा लेकर आया हूं।
जो कहा है मेरे स्वामीने, वह तुम्हें सुनाने आयाहूं॥
इन्द्रादिदेवको जीता है, मैं ने लड़कर समरांगण में।
मैं देवभागका भोक्ता हूं, सब सुखहै मेरे आंगण में॥

मुझे या मेरे अनुज को, करलो अंगीकार।
प्रणय-निमंत्रणहै मेरा, करो देवि स्वीकार॥

देवीबोली दूतवर, सच है तेरी बात।
पर मेराहै अटल प्रण, उसे सुनो हे तात॥

संग्राम भूमिमें जो लड़कर, मुझको परास्त कर डालेगा।
मैं उसे बना लूंगी स्वामी, वह मुझे पत्निवत् पा लेगा॥
यह मेरी अटल प्रतिज्ञा है, जाकर असुरेश्वरसे कहदो।
उस अजित इंद्रजित से जाकर, मेरा भी संदेशा कहदो॥

देवीका संदेश सुन, दूत गया सिरनाय।
राजा को विस्तारसे, दी सबबात बताय॥

दूतसे सारी बातसुन, कुपित हुआ वह क्रूर।
सेना पति धुम्राक्ष से, वह बोला हे शूर॥

हिमागिरि परहै सुन्दरी एक, उसतक जल्दीसे जाओतुम।
वह जैसेभी आना चाहे, उसको वैसे ही लाओ तुम॥
यदि युद्धकरे तो लड़करके, ले आओ उसे हराकरके।
चलपड़ा महाबलि धूम्रअक्ष, सेना को शीघ्र सजाकरके॥
बोला देवीके निकट पहुँच, सुन्दरी चलो मत देर करो।
या देखो साठ सहस सैन्य, इनके हाथों से अभी मरो॥
बोली देवी हे वीर तुम्हें, भेजा है यदि असुरेश्वर ने।
तो बिना- युद्धके किसीतरह, तैयार नहीं मैंभी मरने॥
देवीको पकड़ने दौड़ पड़ा, इतना सुनते ही धुमलोचन।
करदिया भस्म देवीने उसे, "हूँ" शब्दका करके उच्चारण॥
वे तबसे ही इस धरती पर 'धूमावति' नाम धराती हैं।

अपने आराधक भक्तों के, वैरी का नाश कराती हैं॥
धूम्राक्ष के मरते ही मोर्चा, थामा देवी के वाहन नें।
सौ-सौ सैनिकको ले मुखमें, वहलगा चबाने भोजन में॥
सारे सैनिकको चबा लिया, जो साथमें इसने लाये थे।
वे समाचार जाकर बोले, जो मरनेसे बच पाये थे॥

समाचार सुनकर हुआ, शुंभ बहुत ही क्रूद्ध।
रक्तबीज चंडादि को, करने भेजा युद्ध॥

वे सब जा पहुंचे वहां शीघ्र, देवी मां जहां विराजित थी।
सिद्धियों गणों से परिसेवित, वे सूर्य-समान प्रकाशित थी॥
वे बोले शीघ्र चलो देवी, अन्यथा तू मारी जाओगी।
पति शुंभको अगर बनाओगी, तो सुर-दुर्लभ सुखपाओगी॥
देवी बोली जो परब्रह्म, वे ही तो सदा शिव कहलाते।
पा सके न जिनका तत्ववेद, तो देव आदि कैसे पाते॥
उनकीही सूक्ष्म प्रकृति हूं मैं, दूजा पति नहीं बना सकती।
कैसी भी कामातुर सिंहनी, गीदड़ के पास न जा सकती॥
खरगोशको बाघिन गदहेको, हथिनी न कभी वर सकती है।
यह देवी मार तो सकती है, पर स्वयं नहीं मर सकती है॥

प्यार अगर हो प्राण से, तो भागो पाताल।
याफिर मुझसे युद्धकर, दिखला कोई कमाल॥

जलभुन करबोला रक्तबीज, हम अबला तुझे समझ करके।
करते न युद्ध थे अब तुम ही, तैयार हो मरने लड़कर के॥
बैठना नहीं डोली पर है, फिर बैठो सिंह सवारी पर।
कर साहस बढ़ आगे देवी, अब बात है मारा-मारीपर॥

कलह बढ़गया इसतरह, करके वाद-विवाद।
शुरू हुआ धनघोर रण, हुए असुर बरबाद॥

लीला पूर्वक देवी मां ने, सब असुरों का संहार किया।
असुरों नें हाहाकार किया, सुरगणने जयजयकार किया॥
हे राजन! वैरी असुर तलक, उत्तम गति लड़कर पाते हैं।
माता ने उन्हें वहां भेजा, प्रिय भक्त जहाँ पर जाते हैं॥

--------------------(अध्याय - 47)-------------------------

सेना पतियों के सहित, सारी सेना मार।
क्रोधित देवीने किया शुंभ-निशुंभ संहार॥

अति पराक्रमी शुंभने, सुनकर सब वृत्तान्त।
आज्ञादी उन असुरको, जो थे शूर नितान्त॥
हे कालकेय कालक दौर्हद, हे मौर्य ससैन्य प्रयाण करो।
मैंभी चलता हूँ यथाशीघ्र, तुमभी निशुंभ प्रस्थान करो॥
सबको आज्ञा देकर खुदभी, चलपड़ा अश्वपर हो सवार।
पकड़ो, मारो, बच सके नहीं, वहगर्ज रहाथा बार- बार॥
बज रहे ढोल, भेरी, मृदंग, हर्षित हो रहे वीर सारे।
पर जिनको प्राणअधिक प्रियथे, वे भागचले भयके मारे॥
कितने चल पड़े गजों पर तो, कितने सवार अश्वों पर थे।
अन्यान्य असंख्य असुरयोद्धा, शस्त्रास्त्रों सहित रथोंपर थे॥
सब के सब रण मतवाले थे, थी निज-पर की पहचान नहीं।
हर ओरसे रण आरंभ किया, थी दिशा कोई वीरान नहीं॥

शतघ्नियों के शोर से, गए देवता कांप।

अधिक धुओं और धूलने, लिया सूर्यको ढांप॥

बल अभिमानी पैदल-सेना, रण में डट गई करोडों ही।
रथवालों की गिनती न कोई, गणना न हाथियों घोड़ों की॥
छोटे-छोटे गिरि-शिखरों से, ऊंटोंके दल गलगला रहे।
अच्छे-अच्छे असंख्य घोड़े, थे लगातार हिनहिना रहे॥
चलते-फिरते पर्वत जैसे, गज़ के समूह चिंघार रहे।
मतवाले वीरों को देखो, एक --दूजे को ललकार रहे॥

तब देवीने धनुष का, किया धोर टंकार।

लगा गरजने कूद्ध हो, सिंह भी बारंबार॥

कहा शुम्भने सुन्दरी, क्यों करती हो भूल।

देते तेरे अंग को, फूल तलक भी शूल॥

चन्द्रवदनि क्यों कररही, महायुद्ध विकराल।

मां बोली या युद्ध कर, या भागो पाताल॥

यह सुनतेही वह महारथी, वाणोंकी लगा वृष्टि करने।
बिन बादलके ही वर्षा की, मानो वह लगा सृष्टिकरने॥
उस मद-उद्धत ने वाण शूल, फरसे तीखे तलवारों से।
रण शुरुकर दिया विद्युत बन, शस्त्रास्त्रों की बौछारों से॥
हे राजन! छिन्न-भिन्न करती, जैसे बादल को तेज हवा।
कुछ उसीतरह देवी मांका, प्रलयानिल सा शस्त्रास्त चला॥
फिर लगी लुढकने कट-कटकर, हाथी और घोड़ोंकी कतार।
हो- होकर क्षत-विक्षत खलगण, पृथ्वी पर गिरते बार-बार॥

कितनोंको मां ने दिया, मौतके घाट उतार।

कितनों को बनराज ने, बना लिया आहार॥
दैत्योंके रुधिरोंकी राजन, बह चली नदीसी कितनी ही।
उस रक्तनदी में बहती थी, वीरोंकी लाशें कितनी ही॥
विष बुझे बाणसे अंबाके जब हुआ निशुंभ धराशायी।
दुःख और क्रोधमें कांप उठा, असुरेश्वर शुंभ आततायी॥
दैत्येशका धनुटंकार उठा देवीका सिंह दहाड़ उठा।
देवी का सुनकर अट्टहास, असुरों में हाहाकार उठा॥
ओ अष्ट हस्त! ओ नीच असुर, देवीबोली तुमखड़े-रहो।
रणदर्शक देववृन्द बोले, जगदंब तेरी जय हो जयहो॥

दैव्यराज ने प्रज्वलित, छोड़ी शक्ति प्रचंड।

उल्का लेकर शक्तिने, किये शक्ति के खंड॥

देवी के चलाये वाणों को, वह करदेता टुकड़े-टुकड़े।
उसके भी चलाये वाणोंको, ये करतीथीं टुकड़े-टुकड़े॥
तब क्रोधित हुई चंडिकाने, उसपर त्रिशूल से वार किया।
गिर पड़ा असुरपति धरती पर, असुरों ने हाहाकार किया॥
उठते-उठते ही बना लिया, हाथों को उसने दसहजार।
सिंह सहित सिंहेश्वरि देवी पर चक्रोंसे करने लगावार॥
सारे चक्रों के टुकड़े कर -चंडी ने शूल प्रहार किया।
हो गया शुंभ टुकड़े-टुकड़े, सुरगणने जयजयकार किया॥

मरकर शुंभ-निशुंभने, किया परमपद प्राप्त।

भागे सारे असुरगण, करके युद्ध समाप्त॥

शीतल सुमन्द बहचली हवा, होगया स्वच्छ नदियोंका जल।
आनंदित तीनो लोक हुआ, होगया गगन निरभ्र - निर्मल॥
अधिकार प्राप्त करके निज-निज, हर एक देवता सुखी हुए।
यज्ञादि कार्यमें-मुदित प्रवृत, द्विज-मुनिगण और ब्रह्मर्षि हुए॥

हे नृप इस शुभचरित को, सुने जो बारंबार।

उमा-धाम पाते वही, हो माया के पार॥

------------------------(अध्याय - 48)------------------------

गर्व सुरोंका नष्टकिया भगवती उमाने।
तेजपुञ्ज बनकर आई सबको समझाने॥

मुनियों ने कहा सूतजी से, हे सभी पदार्थों के ज्ञाता।
शारदा आदि जिनसे प्रगटी, वे परमेश्वरी उमा माता॥

मूल प्रकृति वह ईश्वरी, निराकार -साकार।
उनके वर्णन कीजिए, और-- और अवतार॥
कहा सूतजीने सुनें, वह शुभ-कथा सप्रेम।
जिसके सुननेसे मिले, सभी योगऔर क्षेम॥

एकबार देव और दानव में, संग्राम परस्पर घोर हुआ।
भगवती उमाकी इच्छा से, असुरोंका दल कमजोर हुआ॥
हे मुनियो!विजयीदेवों को, निज-निजबलका अभिमान हुआ।
फिर जहां-तहां इनके द्वारा, अपनी महिमाका गान हुआ॥
है धन्य पराक्रम हमसुरका, क्या असुर हमारा करलेंगे।
ये हमें देख भी लें अबतो, पाताल की राह पकड़ लेगे॥

अद्भुत बलके हमबली, अदभुत हममे तेज।
हम जब भी चाहें इन्हें, दें यमपुरको भेज॥
आत्मचरित का गान वे, गा गाकर सर्वत्र।
हांक रहे थे डींग सब, एक-दिन हो एकत्र॥
इतने में उनके निकट, प्रकट हुआ एकतेज।
जिसे जानने वायुको, दिया इन्द्र ने भेज॥
देख तेज ने वायु को, पूछा तुम हो कौन।
ये बोले अभिमान से, कहते मुझको पौन॥

संपूर्ण जगतका- प्राणहूँ मैं, मैं सर्वधार कहाता हूं।
मैं संचालक हूँ इसजगका, परमेश्वर माना जाता हूं॥
वहमहातेज बोला अच्छा, हे परमेश्वर! हे संचालक।
वह तृणहै रखा तेरेआगे, बनकर दिखला उसका चालक॥
सबकिया यतनहिलसका न तृण, तब वायुदेवता हार गए।
सर झुकालिये होकर लज्जित, वे शचिपतिके दरवार गए॥
कहकर वृत्तान्त पराजय का, बोले हम पानी-पानी हैं।
हिल सका नहीं छोटा तिनका, हमतो झूठे अभिमानी हैं॥
तदनंतर भेजा सुरपति ने, सब देवों को बारी- बारी।
कोई न जान पाए उसको, सब हुए हारके अधिकारी॥
पवमान न जिसको उड़ासके, पावक जिसको न जलापाये।
यह तेज है क्या? कैसातृणहै, जल तक जिसको न गला पाये॥

चले स्वयं ही इंद्रतब, करते हुए विचार।
दानव-विजयीदेव क्यों, भागे तृण से हार॥
इनके सन्निकट पहुंचतेही, वहतेज विलुप्त हुआ सहसा।
देवेन्द्र स्वयंही बोलपड़े, यह दृश्य दीखता है कैसा?
यह जिनकाहै अद्भुत चरित्र, मैं शरणहूंउन सर्वेश्वरकी।

जिनकी करुणासे पालितहूं, मैं शरण उन्ही परमेश्वर की॥
उस चैत्री शुक्ला नवमी को, इन देवों का घमंड हरने।
शिवप्रिया शिवानी प्रगटहुई, सुरगण पर परमकृपा करने।
वह तेजपुनः होगया प्रगट, ये उसके मध्य विराजित थीं।
उस मातृ-कान्ति से हे मुनियो, सारीही दिशा प्रकाशित थीं॥

पाशांकुश वर और अभय, चारों करमें धार।
सेवा में संलग्न थीं, हो श्रुतियां साकार॥
पहने थीं लाल- लालसाड़ी, फूलोंका हार लाल ही था।
चन्दन भी लाल भालपरथा, सारा श्रृंगार लाल ही था॥
सौन्दर्य करोड़ों रतिसा था, आभाथी कोटि चन्द्रमा सी।
वे करुणामयी दयाकरने, शचिपतिसे इस प्रकार बोली॥
मैं परब्रह्म मैं परमज्योति, मैं प्रणव-रुपिणी ओंकार।
सबकुछ मैंही कुछ और नहीं, मैं निराकार मैंही सकार॥
शिव मैं ही बनतीहूं मैं हीं, बनजाती कभी शिवानी भी।
और कभी-कभी दोनों बनती, मैं राजाभी और रानी भी॥
ईश्वरी भी सर्व रूपिणी भी, मैं ही ब्रह्मा जगकर्त्ता हूं।
मैं ही विष्णू जगभर्ता भी, शिव भी मैंहीं जगहर्त्ता हूं॥
कालिका लक्ष्मी सरस्वती, सब अंश-कलाएं हैं मेरी।
असुरों पर विजय स्वर्ग-सत्ता, यह अनुकम्पाएं हैं मेरी॥

सर्व विजयिनी मैं सदा, तुम सब मुझको छोड़।
खुदको ईश्वर मानते, है यह माया घोर॥
कठपुतलीकी तरह मैं, नचारही सबजीव।
मेरे भयसे हरकोई, है भयभीत अतीव॥
बहती है हवा मेरेभय से, पावक हर वस्तु जलाते हैं।
सब लोक-पाल मेरे भयसे, कर्मों में चूक न लाते हैं॥
लीलामयि और स्वतंत्र हूं मैं, लीलाएं सदा रचाती हूं।
जितवाती कभी देवताको, दैत्योंको कभी जिताती हूं॥

निराकार साकार मैं, दो रूपों से युक्त।
एकमाया से है रहित, एकमाया संयुक्त॥
देवों ऐसा जानकर, करो गर्वका त्याग।
सनातनी मुझ प्रकृतिमें, सदारखो अनुराग॥
सब चूरगर्व पहलेही था, अब करुणाभरे बचन सुनकर।
देवों ने क्षमा-प्रार्थना की, मां उमा देविको सरनाकर॥
हे जगदीश्वरी क्षमा करिये, हे परमेश्वरी कृपा करिये।
हम कभी न अबसे गर्व करें, ऐसा हममें विवेक भरिये॥

तबसे सब देव गर्व तजकर, बन गए उमाके आराधक।
हे द्विजो कही वहकथा तुम्हें, जो भोग-मोक्षकीहै साधक॥

----------------------(अध्याय - 49)----------------------

देवी के हाथों वध हुआ दुर्गमासुर का।
नाम' शताक्षी "शाकम्भरी" भ्रामरी "दुर्गा"॥50॥

हे महापाज्ञ! दुर्गा- चरित्र, सुनकर भी हम न अघाते हैं।
इसलिए और भी सुनने की, आशा मे शीश झुकाते हैं॥

हे सर्वज्ञ शिरोमणे, हे विज्ञान-निधान।
मुनिगण बोले सूतसे, करें मातृ-गुणगान॥

बोले श्रीसूत सुनो मुनियो, था दुर्गम नामक एक असुर।
उसने ब्रह्माको कर प्रसन्न, चारों वेदों का पाया वर॥
करके मुट्ठीमें वेदोंको, देवोंके लिये अजय बनकर।
ऐसे उत्पात कियेभूपर, सब सुरगण कांप गए सुनकर॥
सब वैदिक कार्य समाप्तहुए, जब वेदही चारोंरहे नहीं।
द्विज और देवता भ्रष्ट हुए, दिखनहीं रहेथे धर्मकहीं॥

रह न गए जप-तप कहीं, नहीं कहींथा दान।
कठिन पुण्य सब होगए, पाप हुआ आसान॥

परिणाम यह हुआ धरती पर, वर्षा न हुई सौवर्षों तक।
होगई अन्नकी बातदूर, तरसे सब जलकी बुन्दों तक॥
सूखे न कुएं नदियोंतक ही सब सूखगए सागर तकभी।
तन-मन-धन, अर्पण करनेपर, भरता न कहीं गागरतक भी॥
धरती सूखी तरुवर सूखे, सब हरी लताएं सूख गईं।
तीनोंलोकों की आश सहित, सारीही प्रजाएं सूख गईं॥

तब महेश्वरीकी शरण, गए देवता खिन्न।
अम्ब करो रक्षा कृपा, हम न आपसे भिन्न॥

सबलोग नष्ट हो जाएंगे, हे दयामयी अब करो दया।
इसका भी वध करिये माता, जैसे पहलेभी किया गया॥
धूम्राक्ष चंड-मुंड रक्तबीज, दारूण निशुंभ-शुंभासुर को।
मधुकैटभादि को नष्टकिया, और मिटादिया महिषासुरको॥

दुर्गमका भी उसतरह, शीघ्र करें संहार।
जयहो जगदम्बे तेरी, सदा हो जयजयकार॥

होते रहते हैं सदा, बच्चों से अपराध।
केवल माता ही इसे, सहती है निर्बाध॥

दुख सुर-द्विजपर आता जब-जब, तब-तबतुम दौड़ी आतीहो।
ले- लेकरके अवतार विविध, इन सबको सुखी बनाती हो॥
सब तेरे बच्चे रोते हैं, है इनके दुखका पार नहीं।
रो-रोकर सुरबोले क्या अब, तुमको बच्चोंसे प्यारनहीं॥
इतना सुनते ही माता के, हो गए प्रकट सहस्र लोचन।
चारोंहाथों में थे उनके, धनुवाण कमल फल-फूल असन॥
अपने बच्चों का दुःख देख, माता भी लगी तभी रोनें।
उनके सहस्र लोचनों से, आंसू की लगी वर्षा होने॥

माता रोती ही रही, दिन और नौरात।
आँसू की होती रही, लगातार बरसात॥

जलपाकर प्राणी तृप्तहुए, होगई सुसिन्चित औषधियां।
भरगए सप्तसागर जलसे, बापी सर कूप सभी नदियां॥
पृथ्वीपर शाक मूल फल के, अंकुर उत्पन्न लगे होने।
मां ने प्रसन्न हो फलबांटे, ले लिये सुसन्त साधुओंनें॥
गाँओंके लिए घास बांटे, हर जीव में बांट दिये भोजन।
सुर नर मुनिसब संतुष्ट हुए, माताका सबनेकिया स्तवन॥

कहो देवताओ करूं, और तेरे क्या काम।
दुर्गमका वध कीजिए, दीजिए वेद तमाम॥
देतीहूँ सबको बचन, कर दूंगी यह काम।
आज्ञा पाकर सब चले, करके पुनः प्रणाम॥

फिरतो तीनोंही लोकोंमें, मच गया हर्ष से कोलाहल।
यह सुनकर क्रुद्धहुआ दुर्गम, चलपड़ा साथलेकर खलदल॥
चारोंहीं ओरसे घेरलिया, सुरपुर को जाकर निशचरने।
तत्क्षण भगवती पधारगईं, सब देवों की रक्षा करने॥
सुरगणको तेजोमंडलमें, रक्षितकर खुद बाहर आकर।
देवीने युद्धारंभ किया, क्षणभरमें ही ढा दिया कहर॥
इस बीच भगवतीकेतनसे, निकली छ: चार महाविद्या।
सुन्दर रूपोंवाली यह सब, सबला ही नहीं महा प्रबला॥
श्री' काली' 'तारा' 'छिन्नसिरा" श्रीविद्या" भैरवि" भुवनेश्वरि'।
'बगला" धुम्रावति" मातंगी', दसवीं श्रीमती 'त्रिपुरसुन्दरि'॥
तदनन्तर, दिव्यरूपवाली, निकली अनगिनत मातृकाएं।
सबके सिरपरथा चन्द्रमुकुट, दीपितथी कोटिश चपलाएं॥

इनसे दैत्योंका हुआ, महाभयंकर युद्ध।

शत-क्षोहिणी सैन्यको, मारा होकर क्रुद्ध॥
करके, दुर्गम दैत्यका, देवी ने संहार।
सुरगणको लाकरदिया, वेद मुक्तकर चार॥
करबद्ध देवता तबबोले, माते हम सब आभारी हैं।
हैं शरण आपकी सदा-सदा, चरणोंके दासपुजारी हैं॥
हम सबकेलिए आपश्रीने, करलिये अनंत नेत्रधारण।
भक्तों में 'शताक्षी' संज्ञासे, जानी जाएंगी इसकारण॥
अपने शरीरसे शाकरचा, प्राणीका किया भरण-पोषण।
इसलिये करेंगी भक्तोंमें, मां 'शाकंभरी' नाम धारण॥
खलथा दुर्दम्य दुर्गमासुर, सहसाही उसकानाश किया।
इसलिये आजसे भक्तोंमें, मां आप कहाएंगी दुर्गा॥
हमसब करते हैं नमस्कार, मां शाकंभरिको नमस्कार।
है महाप्रबले योगनिद्रे, हे-दुर्गा अंबा नमस्कार॥

सूर्य चंद्रऔरअग्निये, तीन आपके नेत्र।
संचालन है आपका, यत्र- तत्र- सर्वत्र॥
ज्ञात नहीं हैआपका, हमको अमित प्रभाव।
बच्चे तो बस जानते, मांका सरल स्वभाव॥
बाधाएं करदें नहीं, हमको-चकनाचूर।
आप हमारे शत्रुका, तोड़ें अंब गुरूर॥

मां बोली ब्याकुल बछड़े ढिग, गाईया दौड़ी आती जैसे।
तुम सबको दुखमें घिरे देख, मैंभी दौडी आती वैसे॥
बच्चों तुमको देखेबगैर, क्षण भी युग जैसा लगता है।
मर जाऊं तुझे बचाने में, तब भी सस्ता ही लगता है॥
हो भक्त मेरे इसलिए तुम्हें, करनीही नहीं कोई चिन्ता।
आपत्ति-- विपत्ति दूर करके, मैं कर लूंगी तेरी रक्षा॥
पहले भी इनको मारा था, आगे भी इनको मारूंगी।
कितने अवतार किये धारण, आगे भी कितने धारूंगी॥
राक्षसगण भी फिर आएंगे, और मैं भी फिरसे आऊंगी।
श्री यशुमति की पुत्री होकर, जगमें 'नन्दजा' कहाउंगी॥
मैं 'भ्रमर' रूप करके धारण, जब अरुणासुरको मारूंगी।
'भ्रामरी' कहेगा जग मुझको, इसको भी मैं स्वीकारूंगी॥
जब 'भीम' रूप धारण करके, पापी दैत्यों को खाउंगी।
वह रूप भयंकर धरनेसे, 'भीमादेवी' कहलाऊंगी॥

जब-जबभी ये असुरगण, देंगे जगको त्रास।
तब-तबले अवतार मैं, करूंगी इनका नाश॥

है नहीं 'शताक्षी' के समान, इसजग में दयालू और कोई।
कारण यह जगको दुखी देख, नौदिन, नौ रात तलक रोई॥

----------------------(अध्याय - 50)----------------------

क्रियायोगवर्णन मंदिर और मूर्ति विवेचन।
अस्थापन और पूजनके महत्व का वर्णन॥
अम्बा की श्रेष्ठता विविध मासों तिथियों में।
देवीव्रत उत्सव पूजन के फल विधियों में॥
उमा-संहिता का श्रवण, अथवा पाठ विशेष।
भोग-मोक्षदायक तथा, मनबांछितदे शेष॥51॥

हे सनतकुमारव्यासबोले, करिये अब क्रियायोगवर्णन।
इस अनुष्ठानकाक्या फल है? इस उमायोगकाक्यालक्षण?
तब कहा सनत्कुमारजीने, सुनिये हमवह बतलातेहैं।
हैं उपासना के तीन मार्ग, तीनों ही योग कहाते हैं॥
चितका संयोग आतमासे, यह कहलाता है ज्ञानयोग।
संयोगवाह्य वस्तुओं से, यह कहलाता है क्रियायोग॥
आत्म्यैक भाव मातासे हो, यह भक्तियोग कहलाता है।
यह तीनोंहैवह परमयोग, जो भोग- मोक्ष दिलवाता है॥

कर्मसे होती भक्तिहै, भक्तिसे होता ज्ञान।
ज्ञानसे होती मुक्तिहै, इसके शास्त्र प्रमाण॥

है मोक्षका मुख्य योगकारण, और योगका क्रियायोगसाधन।
माया और मायापति अभिन्न, यह ज्ञान काट देताबन्धन॥
मिट्टी पत्थर लकड़ीसे जो, मांकामंदिर बनवाता है।
योगीजन जो फलपाते हैं, यहभी उस फलको पाता है॥
पीढियां जो आगे बीत गईं, आएंगी जो आगे हजार।
उद्धार सभीकाकरवाकर, खुद होजाता भवसिन्धु पार॥
जैसे नदियों में हैं गंगा, नद में हैं जैसे सोनभद्र।
है क्षमा में जैसे धरती मां, गहराई में जैसे समुद्र॥

सभी ग्रहों में जिसतरह, सूर्यदेव हैं ज्येष्ठ।
सब देवोंमें उस तरह, जगदम्बा हैं श्रेष्ठ॥

तीर्थों में या गंगातट पर, वन में या उंचे-पर्वत पर।
जो कहींभी मंदिर बनबाता, होजाता धन्य मुक्तिपाकर॥

मंदिर में ईंटोंकाजोड़ा, जितने वर्षोंतक रहता है।
उतने हजार वर्षोंतक वह, मांके चरणोंमें रहता है॥
मंगलकी मूर्ति उमाकी जो, सुन्दर प्रतिमा बनवाता है।
वह निर्भय रहकर इस जगमें, श्री उमाधाम को जाता है॥
जो शुभ ऋतु ग्रह नक्षत्र मेंही, मां की प्रतिमा पधराताहै।
वह एककल्प की पीढ़ीको, मुक्तीका सुख दे जाता है॥
जो सदा शरण हैं अंबाकी, वे हैं साक्षात उमाके गण।
करतेजो उमानाम सुमिरण, वेहैं कृतकृत्य धन्य-जीवन॥
करते जो नित्य उमापूजन, वे उमा धाम में जाते हैं।
मंदिरको स्वच्छ रखें जोजन, वे मां की गोदी पाते हैं॥
जो मंदिरके निर्माता हैं, उनको माता अपना कहती।
दीर्घायु बनाती हैं उनको, आपत्ति-विपत्तिदूर करती

महादेवि की मूर्ति जो, करवाते निर्माण।

वे सहस्र कुल तारते, दिलवाते सम्मान॥

मधुमिश्रित घृतसे माताकी, मूरतिको जो नहलाता है।
गिननाभी जिसे असंभव है, वह इतनेफल पा जाताहै॥
चन्दन-कपूर मिश्रित जलहो, हो दूध एकरंगी गौ का।
दोनों से मां को नहलाए, ले ढूंढ कभी-ऐसा मौका॥
दस-आठ धूपसे करे हवन, घृत-दीप दिखा वन्दना करे।
प्रत्येक माहकी चुनी हुई, तिथियोंमें शुभ अर्चना करे॥

पढ़े पूर्ण श्रद्धासहित, रात्रिसूक्त श्रीसूक्त।

मूल-मंत्रका जाप या, पाठ हो देवी-सूक्त॥

विष्णु-प्रियातुलसी उन्हें, हैंही नहीं कबूल।

इन्हें छोड़कर उमाको, हैं प्रिय सारे फूल॥

सोने और चांदीके सुन्दर, जो इनको फूलचढ़ाते हैं।
वे कोटिश सिद्धोंसे सेवित, श्री उमाधाममें जातेहैं॥
फिर क्षमा-प्रार्थना स्तुतिपूर्वक, मंत्रोच्चारण कर ध्यानकरे।
फलका नैवेद्य करेअर्पण, खुदभी प्रसाद वहपान करे॥
जो चैत्रीशुक्ल तृतीयाको, माताजी का व्रत करता है।
वह होकर मुक्त बन्धनोंसे, भवसागर पार उतरताहै॥
दोलोत्सव करे इसीतिथिको, करके शिवसहित उमापूजन।
मनबांछित फलपाकर सारे, वह बसेसदा शिवउमाचरण॥
वैशाख शुक्ल तृतीयाको जो, व्रतकरके पूजनकरता है।

वह पाप-मुक्त होकर अक्षय पुण्यों की प्राप्तीकरता है॥
जो ज्येष्ठ-शुक्ल तृतीयाको व्रत, रखकर करता मांकापूजन।
उसको कुछ नहीं अप्राप्त रहता, होजाता धन्य जनम-जीवन॥
सितपक्ष अषाढ़-तृतीया को, माताकी निकाले रथयात्रा।
उत्सव में रखे कसर न कहीं, वैभवकी हो जैसी मात्रा॥

पूजन अर्चनसे करे, माताको सन्तुष्ट।

उमाधाम जाकर रहे, वह सबविधि हो तुष्ट॥

श्रावण, भादों सिततृतियाको, करताजो सविधि उमापूजन।
वह भोग-मोक्ष की प्राप्ती कर, पाता है माता का दर्शन॥
आश्विन शुक्ला नवरात्रीव्रत, चाहिये अवश्यमेव रखना।
होती है पूर्ण कामनाएं, इसके प्रभाव का क्या कहना॥
इसके प्रभाव को कहने में, विधिचतुरानन, शिवपंचानन।
षडआनन तलक समर्थनहीं, फिरकौन भला करसके कथन॥
इस व्रतको करके दुखी सुरथ, पाएथे खोया राज्य पुनः।
पायाथा राज्य सुदर्शन ने, नवरात्री का व्रत करके यह॥

रखकर वैश्य समाधिने, व्रत नवरात्र महान।

जग बन्धन से मुक्तहो, पाया पद निर्वाण॥

तृतिया पचमीं सतवीं अठवीं नवमींऔर चौदस तिथियोंको।
मांका जो पूजन करता वो पा जाता सभी अभिष्टों को॥
कार्तिक अगहनऔर पौष माघ, फागुनकी शुक्लतृतीया को।
मांकी पूजा करने वाला, पा लेता सर्व मंगला को॥
सौभाग्य प्राप्तिऔर रक्षाको, यह व्रतमहान नारीयां करे।
सन्तति-सम्पति प्राप्तीनिमित्त, व्रत पुरुषवर्ग भी कियाकरे॥
यह उमा-संहितापुण्यमयी, शिव-भक्ति दिलानेवाली है।
सम्पूर्ण भोगऔर मोक्षसहित, मातासे मिलाने वाली है॥
हे मुने! भक्तिपूर्वक इसको, जो सुनता और सुनाता है।
वहहोता सफल-मनोरथ नर, अविनाशी शुभगतिपाताहै॥

जिस घरमें इस ग्रंथका, होताहै सम्मान।

लोक और परलोक में, उसका बढ़ता मान॥

--------------------(अध्याय - 51)--------------------

॥ श्रीशिवचरितामृत उमासंहिता संपूर्ण ॥

श्रीशिवचरितामृत-कैलाससंहिता

वामदेवने कार्तिकेयसे प्रश्न किया जो।
ऋषियोंने श्री सूत मुनिसे पूछलिया वो॥
प्रणव अर्थका हे गुरु कृपयाकरें निरूपण-।1-11॥

जो प्रकृति-पुरुष नियंता है, तीनों कर्मों का कारण है।
गण, पुत्रों. उमा समेत उन्हीं शिवके चरणोंमें वन्दन है॥
मुनिगण बोले सूतजी, बड़ेभाग्य की बात।
उमासंहिता की कथा, कही आपने तात॥
कैलास संहिता का भगवन, अब आप प्रेमसे गान करें।
इसके द्वारा गूढातिगूढ़, शिव-तत्व विवेक प्रदान करें॥
संवाद-विविध, सन्यासज्ञान, पद्धति प्रणवार्थ, वर्ण-पूजन।
कहकरकेविविध प्रसंगोंको, फिरकहा तेराऔरमेरा मिलन॥
गुरूको, गुरुके भीगुरु शिवको, जगजननी मातुभवानीको।
करके सबको सादर-प्रणाम, श्री गणनायक को वाणीको॥
बोले श्री सूत महात्माओ, कल्याण आप सबका होवे।
व्रतियों शिवकेभक्तों सबका, मंगलहो और भला होवे॥
वर्णन करताहूं तुम्हें, अधिकारी पहचान।
यह गंभीर प्रसंगहै, सुनना देकर ध्यान॥
मैयाकी कोखसे वामदेव, लेतेही जन्म प्रसिद्ध हुए।
शिव-तत्वज्ञों में सर्वश्रेष्ठ, शिवके भक्तोंमें सिद्धहुए॥
सुर-असुर मनुष्य आदिकों के, वे जन्म-कर्मसे परिचित थे।
थी किसी वस्तुकी चाह नहीं, ये नहीं किसीके आश्रित थे॥
ये पूरे निर्द्वंद थे, पूरे निरहंकार।
भस्म-अंग सुन्दरजटा, शिवसमान आकार॥
इन जैसे ही बहुत से, मुनिजन होकर दास।
घेरे रहते थे इन्हें, लिये कृपा-अभिलाष॥
अपने चरणस्पर्श से, करते धरती धन्य।
चितसेचिन्तन ब्रह्मका, मनसे सदा अनन्य॥
एकबार घूमते वामदेव, जा पहुंचे मेरु कुमार- शिखर।

रहते थे जहां सर्ववंदित, श्री कार्तिकेय शिवउमाकुंवर॥
थी उनके साथ गजावल्ली, सुन्दरएक निकट सरोवरथा।
कार्तिकसर नामउचित हीथा, लगता वह जैसे सागर था॥
शिष्योंके साथ महामुनिने, कर स्नानध्यान पाया दर्शन।
सुर-मुनि सेवितकार्तिकजीका, श्रद्धाके साथ किया वंदन॥
वे बालसूर्य से दिखते थे, अति सुन्दर चार भुजाएं थी।
चारोंमें शोभित शक्ति अभय, कुक्कुटऔर वरमुद्राएं थी॥
वामदेव करने लगे, स्तवन बुद्धि अनुसार।
सत्य मंत्र था बचनमें, मन में भाव अपार॥
प्रणवार्थ प्रणवके प्रतिपादक, हैं प्रणवबीजऔर प्रणवआप।
वेदान्तरूप वेदांतबीज, वेदान्तविज्ञ अतुलित- प्रताप॥
स्वामी कुमार को नमस्कार, श्री कार्तिकेयको नमस्कार।
हरहृदय--निवासी अविनाशी, अत्यंत गुप्तको नमस्कार॥
अणुसे भी अणुको नमन महत्, से भी महानको नमस्कार।
कारण और कार्य मर्मज्ञाता, ईश्वर महान को नमस्कार॥
शिव-शिष्य, पुत्र, शिवकेदायक, शिवसुखदायकको है प्रणाम।
गंगा--नंदन को नमस्कार, कृत्तिका--ललनको है प्रणाम॥
है उमासुअनहे बुद्धि-सदन, हे कृपायतन सादर प्रणाम।
पड-अक्षररतन, षडमार्ग-अगम, हे षड्आनन शत-शत प्रणाम॥
द्वादश आत्मन, द्वादशलोचन, द्वादशकर द्वादशास्त्रधारी।
हे करुणामय करुणासागर, करुणाकर करुणा--- भंडारी॥
प्रिय-अनुज गजाननकी महिमा, सुनकर आनंदित होते हैं।
ब्रह्मादिक सुरकी वाणी से, जो सदा प्रशंसित----होते हैं॥
सुरके किरीट माल्यादिक से, होता है जिनका पद पूजन।
उन सर्व-वंद्य सर्वाश्रय के, चरणों में हम करते वन्दन॥
वामदेव द्वाराकथित, यह प्रार्थना महान।
आत्मबोध के साथही, करे अभिष्ट-प्रदान॥
बुद्धि भक्ति संपत्ति और, आयु तथा आरोग्य।
करगत होता शीघ्र ही, कर अयोग्य को योग्य॥
इसप्रकार कर प्रार्थना, प्रदक्षिणा दे तीन।
कर प्रणाम चुप होगये, मुनिवर परम प्रवीण॥

होगए खड़े कर मौनग्रहण, तब मुनिवर से बोले कुमार।
तेरी पूजा स्तुति भक्ती से, मैने पाया है सुख अपार॥
मैं करूं कौनसा काम तेरा, यह मुझेशीघ्र बोलो मुनिवर।
तुम पूर्णकाम हो निस्पृह हो, और योगीमें हो योगेश्वर॥
ऐसी कुछ वस्तु नहीं जिसकी, तुमजैसे मुनि याचना करें।
वरदान भी नहीं कोई जिसकी, तुमजैसे मुनि कामना करें॥
लोकानुग्रह के लिए वत्स, तुम जैसे संत विचरते हैं।
कर्तव्यज्ञान देते जगको, सद्धर्म की रक्षा करते हैं॥

मुझसे हो कुछ पूछना, करने जग कल्याण।
तो मैं उसही विषयपर, दूं समुचित व्याख्यान॥
सुनकर वाणी स्कंद की, वामदेव मतिमान।
सविनय बोले शुभबचन, जोथे मेघ समान॥

हे प्रभू आप परमेश्वर हैं, हैं सब विभूतियोंके ज्ञाता।
संपूर्ण शक्तियों के धर्त्ता, सर्वज्ञ समर्थ सर्व कर्त्ता॥
करते हैं बात आप मुझसे, यह नाथ आपकी परम कृपा।
बल नही बोलने का मुझमें, कुछ कहनेकी न रही क्षमता॥
रख रहे प्रश्न हैं हम अपना, हे नाथ मांगते हुए क्षमा।
है मंत्र प्रणव सबसे उत्तम, ऐसा ही हमने कहा सुना॥
पशुपाश छुडाते जो पशुपति, वेही वाच्यार्थ प्रणव के हैं।
हैं प्रणव-ब्रह्मऔर प्रणव सभी, यहभी तोअर्थ प्रणवके हैं॥
हैं प्रणव सभीके प्रतिपादक, हैंब्रह्म और सबजीव प्रणव।
मतलब यहनिकलाव्यष्टिप्रणव, और यहभीहुआ समष्टिप्रणव॥

नही मिले हैं आपसे, गुरुवर मुझे महान।
अतः प्रणवका कीजिये, मुझको ज्ञान प्रदान॥
भावसहित् छलसेरहित, सुन मुनिवरके बैन।
उमा शंभुको कर नमन, बोले द्वादश नैन॥

--------------------(अध्याय - 1-11)--------------------

उत्तरमें श्रीव्यासशिष्यका समुचित वर्णन॥
हैं वाच्यार्थ स्वरूप प्रणवके ईश सदाशिव।
शिवस्वरूपका ध्यान वारिप्रति सदा मीनइव॥
महिमा वर्णाश्रम और ज्ञानमयी पूजा की।
नांदीश्राद्ध ब्रह्ममख विरतिअंग पूर्वा की॥12॥

साधुवाद तुमको मुने, तुम शिवभक्त अनन्य।
ज्ञाता हो शिवतत्व के, सब प्रकारसे धन्य॥
वस्तु न वह त्र्यलोकमें, जो न तुम्हेंहो ज्ञात।
लोकहितों के लक्ष्यकर, पूछ रहे तुम तात॥
मैं भी इसलिये तेरे आगे, इस विषयकाकरताहूं वर्णन।
मोहितहैं शास्त्रोंसे पूरे, जितने भी हैं इस जग के जन॥
परमार्थसे दूर रखाइनको, अतिकठिन ईशकी मायाने।
इसलिए प्रणव वाच्यार्थभूत, श्री शिवजीको येक्या जाने॥
हैं परब्रह्म- परमात्मा वे, दो गुण त्रिदेवके जनक वही।
मैं भुजा उठाकर कहता हूं, है सत्य, सत्य बस सत्ययही॥
मै बार-बार दुहरातांहूं, प्रणवार्थ स्वयं शिवजी ही हैं।
कहते हैं वेद पुराण यही, वाच्यार्थ स्वयं शिवजी ही हैं॥

मन वाणी और तर्क से, जो ईश्वर हैं दूर।
होती जिनकी खोज में, थककर इन्द्रिय चूर॥
जिसका अनुभव करनेवाला, जगमें न किसीसे डरता है।
विधि, हरि, सुरेन्द्र, भूतादिकको, उत्पन्न जो ईश्वर करताहै॥
आतीहै लौट रिक्तवाणी, मन सहित जहाँपर जा करके।
होकर निराश थक जातीहै, बिन परमेश्वर को पाकर के॥
उनसे प्रकाशपाकर रवि, शशि, जगको आलोकित करते हैं।
ऐश्वर्यधाम वे सर्वेश्वर, शिव नाम स्वयं का धरते हैं॥
हो राजित हृदय-गगनमें जो, हैं मुमुक्षुओंके ध्येय सदा।
जिन परमपुरुषकी पराशक्ति, हैं शिवा अगुण-गुण श्रेयसदा॥
हैं स्थूल सूक्ष्म और इनसे, परे तीनों ही रूप मुने उनके।
चाहिये मुमुक्षु --योगियों को, तीनों रूपोंका ध्यान करे॥
तन ईषाणादिक पंचमंत्र, है पंचकला उनका स्वरूप।
कर्पूरगौर है अंगकांति, नित नूतन निर्मल और अनूप॥

पंचबदन दसबाहु वे, उनके पंद्रह नैन।
उनसमान वेही स्वयं, दुखहर्त्ता सुखदैन॥

'ईषाण' मंत्र है शिरोभाग, 'तत्पुरुष' मंत्रमुखहै उनका।
है हृदयप्रदेश 'अघोर' मंत्र, और 'वामदेव' कटिभाग बना॥
मंत्र है 'सद्योजात' जो, वहहै चरणस्वरूप।
इस प्रकार वहैं मुने, पंचकमंत्र स्वरूप॥

छ: अंगहैं छहो शक्तियांही, सर्वज्ञतादि कहलाती जो।
हैं वामभागमें मनोन्मनी, अपनीही शक्ति कहाती जो॥
ब्राह्मण, क्षत्रीय, वैश्य, अन्त्यजजगमें प्रसिद्धहैं वर्णचार।

हैं तीन वेदके अधिकारी, चौथेको नहीं वेदाधिकार॥
अपने अपने धर्माश्रमके, त्रैवर्णिक रतहों पालन में।
धर्मानुष्ठान के अधिकारी, वेही कहते निगमागम में॥

निगमागम प्रतिपादित, शुभकर्मानुष्ठान।
जोकरते पातेवही, निश्चय सिद्धि महान॥

यह वेद-मार्गिक दिग्दर्शक, परमेश्वर ने ही बात कही।
सायुज्य पागए ईश्वर का, इसके पालक अनगिनत मुनी॥
ब्रह्मचर्य से तृप्ती ऋषियोंकी, यज्ञादि कर्मसे देवों की।
सन्तानोत्पादन से तृप्ती, होती है अपने पितरों- की॥

ऋषिऋण, सुरऋण, पितृऋण, करके इन्हें अशेष।
सहनशील होकर करे, वानप्रस्थ प्रवेश॥

सुख-दुखआदिक जो द्वंद्व कई, उनसबको करते हुएसहन।
बन करके पूर्ण मिताहारी, अपनावे योगी सा जीवन॥
करनेको बुद्धि-विमल-निश्चल, नित-नित वह योगाभ्यास करे।
होकर निष्कलमष शुद्धचित, सब कर्मोंका सन्यास करे॥
तत्पर हो ज्ञान-समादर में, है यह ही पूजा--ज्ञानमयी।
यह जीव ईश को एककरे, यह देती है जीवन मुक्ती॥

है योगीजनके लिए, पूजा यही महान।
इसकी विधि बतलारहा, सुनना देकर ध्यान॥

वेदान्त-ज्ञानके पारंगत, सब शास्त्रों के ज्ञाता ज्ञानी।
हों श्रेष्ठ नितान्तप्रबुद्धों में, शिव-तत्वोंके हों विज्ञानी॥
ऐसे विद्वान महात्मा को, आचार्य रूपमें करे वरण।
आज्ञा लेकर बारह दिनतक, वह रहे दुग्ध-आहारी-बन॥
फिर शुक्लपक्षके चौथम या, दशवींको गुरूजीको लाकर।
श्रद्धासे नांदीश्राद्धकरे, शास्त्रोक्त विधान सहित सुन्दर॥
'सुरश्राद्ध' मेंहैंनांदीमुख सुर, श्रीब्रह्मा विष्णू और महेश।
ब्रह्मर्षि देवऋषि राजऋषी हैं 'ऋषीश्राद्ध' के सुरविशेष॥
तीजाहै 'दिव्यश्राद्ध' जिसमें, बसुरुद्रादित्य कहा उनको।
चौथा"मनुष्य श्राद्ध" जिसमें, सनकादिक कहागया उनको॥

'भूतश्राद्ध' के देवता, ग्यारह इंद्रियजूथ।
अंडजादि जो चतुर्विध, प्राणिसमाज वरुथ॥

हैं पिता पितामह प्रपितामह, ये "पितृश्राद्ध" के मान्यदेव।
मां पितामही प्र-पितामही, हैं 'मातृश्राद्ध' के दिव्यदेव॥
हैं 'आत्मश्राद्ध' के सुर-आत्मा, श्रीपिता, पितामह, प्रपितामह।

मातामहतथा प्रमातामह, नौवें के वृद्ध प्रमातामह॥
प्रत्येक श्राद्धके युगलविप्र, बुलबाये देकर आमंत्रण।
करके आचमन शुद्धहोकर उन सबके घोये प्रथमचरण॥

जो देती संपत्ति सब, हरती विपतिसमूल।
मुझको करें पवित्र वह, विप्र चरणकी धूल॥
यहकहकर उनको करे, सादर दंड प्रणाम।
फिर पूरबमुंह बैठकर, ले प्रभु शिवकानाम॥

आसन पर बैठ पवित्रीले नूतन जनेउ करके धारण।
फिर प्राणायाम तीनकरके, तिथि आदिका करके शुभस्मरण॥
फिर इसप्रकार संकल्प करे, पहले श्री विश्वेदेवपूजन।
फिर नवविधि श्राद्धकरूंगा मैं, हे देव आपदें अनुशासन॥
ऐसा करके आसनके लिए, दक्षिणसे कुशोंको त्यागकरे।
करके आचमन दर्भधारण, हो खड़ा ब्राह्मणोंसे ये कहे॥
हे द्विजों! सुरादिक श्राद्ध-हेतु, हमवरण आपका करते हैं।
दे समय कार्य यह पूर्ण करें, यह विनय आपसे करते हैं॥

सारे श्राद्धोंके लिये, ऐसा करे सप्रीत।
विप्र-वरणकी सबजगह, है ऐसीही रीत॥
दसों मंडलोंका करे, तदनन्तर निर्माण।
चावल से पूजनकरे, उत्तरसे शुभ जान॥

कर क्रमशः स्थापित विप्रोंको, चरणोंपर अक्षतादि डाले।
फिर संबोधन विधिके समेत, विश्वेदेवादि नामबोले॥
कुश, पुष्प, जलाक्षतके द्वारा, फिर पाद्य निवेदनकरे उन्हें।
पद धोकर अपने विप्रोंके, आसन दे और बिठाए उन्हें॥
फिर बोले विश्वेदेव रूप, हे विप्रों स्वीकारें आसन।
लेकरकेकुशको निज करमें, दर्भासन खुदभी करे ग्रहण॥

इस "नांदीमुखश्राद्ध", में विश्वेदेव स्वरूप।
हे विप्रो! करियेकृपा, कार्य बने सुखरूप॥

फिर अर्घ्यऔर पूजनकरके, पात्रोंमें पक्कअन्न रखकर।
कुश बिछा-बिछा, जल छिड़क-छिड़क, हाथोंसे पत्तोंको छूकर॥
'पृथ्वी ते पात्रम मंत्रकहे, आवाहित सुरका उच्चारण।
साक्षत जलले स्वाहा कहकर, इनको अन्नादि करेअर्पण॥
स्वाहा' और 'न मम' मंत्रमें हो, अन्नार्पण विधि सर्वत्रयही।
हे वामदेव! कार्तिक बोले प्रार्थना अंत में करें यही॥"
जिनके पदपंकजका चिन्तन, और जिनके नामोंका कीर्तन।

करते हैं अधूरे कार्यपूर्ण, उन शिव को है मेरा वन्दन॥
मेरे द्वारा यह किया गया, "नांदीमुखश्राद्ध" पूर्ण होवे।
"हे द्विजों आपभी कहें यही, देंआशिष विघ्न चूर्ण होवे॥
 चमकाध्याय सहितकरे, रूद्रसूक्त का गान।
 पुरुषसूक्त विधिवत पढे, कर शिवजीका ध्यान॥
"ईषाण: सर्व विद्यानामादि, पांचों मंत्रोंका जाप करे।
करलें भोजन जब विप्रदेव, तब अपना पाठ समाप्त करे।
'अमृतापिधान मसि स्वाहा" कह जलदे उनपूज्य ब्राह्मणोंको।
आचमन आदि कर हो पवित्र देनेको जाये पिण्डों को॥
पूरब मुख बैठ मौन होकर, बार-त्रय प्राणायाम करे।
मैं पिंडदाननांदी-मुखांग, देता हूं यह संकल्प करे॥
फिर दक्षिणसे उत्तरकी तरफ, नौ रेखायें खींचेगिनकर।
बारह- बारह पूर्वाग्रदर्भ दे बिछा सभी रेखाओं पर॥
दक्षिणसेपांचस्थानों पर, देवोंको मौन जलाक्षत दे।
फिर पिताआदिको तीनजगह, क्रमश: अक्षतऔर जलछोडे॥
माता महादिके लियेमुने, नवमें-स्थान पर हो मार्जन।
हे मुने! तदन्तर प्रेमसहित, सुरआदिको देवेअवनेजन॥
'अत्रिपितरोमादयध्वम' कह, जल-अक्षत छोड़े पांचोस्थल।
प्रत्येकको पिण्ड तीन-तिनदे, ऐसाही करे और भी थल॥
 अलग-अलगदे पिंड सब, गृह्यसूत्र अनुसार।
 जल अक्षत अर्पण करे, पितरों को साभार॥
 हृदय-कमलमें करे फिर, महादेवका ध्यान।
 'यत्पादपद्म स्मरणात्', करे मंत्रका गान॥
दक्षिणा-मान दे विप्रोंको, त्रुटियोंके लिए क्षमामांगे।
दे विदा देवता-पितरोंको, पिण्डोत्सर्गकिर गौको दे॥
स्वजनोंके साथकरे भोजन, करके पुण्याहादिक वाचन।
हे मुने! इसतरह रात्रीमें, शिवसुमिरण करके करेशयन॥
 भद्रबने दूजेदिवश, रखकर व्रत उपवास।
 नाममात्र रखकरशिखा, हो दासोंका दास॥
करस्नान पहनकर घुलेवस्त्र, दो-बार साथ आचमनकरे।
हो मौन भस्म धारण करके, पुण्याहआदि वाचनकरले॥
बाहर-भीतरसे हो पवित्र, भक्तों विप्रोंको बुलवाले।
आचार्य दक्षिणा होमद्रव्य, रख बाँकी उन्हें बांट डाले॥
साष्टांग प्रणामकरेगुरुको, दक्षिणाआदि करके अर्पण।

डोरा- कौपीन- दंड आदिक, तदनतर कर लेवे धारण॥
ले होमद्रव्य समिधादि साथ, शुचिथलमें वह जाकरबैठे।
आचमन मानसिक जपकरके, 'ऊं नमोब्रह्मणे' मंत्र कहे॥
फिर 'अग्नि-अग्निमीले पुरोहितम्' तदन्नतर 'अथ महाव्रतम्'।
फिर कहे अग्निवै देवानाम तदन्तर ए तस्य समाम्नायम॥
'ऊँ इषे त्वोर्जेत्वा वायवस्थे', फिर 'अग्नि आपाहिवीतये'।
तदन्नतर प्रेम सहित बोले, 'ऊँ शन्नो देवी रभीष्टये'॥
फिरबोले मयरस तज मन, लग फिर 'पंच संवत्सरमयम'।
फिर समाम्नायसमाम्रातः "अथ शिक्षां प्रवक्ष्यामि" इत्यादिम॥
फिर कहे वृद्धिरादैच' आदि, फिर 'अथातो धर्म जिज्ञासा'।
इन सब मंत्रोंका जाप और, फिर 'अथातो ब्रह्म जिज्ञासा'॥
 पाठ यथासंभव करे, सादर वेद पुराण।
 हो श्रद्धा-विश्वाससे, इष्टमंत्रका गान॥
फिर कहे ऊं ब्रह्मणे नमः, फिर कहे ऊं इन्द्रायनमः।
फिर कहे' ऊं सूर्यायनमः फिर कहे 'ऊँ सोमाय नमः॥
फिर ऊं प्रजापतये नमः फिर कहे ऊं आत्मने नमः।
फिर ऊं अन्तरात्मने नमः फिर 'ऊं ज्ञानात्मने नमः॥
हे वामदेव! फिर श्रद्धासे, कहे ऊँ परमात्मने नमः।
ऐसे ब्रह्मादिक नामोंमें, होआदि 'ऊं' औरअंत 'नमः'॥
मुट्ठियां तीन सत्तूखाये, कर तीनबार प्रणवोच्चारण।
पश्चात नाभिका स्पर्शकरे दोबारप्रणवसे कर अचवन॥
पश्चात आदिमें प्रणव अंत, में नमः और जोड़े स्वाहा।
ऊं- आत्मनेनमः स्वाहा', ऊँ अंतरात्मनेनमः स्वाहा॥
ऊं ज्ञानात्मनेनमः स्वाहा, परमात्मनेनमः स्वाहा।
शब्दों में उसी तरह जोड़े, ऊँ प्रजापतयेनमः स्वाहा॥
 चाटे:-
 दधि, घृत, दुग्ध, जल, ऊँसहित त्रयबार।
 करे आचामन हेमुने, प्रणव सहित दो बार॥
 सुस्थिर मनसे पूर्वमुख, हो आसन आसीन।
 विधिवत प्राणायाम वह, फिर करलेवे तीन॥

नोट:

चाटेदधि,
दूध. दही और घृत सुविधा हो तो तीनो

अथवा जो सुविधा हो, केवल जल भी
तीन बार चाटनेके मंत्र:

1. त्रिवृदसि
2. प्रवृदसि और
3. विवृदसि

धर्म सिन्धुकार

शास्त्रीयविधि बतलाई, संन्यास-ग्रहण की।
गणपतिपूजन तत्त्वशुद्धिकी और हवन की॥
सावित्री प्रवेश फिर, पुन: सर्व सन्यास।
दण्डधारणादिक पर, डाला गया प्रकाश॥

मध्यान्ह स्नान करके साधक, सामग्री लेकर पूजनकी।
नैऋत्य--कोण में बैठ करे, पूजा गणेश जगवंदन की॥
गणानांत्वा' - आदिक मंत्रोंसे, कर श्रीगणेशका आवाहन।
उनके स्वरूपका ध्यानकरे, नखसे शिखतकका हो चिन्तन॥
हैं अंग लाल, तनहै विशाल, हो रहे सुशोभित आभूषण।
हाथोंमें माला पाशांकुश, वर मुद्रा किया हुआ धारण॥
पश्चात हविष्य अन्न- फलका, उत्तम नैवेद्य निवेदन हो।
ताम्बूलआदिदे नमनकरे, फिर कार्यपूर्ति हित सुमिरण हो॥

आज्यभागका हो हवन, गृह्यसूत्र अनुसार।
अग्नितृप्ति के हेतु दे, सामग्री और प्यार॥
'भू: स्वाहा' के मंत्रसे करे हवन विश्राम।
जापकरे मध्यान्हतक, गायत्री अविराम॥

करस्नान पुनः सायंकालिक, संध्योपासन और हवन करे।
चरु स्वयंपकावे मौनसहित, फिर गुरुकीआज्ञा ग्रहण करे।
समिधाचरु घी की पावकमें, दे मंत्रसहित शुभआहुतियां।
'सद्योजातादिक मंत्रोंकी, हो पांच-पांच ही आवृतियाँ॥

रखे अग्निमें हेमुने, उमा-महेश्वर भाव।
उमा-चरणके ध्यानमें, रखकर पूराचाव॥
गौरीर्मिमाय हो पूर्णमंत्र, इससे हों इकसौआठ हवन।
'अग्नये स्विष्ट कृतेस्वाहा' इस मंत्रसे देकर एकहवन॥

कुश मृगचर्म सुवस्त्रयुत, आसनहो आसीन।
पावक से उत्तर तरफ, बैठे विज्ञ- प्रवीण॥
ले मौन-भाव सुस्थिर चितहो, गायत्रीजप अविराम करे।
जब ब्राह्ममुहूर्त प्रवेशकरे, निज नित्यनियम हित स्नानकरे॥
सुविधा न जलस्नान कीहो, तो सविधि भरमसे स्नान करें।
उस आगपे चरु तैयारकरे, और उसमे घीका मिलान करे॥

उसीअग्नि पर प्रेमसे, करे चरू तैयार।
करके घीसे तरउसे, रक्खे विधिअनुसार॥
पावक से उत्तरतरफ, पहले कुशदेदार।
फिर उसपर वहचरु रखे, हे शिवभक्त-उदार॥

व्याहृत्ति मंत्र फिर रुद्रसूक्त, सद्योजातादिक मंत्रजपे।
पावकमें इन्हीं मंत्रद्वारा, फिर एक-एक आहुति भीदे॥
ब्रह्मेन्द्र प्रजापति जगद्देव, कोभी एक-एक आहुतिदेवे।
आद्यंतमें 'ॐ नम: स्वाहा,' औरमध्य नाम सुरका लेवे॥
वाचन पुण्याह कराकरके',' अग्नये स्वाहा' से आहुति दे।
'प्राणायस्वाहादि" मंत्रद्वारा, घृतचरू समेत पंचाहुति दे॥
'अग्नये स्विष्ट्कृते स्वाहा' कहकर दे एक और आहुति।
'सद्योजातादिक' पंच मंत्र, और रुद्रसूक्तकी हो आवृति॥
फिर महेशादि जो चतुर्व्यूह, उन मंत्रोंका करके सुमिरण।
जो गृह्यशाखामें कहीगई, उन-उन सुरगणहित करेहवन॥

तंत्र हवन यह पूर्णकर फिर हो विरजा होम।
तत्व शुद्धिके लिये है, यह आवश्यक होम॥
इस शरीर में हैं छिपे, तत्व कोई छब्बीस।
उनकी शुद्धिके लिये, है यह उचित मुनीस॥

'आरुणकेतुक मंत्र जापसहित, इन तत्त्वशुद्धि हितकरे हवन।
रखकरके मौन महेश्वरके, श्रीचरणकमलका हो चिंतन॥
क्षिति, जल, पावक, आकाश, वायु, कहलाते पृथिव्यादि पंचक।
रस, रूप, गंध, असपरस, तथा- शब्दादि कहाते हैं पंचक॥
वाक, कर, पद, पायु तथा उपस्थ, कहलाते वागादिक पंचक।
दृग, श्रोत्र, नाक, त्वक; और रसना, कहलाते श्रोत्रादिक पंचक॥

पार्श्व, पृष्ट, शिरऔर उदर, ये हैंमिलकर चार।
सिर आदिक पंचक हुए, जांघों से तैयार॥

त्वक आदिक सात धातुएं हैं, प्राणादिक पंचक पाँच हुए।
फिर अन्नमयादि कोषपंचक, और भोगतत्वभी पांच कहे॥
मन बुद्धि चित्त और अहंकार, ये चार हृदयके हैं प्रकार।

संकल्प, ख्याति, गुण, प्रकृति, पुरुष, नौ हुए जोड़कर पाँच-चार॥
कॉल, कला, विद्या, नियति, राग, तत्त्व ये पांच।
भोग कालके साधन, अंतरंग यह सांच॥
प्रकृति ही माया कही गई, उत्पन्न इसीसे तत्व हुए।
है नियति कालका ही स्वभाव, खुद श्रुतिनेही यह बचनकहे॥
हैं नियति आदिजो पांचतत्व, कहतेहैं इन्हें "पंचकंचुक"।
इनको न जाननेवाले बुध, कहलाते मूढ और भिक्षुक॥
है नियति प्रकृतिसे नीचे और, यहपुरुष प्रकृतिसे ऊपररहै।
दोनों गोलकमें घूमे जो, वह एक नेत्र कौवे पर है॥
वैसे ही पुरुष पास रहता, प्रकृति-नियति दोनों ही के।
यह विद्यातत्त्व कहाताहै, पंचक शिवतत्त्व जिसे कहते॥
शिवशक्ति, सदाशिव, शुद्धविद्या, शिवतत्व महेश कहातेहैं।
श्रुति के "प्रज्ञानंब्रह्म' वाक्य, ऐसा सुस्पष्ट बताते हैं॥
पृथ्वी से लेकर शिवजी तक, जो तत्त्व बताए जाते हैं।
कारण में लीन उन्हें करके फिर शुद्ध कराये जाते हैं॥
पृथिव्यादि, शब्दादिक, पंचक जो वागादि।
फिर श्रोत्रादिशिरादिक, पंचक हैं प्राणादि॥
उपरान्त त्वगादि धातुसप्तक, फिर अन्नमयादि कोषपंचक।
मन आदिक जो पुरुषांतत्व, फिर नियति आदि तत्त्वपंचक॥
पंचक शिवतत्व जोड़कर ये, कुल ग्यारह वर्ग कहाते हैं।
कहता हूं जो इन मंत्रों के, अंतिम में जोड़े जाते हैं॥
"परस्मै शिव ज्योतिषे इदं न मम" के साथ।
उद्देश्यों का त्यागकर, जोड़े दोनों हाथ॥
उपरान्त विविद्या और कर्षोत्क, संबंधित मंत्रोच्चार करे।
हों स्वत्व त्याग के भाव मंत्र, सुविचार सहित उच्चार करे॥
शाखा विधिसे कर तंत्रकर्म, घृत-चरुका प्राशनकर अचवन।
गुरुकोसम्पन्न दक्षिणा दे, जिसमें हो रत्न और सुविरण॥
विधिका करे विसर्जन, करे प्रातकृत होम।
"सं मा सिञ्चन्तु" मंत्रकह, जपे मंत्रवर ओम॥
फिर 'याते अग्रि यज्ञिया आदि मंत्रोंसे हाथ तपा करके।
उस अग्रि को अपनी आत्मा में, आरोपित करे भाव करके॥
करके प्रातः सन्ध्योपासन, फिर करके सूर्योपस्थापन।
नाभीतक जलमें जाकरके, वैदिक मंत्रोंका जप-वाचन॥
आत्मारोपित अग्रिकर, द्विज निकले घरछोड़।
अब सावित्रि-प्रवेशका, करे यत्न पुरजोर॥

चित चंचल होने न दे, करे मंत्रका जाप।
गायत्री का जाप हो, मुने! जानते आप॥
शिवजी के अर्धांग में, ये करती हैं बास।
दसभुज ये पंचानना, पंद्रह नेत्र प्रकाश॥
कर रही विभूषित चंद्रकला, रत्नमय मुकुट है मस्तक पर।
मणिशुद्धअसफटिक के समान, है अंगिकांति निर्मल सुन्दर॥
दस हाथों में दस आयुध हैं, सर्वभूषण आभूषित हैं।
विधि, हरिहर, सुर, नर, मुनिगणसे, ये सदा-सदाही सेवित हैं॥
हैं सर्वव्यापिनीशिवा यही, ये महादेव की पत्नी हैं।
संपूर्ण जगतकी ये माता, तीनों लोकों की जननी हैं॥
हैं त्रिगुणमयी निर्गुणा यही, हैं अजा यही येही शक्ती।
इसतरह ध्यान चिन्तन समेत, जपकरे प्रेमसे गायत्री॥
ब्याहतियों से गायत्री बन, ये उनमें ही लय पाती हैं।
होतीहैं प्रणवसे ब्याहतियाँ, फिर उनमेंही मिल जाती हैं॥
प्रणव आदि हैं वेदके, शिव-वाचक मंत्रेश।
शिवजीही यह प्रणवहैं, या हैं प्रणव महेश॥
काशी में मरने वालों को, देते हैं शिवजी मंत्र यही।
प्राणीको मोक्ष दिलानेमें, ये हैं स्वाधीन स्वतंत्र यही॥
इन प्रणवरूप शिवकी यतिगण, उरमें करतेहैं उपासना।
कोई न मोक्ष पा सकते हैं, इनका आराधन किये बिना॥
गायत्रीको विधिसहित, करे प्रणवमें लीन।
नारि, वित, लोकेषणा, को कहकर तृणहीन॥
ऊपर इससे मैं उठा, इसे कहे त्रयवार।
मंद्र, मध्य, और उच्चमें हो इसका उच्चार॥
उद्धार प्रणवका करे प्रथम, फिर मंत्रोंका उच्चार करे।
"ऊं भू: संन्यस्तं मया" आदिको मंद्र मध्यऔर तारकरे॥
फिर "अभयं सर्वभूतेभ्यो" कह पूरबदिसि एक जलांजलि दे।
अवशेष शिखाके बाल नोच, अपने उपवीत हाथ में ले॥
"ॐ भू: समुद्रंगच्छ स्वाहा" कह जलमें उसका होम करे।
"ॐ भू:संन्यस्तं मया" आदि कह तीनवार आचमन करे॥
फिर वस्त्रऔर करसूत्र त्याग, पूर्वोत्तर दिशि प्रस्थान करे।
गुरु आज्ञासे कटिसूत्र और कौपीन वस्त्र नव ग्रहण करे॥
सन्यासी तन ढांककर, कर अंचवन दोबार।
दंड-कमंडलु को करे, मंत्र सहित स्वीकार॥
तदनन्तर शिवका सुमिरणकर, गुरुवरको दंड-प्रणाम करे।

गुरु स्वयं लगावे भस्म उसे, या उसको इसकी आज्ञा दे॥
“ॐ अग्निरिति भस्म” मंत्र कहकर पहले अभिमंत्रित उसेकरे।
जो-ईषाणादिक पांच मंत्र, उससे शिव्यांग का स्पर्श करे॥
देवे सर्वांग लगाने को, विधि सहित शिष्य कर में लेवे।
त्र्यायुषम त्र्यंबकं मंत्रसहित, वहभस्म शिष्य धारणकरले॥

हृदयेश्वर शिव-उमाका, चिन्तनकरे विशेष।
गुरू शिष्य के कान में, करे प्रणव उपदेश॥
छः प्रकारके अर्थ और, कहे बारहों भेद।
दण्ड-प्रणामकरे उन्हें, होकर शिष्य अखेद॥

यह गुरु आज्ञामें रहेसदा शिवज्ञान में सदा रहे तत्पर।
इसके ही द्वारा जप समेत नियमादि करायें श्री गुरुवर॥
गुरु आज्ञासे रह उसीजगह यह नित्यकरे शिवका पूजन।
या और कहीं जाकर पूजे अर्घा-समेत कर लिंग ग्रहण॥
ले शपथ प्रतिज्ञा करे वहीं बिन किये त्रिलोचन कापूजन।
चाहे यह प्राण निकल जाए कर सकते अब न कभी भोजन॥
गुरु के चरणों में तीन बार यह शपथ प्रतिज्ञा दुहराकर।
तबसे शिवपूजन नित्यकरे, अत्यन्त भाव मनमें लाकर॥

---------------------(अध्याय-13)---------------------

जीवतत्वशिवतत्व, जगत परपंच विवेचन।
शिवसे जीवजगत अभिन्नताका प्रतिपादन॥14॥

छः अर्थ प्रणवके कौन-कौन, परिज्ञान और प्रतिपाद्यहै क्या?
परिज्ञान-अर्थका होने पर, हे नाथ कहें फल होता क्या?

वामदेवके प्रश्न पर, बोले स्वामि कुमार।
मुनिवर वहही कहरहा, सुनो सहित सत्कार॥
ब्यष्टि--समष्टि-भावसे, शिवजीका परिज्ञान।
यही प्रणवका अर्थ है, यही प्रणवका ज्ञान॥
कहताहूं अब प्रणवके, छः प्रकारके अर्थ।
‘मंत्ररूपप्रथमार्थ है, “यंत्ररूप” द्वितियार्थ॥

‘सुरबोधक’ अर्थ तीसराहै, चौथाहै अर्थ ‘प्रपंचरूप’।
‘गुरुरूप’ दिखाताहै पंचम, षष्ठम दिखलाता ‘शिष्यरूप’॥
जो प्रथम अर्थहै ‘मंत्ररूप’, मैं अर्थहूं उसका बतलाता।

होतेही इसका ज्ञान- मात्र, अज्ञानी ज्ञानीहो जाता॥
इस प्रणव-मंत्रमें वेदोंने, अक्षर जो पांच गिनाए हैं।
हैं प्रथम आदिस्वर ‘अ’ दूजा, पंचमस्वर ‘उ’ बतलाए हैं॥
तीजा पवर्ग का अंताक्षर, ‘म’ चौथा ‘बिंदु’ कहाता है।
हे मुने! पांचमा अक्षर जो, वह नाद बताया जाता है॥
यह प्रणव ‘समष्टिरूप’ जानो, वेदादि यही कहलाता है।
सब वर्णोंका ‘समष्टिरूप’, यह नाद बताया जाता है॥
जो चारवर्णहैं “बिन्दयुक्त”, वे ‘व्यष्टिरूप’ शिववाचक हैं।
इस ब्यष्टि-प्रणवमें हे मुनिवर, श्रीशिवजी सदा प्रतिष्ठित हैं॥

कार्तिकिय बोले सुनो, हे शिवभक्त समर्थ।
“यंत्ररूप” द्वितीय का, अब कहताहूं अर्थ॥

सब शिवलिंग यंत्ररूप हीहैं, सबसे नीचे लिक्खे अर्घा।
उसके ऊपर अकार लिक्खे, उसके ऊपर ‘उ’ कार दूजा॥
उसके ऊपर ‘म’ कार लिखकर, फिर उसके ऊपर अनुस्वार।
उसके भी ऊपर नाद रूप, लिक्खे आधा चंद्रमा कार॥
होते ही यंत्रपूर्ण मुनिवर, सब पूर्ण मनोरथ होते हैं।
यह यंत्र ध्यानरक्खे साधक, यह प्रणवसे वेष्टित होते हैं॥

प्रणव मंत्र से नाद का होता अभ्युत्थान।
उसी प्रणवमें समझले, फिर इनका अवसान॥
तृतिय ‘देवता रूप’ का, अब करताहूं अर्थ।
शिव प्रतिपादित अर्थके, वक्ता शंभु-समर्थ॥

ॐ सद्योजातं प्रपद्यामि’ से ‘सदा शिवोम‘ मंत्र पंचक।
श्रुतियों ने यह बतलाया है, हैं प्रणव इन सभीके वाचक॥
हैं पांच देव ये सूक्ष्मब्रह्म शिवमूर्ति रूप में वर्णित हैं।
शिववाचक मूर्तिवाचक भी, हैं दोनोंमें भेद न किञ्चित हैं॥
शिव-विग्रह में इन मंत्रोंका, होचुका प्रथम है प्रतिपादन।
जो मंत्र पांच मुखविग्रहके, अब उनके आप सुनो वर्णन॥
“ईषाणः सर्व विद्यानाम्” से “सद्योजातः” मंत्र तलक।
‘ईशानः से इन पांचोंकोएक चक्रमें सविधि करे अंकित॥
फिर ‘सद्योजात’ से लेकरके ‘ईशानः तलक मंत्र लिक्खे।
भगवान “शंभुका पांचो मुख, इन पाँचो मंत्रों को समझे॥
तत्पुरुष से सद्योजात तक, ब्रह्मरूप जो चार।
यही महेश्वर—देवके, चतुर्ब्यूह साकार॥

सद्योजातादिक मंत्रोंका, ईषाण है मुने समष्टिरूप।

और पुरुषसे सद्योजात तलक, ईशान देवके व्यष्टिरूप॥
कहते हैं अनुग्रह चक्र इसे, पंचार्थका यहही कारण है।
यह सूक्ष्म अनामय निर्विकार, परब्रह्म स्वरूप सनातन है॥
दो भेद हैं मुने अनुग्रह के, एक पंचकृत्य के अंतर्गत।
एक जीवको मुक्त कराते हैं, रखते हैं दीन-दुखी की पत॥
यह द्विविध कृत्यभी शिवकेहैं, और पंचकृत्य भीहैं शिवके।
पांचो कृत्यों में पंचदेव, वे सब भी मूरति हैंशिव के॥
यह चक्र अनुग्रह मयजो हैं, ये शान्ति अतीत कलामय हैं।
कहतेहैं इन्हें परमपद भी, ये शंभु अधिष्ठित शिवमय हैं॥
जो विमल बुद्धि सन्यासी हैं, वे ही इस पदको पाते हैं।
प्रणवोपासक शिव-पूजक भी, इस परम धाम में जाते हैं॥

मुनिगण यहपद प्राप्तकर, पाते शिव संयोग।

जन्म मरण से छूटते, फिर न उन्हें भवरोग॥

श्रुतियां भी ऐसा कहतीहैं, भगवान वेद भी कहते हैं।
शिव पूर्णैश्वर्य प्रदाता हैं, ऐश्वर्य उन्हीं में रहते हैं॥
पद नहीं कोई शिवसे बढ़कर, यह चमकाध्याय बताते हैं।
त्रैलोक में ऐसा कौन? कहो, जो शिवकी शरण न आते हैं॥
विस्तार ब्रह्म--पंचकका ही, हे मुने! प्रपंच कहाता है।
यह पांचोब्रह्म-मूर्तियां ही, इन पंचकला का त्राता है॥
निवृत्ति, प्रतिष्ठा, शांति, विद्या, और शान्त्यातीत कलाएं हैं।
सबकीसब सूक्ष्म स्वरूपिणि हैं, विख्यात ब्रह्मविद्याएं हैं॥

जग-प्रपंचको कर रखा, पांच रुपसे व्याप्त।

अतः ब्रह्म-पंचक का, नाम कियाहै प्राप्त॥

पुरुष श्रोत्र वाणी तथा, शब्द और आकाश।

पांचों में वह कर रहा, "ईशान-रूप" में वास॥

कर, स्पर्शत्वक, प्रकृतिऔर, पायु-सहित जो पांच।

व्याप्त है इनमें ब्रह्म, वह "पुरुष-रूप" में सांच॥

पद, नेत्र, रूप, अहंकार, अग्नि में व्याप्त "अघोर-रूप" में है।
बुधि, रसना, पायु, रस व जलमें, वह "वामदेव स्वरूप" में है॥
मन, नाक, उपस्थ, गंध, पृथ्वीमें "सद्योजात बन वही व्याप्त।
है जगत पंच-ब्रह्मस्वरूप, या ब्रह्म ही जगत स्वरूप प्राप्त॥

यंत्ररूप जो प्रणव सब, वर्ण समष्टि स्वरूप।

इन्हीं मंत्र अधिराज को, जपे इसी अनुरूप॥

------------------(अध्याय - 14)------------------

जीव-तत्व शिव-तत्व, जगत परपंच विवेचन।
शिवसे जीव-जगत, अभिन्नताका प्रतिपादन॥

उत्तम पद्धतिके सहित, सृष्टि-स्थिति संहार।
शक्तिमान शिवकी कहा, यह लीला विस्तार॥
पूछाथा वामदेवजी ने, कार्तिक जी अतः लगे कहने।
'कर्मास्ति-तत्व' से शास्त्रवाद, ज्ञानीको चहिये श्रवण करने॥
जिनको उपदेश दिये तुमने, उनमें से कौन तेरे जैसा।?
शास्त्रोंकी मायासे मोहित, वे भटक रहेहैं उनका क्या?
छः मुनियोंसे शापित हैंवे, क्योंकी वे निन्दकथे शिवके।
अन्यथा अनिश्वरवादी वे, उनकी बातें क्यों कोई सुने॥

खोजीजन अनुमान से, पा लेते भगवान।

अवयव-पंचक विदित ये, इनके शास्त्र प्रमाण॥

ये हेतु, प्रतिज्ञा उदाहरण, उपनय, निगमनकहलाते हैं।
इनका प्रयोग आवश्यक हैं, जो खोजी हैं वे पाते हैं॥
गिरिपरधूएंको देख विज्ञ, अनुमान-आग का करलेते।
वैसे प्रत्यक्ष---प्रपंच देख, ईश्वर का दर्शन कर लेते॥
है विश्व नारि-नरका स्वरूप, ऐसा प्रत्यक्ष दिखाता है।
छः कोषोंवाले इस तनका, आधा-आधा पितु-मांका है॥

तीन अंशहैं जननि के, तीन पिताके अंश।

श्रुतिका ऐसा कथन है, हे मुनिवर! हे हंस॥

परमात्मामें भी बुधजनने, स्त्री-पुरुष भावको जाना है।
सत, चित, आनन्द, रूपत्रयमें, श्रुतियों ने भी पहचाना है॥
सत् असत् विनाशकहै तो चित, जगकी जरताको हरताहै।
पुल्लिंगमें अर्थकरें तो सत, आलोक अर्थ निज करता है॥
सत्ता प्रकाश परमात्मा में, करता है सूचित पुरुष भाव।
स्त्रीलिंगमें चित उस ईश्वरमें, करताहै सूचित नारिभाव॥

आता है, उस ईशमें, जब जगकारण भाव।

तब होते उनमें प्रकट, शक्तिभाव-शिवभाव॥

संयोगसे शिव और शक्तीके, आनन्द प्रकटहो जाता है।
इसलिए महात्मा मुनियों को, शिवका आराधन भाता है॥
हंसः पदको उल्टा करदो, तब सोहम् पद बनजाता है।
और इनसे 'स" ह' को अलगकरो, तब ओममात्र रह जाताहै॥
यह ओम ब्रह्मका वाचकहै, और महामंत्र कहलाता है।

इनमे है हंसः सूक्ष्म मंत्र, वह ही सोहम बनजाता है॥
सोऽहम पदमें सकारहै वह, शक्त्यात्मक शिवका बोधकहै।
शिष्योंको मंत्रप्रदाता गुरु, शक्त्यात्मक शिवका शोधकहै॥

हम तो शिवके अंशहैं, इस सचको पहचान।
उनमें मिलकर जीव यह, होता उन्हीं समान॥

है तीन दृष्टियाँ शंकर की, कहलाती ज्ञान क्रिया इच्छा।
करके प्रवेश सब जीवोंमें, रहती है सबके मन में सदा॥

तीन दृष्टियुत जीव है, परमात्मा का रूप।
यह निश्चित सिद्धान्त है, हे भक्तोंकेभूप॥

जग-प्रपंच और प्रणवहै, मिलकर एकाकार।
इसके बोधक को कहा, प्रपंचार्थ विस्तार॥

प्रत्यक्ष दीखनेवाला जग, ओंकार ही है यह सत्यबचन।
'ओमीतीदं सर्वं' ही है, शुभ सत्य सनातन श्रुति कथन॥
संसार सृष्टिक्रम वर्णनमें, श्रुतिकथन सत्यजो पाता हूँ।
उसका तात्पर्य विवेक पूर्ण, सस्नेह तुम्हें बतलाता हूँ॥
शिव-शक्तियोग परमात्माहै, यह ज्ञानी पुरुषोंका है मत।
शिवजीकी जो है पराशक्ति, उससे होती चिच्छक्ति प्रगट।
चिच्छक्ती है आनन्दशक्ति, आनन्दसे इच्छा शक्ति हुई।
इच्छाशक्ती से ज्ञानशक्ति, और ज्ञानशक्तिसे क्रिया हुई॥

पंच कलाएं जो मुने, वे इनसे उत्पन्न।
नादहुआ चिच्छति से, और आनंदसे बिंदु॥

इच्छाशक्तीसे 'म' कार हुआ, और ज्ञानशक्तिसे हुआ 'उ' कार।
और क्रियाशक्ति से हे मुनिवर, होगया आदि अक्षर 'अ' कार॥
ईशानादिक जो पंचब्रह्म, उनकी उत्पत्ति की सुनो कथा।
शिवसेईशानोत्पत्ति हुई, ईशान से सृजन तत्पुरुष का॥
फिरहुए तत्पुरुष से अघोर, हो गए अघोर से वामदेव।
और वामदेव सेसद्योजात, जग कारण तारनब्रह्मदेव॥

आद्यक्षर श्री प्रणव से, वर्ण हुए अड़तीस।
पंचकला उत्पत्ति की, कथा सुनो मुनि ईस॥

ईशानसेशान्त्यातीत कला, तत्पुरुषसे निकली शांतिकला।
निकली अघोरसे विध्याकला, और वामदेवसे प्रतिष्ठाकला॥

सद्योजात से निवृत्ति, तात हुई उदभूत।
उद्धव पंचक-मिथुनका, बता रहे शिवपूत॥

ईशानसे चिच्छक्ती द्वारा, उत्पन्न हुए ये पांच मिथुन।

संहार अनुग्रह तिरोभाव, इस जगका सृजन तथा पालन॥
पांचों कृत्यों के हेतु बने, पंचक इसलिये कहाते हैं।
संबंध वाच्यऔर वाचकके, इनको मिथुनत्व दिलाते हैं॥

प्रथम मिथुन आकाश है, वायु द्वितीय महान।
तीजा चौथा अग्नि जल, पंचम धरा प्रमाण॥

आकाशमें एक 'शब्दगुण' है, दो 'शब्द" स्पर्श' वायुमें गुण।
अग्रीमें 'शब्द" स्पर्श' 'रुप', जलमें रससहित चारहैं गुण॥
'अस्पर्श" शब्द' 'रस" रुप" गंध', है पांचोंसे सम्पन्न धरा।
भूतोंका भूतोंमें मुनिवर, है व्यापकत्व आश्चर्य भरा॥
शब्दादि गुणोंद्वारा अपने, अनिलादिक पर गगनादि भूत।
रखते हैं व्यापकत्व अपना, इसका वर्णन अदत अकृत॥
पृथ्वीहै जलका व्याप्य और, जल पावकव्याप्य कहाताहै।
विस्तार पांच भूतों का यह, मुनिवर प्रपंच कहलाता है॥
आत्मा संपूर्ण समष्टि का जो, वह ही विराट कहलाता है।
भू से भूतेश्वर तलक तत्व, ब्रह्माण्ड पुकारा जाता है॥
क्रमशः सबमें लयहो-होकर, वह शिवजीमें लय पाता है।
फिर प्रलय-प्रयंत शक्ति प्रेरित, स्थित होता और सुखपाता है॥
जगसृजन निमित-उद्घत शिवका, जो परिस्पंद है प्रथम-प्रथम।
शिव-तत्व उसेही कहते है, यह इच्छाशक्ति तत्व उत्तम॥

ज्ञान, क्रिया दो शक्तिमें, ज्ञानका हो अधिकत्व।
उस हालत में जानिये, इसे 'सदाशिव' तत्व॥

क्रिया शक्तिहो प्रबल, तब वही'महेश्वर' तत्व।
दोनों-शक्ति समानजब, तब विद्यात्मक तत्व॥

सबमें ही शिव, शिवमें ही सब, उनकेही भाव पदार्थ सभी।
कहतेहैं 'माया तत्त्व' उसे, इसमें जो भेद बुद्धि होती।
शिवरूप परम ऐश्वर्यवान, जब माया में लिपटाता है।
करता है भोग समस्त ग्रहण, तब वहही पुरुष कहाताहै॥
माया मोहित हो यही जीव, संसारी पशु कहलाता है।
शिव तत्वज्ञान से शून्यजीव, अत्यंत मूढ़ होजाता है॥

नहीं जानता यहजगत, शिवसे सदा अभिन्न।
अपने की भी मानता, वह शिवजीसे भिन्न॥

शिवसे जगकी अभिन्नताका, यदि बोध जीवको होजाए।
पशुपाश नष्ट हो जाय तभी, और मोहका बंधन खोजाए॥
जादूगर अपने जादू में, जैसे खुद भ्रमित नहीं होता।

ज्ञानी-योगी भी उसीतरह, माया से ग्रसित नहीं होता॥

गुरुके द्वारा प्राप्त कर, निजैश्वर्य का बोध।

होजाता शिव रूपवह, फिर समाप्त सबशोध॥

शिवजीकी पांच शक्तियां हैं, सर्वकर्तृत्वरूपा सर्व तत्त्वरूपा।

नित्यत्वरूपा, पूर्णत्वरूपा और पचवीं व्यापकत्वरूपा॥

विद्या, राग, समेतहैं, नियति, कला, और काल।

यही कला-पंचक रहें, जीवों में हरहाल॥

पंच-कला के रूप में, जो होती प्रत्यक्ष।

वह कहलाती हैं, कला वह पांचोंकी पक्ष॥

कर्तृत्व हेतुभी बनती कुछ, और कुछ तत्त्वोंका साधन भी।

वह विद्या–कला कहाती है, वह साधन भी आराधन भी॥

जो विषयासक्ति बढ़ाती है, वह कला 'राग' कहलाती है।

सब भूतोंका है आदि 'काल' , और नियति' पांचवीं आतीहै॥

वह विधि निषेध की संकेतक, विभुशक्ति बतायी जाती है।

आक्षेप से उसके जीवों की, अति दुर्गति मानी जाती है॥

यह पांचों घोर आवरण बन, ढंक लेते जीवोंका स्वरुप।

इसलिये ये पंचकलाएं ही, कहलाती सदा पंच–कंचुक॥

अंतरंग साधन बिना, इनसे मुक्ती दूर।

साधक इनसे निबटकर, सुख पाए भरपूर॥

----------------------(अध्याय - 15-16)----------------------

महावाक्य के अर्थका, मंथन और विचार।

योग पट्टु यतियों के, उसके कहे प्रकार॥17-19॥

ज्ञान रूपहै ब्रह्मवह, या चैतन्य स्वरूप।

यह 'प्रज्ञानं ब्रह्म' का, अर्थ हुआ यतिभूप॥

अर्थ 'अहं ब्रह्मासि' का, मैं हीहूं वह ब्रह्म।

'तत्त्वमसि' का अर्थ है, तू ही है वह ब्रह्म॥

यहआत्मा वह ब्रह्म है, ईशसे यहसब व्याप्त।

'प्राण' और प्रज्ञान में, मैं अप्राप्त मैं प्राप्त॥

जो यहां वहाँ भी ब्रह्म वही, जो वहाँ यहां भी ब्रह्म वही।

वह विदित वस्तुसे भिन्न तथा, अविदितसे भी है भिन्न वही॥

तेरा आत्मा अंतर्यामी, वह अमृत तथा प्रत्येक में है।

वह पुरुष में हैआदित्य में है, दोनों में ही वह एकही है॥

मैं हूं परात्पर परब्रह्म, आनन्द स्वरूप ब्रह्म-अनुभव।

होता है तब वेदों शास्त्रों, गुरुबचनोंका हो मंथन जव॥

सब भूतों में व्यापक जोहै, वह ब्रह्म विराट महान हूं मैं।

पृथ्वी जल वायु तेज नभके, भी प्राण तत्वका प्राण हूं मैं॥

मैं त्रिगुण प्राण मैं हीं सब हूं, मैं सर्वरूप जगजीवात्मा।

है तीन काल मेरा स्वरूप, हूं अद्वितीय मैं परमात्मा॥

सब ब्रह्मरूप, मैं सर्वरूप, मैं हूं विमुक्त, जो वह सो मै' ।

मैं ही वहहूं सोहम्-हंस; फिर सोहमस्ति' जो वह सो मैं॥

महावाक्यका हे मुने!, यह तो था सरलार्थ।

किञ्चित् करता हूं पुनः इन सबका भावार्थ॥

वाक्यार्थ 'ब्रह्म प्रज्ञानं' का, पहले हमने है बतलाया।

अब अर्थ 'अहं ब्रह्मास्मि' का, जाताहै थोड़ा समझाया॥

शक्तियुक्त परमेश हैं, अहंशब्द के अर्थ।

यथाअर्थ के कथन में, हैं भी वही समर्थ॥

वर्णाग्रगण्य ज्योतिस्वरूप, शिवका स्वरूपही है 'अकार' ।

व्योमस्वरूप होने से है, शक्तिस्वरूप वर्णित 'हकार' ॥

बोधकहै आनन्दका, संशय रहित 'मकार'।

ब्रह्म स्वयं शिवशक्तिकी, सर्वरूपता सार॥

शक्तिमान् वह ब्रह्ममैं, ऐसा रक्खे भाव।

'तत्त्वमसि' के अर्थ का, कहकर भाव-प्रभाव॥

महावाक्य के प्रेमसे, बतलाए भावार्थ।

कार्तिकेयजी ने कहे, जो यथार्थ गूढार्थ॥

वेदों शास्त्रों गुरूबचनों के, अभ्यास निरंतर करने से।

होतेहैं हृदयमें प्रगटशंभु, ज्योंपावक काष्ठ रगड़ने से॥

वे सर्व हृदयमे बसते हैं, वे ब्रह्मरूप है शिवशंकर।

वह मैंहीहूं संदेह नहीं, संशय न यहां है रत्ती भर॥

हे वामदेव! इन वाक्योंके, सर्वार्थ मात्र शिवजी ही हैं।

इसके यथार्थ शिवजी ही हैं, शब्दार्थ मात्र शिवजी हीं हैं॥

गुरुकोहै उचित अधारसहित, वहप्रथम शंखको शुद्धकरे।

मंडल --चौकोर सामने में, फिर उसको अस्थापितकरदे॥

ओंकार का करके उच्चारण, गंधादिकसे करके पूजन।

लिपटे शुभवस्त्रसुनीर भरे, फिर करेप्रणवका उच्चारण॥

सातबार फिर प्रणवसे, अभिमंत्रित कर शंख।

भेद-भाव करना नहीं, वत्स न इसमें रंच।
रखता है जो अंतर इसमें, वह भयका भागी होता है।
रखता अभेद जो वह प्राणी, निर्भय अनुरागी होता है॥
फिर शंभुरूपमें गुरुकरे, निज शिष्यका पूजन और अर्चन।
शिष्यासन में शिवआसनकी, भावना समेत करे पूजन॥
आपादशीर्षसद्योजातादि, पांचों मंत्रों का न्यास करे।
मस्तक मुख और कलान्तरसे, ओंकार कलाकान्यास करे॥
कर प्रणव कलाकान्यास तनमें, मस्तक पर शिवका आवाहन।
स्थापनी आदि मुद्राओं का फिर करे प्रदर्शन अति पावन॥
फिर दसऔर छ: उपचारोंकी, आसन पूर्वक कल्पना करे।
अर्पण करके नैवेद्य-खीर, "ऊँ स्वाहा" मंत्र समुद बोले॥

करा आचमन अर्ध्यदि, धूप दीप उपचार।
शिव के आठों नाम से, करपूजन साभार॥

ब्रह्मानन्दवल्ली तथा, भृगुवल्ली के मंत्र।
पढे विज्ञ विप्रों सहित, और अनेकों मंत्र॥

'योदेवानां से लेकरके –' तस्य प्रकृति' तक पाठकरे।
फिर महानारायण उपनिषद के, पावन मंत्रोंकाजापकरे॥
कह्हार आदि की मालाले 'सिद्धिस्कंद' काजापकरे।
'पूर्णोहं' कहकर वह माला, निज शिष्यकंठमेंपहिनादे॥
फिर तिलक लगाकर भालदेश, सर्वांगमें चंदन लेपकरे।
श्रीपादयुक्त शुभनाम सहित पादुका सुछत्र प्रदान करे॥

दे व्याख्यानादिक निमित गुर्वसिन अधिकार।
करे अनुग्रह शिष्यपर, कहे पंथ अनुसार॥

तू सदा समाधियुक्त रहकर, मैं शिवहूं यहीकरो चिन्तन।
वह स्वयं करे शिवनमस्कार, बांकी भी सभी करें वन्दन॥
फिरकरे शिष्य गुरुको प्रणाम, गुरुके भी गुरुको सिरनाये।
गुरु-शिष्यों को भी कर प्रणाम, फिर गुरुको पुनः शीश नाये॥
गुरूकहे शिष्यसे हे बेटा! अब से तुम सबपर दया करो।
कोई शिष्य तेरा बनने आए, तो उसकी प्रथम परीक्षा लो।
फिर शास्त्र नियमसे शिष्यबना, रागादि दोषका त्याग करो।
अविराम शंभुके चिन्तन में, हे शिष्य सदा अनुराग करो॥

श्रेष्ठ-सिद्ध सत्पुरुषका, ढूंढके करना संग।
शिव पूजनका दृढ नियम, कभी नहोवे भंग॥

यदि प्राणों पर भी बन आए शिव पूजनबिन भोजन न करो।

गुरुभक्तिका लेकर परमाश्रय, तुम सुखीरहो बस सुखीरहो॥
यह गोपनीय होने पर भी, मैंने तुमसे बतलाया है।
जो योगपट्टका था प्रकार, मैंने तुमको समझाया है॥
अत्यन्त स्नेहवश वामदेव, यतिवरसे बोले शिवकुमार।
यतियोंके क्षौर-स्नान विधिको, मैं कहताहूं शास्त्रानुसार॥

वामदेव बोले मेरे, परम पूज्य गुरुदेव।
यति अंत्येष्टि विधानका, हमें कहें सब भेव॥20-21॥

जो ब्रह्ममें अहंभाव रखकर, होगये मुक्त तन-पंजर से।
और उपासना के पथसे जो, हो गए पार भवसागर से॥
इनकी गतिमें क्या अंतर है, यह मुझसे कहें कृपाकरके।?
मैंशिष्य आप गुरुदेव मेरे, हरिये संदेह दयाकर करके॥

कहा स्कंदने यति अगर, पाले पूर्ण समाधि।
हो जाता शिवरूप वह, उसै न रंच उपाधि॥

लेकिन अधीरचित यतिहो तो, वह नहीं समाधिलाभ पाता।
हो सावधान सुनिये यतिवर, उसका उपाय हूं बतलाता॥
गुरुमुखसे ज्ञाता, ज्ञान, ज्ञेय, सुनकर यति योगाभ्यास करे।
सब करते- करते भली भांति, शिवज्ञान परायण सदा रहे॥
मन रक्खे नित्य नियम-पूर्वक, जप तथा प्रणवके चिंतनमें।
देत्याग प्राण, दुर्बलतासे यदि, धीरज रह न जाए मनमें॥
श्रीकार्तिकेय बोले जिसक्षण, उस यतिका मरण काल आवे।
उससमय घेर चहुंओर उसे, सब यतिगण प्रणव मंत्र गावे॥

तबतक सब करते रहें, निर्गुण शिवका गान।
जबतक यति के देह से, निकल न जाएप्राण॥

सन्यासी कर डालते, सब कर्मों का त्याग।
शिवआश्रय करते ग्रहण, रखते शिव अनुराग॥

होता न अग्निदाह इनका, हे वामदेव इस कारण से।
दुर्गति इनकीहोती नकभी, यम-नियम आदिके धारणसे॥
शव-द्रूषित करने वाला नृप, अपना साम्राज्य गंवाता है।
उस गाँव का हर रहनेवाला, अत्यन्त दुखी हो जाता है॥
'नम इरिण्याय ' से लेकरके, 'नम अमीवकेभ्य:' का जपहो।

फिर ओंकार के जप समेत, मिट्टीसे देव यजन तप हो॥
तब इस भीषण-दोषका, होता है परिहार।
संस्कार-विधि अबसुनो, शास्त्रोंके अनुसार॥

शवको नहलाया जाय प्रथम, फिर पुष्पादिकसे पूजन हो।
चमका- नमकाध्यायों समेत, रुद्रादि सूक्त उच्चारणहो॥
स्थापितकर सजल शंख-जलसे, अभिषिक्तकरे यतिवरका तन।
रखकर मस्तक पर पुष्प आदि, हो प्रणवके द्वारा ही मार्जन॥
कौपीनहटाकर पहले का, दूजा पहनाकर के नूतन।
अंगोंमें लगाए सविधि भस्म, दे सविधि त्रिपुण्ड्र, तिलक, चन्दन॥
पुष्पों–हारों–रुद्राक्षों-- से, विहितांगों का हो अलंकरण।
उनको धारणकरवाने में, हो योग्यमंत्रका उच्चारण॥

पूजितशव जिसपर रखे, वहहो श्रेष्ठ विमान।
पंचब्रह्ममय सुरथ पर, स्थापन हो सविधान॥

फिर उत्सव मंत्रोच्चार सहित, हो सन्यासी की शवयात्रा।
बाहर ले जाने से पहले, हो पूर्ण ग्राम की प्रदक्षिणा॥
पुरसेउत्तर या पूर्व तरफ, जाकर पर्याप्त दूर -बाहर।
सबमिलकर देवयजन खोदे, सहजोपलब्ध पवित्र तरुतर॥
लम्बाईहो यतिदंड सरिस, प्रोक्षणमें प्रणवमंत्र सस्वर।
क्रमशःडाले शमिपत्र, पुष्प, फिर कुशऔर योगपीठ सुन्दर॥
फिर कुश, कुशपर मृगछाल तथा, मृगछालपे वस्त्रबिछा सुन्दर।
पंच-गव्योंसे हो शव-प्रोक्षण, सद्यो-जाताहिक मंत्र प्रवर॥

रुद्रसूक्त और प्रणवसे शंखोदक अभिषेक।
फिर शवके मस्तक पर, डाले पुष्प अनेक॥

फिर शवको गड्ढेके भीतर, ऐसे बिठाए योगसन पर।
मुख पूर्व दिशाकी तरफ रहे, दे चंदन पुष्प सुगंध अगर॥
दे दक्षिणकरमे दंड मुने!, 'विष्णो हव्यमिदं रक्षस्व' कहकर।
जल सहित कमंडलु, वामहस्त, दे 'प्रजापते-न' मंत्र पढ़कर॥

'ब्रह्म यज्ञानं' मंत्रसे, करके सिरका स्पर्श।
रूद्रसूक्तके जपसहित, भौंहोंका सुस्पर्श॥

'मानोमहान्तु मुत, मंत्रोंसे, हो यतिके मस्तकका भेदन।
पाटे गड्ढे को और करे, पंच--ब्रह्म सुमंत्रों का वाचन॥
फिर 'यो देवानां प्रथमं' से, हो'तस्य प्रकृति' तकका सुमिरण।
तदनन्तर उमा महेश्वरका, हो सादर चिन्तन और पूजन॥
मिट्टीका एक चौकोर-पीठ, उसके ऊपर तैयार करे।

दो हाथोंभर लंबा चौड़ा, ऊँचाई एक हाथ रखे॥
गोबरसे लीपकर मध्यममें, शिव-उमाका करके सुस्थापन।
गंधाक्षत-पुष्प बिल्वदल और, तुलसीदलसे करके पूजन॥
दे प्रणवमंत्र से धूप- दीप, फिर दूध-हविष्य करे अर्पण।
फिर पांच लगाकर परिक्रमा, शिवजीका करे भजन-पूजन॥
नारायण-पूजन वलि-प्रदान, घृत-दीप-दान संकल्प करे।
मृणलिंगबनाए और पूजे, घृतमिश्रित पायसकी वलिदे॥
घृतदीप जला पायस-वलिको, आदर समेत जल में डाले।
फिर ब्रह्मीभूत यतिके निमित्त, आठौंदिशि शंख-नीर डाले॥

ऐसा ही करता रहे, दिन दस तलक सनेम।
ग्यारहवें दिनकी विधि, मुनिवर सुनो सप्रेम॥

----------------------(अध्याय - 20-21)---------------------

एकादश द्वादश कृत्योंका विशद-विवेयन।22॥

मिट्टीकी वेदी निर्मित कर, हो सम्मार्जन और अनुलेपन।
पुण्याह कथनके सहित करे, उस वेदीका समुचित प्रोक्षण॥
पश्चिमसे पूर्वकी तरफ करे, निर्माण पांच मंडल सुन्दर।
कर्त्ता उत्तरा--भिमुख बैठे, सब कार्य करे आसन लेकर॥
प्रादेश- मात्र लंबा-चौड़ा मंडल, चौकोर बना करके।
फिर बिंदु, त्रिकोण, छ कोण, और फिरमंडल गोल बनाकरके॥

शंखस्थापन आचमन, प्राणायाम संकल्प।
पूर्वकथित आतिवाहिक, पूजे सविधि न स्वल्प॥

इन पाँचो दिव्य- देवता का, देवी स्वरूपमें हो पूजन।
कुश डालकेजलका स्पर्शकरे, लेने निमित्त उत्तर आसन॥
पश्चिम से पूरब मंडल में, अब पीठरूप में रखे सुमन।
पांचों देवेश्वरियों का करे, उन पुष्प-पीठ पर आवाहन॥

पावकपुंज स्वरूपिणी, देवीका कर ध्यान।
उनके आवाहन निमित, करे मंत्रका गान॥

'ऊं- ह्रीं- अग्निरूपा' मंत्र, करे उच्चार।
आवाहन के भाव को, रक्खे भले प्रकार॥
वाक्य-योजना भावना, रखकर इसी प्रकार।
पांचों का आवाहन, करे इसी अनुसार॥

फिर करे प्रदर्शन वह सादर, स्थापन आदिक मुद्राओंका।
हो षडंगन्यास और करन्यास, वाचन करबीज-सुमंत्रोंका॥
पंच देवियों का करे, इस प्रकार से ध्यान।
चार-चार ही हाथ हैं, जिनमें शस्त्र महान॥
'दो-दो हाथों में पाशांकुश, दो-दो में अभय, वरद मुद्रा।
है अकथनीय इनका स्वरूप, वर्णनातीत का वर्णन क्या?
शशिकांत सुमणि सी अंगकांति, मुंदरियां लाल प्रकाशमान।
हैं वस्त्रों के शुभलाल वर्ण, कर-पदहैं लाल जलज समान॥
रत्न-जड़ित पाजेबकी, चरणों में झंकार।
बिछुओंकी उंगलियोंमें, शोभा अमित अपार॥
सर्व समर्था देवियां, कृपा मूर्ति साकार।
इनका करके ध्यानमें, बार-बार जयकार॥
शंखस्थ नीर सीकर द्वारा, सादर पाद्यार्घ्य करे अर्पण।
स्नानोपरान्त शुभलाल वस्त्र और अर्पित करे मुकुट-भूषण॥
मानसिक करे यदि हो अभाव, उपरांत पुष्प अच्छत-चंदन।
दे धूप- सुगंधित तदनंतर धृत- पूरित- दीप करे अर्पण॥
'ओं हिं' का प्रथम प्रयोग करे, सब वस्तु निवेदित करने में।
फिर वस्तुनामफिर समर्पयामि, फिर नमःसमर्पित करने में॥
वाक्य योजनाके सहित, करे अन्य उपचार।
पृथक-पृथक नैवेद्य दे सबको इसी प्रकार॥
घी, सक्कर, मधुमय- हविस्यान्न, पूए-गुड़ केले आदिक फल।
प्रोक्षण नैवेद्य समर्पण में, हो मंत्र, मंत्र से देवे जल॥
नैवेद्य हटाकर पूर्व तरफ, कर जगह शुद्धि तन शुद्धीकर।
कुल्ला आचमन तथार्ध्य निमित, सिरनाए उनको जल देकर॥
तांबूल धूप दीपादिक दे, परिक्रमा नमन प्रार्थना करे।
माताओ शिव पद अभिलाषी, यतिको इसकी स्वीकृत्ति मिले॥
दे विदा विसर्जन सहित उन्हें, कन्याओं में बांटे प्रसाद।
गौको दे या जलमें डाले, कुछ और नहीं यह रखे याद॥
पार्वण श्राध करे यहीं, बतला रहा विधान।
मुनिवर इसके श्रवणसे, मिलता है कल्याण॥
स्नानान्तर प्राणायाम करें, फिर देश कालका कर कीर्तन।
संकल्प सहित उत्तरदिशि में, कुशडाल लगाए दर्भासन॥
जल छूकर श्रेष्ठ चार-द्विजको, जो शिवसेवक व्रतपालक हों।
आसन पर बिठलाए उनको, वे हों ज्ञानी और स्नातक हों॥

यह कहे एकको विश्वेदेव के लिए, करें यह श्राद्ध-ग्रहण।
आत्मा के लिए दूसरे को, फिर इसी तरह से कहे बचन॥
तीजे को अंतरात्मा निमित्त, परमात्मा निमित वरे चौथा।
आदर के साथ वरण करके, फिर चरण धोए उन चारों का॥
बिठलाकर पूर्वाभिमुख उन्हें पूजन कर करवाए भोजन।
गोबर से भूमि लीप करके, पूर्वाग्रि बिछाए कुश-आसन॥
प्राणायाम सहित करे पिण्डदान संकल्प।
पूजे सविधि त्रिमंडल भूल न होवे स्वलप॥
फिर प्रथम पिण्ड लेकर करमे, पहिले मण्डल में उसे रखे।
"आत्मने इमं पिण्डं ददामि" रखने से पहले मंत्र कहे॥
दूसरे पिण्ड को ले करमें, दूजे मंडल में रखे उसे।
"अंतरात्मने इमं पिण्डं ददामि" रखनेसे पहले मंत्रकहे।
तीसरे पिंडको ले करमें, तीजे मंडलमें रखे उसे।
"परमात्मने इमं पिण्डं ददामि" रखनेसे पहले मंत्रकहे।
भक्तिभाव से पिण्ड और, करे कुशोदक दान।
नमन प्रदक्षिण के सहित, दे विप्रों को दान॥
फिर नारायण बलि हरि पूजन, और खीरका भोगकरे अर्पण।
फिर बारह-द्विजका करपूजन, दे मान दान कह मधुरबचन॥
पूर्वाग्रि बिछाकर दर्भोंको, ॐ भूः स्वाहा, ॐ भुवः स्वाहा।
धरती पर पायसकी बलिदे, कह सारे मंत्र स्वः स्वाहा॥

----------------------(अध्याय - 22)----------------------

द्वादशाह यति कृत्यका, अब करताहूं गान।
वामदेव करना श्रवण, सावधान दे ध्यान॥
बारहवें दिवस श्राद्धकर्त्ता कर, नित्य-नियम अपने पूरण।
दे आय निमंत्रण विप्रों को, शिव-अर्पितहो जिनका तनमन॥
मध्यान्ह कृत्यकर विप्रों को, बुलवाकर करबाये भोजन।
फिर पंचावरण सुपद्धति से, इन सबकाकरे स्वयं पूजन॥
फिर देशकाल कीर्तन-पूर्वक, विधिवत् संकल्प महान करे।
"अस्मद्ररोरिह पूजां करिष्ये", यह कह दर्भ स्पर्श करे॥
पद धोय द्विजों को आसन दे, बिठलाए पूर्वाभिमुख इन्हें।
संख्या हो इन सबकी बारह यह, शिव आज्ञाहै मुनें सुनें॥
अष्ट द्विजों में रखे, सदा शिवादिक भाव।
अन्य चारमें चतुर गुरु, समझे सहित प्रभाव॥

गुरू, परमगुरु, परात्पर, परमेष्ठीगुरुचार।
गुरु गिनाए चारहैं, शास्त्रों के अनुसार॥
परमेष्ठि गुरूमें उमा- सहित, भगवान शंभुका हो चिन्तन।
निज गुरुका करके ध्यान प्रथम, इन चारों को देवे आसन॥
वह 'इदमासनम' मंत्र कहकर, आसन लगवाए अलग-अलग।
आवाहन मंत्र समेत करे, कर वाक्ययोजना अलग–अलग॥
आवाहन कर अर्घोदक से, पाद्याचमनार्ध्य निवेदन हो।
फिरवस्त्र गंध अक्षत द्वारा, आठों विप्रों का पूजन हो॥
"ॐ गुरुवेनमः आदि से हो, पुष्पादिक से गुरु अलंकरण।
ऊं सदा शिवाय नमः' आदि-से, आठों द्विज का अभिनंदन॥
पश्चात् धूप दीपक देकर, इन सबका करे चरण वन्दन।
"कृत मिदंसकलऽमाराधनं संपूर्णमस्तु' कह मंत्र बचन॥
धोकर कदलीपत्र पर, रखे अन्न मिष्टान।
नारिकेल, गुड़, फल तथा, शाकादिक सामान॥
पात्रादिक रखने के निमित्त, प्रोक्षणकर आसन आदि रखे।
भोजन के पात्रों को धोकर, अभिषेक करे यह मंत्र कहे॥
"विष्णो! हविष्य मिदं रक्षस्व', फिर उठकर विप्रोंकोजलदे।
"सदा शिवादयोमे प्रीता वरदा भवन्तु' प्रार्थना करे॥
"यो देवा" आदि मंत्र कहकर, साक्षत अन्नों का त्यागकरे।
उठकर "सर्वत्रा कृत मस्तु', कह विप्रो को संतुष्ट करे॥
'गणानांत्वा' का कर प्रथम पाठ, वेदोंके आदि मंत्र कहकर।
रुद्राध्यायचमकाध्याय सहित श्रीरुद्रसूक्त को भी कहकर॥

कर-पद धोनेके लिये, द्विजको दे जल आन।
देबिठलाकर के उन्हें, मुख शुद्धी हित पान॥
दक्षिणा पादुकासन छाता, देकर दे चौकी छड़ी व्यजन।
परिक्रमा लगा संतुष्ट करे, फिरकरे इन्हें सादर वन्दन॥
गुरुके प्रति अविचल भक्तिमिले, ऐसी उनसे प्रार्थना करे।
पश्चात विसर्जन भाव-सहित, इन सब विप्रों को विदाकरे॥
दरवाजेतक छोड़े इनको, फिर सबके साथ करे भोजन।
ऐसा करके वह बने धन्य, ऐसा है शिवका सत्यबचन॥

कहा सूतने इसतरह, देकर के उपदेश।
कार्तिकेयजी चल पड़े, शुभ कैलास प्रदेश॥
वामदेव शिष्यों सहित, करके उन्हें प्रणाम।
शीघ्र चले कैलासको, आए शिवके धाम॥
श्री वामदेव को जभी मिला, श्रीउमा- महेश्वरका दर्शन।
करदिया समर्पित चरणोंपर, तत्क्षण अपना तन मनजीवन॥
सुखसहित शिवा-शिवचरणों में, ये रहनेलगे वहीं तबसे।
तुम सभी प्रणवमंत्र जपते, सुखपूर्वक रहो यहीं अबसे॥
गुरुसेवा में जा रहा, मैं श्री बद्रीधाम।
शिवदर्शन की आसमें, सदा जपो शिवनाम॥

-----------------------(अध्याय - 23)-----------------------

॥ श्रीशिवचरितामृत कैलाससंहिता संपूर्ण ॥

श्री शिवचरितामृत-वायवीयसंहिता (पूर्वखण्ड)

कथारंभ करना मुनिपूजित सूत ऋषी का।
धन्यभाग्य हैं गंगा यमुना सरस्वती का॥
विद्यास्थानों तथा पुराणोंका दे परिचय।
कथा सुनाने लगे प्रेमसे सूत महाशय॥1॥

सर्गस्थित्यंत के हेतु हैं जो, जो प्रकृति पुरुषके कारण हैं।
जो गणों, सुतोंऔर प्रियासहित, सबके प्रणम्य परमेश्वर हैं॥
स्वामित्व-विभुत्व स्वभाववाले, व्यापक ऐश्वर्य अतुलबल हैं।
है नमस्कार उन शिवजी को, हम निर्बल के वे ही बल हैं॥
है धर्मक्षेत्र जो परमतीर्थ, अघहारी और मनोरम है।
श्री गंगा और यमुना जीका जो मिलन भूमिहै संगम है॥
वह ब्रह्मलोक का शुभ- पथही, कहलाता है प्रयाग पावन।
उस प्रयागमें हीं मुनियोंने, एक किया यज्ञका आयोजन॥

सुनकर आए सूतजी महायज्ञका नाम।
मुनियोंने उठकर उन्हें, सादर किया प्रणाम॥
स्वागत और पूजन-सहित, आसन किया प्रदान।
बैठेमुनिवर हो मुदित, कर शिवजीका ध्यान॥

शिवभक्त, शिरोमणि महाभाग, करुणावश यहां पधारे हैं।
प्यासेके पास कुंआ आए, ऐसे सौभाग्य हमारे हैं॥
इसलिए हमसबों से भगवन, श्रवणीय कथाका गान करें।
वेदान्त-सार-- सर्वश्व हो जो, उत्कृष्ट-पुराण बखान करे॥
सत्कृत हो बोले ब्यास शिष्य, वैसे ही चरित सुनाता हूं।
गुरू- ईष्ट आदिको सिरनाकर, उत्तम पुराणको गाता हूं॥

ज्ञान-सिन्धु शिवतत्वका, मान है वेदसमान।
भोग-मोक्षके हेतुजो, उन्हें सुनो मति मान॥
चार- वेद वेदांग- छः, न्याय सुशास्त्र पुराण।
धर्म- शास्त्र मीमांसा, चौदह विद्या— स्थान॥

चौदह में अर्थशास्त्र जोड़े, गंधर्ववेद और धनुर्वेद।
कुल अट्ठारह बन जाते हैं, जोड़े इसमें आयुष्य वेद॥

एक दूजे से हैं भिन्न सभी, सबके शिवजी निर्माता हैं।
कर्त्ता, धर्त्ता, संहर्त्ता वे, वे दयावान पितु- माता हैं॥
सबसे पहले श्री शिवजीने, श्री ब्रह्माको उत्पन्न किया।
फिर सृष्टि-ज्ञानके लिए उन्हें, विद्याओंसे सम्पन्न किया॥
हरिको पालनका कार्य दिया, ब्रह्माके भी वे पालक हैं।
फिर ब्रह्मा बने सृष्टि-कर्ता, सारे उनके ही बालक हैं॥

स्मरणकिया सबसे प्रथम, विधिने श्रेष्ठ पुराण।
फिर वेदोंका और फिर, शास्त्र आदि का गान॥

द्वापर में हरि अवतरित हुए, कहलाए सत्यवतीनंदन।
वेदोंके चार विभाग किये, पाराशर वेद- व्यास भगवन॥
करके संक्षिप्त पुराणोंको, श्लोकों को चारलाख रक्खा।
श्रुतिज्ञाता-तलक पुराणबिना, विद्वान न कोई कहलाता॥
इतिहास-पुराणके ज्ञाताही, वेदों की व्याख्या करते हैं।
पौराणिक ज्ञान विहीनों से, भगवान वेद भी डरते हैं॥
लक्षण पुराणके पांच सर्ग, प्रतिसर्ग, वंश और मन्वन्तर।
वंशानुचरित ही पंचम है, कुल हैं पुराण अट्ठारह भर॥
ये ब्रह्म पद्म विष्णू शिव हैं, भागवत भविष्य नारद पुराण।
मार्कंडेयाग्नि ब्रह्मवैवर्त लिंग, वाराह स्कंद वामन-महान॥

कूर्म मत्स्य अट्ठारवें, हैं ब्रह्माण्ड पुराण।
विद्याओं के धाम ये, करें भक्तिका दान॥

क्रम यही पवित्र पुराणोंका, चौथेहैं शिवपुराण इसमें।
संबंधहै इसका शिवजी से, पूरेहैं लाख श्लोक इसमें॥
संहिताएं बारहथीं जिसको, गुरुदेव व्यासने सात किये।
इन एकलाख श्लोकोंमें से, केवल चौबीस सहस्त्रलिये॥
विद्येश्वर- प्रथम रूद्र- दूजा, तीजा-शतरूद्र संहिता है।
चौथा है कोटिरुद्र संहिता, पंचम श्री उमा संहिता है॥
कैलास वायवीय दोनों, छठवीं सतवीं संहिताएं हैं।
श्लोकोंकी भी इन सातोंमें, मुनियों विभिन्न संख्याएंहैं॥
हैं श्लोक प्रथममें दो सहस्र, साढे दस सहस दूसरी में।
इक्किस सौ अस्सी तीजीमें, बाइससौ चालिस चौथीमें॥
अट्ठारह सौ चालीस श्लोक, रक्खे संहिता पांचवीं में।

बारहसौ चालिस छठीमें तो, है चार सहस्र सातवीं में॥

सुने आपने अबतलक शिव पुराण साभार।
श्लोक बचेहैं श्रवणको, केवल चार हजार॥
वायवीय यह संहिता, हैं इसके दो भाग।
कहताहूँ इसकी कथा, सुनें सहित अनुराग॥
वेद-पुराण सुशास्त्रके, होवें जो विद्वान।
वे अधिकारी श्रवणके, यह गुरुवचन-महान॥

------------------------(अध्याय - 1)----------------------

विधिसे मुनियोंने कहा, परमपुरुष हैं कौन?
ब्रह्माजीने 'रुद्र हैं', यह कह तोड़ा मौन॥2॥

कितने ही कल्पबीतने पर, जब वर्तमान-कल्प आया।
फिर सृष्टिकार्य आरंभ हुआ, हर प्राणीका मन हरषाया॥
जीविका-निमित गोसेवा, कृषि, वाणिज्य कीहुई प्रतिष्ठा जब।
छः कुलके कइ महर्षियोंकी, संकटमें पड़गई निष्ठा तब॥
हैं 'परब्रह्म' या 'हैंही नहीं' इस प्रश्नपे बड़ा विवाद हुआ।
निर्णय न होसका जब इसका, तब सबको बड़ाविषाद हुआ॥
वे सारे घरसे निकल पड़े, श्री ब्रह्मदेवके दर्शन को।
जो मेरु शिखरपर शोभितथा, जा पहुंचे उसी ब्रह्मवनको॥
सौ योजन की लंबाईथी, चौड़ाई थी दस योजन की।
था नगर मनोहर भव्य-दिव्य, रचनाथी मणिमय सुविरणकी॥

वहां एक से एक थे, कोटिश भवन विशाल।
रक्षामें थे ब्रह्मगण, निज शस्त्रास्त्र संभाल॥

मुनियों ने ब्रह्मसभा देखी, ब्रह्माजीका पाया दर्शन।
थी शुद्ध स्वर्णसी अंगकांति, शोभितथे स्वर्णिम आभूषण॥
थी दिव्य-कांति, अतिदिव्य-गंध, और दिव्य अंगके अनुलेपन।
मालाएं थी दिव्यातिदिव्य, थे श्वेत मनोहर दिव्य वसन॥
वे कमलनयन थे अति प्रसन्न, छूनेको उनके दिव्य चरण।
योगीन्द्र, मुनीन्द्र, सुरेन्द्र-सहित, असुरेन्द्र आदिके टिकेनयन॥

चंवर दुलाती थी खड़ी, सरस्वती साक्षात्।
रवि सेवामें ज्योलगीं, सदा प्रभा जगमात॥

मुनियोंने विधिचरण में, सादर किया प्रणाम।

विविध भांतिकर प्रार्थना, कहे नाम और काम॥
मुनिबोले सिरजक और पालक, संघारक विधिको नमस्कार।
जोधारक प्रकृति विकारीको, उन निर्विकार को नमस्कार॥
हैं सर्वलोक के स्रष्टा जो, उन ब्रह्मा जी को नमस्कार।
हमसारे जिनके बालक हैं, उन परमपिता को नमस्कार॥
स्वागत करबोले ब्रह्माजी, हे मुनियो! स्थानग्रहण करिये।
अपने आनेके कारणका, संकोच त्याग वर्णन करिये॥

विनय-सहित करजोड़कर, मुनि बोले हे नाथ!
हम शरणागत चरणमें, झुका रहे हैं माथ॥

अज्ञानके घोर अंधेरे में, हम भटक रहे हैं हे स्वामी।
अंतर के तम को दूर करें, दे दें प्रकाश अंतर्यामी॥
संसारके धारक, पोषकहैं, हैं आप कारणों के कारण।
ऐसीहै कोई वस्तु नहीं, जिसतक न आपका पहुंचे मन॥
प्राचीन सभीसे कौन पुरुष, जो परब्रह्म- परमेश्वर हैं?
निज अद्त क्रिया-कलापोंसे, जो सृजन-कार्यमें तत्पर हैं॥

महाप्राज्ञ हम अज्ञपर, करके कृपा विशेष।
दूर करें संदेह भ्रम, देकर के उपदेश॥
मुनियोंके इस प्रश्नपर, होकर हर्ष विभोर।
ब्रह्माजी ने "रुद्र" कह, लिये युगलकर जोड़॥

------------------------(अध्याय - 2)----------------------

परम तत्वके रूपमें, शिवजीका प्रतिपादन।
उनकी कृपा सभी साधनका फल सर्वोत्तम॥
विधिआज्ञा से मुनियों का नैमिषमें आना।3।

मन जिन्हें न पाकर बचन-सहित, आताहै लौट पिछड़ता है।
जिनका अनुभव करके प्राणी, जगमें न किसी से डरता है॥
जिनसे भूतेन्द्रिय सहित विष्णु, ब्रह्मा, शिव, इन्द्र प्रकट होते।
संसार प्रकट होता जिनसे, जो सबसे दूर निकट होते॥
कारणके भी जो कारण हैं, ऐश्वर्य-वान सर्वेश्वर हैं।
जिनकी पहली सन्तान हूँ मैं, वे परम पिता परमेश्वर हैं॥
जिनसे परिपूर्ण जगत यहहै, निष्क्रियको सक्रिय बनाते जो।
जो एक-को करते हैं अनेक, अनुशासन सदा रखाते जो॥

जो सदा देखते हैं सबको, जिनको न देख पाता कोई।
वे काल-मुक्त, वे काल-काल, उनके जैसा न दिखा कोई॥
क्षर-अक्षर पर शासन इनका, इनसे रविचंद्र प्रकाशित हैं।
ये नित्यमुक्त– मुक्ती बांटें, इनसेही कालतक शासित हैं॥
उनसे ही रात- रात होती, दिनको दिन वही बनाते हैं।
सर्वादि वही उनका न आदि, वे ही अनंत कहलाते हैं॥
सबके आवास-स्थान हैं वे, सबके ऊपर निवास उनका।
करते अखंडकोखंड वही, सबपर ही है प्रकाश उनका॥

शौर्य-वीर्य-गाम्भीर्यमें, वे हैं सिन्धुसमान।
वे उपमासे हैं परे, उनसा कोई न आन॥

हैं स्थूल, सूक्ष्म, और इनसे परे, ये तीनरूप उनके प्रशिद्ध।
हम सभी देखते स्थूलरूप, और सूक्ष्म देखते योगसिद्ध॥
दोनों से अलग नित्य- दिव्य, अविनाशी रूप कहाता है।
वह भजन-परायण भक्तोंको, वे चाहें तभी लखाता है॥

सर्वोत्तम शिवभक्ति से, भक्तजो हैं संयुक्त।
बंधन से संसार के, वही सर्वथा मुक्त॥

शिवकृपासे भक्ति सुलभ होती, भक्तीसे मिलती शंभुकृपा।
जैसे अंकुरसे बीज सुलभ, और बीजसे ज्यों अंकुर होता॥
परिवार और अग्नियों सहित, तुमसभी सदा शिवध्यान करो।
एक सहस दिव्यवर्षों के लिये, चिरकालिक यज्ञ महान करो॥
यज्ञान्त में आवाहित होकर, श्री पवन देवता आएंगे।
कल्याण प्राप्तिकासाधन और, सुन्दर उपाय बतलाएंगे॥

तब जाना वाराणसी, देख महा आश्चर्य।
फिर आना मेरे निकट, तुम सारे मुनिवर्य॥

मै बतलाऊँगा तुम्हें, सुगम-मुक्तिकी राह।
पूरी होगी सभी, शिव--इच्छा से चाह॥

यह चक्र छोड़ताहूं मुनियों, यह जहां टूट जाए गिरकर।
तपका शुचि-क्षेत्र वही होगा, इसके पीछे जाओ चलकर॥
वह चक्र मनोमय छोड़दिया, ब्रह्माने शिवको कर प्रणाम।
चलपड़े चक्रके पीछे सब, मुनिगण ब्रह्माको कर प्रणाम॥
ब्रह्मा ने जिसको छोड़ा था, ऐसे वनमें वहचक्र गिरा।
निर्झरों और गिरिखंडोंसे, जो था प्रदेश अति हरा-भरा॥

चक्रनेमि के ध्वंश से, नैमिष होगया नाम।
प्राप्त कियेथे इसजगह, कइयों ने मनकाम॥

हर प्रकार से स्थान वह, था तपके अनुकूल।
आनंदित मुनिगणहुए, भ्रम-तम मिटा समूल॥

------------------------(अध्याय - 3)------------------------

महायज्ञ करना समीरका दर्शन पाना।
मुनिपूजित श्री पवनका, समझाना पशुपाश।
पशुपतिकेभी तत्त्वको, कहना सहित समास॥4-5॥

शिव आराधक उन मुनियोंने, प्रारंभ कियाएक महायज्ञ।
आश्चर्य सहित वहपूर्ण हुआ, सबहुए सदाशिवके कृतज्ञ॥
विधि-आज्ञासे श्री पवनदेव, होकर के प्रकट दिये दर्शन।
मुनियोंने अति हर्षित होकर, आदरके साथ किया वंदन॥
स्वर्णासिन पर बिठलाकरके, विधिसहित हुआ उनका पूजन।
वे लगे पूछने कुशल-क्षेम, इन सबसे पाकर अभिनन्दन॥

सकुशल विघ्नादिक रहित, पूर्णहुआ यहयज्ञ।
विप्रोंसे बोले- बचन, पवन देव सर्वज्ञ?

मुनियोंने कहा विघ्नसारे, मिटगये शंभु गुण गानेसे।
मिलगई कुशलता सभी हमें, हे नाथ आपके आने से॥
अज्ञान भराथा हम सबमें, हमको विज्ञान चाहिये था।
इसलिये प्रजापति ब्रह्माका, हमने आराधन प्रचुर किया॥
शरणागत पर करुणा करके, बोले थे शरणागत वत्सल।
हैं रुद्रदेव ही सर्वश्रेष्ठ, और वही मात्र हैं अटल अचल॥
वेहैं अतर्क्य वे भक्तिसुलभ, वह भक्ति उन्हींकी कृपाधीन।
उस कृपासे परमानन्द मिले, मुनियो होओ शिवभजनलीन॥

शिव-आराधन से सुलभ, श्रीशिव कृपाप्रसाद।
सहस बरसका मखकरो, सबका मिटे विषाद॥

देंगे दर्शन अंतमें, पवन देवता आन।
आज यज्ञके अंतमें, आप मिले भगवान॥

थे इन्तजार में बेकरार, दीदार आपका मिला प्रभो।
था हमें तड़पकर मरजाना, पर जिला आपने दिया प्रभो॥
किसतरह आप विधिशिष्य हुए, किसतरह आपको मिलाज्ञान?
अबकरें अनुग्रह हमसब पर, देवें सत्वर विज्ञान-दान॥

सृष्टि कामना से किया, ब्रह्मा ने तपघोर।

कल्पथा वह उन्नीसवां, विधिथे भाव विभोर॥
तब उनके पिता महेश्वरने, बनकर मुनिश्वेत दिया दर्शन।
शिव-गायत्री समेत विधिने, आदर के साथ किया वंदन॥
उनसे बिज्ञान प्राप्त करके, ब्रह्माजी करने लगे सृजन।
उनसे ही मैंने प्राप्त किया, यह परमज्ञान परविद्याधन॥
वह सत्यसे भीहै परमसत्य, और ज्ञानसे भी है परमज्ञान।
जो इसमें निष्ठा रखें उन्हें, मिलता है परमानन्द दान॥
पशुपाश, और श्रीपशुपति, का सर्वोच्च ज्ञान कहलाता है।
अज्ञान से होते दु: ख सभी, यह उसका नाश कराता है॥

मुनियो वस्तु विवेकका, नाम वस्तुत: ज्ञान।
तीन भेद हैं वस्तु के, लो इसको पहचान॥
जड़, चेतन औरनियन्ता, प्रकृति जीव परमेश।
इन्हें पाश, पशु, पशुपति, जानो आप मुनेश॥

क्षर- अक्षर उभयातीत इसे, कहते सारे तत्त्वज्ञ सुमति।
क्षर-पाश और पशु अक्षर है, दोनों से परे वही पशुपति॥
या प्रकृति-क्षर व जीव अक्षर, दोनोंका प्रेरक परमेश्वर।
माया का ही है नाम प्रकृति, मायासे मुग्ध पुरुष अक्षर॥

प्रकृति, पुरुष संबधका, कारण है मल-कर्म।
शिवही प्रेरक ईश हैं, सुनो और भी मर्म॥

माया है शक्ति महेश्वरकी, मायावृत है चिद्रूप जीव।
बन्धन-अज्ञान पाश-मलहै, होगया शुद्ध शिव वही जीव॥
चेतन माया-वृत होता है? हे नाथ कहें कैसे कैसे?
आवरण प्राप्त होता कैसे, होता है निवारण फिर कैसे?"
प्रश्रोत्तर में कह उठे पवन, आवरण प्राप्त करते व्यापक।
चेतनहै ब्यापक यदि मुनियो, तो कला आदि भी है व्यापक॥
होता है कर्मजो भोग निमित, आवरण में वह बनता कारण।
होते ही मलका नाश मुने, बन जाता प्राणी निरावरण।
कला विद्या राग कालनियति, ये सभी कला कहलाते हैं।
उपभोग कर्म फलकाकरते, वे पुरुष या जीव कहाते हैं॥

पापकर्म और पुण्यहैं, कर्मकि उभय प्रकार।
सुख-दुख इनके फल कहे, यही कर्मका सार॥

है कर्म अनादि भुगतले फल, तब इसका अन्त कहाता है।
जड़कर्मका चेतन आत्मा से, अज्ञानके कारण नाता है॥
होताहै भोगसे कर्म-नष्ट, और भोग्य प्रकृतिको कहते हैं।
और भोगकासाधन है शरीर, सहयोगी इसमें रहते हैं॥

भक्तिभाव से प्राप्त हो, श्री शिव-कृपा प्रसाद।
मल विनाश का हेतु यह, प्रभुका आशीर्वाद॥

मलके विनष्ट हो जाने पर, प्राणी निर्मल हो जाताहै।
होकर वह शिवका अतिशयप्रिय, शिवके समान हो जाता है॥
होती अभिव्यक्त 'ज्ञानशक्ती', पुरुषोंमें विद्याकेद्वारा।
होती है 'क्रियाशक्ति', जागृत प्राणी में मुने 'कला' द्वारा॥
जो भोग्य वस्तुओंके निमित्त, करतीहै क्रिया प्रवृत्त मुने।
उसकोही 'राग' कहाजाता, अब 'कला' आदिका कार्य सुने॥
होता है अवच्छेदक इसमे, जो उसको 'काल' कहा जाता।
रखती जो इसे नियन्त्रणमें, बस 'नियति' उसे बोला जाता॥
कारण जो है अव्यक्त रूप वह त्रिगुणरूप जगकारण है।
उसमें ही जड़-जग लयपाता, वह ही करता जग-धारण है॥

विज्ञ उसी अव्यक्त को, कहते 'प्रकृति प्रधान'।
रहता है उसमें त्रिगुण, तिल में तेल समान॥
सुख और उसके हेतुको,' सात्विक कहें सुजान।
दुख और उसके हेतु को, 'राजस' लीजै मान॥
जड़ता भी और मोह भी, 'तामस' में विख्यात।
तीनों के परिणाम अब, सुनो ध्यानसे तात॥

ले जाती 'उर्ध्व' वृत्ति सात्विक, नीचे 'तामस' ले जाती है।
'राजस' ऊपर या निम्न नहीं, वह बीचमेंही लटकाती है॥
पच तन्मात्राएं, पंचभूत, इन्द्रिय समूह- दस, बीस हुए।
मन, बुद्धि, चित्त, और अहंकार, इनके समेत चौबीस हुए॥
यह सभी कारणावस्था में, रहने पर हैं अव्यक्त रूप।
कार्या-वस्था में देह आदि, होकर होते हैं व्यक्त रूप॥

जैसे मिट्टी कुंभ में, भेद है कारण-कार्य।
वैसे व्यक्ताव्यक्त में, भेदहै कारण कार्य॥

घटआदि कार्य, मृत्तिका आदि, कारणमें अधिक न अंतर है।
उसतरह व्यक्त देहादि तथा, अव्यक्तमें बहुत न अंतर है॥
अव्यक्त इसलिए एकमात्र, है करण तथा कारण भी है।
आधार भूत तनभी यह ही, है भोग्य वस्तु साधन भी है॥

मुनियों ने पूछा प्रभो', आत्मा' जिसका नाम।
वह रहता तनमें कहां, उसका कहां मुकाम?

हे मुनियो! बोले वायुदेव, सत्ता है निश्चय चेतन की।
लेकिन शरीर इन्द्रियबुधिमें, सर्वव्यापी अनिकेतन की॥
निश्चय दूरी है अतः इसे, 'आत्मा' सतपुरुष नहीं कहते।

तन-इन्द्रिय बुधिसे आत्माकी, उपलब्धिके हेतु नहींकहते॥
सारे शरीर का एकसाथ होता न बुद्धि को है अनुभव।
फिर सर्वव्यापी वह आत्मा, इसके अनुभव मेंआए कब?
पूर्वानुभूत विषयों का यह, ज्ञाता व्यापक अंतर्यामी।
यह नहीं किसीकी पत्नीहै, यह नहीं किसीका है स्वामी।
यह पुरुष, नपुंसक, नारि नहीं, ऊपर-नीचे न ये अगल-बगल।
यह निराकार यह अविनाशी, सबचल शरीरमें यह अविचल॥

ज्ञानी पुरूष निरंतर, करते हुए विचार।
उस अविनाशीं तत्त्वको, करलेते साकार॥
इस शरीरसा है नहीं, पराधीन और दीन।
दुखमयऔर चंचलयहां, वस्तु न कोई मलीन॥

संपूर्ण दुखोंका मूल यही, सारी विपत्ति का यह कारण।
होता है सुखी दुखी प्राणी, इसको ज्योंही करता धारण॥
पानी से सींचा हुआ खेत, अंकुर पैदा करता जैसे।
अज्ञान से सींचा हुआ कर्म नूतन तन देता है वैसे॥
दुःखालय इसे कहाजाता, निश्चित है इसका पुनःमरण।
कितने ही नष्ट हुए पहले, आगे भी अगनित होंगे तन॥
जीवात्मा कोइ किसी तनमें, टिकने न यहांपर आता है।
सच तो यह है झूठे जग में, जो आता है सो जाता है॥

मिलते हैं जो भी यहां पति पत्नी संतान।
इनसबका यह मिलनहै, पथमें पथिक समान॥

सागरमें कहीं- कही बहते, दो तिनके ज्यों मिल जाते हैं।
फिर होकर अलग-अलग दोनों, हरगिज़ न कभी मिलपाते हैं॥
संयोग-वियोग प्राणियों का, ऐसाही चलता रहता है।
ब्रह्मासेस्थावर प्राणीतक, सब पशुहै बंधता रहता है॥

पाशोंमें बंधता है यह, करता दुख-सुख भोग।
लीला साधन-भूत यह, कहते ज्ञानी लोग॥

------------------------(अध्याय - 4-5)------------------------

किया महेश्वरकी महिमाका तब प्रतिपादन॥6॥

हे मुनियो! इस विशाल-जगका, कोई ऐसा निर्माता है।
जो कहलाता है जगतपिता, पशुओं का पाश छुड़ाता है॥

उसकेबिन इस-विशाल जगका, कैसे होसकता सिरजन है।
क्योंकी पशुतो अज्ञानी है और दारुण पाश अचेतन है॥
पशु, पाश, और पतिका स्वरूप, वास्तवमें है जो पृथक-पृथक।
जबतक नझान इसका पाता, होता न मुक्त प्राणी तबतक॥

तीन तत्त्वका ज्ञानहो, यही जानने योग्य।
यह कहलाता है मुने, प्रेरक भोक्ता भोग्य॥

आरम्भ में सृष्टी के मुनियों, एक रुद्रदेव ही रहते हैं।
वे सृजन में, वे ही पालन में, संहार में वे ही रहते हैं॥
हैं भुजा उन्हींकी सभीतरफ, हैं सभीओर उनकेही चरण।
मुख सभी दिशामें हैं उनके, हैं सभीओर उनके लोचन॥
श्रुति कहती हैं वे रुद्रदेव, हैं सर्वश्रेष्ठ और ऋषि महान।
ऊँचा न कोई उनसेबढकर, अथवा न कोई उनकेसमान॥
है सूक्ष्म नहीं कोई उनसे, और नहीं कोई उनसे महान।
उनकी ही कृपासे हे मुनियों! मैं थोड़ा उनको सका जान॥
कर ब्याप्त समस्त लोकको ये, रहते हैं सबके अंदर में।
अंदर-- बाहर की जान रहे, ये भीतर- में ये बाहर- में॥
ये बिना नेत्र के देख रहे, सुनते भी हैं ये कान बिना।
कर रहे हाथ बिन काम सभी, ये सूंघ रहेंहैं घ्राण बिना॥
सबकाहै इनको ज्ञान किन्तु, इनका न किसीको पूर्णज्ञान।
ये परमपुरुष ये अणुसे अणु, और ये महान से भी महान॥

हृदय-गुफामें जीवके, इनका सदा निवास।
यही दूर से दूर हैं, यही पास से-पास॥

तन-रूपी तरु-पर एक साथ, दो पक्षी बैठा रहता है।
एक कर्मरूप फलखाता है, एकमात्र निरखता रहता है॥
तरुमें आसक्त जीवमोहित, है शोकमग्न दिन-रात दुखी।
प्रभु-कृपासे प्रभुका दर्शनकर, वह होसकता है परमसुखी॥
विद्या भी और अविद्याभी, उस परमात्मा में रहते हैं।
जड़-वस्तु अविद्या कहलाती, और जीवको विद्या कहते हैं॥
जड़-वर्ग विनाशी कहलाते, अविनाशी जीव कहाता है।
दोनो का शासक वह ईश्वर, दोनोंसे भिन्न कहाता है॥

जबकरता विस्तार जग, करता एक अनेक।
करता जब संहार तब, सब अनेक से एक॥

उस ईश्वरको भक्तिसे, जो लेतेहैं जान।
जन्म-मृत्युसे छूटकर, वे पाते विश्राम॥

वे परब्रह्म वे परमपूज्य, वे परम सुहृद वे परमेश्वर।
वे तीन काल से परे सदा, वे देव-देव त्रिगुणाधीश्वर॥
वे सदा धर्मके पालक हैं, वे सदा पापके नाशक हैं।
संपूर्ण विश्वके धाम वही, वे सचराचर के शासक हैं॥
ईशों में वह हैं महाईश, इसलिए 'महेश' कहाते हैं।
देवोंमें वे हैं परमदेव, वे 'महादेव' कहलाते हैं॥
स्वामी न कोई उन स्वामीका, उनपर न किसीका शासन है।
वे स्वयं सभी के कारण हैं, उनका न कोई भी कारण है॥

चेतन वे चैतन्यके, वे नित्यों के नित्य।
स्वामी वे सबके सदा, सब उनकेहैं भृत्य॥
उन प्रभुको जाने बिना, जीव न होता मुक्त।
भक्ति- भजनसे हीन नर, हैं बंधनसे युक्त॥

उन परमदेव ने सर्वप्रथम, श्रीब्रह्मा को उत्पन्न किया।
और श्वास-मार्गसे फिर उनको, वेदादिज्ञान संपन्न किया॥
वे करें प्रदान ज्ञान मुझको, मैं उनको शीश झुकाता हूं।
भवबंधनके खंडन निमित्त, मैं शरण उन्हींकी जाता हूं॥
यह परमज्ञान सर्वस्वसार गोपनके योग्य बताया था।
सौभाग्यवशात इसे हमनें, जब ब्रह्माजी से पाया था॥
शम, दम, विहीनहोपापी हो, अपना सुपुत्र या शिष्य न हो।
आज्ञा है ऐसे लोगों में, इस गोप्यज्ञान को नहीं कहो॥

शिवमें, गुरुमें, भेदबिन, जिनकी भक्ति समान।
वे ही इसके योग्य हैं, दो उनको यह ज्ञान॥
प्रकृति-पुरुषसे हैं परे, शिव-शंकर भगवान।
सृजन- और संहार ये, करें समय को जान॥

------------------------(अध्याय - 6)----------------------

(सारसंकेत)

विधिकी मूर्च्छा उनके मुखसे रुद्र अवतरण॥
अष्टनामसे श्री महेश की विनती करना।
रुद्रदेवकी आज्ञा पाकर सृष्टि विरचना॥7-12॥

ऋषिगण बोले वायुसे, कहिये क्या है काल?
किसपर इसकावश पुनः, किसके वश यहकाल॥

प्रलय तथा ब्रह्माण्डकी, स्थितिका करें बखान।
सर्ग आदि विस्तारसे, हमें कहें मतिमान॥
कहा सूतने प्रेमसे, शिवजीको सिरनाय।
पवन देवताने कहा, सब चरित्र हरषाय॥
फिर बोले प्रथम विधाताने, मानस पुत्रों को प्रगटाया।
वे पांचो श्रेष्ठ महात्मा थे, उनमें न कहीं ममता माया॥
सनक, सनन्दन, सनातन, ऋभुऔर सनत्कुमार।
सृष्टि-जनित पितु-आज्ञा, कर नसके स्वीकार॥
चलेगए पांचो सुअन, तब होकर के दीन।
ब्रह्मदेव चिरकाल तक, रहे तपस्या-लीन॥
किन्तु न तपसे बनसका, जब उनका कुछकाम।
तब विरंचि के नेत्रसे, बहे अश्रु अविराम॥
अश्रु बुन्दसे बन गए, भूत प्रेत बेताल।
तबतो ब्रह्माजी हुए, और अधिक बेहाल॥
निज-निन्दा करतेहुए, क्रोध मोहसे म्लान।
पहलेतो मूर्छित हुए, तजे बादमें प्राण॥
तब प्राणोंके पति रुद्रदेव, ब्रह्माके मुखसे हुए प्रकट।
होगए एकसे वे ग्यारह, फिर ब्रह्माजी के गए निकट॥
फिर लगे दौड़ने और रोने, इस कारण रुद्रकहाए ये।
हैं रुद्र-प्राण और प्राण रुद्र, ब्रह्माको पुनः जिलाए ये॥
फिरबोले उनसे मतडरिये, पा लिया आपने नवजीवन।
तव नेत्रखोलकर ब्रह्माने, देखा उनको और कियानमन॥
फिरबोले अपने दर्शन से, आनन्द मुझे देनेवाले।
मुझ मरेहुएको हे भगवन, फिरसे जीवन देनेवाले॥
कौन आपहैं करकृपा, परिचय दें हे नाथ?
क्या इन ग्यारहरूपमें, आप विश्वके नाथ?
तब हर निजकर-कमलसे, ब्रह्माका करस्पर्श।
हूं तो मैं परमात्मा, बोले ईश सहर्ष॥
लेकिन इससमय पुत्र बनकर, रक्षामें आपकी आया हूं।
सहयोग आपका करनेको, ग्यारह सहयोगी लाया हूं॥
ब्रह्माजी बहुत प्रसन्नहुए, शिवजीके सुनकर मधुर-बचन।
फिर आठनाम-द्वारा उनका, श्रद्धासे करनेलगे स्तवन॥
कोटिश सूर्योंसे तेजवान, श्री 'रुद्रदेव' को नमस्कार।
रसमय-जलमय विग्रह-महान, 'भवदेव' आपको नमस्कार॥
पृथ्वी, नंदी, और सुरभि-रूप, श्री 'शर्वदेव' को नमस्कार।

हे स्पर्शवान, वायुस्वरूप, प्रभु नमस्कार है नमस्कार॥
वसुरुप 'ईश' पावक स्वरूप 'पशुपति' को मेरा नमस्कार।
नभरूप, शब्द, तन्मात्रा-मय, श्री 'भीमदेव' को नमस्कार॥
हे उग्र रूप 'यजमानमूर्ति', है नमस्कार प्रभु नमस्कार।
हे सौम्यरूप अमृत मूरति, प्रभु 'महादेव' को नमस्कार॥
अष्टमूर्ति और नामसे, युक्त आप सुखधाम।
आप सदाशिव को मेरा, बारंबार प्रणाम॥
स्तुति करके इसप्रकार विधिने, श्रीमहादेव से विनय किया।
हे नाथ! आपने सृष्टि निमित, मेरे शरीर से जन्म लिया॥
तो दें सहायता आप मुझे, हे नाथ! आप भी सृष्टि करें।
मैं भी नित-नूतन सृष्टिकरूं, आशिषकी मुझपर वृष्टिकरें॥
हंसकर किया महेशने, यह आग्रह स्वीकार।
ब्रह्म देवता भी हुए, सृष्टि हेतु तैयार॥
मनसे मरीचि, भृगु, पुलस्त्य, क्रतु, अंगिरा, पुलह वशिष्ठ, अत्री।
संकल्प, धर्म और रुद्र सहित, बारहकी क्षणमें सृष्टि करी॥
मुखसे सुरगण की रचना की, और उदर-भागसे पितरों की।
प्रजनेन्द्रिय से मानव-सारे और, गुदा स्थानसे असुरों की॥
गंधर्व यक्ष भूतादि सर्प, अपने अंगोंसे प्रगट किये।
जो पक्षभागसे प्रगट किये, उनको हमसब पक्षी कहते॥
वक्षस्थल से स्थावर सारे, फिर मुखसे बकरों की सृष्टी।
पदसे पशुओं की भुजंगमों की पार्श्वभागसे उतपति की॥
औषधियों और फल-फूलों को, रोमावलि से उत्पन्न किया।
जो-जो संकल्प किये विधिने, शिवने उसको संपन्न किया॥
ऋगवेद, गायत्री छंद, यज्ञ, अग्निष्टोमादि पूर्व मुखसे।
श्री यर्जुवेद उक्थादि यग्य, त्रिष्टपछंद दक्षिण मुखसे॥
पश्चिम मुखसे अतिरात्र यज्ञ, जगती छंदादिक सामवेद।
उत्तर मुखसे आप्तोर्याम, छन्दानुष्टप व अथर्ववेद॥
रचे विधाता और भी, अचर-सचर संसार।
पहले जो थे जिसतरह, वैसे भाव- विचार॥
जोपूर्वकल्प में जैसेथे, या प्रलय-पूर्व जो करते थे।
वे पुनः उसी तनको धरकर, सबकाम पूर्ववत करते थे॥
शुभकर्म जो करते थे पहले उनने शुभको ही अपनाया।
दुष्कर्म जिसे प्रियथा उसने, दुष्कर्मों में ही मनलाया॥
इसतरह विधाताने खुदही, की भिन्न-भिन्न सब रचनाएं।

तन-भिन्न, तथा व्यवहार-भिन्न, औरभिन्न-भिन्न मर्यादाएं॥
देवों और ऋषियों मुनियों के, कर्तव्य कर्मका निर्धारण।
वह नाम स्वरूप मिला उनको, वेदोंमें जैसा है वर्णन॥
जिनके जोथे पूर्वमें, नाम धाम और काम।
उन-उनको फिरसे दिया, वही कामऔर नाम॥
जैसे- ऋतुओंके बार-बार, आने पर नाम वही रहते।
वैसे ये आते पुनः पुन; पर इनके काम वही रहते॥
यहजग रवि, शशिसे उद्भासित, ग्रह नक्षत्रोंसे है मंडित।
गिरि, नदी, सिन्धुसेसमलंकृत, समृद्ध जनपदोंसेशोभित॥
कहतेहैं "ब्रह्मवृक्ष" इसको, कोइ इसे 'ब्रह्मवन' कहते हैं।
अव्यक्त तथा सर्वग्यहैं जो, वे ब्रह्मा इसमें रहते हैं॥
ऋषियों यह शाश्वत-ब्रह्मवृक्ष, अव्यक्त बीजसे प्रगटहुआ।
है टिका ईशकी करुणापर, हैं बुद्धि डालियां और तना॥
इन्दियां खोखले भीतरके, है महाभूत सीमा इसकी।
हैं धर्म अधर्म फूल इसके, पत्तियां विशेष पदार्थों की॥
सुख-दुख इसमें फल लगते हैं, भूतोंका यही सहारा है।
इसका आधार कहाता जो, वह ईश्वर इससे न्यारा है॥
पृथ्वी उसके पैर हैं, दशों दिशाएं कान।
सूर्य चंद्रमा नेत्र और, सिरहै स्वर्ग-महान॥
मुखसे ब्राह्मणकी रचनाकी, कंधोंसे करी क्षत्रियोंकी।
दोनों जंघोंसे वैश्यों और, दोनों पैरों से शूद्रों की॥

--------------------(अध्याय - 7-12)------------------------

विधिके मुखसेरूद्रका, कह अवतार रहस्य।
'रुद्र-महत्ता, गण-सृजन, विरत हुए विधिवश्य॥13-14॥

ऋषिबोले ब्रह्माके मुखसे, श्रीरुद्रदेवका हुआ सृजन।
यहकहा आपने पवनदेव, सुनकर संशयसे भराहै मन॥
जो प्रलय-समयमें विधि हरियुत, संपूर्ण लोक-संहारक हैं।
भयवश जिनको प्रणामकरते, जो सृजकतथा प्रतिपालकहैं॥
जिनके वशमें दोनों रहते, जो इनके कर्त्ता भर्त्ता हैं।
उन आदिदेवके किसप्रकार, ब्रह्माजी रचना कर्त्ता हैं॥
पिता-पिता रहते सदा, पुत्र-पुत्र सर्वत्र।

रुद्रदेव कैसे हुए, ब्रह्माजी के पुत्र॥
विधिने मुनियोंके प्रति, उसका किया बखान।
करें आप भी उस तरह, शिवचरित्रका गान॥

जिज्ञासा-कुशल द्विजो तुमने, यहप्रश्न कियाहै बहुतउचित।
मैंने भी यह ही पूछा था, सुनकर ब्रह्मा होकर प्रमुदित॥
गाया जो गीत विधाता ने, उसको ही मैं भी गाऊँगा।
जोसुनाथा हमने विधिमुखसे, तुम सबकोवही सुनाऊंगा॥

कहा वायुने जिस- तरह, हुए रुद्रउत्पन्न।
विधि हरिकाभी जिसतरह, हुआ जन्म-संपन्न॥

वहसब तुम्हें सुनारहा, सुनना देकर ध्यान।
ब्रह्मा हरि और रुद्रये, तीनो देव महान॥

उदभव स्थिति नाशके हेतुहैं ये, तीनोंहैं प्रकटमहेश्वर से।
हैं परमैश्वर्य युक्त तीनों, और शक्तियुक्त हैं ईश्वर से॥
इन तीनोंको ही तीनकाम, करनेको दिये महेश्वरने।
एक सृजनकरें, एक संरक्षण, एकको संहार दिया करने॥
कल्पान्तर में श्रीरुद्रदेव, शिव- परमेश्वर की आज्ञासे।
ब्रह्मा-विष्णुका सृजनकिये, शिव-शक्ति बुद्धिऔर प्रज्ञासे॥
फिर कल्पान्तरमें ब्रह्माने, श्रीविष्णु रुद्रका किया सृजन।
कल्पान्तरमें श्रीरुद्र तथा, ब्रह्माको रचे श्री नारायण॥
यह हुआन कोई एक बार, ऐसा ही होता रहता है।
उसबचनका पालन होताहै, जो वह परमेश्वर कहताहै॥

कल्प-कल्प में रुद्रका, होता आविर्भाव।
कारण मैं बतलारहा, सुनना रखकर चाव॥

प्रत्येक कल्पमें ब्रह्माकी, जब सृष्टि न बढने पाती है।
तब क्रोध और दुखके कारण, उनको मूर्च्छा आ जाती है॥
तब-तब सुपुत्र बनकर उनके, श्रीरुद्रदेवता आते हैं।
करतेहैं प्रजावृद्धिआकर, जीवनकी जोत जगाते हैं॥
बल तेज प्रताप रूप गुणका, करके विस्तार सहितवर्णन।
कारण स्वरूप परमेश्वरके, इन कार्यरूपको किया नमन॥
ब्रह्माने एकबार इनसे, सृष्टी के लिये प्रार्थना की।
जो 'आज्ञा' कह रुद्रेश्वरने, अगणित पुरुषोंकी रचनाकी॥
सबकेसब थे शिवकेसमान, सब निर्भय सबकेसब त्रिनयन।
सबथे त्रिशूलधर, सभी अमर, छूसके न जिनको जरा-मरण॥

ब्रह्मा बोले आपको, नमस्कार सरकार।

ऐसी रचिये जो करें, जरा-मरण स्वीकार॥

मैं न करूंगा सृष्टि वह, बोले रुद्र सहास।
सृष्टिकार्य गणकेसहित, रखा न अपनेपास॥

-------------------(अध्याय - 13-14)---------------------

"अर्ध- नारि- ईश्वर" स्वरूपकी विविध वन्दना।
ब्रह्म- कथित इस महास्तोत्रकी भारी महिमा॥15॥

ब्रह्माजी की सृष्टि का, हो न सका विस्तार।
किया मैथुनी सृष्टि का, मनमें सुदृढ़ विचार॥
हो न सकी थी अबतलक, नारी कुलकी सृष्टि।
लोक पितामहको मिली, शुभविवेक की दृष्टि॥

सोचा शिवजीकी कृपा बिना, जगका विस्तार न संभव है।
लेकिन बिन तपके ईश्वरकी, होजाए कृपा असंभव है॥
यह सोचके विश्वात्मा विधिने, तप करनेकी तैयारी की।
शिवऔर शिवाके ध्यानसहित, तप ब्रह्माजीने भारीकी॥
थोड़े ही दिनके दृढ तपसे, होगए प्रसन्न उमा-शंकर।
आधा शरीर था नारी का, आधे शरीर में थे ईश्वर॥
ब्रह्माके आगे प्रकटहुए, ऐसा अद्त शरीर धरकर।
दंडवत् नमन करके विरंचि, प्रार्थनालगे करने सुन्दर॥
बार-बार करनेलगे, स्तुति पूर्वक जयकार।
महादेव जय देव जय, ईश्वर परमउदार॥

अर्धनारीश्वर-स्तवन॥

जयदेव आपकी जयहोवे। जय देवि आपकी जयहोवे॥
जय महादेव जय ईशाधिप। जय सब गुणश्रेष्ठ सबसुराधिप॥
जय प्रकृतिमयी जय कल्याणी।जय प्रकृतिपरे जय गुणखानी॥
जय जगजननी जय जगन्मयी।जय जगद्धात्रि जय जगत्सखी॥
त्रय कर्त्री, भर्त्री, संहर्त्री। आत्मात्रय की नियमन कर्त्री॥
प्रभु आप जगतके विस्तारक।और आपही इसके संहारक॥
हे देव! आपकी जय होवे। महादेव आपकी जय होवे॥
माँ तेरा किसीको ज्ञान नहीं।कोई भी तेरे समान नहीं॥
हो सचराचर में व्याप्त तुही।हो ज्ञात और अज्ञात तुही॥
हे देवि! आपकी जय होवे। महादेवि! आपकी जय होवे॥

जगके आधार आपकी जय।इस जगके सार आपकी जय॥
भव और भवानी की जय-जय।शिवऔर शिवानीकी जय जय॥
हे देव! आपकी जय होवे। महादेव आपकी जय होवे॥

श्री ब्रह्मदेव ने रूद्र और, रुद्राणी का गुणगान किया।
थे एक इसलिए एकसाथ, यशगान समेत प्रणाम किया॥
यह ब्रह्माजीका कहागया, सुस्तोत्र श्रेष्ठ और पावन है।
शिव-पार्वतीको अतिप्रिय है, अतिरुचिर और मनभावनहै॥

एक शरीरमें नारि-नर, जिनका रूप अनूप।
उनको मेरा प्रणाम है, सुखस्वरूप सुरभूप॥

----------------------(अध्याय - 15)----------------------

महादेव जी के तनसे, उद्भव देवी का।
देवीसे अवतरण हुआ तत्क्षण शक्तीका॥16॥

ब्रह्मदेवकी विनयसुन, हो प्रसन्न ईषाण।
बोले इच्छा- पूर्तिका, देता हूं वरदान॥
फिर वामभागसे प्रकट किया, श्रीरुद्र ने श्रीरुद्राणी को।
विद्वज्जनपराशक्ति कहते, शिवकान्ता इन्हीं शिवानीको॥
उन परमेश्वरी महेश्वरि की, की विनती बहुतविधाता ने।
अत्यन्त प्रेमसे हाथ–जोड़, गद-गद स्वरमें जगत्राता ने॥
हे अंब! जगत्पति शिवजी ने, कर सर्वप्रथम मेरी रचना।
दी प्रजासृष्टि और वृद्धीकी, परमेश्वर ने मुझको आज्ञा॥
मानसिक सृष्टि से मनचाही, हो रही प्रजाकी वृद्धि नहीं।
मैथुनीसृष्टिके बिना अंब, अब सृष्टिकार्यकी सिद्धि नहीं॥

नारीकुलका अबतलक, हुआ न प्रादुर्भव।
आप जन्मले दक्षगृह, करिये दूर अभाव॥
ब्रह्माकी यह प्रार्थना कर मां ने स्वीकार।
निज समानही शक्तिएक, किया तभी साकार॥

ब्रह्माकी इच्छा पूर्णकरो, देवीसे शिवबोले हंसकर।
शिव आज्ञाको कर शिरोधार्य, होगई दक्षकन्या जाकर॥
इसतरह शक्तिदे ब्रह्माको, शिव-शक्ति समाई शिवतनमें।

शिवजी भी अंतर्धान हुए, गतिदे ब्रह्माके सिरजन में॥
तबसेही मैथुनके द्वारा, यह प्रजा सृष्टिका कार्य चला।
ब्रह्माजी को आनन्द मिला, सारेही जगका हुआ भला॥

महादेवि से शक्तिका, आविर्भाव चरित्र।
मैंने तुम सबसे कहा, उत्तम और पवित्र॥
पुण्य और सुखवृद्धि का, यह चरित्रहै सूत्र।
मिलताहै सुनकर सुयश, और सुलक्षण पुत्र॥

----------------------(अध्याय - 16)----------------------

सपरिवार शिवने किया, मंदरगिरि पर वास।
कालीकहकर एकदिन, किया प्रियासे हास॥
कुपित अंबिका चलपड़ी, ले आज्ञा तपहेतु।
गौरी बनकर करूंगी, अब दर्शन वृषकेतु॥17-24॥

शिवजीसे पाकर पराशक्ति, ब्रह्माजी हर्षित हुए बड़े।
आधे शरीरसे नारि तथा, आधे शरीर से पुरुष बने॥
नारी-शरीरसे उसीसमय, उत्पन्न किया शतरूपा को।
और नर- शरीरसे रचडाला, स्वायंभूव नरभूपा को॥

पवन देवने तब कहा, सविस्तार मनुवंश।
सती और श्रीशिवचरित, दक्षयज्ञ विध्वंश॥
उमा तथा गणके सहित, होकर अंतर्धान।
कहांगए क्या-क्याकिये, शिवशंकर भगवान?

हे मुनियों बोले पवनदेव, शिव चलेगए मंदरगिरि पर।
शोभा जिनकी कहते न बने, ये हुए प्रसन्न वहाँ रहकर॥
देवी समेत श्री महादेव, सुख-पूर्वक वहाँ रमण करते।
वे इनके मनकी करतीथी, और ये उनके मनकी करते॥

समय बीतताही रहा सुखमय इसी प्रकार।
इधर मैथुनी-सृष्टिसे, हुआ प्रजा विस्तार॥
दो भाई शुम्भ-निशुंभ दैत्य, तप घोरकिया और पाया वर।
हम पुरुष जातिसे हों अवध्य, बलवानों में हम हों बढकर॥
हो अयोनिजा-व- अनस्पर्शा, उसकी अंशी हों पारवती।
हम उसके प्रति जब कामुकहों, तब उसके करसे हो मुक्ती॥
तब ब्रह्मासे 'तथास्तु' सुनकर, उसने सुरपतिको जीत लिया।

सारी धरती पर दोनों ने, प्रारंभ कर्म- विपरीत किया॥
स्वाध्याय वेदका कर समाप्त, यज्ञादि कर्मको बंद किया।
देवोंका करके मान हनन, जब अनाचार स्वच्छंद किया॥
तब उन दोनोंके वध-निमित्त, ब्रह्माने शिवसे की विनती।
हेनाथ! आपकी कृपा बिना, अब कोई शेष उपाय नहीं॥
देवीमें जिससे क्रोध जगे, कुछ ऐसा आप प्रयत्न करें।
जो मार सके उन-दोनोंको, अर्पित वह कन्या-रत्न करें॥

आश्वासन देकर उन्हें, विदा किये भगवान।
देवीसे एकान्त में, बोले चरित निधान॥

जो कहा नहीं वह कहता हूं, हे देवी तुम तो हो काली।
यह सुनते ही हो गई कुपित, आगई लोचनों में लाली॥
बोली यह काला-रंग मेरा, प्रिय न था तथापि छुपाया क्यों?
दुखदायक था यदि रूपमेरा, तो अबतक यहदुख पाया क्यों?॥
सुन्दरी त्रिया कितनीही हो, पतिका ही मिले न प्यार उसे।
तो उसका मरनाही अच्छा, जीने पर है धिक्कार उसे॥
जिसरूपकीनिन्दाकी शिवने, मैं अब न उसे रख पाऊँगी।
या तो मैं इसको त्यागूंगी, या खुद मैं ही मिट जाऊँगी॥

तप करने जाऊं अभी, आज्ञा दें हे नाथ।
यह सचनहीं विनोदथा, शिवने पकड़े हाथ॥

शिव बोले देवि कुपित मतहो तुममें है पूर्ण प्रेम मेरा।
मैं पिताहूं यदि भूमंडलका, मातृत्व मिला जगको तेरा॥
हम-दोनोंकाहै सत्यप्रेम, है कामका इसमें स्थान कहां?
इसका तो पीछे सृजन हुआ, पहले होगई सृष्टि रचना॥
साधारण जीवोंके निमित्त, मैंने ही इसे बनाया था।
मुझको ही साधारण समझा, तब मैंने इसे जलाया था॥
हम- दोनोंका लीला- विहार, जग रक्षाके ही लिये तो है।
यह मैंने जो परिहास किया, यह जग-मंगलकेलिये तो है॥

बंचित हो पति-प्रेमसे, करे न तनका त्याग।
निन्दित कहलाती वही, उसका बड़ा अभाग॥

है गौर हमारा वर्ण नहीं, इस कारण आप खेद सहते।
वरना मैं कलूटी-काली हूँ, यह नहीं कदापि कभी कहते॥
जो नहीं आपको प्रिय भगवन, वह निन्दितहै सत्पुरुषों से।
तप-द्वारा वहतन छोड़े बिना, रह सकती भला उमा कैसे?
यदि वर्ण बदलनाही है तो, तपकी क्या आवश्यकता है?

तेरी -मेरी इच्छा से यह, क्षण में संभव हो सकता है॥
संभवहै बोली उमा, किन्तु न यह स्वीकार।
करना हैयह वर्ण शुभ, तपसे ही साकार॥
करके उपासना ब्रह्मा की, गौरी होऊंगी काली से।
हो दोष अगर यह करनेमें, वहभी कहिये खुशियाली से॥
यह सुनकर चुप रहगये शंभु, हो कार्यपूर्ण सब सुरगणका।
हठकिया न इनसे रुकनेका, कल्याण जान जगजीवन का॥

----------------------(अध्याय - 17-24)----------------------

पार्वतीकी कठिन तपस्या कृपा ब्याघ्र पर।
ब्रह्माका आगमन बातचित सत्कृत होकर॥
गिरिजा द्वारा कृष्ण-त्वचाका त्यागा जाना।
त्यक्त-त्वचाको निजसमान कौशिकी बनाना॥25॥
हुआ कौशिकी हाथ से, शुंभ- निशुंभ संहार।
वर्णन इसका होचुका, प्रथम सहित विस्तार॥

कहाअनिलने श्री उमा, रख पतिमें अनुराग।
तपनिमित्त हिमगिरि गई, पतिसे आज्ञा मांग॥
उस तपोभूमि पर ये आई, पहले भी था तपकिया जहां।
तपपूर्णहुआथा प्रेमभी था, इसलिए पुनः आगई वहां॥
चुनकर तपभूमि पुनः उसको, मां-पिताके घरआई चलकर।
करके प्रणाम कह समाचार, आभूषण सारे ही तजकर॥

आज्ञा लेकर आगई, तपोभूमि अबिलम्ब।
तपस्विनीका वेष शुचि, करधारण जगदम्ब॥
कठिन तपस्या में हुई, श्रीगिरिजा तल्लीन।
पतिपद चिन्तन में, रमी जैसे जलमे मीन॥
ध्यान क्षणिक-लिंगमें उमा, करनेलगी त्रिकाल।
पूजन में अर्पण करे, सदा फूल फल माल॥

ब्रह्माका रूप बनाकरके, शिव तपका मुझको फलदेंगे।
तप इसविचारसे बढादिया, वे इच्छित वर्ण विमल देंगे॥
इसतरह कठिन-तपमें इनका, जब बीतगया अत्यधिक समय।
तब एकदिवस इनके समीप, आगया व्याघ्र भूखा निर्दय॥
देवीको खालेने निमित्त, कुछ दूर वहीं वह ठहर गया।
लेकिन उसका प्रत्येक अंग, जड़वत होकरके अकड़ गया॥
एकटक तकता था देवीको, मानो करता हो उपासना।

मां नें भी ऐसा ही माना, मनमें करुणाका भाव बना॥
यह दुष्टजन्तुओं मेरी, दिन -रात सुरक्षा करता है।
कबसे भूखा-प्यासा होगा, फिरभी न जगहसे टरता है॥
मुझसे भी कठिन तपस्यामें, यहलगा हुआहै धन्य इसे।
होगई कृपा जगजननीकी, करुणा मिलगई अनन्य उसे॥

जड़ता मिटी शरीरकी, नष्ट हुआ त्रयताप।
पुण्यरूप जीवन बना व्याघ्र बना निष्पाप॥

मिटगई भूखऔर प्यासतभी, और परमतृप्तिका लाभमिला।
जगजननीकी सेवा पाकर, मानस- सरका सब पुष्पखिला॥
अब बढी तपस्या देवीकी, वह तीव्र और तीव्रतर हुई।
और शुंभादिक दैत्यों द्वारा, देवोंकी दुर्गति इधर हुई॥
सब दुखी देवता ब्रह्माके, चरणोंमें जाकर नमित हुए।
निजकष्टकहे सब रो-रोकर, तब सुनकर ब्रह्मा-द्रवितहुए॥
जो हुई मंत्रणा थी शिवसे, कर उसे याद ये प्रजापती।
चलकर आए सुरगण समेत, थी जहां तपोरत पार्वती॥
जगकी उस मूर्त प्रतिष्ठाको, श्री रुद्रदेवकी भार्याको।
सबनेसाष्टांग प्रणामकिया, गिरिराज नंदिनीआर्या को॥

उठकर अंबाने किया, इन सबका सम्मान।
ब्रह्माजी कहने लगे, बनकरके अनजान॥

इस कठिन तपस्याके द्वारा, क्याहै अप्राप्त जो पानाहै?
शिवजी को पाना ही तपका, संपूर्ण श्रेष्ठ फल पानाहै॥
अथवा यहसब लीला-विलास, सबक्रिया-कलाप आपका है।
फिरभी शिवका वियोग सहना, कैसा तप-जाप आपका है?
देवी बोली शिवके द्वारा, उत्पत्ति आपकी हुई प्रथम।
इसलिये समस्त प्रजाओं में, हैं आप पुत्र मेरे उत्तम॥
फिर प्रजावृद्धि केलिए स्वयं, शिवबने आपके पुत्र जभी।
तब आप रुद्रके पिता हुए, और मेरे बनगए श्वसुर तभी॥
मैं बनी हिमालयकी पुत्री, वे पुत्र आपके प्रिय ज्यादा।
दाम्पत्य कलह क्या बतलाऊं, हे परमपूज्य मेरेदादा॥

कालापन इस देहका, मैं कर दूंगी त्याग।
गौर-वर्ण दे दीजिए, अब उससे अनुराग॥

ब्रह्मा बोले आपको, मेरा कोटि प्रणाम।
भारीतपउसकेलिये, जो था छोटा काम॥

राई समान फल- पानेको, तप कियागया पर्वत जैसा।
बच्चोंके हितके आगे में, माताको दुखका दुखकैसा?

जग-जननी इसलीला-द्वारा, इस धरतीका उपकार करें।
हैं शुंभ- निशुंभ लोक-पीड़क, उन दोनोंका संहार करें॥
वे मरें आपके ही हाथों, मुझसे ऐसा वर पाकर के।
हंसतेहैं आज वही दोनों, दुनियाँको रुला-रुला करके॥

सुस्थिर होकर त्यागिये, कृष्ण-त्वचा तत्काल।
यही शक्ति बन जायेगी, उनदोनों का काल॥
देवीने सहसा किया, कृष्ण- त्वचाका त्याग।
तुरत गौर- वर्णा बनी, था जिससे अनुराग॥

वह कृष्ण-त्वचा "कौशिकी" हुई, जो 'काली' बोली जाती है।
कहलाती यही "योगनिद्रा", 'वैष्णवी' बुलाई जाती है॥
थे आठ हाथ जिसमें उनने, कर रखेथे कई शस्त्र-धारण।
और तीन चमकतेथे मांके, वे सौम्य, घोरऔर मिश्र-नयन॥
था चन्द्रमुकुट सिरपर शोभित, अत्यन्त सुन्दरीथी देवी।
रति-रहिता, पुरुष-अनस्पर्शा, कौमारी कान्तिमयी देवी॥
ब्रह्माके करमें सौंप दिया, गिरिजा ने अंशमूर्ति अपनी।
जिससे दुष्टोंका दलनहुआ, और हुई सुशासित फिर अवनी॥

विन्ध्य शिखरपर विरचकर, एक निवास-स्थान।
विधिने सब साधन सहित, इनको किया-प्रदान॥
विविध वस्तुओं से किया, पूजन भले प्रकार।
कही व्यथा सुर-समुह की, करके जय-जयकार॥

हे मुने! सुपूजित ब्रह्मासे, श्रीगिरिजाजी की वह पुत्री।
इनदोनोंको करके प्रणाम, आज्ञा पालनमें तुरत लगी॥
अपने अंगोंसे अपनी-सी, शक्तियां कोटि उत्पन्न किया।
करकेवध शुंभादिक रिपुका, सुरकार्य सभी सम्पन्न किया॥

इस चरित्रका होचुका, इससे पहले गान।
कहताहूं बोले पवन, आगेका आख्यान॥

----------------------(अध्याय - 25)----------------------

व्याघ्र साथमें ले जाने की दीजे आज्ञा।
श्री ब्रह्मासे गीरीजीकी नम्र प्रार्थना॥
ब्रह्माजीका व्याघ्रको दुष्कर्मी बतलाना।
शरणागतका त्याग पापमय उमाका कहना॥
विधि आज्ञासे सिंह-सहित, गिरिजाका प्रस्थान।
मिलनाजननी-जनकसे, उन्हें प्रचुर सम्मान॥26॥

तब ब्रह्माजी से कहा, गौरीने हे तात।
बनी आपकी कृपासे, मेरी बिगड़ी बात॥
मैं गौरी बनी कालिका से, वरदान आपसे पाकरके।
देखें यह व्याघ्र भक्त मेरा, इसकीभी ओर कृपाकरके॥
नर-भक्षी वन्य प्राणियों से, इसने की है मेरी रक्षा।
अब मेरी जिम्मेवारी है, मैं सदा करूं इसकी रक्षा॥
यह मेरे सदा साथ रहकर, सेवक होगा अंतःपुरका।
शिव इसेकरेंगे हर्ष-सहित, सम्मान प्रदान गणेश्वरका॥
सखियों समेत वापसहूंगी, वनराजको मैं आगे करके।
मैं इसे साथ लेकर जाऊं, आज्ञादें आप कृपा करके॥
(चुराने आया तो भोलेने कृपा की, खाने आया तो उमाने दया की)
सुनकर गौरीके बचन, भोली भाली मान।
ब्रह्माजी करनेलगे, व्याघ्र-चरित्र बखान॥
हे देवि! कहां यह महाक्रूर, और कहां आपकी करुण-कृपा।
क्यों करना आप चाहती हैं, बिषधर पर अमृतमयी बरसा॥
कितने ही विप्रों को गौ को, अब-तलक चवाया है इसने।
राक्षस--ही कोई लगता है, सिंह--रूप बनाया है इसने॥
चाहे वैसा ही सही, जैसा कहते आप।
पर शरणागत त्यागका, मैं क्यों लूंगी पाप॥
शरणागत आज्ञापालक है, फिर तोमैं क्षमा चाहता हूं।
बिनजाने इतना बोल गया, माफी मैं पुनः मांगता हूं॥
जो आज्ञापालक सेवक है, उसका क्या पाप बिगड़ेगा।
आज्ञापालनसे विमुखहै जो, उसका क्या पुण्य सुधरेगा॥
हैं आप पुरातन-शक्ति अजा, हैं परमईश्वरी शक्ति-परा।
पर्वत को राई कर देती, करती छोटे को आप बड़ा॥
आज्ञा-पालनमें बीतगए, अबतक हरि, रुद्र, अमित ब्रह्मा।
आगेभी कितने बीतेंगे, यह जानें आप मुझे न पता॥
धर्मादिक चारों पुरुषार्थ, मिलते न किसीभी साधनसे।
यह जबभी जिसको मिलते हैं, मां तेरे ही आराधनसे॥
अंब आपको पूर्णतः, कौन सका है जान।
कृपामिली इस व्याघ्रको, यहहै धन्य महान॥
ब्रह्माजी प्रस्थित हुए, आज्ञा ले निजधाम।
गौरीने पितु- मातुको, जाकर किया प्रणाम॥
ले आज्ञा सखियों-सहित, आगेकर मृगराज।
वहां गई- बैठे जहां, थे शिवजी महाराज॥

------------------------(अध्याय - 26)------------------------

सार- संकेत

मंदर-गिरिपर श्रीगिरिजाका स्वागत आदर।
शिवद्वारा करना अभिन्न संबंध उजागर॥
मान-सहित उस सिंहको गणाध्यक्ष पददेना।
अंतः पुरके द्वार पे उसे प्रतिष्ठित करना॥27॥

गौरी बनकर जबगई, गिरिजा शिवके द्वार।
क्या फिर उनको दे सके, महादेव सत्कार?
ऋषियोंके सुनकर बचन, बोले पवन सुजान।
शब्दोंमें कैसे करे, कोई प्रेम बखान॥
शिव उनकी राह देखतेथे, कब आएं? कब पाऊं दर्शन?
सबगणने इन्हें प्रणामकिया, और किया इन्होंने शिववंदन॥
शिवजीने उन्हें उठाकर करके, अपने सीनेसे लगा लिया।
फिर एकटक उनके नेत्रोंमें, अपने नेत्रोंको टिका दिया॥
तेरी पूर्व- मनोदशा, देवि हुई क्या दूर?
जिसके कारण कष्टथा, क्रोधभी था भरपूर॥
यदि साधारण जीवोंकी तरह, हममेंभी क्रोधहुआ समझो।
तबतो इस सचराचर जगका, बिल्कुलही नाशहुआ समझो॥
मैंहूं पावकके मस्तक पर, तुम सोम शीशपर हो राजित।
जग अग्निऔर सोमात्मक है, हम-दोनों पर है आधारित॥
यह स्थावर-जंगम रूपजगत, वाणी-मय तथा अर्थमय है।
मैं अर्थरूप परमामृत हूं, तेरा स्वभाव वाणीमय है॥
वाक् अर्थमय सुधा जो, कैसे होंगे भिन्न।
विद्या और परमात्मा, जैसे सदा अभिन्न॥
तुम बोधदायिनी विद्याहो, मैं बोधगम्य परमेश्वर हूँ।
विद्यात्मा और वेद्यात्मा में, मैं नहीं मानता अंतर हूँ॥
अपने प्रयाससे सृजन और, संहार नहीं मैं करता हूँ।
वह तेरी आज्ञाहै देवी, मैं जिसका पालन करता हूं॥
ऐश्वर्यमूल आज्ञाही है, लक्षणहै वह स्वतंत्रता का।
ऐश्वर्य कहांसे आएगा, पालन न जहां हो आज्ञाका॥
आज्ञा और ऐश्वर्यका, जैसे नहीं वियोग।
हमदोनों का उसतरह, सदा-सदा संयोग॥
सुरकार्य सिद्धहो इसीलिए, मैंने कटुबचन सुनाया था।
तुमभी यहखूब जानतीथी, फिरभी क्यों गुस्सा आयाथा?

190

वह क्रोधभी जगके हितमें था, उससे जगका उपकार हुआ।
उन महाक्रूर राक्षसगण का, उससे ही तो संहार हुआ॥

सुनकर पतिके प्रियबचन, गौरी रहगइ मौन।
पतिमें उनके प्रेमको, कह सकता है कौन?

वहबोली नाथ! त्यक्त-त्वकसे, जो बनी नकभी बनीहोगी।
ऐसी कन्या तो हुई नहीं, आगे भी कभी नही होगी॥
फिर जन्मतथा रण-कथासहित, राक्षस-वधका सब चरितकहा।
उसलोक रक्षिका-अर्चनका, फल अक्षय और दुख रहित कहा॥
है कृपा आपकी काली से, मैं गौरी बनकर आई हूँ।
हे नाथ इसे स्वीकार करें, यह व्याघ्र भेंटमें लाई हूँ॥
इसनेही दुष्ट- जन्तुओंसे, रक्षाकी मेरे तपोवन की।
मेरी चिन्तामें सदारहा, चिन्ता न किया अपने तनकी॥
हैं मुझसे अगर प्रसन्न आप, तो इसको प्रेम-प्रदान करें।
शामिल कर द्वार-रक्षकोंमें, गणनायक पददे मान करें॥

मैं प्रसन्न हूं अत्यधिक, शिवबोले प्रियबैन।
गणनायक सुत यहहुआ, और तू ममता-ऐन॥
छड़ी छुरी और कबचसे, सज्जितहो तत्काल।
अपनी सेवा ब्याघ्रने, तत्क्षण लिया सम्हाल॥

हे ऋषियो उमा-सहित शिवको, इसने आनंद प्रदान किया।
इसलिये 'सोम नन्दी' होकर, सेवाके कार्य महान किया॥
तदनन्तर शिवने गौरीको, रत्न-भूषण उपहार दिया।
सुन्दर पलंगपर बिठलाकर, अपने हाथों ऋंगार किया॥

--------------------------(अध्याय - 27)----------------------

पावक- सोम स्वरूप का, प्रतिपादन प्रस्तार।
अग्नि-सोममय जगतका, वर्णन विविध प्रकार॥28॥

यहविश्व अग्नि-सोमात्मकहै, वागार्थात्मक भी बतलाया।
ऐश्वर्य-सार आज्ञाही है, वह आज्ञा तुम यह समझाया॥
गौरीके- प्रति शंभुके, यह कैसे हैं बैन?
ऋषिबोले कहिये हमें, आप ज्ञान-गुण ऐन॥
बोले श्री पवन रुद्रजी का, तेजोमय तन पावक-मय है।
और सोम-शक्तिका है स्वरूप, जो सदाशान्त अमृतमय है॥
हैअमृत 'प्रतिष्ठा' नाम कला, और "विद्या" नामक तेज कला।

संपूर्ण सूक्ष्म- भूतोंमें ही, रस तेज नहीं तो क्याहै भला?
है दो प्रकार की तेजवृत्ति, रविरुपा तथा अग्नि रुपा।
शशिरुपिणि, जलरूपिणि दो ही, रसकीभी वृत्ति युगलरूपा॥
रस मधुरादिक रूपमें, विद्तादि में तेज।
अचर सचर में हैं यही, यह हैरत अंगेज॥
उत्पत्ति अग्निसे अमृतकी, घृतआदि अमियसे अग्नि वृद्धि।
दी जाती आहुतियां इनको, जिससे मिलती हित-काम सिद्धि॥
जगमें यह शस्य-संपदा ही, करती हविष्य का उत्पादन।
आहुतियां देती वर्षा को, वर्षासे शस्य श्यामला धन॥
वर्षा ही देती है हविष्य, है टिका इसी पर जग सारा।
यहजगत अग्नि-सोमात्मकहै, मुनियों समझो रहस्य प्यारा॥
प्रज्वलित अग्नि देखी होगी, वह ऊपर जलती वहांतलक।
सोमात्मक परम अमृत मुनियो, ऊपरमें होता जहांतलक॥
नीचेसे ऊपर जहां तलक, जलती है पावक की ज्वाला।
बस वहींसे नीचे धरती तक, आतीहै अमृतमयी माला॥
इसलिएहै नीचे काल अग्नि, और है नीचेमें शक्ति सदा।
ऊपरमें भी कालाग्नि और, ऊपरभी रहती शक्ति सदा॥
गतिमान अग्निहैऊपरको, नीचेको जलका आप्लावन।
आधार-शक्तिने कालअग्नि, शिवशक्तिने किया सोमधारण॥

शिव हैं नीचे और है, ऊपर उनकी शक्ति।
ऊपर भी हैं शिव तथा, नीचे भी हैं शक्ति॥
सबकुछ शिवऔर शक्तिने, कर रक्खाहै व्याप्त।
बार-बार जलकर हुआ, जगत भस्मगति प्राप्त॥

यह भस्म न है, है अग्नि वीर्य, इसको ही 'अग्निवीर्य' कहते।
जो सविधि भस्म धारण करते, वे कभी न बन्धन में पड़ते॥
इस अग्निवीर्य को चतुर सोम, फिर से करडाले आप्लावित।
यह हुआ अयोगवृत्ति द्वारा, होगया प्रकृति से अनुशासित॥

योगयुक्तिसे हो अगर, शाक्तामृत बरसात।
भस्माप्लावन हो पुन:, तो बन पाए बात॥
प्रकृतिमुक्त उस भस्मका, आप्लावन कर प्राप्त।
कर लेता है जीव वह, अपना मरण समाप्त॥

यह आप्लावन मृत्युन्जय हैयह इसीलिए ही होता है।
शिव-अग्नि सोम-अमृतस्पर्श, अमरत्व प्रदायक होता है॥
गुह्यअग्नि और सोमके, इस स्वरुपका ज्ञान।

जिसने पाया मुक्त वह, उसे प्राप्त निर्वाण॥
तनको शिवाग्निसे करे भस्म, फिर सोमामृतका आप्लावन।
आप्लावन योग मार्ग सेहो, फिर उसप्राणी का कहां मरण॥
यह जगत अग्नि-सोमात्मक है, शिवजीने यही बताया था।
अबवह समझो समझाता हूं, जो शिवजीने समझाया था॥

---------------------(अध्याय - 28)----------------------

शब्द-अर्थमय जगतका, प्रतिपादन सविशेष।29।

वागर्थात्मकता इस जगकी, हे मुनियों! सुनो सुनाता हूँ।
षडपथका ज्ञान मिले जिससे, थोड़ेमें वह बतलाता हूं॥
कोई भी ऐसा अर्थ नहीं जो बिना शब्दके होता है।
और शब्दभी ऐसा नहीं कोई, जो बिना अर्थके होता है॥
समयानुसार संपूर्ण शब्द, सारे अर्थों के बोधक हैं।
शब्दार्थ भावसे प्रकृतिके दो ही, परिणाम प्रबोधक हैं॥
मूर्ति और प्रकृति इन दोको शिवऔर शिवाकी कहते हैं।
उनकी विभूति जो शब्दमयी, उसको भी त्रिविधा कहते हैं॥

स्थूला सूक्ष्मा और परा, यहही तीन प्रकार।
स्थूला है श्रुति गोचरा, सूक्ष्मा चिन्तन सार॥

कानों से पड़े सुनाई जो, स्थूला वह ही कहलाती है।
केवल चिन्तनमें आए जो, वह सूक्ष्मा मानी जाती है॥
है चिन्तनसे भी परे 'परा,' वह शिव तत्त्वाश्रित पराशक्ति।
वह सर्वशक्ति वह मूलप्रकृति, वह शक्तितत्व वह मूलशक्ति॥
उसको ही कुन्डलिनी कहते, वह विशुद्ध-अध्वा परामाया।
वह है विभाग-रहिता तथापि, छः अध्वायुक्ता बतलाया॥
इन छः में तीन शब्द-आत्मक, अर्थात्मक तीन कहेजाते।
हर पुरुष आत्म-शुद्धी समेत, लय भोग तत्त्वभाग पाते॥

परा प्रकृतिके आदि में, कहे पांच परिणाम।
निवृत्यादिकला यही, प्रथम कह गये नाम॥

मंत्राध्वा पदअध्वा समेत, वर्णाध्वा तो शब्दात्मक है।
भूवनाध्वा, तत्व, कला-अध्वा, ये तीनों ही अर्थात्मक है॥
है व्यापक व्याप्य भाव इसमें, है मंत्र पदोंसे व्याप्त सभी।
पदवर्ण समुहको कहते हैं, ये वर्णों से हैं व्याप्त सभी॥
भुवनों से व्याप्त वर्ण सारे, उपलब्धि वर्णकी भुवनों में।

तत्वोंसे व्याप्त भुवन सारे, उत्पत्ति भुवनकी तत्वों में॥
कारण तत्वोंसे बने भुवन, चर्चितहै कई पुराणों में।
शैवागम कई बताते हैं, तत्त्वादिक योगाख्यानों में॥
जितने प्रसिद्ध या गुप्ततत्व, सबकेसब व्याप्त कलाओं से।
जो पराप्रकृति की पंचकला, सब व्याप्त है तत्वविधाओं से॥

परा प्रकृति ऋषियो सुनो, व्यापक है सर्वत्र।
छः अध्वाओं में बंटी, और नहीं अन्यत्र॥
शक्ति समेत कहेपवन, पृथिवी-तत्व पर्यंत।
बने सभी शिवतत्व से, जिसका आदि न अंत॥
घट आदिक हरपात्र ज्यों, है मिट्टीसे व्याप्त।
उसीतरह शिव तत्त्व है, सभी तत्वमें व्याप्त॥
छः अध्वाओंके प्रथम, बता चुका मैं नाम।
होता इनसे प्राप्तहै, परमधाम शिव धाम॥

व्यापिका व अव्यापिका शक्ति, जिसक्रियासे जानीजाती है।
पांचों तत्वों का शोधन ही, ऋषियों वह क्रिया कहाती है॥
ब्रह्माण्डसेरुद्रलोक शोधन, होता है 'निवृतिकला' द्वारा।
उससे ऊपर अव्यक्त तलक, शोधन 'प्रतिष्ठाकला' द्वारा॥
उससे ऊपर विद्येश्वर तक, शोधनको 'विद्या कला' कहा।
उससे भी ऊपर "शान्तिकला" उससे ऊपर "शांत्यातीता"॥

करती है अध्वांत तक, शांति कला जो शोध।
"परम ब्योम' कहते उसे, देकर मरुत प्रबोध॥
बोले तत्व ये पांचहैं, जिनसे सबजग व्याप्त।
साधक अध्वा व्यापिका, करे ज्ञानभी प्राप्त॥
होता है इस ज्ञान बिन, सारा श्रम बेकार।
शोधन शुद्धि मिलेनहीं, मिले नरक आगार॥

बिन शक्तिपात संयोग मिले, तत्वोंका ज्ञान नहीं मिलता।
औरव्याप्तिवृद्धि जो आगेहै, इतना आसान नहीं मिलता॥
शिवकीचिद्रूपा पराशक्ति, परमेश्वरि ही तो आज्ञा है।
शिव कार्यरूप परमेश्वर हैं, कारणरूपा वह आज्ञा है॥
आत्मा है निर्विकार इसको, न बन्धन है न मुक्ती है।
है ऐश्वर्योंकी सीमा वह, अव्यभिचारिणि शिवशक्ती है॥
शिवकी समानधर्मा है वह, शिवकी समान भावा है वह।
शिवगृही और वह गृहणी है, शिव स्वामीहैं भार्याहि वह॥

प्रकृतिजन्य जगकार्यही, है इसकी सन्तान।
शिवजी कत्ताहिं तथा, कारण शक्ति महान॥

इन दोनोंमें है भेद यही, वास्तव में दोनों शिव ही हैं।
है नारि पुरुषका अंतर बस, सचमें तो दोनोशिवही हैं॥
इन पराशक्ति में और शिवमें, है रंचमात्र भी भेद नहीं।
जिसतरह सूर्यऔर प्रभा एक, दोनोंमें कुछ भी भेद नहीं॥
इसतरह परमकारण शिवहैं, उनकी आज्ञा परमेश्वरि हैं।
अविनाशी मूल प्रकृति शिवकी, होती इससे ही प्रेरित हैं॥
माया, महामाया, त्रिगुण प्रकृति, इन तीनरूप को धरती हैं।
छ: अध्वाओं को प्रकट मुने, वह इन्ही रूप से करती हैं॥

वे छ: हैं वागर्थमय, व्यापक है सर्वत्र।

इसकाही विस्तार है, शास्त्रों में अन्यत्र॥

----------------------(अध्याय - 29)----------------------

सर्वानुग्रहरूप हैं, सदास्वतंत्र महेश॥30-31-32॥

शिवसदा प्रशान्तभाव रखकर, यदिसदा अनुग्रहही करते।
क्योंनहीं सभीको एकसाथ, कर देते मुक्त पाश हरके?
यदिकहें सभीके कर्म-भिन्न, तो फल-समान कैसे होगा?
ईश्वर यदि सभी कराते हैं, तब जीव दुष्ट कैसे होगा?

ऐसे नास्तिक भावका, जिसप्रकार हो अंत।

वैसा ही उपदेश दें, पवनदेव बुधिबंत॥

हे द्विजो!युक्ति-प्रेरित संशय, यह आपसबोंको समुचितहै।
जो ज्ञान-हेतु पूछा जाए, उसमें न बुराई किंचित है॥
जिससे भ्रममिटे सज्जनोंका, मैं वह प्रमाण बतलाता हूं।
जो समझा मैंने गुरुजनसे, तुम सबको वह समझाता हूं॥
शिवकृपाका जिनपर है अभाव, नास्तिकता उनमेंही होती।
उनकेजो अनुग्रह भाजन हैं, -आस्तिकता उनमेंही होती॥

परा अनुग्रह कार्यमें, मात्र स्वभाव समर्थ।

जहां अभाव स्वभावका, वहां अनुग्रह व्यर्थ॥

'पर' कहलाताहै जगत, पशुऔर पाश स्वरूप।

यही अनुग्रह पात्रहै, शंभु अनुग्रह रूप॥

दूजों पे अनुग्रह करनेको, होतीहै शिवजी की आज्ञा।
करताहै अनुग्रह वह सबपर, देताहै इसकी वह आज्ञा॥
अनपेक्ष अनुग्रहमें रहकर, किसतरह अनुग्रहहो सकता।

है स्वतंत्रका यह अर्थनहीं, हो नहीं किसीकी आकांक्षा॥
यदि अनुग्रही परतंत्र हुआ, तो भुक्ति-मुक्तिका क्याहोगा।
हो नहीं शंभुकी आज्ञामें, ऐसा न कोई है और होगा॥
ऋषिबोले शिवजीके चरित्र, हैं अति विचित्र अत्यंत गहन।
जिसकोन देवता समझ सकें, कैसे समझें अज्ञानीजन॥
ब्रह्मादिक यद्यपि सृजन आदि, तीनों कार्योंमें सक्षम हैं।
भाजन हैं कोप- अनुग्रह के, शिव वशवर्ती हैं अक्षम हैं॥
शिव कृपा-कोपके पात्रनहीं, इनपर न किसीका बन्धन है।
इनका ऐश्वर्य अनाहत है, यह स्वतंत्रताका लक्षण है॥
जगके कारणहैं फिर कैसे, ये मूर्तिमानहो सकते हैं?
निर्गुण होकर फिर किसप्रकार, वे सगुण पुनःहो सकते हैं?
जिनका स्वभावही निर्गुण है, विपरीत भाव कैसे होगा?
कारण यदिइसमें स्वतंत्रता, तो नित्य स्वरूप कहां होगा?
मूर्त्यात्मा वाला सगुण रूप, शिवजीसे भिन्न कोई होगा।
शिवमूर्तिके वह होगाअधीन, निश्चय स्वाधीन नहीं होगा॥

स्वेच्छासे यदि तनधरें, तबभी कहां स्वतंत्र।

इच्छाकर्माधीन है, रहे कर्म परतंत्र॥

विधिसे पिशाच-तकहैं समर्थ, इच्छानुरूप तन धारण में।
त्यागें जब चाहें -तब यह भी, क्याहैं कर्मोंके बंधन में?
मुनि दधीचिसे रणमें हरिने, कर लियाथा विश्वरूप धारण।
शिवजीभी उन्हीं समानहुए, यदि येभी करते तनधारण॥
कारण के भी हैं शिवकारण, ऐसाही सुना कहा जाता।
सब पर ही अनुग्रह करते ये, ऐसा ही इन्हें कहा जाता॥
सर्वानुग्रह कारक होकर, करते देवासुर निग्रह क्यों??
निग्रह करते सुर-असुरोंका, फिर सर्वानुग्रह कारक क्यों?॥
ब्रह्माका पंचम सर काटा, है किसी कल्पकी यह गाथा।
होकुमतिग्रस्त हठ घोरकिया, सुतहोकर भीकी शिवनिन्दा।
नरसिंह स्वरूपको शिवजीने, तन शरभ बनाकर शांत किया।
चरणोंसे हृदय विदारण कर, मर्महत उन्हें नितान्त किया॥
फिर दक्षयज्ञ में निंदक को, छोड़ा न सभी को दंड दिया।
करदियाभस्म त्रिपुरासुरको, कुछ ऐसा क्रोध प्रचंड किया॥
रतिपतिको प्रजाप्राप्ति हितमें, करदिया भस्म शिवने क्षणमें।
वह गौजो दूध चढ़ाती थी, वह भी मिल गई हुतासन में॥
जलचक्रमें बांध जलंधरनें, फेंका था हरिको सौ योजन।

उसको त्रिशूलसे मार दिया, हरिको वह चक्रकिया अर्पण॥
करते दैत्योंका सदा दमन, छेदा त्रिशूलसे अन्धक को।
कर प्रकट कंठसे कालत्रिया, उससे मरवाया दारुक को॥

गौरीकी काली त्वचा, बनी असुरका काल।

मारा शुंभ-निशुंभ को, उसने ही तत्काल॥

कार्तिकेय के हाथसे, तारक का संहार।

इन चरितों का है कई, ग्रंथोंमें विस्तार॥

जब महाबली दसकंधरने, कैलाश-अचलको हिलादिया।
तब शिवजीने अंगूठे से, धरतीमें उसको दबा दिया॥
थी आयु शेष मारकंडेय की, उनको मरनेसे बचालिया।
और प्रलयकाल में जल्दी से, बड़वानलको वृष बनालिया॥
अंगों को चंचलकर शिवने, जगको ही चंचल कर डाला।
हे पवन देवता बतलाबें, निर्गुण में यह गुण कहां भला?
शिवकी आज्ञा में होनेसे, है अनुग्रही मूर्त्यात्मा भी।
जिस सगुणसे निर्गुण हो करगत, वह मूर्त्यात्मा शिवमूर्ति कही॥
शिव निर्गुणभी हैं सगुणभी हैं, जाने न कोई वे क्या-क्या हैं?
हम यही जानते बंधु मित्र और वही पिता और माता हैं॥
दिखती न अग्नि ज्यों लकड़ीमें, त्यों शिव न दीखते मूर्तिमें।
प्रज्ज्वलित काष्ठ लाया जाता, ज्यों पावककी आपूर्ति में॥

काष्ठखंड भी पूज्यहैं, जैसे अग्नि समान।

उसी तरहहैं मूर्ति में, स्वयं शंभु भगवान॥

इसीलिये पूजादि में, मूर्त्यात्मा का मान।

अर्चन वन्दन आदि से, होताहै सम्मान॥

मूर्त्यात्मा का पूजन अर्चन, शिवपूजन माना जाता है।
अर्चा विग्रह लिंगादिक में, शिवको ही पूजा जाता है॥
मूर्त्यात्मा पर परमेष्ठि शंभु, जिस तरह अनुग्रह करते हैं।
करते हैं उसी तरह सब पर निग्रह न किसी का करते हैं॥
निग्रह के दोष न उनमें हैं, वे तो केवल हित करते हैं।
हित स्वभाव है परमात्माका, सब काहित नित-नित करते हैं॥
ब्रह्मादिकके प्रति किये गये, वे निग्रह कभी न दूषित थे।
उसमें था निहित लोकहित ही, वे दोषरहित गुणभूषित थे॥
यह निग्रह नहीं अनुग्रह था, इसकारण हुआ प्रशंसित वह।
जो राग-द्वेष से प्रेरित हो, होता है निग्रह दूषित वह॥

अपराधी को दंडहो, ऐसा बना विधान।

ऐसा नृपही प्रजासे, पाता है सम्मान॥

सज्जन की रक्षामें खलको, दंडित भी करना ही होगा।
सामादिक जब हो जांय विफल, तब त्रासित करनाही होगा॥
दण्डान्त न्याय कटु होकर भी, जन संरक्षणमें समुचित है।
जो लोकहितों के हो विरुद्ध, ऐसा अनुशासन अनुचित है॥
देता है दंड दोषियों को, निर्दोष इसलिये ईश्वर है।
सत्पुरुष न उसे दोष देते, वह सत् है, शिव है, सुन्दर है॥

वह निग्रहभी श्रेष्ठहै, जिसमें तनिक न द्वेष।

पिता नहीं दोषी कहीं, पुत्र- दंड में लेष॥

शिव-आज्ञा पालनमें ही हित, और जो हित वही अनुग्रह है।
हित में जो करे खलल उसका निग्रह भी परम अनुग्रह है॥
शिवके द्वारा जड-चेतन सब, होते हैं हित में ही नियुक्त।
एक जैसा फल पाते न सभी, इसमें स्वभाव ही है अयुक्त॥
हित तत्पर सबको करने में, शिवका ही अनुग्रह साधक है।
पूर्णता न्यूनतामें उनका, अपना स्वभाव प्रतिबंधक है॥
रवि किरणें जैसे पुष्पोंको, करती विकाशमें प्रेरित हैं।
अपने स्वभावसे वे सारे, होते न एकसे विकसित हैं॥
पिघलाती आग स्वर्णको ही, जैसे कोयला अंगार नहीं।
वैसे ही शिव अधकचरेको, करते कदापि स्वीकार नहीं॥
जैसा बनना चाहिये जिसे, वैसा वह स्वयं नहीं बनता।
कर्त्ता की है भावना मूल, उससे ही बनता ना बनता॥

वस्तु, व्यक्तिही मुख्यतः, होते हैं परतंत्र।

कर्त्ता तो निर्दोष है, वह है सदा स्वतंत्र॥

जीवात्माएं हैं मलिन तथा, शिवजी स्वभाव से निर्मल हैं।
एक हैं जगमें ही रची- बसी, एक इससे परे मुकम्मल हैं॥
माया और कर्मका बंधन ही, जीवों का जग कहलाता है।
यह नहीं बांधते हैं शिवको, बस जीव ही बांधा जाता है॥
बन्धनका कारण मलही है, यहमल अपना स्वभाव ही है।
सबका स्वभावभी हैसमान, मलका अपना प्रभाव भी है॥
है अपरिपाक, परिपाक हेतु, कुछ मुक्तहैं कुछ बंधन में हैं।
बद्धों में भी उत्थानमें कुछ, और कुछ निकृष्ट पतनमें हैं॥
वैभव विवेक में कई अधिक, तो कई-कई बिल्कुल कम हैं।
कोई मूर्त्यात्मा ही होते, कोई शिव निकट रहे रम हैं॥
षडअध्धाओं के ऊपर जा, कोइ शिव-स्वरूप में रहते हैं।
कोई रहते मध्य महेश्वर हो, कोइ निम्न रुद्रहो रहते हैं॥
उनकी भी तीन श्रेणियां हैं, जो शिवके निकट वास करते।

मायासे परे इन सबोंको, उत्तम, मध्यम और नीच कहे॥
'आत्मा' होती निम्नस्थलमें, 'अंतरआत्मा' मध्यस्थल में।
परमात्मा जहाँ विराज रहे, वह है सबसे उच्चस्थल में॥

ब्रह्मा विष्णु महेश्वर हैं उनके ही नाम।

तीन तरह के जीव के, होते तीनों धाम्॥

प्रश्न-शिव जीवोंकी मुक्तिमें, हैं जब पूर्ण समर्थ।

फिर बन्धनमें डालकर, क्यों दुख देते व्यर्थ॥

उत्तर--ऐसा विचारहै उचित नहीं, कारण सारा जग है दुखमय।
फिर जो स्वभाव से दुखमय है, वह कैसे हो सकता सुखमय॥
जैसे रोगी को कुशल वैद्य, करदेता सुखी दवा देकर।
वैसे दुख हरते हैं शिवजी, औषधरूपी आज्ञा देकर॥
रोगोंके होने में लेकिन, कारण है वैद्य कदापि नहीं।
और बिना शंभुकी इच्छाके, होती जगकी उत्पत्ति नहीं॥

जगके मूल स्वयं शिव, दुःखका मूल स्वभाव।

है स्वभावका मूल मल, संसृतिमूल स्वभाव॥

दुखका कारण स्वभाव है जब, तब शिवकैसे होंगे कारण?
जीवोंमें स्वाभाविक मल है, वह ही करवाता अध: पतन॥
जो मल संसृति का कारण है, मायादि अचेतन कहलाते।
शिवका सान्निध्य बिना पाये, वह चेष्टाशील न बनपाते॥
सान्निध्य प्राप्तकर लोहेका, चुम्बक होता ज्यों उपकारक।
जड़-माया की संन्निधि पाकर, वैसे होते शिव उपकारक॥
चुम्बक गति देता लोहको, जीवों को शिव गति देते हैं।
वे अधम नष्टहो जाते हैं, जो शिव में दोष बताते हैं॥

शिवबिन होता ही, नहीं कोई भी गतिमान।

पत्ता भी हिलता नहीं, बिन आज्ञा ईषाण॥

होता है चेष्टाशील जगत, शिवसे ही होकरके प्रेरित।
आज्ञारूपा शिव शक्ति इन्हें, करती हैं नियंत्रित और नियमित॥
मुख है हर ओर शिवाज्ञा का, उससे है दृश्य-प्रपंच रचित।
फिर भी दोषों से रंचमात्र, शिवजी न कभी होते दूषित॥
ऐसा समीरके कहते ही, नभ वाणी गूंजी घन गभीर।
'हां' है वह सत्य, अमृतमय है, और सौम्यहै, सच कहते समीर॥
सुनकर सब लोग प्रसन्न हुए, सब संशय नष्ट हुए उनके।
श्री पवन देवता को सबने, सादर करबद्ध प्रणाम किये॥
संदेह मिट गया है इनका, मिट सका किन्तु अज्ञान नहीं।

ऐसा विचारकर सुरवरने, इनसे आगे की बात कही॥

है परोक्ष अपरोक्ष यह, दो प्रकारका ज्ञान।

अस्थिर-सुस्थिर भेद हीं, दोनो की पहचान॥

युक्ति-पूर्ण उपदेश से, होता है जो ज्ञान।

वह ही ज्ञान परोक्ष है, यह कहते विद्वान॥

वह अस्थिर और परोक्ष ज्ञान, अपरोक्ष ज्ञान बनता है तब।
हे मुनियों! उत्तम अनुष्ठान, विधि-सहित पूर्ण होता है जब॥
इस अनुष्ठान की सिद्धी को, इसलिये आप सब यत्न करें।
सुस्थिर अपरोक्ष कहाता जो, पानेका वही प्रयत्न करें॥

------------------------(अध्याय - 31)--------------------

ऋषियोंने पूछा पवनदेव, वह कौन श्रेष्ठ है अनुष्ठान।
मोक्ष-स्वरूप और अति-अनूप, जो देता है अपरोक्ष ज्ञान॥
श्रीपवनदेव बोले शिवने, जो परम- धर्म बतलाया है।
उसकोही अनुष्ठान उत्तम, ब्रह्मादिक ने समझाया है॥
हैं परम धर्म के पाँच पर्व, इसलिये ये पांच कहे जाते।
क्रमशः यह क्रिया, तथा जप, तप, फिरज्ञान व-ध्यान गिने जाते॥

ये साधन उत्कृष्ट हैं, करके इनको सिद्ध।

पाता नर अपरोक्षको, जो है ग्यान प्रसिद्ध॥

यह परम धर्म माना जाता, होता परोक्ष अपरोक्ष यहां।
साधनसे सिद्ध साधकों को, इसको पाने में देर कहाँ?
कहलाते परम और अपरम, वैदिक धर्मों के दो प्रकार।
हैं धर्म हमारी श्रुतियों में, ये ही प्रमाण है हर प्रकार॥
जिनको कहते हैं परम धर्म, वह उपनिषदों में वर्णित है।
जो अपरम है वह संहितामे, मंत्रों द्वारा प्रतिपादित है॥
कहते हैं अपरम धर्म जिसे, वह परम धर्मका साधन है।
अंगतथा उपांगसहित उसका, शास्त्रोंमें पुष्कल वर्णनहै॥

परम धर्ममें है नहीं, पशुओं को अधिकार।

अपरम में यज्ञादि में, खुला हुआ है द्वार॥

शिवजीके द्वारा प्रतिपादित, जो परम धर्म कहलाता है।
वह ही है उत्तम अनुष्ठान, यह शैव शास्त्र बतलाता है॥
शैवागम के दो भेद कहे, जो ”श्रौत” ”अश्रौत’ कहाता है।
श्रुतियोंके सारसे युक्त हैजो, वह ”श्रौत” की संज्ञा पाता है॥
जो है स्वतंत्र ”अश्रौत” वही, अट्टारह इसके हैं प्रकार।

कायिका आदि संज्ञाओंसे, यहसिद्ध तथा सिद्धान्त सार॥
शतकोटि श्लोकमेंजो विस्तृत, वह शैवशास्त्र श्रुतिसार युक्त।
है इसमें ही पाशुपत ज्ञान, व्रत इसमें ही पाशुपत गुप्त॥

आने वाले शिष्यको, देने यह उपदेश।
लेते हैं अवतार शिव, योगाचार्य सुवेष॥
ले-लेकर अवतार शिव, करते स्वयं प्रचार।
इसीलिये शिवकी सदा, होती जयजयकार॥
इसीशास्त्र को कर लघु, करते प्रवचन चार।
रुरु, दधीचि, उपमन्यु और, कुंभज मुनी उदार॥

संहिताओं के ये परवर्त्तक, पाशुपत यही कहलाते हैं।
उनकी सन्तानोंमें अगणित, इसके गुरु माने जाते हैं॥
छंद.. इस पाशुपत सिद्धान्त में, जो परमधर्म कहागया।
चर्यादि चार पदों के कारण चार यह माना गया॥
चारों ही में हे मान्य मुनियो! पाशुपत जो योग है।
दृढता सहित श्री शंभुके, साक्षात का संयोग है॥

अतः पाशुपत योग ही, अनुष्ठान है श्रेष्ठ।
शिवजीके साक्षातका, योग न इससे ज्येष्ठ॥

विधिद्वारा कथित उपाय तथा, नामाष्टकमय जो योग कहा।
उसके द्वारा होजाता है, तत्काल उदित शैवी प्रज्ञा॥
उस प्रज्ञाद्वारा शीघ्रपुरुष पा लेता सुस्थिर परमज्ञान।
होते प्रसन्न उसपर शिवजी, फिर परमयोग करते प्रदान॥
वह योगासिद्ध होकर शिवका, दर्शन अपरोक्ष कराता है।
शिवकेअपरोक्ष ज्ञानद्वारा, भवभय विनष्ट हो जाता है॥
होकर संसार मुक्त--प्राणी, शिवके समान हो जाता है।
ब्रह्माजी का बतलाया हुआ, यह जुगत बताया जाता है॥
शिव, और महेश्वर, रूद्र, विष्णु, पांचवें पितामह श्रीब्रह्मा।
संसारवैद्य, सर्वज्ञ तथा, आठवां नामहै परमात्मा॥
ये आठो नाम मुख्य शिवके, प्रतिपादक माने जाते हैं।
इनमें से पहले पांच नाम, जिनसे संबंध बताते हैं॥
शान्त्यातीतादिक पंचकला, वे हैं वे शिवके बोधक हैं।
इन उपाधियोंकी निवृत्ति ही, इन भेदोंके अवरोधक हैं॥

नित्यहै यहपद किंतु जो, पदसे होते युक्त।
पद परिवर्त्तन से सभी, हो जाते हैं मुक्त॥

दूजी आत्माओंको वह पद, वह पंचनाम मिलजाता है।
त्रयनाम भेद प्रतिपादन से, शिवमें अनुगत होजाता है॥

मलका जिसमें संसर्ग नहीं, शुचिहैं वे शिव कहलाते हैं।
हैं परे प्रकृति और तत्वों से, जो मायापति कहलाते हैं॥
उनकाही नाम 'महेश्वर' है, प्रकृति या मायामें उनसे।
उत्पन्न क्षोभजोहोता है, वह होता है श्री विष्णू' से॥
वे "कालात्मा" परमात्मादिक, नामोंसे पुकारे जाते हैं।
जो दुखका द्रावण करते हैं, यह कहिये मार भगाते हैं॥
उन शिवका ही साधु-पुरुष, यह रुद्र नाम हैं बतलाते।
वे पिता रूप सब जगके हैं, इसलिये पितामह कहलाते॥
जैसे रोगोंको मूलसहित, करता विनष्ट है चतुरवैद्य।
संसार-- रोग करते विनष्ट, वे कहलाते संसार-वैद्य॥
दस इन्द्रियवाले प्राणी दस, विषयोंका ज्ञान नहीं पाते।
शिव इसे जानते ठीक- ठीक, 'सर्वज्ञ' इसी से कहलाते॥
इन गुणोंसे नित्ययुक्त होकर, जो शिव सबकीही आत्मा हैं।
जिनसे न भिन्न आत्मा कोई, वे शिवजी ही परमात्मा हैं॥

आत्माको साधकस्वयं, सहस्रार ले जाय।
राजित शिवके तेज में, देवे इसे मिलाय॥
जीव इसतरहस्वयंको, करके शिवमे लीन।
शक्तामृत बरसात में, करे देह मलहीन॥

फिर अमृत रूप निज आत्माको, लाये उतारकर हदयदेश।
द्वादशदल कमलासीन ईशका, जीव करे चिंतन विशेष॥
फिर भावपुष्पसे शिवजीका, नामाष्टक द्वाराकर पूजन।
तदनन्तर प्राणायाम सहित, शिव नामाष्टकका हो कीर्तन॥
मानसिक आठ आहुतियों से, फिर नाभिदेश में करे हवन।
पूर्णाहुति नमस्कार पूर्वक, फिर उन्हें चढाए आठ सुमन॥
अंतिम अर्चन पूरी करके, अपने को भी करदे अर्पण।
फिर प्राप्त करे पाशुपत ज्ञान, पावे मुक्ती काटे बन्धन॥

--------------------(अध्याय - 32)--------------------

परम-धर्मका शैवागम द्वारा प्रतिपादन।
पुन: पाशुपत-ज्ञान तथा साधनका वर्णन॥33॥

ऋषि बोले व्रत पाशुपत, हमें कहें भगवान।
करके जिसे अजादिसुर, माने गए महान॥
कहा वायुने हे मुने!, गोपनीय जो ज्ञान।

मैं उसका ही कररहा, तुम सबके प्रतिगान॥
चित्रासेयुक्त पूर्णमासी, इस व्रतके लिये काल उत्तम।
शिवद्वारा अनुग्रहीत देश, वन, क्षेत्र, आदिहै स्थानोत्तम॥
कर त्रयोदशीको स्नान-ध्यान, आचार्य प्रवरकीले आज्ञा।
कर उनकी पूजा नमस्कार, व्रतके देवों की कर पूजा॥
पूजकके सभी श्वेत ही हो, सब वस्त्र जनेउ पुष्प चंदन।
मुट्ठीभर कुश लेकर बैठे, पूरब मुंह करके कुशआसन॥

करके प्राणायाम त्रय, करे शिवाशिव ध्यान।

करे पाशुपत सुव्रतका, फिर संकल्प महान॥

जबतक शरीर गिरजाय नहीं, या तो दीक्षाले तबतक का।
बारह, छः, तीन, हो वर्ष, मास, या दीक्षाले इतने दिन का॥
तदनन्तर विरजा हवन हेतु, विधिसहित करे अग्नि-स्थापन।
फिर क्रमशः घृतसमिधा चरुसे, श्रद्धासे साधक करे हवन॥
तत्त्वोंकी शुचिता हेतु पुनः समिधादिक का भी हवन करे।
हो मूल-मंत्रसे हवन तथा, सब तत्त्व शुद्धि का भाव रखे॥

मेरे तनमें तत्व जो, सभी शुद्ध हो जांय।

कौनसे कितने तत्वहैं, सबके नाम बताय॥

पांचभूत, पांचो विषय, तन्मात्राएं पांच।

ज्ञान इन्द्रियां पांच, और कर्म इन्द्रियां पांच॥

धातुएं त्वचादिक सात कहे, और वायु प्राणमय पांच कहे।
मन, बुद्धि, अहंकृति, प्रकृति पुरुष, फिर राग, कला, विद्या गिनले॥
माया शुचिविद्या नियति काल विद्या उपरान्त महेश्वरजी।
उपरान्त सदाशिव शक्तितत्त्व, शिव तत्व, तत्व बस इतने ही॥
कर हवन विरजमंत्रों द्वारा, साधक बनता है सत्त्ववान।
पाकर शिवका परमानु ग्रह, हो जाता है वह ज्ञानवान॥
गोबर लाकर पिण्डी रचकर, फिर उसको भी अभिमंत्रित कर।
दे डाल अग्नि में प्रोक्षण कर, रह जाय व्रती हविष्य खाकर॥
फिर चतुर्दशी को, (अगले दिन), उपरोक्त कृत्य सारे करके।
रह करके उसदिन निराहार, श्रद्धा समेत शिव--नाम जपे॥

पूनमको यहकृत्य सब, करके भले प्रकार।

हवनान्तर रुद्राग्नि का, करले उपसंहार॥

ग्रहणकरे वह भस्म फिर, होकरके कृतकृत्य।

अबतो मिटी अनित्यता, शेष रहगया नित्य॥

अब जटा रखे या शिखा रखे, या चाहे तो मुंडवाये सर।
भगवा अथवा मृगचर्म रखे, चिथड़े या रखे लंगोटी भर॥
कटिमें मेखला दंड करमें, पग धोये फिर आचमन करे।
उपरान्त 'अग्निरिति भस्म' आदि, छः मंत्रका उच्चारण करके॥
मस्तक से पगतक भस्म मले, उंकार सहित शिवमंत्र जपे।
'त्र्यायुषम' आदि मंत्रों द्वारा, भालादिक पर त्रिपुण्ड्र रचले॥

इसी तरह शिवभावसे, प्राप्तकरे शिवयोग।

तीनों सन्ध्याको करे, ऐसा ही संयोग॥

है यही पाशुपत व्रत मुनियो, यह भोग मोक्ष देनेवाला।
जीवों में जो पशुभाव सहज, उसको यह हर लेनेवाला॥
वैभव में स्वर्ण कमल आसन, प्रभुके निमित्त तैयार करे।
यदि नहो तो कमलासन ही दे, या भाव कमलआसन भरदे॥
कमलासन में सुस्फटिक लिंग, स्थापित कर करे महापूजन।
लिंग शोधन भी शास्त्रानुसार, इसविधिसे ही हो अस्थापन॥
फिर आसन देकर शिवलिंग में, पंचानन की कल्पना करे।
सामर्थ्यवान कंचनघट से, पांचो गोमय शिवपर डारे॥

इस प्रकार श्रद्धा सहित, उन्हें कराकर स्नान।

विविध भांति अनुलेपन, उनको करे प्रदान॥

दल फूल पत्र दुर्वाक्षतादि, उनका ही जान प्रदान करे।
फिर धूप-दीप नैवेद्यवस्त्र, देकर अपना कल्याण करे॥
जो अपनेको विशेष प्रियहो, निजश्रम से न्यायोपार्जित हो।
शिवजीको वही वस्तु प्रियहै, और वहही उन्हें समर्पित हो॥
श्रीपत्रोत्पल और कमलोंकी, एक-एक हजार की संख्या हो।
अन्यान्य पत्र और पुष्पोंकी, अष्टोत्तर शत की संख्या हो॥

सभी पत्र दलफूलमें, विल्वपत्र सविशेष।

इसके संग्रहमें रखे, कमी न साधक लेष॥

है एक सहस्र कमलसे भी, बढकर सोनेका एक कमल।
कहते हैं शैवशास्त्र ऐसा, है एक समान कमल श्रीदल॥
देकृष्ण अगुरु' अघोर' मुखमें, मनशिला दे 'सद्योजात' मुखमें।
दे' वामदेव' मुख में चन्दन, हरिताल देय 'पौरुष' मुखमें॥
'ईषाण' के मुखमें भस्म देय, ऐसा विधान बतलाते हैं।
शक्कर, मधु, घृतके बने धूप, सबके प्रिय माने जाते हैं॥

घृत कपूर की वर्तिका, इनको करे प्रदान।

सारे मुखके हैं पृथक, अर्ध्यचमन विधान॥

अब प्रथम आवरणमें गणेश, और कार्तिकजीका हो पूजन।

वाहांगों की भी हो पूजा, अब शुरूकरे द्वितीयावरण॥
हैं देव चक्रवर्ती इनके, इन विघ्नेशों का हो पूजन।
'भव' आदिक अष्टमूर्तियोंका, तृतीयावरण में हो अर्चन॥
हैं महादेव आदिक ग्यारह, मूर्तियांकरे इनका पूजन।
चौथे आवरणमें सबके सब, गण-ईश्वरका होवे अर्चन॥
पंचमावरण में पंकज में, दस दिक्पालोंका पूजन हो।
अस्त्रों की तथा अनुचरोंकी, उनके समानही अर्चन हो॥
ब्रह्माके मानस पुत्रोंकी, सब के सब ज्योतिर्गणकी भी।
सबके सब देवी देवों की, धरतीकी और गगनकी भी॥
नभ और पाताल वासियों की, सब ऋषियों सभी योगियों की।
मातृका सभी सब यज्ञों की, काशीस्थ द्वादशादित्यों की॥
गण-सहित क्षेत्रपालों की और, पूजा हो जग सचराचर की।
कोई न अपूजित रह जाएं, सब हैं विभूति शिवशंकर की॥

इस प्रकार से आवरण- पूजन के पश्चात्।

भक्ति सहित शिवपूजन, पुनः करे हे तात॥

तदनन्तर घृत व्यञ्जन समेत, शिवको नैवेद्य करे अर्पण।
ताम्बूल आदि देकर शिवका, श्रृंगार करे ले विविध-सुमन॥
आरति उतारकर पूजन के, बच रहे कृत्यको पूर्ण करे।
आवश्यक सामग्री समेत सुन्दर शैय्या शिवजी को दे॥
फिर करे कराये शिवपूजन, हर पूजन में देवे आहुति।
जपकरे पंच-अक्षरि विद्या, फिरकरे प्रार्थना और असतुति॥
अपने को करे समर्पित फिर, पूजे गुरु ईष्ट और ब्राह्मण
फिर अर्घ्यऔर दे आठफूल, करदेय विसर्जित सब सुरगण॥

करे विसर्जन अग्रिका, पूजनका निस्तार।

हर मनुष्य शिवका करे, पूजन इसी प्रकार॥

पूजाके अन्तमें कनक-कमल, शिवलिंग-समस्त उपकरण सहित।
यातो दे गुरुके हाथोंमें, या करे शिवालय में स्थापित॥
गुरुओं, विप्रों और व्रतियों को, भक्तों, अनाथ और दीनोंको।
सुविधा हो तो संतुष्ट करे, इनके समेत बलहीनों को॥
उपवासमें अगर समर्थ न हो, तो दूध पिये या फल-खाये।
भीक्षान्न लेय या एक भुक्त, भूपर ही निशिमें सो जाये॥
हो शयन निमित्त भस्मआसन, तृण-चीरासन या चर्मासन।
व्रतका प्रतिदिन हो अनुष्ठान, और ब्रह्मचर्यका हो पालन॥
बल हो तो रविको आद्रामें, पूनमको तथा अमावस को।

उपवास रखे उपरोक्त तथा, अष्टमीको और चतुर्दश को॥
सत्य, अहिन्सा, क्षमाऔर, सदा दया और दान।
शान्त और संतुष्ट रह, करे जाप और ध्यान॥
स्नान करेतीनों समय, या फिर भस्म-स्नान।
मन वाणी और कर्म से, पूजे प्रभु ईषाण॥

व्रतधारी करे न अशुभकार्य, करले तो प्रायश्चित्त करे।
गौ, वृषोत्सर्गमें, पूजनमें, परित्याग वो अपना वित्त करे॥
वैशाखमासमेंहीरकलिंग, और ज्येष्ठमें मरकतमणिमय लिंग।
पूजने योग्य है श्रावण में, नीलमका बना हुआ शिवलिंग॥
भादोंमें पद्मराग मणिलिंग, आश्विनमें मणि गोमेदके लिंग।
कार्तिकमें मूंगे, अगहन में वैदुर्यसुमणि के हों शिवलिंग॥
पुखराज पौषमें माघमें हो, श्रीसूर्यकान्त-मणिलिंग पूजन।
फाल्गुनमें चंद्रकान्त मणिलिंग, होचैत्रमें रविपति लिंगार्चन॥

मिले न यदि यह रत्नतो, श्रेष्ठ कनकमय-लिंग।

जो अपने कोसुलभ हों, वही हैं उत्तम लिंग॥

व्रतके समाप्तिके समय करे, पूजा विशेष उपरांत हवन।
आचार्य आदिका पूजनहो, इनमें हैं मुख्य व्रती ब्राह्मण॥
कुशआसन पर उतराभिमुख, बैठे और प्राणायाम करे।
जपमूलमंत्रका करे तथा, शिवजीका भावुक ध्यान करे॥
व्रतका उत्सर्ग कर रहाहूं, हे नाथ! आपकी आज्ञा से।
शिवलिंगके मूलमें उत्तरदिशि, यहव्रती कुशोंका त्यागकरे॥
फिर जटामेखला दंड चीर आचार्य की आज्ञा से त्यागे।
फिर विधिपूर्वक आचमन करे, और पंचाक्षरका जाप करे॥
देहान्त तलक व्रतकरता जो, वह 'नैष्ठिक व्रती' कहाता है।
वह महा पाशुपत सर्वश्रम से ऊंचा माना जाता है॥
जो बारहदिन तक व्रतरक्खे, वहभी है नैष्ठिकके समान।
जो तीनदिवस या एकदिवस, व्रत रक्खे वहभी है महान॥
जो निष्कामी कर्तव्यमान, अपनेको शिवके अर्पण कर।
यहव्रत रखताहै जीवनभर, उसजैसा कोई न धरती पर॥

नित्य लगाता भस्महै, जो ब्राह्मण विद्वान।

सब प्रकारके पाप से, वह पाता परित्राण॥

रुद्राग्रिका सर्वश्रेष्ठ बलही हे ऋषियो भस्म कहाता है।
जो सदा लगाए रहे भस्म, बलवान वो माना जाता है॥
जो भस्म-स्नात वहही विशुद्ध, वह भस्मनिष्ठ कहलाताहै।

उस भस्मनिष्केसभी दोष, भस्माग्नि दग्धहो जाता है॥
क्या भूत-प्रेत क्या दुसह-रोग, सब दूर भागते हैं इनसे।
जो युगों- युगोंसे सोये हैं, वह भाग्य जागते हैं इनसे॥
तनको करताहै भस्म-भासित, इसलिये 'भसित' कहलाता है।
पापोंका भक्षण करता है, इस कारण 'भस्म' कहाता है॥
हैं भूति, विभूति नाम इसके, कारण यह भूति दिलाता है।
यह रक्षक है इस कारण से, 'रक्षा' भी नाम धराता है॥
अधिक कहें क्या जो पुरुष, करता भस्म-स्नान।
शिवमें और उसमें नहीं, तनिक भी अन्तरजान॥

शिव भक्तोंके लिये यह, भारी अस्त्र समान।
दिलवाया उपमन्युको, यह विपत्ति से त्राण॥
भक्त पाशुपत व्रत करे, पाए भस्म महान।
बने भस्मसे स्नानकर, वह शिव शंभुसमान॥

----------------------(अध्याय - 33)------------------------

नकली दुग्ध नकार असल के लिये उलहना।
दीन बाल उपमन्यु से उसकी मांका कहना॥
दूध घूंट-भर के लिये, मत रो मेरे लाल।
करो शंभु आराधना, हो जाओ खुशहाल॥34-35॥

धौम्याग्रज उपमन्यु थे, बालक और नादान।
क्षीर हेतु तपसेलिया, - क्षीरसिन्धु का दान॥
बाल्यकाल में किसतरह, पाई शक्ति महान?
प्रवचन श्री शिवशास्त्र का, सत्स्वरूपका ज्ञान?
किसप्रकार तप-पर्व में, मिला भस्म विज्ञान?
श्रेष्ठवीर्य रुद्राग्निभी, कैसे मिली महान?
ऋषियों के इस प्रश्न से, गद-गद हुए समीर।
पुलकिततन नीरद नयन, बोले धरकर धीर॥
हे मान्य! न वे साधारणथे, सुत व्याघ्रपाद मुनिवरके थे।
हो योगभ्रष्ट फिरसे जन्मे, अन्यथा सिद्ध यतिवर वे थे॥
जब ये छोटेसेबालकथे, मामा के घरमें रहते थे।
माताके साथ गरीबीमें, ये चोट दुखों की सहते थे॥
मामाके आश्रममें एकदिन, जो दूधमिला वहथोड़ा था।

मामाके सुतको अधिकमिला, कारण वह उनका छौरा था॥
ईर्ष्यासे और कष्टसे होकर बहुत उदास।
बड़े आर्तहो कहरहे, आकर मांके पास॥
मैया! गैयाका गर्म-दुग्ध स्वादिष्टमधुर देदो लाकर।
थोड़ामत देना स्नेहमयी, देना मुझको गागर भरकर॥
बेटेकी बातोंको सुनकर माता को व्यथा अपार हुई।
छातीसे लगाया लल्लाको, आंखोंमेंजलकी धार हुई॥
माताविलाप करती जाती, बेटा प्रलाप करता जाता।
दो दूध, दूध दो, ऐसा हठ, वह लगातार करताजाता॥
घरमें जो अन्नके दानेथे, वह पीस घोलकर ले आई।
लो मीठा दूध पियो बेटा, मीठे स्वरमें बोली माई॥
वहदूध नहीं पी सका पुत्र, यह असली दूध नहींहै मां।
क्याकहे पुत्रसे क्या नकहे, अपने में आज नहींहै मां॥
सचमुचयह दूधनहीं बेटा, यहतो जलमिश्रित आटा है।
है लाभ नहीं शिवभजन बिना, केवल घाटाही घाटा है॥
दूध न पाओगे कहीं, शंभु--कृपा बिन लाल।
कृपा होगई तो ललन, तुम कृतकृत्य निहाल॥
हेपुत्र! भक्तियुत शिवजीको, जो कुछ भी होताहै अर्पण।
वह ही तो सभी वैभवों और संपतियोंका होता कारण॥
हमलोगोंने धनके निमित्त, अबतक न किया शिवकापूजन।
इसलिये न तुझको दूध मिला, यह है दरिद्रताका कारण॥
पूर्वजन्ममें शिवनिमित, दियेगये जो वत्स।
वहीमिले इसजन्म में, है यहनियम प्रशस्त॥
बोले उपमन्युअगर शिवहैं, तो माता अब चिंता मतकर।
गागर-भर दूध न अबलूंगा, मां अबतो लूंगा सागर भर॥
होकर प्रसन्न बोली माता, मेरा आनन्द बढा बेटा।
करभजन तू साम्ब सदाशिवका, जा और न देरलगा बेटा॥
जितनेभी अन्य देवताहैं, उन सबकी आशा लगन तजो।
मन, बचन, कर्मसे भक्तिसहित, गणसहित उन्हींका भजनकरो॥
वरदायक शिवका वाचकहै, साक्षात ये नमःशिवाय मंत्र।
होतेहैं इनमें लीन सभी, जगमें जो सात करोड़ मंत्र॥
इनसे सब मंत्र प्रकट होते, यह सबमंत्रों में प्रबल बड़ा।
तुम सबमंत्रोंको त्याग पुत्र, बस इसीमंत्र जपमें लगजा॥
विरजाग्नि होमसे सिद्ध भस्म, लो दियाथा तेरे पिताजीने।

यह विपति निवारकरक्षकहै, आशीष दिया माताजी ने॥
    मांकी आज्ञाहै जपो, शिव पंचाक्षर मंत्र।
    यह रक्षाका तंत्रहै, और पालनका यंत्र॥
कर मांकी आज्ञा सिरोधार्य, करके मांको प्रणाम सादर।
चलने की करके तैयारी, बोले माताके पग छूकर॥
दो आज्ञा आशिष मातु हमें, मां बोली हो कल्याण तेरा।
मंगल सब देव करें तेरा, मंगलमय हो प्रस्थान तेरा॥
हिमगिरिके उच्च-शिखर जाकर, होकर एकाग्र वायुपीकर।
ये रहनेलगे तपस्या-रत, दिनरात सुमरते पंचाक्षर॥
मंदिर छोटसा एक बना, मिट्टीका शिवलिंग स्थापितकर।
दलफूल आदि उपचारों से, शिवपूजन में होकर तत्पर॥
    दारुण-तपमें ये निरत, होकर भी कृशकाय।
    शिथिल न होनेदे रहे, सुमिरण नमःशिवाय॥
कुछ मुनिगण होकरके शापित, रहतेथे वहीं प्रेत बनकर।
वे इन्हें सताया करतेथे, दिनरात विभिन्न रूपधर कर॥
एकबार दुखी मुनिनन्दन ने, रो-रोकर नमः शिवाय कहा।
सुनकर सबप्रेत मुक्त होकर, अब करने लगे सदा सेवा॥
द्विज बालकके भारी तपसे, संतप्त चराचर जगत हुआ।
हरिके आग्रहसे शिवजीका, अद्त-स्वरूप यह प्रकटहुआ॥
शिव- इंद्रबने, शचि उमाबनी, ऐरावत वृषभ बने तत्क्षण।
सुर, असुर, सिद्ध, नागों समेत, आगए जहांथे मुनिनंदन॥
    बाल मुनिश्वर ने इन्हें, सादर किया प्रणाम।
    प्रभुके शुभ आगमनसे, धन्य हुआ यह धाम॥
    इंद्र बने शिवने कहा, हे मुनिवर मतिमान।
    जो इच्छा हो मांगलो. मुझसे वह वरदान॥
    मुनिबोलेदेवें मुझे, शिव-भक्तीका दान।
    कहा इन्द्रने क्या मुझे, रहे नहीं पहचान॥
मैं सभी सुरोंका पालक हूं, तीनोलोकों का मैं अधिपति।
तेरा कल्याण सदाहोगा, तुम मुझसे मांगो मेरी भगति॥
मैंही सबकुछ दे सकताहूँ, निर्गुण शिव तुझको क्यादेगा?
वह देवपंक्तिसे बाहर है, उसको भजकर तुम क्यालेगा?
शिवभक्त भला शिवकी निन्दा, कैसेसुन और सहसकते हैं।
चुपकिये बिना शिवनिंदक को, वे चुप कैसे रह सकते हैं॥
    पंचाक्षर जपते हुए, होकर कुपित अपार।
    बोले शिवनिन्दक तुम्हें, बार-बार धिक्कार॥

तुमनहीं जानते रुद्रदेव, हैं देवेश्वर के भी ईश्वर।
हैं जनक, महेश-विष्णुअजके, वे प्रकृति परहैं परमेश्वर॥
सत-असत्, व्यक्त-अव्यक्त, नित्य, वे एक अनेक कहेजाते।
वेतत्त्व--ज्ञानियों के उपास्य, वे सर्वोत्कृष्ट गिने जाते॥
मैं नहीं किसीका उनका हूं, और उनसे ही वर मांगूंगा।
जो कुछ भी मेरी इच्छा है, वे ही देंगे उनसे लूंगा॥
तेरा वधकर शिवास्त्र द्वारा, अपना शरीर भी त्यागूंगा।
जो दुग्ध-कामना थी मेरी, उसको भी अभी त्याग दूंगा॥
कर अघोरास्त्रसे अभिमंत्रित, जननीका दिया भस्म छोड़ा।
शिवचरण कमलका चिन्तनकर, अपना मन मरणहेतु मोड़ा॥
    आग्नेयी- धारणाको धारण कर प्रणवीर।
    आहुति-तुल्य बनादिया, अपना बाल शरीर॥
    सौम्य दृष्टिसे धारणा, शिव रोके तत्काल।
    अघोरास्त्रको पकड़कर, नंदी लिये सम्हाल॥
तज इन्द्ररूप धर शिवस्वरूप, मुनिको अपना दर्शन देकर।
शिवने लाखों दधि, दूध, सुधा घृत, आदिके दिलवाए सागर॥
रस सागर, भक्ष्य-भोज्य-सागर, पूओं का खड़ा पहाड़ दिया।
फिरवृषारूढ शिवदिखे इन्हें, थीं साथ अंब भगवती शिवा॥
दुन्दभियां बजी देवपुरमें, आकाशसे झड़ने लगे सुमन।
भरगई दिशाएं सुरगणसे, अग्रणी इन्द्र विधि नारायण॥
आनन्द सिन्धुमें हो निमग्न, उपमन्यु लेटकर धरतीपर।
साष्टांग प्रणाम लगेकरने, शिवजी ने लिया अंकमें भर॥
    मस्तक उनका सूंघकर, दिये कई वरदान।
    कहाबान्धवों के सहित, करलो भोजन पान॥
    सभी दुखों से छूटकर, सुखसे रहो हमेश।
    रहे तुम्हारे हृदय में, मेरी भक्ति विशेष॥
तुम आजसे मेरे पुत्र हुए, श्री उमा तुम्हारी माता हैं।
तुम बड़े भाग्यसे हमें मिले, हम तेरे भाग्यविधाता हैं॥
देता हूं तुम्हें दूध सागर, मधु, दही, अन्न घृत सागर भी।
पूओंका गिरि, फल, रस-सागर, और भक्ष्य-भोज्यका सागर भी॥
अमरत्व तथा गणपति पदभी, तुमको प्रदान करता हूं मैं।
जो और कहो वहभी दूंगा, यह बचन तुझे भरता हूं मैं॥
    हृदय लगाये भक्तको, ऐसा कह भगवान।
    दिया उमाकी गोद में, लो अपनी सन्तान॥

माताने बेटे के जैसा इनको, वात्सल्य महान दिया।
जो अविनाशी 'कुमारपद' है, वह इनको तभी प्रदानकिया॥
वैभव. संतोष, ब्रह्म-विद्या, मांने उत्तम संमृद्धि दिया।
पाशुपतज्ञान, व्रत योगआदि, प्रबचनकी शिवने सिद्धिदिया॥
प्रमुदित पुलकित उपमन्यु हुए, सब दिव्य अनगिनत वरपाकर।
निज भक्ति दीजिये नाथ हमें, बोले करजोर शीश नाकर॥
मेरे जो सगे कुटुम्बी हैं, उनमें हो मेरा प्रेम सदा।
अपना सामीप्य स्नेह सेवा, मुझको दें स्वामी करें कृपा॥

    मुझपर सदा प्रसन्न हों, हे देवों के देव।
    मेरा रखें सम्हालनित, प्रभु आप स्वयमेव॥

पवनदेव बोले मुने, शिवने कहा सहास्य।
सदा उपासक तुम मेरे, और मैं तेरा उपास्य॥
तुम अजर-अमर दुखरहित रहो, तुम दिव्यज्ञानके बनो निलय।
कुल-गोत्र बंधु बान्धव तेरे, हे भक्त सदा होवें अक्षय॥
मुझमें हो सदा तेरी भक्ती, आश्रममें तेरे रहूंगा मैं।
तुम मेरे सदा साथ होगे, और तेरे साथ रहूंगा मैं॥

    अंतर्धान हुए प्रभू दे यह सब वरदान।
    सुखपाकर उपमन्युभी, आए मांके स्थान॥

----------------------(अध्याय - 35)-------------------------

॥ श्रीवायवीयसंहिता पूर्वखंड संपूर्ण ॥

श्री शिवचरितामृत-वायवीयसंहिता (उत्तरखंड)

पवनदेव का ऋषियों से आगे बतलाना।
कृष्ण और उपमन्यु मिलनकी कथा सुनाना॥
उपमन्यू से शिव-सम्बंधी कथा पूछना।
वासुदेव का शिवसे सुत वरदान मांगना॥1॥

कहा सूतने मुनिगणों, नित्य-नियमके बाद।
पवनदेव बैठे तभी, आसन पर साह्लाद॥
मुनिगणभी आयेसभी, कर नितनियम समाप्त।
सुखपूर्वक बैठे सभी, करने अतिसुख प्राप्त॥
तब कहा वायुने करता हूं, मैं महादेवकी शरण ग्रहण।
जिनकी विभूति ही फैली है, संसार रूप सचराचर बन॥
ऋषिगण बोले शिवको प्रणाम, थोड़ा न कभी देते शंकर।
गागर भर लेने वालों को, वे देते हैं अगनित सागर॥
फिर सुनाहै यह भगवान कृष्ण, धौम्याग्रजके करके दर्शन।
पाशुपत ज्ञान भी प्राप्त किये और शिवका भी पाये दर्शन॥

वायुदेव करिये कृपा, कहिये यह आख्यान।
पाया क्या-क्या कृष्णने, शिवजी से वरदान॥
बोले पवमान निजेच्छा से, भगवान कृष्णने तप करके।
करके अति कठिन पाशुपत-व्रत, अपने शरीरको शुद्ध किये॥
वे पुत्र प्राप्ति की इच्छा से, आए मुनिवर के आश्रम पर।
पुलकित प्रमुदित श्रीकृष्ण हुए, उन परमशैव के दर्शनकर॥
मस्तक त्रिपुण्ड्रसे था अंकित, सारा शरीर था भस्मोज्ज्वल।
रुद्राक्ष हार आभूषण था, सर शोभित घना जटा-मंडल॥
ज्यों शास्त्रों से हों वेद घिरे, त्यों घिरे थे मुनिवर शिष्योंसे।
मुनिको प्रणामकर तुष्ट किया, प्रभुने अनेक-विधि विनयोंसे॥

भस्म लगाया कृष्णको, मुनिने कर सत्कार।
करवाया पाशुपत- व्रत, बारह मास सुधार॥
फिर मुनिने इनको किया, उत्तम ज्ञान प्रदान।
तब प्रभुतप करने लगे, पाने सुत सन्तान॥

यह एकवर्षमें सफल हुआ, शिव और शिवाका आराधन।
पार्षदों गणोंके सहित साम्ब-, शिवजीने इन्हें दिया दर्शन॥
प्रभुने कर नमन साम्बशिवसे, वरदान पुत्रका प्राप्त किया।
इसलिये जाम्बवति-नंदनका, शुभ नाम श्यामने साम्ब रखा॥
इसलिये अमित विक्रम प्रभुको, शुभज्ञान मिला महर्षिवर से।
सुन्दर सुतका वरदान मिला, अम्बा समेत शिवशंकर से॥

श्रवण कथन से यह कथा, देती है शुभज्ञान।
चारों फलके साथ ही, शिवकी भक्ति महान॥

------------------------(अध्याय - 1)------------------------

उपमन्यू से कृष्ण को, मिला पाशुपत ज्ञान।
कथा-प्यास बढती गई, सुन शिव-चरित महान॥2॥

पाशुपत-ज्ञान क्याहै कहिये?, और कैसे शिवजी हैं पशुपति?
जिज्ञासु बने किसतरह कृष्ण, हमसे कहिये प्रभु है विनती?॥
शिव- शिवकह बोले पवनदेव, मुनिवर थे बैठे आसन पर।
उस समय कृष्ण नेहाथ जोड़, श्रद्धा से पूछा सरनाकर॥
हे भगवन! शिवने गौरी को, जो दिव्य पाशुपत-ज्ञानदिया।
अपनी सारी विभूतियों का, उनको उपदेश महान दिया॥
कैसे होगये शंभु पशुपति? पशु कौन यहां कहलाते हैं?
किन पाशोंमें बंधतेपशु वे? फिर मुक्ति किसतरह पाते हैं?

सुने प्रश्न श्रीकृष्णके, शिवको किया प्रणाम।
फिर उत्तर देनेलगे, सुमिर शिवा-शिव नाम॥
ब्रह्मासे लेकर कीट तलक, सब शिवके पशु कहलाते हैं।
उन सबके ही पति होने से, शिव पशुपति बोले जाते हैं॥
पशुपति द्वारा ही सारे पशु, माया-मल से बांधे जाते।
आराधित होकर पशुओंसे, पशुपति द्वारा मुक्ती पाते॥
चौबीस तत्व जो हैं वे सब, हैं कार्य और गुण मायाके।
वे सबही विषय कहाते हैं, पशुओं के पाश यही सारे॥
इनसेही बांधकर पशुओं से, पशुपति निज कार्य कराते हैं।

ब्रह्मासे कीट तलक सबही, शिव प्रेरित करते जाते हैं॥
पुरुषोचित बुद्धि प्रकट करती, शिव आज्ञासे देवी प्रकृति।
बुद्धीने बनाया अहंकार, फिर उनसे ये इंद्रियां सभी॥
तन्मात्राएं जो पांचो हैं, वे अहंकार की हैं रचना।
इसने भी पंचभूत रचकर, पालनकी शिवजीकी आज्ञा॥

देह धारियों को करे, यह रच देह प्रदान।
बुद्धि कर्मनिर्णयकरे, अहंकार अभिमान॥

चेतता चित्तहै हे ऋषियो, संकल्प-विकल्पहै करता मन।
श्रवणादि इंद्रियां पृथक-पृथक, शब्दादि विषयको करेग्रहण॥
जिनके जो कार्य सुनिश्चित हैं, वे उसी कामको करते हैं।
परमेश्वर शिवकी आज्ञाको, ये सदा शीश पर धरते हैं॥
आकाश सर्वव्यापी होकर, सबके अवकाशका है कारण।
बाहर-भीतर समस्त जगको, ये वायुतत्व करते धारण॥
पाते पावक से हव्य-कव्य, सब पितर और सारे सुरगण।
पृथ्वी सबको धारण करती, जल सबको देता है जीवन॥
शिव आज्ञासे देवेश इंद्र, सब सुरगण का करते पालन।
असुरोंका करले दलन और तीनों- लोकों का संरक्षण॥
जलका संरक्षण और पालन, श्रीवरुण देवता करते हैं।
पुण्यात्मा के घरको कुबेर, धन और वैभव से भरते हैं॥
करतेहैं शेष शिवाज्ञासे, धरती को माथे पर धारण।
ब्रह्माजी करते सृजनसदा, भगवान विष्णु करते पालन॥

उद्धव पालन के सहित, हर करते संहार।
शिवआज्ञा से काल का, चलता सब व्यापार॥

रवि करते आलोकित जगको, शशि सदा सुधा करते प्रदान।
जो कुछभी सुना लखा जाता, उसमें है शिवका बल महान॥

----------------------(अध्याय-2)----------------------

शिवकी ब्रह्माआदि पंच-मूर्ति का परिचय।
ईषाणादिक ब्रह्म-मूर्तियों का भी आशय॥
पृथ्वी आदिक अष्ट-मूर्तियों काभी परिचय।
इनकी व्यापकता का वर्णन इनकी जय-जय॥3॥

शिवकी मूर्तियों से साराजग, परिव्याप्त और आच्छादित है।
अज, विष्णु, रुद्र, और महेशान, पंचमका नाम सदाशिव है॥

हैं इनके अतिरिक्त भी, शिवजीके तन पांच।
पुरुष, अघोर, ईषाण, और, वामदेव, सद्योजात॥
कहते हैं इनको पंच-ब्रह्म, या पंचमंत्र भी कहते हैं।
जगमें वह कोई वस्तु नहीं, यह पांच न जिनमे रहते हैं॥
'ईषाणमूर्ति' प्रकृति-भोक्ता, क्षेत्रज्ञ व्याप्त करके स्थित हैं।
'तत्पुरुष-मूर्ति' गुणरूप-भोग्य, अव्यक्त प्रकृतिमें अधिष्ठित हैं॥
धर्मादियुक्त जो बुद्धि तत्व, रहती 'अघोर-मूर्ति' उसमें।
बन अहंकार का अधिष्ठान है 'वामदेव-मूरति' उसमें॥
मनकी है अधिष्ठात्रि मूर्ति, कहते हैं 'सद्योजात' उसे।
उसके जैसी वह ही मूर्ति, उपमाही नहीं बताएं किसे?
श्रवणेन्द्रिय, वाणी, शब्द, गगन, जिसकी आज्ञा में रहते हैं।
विद्वान-पुरुष उस मूर्ति का, ईषाण नाम, शुभ कहते हैं॥
कर, त्वचा, स्पर्श और वायुतत्त्व, स्वामी कहलाता इन सबका।
वह विग्रह स्वयं महेश्वरका, 'तत्पुरुष' नाम कहते जिसका॥
छबि, नेत्र, पैर और अग्नितत्व, की स्वामिनि है 'अघोर-मूरति'।
जलतत्व, पायु, रसना और रसकी, स्वामिनि 'वामदेव-मूरति'॥
भूतत्त्व, घाण, लिंग और गंध, हैं 'सद्योजात' इसके स्वामी।
कल्याण-दायिनी पंच मूर्ति, सेवें इनको मंगल कामी॥

अष्टमूर्ति में शंभुकी, जग त्यों रहा समाय।
ज्यों मालामें सूत और तिलमें तेल समाय॥

भव, रुद्र, भीम, ये उग्र, शर्व, पशुपति ईषाण व महादेव।
ये आठ मूर्तियां शिवजी की, प्रख्यात बताते लोक-वेद॥
भूमयी मूर्ति श्री शिवजी की, करती सारे जगको धारण।
शिव विग्रह बने अधिष्ठाता, है 'शर्व' नाम इसही कारण॥
इसलिये 'शर्व' की यह मूर्ति, 'शार्वी' -मूर्ति कहलाती है।
जलमयी मूर्ति 'भव' मूरतिहै, वह 'भावीमूर्ति' कहाती है॥
तेजोमयी शिवकी 'रुद्र' मूर्ति, इसलिये कहाती है "रौद्री"।
गतिशील वायुमय 'उग्रमूर्ति', वहभी कहलातीहै "औग्री"॥
आकाश रूपिणी 'भीममूर्ति', 'भैमीमूर्ति' कहलाती है।
नेत्रों आत्माओं की धात्री, 'पशुपति' की संज्ञा पाती है॥

उच्छेदक पशुपाश की, कहलाती ईषाण।
वही दिवाकर मूर्ति बन, करती जग कल्याण॥

अमृत किरण को बांटती, घूम रही आकाश।
सारे जगको अनवरत, देती सदा प्रकाश॥

वह चंद्रमूर्ति शिव विग्रह हैं, कहलाते महादेव मूरति।

व्यापक हैं सभी मूर्तियों में, इसलिये विश्व है शिवमूरति॥
जैसे तरुमूल सींचने से, शाखाएं हो जाती सिंचित।
वैसे शिवजी के पूजन से, सारा जग हो जाता पूजित॥
उपकार, अनुग्रह, अभयदान, है सच्चा शिवका आराधन।
तुम सबको सब प्रकारसे ही, है योग्य साम्बशिवका सुमिरण॥
सुखसे पुत्रों और पौत्रोंके, सुख होता पिता पितामहको।
वैसे ही जगकी प्रसन्नता, देता है सुख शिवशंकर को॥
यदि किसी देह धारी को भी, कैसा भी दण्ड दिया जाता।
तो समझो अष्टमूर्ति धारी, शिवका अपराधकिया जाता॥

------------------------(अध्याय-3)------------------------

शिवा-शम्भु ऐश्वर्य का, वर्णन विविध प्रकार।4।

आच्छादित शिव मूर्ति से सारा ही संसार।
सुनकर प्रभु श्रीकृष्णने, प्रकट किया आभार॥
मुने! शिवा-शिवका मुझे, कहें यथार्थ स्वरूप।
इनकी व्यापकता सुनूं हे भक्तों के भूप॥
हे वासुदेव! थोड़े ही में, हम इस चरित्र को कहते हैं।
विस्तारसहित निज वैभवको, केवल शिवही कह सकते हैं॥
हैं शक्तिशिवा, शिवशक्तिमान्, संपूर्ण जगत है उनके वश।
वे नहीं किसी के वशमें हैं, वे सबके स्वामी और स्ववश॥
उनकी विभूति का लेशमात्र, जगका समस्त सचराचर है।
जड़-चेतन, शुद्धाशुद्ध कहो, या उसको कहो पर-अपर है॥
जड़ से मिलकर जो भटकरहा, वह चेतन अपर कहाता है।
जड़-बन्धन से जो है विमुक्त, उसको पर माना जाता है॥
पर-अपरके स्वामि शिवा-शिव हैं, है अखिलविश्व उनके वशमें।
विश्वेश्वर वे कहलाते हैं-, वे नहीं विश्व के हैं वशमें॥
जैसी हैं शिवा देवि सौम्या, वैसे भोले हैं शिवशंकर।
चांदनी चन्द्रमा में जैसे, अन्तर न कहीं होता तिलभर॥
चंद्रिका-बिना ज्यों चंद्रदेव, त्यों शिवा बिना हैं शिवशंकर।
जैसे अभिन्न रवि और प्रभा, उस तरह न दोनों में अंतर॥
शिव देते भोग-मोक्ष जिससे, वह शक्ति सदा शिवके आश्रित।
वे समधर्मिणी कहाती हैं, शिवजी के द्वारा अनुशासित॥

विविध सृष्टि करतीं वही, शिव इच्छा सिरधार।
मूल प्रकृति, माया तथा, त्रिगुणा कहे प्रकार॥
शक्ति रुपिणी शिवाही, करती जग विस्तार।
किन्तु भेद व्यवहारसे, उनके भेद हजार॥
जब पराशक्ति शिव-इच्छासे, एकता प्राप्त करती शिवसे।
तब सृष्टि उसतरह होतीहै, ज्यों तेल निकलताहै तिलसे॥
होती उत्पन्न शक्तिसे फिर, जो शक्ति कहाती क्रियामयी।
विक्षुब्ध अवस्थामें उससे, होगई 'नाद' की उत्पत्ती॥
उदत 'नाद' से 'बिन्द' हुआ, बिन्दद्रम हुआ 'सदाशिव' का।
फिर हुए 'महेश' सदाशिवसे, उनसे हो गई 'शुद्ध विद्या'॥
'वर्णाक्षर' वे ही हैं मुनियों, 'मातृका' वही हैं कहलाती।
फिर काल, नियति, 'विद्यादिकला' मायानेकी इनकी सृष्टी॥
फिर कलासे राग-व-पुरुषहुए, मायासे त्रिगुणाव्यक्त प्रकृति।
त्रिगुणासे तीनों-गुण प्रकटे,' सत 'रज' 'तम' इनके नाम सही॥
हुए त्रिगुणसे मूर्तित्रय, जो कहलाए 'गुणेश'।
तत्त्व आदि सारे बने, 'अण्ड'-व-'पिण्ड' अशेष॥
हुए देहके भेद से, बहुत शक्तिके भेद।
स्थूल-सूक्ष्मके भेदसे, ये अनेक कह वेद॥
ये रुद्रदेव की रुद्राणी, श्री ब्रहदेव की ब्रहाणी।
श्री विष्णुकी ये वैष्णवी तथा, श्रीइन्द्रदेकी इन्द्राणी॥
है विश्वव्याप्त शक्त्यात्मासे, जैसे तन अंतरात्मासे।
सचराचर जगत शक्तिमय है, हैं शक्तिव्याप्त परमात्मासे॥
उस ईश्वरकी इच्छानुसार, रचती है जगको पराशक्ति।
यह विद्वानों का निश्चय है, संदेहकी इसमें जगह नहीं॥
मुने शक्ति-संयोग से, शक्तिमान् भगवान।
शाक्त, शैव कहला रहा, इनसे प्रकट जहान॥
माता और पिता बिना जैसे, बेटे का जन्म नहीं होता।
भवऔर भवानी बिन वैसे, यह जग उत्पन्न नहीं होता॥
स्त्री पुरुषसे प्रकटहुआ यहजग, स्त्री-पुरुष रूपही है मुनियो।
स्त्रीऔर पुरुषकी यह विभूति, इनसेही अधिष्ठितहै मुनियो॥
हैं शक्तिमान शिव पुरुषरूप, ये कहलातेहैं परमात्मा।
स्त्री-रुपिणि उनकी पराशक्ति, कहलातीहैं भगवती-उमा॥
लो जान महेश्वर शिवजीको, माया को जाने महेश्वरी।
परमेश्वर शिवहैं पुरुष और, प्रकृती शिवापरमेश्वरी॥

शिव विष्णु शिवानी हैं लक्ष्मी, शिवरुद्र शिवानी रुद्राणी।
शिव भास्करहैं और शिवाप्रभा, शिव ब्रह्माऔर ये ब्रह्माणी॥
शिवहैं महेन्द्र, हैंशिवा-शची, शिव-अग्निऔर स्वाहाहैं उमा।
शिव-वरुण, वारुणी पार्वती, यम-शंभु, भवानी यमकी प्रिया॥
शिव-वायु, भवानी-वायुप्रिया, शिव-चंद्र, रोहिणी पारवती।
परमेश्वर शिव ईषाण तथा, परमेश्वरि ईषाणी पत्नी॥
स्वायंभूव-मनूके रूपहैं शिव, भगवती शिवाहैं शतरूपा।
कालाग्नि रुद्र हैं शिवजी और, काली कालान्तक-प्रिया शिवा॥
हैं महादेव साक्षात दक्ष और, महादेवि देवी प्रसूति।
अंगिराहैं शिव, हैं उमा-स्मृति, येहैं मरीचि वेहैं संभूति॥
शिवहैं पुलस्त्य, और शिवा-प्रीति, शिव-क्रतुहैं पार्वती-सन्नति।
वे अत्रि और ये अनुसूया, वे कश्यप हैं और येहैं अदिति॥
संसार मात्रके नारि-पुरुष, सब ही हैं इनकी विभूतियां।
शिवहैं संसारके सभी पुरुष, और शिवा देवि हैं सभी स्त्रियां॥

शब्द उमाका रूप है, श्रोता शिव भगवान।
ईषाणी हैं दृश्य और द्रष्टा हैं ईषाण॥

रसरूप उमा, हैं रसिक शाम्भु, हैं प्रेम उमा, प्रियतम शिवहैं।
हैं ज्ञान उमा, ज्ञानी शिव हैं, संगीत उमा सरगम शिव हैं॥
हैं क्षेत्र उमा, क्षेत्रज्ञ हैं शिव, शिव दिन हैं और शिवा रात्री।
शिव सागरहैं, तट-भूमि शिवा, शिव हैं आकाश, शिवाधरती॥
संपूर्ण पुल्लिंग स्वरुप स्वयं, शिवजी ही करते हैं धारण।
इस तरह सभी स्त्रीलिंग-रूप, भगवती शिवा करती धारण॥
हैं शब्दमात्र का रूप उमा, और अर्थरूप शशिशेखर हैं।
हैं उमा पदार्थों की शक्ती, सारे पदार्थ शिवशंकर हैं॥

जैसे दीपक की शिखा, घरमें करे प्रकाश।
वैसे उनके तेज से, व्याप्त धरा-आकाश॥
'शर्व' रूप ये सर्वका, करते हैं कल्याण।
जीवमात्रको हैउचित, इनका सुमिरण ध्यान॥

हे कृष्ण! इसतरहसे मैंने, जो कमोवेश यहकिया कथन।
इतने ही नहीं सदाशिव के, संपूर्ण रूपके हैं वर्णन॥
सारे महान पुरुषोंके भी, मनकी सीमासे परे हैं जो।
फिर वाणीकीभी सीमामें, किसतरहसे आ सकतेहैं वो॥
अपने अनन्य भक्तोंकेही, मन मन्दिरमें आते हैं वे।
जो भक्तिहीनहैं स्वप्नमें भी, शिवको नकभी पातेहैं वे॥

मैंने जो कहा यह प्राकृतहै, यह अपरा मानी जातीहै।
इससे है भिन्न अप्राकृतहै, वह पराविभूति कहाती है॥

मन वाणीसे यह परे, परा इसीसे नाम।
यही परमगति है मुने, अथवा यह परधाम॥
जो यथार्थ में पा गया, इन दोनोंका ज्ञान।
अपरा को वह जानकर, पराको लेता जान॥

हे कृष्ण! गोप्य होने पर भी, मैंने यह तुमसे किया कथन।
जो शिष्य, पुत्र या भक्त नहो, मत करना यह उससे वर्णन॥
शिवभक्त और विश्वासी जो, जिसका पवित्र है तन और मन।
वह मन-बांछित पा लेता है, इस चरित्र का करके कीर्तन॥

------------------------(अध्याय - 4)----------------------

शरण करे इनका ग्रहण उसका ही उद्धार॥5॥

यहजग शिवका रुपहै, नहीं जानते अज्ञ।
बद्धहैं ये पशुपाशमें, ज्ञानहीन अलपज्ञ॥

जो विज्ञहैं वे महर्षिगणभी, शिवको न समझनेके कारण।
उनएकका ये सब करते हैं, कइ एक स्वरूपों में वर्णन॥
कोई अपरब्रह्म कहते उनको, कोई परब्रह्म बतलाते हैं।
कोई ब्रह्म इन्हें कहते कोई -सदसत्पति इन्हें बताते हैं॥
कोई इन्हें क्षराक्षरपर कहते- कोई विराट इनको कहते।
कोइ अंतर्यामी परमपुरुष, तैजस और प्राज्ञ इन्हें कहते॥
कोइ विश्वरूप कोई तुरीय, कहते हैं तुरीयातीत कोई।
हैं किसीकेमतमें शब्दरूप, कहते हैं शब्दातीत कोई॥
जाग्रत, स्वप्न, सुसुप्ति कोइ, कोइ सौम्य कोइ घोर।
कइके मतमें वृद्ध ये, कइयोंके ये किशोर॥
कोइ वीतराग कहते इनको, कोई बतलाते रागवान।
कोई विज्ञान कहें इनको, कोई कहते हैं इन्हे ज्ञान॥
निर्गुण और सगुन कहें कोई, कोइ सक्रिय कोइ निष्क्रिय कहते।
कोई निराकार साकार कोई, अन-ऐंद्रिय कोई सेन्द्रिय कहते॥
चिन्तन का विषय कहें कोई, कोई अचिन्त्य बतलाते हैं।
कोइ ज्ञेय और अज्ञेय कोई, कोइ पर और अपर बताते हैं॥
शिवजीके विषयमें इस प्रकार, नाना प्रतीतियों के कारण।

उनका स्वरूपजो है यथार्थ, वह नहीं समझपाते मुनिजन॥
जो सर्वभाव से एकमात्र, शिवजीकी शरणमें आते हैं।
वे ही यथार्थरूप उनका, बिन यत्न जान-लख पाते हैं॥
उन सर्वेश्वर परमेश्वरकी, लेता न शरण प्राणी जबतक।
संसार चक्रमें पाशोंमें, बंधकरवह दुख पाता तबतक॥
  परमात्माका जीव जब, करलेता साक्षात।
  पाप-पुण्यसेहो विरत, होता विमल हठात्॥

-----------------------(अध्याय - 5)-----------------------

  शुद्ध-बुद्ध आदिक कहे, शिवके विविध स्वरूप।
  मुक्त अतीत जगन्मय, शिव एकाक्षर रूप॥6॥

शिवमें मल नहींनबंधनहै, कर्मोंका और न मायाका।
तत्वों, तन्मात्राओं, भूतों, इन्द्रियोंका बन्धन छू न सका॥
  काल, कला, विद्या, नियति, राग न इनमें द्वेष।
  कर्मऔर परिपाक नहिं, सुख-दुख रंच न लेष॥
भोगोंव भोग-संस्कारों से, कुछ भी सम्बन्ध नहीं इनका।
इनका कारण, कर्त्ता न कोई, आद्यांत न मध्य कहीं इनका॥
कोइ अकर्तव्य कर्तव्य नहीं, नहिं बन्धु-अबन्धु नियंता है।
पति, प्रेरक, त्राता, गुरु न कोई, नहिं पालक रक्षक हंता है॥
विधि-इन्हें, न कोई निषेध इन्हें, इनका न जन्म इनका न मरण।
नहिं बाँछित और अबांछित कुछ, इनमें न मुक्ति है या बंधन॥
  दोष कोइ इनमें नही, ये सद्गुण आगार।
  परमात्मा साक्षात ये, 'मोहन' परम उदार॥
सारे जगमें सब स्थानोंमें, ये हुए व्याप्त स्थित रहते हैं।
इस कारण शास्त्र, पुराण, सभी, सुर 'स्थाणु' इन्हींको कहते हैं॥
ये सत्स्वरूप ये सर्वरूप, ये सर्वेश्वर परमेश्वर हैं।
जो इन्हें इस तरह जानगए, इसजगमें धन्यवही नर हैं॥
हर कल्पमें ब्रह्मा होते हैं, थोड़े दिनतक रहनेवाले।
उनसे शास्त्रोंका गूढतत्व, होते हैं शिव कहने वाले॥
अत्यल्प काल रहनेवाले, गुरुओंके भी शिवजी गुरु हैं।
छू पायानहीं काल जिनको, वे रुद्र सदा सबके गुरू हैं॥
  तनअक्षय सुखअक्षय, उनमें शक्ति अनंत।

तेज प्रताप क्षमादिके, धामहैं शिव भगवंत॥
शिवके सारे नाम में, प्रणवही सबसे श्रेष्ठ।
शिवकावाचकहै प्रणव, इसकाही जपज्येष्ठ॥
दो नहीं वाच्य और वाचकहैं, विद्वान एक कहते इनको।
कहतेहैं शिवको प्रणवरूप, और प्रणवको शिवस्वरूप कहते॥
माण्डूक्य उपनिषद में इसमें, मात्राएं चार बताते हैं।
'अकार" उकार', 'मकार' 'नाद', इन चारोंमें सब आते हैं॥
ऋगवेद 'अकार', 'उकार' यजुर, जो सामवेद वहहै 'मकार'।
है 'नाद' अथर्ववेद की श्रुति, इन चारों में हैं वेदचार॥
है 'अकार' रजोगुण महाबीज, यह ब्रह्मा स्वयं सृष्टिकर्त्ता।
है योनि-प्रकृति रूपा 'उकार', सत्वगुण विष्णुपालन कर्ता॥
है 'मकार' जीव आत्मा-व-बीज, संहारक रुद्र कहाता है।
है 'नाद' परमपुरुष परमेश्वर, शिव इसे शास्त्र बतलाता है॥
कर्ता भर्ता और संहर्ता, मात्राएं तीन प्रणव की है।
आधी मात्राजो नादबची, वह बोधक शिव स्वरूप की है॥
  इनसे अधिक न सूक्ष्म कोउ, इनसे नहीं महान।
  इनसे ही परिपूर्ण है, - यह संपूर्ण जहान॥

-----------------------(अध्याय - 6)-----------------------

  शम्भु-शक्तिको मुनियों ने साक्षात निहारा।
  मुक्ति प्राप्त होती जीवों को शिवके द्वारा॥
  शम्भु धर्मपंचक एवम शिव-सेवा भक्ती।
  शैवज्ञान, शिव-उपासना शिवदर्शन प्राप्ती॥7॥

हैं एक अनेक दीखती है, शिवजीकी सहज शक्ति विद्या।
जिस तरह आगसे चिंगारी, या जिस प्रकार रवि और प्रभा॥
इनसे ही इच्छा ज्ञान क्रिया. मायादि शक्तियां हुई प्रकट।
इनसे ही सदाशिव और ईश्वर, विद्या विद्येश्वर हुए प्रकट॥
इनसे ही ब्रह्मा तथा प्रकृति, सब इनसेही संशय न कहीं।
ये सर्वव्यापिणी ये सूक्ष्मा, ये ज्ञानमयी आनन्दमयी॥
शिव कहलाते हैं शक्तिमान, शिववेद्य और यह हैं विद्या।
ये ज्ञान, कर्म, इच्छा, आज्ञा, ये शक्तिपरा यह ही अपरा॥
  ये मायासे जीवको, करे मोहसे युक्त।

लीलापूर्वक ये पुनः, करती बन्धन मुक्त॥
सत्ताइस इस शक्तिके, जाते कहे प्रकार।
स्थितहैं इनसे युक्तिशिव, सचराचर संसार॥
बोले उपमन्यु तात केशव, यह पूर्वकालकी सुनो कथा।
कुछ मुनिगण बैठे आपस में, कर रहे व्यक्तथे जिज्ञासा॥
है इस संसार का कारण क्या, हम सब उत्पन्न हुए किससे?
किसकी यह अटल-व्यवस्था है, हम सुखदुख सहते हैं किससे?
आपसमें कर-करके विचार, जब पहुंच नपाये निर्णय तक।
युक्तियां भी सारी हारगई, ये सभी हार गए थक- थक॥
तब ध्यान योगमें स्थित होकर, शिवशक्तिका पाकर शुभदर्शन।
पाया इनसबने समाधान, इन सबका हुआ धन्यजीवन॥
फिर परमेश्वर के प्रेमयोग, वृढ भक्ति एवं प्रसादयोग।
इन सबके द्वारा मुनियोंने, पालिया दिव्यगतिका संयोग॥

शक्तिसहित शिवका करे, हियमें दर्शन प्राप्त।
उसको मिलती शान्तिवह, जो होती न समाप्त॥
शक्तिमान और शक्तिका, होता नहीं वियोग।
पाते इनकी कृपा से, मुक्ति जगतके लोग॥

पाते न कर्मवीर इसको, यह नहीं ज्ञानसे मिलती है।
जिसकोभी यहमिलती माधव, शिव-शक्ति कृपासे मिलती है॥
शिवकृपासे होती भक्ति तथा, होतीहै भक्तिसे ईशकृपा।
भेदावस्थाका कर विचार, मत एक सभी विद्वानों का॥
यह भोग-मोक्ष देनेवाली, शिवभक्ति शिव-कृपासे मिलती।
यह मिलतीनहीं जनम भरमें, पर तीनजनममें यहमिलती॥

थोड़ीसी भी है अगर, शिव-चरणोंमें भक्ति।
तीनजन्ममें भक्तवह, पालेता है मुक्ति॥

सेवाही- भक्ति कहातीहै, यह सांगा और अनंगा है।
‘मानसी’ ‘कायिकी’ और ‘वाचिकि’ यह त्रिविधाऔर अभंगाहै॥
चिन्तनशिवके रूपादिकका, सेवा ‘मानसी’ कहाती है।
जपआदि ‘वाचिकी’ पूजनादि, ‘कायिक’ सेवा कहलाती है॥

त्रिविधा सेवा है इसे, कहते हैं शिवधर्म।
शिवजीने इस धर्मके, पांच बताये मर्म॥

‘तप” कर्म’ तीसरा’ जाप’ ‘ध्यान,’ और ‘ज्ञान’ पांचवें कहलाते।
लिंगपूजन आदि ‘कर्म’ मेंहैं, चान्द्रायणादि ‘तप’ में आते॥
शिव मंत्रावृतिको ‘जप’ कहते, वाचिक, उपांशु, मानस’ हैं ये।

शिवके चिन्तनको ‘ध्यान’ तथा, शैवागमज्ञान ज्ञान कहते॥
बुद्धिमानको चाहिये, कर विषयोंका त्याग।
करेशिवा-शिवकी भगति, नित-नित नव अनुराग॥

----------------------(अध्याय - 7)----------------------

शिवकी पूजा सूर्यमें, सविधि अर्घ्यका दान।
कथन-व्यास अवतारका, महिमाका व्याख्यान॥9॥

कहा कृष्णने हे मुने! मुझे कहें शिवज्ञान।
मुक्ति दिलाने भक्तको, जो बांटें भगवान॥
शिवपूजा होती किस प्रकार, अधिकार है पूजा में किसका?
उत्तम व्रतके पालक मुनिवर, दें समाधान जिज्ञासा का॥
बोले उपमन्यु महेश्वर शिव, ले सृष्टि कामना हुए प्रकट।
ब्रह्माको रचकर सर्वप्रथम, दी आज्ञा-आकर अधिक निकट॥
शिवकृपा दृष्टिकी महिमासे, ब्रह्माने जगकी की रचना।
वर्णोंका और आश्रमों का, विधियों का रक्खा ध्यान घना॥
यज्ञार्थ सोमकी रचनाकी, दुल्लोक इन्हीं से प्रकट हुआ।
भू, अग्नि, सूर्य, यज्ञमय विष्णु, इन्द्रादिदेव का सृजन हुआ॥

भावसहित मिलकर सभी, निज-निज शीश झुकाय।
रूद्रस्तुति करने लगे, पढकर रुद्राध्याय॥
ज्ञानहरण कर सबोंका, हरथे धारे मौन।
मोहग्रस्त सबने कहा, देव आपहैंकौन?
मैं था, मैं हूं, मैं सदा, यह परिचय संक्षिप्त।
मैं ही अपने तेजसे, सबको करता तृप्त॥
मुझ समान कोई नहीं, जिसकोहै यह ज्ञान।
वही मुक्तहै कह हुए, शिवजी अन्तर्धान॥

करग्रहण पाशुपतव्रत सबने, श्रुति मन्त्रों द्वारा किया स्तवन।
तदनन्तर करुणानिधि शिवका, मंगलमय मिला इन्हें दर्शन॥
थी वामदेव के वामभाग मे वामलोचना देवि उमा।
शिव कोटि काम छबिधारक हैं, इनकी शोभाकी क्या उपमा।
वैदिक पौराणिक-स्तोत्रों से, की सुरगणने इनकी विनती।
मैं हूं प्रसन्न तुम लोगों पर, मीठी वाणी शिवकी गूंजी॥

सुरगण बोले आपकी, पूजा की क्या रीति?

किस-किसका अधिकारहै, हमसे कहें सप्रीति?
शिवने रविरूप दिखाया तब, जो सर्वोत्कृष्ट मनोहरथा।
चतुरानन अष्टहस्तधारी, आधा नारी-आधा नर था॥
वह अदत् और अनूपरूप, देखा तो सुरगण जानगए।
रवि, उमा, चंद्र, जल, तेज, धरा, शिवरूप सभी पहचानगए॥

सूर्यदेवको अर्घ्य दे, सबने किया प्रणाम।
सभी आपके रुपहैं, सभी आपके नाम॥

एकाग्रचित्त रवि- मंडलमें, जो करते हैं त्रिकालपूजन।
दे अर्घ्य पुनः करते प्रणाम, है धन्य-धन्य उनकाजीवन॥
धर्मार्थ, कामऔर मोक्ष-निमित, मन बचन कर्मसे आराधन।
करनेही चाहिये आराधन, लगनेही चाहिये तन मन धन॥
पूजनसे मंडलेश शिवजी, मन ही मन मुदित महान हुए।
शिवशास्त्र देवता को देकर, क्षणभर में अंतर्धान हुए॥

ब्राह्मण, क्षत्रिय, वैश्यको, पूजाका अधिकार।
निर्णय यह शिवशास्त्रका, शिवपुराण अनुसार॥

विदाहुए सब देवगण, शिवजीको सिरनाय।
कहा पुनः उपमन्यु ने, हे प्रभु! यादव राय॥

लुप्त होगया ग्रंथ जब, दीर्घकाल उपरान्त।
पूछा एकदिन उमाने, पाकर के एकान्त॥

हे नाथ! मुझे शिवशास्त्र कहें, तबशिवने पुनः बखान किया।
फिर उनकी आज्ञासे मैंने, कुम्भज, दधीचिने गान किया॥
युग-युगमें ले अवतार स्वयं- शिव गान उसी का करते हैं।
पशुपाश तथा भवबंधन प्रभु, अपने भक्तों का हरते हैं॥
शिवजीका वह करुणावतार, व्यासावतार कहलाता है।
मैं कुछका नाम बखान करूं, जो ध्यान में मेरे आता है॥
ऋभु, भार्गव, सविता, इंद्र, मृत्यु, अंगिरा, सत्य, त्रिवृत्त, वशिष्ठ।
सारस्वत, शततेजा, स्वरक्ष, नारायण, आरुणि, श्रेष्ठ, शिष्ट॥
शाक्तेय, कृतंजय, भरद्वाज, गौतम, तृणविंदु, व-सूक्ष्मायण।
शक्युत्तर, कृष्ण-व-जातुकर्ण्य, हरिमूर्ति, कृष्णद्वैपायण॥

योगाचार्यों के पुनः, होते हैं अवतार।
शिव शिष्योंमें मुख्यतः, श्रेष्ठ कहाते चार॥

उनके शिष्य-प्रशिष्यगण, ज्ञान भक्तिसेयुक्त।
मुक्ति बांटते भक्तको, होकर स्वयं विमुक्त॥

शिवावतार योगाचार्यों, शिष्योंका वर्णन ।9।

योगाचार्य स्वरूपमें, जो शिवके अवतार।
नामावलि शिष्यों सहित, कहिये ज्ञानागार?
बोले उपमन्यु अनगिनत वे, पर कुछके नाम बताता हूं।
उन सबके चरणों में पहले, मैं अपना शीश झुकाता हूं॥
वे श्वेत, सुतार, मदन, सुहोत्र, लोंगाक्षि, कंक, अत्रि, गौतम।
मुनि-जैगिवव्य, दधिवाह, उग्र, गोकर्ण, गुहावासी उत्तम॥
मुनि-वेदसिरा, दारुक, शूली, दंडी, मुनि-ऋषभ, जटामाली।
मुंडीश, सहिष्णु, सोमशर्मा, नकुलीश, अट्टहास, लांगुली॥

पुनः शिखंडीके सहित, ये अट्ठाईस नाम।
इनसब योगाचार्य को, मेरा पुन: प्रणाम॥

बारह कल्प सप्तम मन्वंतरके ये योगाचार्य हुए।
इनमें हरेक के चार-चार, आचारवान प्रियशिष्य हुए॥
एकसौबारह इनकी संख्या, सबके-सब सिद्ध पाशुपत हैं।
रुद्राक्ष सभीके आभूषण, सबके-सब भस्म विभूषित हैं॥
तत्वज्ञ सभी शास्त्रोंके ये, विद्वान वेद- वेदांगों के।
शिवमें ही मन रखने वाले, सहने वाले दुख-द्वंदों के॥
शिव-ज्ञानपरायण सबके-सब, शिव-आश्रमके अनुरक्त सभी।
सब सरल जितेन्द्रिय कोपशून्य, आशा-तृष्णासे मुक्तसभी॥
कोइ जटा-शिखा, कोइ-जटाकेश, कोई मुंडित कोई जटाहीन।
प्रायः सब फल- मूलाहारी, सबके- सब साधन में प्रवीण॥

योगाचार्यों के सहित, सब शिष्यों के नाम।
सुन केशव श्रद्धा सहित, सबको किये प्रणाम॥

शिवके प्रति श्रद्धा और भक्तीका प्रतिपादन॥
शैव- धर्मकि चारों ही, पादों का वर्णन।
अधिकारियों-व-ज्ञान साधनाओं का सुमिरण॥
शिव पूजन के और भी, कहे अनेक प्रकार।
भावसहित शिवभजनकी, महिमा अपरम्पार॥10॥

208

प्रेम-मग्न श्रीकृष्णमें, लखकर अति आह्लाद।
लगे सुनाने पूर्वका, उमा- शम्भु सम्बाद॥
बोले मुनि!एकबार शिवका, करपूजन-अर्चनऔर वंदन।
पूछा श्री पार्वतीजी ने, शिवजी का पाकर अनुशासन॥
हे नाथ! कुसाधनजो मनुष्य, जिनका मन हुआनहीं वशमें।
किस साधनसे उस प्राणीके, होसकते नाथ आप वशमे॥

देवि न श्रद्धा-भक्तिहो, होजप, तप शुभकर्म।
मैंवश में होता नहीं, यह साधन का मर्म॥

श्रद्धाहो कुछभी और न हो, मैं उसके वशहो जाताहूँ।
उसको मैं अपना करलेता, और मैं उसका हो जाताहूं॥
है हेतु धर्मका श्रद्धाही, रक्षिका भी यहही होती है।
वर्णाश्रमके प्रतिपालककी, हीमुझमें श्रद्धा होती है॥
मेरी आज्ञासे ब्रह्मा, ने बतलायाथा वर्णाश्रम को।
इसकेपालक पाते श्रद्धा, श्रद्धासे पाते हैं हमको॥
वर्णाश्रम के आचारों की, मैंनें ही देवि सृष्टि कीहै।
आज्ञाभी अपनी पूजाकी, इसके प्रतिपालकको दी है॥
जो वर्णाश्रमके पालनको, होते कदापि तैयार नहीं।
उस धृष्टको मेरी पूजामें, थोड़ा भीहै अधिकार नहीं॥

वर्णाश्रम निज धर्महै, मेरे बचन प्रमाण।
सबइसका पालनकरें, इससा लाभ न आन॥

हे देवि! सनातनधर्म मेरा, है चार-चरणसे युक्त सदा।
है 'ज्ञान' 'क्रिया" पहला दूजा, 'चर्या' और "योग' तृतिय चौथा॥
पशु, पाश, और पति, का विवेक, वास्तवमें ज्ञान कहाता है।
विधिवत षडध्वधशोधन-का कार्य, 'क्रिया' की संज्ञा पाताहै॥
वर्णाश्रम- युक्त मेरा पूजन, आचार कहाता है "चर्या'।
मेरे अतिरिक्त चित्तवृत्ती, के निरोध कोही 'योग' कहा॥
हयमेध कोटिसे भी बढकर, चितकी प्रसन्नता निर्मलता।
यह विषयी भोग-लोलुपोंको, नहीं किसी तरहभी मिलसकता॥

दया, अहिन्सा, ज्ञान, सत्य चोरीसे दूरी।
श्रद्धा संयम, ईश्वरपर विश्वास जरूरी॥

आवश्यक षडकर्म, मेरा अनुराग –व-चिन्तन।
यह नितान्त अनिवार्य इसे मतत्यागे ब्राह्मण॥

पालन करइन धर्मका, द्विज पाकर विज्ञान।
पाप पुण्यको भस्म कर, पाता मोक्ष महान॥

जो वर्णाश्रमी विरक्त न हो, जिसमें न योगकी हो क्षमता।
वह 'त्रिक' का ही आश्रयले जो, कहलाते "ज्ञान' "क्रिया' "चर्या"॥
आभ्यन्तर और वाह्य दोनों, मेरे पूजन के हैं साधन।
मन, वाणी, तनके भेद सहित, हैं तीन तरहके मेरे भजन॥
मूरतियां, लिंगकी पूजाको, हे देवि "वाह्य" पूजा कहते।
जब यही मानसी होतीहै, तव इसको "आभ्यंतर" कहते॥

लगा रहे मुझमें सदा, वहमन 'चित' कहलाय।
जप कीर्तनमें रत बचन "वाणी" संज्ञा पाया॥

जो त्रिपुण्ड्रादि चिन्हांकित हो, नितकरे मेरी सेवा पूजा।
ऐसा शरीर ही है शरीर, कहलाता नहिं शरीर दूजा॥
है कर्म-मात्र मेरी पूजा, यज्ञादि कर्म भी कर्म नहीं।
जो लगे मुझे प्रिय धर्म वही, है और दूसरा धर्म नहीं॥
तन मेरे लिये सुखाना ही, "तप" की गिनती में आता है।
अन्यान्य कृच्छ्र चान्द्रायणादि, तप हर्गिज नहीं कहाता है॥
आवृत्ति प्रणव पंचाक्षर की, कहलाता 'जप' वेदादि नहीं।
है 'ध्यान' मेरा चिन्तन, सुमिरण, आत्मा केलिये समाधि नहीं॥

शैवागमका ज्ञानही, है यथार्थ में ज्ञान।
अन्य और जो ज्ञान है, ज्ञानाभास समान॥

वाह्याभ्यंतर जिस पूजामें, अनुराग हो मनका वही करे।
लेकिन उस पूजनमें पूजक, द्वढ और अनन्य निष्ठा रक्खे॥
हे देवि! वाह्यसे- आभ्यंतर, सौगुणा श्रेष्ठ कहाता है।
उसमें न दोषका मिश्रण है, इसलिये शुद्ध कहलाता है॥

भीतर की ही शुद्धिको, मानी जाती शुद्धि।
अन्दरकी शुचिता बिना, व्यर्थबाहरी शुद्धि॥

आभ्यंतर अथवा वाह्य-भजन, हो भाव सहित बिनभाव नहीं।
कोई दे सकता क्या मुझको, लेना भी मेरा स्वभाव नहीं॥
मैं तो भक्तों की पूजा में, केवल करता हूं भाव ग्रहण।
उसको मैं वह फल देता हूं, जिसकी जिसमें हो लगी लगन॥
लेकिन जो अपने चितको ही, मुझको अर्पण कर डाला है।
वह मेरे धर्मका अधिकारी- मुझको सुख देने वाला है॥
मेरे भक्तोंके प्रति सनेह, मेरी पूजा का अनुमोदन।
यह धर्म मेरा मुझको प्रिय है, इसके अब सुनो आठलक्षण॥
मेरे ही लिये सब चेष्टाएं, मेरी चर्चा में भक्ति- भाव।
हो कथा-श्रवणमें स्वर-विकार, नेत्रों और अंगोंमें प्रभाव॥

स्मरण और आश्रय मेरा, मेरेमें निर्वाह।
इतर हमारे प्रेमके, नहीं और कुछ चाह॥
यहलक्षण यदि म्लेच्छ मेंहो, तो वह द्विज-श्रेष्ठ समान मुझे।
जो भक्त न हो वह विप्रभी हो, तो वह चाण्डाल समान मुझे॥
जो भक्ति-भावसे पत्र-पुष्प, जल आदि मुझे करते अर्पण।
मैं उनका दर्शन करता हूं, वे करते हैं मेरा दर्शन॥

------------------------(अध्याय - 10)----------------------

नारि- धर्मका तथा वर्ण-आश्रम का वर्णन।
श्री शिवचिन्तन, भजन, ज्ञान-महिमा प्रतिपादन॥11॥

सोरठा – वर्ण- धर्मका गान, करता मैं संक्षेप में।
सुनना देकर ध्यान, यह त्रिवर्णको है उचित॥

नियमित तीनों-संध्यावंदन, फिर अग्निहोत्र, शिवलिंगपूजन।
शुभदान, प्रेम, संतोष, दया, आस्तिकता, सदासत्य भाषण॥
लज्जा, श्रद्धा, अध्ययन, योग, तप, अध्यापन, उपदेश श्रवण।
उपवीत, शिखा, पगड़ीधारण, शौचादिक, ब्रह्मचर्य –पालन॥
परित्याग निषिद्ध वस्तुओंका, सादर रुद्राक्ष माल्यधारण।
तिथि-पर्व मुख्यतः चतुर्दशी, तिथियोंमें शिवका आराधन॥
मुझको नहलाकर करे, ब्रह्मकूर्च का पान।
विधिवत हो हरमाह में, यह अनिवार्य विधान॥
श्राद्धान्न, क्रियान्न, त्याज्यही है, बासीका भी परित्याग करे।
अबिलंब करे मद्यादित्याग, मुझमें अनन्य अनुराग करे॥
जो मुझको अर्पित होता वह, चण्डेश्वर भाग कहाता है।
ऐसे नैवेद्य प्रसादीका, परित्याग उचित हो जाता है॥
सामान्य धर्मकह इस प्रकार, द्विज-धर्म कहे शिवने विशेष।
संतोष, सत्य, अस्तेय, क्षमा, वैराग्य, शांति, रक्खे द्विजेश॥
शिवज्ञान-परायण, ब्रह्मचर्य, आसक्ति-निवृत्ति भस्म सेवन।
दसधर्म द्विजोंके ये विशेष, इसको द्विजसदा करेंधारण॥
हैं धर्म-विशेष योगियों के, दिन में भिक्षान्न करे भोजन।
ब्रह्मचारी और वानप्रस्थी, ये करे न निशिमें अन्न ग्रहण॥

क्षत्रियों नृपों के धर्महैं ये, हर वर्ण की करे सदा रक्षा।
खग, मृग, नर, रिपु जो दुष्टप्रकृति, बलपूर्वक दमन करे इनका॥
विश्वास करे शिवयतियों पर, रितुकाल में करे नारिसेवन।
सेना संरक्षण नीति ज्ञान, शस्त्रास्त्र भस्म कंचुक धारण॥
गोरक्षा, वाणिज्य, कृषि, वैश्योंके ये धर्म।
सेवा तीनों वर्ण की, शुद्रधर्म का मर्म॥
तीर्थगमन एक नारिव्रत, बाग-आदिअनुराग।
हैं गृहस्थके धर्म यह, इसका करे न त्याग॥
यतियों, बटुकों, बनवासियों का, है ब्रह्मचर्य पालन सुधर्म।
पति सेवा धर्म नारियोंका, पति आज्ञासे हो इतर कर्म॥
विधवाओंके यह विहितधर्म, व्रतदान, शौच, तप, भूमिशयन।
जल अथवा भस्मस्नान सदाही ब्रह्मचर्य व्रतका पालन॥
अष्टमी, एकादशि, चतुर्दशी, पूनम उपवास मेरा पूजन।
सर्वदाशान्ति और मौन, क्षमा, जीवोंको अन्न आदि वितरण॥
बतलाए संक्षिप्त में, चतुवर्णिक धर्म।
जाप षडक्षर मंत्रका, सब धर्मोंका मर्म॥
स्वेच्छया जो मेरे विग्रह की, सेवा करते हैं भाव सहित।
पापोंसे वे होतेन लिप्त, ज्यों कमलपत्र जलबिन्द रहित॥
मेरे स्वरुपका ज्ञान तथा, उनको मिल जाती मेरी भगति।
रहजाता उन्हें न विधि-निषेध, अथवा समाधि या शरणागति॥
ज्यों विधि-निषेधहैं हमेंनहीं, त्यों उनकेलिये नहीं रहता।
कर्त्तव्य न शेष मुझे जैसे, त्यों उनके शेष नहीं रहता॥
भक्तोंके हित निमित्तही वे, धरतीपर विचरें नर बनकर।
वेरूद्रलोक के रुद्र ही हैं, पृथ्वी पर गए भ्रष्ट होकर॥
ब्रह्मादिक सुरको करतीहै, कर्तव्य-प्रवृत मेरी- आज्ञा।
वैसे मनुष्यको करवाती, कर्त्तव्य-युक्त मेरी- आज्ञा॥
आधार वे मेरी आज्ञाके, ये शिव-योगी ये शुभ- दर्शन।
ये उसे देख सुन लेते हैं, जो देखा नहीं किया न श्रवण॥
होता है उनमें भावोदय, स्वेदादिक अश्रुपात कम्पन।
स्वर-भंग और कंठावरोध, होते हैं प्रकट सभी-लक्षण॥
भिन्न-भिन्न होते प्रकट, उनमें भाव महान।
उत्तम, मध्यम, मंद ये, हैं उनकी पहचान॥
ज्यों आगमें तपा हुआ लोहा, लोहाही मात्र नहीं रहता।
त्यों मेरे रंगमें रंगा व्यक्ति, मानव ही मात्र नहीं रहता॥

वे रूद्रहैं, उनको मनुज समझ, अपमानजो उनका करतेहैं।
कुल शील आयु लक्ष्मी खोकर वे, घोर नरकमें पड़ते हैं॥

कहा पुन: उपमन्यु ने, यही ज्ञानका सार।
सुनकर देवी उमाने, प्रकट किया आभार॥
शिवजीकेद्वारा कथित, यह संग्रह विज्ञान।
व्याख्यायें इसकी वृहद, सारे वेद पुराण॥

शिवतथा शिवज्ञानामृत और, शिवभक्ति भावसे युक्तहैं जो।
साक्षात्श्रेयका पाकर के, सब कर्म- ज्ञानसे मुक्त हैं वो॥
'चित शिवमें जब एकाग्रनहीं, तब लाभहै क्या शुभ कर्मोंका।
एकाग्र हो गया चित शिवमें, कर्मों की आवश्यकता क्या॥
बाहर भीतरके सभी काम, करके या उन्हें छोड़ करके।
जिसकिसी तरहसे चित अपना, शिवमें ही रखे जोड़करके॥

जिनके चितमें रमरहे, श्रीशिव आनन्द कन्द।
लोक और परलोक में, उनको परमानन्द॥
प्रणव युक्त पंचाक्षर, सकल सिद्धिकी खान।
वैभव पाने के लिये, पांय मंत्र का ज्ञान॥

------------------------(अध्याय - 11)------------------------

मंत्र-प्रवर पंचाक्षर की महिमा का ज्ञान

पंचाक्षर मंत्रेश का मुझे कहें माहात्म्य।
पंचानन से आपका, बना सदा तादात्म्य॥

संभव न करोड़ों वर्षोंमें, जिसका विस्तार सहित वर्णन।
थोड़ेमें उसको कहता हूं, यदुनन्दन उसको करो श्रवण॥
निगमागम में षडअक्षरको, सर्वार्थ सुसाधक कहा गया।
वेदोंका सारतत्त्व यह है, यह मोक्ष प्रदायक कहा गया॥
अक्षर थोड़े और अर्थ अमित, संदेह शून्यहै, सिद्धहै यह।
है शिव-स्वरूप, शिव-वाक्यहै यह, है दिव्य, त्रिलोक-प्रसिद्धहै यह॥
मनको प्रसन्न निर्मल करता, गंभीर बचन परमेश्वर का।
सुखपूर्वक उच्चारण होता, मुखसे इसके सब अक्षर का॥
सबकी अभिलाषा पूर्तिहेतु, यह शिवके द्वारा कहा गया।
संपूर्ण मंत्रका बीजहै यह, सर्वादि इसेही कहा गया॥

जिसप्रकार बटबीज में, छिपाहै वृक्ष महान।

उसप्रकार इस मंत्रमें, अमित अर्थ विज्ञान॥
शिव स्वयं प्रतिष्ठित प्रणवमें हैं, 'ईषाण' आदि पंचाक्षर में।
हैं वाचक-वाच्यभावसे शिव, इस मंत्रके एक-एक अक्षर में॥
शिवमें, मंत्रमें वाच्य-वाचक, का भाव अनादिकाल से है।
बंधन भी अनादिकाल से है, और मोक्ष अनादिकाल से है॥
औषध है शत्रु रोगका ज्यों, भवरोग शत्रु हैं शिवशंकर।
संसारमें होता अंधकार, होते न अगर श्री शिवशंकर॥

जैसे रोगी वैद्य बिन, सदा उठाता क्लेश।
संसारी त्यों शिवबिना, सुख न लहैं लवषेष॥
यह पंचाक्षर मंत्र है, शिवजी का अभिधान।
शिवशंकर अभिधेय हैं, हैं शिव-शास्त्र प्रमाण॥

यह वाचक वाच्य रुपहै ही, यह शिवजी का स्वरूप भी है।
शिववाक्य भी है, शिवज्ञान भी है, सर्वोपरि और अनूपभी है॥
है अर्थवादकालेष नहीं -- यह परम सत्य नि:संशय है।
शिवजी में दोष कहां होगा, इनका न दोष से परिचय है॥
रागादि दोषसे सना- बचन, है नारकीय दुर्भाषित है।
गुरु-ईश्वरका निर्दोष बचन, स्वर्गीय है और सुभाषित है॥
है मंत्र करोड़ों किन्तु कोई, पंचाक्षर जैसा मंत्र नहीं।
परतंत्र इसीके सभी मंत्र, है कोई मंत्र स्वतंत्र नहीं॥

"ऊं नम: शिवाय" में, जिसका दृढ अनुराग।
जन्म उसीका है सुफल, उसका भाग सुभाग॥
पंचाक्षर के जाप में, सदा-सदा जो युक्त।
उत्तम मध्यम या अधम, वही पापसे मुक्त॥

------------------------(अध्याय - 12)------------------------

यही वांगमय धाम यही है पुण्य निकेतन॥
देवि स्वयं पंचाक्षरी, इनका ध्यान-विधान।
छंद, देवता, बीज, ऋषि, शक्ति आदिका ज्ञान॥13॥

देवीबोली हे महादेव, जब दुर्जय कलियुग आयेगा।
होएगा अस्त पुण्य-सूरज, पापांधकार छा जायेगा॥
हो जायेगा आचार नष्ट, वर्णाश्रम छिन्न-भिन्न होगा।
होगी समाप्त गुरु-परंपरा, उपदेश भिन्न हो जायेगा॥

मलिन-बुद्धि होगी प्रजा, स्वार्थ-पापसे युक्त।
भक्त आपके उस समय, कैसे होंगे- मुक्त॥
है पंचाक्षरी मेरी विद्या, इसके आश्रय से सुमिरण से।
वे भाव-भक्तिसे युक्त भक्त, होंगे विमुक्त भववंधनसे॥
तन-मनसे दूषित प्राणी भी, उस विद्याका जप करलेंगे।
इस विद्याके प्रभावसे वे, संसार- सिन्धु से तरलेंगे॥
मेरी यह अटल प्रतिज्ञा है, इस विद्यासे जो युक्त होंगे।
कैसे भी हों वे पतित किन्तु, भवबंधन से विमुक्त होंगे॥
तब देवी बोली पाप कर्म, पापी को नर्क दिलायेगा।
फिर इस विद्या-द्वारा कैसे, वह पतित मुक्तिको पाएगा?
    शिव बोले यह गोप्य है, अतः रखाथा गुप्त।
    जाग्रत है पंचाक्षरी, शेष मंत्र है सुप्त॥
उच्चारण अन्य- मंत्र करके, जो करते हैं मेरा पूजन।
मिटता न नर्कका भय उनका, छूटता न उनका भवबंधन॥
जलपीकर और हवा खाकर, तप में जो देह सुखाते हैं।
लाखों-व्रत कर लेने परभी, शिव-लोक नही वे पाते हैं॥
लेकिन पंचाक्षर मंत्र सहित, करके एकबार मेरा पूजन।
शिवलोक प्राप्त करता है वह, मैं उसका धन वह मेरा धन॥
पंचाक्षरका गुरूके मुखसे, उपदेश लियाहो या न सही।
इससे पूजन करने वाला, तीनों तापों से जले नहीं॥
इस मन्त्रकी दीक्षालेकर जो, नितकरते मुझ शिवका पूजन।
वह कोटि गुणा फल पाते हैं, इसलिए करे उपदेश ग्रहण॥
    देवी! मेरे इसमंत्र में, सबका है अधिकार।
    पंचाक्षर पर है टिका, यह सारा संसार॥
पंचाक्षर का पांचो मुखसे, मैंने अजको उपदेश किया।
ब्रह्माने भी पांचो मुखसे, पांचो अक्षरको ग्रहण किया॥
उनसे उनके दस-पुत्रोंने, उपदेश ग्रहणकर अति तपकर।
पाया विधि और समस्त ज्ञान, मुझसेही मेरा दर्शनकर॥
    पाकर मंत्र प्रभाव से, बल विवेक भंडार।
    किया उन्होंने सृष्टिका, मनबांछित विस्तार॥
ऋषि, छन्द, देवता, बीज, शक्ति, इस महामंत्र पंचाक्षरके।
कीलक, दिग्बंध, षडंगन्यास, विनियोग समस्त बताकरके॥
शिवबोले शास्त्रविहित पूजन, हे देवि! मुझे अतिसय प्रिय है।
जो इसविधिका अनुशरण करे, उसका ही जीवन सुखमय है॥

दीक्षाकी बतला रहा, मैं विधि और विधान।
होताहै जिससे सफल, यह जपयज्ञ महान॥

-------------------(अध्याय - 13)-------------------

नाम-दान लेने एवं, उसके जपकी विधि।
जपके पांच-प्रकार मंत्र-गणना मालांगुलि॥
उपयोगी जप भूमि दिशा कुछ बातें वर्जित।
सदाचार आस्तिकता पंचाक्षर महिमान्वित॥14॥

आज्ञा-विहीन, श्रद्धा-विहीन, और क्रिया, दक्षिणासे विहीन।
जोजप इनसबसे रहित देवि, वहहै निष्फल और सिद्धिहीन॥
जोइन चारोंसे सिद्धवही, शुभ मंत्र परम फलदायक है।
उस गुरुचरणोंमें जाय शिष्य, जो सभी तरहसे लायक है॥
मन, वाणी, तन, धन, अर्पण कर, आचार्य चरणका करे वरण।
सेवा पूजासे कर प्रसन्न, मंत्रोपदेश शुभ करे ग्रहण॥
इस योग्यशिष्य को सिद्ध-गुरू, अभिमंत्रित जलसे नहलाकर।
सज्जित कर वस्त्राभूषण से, माल्यादिक अभिनव पहिनाकर॥
शुभदेश, काल, तिथि में उसको, मेरा शुभ-ज्ञान प्रदान करे।
हम-दोनों का ही युगलमंत्र, विधिसहित शिष्यको दान करे॥
    प्रियहो, मंगलहो, तेराहो सब विधि कल्याण।
    इसप्रकार गुरु- मंत्र और, आज्ञाकरे प्रदान॥
यह शिष्य मंत्रका जाप करे, तब पुरश्चरण संकल्प-सहित।
यहअधिक नहींतो कमसेकम, अष्टोत्तर-सहस जपे नित-नित॥
जो नक्त तथा संयम समेत, करलेते बीस लक्ष सुमिरण।
वे कहलाते "पौरश्चरणिक" हे उमा! धन्य उनका जीवन॥
इस महामंत्र पंचाक्षरका, साधक विधि-सहित करे सुमिरण।
जपके भी पांचप्रकार कहे, सब शास्त्र, संत, गुणिजन, मुनिजन॥
वाचिक, उपांशु, मानस, अगर्भ, पांचवां सगर्भ कहाता है।
जो सुनाऔर समझा जाए, 'वाचिक' वह माना जाता है॥
कुछ सुनाजाय समझा न जाय, वहजाप 'उपांशु' कहाता है।
मन ही मन जिसका चिंतन हो, वह 'मानस' माना जाता है॥
'वाचिक' जपका फल एकगुणा, सौगुणा 'उपांशु' कहाता है।
'मानस' जपका फल सहसगुणा, जो लाखगुणा हो जाताहै॥

उसको 'सगर्भ' जप कहते हैं, वह होता प्राणायाम सहित।
आद्यान्त में प्राणायाम करे, उसको 'अगर्भ' कहते मृदुचित॥

मंत्रयोग चालीस हो, प्रति-प्रति प्राणायाम।
कठिनहो तो उतनाकरे, जितने में आराम॥
सदा सगर्भ-अगर्भ से, जप कहलाता ज्येष्ठ।
ध्यानसहितजप-सहसगुण, है सगर्भसे श्रेष्ठ॥
मंत्र- जापकी देवि यह, विधिहै पांच-प्रकार।
चुनकर कोई एकविधि, जपे शक्ति अनुसार॥

अंगुली पर जप फल एक-गुणा, रेखाओं पर यह आठगुणा।
शतगुण शंखों के मनकों पर, मूंगों पर जप फल सहसगुणा॥
दश सहस गुणा है स्फटिक-माल्य, मोती-माला से लाखगुणा।
दस-लाख गुणा कमलाक्षों पर, और स्वर्ण-माल्यपर कोटिगुणा॥
कुशगांठ तथा रुद्राक्षों पर, जपफल अनंत हो जाता है।
मैं किसी औरकी क्या बोलूं, मुझसे न बताया जाता है॥

मनके हों रुद्राक्षके जिस मालामें तीस।
वह होती धन-दायिनी, फिर बोले सुरईश॥

होती है पुत्र-दायिनी वह, जिसमें दानें हों सत्ताइश।
वह मुक्ति दायिनी होती है, होते जिनमें मनके पच्चिस॥
सौ और आठ दानों वाली, माला होती है सर्वोत्तम।
सौ दानों वाली भी माला, हे उमा कहाती है उत्तम॥
चौवन दानों की श्रेष्ठ और, होती पचास वाली मध्यम।
कोइ और न देखे जिस जपको, वह जपही कहलाता उत्तम॥
जप में अंगुष्ठ मोक्ष दायक, तर्जनी शत्रुनाशक होती।
मध्यमा धनद और अनामिका, हे देवि शांतिदायक होती॥
जप फल न नष्ट होने देती, होती अक्षरणी कनिष्ठिका।
जप तब निष्फल हो जाता है, जब साथ न होता अंगूठा॥

राई सा भी जप प्रिये, होता मेरु समान।
देश, काल, शुचिहों अगर, हो पवित्र सुस्थान॥

घरमें जपका फल एकगुणा, गौशाला पर सौगूणा है।
वन-उपवनका फल सहसगुणा, गिरिपर उससे दोगूणा है॥
सरिताके तटका लाख गुणा, देवालयका है कोटि गुणा।
मेरे समीप जो होताजप, उसका फल देवि अनंत गुणा॥
पूरबमुखका जप वशीकरण, अभिचार कर्म दक्षिणाभिमुख।
पश्चिमाभिमुख धनदायककहै, दे शान्ति सदा उत्तराभिमुख॥
देकरके पीठ पुज्यजनको, जप करे नहीं यह वर्जित है।

जैसे- तैसे अपवित्र क्रुद्ध, थुकना छींकना अनुचित है॥

ऐसा होने पर करे, जापक प्राणायाम।
करे आचमन या करे, सुमिरण मेरा नाम॥
भंग नहो जपका नियम, इसका रक्खे ध्यान।
बिना नियमके भजनभी, हो जाता है म्लान॥
हुई नीति की बात अब, सुनो प्रीतकी बात।
जैसे भीहो हो भजन, क्या दिन और क्यारात॥

यह महिमा है पंचाक्षर की, कलिको यह विवश बनाती है।
यह पात्र अपात्र कुपात्रों को, भवसागर पार कराती है॥
अन्त्यज हो मूर्ख पतित चाहे, वह निर्मलहो या होय समल।
पंचाक्षरका जप है अमोघ, यह कभी नहीं होता निष्फल॥
होता न मंत्र यह सुप्त कभी, यह सदा सदा रहता जाग्रत।
उसका यह परम-मित्र होता, जो इसका होता शरणागत॥

मुझमें, गुरूमें, मंत्रमें, जो है श्रद्धावान।
मंत्र-सिद्धि मिलती उसे, सत्य-सत्यलो जान॥
विघ्न-युक्त सब मंत्रको, दे प्रेमीजन त्याग।
आश्रय ले इसमंत्रका, जपेसहित अनुराग॥

दूजे मंत्रों की सिद्धि से, यह मंत्र न होता सिद्ध कभी।
इस महामंत्र की सिद्धि से, होते सुसिद्ध हैं मंत्र सभी॥
सुरकी प्राप्ती होने पर भी, मेरी न प्राप्ति हो पाती है।
लेकिन एक मेरी प्राप्ती से, सबकी प्राप्ती हो जाती है॥

दोषयुक्त सबमंत्रहैं, दोषहीन यह मंत्र।
सब इसके परतंत्रहैं, यह ही मात्र स्वतंत्र॥
कहा पुनः उपमन्युने, लोकहितोंके हेतु।
पंचाक्षर की विधिकहे, गिरिजासे वृषकेतु॥
भक्तिभावसे यह कथा, सुने करे जोगान।
सब पापों से मुक्त हो, पावे सुगति महान॥

----------------------(अध्याय - 14)------------------------

मांत्री, शाक्ती आदि, त्रिविध दीक्षाका निरूपण।
शक्ति-पातकी आवश्यकता लक्षण वर्णन॥
गुरुमहिमा ज्ञानी गुरुसेही समुचित दीक्षा।
गुरूके द्वारा आवश्यक है शिष्य परीक्षा॥15॥

सविनय बोले श्रीकृष्ण मुने, शिव-संस्कार विधि बतलावें।
संकेत न समझ सका था मैं, इसलिये मुझे यह समझावें॥
बोले उपमन्यु सुनो माधव, वहही शिवगान सुनाता हूं।
अघनाशक है जो संस्कार, उसका विधान बतलाता हूं॥
जिसके कारण पूजादिक में, श्रेष्ठाधिकार नर पाता है।
वह षडध्वशोधक कारज ही, शिव संस्कार कहलाता है॥

इसका ही शिवशास्त्र में, दीक्षा है शुभनाम।
यह दाता विज्ञान का, बंध-बिमोचन काम॥

शाक्ती, शाम्भवी, और मांत्री, यह तीन बताई जाती है।
गुरुदर्शनसे ही प्राप्तहो जो, 'शांभवी' वो मानी जाती है॥
'तीव्रा' और 'तीव्रतरा' दोनों, हैं भेद 'शांभवी' दीक्षा के।
जो दीक्षा दे तत्काल-सिद्धि, उसको ही 'तीव्रतरा' कहते॥
जीवित प्राणी के पापोंका, करती अतिशोधन जो दीक्षा।
शिवके श्रीमुखका बचन है यह, वहही कहलाती है "तीव्रा"॥
गुरुशिष्य-हृदय में कर प्रवेश, जो देते ज्ञानवती दीक्षा।
'शाक्ती' उसकोही कहते हैं, यह कहना है शंकरजी का॥

क्रियावती दीक्षा तृतिय, 'मांत्री' इसका नाम।
मख- मंडप निर्माण के, करने होते काम॥

उद्देश्य सहित गुरु बाहर से, करते सुशिष्यका संस्कार।
होता है अनुग्रह-पात्र गुरुका, शिष शक्तिपात के अनुसार॥
बिन शक्तिपातके शिष्योंमें, आती न शुद्धि अथवा विद्या।
नहीं शिवाचार, नहि सिद्धि कोई, कैसे मिलपाए मुक्तिभला॥
बिन शक्तिपातके शोधनके, यदि शिष्य बनाया जाता है।
वह बुद्धिभ्रष्ट और मोहग्रस्त, आचार्य नष्टहो जाता है॥

'शक्तिपात' का अर्थहै, बोधऔर आनन्द।
स्वर-विकार कंपादिही, लक्षणहै स्वच्छंद॥

इन लक्षणसे शिष्यकी, करे योग्य गुरु शोध।
गुरुका भी शोधन करे, रखकर शिष्य प्रबोध॥

शिवपूजनादि में साथ रहे, और करे परीक्षा गुरुवरकी।
लक्षणोंसे ही पहचान सदा, होती है गुरु परमेश्वर की॥
गुरु माननीय हैं अतःकरे, माननुरूप आचरण सदा।
गुरू शिवहैं और शिवही गुरूहैं, जैसे शिवहैं वैसी विद्या॥
हैं सर्वदेवमय श्री शिवजी, और सर्वमंत्रमय श्री गुरुवर।
हैं एकरूप ये तीनों ही, गुरू विद्या और श्री शिवशंकर॥

गुरु आज्ञादें, या नदें किन्तु, उनका हितऔरप्रिय शिष्यकरे।
मन- बचन- कर्मद्वारा इनकी, सेवामें कमी न आने दे॥
गुणवान और विद्वान गुरू, शिवभक्तहों मुक्तिप्रदायककहों।
ऐसे गुरूसे उपदेश न ले, जो ज्ञानहीन नालायक हों॥

नौकाएं करती सदा, एक-दूजे को पार।
पार कराई है कभी, शिला एक भी बार?
नाममात्रके गुरु करें, नाम मात्रको मुक्त।
ज्ञानदान वह क्याकरे, जो खुद ज्ञान वियुक्त॥

जो आत्मज्ञानसे शून्य, अज्ञ, ऐसा गुरु पशु कहलाता है।
पशुका उपदेश कदापि नहीं, पशुतासे मुक्त कराता है॥
जिनके दर्शनसे बोध मिले, बिश्राम और आनंद मिले।
मन जिनसे समाधान पाये, ऐसे ही गुरुको शिष्य-चुने॥
जबतक न तत्वका बोध मिले, गुरुकी सेवामें सदा रहे।
यह मिले न एकवर्षमें तो, फिर दूजे गुरुका आश्रय ले॥

गुरुभी अपने शिष्यकी, परख करे उत्कर्ष।
ब्राह्मण, क्षत्रिय, वैश्यको, एक द्वयअरु त्रय वर्ष॥

अधिकाधिक रकम, कठिनसेवा, जैसी कठोरआज्ञा देकर।
उसकी सहिष्णुता और धैर्य, की रहे परीक्षा ही लेकर॥
गुरुवर से तिरस्कार पाकर, होता है जिन्हें विषाद नहीं।
शिव संस्कारके योग्य वही, इसमें कोई अपवाद नहीं॥
जो निरभिमान जो दयावान, जो स्वच्छ सरल, कोमल, विनयी।
मन, बच, क्रमसे शिवभक्तहो जो, है तत्वबोधके योग्य वही॥

तत्त्वबोध गुरुदें उन्हें, वेद शास्त्र अनुसार।
नारीको इसमें नहीं, स्वतः कोई अधिकार॥
सधवाएं पतिसे आज्ञालें, पुत्रोंसे लेवें विधवाएं।
शिवसंस्कारके लिये उचित, ले पितासे आज्ञा कन्याएं॥
शूद्रों पतितोंके लिये, नहीं है इसमें भाग।
चरणोदकसे शुद्ध हों, रख शिवमें अनुराग॥

---------------------(अध्याय - 15)---------------------

दीक्षा समयाचार विधि, शोधन षडध्व विधान।
फिर साधक-संस्कार और, मंत्र महातम ज्ञान॥16॥

तदनन्तर मुनिने माधवसे, दीक्षाविधि जिसकी बतलाई।
कहते हैं समयाचार उसे, अनिवार्य शिष्यको यदुराई॥
निर्दोष- देशमें शुभदिन में, गुरुकरे शिष्यका संस्कार।
मंडप निर्माण करे करके गुरू भूमिपरीक्षा बार- बार॥
मंडपके मध्यमें हो वेदी, आठोंदिश आठही कुण्ड बने।
ईषाणकोण या पश्चिम में, एक मुख्यकुंड निर्माण करे॥
माल्यादिसे सजकर मुख्यकुंड, वेदीके मध्य बने मंडल।
यह कनकचूर्णसे हो निर्मित, या सिन्दरी तिन्त्री-चावल॥
दो-हाथके कमल बने उसमें, कर्णिका आठ अंगुलका हो।
उसके केसर चतुरांगुलके, बांकी कल्पित अठदलका हो॥
ईषाण में मंडप के द्रूजा, छोटा मंडल तैयार करे।
मंडपके ऊपर शंभुकलश, स्थापित विधिके अनुसार करे॥

सोना चांदी ताम्र या, मिट्टीके हों कुम्भ।

गंध, पुष्प, अक्षत, कुशा, रखे शिष्य निर्दंभ॥

कर वस्त्राच्छादित उसघटको, भरकर सुनीर फिर कुशरखदे।
द्रव्यादिक डाल शिव-कलशको, ऊपरसे उसका मुख ढंकदे॥
फिर कमलके शुभ उत्तर दलमें, जलपात्र शंख चक्रादि रखे।
फिर पूर्व-भागमें मंडल के, सहमंत्र कलश स्थापना करे॥

तरनन्तर शिवका करे, महा-पूजनारंभ।

मनमें हों कामारि-शिव, हो न काम, मद, दम्भ॥

सागर या सरिताका तटहो, गोशाला या देवालय हो।
गिरिशिखर मनोहर सुस्थलहो, या अपना सुन्दरआलय हो॥
इन सबमें मंडप आदिककी, बिन रचनाके सब काजकरे।
मंडप वेदीमय पूजालय में प्रसन्न मन गुरू पांव धरे॥
सब मंगल नित्यकृत्य करके, शिवजीका करे महापूजन।
फिर शंभुकलश पर शिवजीका, विधिवत आवाहन और पूजन॥
पीछे हो गुरुका मंत्रयाग, पहले हो अस्त्र राज पूजन।
'शिव अग्रिस्थापन हो जिसमें, उस मुख्यकुण्डमें करे हवन॥
बांकी ब्राह्मण भी करें हवन, या स्तोत्र पाठ मंगल गायन।
शिवभक्त करें जप नृत्य गीत, गायन वादन सुमिरण कीर्तन॥

सबकाकर पूजन-नमन हो वाचन पुण्याह।

करे प्रार्थना ईशकी, रख करुणा की चाह॥

कर प्रवेश तनमें मेरे, नाथ देव देवेश।

हो प्रसन्न इस शिष्यके, करिये बन्धन शेष॥

निकट शिष्यको बुलाकर, पाकर शिव आदेश।

जो हो तन, मन, बचनसे पालक गुरु-उपदेश॥

बिठलाय शिष्यको उत्तरमुख, गुरु पूरब मुंह होकर बैठे।
कर शिष्यका जलसे प्रोक्षण गुरु, मस्तकपर पुष्प फेंक मारे॥
दृग बांधके मंडल में लाकर, शिवकी प्रदक्षिणा दिलवाकर।
पुष्पांजलि अर्पण कर शिवको, दण्डवत करे भूपर गिरकर॥
फिर प्रोक्षण कर, कर पुष्पघात, कर मुक्त वसन-बंधन लोचन।
तब शिष्य निरखकर मंडल को, शिवजीका करे पुनः वन्दन॥
फिर शिष्यको मंडलके दक्षिण, अपने बांयेंमें बिठलाकर।
शिवजीका सुमिरणकर निज 'कर, शिवभावसे रखे शिष्यसिरपर॥
शिव मंत्रोच्चारण सहित गुरू, फिर करे स्पर्श संपूर्ण अंग।
भूपरगिरकरके शिष्यकरे, गुरुको प्रणाम मन भर उमंग॥

कर शिवाग्रि में शिवार्चन, देकर आहुति तीन।

तब बिठलाए निकटमें, गुरु शिष दोष विहीन॥

करे स्पर्श कुश-अग्रसे, होकर शुद्ध विशिष्ट।

मंत्रशक्ति से गुरुकरे, शिष्यके-हृदय प्रविष्ट॥

शिव सुमिरण करके करे, नाड़ी का संधान।

शास्त्र-कथित शुभ-मार्गसे, करे निष्क्रमण प्राण॥
निज प्राण शिष्यकी काया में, पहुंचानेकी भावना करे।
मंत्रों के तर्पणके निमित्त दस मूलमंत्र से आहुति दे॥
दे अंग-मंत्र की आहुतियां, पूर्णाहुतिदे करके विधियाँ।
फिर प्रायश्चित्त निमित्तकरे, दस मूलमंत्र से आहुतियां॥
फिर शिवका सम्यक पूजनकर, विधिवत आचमन, हवन, करके।
वैश्यत्वसे कर उद्धार शिष्य में, क्षत्रियत्व उत्पन्न करे॥
फिर क्षत्रियत्वको कर समाप्त, उसमें द्विजत्व उत्पन्न करे।
फिर ब्राह्मणत्वसे कर बाहर, उसमें सदुरु रुद्रत्व भरे॥

ब्राह्मण हो यदि शिष्यतो, भरे मात्र रुद्रत्व।

प्रोक्षण ताड़ण कर करे, आत्मा से एकत्व॥

मंत्रोच्चारण करके सदुरु, नाड़ी से करे वायु रेचन।
करके प्रवेश शिष्य घट में, उसकी आत्माका करे चिंतन॥
मल नष्टहुआ अबतो इसका, अबतो यह पूर्ण प्रकाशित है।
शिवकृपा से मेरी आभासे, यह सभी भांति आलोकित है॥
तदनन्तर अपनी आत्मामें, उस शिष्यको गुरू निविष्ट करे।
फिर कुम्भक द्वारा शिष्य-हृदय, उसजीवको पुनः प्रविष्ट करे॥

देकर यज्ञोपवीत उसको, आहुति- पूर्णाहुति हवन करे।
बिठलाए स्वस्तिक आसनपर, फिर शिष्य गुरुको नमन करे॥

गुरु पूरबमुख हो खड़ा, करे शिष्य-अभिषेक।
श्वेत-वस्त्र धारण करे, अंग-वस्त्र हो एक॥

करके आचमन अलंकृतहो, कर जोड़े मंडप में जाए।
गुरू शिवपूजन करवा उससे, फिर करन्यास भी करवाये॥
शिवध्यान मंत्र-सुमिरण समेत, अंगोंमें शिष्यके भस्म मले।
फिर दहन, प्लावनादिक करके, गुरू शिष्यका सकलीकरण करे॥
फिर उसके मस्तकपर शिवके, सुन्दर आसनका ध्यानकरे।
फिर शिवका आवाहन करके, मानस पूजन सम्मान करे॥
फिर करे विनय हे महादेव! अब आप विराजे नित्य यहां।
शिव तेजसे शिष्य प्रकाशितहै, अब इसके उरमें तिमिर कहां?

करे शिवकृपासे उसे, शिवका मंत्र प्रदान।
शिव आज्ञासे शिष्यभी, करे मंत्रका गान॥

कुशल मंत्रविद गुरुकरे, शाक्त मंत्र उपदेश।
उच्चारण सुनकर कहे, मंगलवाक्य विशेष॥

गुरू आज्ञासे शिव गुरू समीप, तब शिष्य प्रतिज्ञा वाक्य कहे।
शिव पूजन बिन न अन्न लूंगा, चाहे प्राण जाए या भले रहे॥
निज प्राणका त्याग भलाहोगा, सर कटवाना अच्छा होगा।
शिवजी की पूजा किये बिना, भूखे मरना अच्छा होगा॥
जबतक यह प्राणरहे तबतक, निर्बाध चले शिव आराधन।
ऐसे अनन्य भक्तोंका शिव, करते हैं योग-क्षेम वहन॥
ऐसोंका नाम समय होगा, अधिकार शिवाश्रमका इनको।
ऐसों को मंत्र और भस्म मिले, देते रुद्राक्ष गुरू इनको॥
गुरुदे शिवप्रतिमा या शिवलिंग, दे पूजा-जप-तपका साधन।
गुरूजीसे प्राप्त वस्तुएं यह, आदरसे करले शिष्यग्रहण॥

सिरपर रखकर भावसे, अपने घर ले जाय।
गुरुआज्ञा टाले नहीं, सृष्टि भले टल जाय॥

घरमें या शिवके मंदिरमें, वह करे सदाशिवका पूजन।
श्रद्धासे बुद्धिसे शिष्योंको, दे शिवाचार्यका शुभ-शिक्षण॥
जो शिवाचार्य ने बोलाहो, आज्ञादी हो बतलाया हो।
वह सुने उसीका पालनहो, वह समझे जो समझायाहो॥
आज्ञासे शिवागम ग्रहण करे, आज्ञासे पठनऔर श्रवण करे।
कुछ करे न अपनी इच्छासे, नहिं किसी औरका कथन करे॥

मैंने थोड़े में कहा, समयाचार विधान।
इससमान शिव-भक्तिका, साधन कोई न आन॥

------------------------(अध्याय - 16)------------------------

शिवकोप्रणामकर मुनिबोले, अब कहता हूं षड्अध्व शोधन।
यहकरे शिष्यके लिये गुरू, करने निवृत्त सारे बंधन॥
है कला, तत्त्व, और भुवन, वर्ण, पद, और मंत्र, छ: अध्वाएं।
निवृत्ति, प्रतिष्ठा, विद्यादिक ही पंच कलाएं कहलाएं
इन पांचोंको ही विज्ञ-पुरुष, हे कृष्ण! "कलाध्वा" कहते हैं।
बांकीके पंच कलाध्वा इन, पंच कलाओं में लय रहते हैं॥
शिवसे 'भू' तक छब्बीस तत्व, बोले जातेहैं 'तत्त्वाध्वा'।
आधार से ले उन्मना तलक बोलेजाते हैं 'भुवनाध्वा'॥
हैं वर्ण पचासों 'वर्णाध्वा' सब पद कहलाते 'पदअध्वा'।
कई भेदों सहित 'पदाध्वा' यह, उपमंत्र कहाते 'मंत्राध्वा'॥
तत्त्वोंके नायक शिवजी की, गिनती न तत्त्व मेंहै जैसे।
मंत्रों में श्रेष्ठ महेश्वर की, गिनती न मंत्रमें है तैसे॥

व्यापक एवं व्याप्यका, जिसमें नहीं विचार।
अध्वशोधका है नहीं, उसे कोई अधिकार॥

जाना न रूप षडअध्वाका, क्या जाने व्यापक व्याप्य भला?
जो रूप-भाव को जान चुका, वह इनका शोधन कर सकता॥
मंडल और कुंड पूर्ववत् रच, फिर करे कलश मंडल रचना।
गुरु-शिष्य निवट सब नित्यकृत्य, आ करे वहां पर शिवार्चना॥
दो सेर खीर प्रभु अर्पण कर, दो सेर हवन के लिये रखे।
फिर पूर्वके सुन्दर मंडलमें गुरु, पंच कलश थापना करे॥
चारोंही तरफहों चारकलश, और पंचम कलश मध्य परहो।
कलशों पर नाद- बिंदु संयुत, शिव मूल-मंत्रका अक्षर हो॥
इन वर्णोंमें ईषाण आदि, ब्रह्मोंकी अस्थापना करे।
आ जाते शंभु बुलाने पर, ऐसी सच्ची भावना करे॥

स्थापन विधि बतलारहा, सुनना देकर ध्यान।
मुनि बोले मंत्रज्ञ गुरु, रचे समंत्र विधान॥

ॐ नं ईषाणाय नमः ईषाणं स्थापयामि, मध्यघट पर।
ॐ मं तत्पुरुषाय नमः तत्पुरुषं स्थापयामि, पूर्व घट पर॥
ॐ शिं अघोराय नमः अघोरं स्थापयामि, दक्षिण घट पर।
ॐ वां वामदेवाय नमः वामदेवं स्थापयामि, उत्तर घटपर॥

ऊं यं सद्योजाताय नमः सद्योजाताय स्थापयामि पश्चिम घट पर॥
रक्षा विधान मुद्रासमेत, गुरु करे कलश अभिमंत्रित कर॥

फिरहो हवन शिवाग्निमें, जोथा रखा हविष्य।

शेष भाग गुरु दे जिसे, रखे बचाकर शिष्य॥

मन्त्रों का तर्पणांत करके, पूर्णाहुति कर्म प्रदीपन हो।
'ॐ हूं नमः शिवाय फट स्वाहा' का सादर उच्चारणहो॥
क्रमशः हृदयादिक अंगों को, दे तीन-तीन ही आहुतियां।
हे माधव! मंत्रोच्चारण से, हो सारीकी सारी विधियां॥
फिर श्वेत सूत को त्रिगुणकरे, दोबारा फिरसे करेत्रिगुण।
अभिमंत्रित सूतके एक छोरसे, शिष्यका करे शिखा बन्धन॥
हो शिष्य खड़ातो छोर दूजा, लटके अंगूठे तक पदके।
उसमें सुषुम्णा नाड़ी की, विधिवत गुरु संयोजना करे॥

मूलमंत्रसे दे हवन, गुरू मंत्रविद् तीन।

फिर सुषुम्णाको करे, उसी सूतमे लीन॥

फिर शिष्य हृदय पर पुष्प फेंक, गुरुकरे पूर्ववत् से ताड़न।
और उससे ले चैतन्य पुन; बारह आहुति से करे हवन॥
चैतन्य निवेदित कर शिवको, उस सूतमें एक सूत जोड़े।
'हूं फट' मंत्र से कर रक्षा, वह सूत शिष्यकेतनलिपटे॥

मूलत्रयमय पाशहै, यह नव शिष्य शरीर।

गुरु करे निज हृदयमें, भाव यही गंभीर॥

यहकरेभावना भोग और, भोग्यत्व ही इसका लक्षण है।
यह विषयों इंद्रिय-यूथों और, इस देह आदिका कारण है॥
तदनन्तर पंचकलाओंको, इस सूत्रमें जोड़े सहित नाम।
नभरूपिणि 'शान्त्यातीत कला' को जोड़ूं मैं करके प्रणाम॥
मैं वायुरूपिणि 'शांतिकला', और तेजोमयी 'विद्याकला'।
जोड़ूं जलमयि 'प्रतिष्ठाकला' जोड़ूं भूरूपा 'निवृतिकला'॥
फिर "नमः" जोड़कर नामों में, हो पंचकलाओं का पूजन।
"शान्यातीत कलायै नमः" – ऐसे ही हो सबका अर्चन॥
फिर तत्त्वआदिमें मलआदिक, पाशोंकी व्याप्तिका हो चिन्तन।
ऐसेही मलादिक पाशों में, भी कला व्याप्ति का हो-दर्शन॥
फिर आहुति सहित कलाओंको, गुरु करे मंत्रसे संदीपित।
फिरकरे सुमन ताड़ित सिरपर, गुरु मूलमंत्रके गान सहित॥
तनपर लिपटा धागाहै वह, शांत्यतीत पद जिसपर अंकित।
निवृत्तिकला तकहो क्रमश; यह तीन-तीन आहूति सहित॥

मंडलमें फिर शिव पूजनकर, बिठलाए शिष्यको कुश-आसन।
दे होमसे बचा चरू उसको वह सादर शिष्य करे भक्षण॥
दोबार आचमन करे शिष्य, शिवजीका मंत्र करे सुमिरण।
दूजे मंडल में ले जाकर, दें पंचगव्य गुरु करे ग्रहण॥
बिठला पहलेकी तरह गुरू, दे शिष्यको एक उत्तम दतवन।
कर दंत शुद्धि धोकर फेंके, फिर करे हस्त मुख प्रक्षालन॥

गुरु चरनाश्रित शिष्ययह, पाकर गुरु आदेश।

शिवके मंडल में करे, दोउ कर जोड़-पवेश॥

कर दतौन धो शिष्यने, दिया जिधरको फेंक।

पूर्वोत्तर पश्चिम तरफ, लिया गुरुने देख॥

मंगल इनतीनों-दिशिदिखना, दक्षिणका अमंगलहै दर्शन।
दक्षिण की तरफ दीखनेपर, करवाए एकसौ आठ हवन॥
गुरुकरे शिष्यका स्पर्श और, शिवनाम कानमें उसे कहे।
श्री महादेव के दक्षिण में, बिठलाएआसन हों कुश के॥
शिवध्यान सहित सोजाय शिष्य, पूरबदिशि सिरहाना करके।
गुरु शिखा बांध नव-वस्त्र ढंके, "हूं" कार का उच्चारण करके॥
चहुंओर भस्म, तिल, सरसों से, रेखायें तीन खींच करके।
'फट' मंत्र बोलकर रेखा के, बाहर दिक्पालों को वलि दे॥

शिष्य रखे उपवास और, सोये सारी रात।

उठ प्रातः गुरुदेवसे, कहे स्वप्नकी बात॥

------------------------(अध्याय - 17)------------------------

गुरु आज्ञाले शिष्य सब, नित्यकृत्य निवटाय।

शिव सुमिरण करता हुआ, शिव मंडलमें जाय॥

तदनन्तर करके शेष कृत्य श्रद्धासे करे नेत्र बन्धन।
गुरुदेव शिवाशिव सुमिरणकर, करवायं उसे मंडल दर्शन॥
दृगबन्धन करके शिष्य पुन; हाथोंसे बिखेरे सुमन वहां।
गुरु वहां-वहां उपदेश करे, गिर जाय पुष्प यह जहां-जहां॥
मंडल निर्माल्य में ले जाकर, करवा ईषाणदेव-पूजन।
सादर शिवाग्निमें करेहवन, यदि कियाहो वह कुस्वप्न दर्शन॥
तो दोष-शान्ति हित मूलमंत्र, से सौ-पचास आहुतियां दे।
फिर शिखा-सूत्रको लटकाकर, क्रमशः पूजन और हवन करे॥
आधार- शक्ति की पूजासे, हो वागीश्वरी तलक पूजन।
पूजनकर इनसबके निमित्त, वह करे विधान समेत हवन॥

पूजन पूर्वक शंभुको, दे आहुतियां तीन।
शिष्यके प्रति गुरुदेवहों, मोक्षकामना लीन॥
एक साथहो शिष्यको, सभी योनियां प्राप्त।
भोगन शेष रहे कोई, सब हो जाय समाप्त॥

सूत्रमय शिष्यतनमें करके, गुरुदेव सविधि ताड़न प्रोक्षण।
लेकर उसके चैतन्य--आत्म, कर देवे द्वादशान्त अर्पण॥
फिर वहांसे लेकर एकसाथ, डाले संपूर्ण योनियों में।
सुर पशु पक्षियों मनुष्यों की, ले जावें सभी श्रेणियों में॥
सबमें प्रवेश हो एकसाथ, इसलिये शिष्यकी आत्माको।
वागीश्वरि मां के गर्भ में रख, पूजे श्री शिव परमात्माको॥
उनके निमित्तकर पूर्ण हवन, वह गर्भ-सिद्धिका मनन करे।
उत्पत्ति सरलता भोगप्राप्ति, और पराप्राप्तिका यतन करे॥
उद्धार निमित उस प्राणीके, वय वर्ण सिद्धिहित करे हवन।
शिवसे कर विनय शिष्य तनका, कर शोधन करे पाश छेदन॥
पूर्णाहुति देकर पावक में, फिर करे, विधाता का पूजन।
आहुतियां उन्हें तीन देकर, फिर शिवआज्ञाका करे कथन॥
हे तात! जीव यह शिवजी के, परपद को जानेवाला है।
इसमें न आपकुछ विघ्नकरें, शिव-बचन न टलनेवाला है॥
विधिको शिवका आदेश सुना, पूजन-व-विसर्जन हवन करे।
निवृत्ति शुद्ध शिष्यामा के, उद्धार का तत्क्षण यतन करे॥
स्थापित कर सूत्र निजात्मा में, वागीशार्पण कर आहुति दे।
कर नमन विसर्जन कर उनका, आगेकी शिवसे अनुमति ले॥
कहते हैं प्रतिष्ठाकला जिसे, उससे सानिध्य करे स्थापित।
कर एकबार पूजा उनकी, दे उन्हें तीन आहुति सविनत॥

शिष्यात्मा का इन्हींमें, कर प्रवेश का भाव।
आवाहन करके करे, सभी कृत्य रख चाव॥
करे पुनः वागीश्वरी, देवी जी का ध्यान।
अंगकान्ति जिनकी सदा, पूनम चंद्र समान॥
करे पूर्ववत् कार्य सब, इष्ट ध्यानके बाद।
वागीश्वरि मांका करे, प्राप्त शुभाशीर्वाद॥

हरिको हरकी आज्ञा कहकर, उनकाभी विसर्जन आदि करे।
संयोग प्रतिष्ठा विद्याका, करके सब पूरे काज करे॥
उनमें व्यापक वागीश्वरिका, कर सुमिरण, चिंतन, और पूजन।
दे करके हवन करे सादर, श्री नीलरुद्र का आवाहन॥

उनका भी करके पूजनादि, शिवआज्ञा अटल सुना करके।
कर उन्हें विसर्जित प्रेमसहित, देखे फिर ध्यानलगा करके॥
हो विद्याकलाको लेकरके, उसकी व्याप्तीका अवलोकन।
उसमें व्यापक वागीश्वरिका, शुभ ध्यानजनित पाये दर्शन॥
वे बाल-सूर्य की नांई ही, देती प्रकाश सचराचर को।
करपूर्णशेष सब कार्यों को, आवाहित करे महेश्वर को॥

पूजन हवन सहित कहे, शिवआज्ञा सिरनाय।
करे विसर्जन शेष सब, कृत्य करे चित लाय॥

अब शान्तिकला को पहुंचावे, उसतक जोहै शान्यातीता।
अवलोकन करेसजग चितसे, इससे उसतककी व्यापकता॥
इसके स्वरूपमें व्यापक जो, उन वागीश्वारिका हो चिंतन।
नभ-मंडलसा उनका स्वरूप, यह ध्यानकरे और करेहवन॥
कर शेषकार्यकी पूर्ति सदाशिवका करके विधिवत पूजन।
उनकोभी सुनाकर शिवआज्ञा, कर शिष्यभाल पर शिवअर्चन॥
वागीश्वर की पूजा करके, दे उन्हें विसर्जन करे हवन।
शिवमंत्रसे करे शिष्यसिरका, प्रोक्षण इसभांति करे चिंतन॥
शिवमंत्रमें विलय होगया अब, शान्यातीतादि कलाओं का।
सर्वाध्व व्यापिनी पराशक्ति, हैं आश्रय इन अध्वाओं का॥

रवि सी वे तेजस्विनी, ऐसा करके ध्यान।
बिठलाए शुचि शिष्यको, उनके आगे आन॥

कैंची को धोकर सविधि करे, आचार्य ससूत्र शिखा छेदन।
'ऊँनमःशिवायवौषट्' कहकर, उसका शिवाग्निमें करे हवन॥
धोकर कैंची रखदे वापस, फिर करे शिष्य तनमें चेतन।
तबशिष्य स्नान आचमन करे, जब करलेपूर्ण स्वस्ति वाचन॥
तब उसे लिवाकर मंडलमें, शिवको करवाये दंड नमन।
फिर क्रियालोप अघशान्ति निमित, करवाये यथारीति पूजन॥
धीमेसे वाचक मंत्र बोल, पावक में दे त्रय आहुतियां।
फिर मंत्र-दोषकी शुद्धि-निमित, शिवपूजन कर दे आहुतियां।
मंडलमें विराजित अम्बाऔर, शिवकी कर पूजा आरतियाँ।
गुरु हाथ जोड़कर विनयकरे, देकर इतनी ही आहुतियां।
हे नाथ! आपकी कृपासे ही, की गई शुद्ध षडअध्वाएं।
अब आप इसे अपने अविनाशी परम धाम में पहुंचाएं॥

करे नाड़ी संधानयुत, पूर्णाहुति तककर्म।
करे भूतशुद्धी सकल, चिंतन करके मर्म॥

शीतोष्ण अथिर-थिर व्याप्त-तत्व, का भूतशुद्धि हितहो चिंतन।
भूतों की ग्रंथियों का छेदन, अधिपतियोंका शिव संयोजन॥
शोधन कर प्रथम शिष्य तन फिर, कर डाले भस्म भाव द्वारा।
उस भस्ममें अमृत डाल, आत्म-संस्थापन करे भाव द्वारा॥
इस तरह विशुद्ध अधममय तन, निर्माण में भाव प्रयास करे।
और प्रथम शान्त्यतीता जो कला, वह शिष्य-भालपर न्यास करे॥
फिर मुखमें उसके शान्तिकला, विद्या ग्रीवा से नाभी-तलक।
निम्नांगमें कला प्रतिष्ठा का, शुभ-चिंतन करे सजग चिंतक॥

सूत्र-मंत्र बीजों सहित, करे न्यास सुखरूप।

अंग-सहित फिर शिष्यको, समझे शिष्य स्वरूप॥

फिर हृदय-कमल में शिवजी का, आवाहन करे करे पूजन।
उसमें शिवका निवास जाने, अणिमादि गुणोंका हो चिंतन॥
शिव हों प्रसन्न ऐसा कहकर, पावक में डाले तीन हवन।
सर्वज्ञातादि सदगुण समूह, बस जांय शिष्यमें हो चिंतन॥
सद्योजातादि कलश द्वारा, क्रमशः उसका अभिषेक करे।
शिव अर्चनकर शिव-आज्ञाले, शिव-विद्याका उपदेश करे॥
हो प्रथम 'प्रणव' संपुटित प्रणव, और 'नमः' अंतमें हो प्रयुक्त।
शिवजीसे जुड़ीहो वह विद्या, हो शक्तिसे भी वह सदा युक्त॥
शिव-विद्या है ऊँ ऊँ, नमः शिवाय ऊँ नमः।
"शक्ति-विद्या" है ऊँ- ऊँ, नमः शिवायै ऊँ नमः॥
ऋषि, छन्द, देवता बतलाकर, शिव, शक्ति एक आदेश करे।
उपरान्त आवरण पूजन और, शिव-आसनका उपदेश करे॥

नाथ! किये जो कृत्य हम, उसको करें सुकृत्य।

सदा हाथ सिर पर रखें, हम होवें कृतकृत्य॥

शिव- पूजनकर विनयकर, सादर करे प्रणाम।

मंडलाग्नि विरमित करे, दे इनको विश्राम॥

पूज्य सदस्यों का करे, पूजन और सम्मान।

वैभव के अनुसार दे, इन गुरुजन को मान॥

कमी करे मत खर्च में, चाहे जो कल्याण।

धर्म किये धननहीं घटे, हों प्रसन्न भगवान॥

--------------------(अध्याय - 18)-------------------------

बोले उपमन्यु सुनाता हूँ, अब मैं साधक के संस्कार।
माहात्म्य मंत्रका कहता हूं, ज्ञानानुसार मैं सविस्तार॥
मंडलमेंजो कलश-स्थापित, उन शिवका पूजन करे हवन।

फिर नंगेसिर बिठलाए वहीं, आचार्य शिष्यको प्रेम-मगन॥
पूर्णाहुति हवन तलक सारे, पूरण पूजनके काजकरे।
फिर मूल-मंत्रसे पावक में, श्रद्धासे सौ आहुतियां दे॥
तर्पणकर मूलमंत्र से ही, गुरु संदीपन का कार्य करे।
कर सभीकर्म अभिषेक करे, फिर शिष्यको मंत्र प्रदान करे॥
विद्योपदेशके अंतके सब, कार्यों को सविस्तार करके।
जल-फूल सहित शैवी-विद्या, गुरुशिष्यके करमें देकरके॥
यह कहे सौम्य! यह महामंत्र, शिवकृपा दिलाने वाला हो।
लौकिक, परलौकिकसिधिकेफल, सब तुम्हें दिलाने वालाहो॥

कर शिवकी पूजा तथा लेकर शिव आदेश।

साधन और शिवयोगका, शिष्यको दे उपदेश॥

सुनकर उपदेश मंत्र साधक, यह शिष्य गुरूकी आज्ञासे।
करके विनियोग मंत्रसाधन, प्रारंभ करे उनके आगे॥
यह मूलमंत्रका साधन ही-तो पुरश्चरण कहलाता है।
सबसे पहले विनियोग कर्म, आचरणमें लाया जाताहै॥
हर मुमुक्षुओंको यह साधन, अनिवार्य बताया जाता है।
साधक को दोनों लोकोंमें, यह ही कल्याण दिलाता है॥
शुभदिन, शुभदेश, शुभसमय में, संपूर्ण नित्यकर्मोंको कर।
माल्यादि गंध आभूषण से, अपनेको पूर्ण अलंकृत कर॥

पाग दुपट्टा डालकर, धार श्वेत परिधान।

घर मंदिर या बागहो, हो पवित्र सुस्थान॥

बैठ सुखासन से वहीं, शैव शास्त्र अनुसार।

निज स्वरूपको ही करे, शिव स्वरूप साकार॥

फिर शिवजीका पूजन करके, वह खीरका भोगकरें अर्पण।
उनकी आज्ञाले शुरु करे, वह साधक महामंत्र साधन॥
एक, आध, या चौथाई करोड़, शिव मंत्रका साधक जापकरे।
हो बीसलाख या कमसेकम, दसलाखका जाप अवश्य करे॥
उसदिन से खीर नमक विहीन, साधक एकबार करे भोजन।
शम, दम, और क्षमा, अहिंसाका, जीवनभर सदा करे पालन॥
शिवजी ने चरु, सत्तू, जौके आंटे का हलवा बतलाया।
घी, दूध, दही, फल, मूल, नीर, भोजनकोइतना गिनवाया॥
इन भक्ष्य, भोज्य आहारोंको, कर मूलमंत्रसे अभिमंत्रित।
रखमौन करे भोजन प्रतिदिन, इस साधनमें है यहीउचित॥

अष्टोत्तरशत मंत्रसे, कर अभिमंत्रित नीर।

नदियों में या भवनमें, प्रोक्षण करे शरीर॥
तर्पण और शिवाग्निमें, आहुतिका हो नेम।
यह तो सब हैं जानते, नेम जगावे प्रेम॥
हवनीय वस्तुमें सात पांच, या तीन द्रव्यका हो मिश्रण।
या केवल घीसे दे आहुति, ये हैं शिवके निर्दोष बचन॥
जो भक्ति भावसे शिवजीका, करता इसभांति समाराधन।
इहलोक और परलोकमें भी, सबतरह सुखी उसका जीवन॥
हे कृष्ण! बिना इससाधनके प्रतिदिन बिनलिये हुए भोजन।
जपते जो एक सहस्र मंत्र, एकाग्र चित्त हो भाव- मगन॥
उनकोभी सुलभ सभी होता, मिलता न अमंगल कहीं उन्हें।
इहलोकके सब सुख पाते वे, मिलता है अंतमें मोक्ष उन्हें॥

----------------------(अध्याय - 19)----------------------

योग्य शिष्यके गुरुपदपर अभिषेकका वर्णन।
संस्कार के विविध प्रकारों का निर्देशन॥20॥

इस संस्कारसे युक्त और पालक पाशुपत आदिव्रतके।
आचार्यिक पदके योग्यहो तो, गुरु ऐसोंका अभिषेककरे॥
अभिषेक निमित मंडल रचकर, देवाधिदेवका कर पूजन।
रखचारकलश चारों दिशिमें, पंचमका मध्यमें सुस्थापन॥
हो पूर्वकलश पर निवृतिकला, पश्चिम पर कलश प्रतिष्ठा का।
दक्षिण पर विद्याकला तथा, उत्तर घट पर शान्तिकलाका॥
जो कला शान्त्यतीता उसका, मध्यमके कलशपर न्यास करे।
कलशों को अभिमंत्रित करके, गो मुद्रादिक सप्रयास करे॥
अभिमंत्रित करके कलशों को, पूर्णाहुत्यादि हवन करके।
मंडल में शिष्यको ले जाकर, मंत्रोंका तर्पण आदि करे॥
कर पूर्णाहुति हवनाराधन, देवेश्वर शिवकी आज्ञा से।
गुरु चेलेको अभिषेक निमित, उंचे आसनपर बिठलाके॥
कर सकलीकलण शिष्य तनपर, गुरु शुभमंत्रोंका न्यास करे।
सर्वेश्वर शिवके चरणों का, अपने सुशिष्यको दास करे॥
शिवपदमें सौंपे इसे, बांधके गांठ अनेक।
निवृति-कलादिक घटोंसे, शुरू करे अभिषेक॥
अभिषेकमंत्र शिवमंत्रही हो, अंतिम अभिषेक मध्य घटसे।
आचार्य शिष्यके माथे पर, शिवभाव प्राप्त शिवहस्त रखे॥

दे शिवाचार्य का संबोधन, वस्त्राभूषण से कर भूषित।
शिवमंडलमें कर शिवअर्चन, शत अष्टाहुति दे पूर्णाहुति॥
करपूजन दंड प्रणाम पुन; शिवसे करजोड़ करे विनती।
आचार्य शिष्यको बना दिया, यह कृपा आपकी है प्रभुजी॥
दिव्याज्ञा इसे प्रदान करें, शिवशास्त्रका कर वंदन-पूजन।
शिव आज्ञासे वह दिव्यशास्त्र, गुरुकरे शिष्यप्रियको अर्पण॥
रख सिरपर, फिर विद्यासन पर, सादर प्रणामकर करपूजन।
तदनंतर गुरू शिष्यवरको, राजोचित चिन्ह करे अर्पण॥
राजा और आचार्य में, है आचार्य वरिष्ठ।
इसीलिये गुरू सौंपते, राज्य प्रतीक विशिष्ट॥
आचरित जो पूर्वचार्यों से, उन आचारों का अनुशासन।
गुरुकरे, शिष्यका होता है, जिससे लोकों में यश वर्धन॥
आचार्यकी पदवी प्राप्त पुरुष, शिवशास्त्र कथितविधि आधारित।
ले परख प्रथम, दे संस्कार, फिर करे ज्ञानसे उपदेशित॥
इस तरह बिना कठिनाई के, वह शौच, क्षमा, अस्पृहा, दया।
गुण इन सब सहित शिष्यपाए, कहते हैं जिसको अनुसूया॥
शिव, शिव घट, और अग्नि का, करे विसर्जन मान।
दक्षिणादि देकर करे, विप्रोंका-सम्मान॥
संस्कार- विधिके कहे, और अनेक प्रकार।
सबकेसब थे शिव-कथित, शैवशास्त्र अनुसार॥
तत्व-शुद्धिके लियेभी, है यहसब करणीय।
शिव-विद्या और आत्महैं, तत्वोंमें गणनीय॥
प्रथम शक्तिमें शिवतथा, विद्या का प्रकटाव।
कृष्ण! आतमा का पुन:, उससे आविर्भव॥
शिवव्याप्त शान्त्यतीताअध्वा, और उससे शांति कलाध्वा है।
उससे विद्या विद्यासे प्रतिष्ठा, उससे निवृति कलाध्वा है॥
दुर्लभ है शाम्भव- संस्कार, यह मान शैवशास्त्रज्ञ सुजन।
अपनाते शाक्तही संस्कार, करते इसकाही प्रतिपादन॥
मैंने कहे अनेक विध, संस्कार के सार।
जिसे श्रवणभी करमिटे, मनके सभी विकार॥

----------------------(अध्याय - 20)----------------------

अन्तर्मख अथवा मानस पूजा विधि वर्णन।21-22-23॥

नैमित्तिक कर्मकहे मुनिने, फिर विविध-न्यासका करवर्णन।
बोले थोड़े में कहता हूँ, श्रीशिवजी का मानस-पूजन॥
कल्पित शुचि पूजाद्रव्योंसे, करके सादर गणेश पूजन।
दक्षिण उत्तरमें नंदीश्वर-, सुयशाका करके आराधन॥
सिंहासन, योगासन अथवा पद्मासन का निर्माण करे।
उसपर आसीन साम्बशिव के, मनहर स्वरुपका ध्यान करे॥
वे सभी सुलक्षण युक्त तथा, सब भांति सभी से बढकर हैं।
मुख पूर्णचंद्र से भी बढकर, सारे आभूषण सुन्दर हैं॥
सुचि-फटिक सरिस है अंग कान्ति, त्रिनेत्र कमलसे सुंदर हैं।
शशि मुकुट भुजाएं चार सुदृढ, इनके सर्वांग मनोहर हैं॥

अभय वरद मुद्रा धरे, द्वैकर सुभग विशेष।
मृग मुद्रा और टंकयुत, द्वैकर शोभित शेष॥
नीलकंठ शिवशंभुसा, जगमें कोई न आन।
कृष्ण! इसतरह भक्त वह, करे शंभुका ध्यान॥

फिर करे वामभाग में जो, उन महेश्वरीका शुभ-चिंतन।
उन कमलोपमा शिवानी का, हो ध्यानमें सर्वप्रथम वन्दन॥
शशिवदना दीर्घलोचना के, काले-काले धुंघराले लट।
नीलोत्पल-दलसी अंगकांति, है माथेपर चंद्रार्ध मुकुट॥
शोभा की इनसे है शोभा, सौन्दर्य की इनसे सुन्दरता।
छबि की छबि जगजननी की छबि, छबिपुत्र कौनजो कहसकता??
आवरण पीत धारा मांने, आभरण सभी इनसे शोभित।
सुन्दर फूलों की माला से, हैं केशपाश इनके गुम्फित॥
ये सभी तरह से सुंदर हैं, मुंह है लज्जा से झुका हुआ।
एक हाथमें कनक-कमल दूजा, सिंहासन परहै रखा हुआ॥

पूर्ण करें सब आस ये, छेदन कर हरपाश।
ये सबकी हैं स्वामिनी, सबजग इनका दास॥
इस प्रकार शिवके सहित, करे शिवाका ध्यान।
सर्वोत्तम उपचार से, पूजन करे महान॥

------------------(अध्याय - 21-23)------------------------

तदनंतर शिव-पूजन-विधिका विशद विवेचन॥24॥

मानस-पूजन कहकर केशव, कहता हूं सुनो वाह्य-पूजन।
पूजास्थल की शुचितानिमित्त, पहले तो सविधि स्थान-प्रोक्षण॥

चन्दन सुगन्ध, मिश्रित जलसे, हो प्रोक्षण शुभ पूजास्थलका।
हो विघ्न-निवारण के निमित्त, उच्चारण अस्त्र-मंत्र 'फट' का॥
रक्षा के लिए कह कवच-मंत्र, फिर अस्त्र-मंत्रसे न्यास करे।
मखभूमि की परिकल्पना सहित, चारों ही ओर कुशा रखदे॥

प्रोक्षण प्रक्षालन करे, पात्र द्रव्यकी शुद्धि।
इन शुभकार्यों में रखे, शिवचरणों में बुद्धि॥
चतुष्पात्रमें जलरखे, सहजमें जो मिलजाय।
यथा-प्राप्त उसमें रखे, पूर्ण द्रव्य समुदाय॥

गंधाक्षत, पुष्प, स्वर्ण, चांदी, फल, पल्लव, दर्भ, द्रव्य सारे।
जल, स्नान, पानको आवश्यक, वस्तुएं सुगंध, सुमन डारे॥
चंदन, खश पाद्यपात्रमें और, अचमनी पात्रमें द्रव्य कई।
सहिजन कर्पूर तमाल आदि, डाले पवित्र और चुनी हुई॥
सर्वत्र सुमंत्र न्यास करके, अस्त्र-मंत्र से सुपात्र-रक्षण।
हो मूलमंत्र से द्रव्योंका, जलके द्वारा प्रोक्षण शोधन॥

पूजनके सबपात्र यदि, हो न कदाचित प्राप्त।
एक प्रोक्षणी पात्रही, तब होगा पर्याप्त॥

दक्षिणमें सर्व प्रथम साधक, पूजनकर देव विनायक का।
फिर नन्दीजी का हो पूजन, जिनका विभाग अंतः पुरका॥
है स्वर्ण-शैलसी अंगकान्ति, स्वर्णभूषण आभूषित वे।
मस्तक पर उनके बालचंद्र, तीनों नेत्रोंसे शोभित वे॥
है एक- करमें उनके त्रिशूल, दूजेमें मृगी तीजे में टंक।
चौथे करमें नंदीश्वर के, तीखा-सा है एक बेंत बंक॥
उज्ज्वल सी मुखकान्ति है, शशिमंडल के समान।
बन्दर से मुख में दिखे, तप का तेज महान॥
हैं द्वारके उत्तर में राजित, जो मरुद्गणों की कन्या हैं।
वे उनकी पत्नी सुयशा हैं, पति प्रेम अन्या -धन्या हैं॥
ये पार्वती के चरणों के श्रृंगार-कार्य में रहती हैं।
ये उनके वशमें रहती हैं, वे इनके वशमें रहती हैं॥
इनका पूजन करके विधिवत, साधक शिवभवन प्रवेश करे।
सादर पूजनकर शिवलिंगका, निर्माल्य वहाँसे अलग करे॥
शिवलिंगके ऊपर धो- धोकर, फूलोंको शुद्धि निमित्त रखे।
ले फूल हाथमें यथाशक्ति, सादर मंत्रों का जाप करे॥
ईषाण में कर चंडीपूजन, उनको निर्माल्य करे अर्पित।
फिर इष्टदेवके लिये सुभग आसन तैयार करे कल्पित॥

क्रमशः आधारादिका, करे प्रेम से ध्यान।
भूतलपर ये राजतीं, श्याम-कान्ति द्युतिमान॥
बैठे इनके छत्र पर, सर्पाकार अनंत।
उज्ज्वल इनकी कांति है, नहीं तेजका अंत॥
इनके ऊपर भद्रासन है, सिंहाकृति जिसके पाये हैं।
और ज्ञान, धर्म वैराग्य विभव, चारोंके नाम बताए हैं॥
यह 'धर्म' नामवाला पाया, आग्नेय-कोणमें है-सफेद।
नैऋत्य कोणमें 'ज्ञान' पाय है लाल रंग कहते हैं वेद॥
वायव्यकोण में है 'विराग', इसका सुन्दर है पीत रंग।
ऐश्वर्य इषाणकोणवाला, जिसका सुन्दर है श्यामरंग॥
आसन के पूरब में अधर्म, अज्ञान राजता दक्षिण में।
है अनैश्वर्य उत्तर तो, है अवैराग्यदिशि पश्चिम में॥
राजवर्तमणिके सदृश इन सबकाहै रंग।
ऐसी रखकर भावना मनमें भरे-उमंग॥
भद्रासनके ऊपर है बिछा, आच्छादन आसन कमलधवल।
अणिमादिक आठ सिद्धियां ही, हैं कमलासनके आठोंदल॥
वामादि शक्तियों के समेत, हैं वामदेव आदिक केसर।
शक्तियां मनोन्मन्यादिबीज, कर्णिका हैं ये वैराग्य अपर॥
शिवज्ञान नाल शिवधर्म कंद, कर्णिकापे दिव्य त्रिमंडल है।
रविमंडल, शशिमंडल-द्विजा, और तीजा पावकमंडल है॥
तीनों मंडलके ऊपर में, त्रयआसन सुभग मनहरण् है।
एक 'आत्मतत्त्व' द्विजा 'विद्या', 'शिवतत्व' कातीजा आसनहै॥
कल्पित एक आसन करे, अति सुन्दर तैयार।
इन सबसेवह श्रेष्ठहो, विद्या से उजियार॥
तीनों के ऊपर रखे, यह आसन मनभाय।
भावमयी शिव-उमाकी, मूर्ति यहीं पधराय॥
आवाहन, स्थापन, संनिरोधन, और करे निरीक्षण नमस्कार।
मुद्राएं अलग-अलग इनकी, इनको दिखलाए पांच बार॥
फिर अर्घ्य, पाद्य, आचमन, गंध, अर्पितहो क्रमशः इन्हें सुमन।
दे धूप दीप नैवेद्य पान शिव-उमाको तब करबाय शयन॥
तदनन्तर मुनिने माधवसे, द्विजी पूजा विधि बतलाई।
विस्तार सहित जो भी चाहें, देखें शिवशास्त्र बहन भाई॥
पूजन प्रारंभ पाद्यसे कर, मुखवास तलक करना चहिये।
संकट में प्रेम-सहित केवल, कुछ फूल चढ़ा देना चहिये॥

इस फूल-मात्र के अर्पण से, होता है धर्म का संपादन।
जबतक यह प्राण रहे केशव, शिवपूजन बिन न करे भोजन॥

----------------------(अध्याय - 24)----------------------

शिव-पूजन का कृष्णसे, कहे विशेष विधान।
तदनन्तर शिव-भक्तिकी, महिमा का गुणगान॥

फिर दीपदानके बाद और, नैवेद्य निवेदनके पहले।
अनिवार्य आवरण पूजा है, यह करे आरती से पहले॥
होता है प्रथम आवरणमें, शिवजी या उमाका जो अर्चन।
ईषाणसे सद्योजात तलक, और हृदयसे अस्त्रतलक पूजन॥
सर्पूण दिशाओं कोणों में, फिर क्रमशः चतुर्दिशाओं में।
हो गर्भ आवरणकी पूजा, यह श्रेष्ठ है सब पूजाओं में॥
या हृदयले लेकर अस्त्रतलक, अंगोंकी सादर हो पूजा।
हो पूर्व दिशामें सुरपतिकी, दक्षिणमें यमकी हो पूजा॥
पश्चिममें वरुण, उत्तर कुबेर, ईषाणकोण में शिवजीका।
हो अग्निकोण में पावक का, नैऋत्यकोण में निऋति का॥
वायव्य कोणमें वायुदेव की, श्रद्धा सहित करे पूजा।
नैऋत्य और पश्चिम के मध्य, नारायण या अनंत पूजा॥
ईषाण पूर्व के मध्य करे, कमलोद्भव ब्रह्मा का पूजन।
अब लोकेशों के अस्त्रों का, कहता हूं जैसे हो अर्चन॥
करे कमलमें वज्रसे, पूजन कमल प्रयंत।
विविधायुध सुर-सर्वके, सिद्ध-प्रसिद्ध अनंत॥
पूजन क्रम हो पूर्वसे, और करे यह ध्यान।
करजोड़े सब सुरकरें, जयति शिवा-शिव गान॥
फिर सभी आवरण देवोंको, दोनों करजोड़े करे नमन।
सबके नामों में 'नमः' जोड़, पुष्पोपचार करदें अर्पण॥
जैसे 'इन्द्रायनमःपुष्पं समअर्पयामि" यह प्रथम कहे।
अपने आवरण सुमंत्रों से, फिर गर्भआवरण यजन करे॥
वाह्याभ्यंतर जोग-जप, हवन हो या हो ध्यान।
शिवजी की पूजा करे, यह अनिवार्य विधान॥
इनका पूजन है उचित, करे अगर छः काम।
हविभी छः ही चाहिये, कहता हूं मैं नाम॥

शुद्धान्न एकसे बनाहुआ, हो मूंगकी या मिश्रित खिचड़ी।
पायस गुड़के पकवान तथा, शहदान्न हो चिउरा और दही॥
इनमेंसे एक या सारेमें, विविधान्न सुव्यन्जन कर मिश्रित।
गुड़ खांडमिला नैवेद्य बना, फिर इन्हें करे शिवको अर्पित॥
दधि, मक्खन, पूआ आदि भक्ष्य, स्वादिष्ट मिष्टफल हो अर्पण।
अत्यंत सुशीतल जल देवे, मिश्रित कर गंध और चन्दन॥
मुख शुद्धि हेतु मृदु इलायची, रस-युक्त सुपारीके टुकड़े।
चूने कत्थे कर्पूर आदि, अर्पण लवंग युत पान करे॥
हों पुष्प-सुगंधित शुचि सुंदर, वहही शिवजीको अर्पण हो।
हों वस्त्र सुकोमल, सोने के अर्पित सारे आभूषण हो॥

श्रेष्ठ सुगंधित काष्ठ अरु, चन्दन अगुरु कपूर।
गुगुल चूर्ण घृत शहदयुत, धूप शुद्ध भरपूर॥

कपिला गौके पवित्र घृतसे, कर्पूरयुक्त दीपक उत्तम।
शिव को अभिष्ट है पंचगव्य, गोदुग्ध दही घृत सर्वोत्तम॥
गजदंत सुनिर्मित भद्रासन, मणिस्वर्ण जटित इनको अर्पण।
सुन्दर गद्दे तकिये सुन्दर, सुन्दरसे सुन्दर आच्छादन॥
शय्याएं छोटी–बड़ी कई, धवलाच्छा दनसे सजा रखे।
सागर गामिनि सरिताओं के, जलस्नान-पानको सदा रखे॥
चन्द्रोज्ज्वल छत्र रत्नमाला, हों स्वर्ण-दंड में गुंथे हुए।
दो स्वर्णभूषित श्वेत चंवर, हों शिव-सेवाको सजे हुए॥
सुन्दर सुस्निग्ध दिव्य दर्पण, जो रत्नोंसे आवेष्ठित हों।
सुन्दर से सुन्दर सभी वस्तु, देवाधिदेव को अर्पित हों॥

हंस कुंद चन्द्रोज्ज्वल, सुधुन शंख उपयुक्त।
काहल मुरज मृदंगहो, भेरी झांझ प्रयुक्त॥
हों सुवर्णकि भांड और, सब पूजाके पात्र।
शिव- मंदिरहो महलसा, शास्त्रविज्ञ निर्मात्र॥

हो घिरा चहार दिवारीसे, पर्वतसा ऊंचा गोपुर हो।
दरवाजे हों सुवर्ण निर्मित, फाटक सुवर्णमय सुन्दरहो॥
चंदोवे में मोती लड़ियां, खिड़की गवाक्षमें मूंगे हों।
मंदिर मंडप में स्वर्णतथा, रत्नों के सारे खम्भे हों॥
मंदिरके शिखर स्वर्णनिर्मित, घट-मुकुटों से समलंकृत हों।
ऊपरमें चमकते अस्तराज, शिवके त्रिशूल जगवंदित हों॥
न्यायार्जित धनसे भक्ति सहित, शिवजी की पूजा करें सभी।
विपरीत द्रव्य से भक्ति युक्त, शिवकी पूजामें पाप नहीं॥

भाव सिन्धु भगवान हैं, भाव भक्ति आधीन।
उस पूजा में फल नहीं, जो है भक्ति विहीन॥
पूजाकी सफलता में केशव, बस भाव-भक्ति ही कारण है।
बिन भक्ति इन्हें स्वीकार नहीं, चाहे पूजामें सात्विक धनहै॥
अन्यायोपार्जित धनसे भी यदि भक्ति सहित शिवपूजन हो।
कुछ पाप नहो, कुछ दोष नहो, कुछ भय नउसे, नहिं दूषण हो॥
शिवके निमित्तजो भक्ति सहित, वैभव अनुसार किया जाये।
वह बहुत हो चाहे थोड़ा हो, राजा गरीब फल सम पाये॥
सर्वश्व भी दे डाले शिवको, यदि भक्ति नहींतो निष्फल है।
और भक्ति सहित कोई निर्धन, एक फूल भी देतो अतिफल है॥
बिनभक्ति करे तप, यज्ञकठिन, शिवधाम न कोई पा सकता।
शिवधाम छोड़कर भक्त कोई, अन्यत्र न कथमपि जा सकता॥
इस पापसिन्धु के तरने को, शिव भक्ति मात्र ही नौका है।
भक्तोंके लिये ही मौका है, और भक्ति बिमुखको धोखा है॥

मूर्ख, अधम, अन्त्यज, पतित होकर शिवके भक्त।
पूज्य सभीके हो गये, शिव पदके अनुरक्त॥
रजो-तमोगुण से नहीं, शिवभक्तों को हानि।
उसका सिर शिवचरण पर, सिरपर शिवका पाणि॥

--------------------(अध्याय - 25)--------------------------

पंचाक्षर-जप शिव-पूजन और भजनकी महिमा।
कुंडादिक-संस्कार शिवाग्री की स्थापना॥26-27॥

कैसाभी पापीहो कोई, बोले उपमन्यु नंदनन्दन।
वह पापमुक्त हो जाताहै, पंचाक्षर से कर शिवपूजन॥
दुर्लभ नरजन्म प्राप्तकर जो, करता न मूढ शिवकापूजन।
होतान मोक्षका साधक वह, उसका जाता निष्फल जीवन॥
नरदेह देवदुर्लभ पाकर, करतेजो शिवकी अराधना।
वे धन्य, कृतार्थ, सफल-जीवन, है सिद्ध उन्हीं सुसाधना॥

तत्पर जो शिवभक्तिमें, जो शिवजपमें लीन।
वे न दुखीहोते कभी, वे निश्चिन्त अदीन॥
मनहरण भवन तरुणी प्रमदा, संतोष तृप्तिदे ऐसा धन।
शिव आराधनके ये सबफल, सबतजे करे शिव आराधन॥

सौभाग्य, कांति, बल, त्याग, दया, शिवसेवकको यह सदासुलभ।
कल्याण चाहने वाले तो, करते शिव- सेवा सुर- दुर्लभ॥
घट रहा शीघ्रतासे जीवन, छिन रहा प्रतिक्षण ही यौवन।
हो रहा रोगका महाऽक्रमण, करले करले शिवका पूजन॥
जबतक ध्रुव मृत्यु नहीं आती, करता न बुढापा महादमन।
इन्द्रियां-शिथिल न हुईं जबतक, तबतक करले शिवका सुमिरण॥

शिव-आराधन के सदृश, नहिं त्रिलोकमें धर्म।
अधिक कहूं क्या है यही, कर्म-धर्मका मर्म॥

------------------------(अध्याय - 26)----------------------

कुंडादिक-संस्कार शिवाग्रीकी स्थापना॥

हे कृष्ण! ध्यानसे करोश्रवण, करताहूं अग्निकार्य वर्णन।
हो लौह--पात्रकुंड, वेदी या, मिट्टी का नूतन- वर्तन॥
विधिपूर्वक अग्निस्थापन कर, फिर संस्कार आरंभ करे।
श्री शिव आराधनकरे प्रथम, फिर हवनकार्य प्रारंभ करे॥
लम्बा चौड़ा दो-हाथ तलक, या एक हाथका कुण्ड बने।
वेदी चौकोर या-गोल बने, मण्डल भी साथ अवश्य बने॥
हो मध्य अष्ट-दल कमलांकित, अंगुल दो, चारहो ऊंचाई।
दो बित्ते की ऊंचाई पर है, नाभि कुण्ड में बतलाई॥

बने कुण्डकी मेखला, त्रय, द्वय या फिर एक।
पीपल के पत्ते सरिस, बिरचे योनि सुरेख॥

यह कुंडके दक्षिण-पश्चिम में, मेखलाके बीचों बीच बने।
मेखला से यह कुछ नीची हो, भागाग्र कुंडकी ओर रहे॥
कोई नियम नही है वेदीकी, ऊंचाई रखी जाय कितनी।
सुविधा और सुन्दरता देखे, हो बालूकी या मिट्टी की॥
सुन्दर मंडप तैयार करे, जल गंगा, कूप, सरोवर से।
वेदीको और कुण्डलीपे, मिट्टी जल गाय के गोबर से॥
धोकर पात्रोंको तपा भी ले, अन्यान्य वस्तुओं को धोए।
जो गृह्यसूत्र में कही गई, वैसे इन पर उल्लेख करे।
तदन्तर पावक आसनको, पुष्पोंया जलसे कर प्रोक्षण।
उन द्रव्यों को एकत्र करे, जिससे हो पूजन और हवन॥

धोकर- धोने योग्य को, जल से करके शुद्ध।

हो विधिके अनुकूल सब, करे न नियम-विरुद्ध॥
फिर श्रेष्ठ अग्नि साधार, अग्निशाला आदिक से लाकरके।
'रं' मंत्र समेत करे स्थापित, वेदी पर उन्हें घुमा करके॥
हो योनि मार्गसे अग्न्याधान, करनाहो कुण्ड में स्थापनतो।
वेदी पर अपने आगे मे, श्री अग्निदेव का स्थापन हो॥
संपूर्ण कुण्ड कर अग्नि युक्त, ऐसी सुविज्ञ भावना करे।
जो नाभि-देश में हैं राजित, वे अग्निदेव ही प्रकट हुए॥
समिधाको अग्निपर रखने से, घृत संस्कार तक सभीकाम।
निज गृह्यसूत्रके ही क्रमसे, से हो मूल-मंत्र द्वारा तमाम॥
शिवमूर्ति की तब पूजा करके, हो मंत्रन्यास दिशि दक्षिण में।
फिर करे प्रदर्शन गो मुद्रा, शिव सुमिरण पूर्वक गोघृत में॥
यदि हों सुक सुवा धातुके तो, मंत्रज्ञ उन्हीं को ग्रहण करे।
अथवा जो यज्ञकाष्ठ के हों, उनसे ही भजन-व-हवन करे॥

विहितहों जो शिवशास्त्रमें, वे भी होते ग्राह्य।
कांसे लोहे आदि हैं, इसमे सदा अग्राह्य॥

हैं ब्रह्मवृक्ष पलास गूलर, इनके ही शुद्ध करे पत्ते।
इनके ही सुक और सुवा बना, इनसे घृत लेकर आहुति दे॥
निज गृह्यसूत्रके ही क्रमसे, शिव- बीज 'ऊं' सम्पुटित करे।
और आठ बीज मंत्रों द्वारा, मंत्रज्ञ अग्नि में आहुति दे॥
'ध्रुं' 'स्तुं' 'बुं' 'श्रुं' 'पुं' 'ढूं' और 'द्रुं', येबीजाक्षर कुल सात हुए।
इनमें शिवबीज 'ऊं' जोड़े, इनके समेत कुल आठ हुए॥
पहले के सातों बीज अग्नि, की सातोंही जिह्वाएं हैं।
मध्यमा जीभ बहुरूपा हैं, और इनकी तीन शिखाएं हैं॥

एक शिखा दक्षिण तथा, दूजी उत्तर वाम।
बीचकी जलती मध्यमें, तीनों के शुभ नाम॥

ईषाण-कोणमें जिह्वा जो, उसका शुभ नाम 'हिरण्या' है।
जो पूर्व दिशामें विद्यमान, वह 'कनका' नामक धन्या है॥
है अग्निकोणमें वह 'रक्ता', नैऋत्यकोण में 'कृष्णा' है।
वायव्यकोण मेंहै 'सुप्रभा', पश्चिम में 'मरुत्' प्रज्ज्वलाहै॥
नामानुरूप सबकी है प्रभा, क्रमशः सबीज सब नाम कहे।
मंत्रज्ञ पुरुष सब नामों के, अंतिम में 'स्वाहा' को जोड़े॥
इन जिह्वा-मंत्रोंके द्वारा, क्रमशःएक-एक घृत आहुति दे।
पर बीचकी तीनों जिह्वाको, घृतकी ही तीन-तीन आहुती दे॥
'रं वह्न्ये स्वाहा' कहकर, दे कुण्ड मध्यमें आहुतियाँ।

इन आहुतियों की वासुदेव, हों तीन मात्रही आवृतियां॥
        'आहुतियां' घृतकी करे, या समिधासे होय।
        आहुति देकर अग्निमें, जलसे सेचन होय॥
ऐसा करने परही वो अग्नि, श्री शिवजी कीहो जातीहै।
शिवजीकी होकर वही अग्नि, शिवआसनतक हो जातीहै॥
मंत्रझकरे शिवआसनका उसही शिवाग्निमें शुभ चिन्तन।
भगवान अर्द्धनारीश्वर का, आवाहन करे करे पूजन॥
पद्यार्घ से दीपकदान तलक, श्रद्धाके साथ करे अर्चन।
तदनन्तर करे सप्रेम अग्निका, शिव-शिवकह जलसे प्रोक्षण॥
देसमिधाओं की आहुतियां, वे गूलर या पलास की हों।
सीधी हों, बारह अंगुल हों, छिलके समेतहों चोट न हों॥
        छोटी-बड़ी न हों कोई, सब हों एक समान।
        दस अंगुलभी हैं विहित, हवन-विधान प्रमाण॥
        कनिष्ठिकांगुलि के सदृश, मोटाई का योग।
        हैं प्रादेश-- मात्र के, लम्बे का उपयोग॥
समिधाएं विहित न मिले अगर, जो मिले उन्हींसे हवन करे।
तदनन्तर घृत की आहुति दे, घृत- धारा दे, अन्नाहुति दे॥
धृतधारा दुर्वदल जैसी पतली, लंबी- चतुरांगुल हो।
अन्नाहुति का प्रत्येक ग्रास, सोलह-सोलह मासे का हो॥
लावा, सरसों, जौ, तिल, घृत में, हो अन्य चोष्यका भी मिश्रण।
सबकी दस, पांच, तीन, अथवा एकाहुतिसे ही करे हवन॥
सुक सुवासे समिधा या करसे, उसमें भी दिव्यतीर्थ से दे।
सारी वस्तुएं मिले नअगर, तो एक द्रव्यसे आहुति दे॥
तदनंतर प्रायश्चित्त निमित शुभमंत्रसे अभिमंत्रित करके।
श्रुतियों पर पश्चातापसहित, वह तीन पुनः आहुतियां दे॥
सुकको भर यज्ञशिष्ट घृतसे, फिर अग्रभागमें फूल रखे।
कुशसहित अधोमुख सुवासे ढंक, हो खड़ा उसे अंजलिमें ले॥
'ॐ नमःशिवाय वौषट' कहकर, जौ तुल्य धारकी आहुति दे।
इस तरह पूर्ण आहुति करके, पावकमें जल का छींटा दे॥
पश्चात विसर्जन कर शिवका, वह करे अग्निका संरक्षण।
फिर करे विसर्जन उनका भी, और करे नाभिमें सुस्थापन॥
        नित्यकरे अब यजन या, शास्त्र-बचन अनुसार।
        वागीशा के गर्भ से प्रकट अग्नि साकार॥
ला उन्हें सविधि कर संस्कार, फिर उनका करे भजन पूजन।
समिधा आधान समेत करे, सबओर परिधियों का विरचन॥

फिर दो-दो पात्रवहाँ रखकर, शिव यजन प्रोक्षणीका शोधन।
प्रोक्षणी पात्रके ही जलसे, हो सभी वस्तुओं का प्रोक्षण॥
पितुशिवद्वारा मां वागीश्वरिका, गर्भाधान और पुंसवन।
सीमन्तोन्नयन संस्कार हेतु, दे पृथक-पृथक आहुति हवन॥
        करे गर्भसे अग्निके, सुप्रकाट्य का भाव।
        तीन चरण कर सात हैं, अमित अनंत प्रभाव॥
हैं चार श्रृंग और दो मस्तक, हैं नेत्र तीन मधुके समान।
सिर जटाजूट और चंद्रमुकुट, शुभकान्ति अरुण उत्पल अम्लान॥
हैं वदन लाल हर वसन लाल, चन्दन माला सब आभूषण।
सम्पन्न, सुलक्षण, उपवीती अतिशय शोभित मेखला त्रिगुण॥
दक्षिण करमें सुक, सुवा, शक्ति, घृत तोमर व्यजन वाम करमें।
इस आकृतिमें उत्पन्न अग्नि, समता न कहीं त्रिलोक भरमें॥
इस रूपमें उनका ध्यान करे, फिर जातकर्म संस्कार करे।
नालच्छेदन, सूतक शुद्धी, आहुति देकर 'रुचि' नाम धरे॥
        तदनन्तर पितु- मातुका, करे विदा आचार।
        मुन्डन आप्तोर्याम तक, करे सभी संस्कार॥
कर घृत धारादिक हवन-कर्म, उपरांत स्विष्टकृत हवन करे।
'रं' उच्चारण कर जल छींटा, डाले पावक पर शांत करे॥
फिर ब्रह्मा, हरि, शिव, ईश तथा सबके ही सब लोकेश्वर गण।
सबकी और सबके अस्त्रों की, सब ओरसेक्रमशः कर पूजन॥
फिर धूप दीपकी सिद्धि-निमित, पावक निकालकर अलग रखे।
घृत-युक्त बनाकर होम-द्रव्य, आसन का अग्नि में भाव करें॥
उसपर शिव- उमाका आवाहन, पूजन पूर्णाहुति काज करे।
छोड़े नहिं इसे कभी कलपर, -जो कल्ह करे वह आज करे॥
या शास्त्रविहित कर अग्निहोत्र, अर्पित कर शिवको शिवाश्रमी।
यह पूर्ण समझकर हवन करे, अतिरिक्त नहीं विधि और कहीं॥
है संग्रहणीय शिवाग्नि भस्म, है अग्निहोत्र भस्मउत्तम।
वैवाहिकाग्नि का भस्म योग्य, परिपक्व, पवित्र सदाअनुपम॥
तीनों हैं संग्रहणीय भस्म चौथेकी रीति सुनो गिरिधर।
हाथोंपर रोकागया हो जो, कपिला गौका वह शुचि गोबर॥
गीला या सूखा अधिक न हो, दुर्गंध-रहित हो वह उत्तम।
जो गिराहो धरती पर उसका, भी बीचका गोबरहै उत्तम॥
        उस गोबर के पिण्डको, दे शिवाग्निमें डाल।
        मूल-मंत्रसे पकाकर, उसको लेय निकाल॥
अधपका और अतिपका भाग, दे त्याग सफेद भस्म ले ले।

घोटे, फिर कपड़े पर छाने, फिर भस्म-पात्र में रख लेवे॥
हो पात्र धातुका, लकड़ी का, मिट्टी का, अथवा पत्थर का।
बनवाये पात्र इन्हीं में से, पर हो दिखने में सुन्दर सा॥
इसको धनकेजैसे समतल, उपयुक्त सुरक्षित जगह रखे।
जोहो अयोग्य अपवित्र हाथ, ऐसे लोगों को कभी न दे॥
नहिं करे उपेक्षा उल्लंघन, शुभ अंग सुसमय करे धारण।
भालादिपे इसे लगाए जब, तब करे मंत्रका उच्चारण॥
शिवजी के विसर्जन के पहले इसका संग्रह हो जाता है।
हो जाय विसर्जन तब इसका अधिकार चंडको जाता है॥

अग्निकार्य सम्पन्न कर, सविधि करे वलिकर्म।

शिव-शास्त्रोक्त सुमार्ग हो, गृह्यसूत्र-विधि धर्म॥

फिर लिपे-पुते शुभ मंडलमें, सोल्लास बिछाकर विद्यासन।
अस्थापन विद्याकोशकी कर, पुष्पादिक द्वारा करे यजन॥
गुरू- मंडलभी तैयारकरे, उसपर डाले सुन्दर-आसन।
सुमनादिक द्वारा आदर और, श्रद्धासेकरे गुरू पूजन॥
फिर पूज्यजनोंकी कर पूजा, भूखों को जिमाकरके भोजन।
शिवको अर्पित शिवका-प्रसाद, भोजनको स्वयंभी करेग्रहण॥

शिव सुमिरण चिन्तनकरे, मूलमंत्र का गान।

श्रवणकरे शिव-शास्त्र और, श्री शिव-महापुराण॥

बीतेजब प्रथम-प्रहर निशिका, तबकरे मनहरन शिव-पूजन।
सुंदर-शैय्या तैयार करे, करवाए शिवा-शिवजीको शयन॥
फिर भक्ष्य-भोज्य माल्यादि-गंध, रखकर शिव-हेतु वस्त्र-भूषण।
शिव और शिवाके चरण-निकट, पत्नी समेत खुद करे शयन॥
एकाकी सोवे वैरागी फिर जागे उष: काल पाकर।
शौचादिक कार्य पूर्ण करके, शिव और शिवाको सरनाकर॥
शंखादि वाद्यकी ध्वनियोंसे, शिव-उमाको प्रथम जगाकरके।
पुष्पादि गंध से कर पूजा, पूर्वोक्त कार्य प्रारम्भ करे॥

----------------------(अध्याय - 27)----------------------

शक्ति सहित हों पूजित, चतुरानन ईषाण।
काम्य-कर्मिक विषयमें, यहविधि यहीविधान॥28-29॥

उपरांत शिवाश्रमियोंके निमित, नैमित्तिक कर्म सविधि कहकर।
करता हूँ काम्य-कर्म वर्णन, बोले मुनिवर हे नंद-कुंअर॥

लौकिक भी और अलौकिक भी, फलदायक है सबसे बढकर।
शैवों और माहेश्वरों को भी, करणीय है यह बाहर- भीतर॥
शिव और महेश्वर में जैसे, अत्यंत दीखता भेद नहीं।
शैवों और माहैश्वरों में भी, वैसे ही ज्यादा भेद नहीं॥
शिव- आश्रित ज्ञानयज्ञ तत्पर, जो शैव वही कहलाते हैं।
जो कर्म- यज्ञमें तत्पर वे, माहैश्वर माने जाते हैं॥
इसकारण ज्ञान-योगियोंका, भीतरही चलता अनुष्ठान।
और कर्म-योगियोंके द्वारा, बाहर ही चलता अनुष्ठान॥

जो बतलाये जाएंगे, आगेके सब कर्म।

सारे कर्म प्रयोगमें, उनको नहीं अधर्म॥

रस, गंध, वर्ण आदिक द्वारा, परिणाम ले भूमि-परीक्षा का।
ताने चंदोवा शुभ- थल पर, चमका देवे दर्पण जैसा॥
पूरबमें दो या एक करका, सुंदर मंडल तैयार करे।
मंडलमें कमल अष्टदल एक, कर्णिका समेत सुलेख करे॥
मणि-स्वर्ण चूर्णसे कर निर्मित, कर युक्त पंच-आवरणों से।
उत्पल के आठों ही दलमें, अणिमादिक की कल्पना करे॥
पूर्वादि से अणिमादिक क्रमहो, ऐसे ही केसरों का क्रम हो।
इनमें सशक्ति वामदेवादिक आठ रुद्रका स्थापन हो॥
बीजोंमें नव-शक्तियां और, कर्णिकामें वैराग्य है महान।
शिव-धर्म कंदमें है राजित, और नालमें शिवसे युक्त ज्ञान॥
कर्णिकाके ऊपर वह्नि सूर्य, शशि-मंडल की भावना करे।
तीनोंके ऊपर शिव, विद्या, और आत्म-तत्त्व कल्पना करे॥

पंचावरणों के सहित, पार्वती के संग।

पूजन करे प्रसन्नचित, शिवशंकर अर्धंग॥

कमलासन पर सुख सहित दिव्य, पुष्पोंसे सज्जित देव-देव।
राजित पंचावरणोंके सहित, मां पारवती और महादेव॥
स्फटिकोज्ज्वल ये प्रसन्न शीतल, मस्तक पर शोभित जटा-मुकुट।
कर-पद अरुणारविंद मनहर, व्याघ्राम्बर हैं शिवके कटि पट॥
सब शुभ-लक्षण सम्पन्न सर्व, दिव्या-भूषणसे आभूषित।
करमें दिव्यायुध अंगोंमें, चंदन सुगंध-युत आलेपित॥
पंचानन दसभुज चंद्र-मुकुट, पूर्वानन छबि बालार्क सद्दश।
उन पूरबवर्ती श्रीमुख में, त्रयनेत्र खिले हैं कमल सरिस॥
दक्षिण-मुख नील-जलद जैसे, टेढी भौंहें भयदायक हैं।
हैं गोल व लाल-लाल आंखें, दाढें विकराल भयानक हैं॥
उत्तर- वर्ती मुख लाल सुभग, मूंगों की लाली हरता है।

काले घुंघराले केश निरख, कज्जल लज्जितहो मरता है॥

विभ्रम और विलाससे, युक्त नेत्र हैं तीन।

अर्ध-चंद्रमय मुकुट लखि, शोभा शोभित पीन॥

शिवका पश्चिम-मुख परमोज्ज्वल, है पूर्ण-चंद्रमाके समान।

आभासित तीन-नेत्र उसके, शशि-लेखा सरपर भासमान॥

मुख सौम्य मंद-मुस्कान युक्त, सेवकके मन हरने वाला।

पंचम-मुख धवल स्फटिक-मणिसा, निर्मल प्रकाश करने वाला॥

शशिलेखा उज्ज्वल परम सौम्य, हैं तीन प्रफुल्ल कमललोचन।

हैं धन्य ध्यान करते हैं जो, जो करते हैं दर्शन पूजन॥

दाहिने करोंमें शूल, पाश, पवि, षड्ग, अग्नि करते धारण।

और वामकरोंमें नाग, वाण, घंटा, पाशांकुश भयहारण॥

पैरोंसे लेकर घुटनों तक, संबंधित इनके 'निवृतिकला'।

'प्रतिष्ठाकला' है नाभितलक, और ग्रीवात कहें' विद्या कला' ॥

फिर है ललाट तक 'शांतिकला' मस्तक है 'शान्यातीत कला'।

पंचाध्व युक्त इनका तन है, शिवके शरीर में 'पंचकला' ॥

'ईषाण-मंत्र' शिवजीका मुकुट, शिवजीका मुख 'तत्पुरुष-मंत्र' ।

है हृदय 'अघोर-मंत्र' इनका, गुह्यांग है 'वामदेव- मंत्र' ॥

शिव-चरण हैं 'सद्योजात-मंत्र', विग्रह अड़तीस कलामय है।

है हंस-शक्तियुत पंच-ब्रह्ममय, मय मातृका प्रणवमय है॥

है 'इच्छा-शक्ति' अंकमें तो, शुभ 'ज्ञान-शक्ति' दायांगमें है।

वामांग में इनके 'क्रिया-शक्ति', 'विद्या' इनके हर अंगमें है॥

ये त्रिशक्तिमय ईश हैं, त्रितत्त्वमय ईषाण।

येही 'विद्या-मूर्ति' हैं, इस प्रकार हो ध्यान॥

फिर मूल-मंत्रसे मूर्ति कल्पना सकलीकरण क्रिया करके।

पाद्यादि, विशेष अर्घ्य, पूजन तक, मूल-मंत्रसे सविधि करे॥

फिर शक्ति और शिवजीका कर, पूर्वोक्त मूर्तिमें आवाहन।

गंधादि पंच- उपचारोंसे, परमेश्वर शिवका हो पूजन॥

पंच ब्रह्म-मंत्र, छ: अंगमंत्र, मातृका-मंत्र, फिर प्रणव-मंत्र।

फिर शक्ति-युक्त शिव-मंत्र अनंतर शांत-मंत्र, फिर वेद-मंत्र॥

सारे मंत्रोंसे हो अथवा शिव-मंत्रसे केवल हो पूजन।

शिवजी को प्रिय लगने वाला, है भाव-भक्तिही सर्व-प्रथम॥

फिर पाद्यसे मुख-शुद्धी प्रयंत, पूजन सम्पन्न अदम्भ करे।

बिन किये विसर्जन पंचावरणों की पूजा निर्दम्भ करे॥

-------------(अध्याय - 28-29)-------------

हुआ आवरण-पूजनका फिर विधिवत वर्णन।

इस विधिसे पूजनकी महिमा बड़ी विलक्षण॥30॥

शिव-उमाके दायें-बायेंमें, श्री गणपति-कार्तिक जगवंदन।

पहले क्रमश: इन दोनोंका, पंचोपचार से कर पूजन॥

फिर इनसबके चारोंही तरफ,' ईषाणसे सद्योजात' तलक।

इन पांचो ब्रह्म-मूर्तियोंको, क्रमश: पूजे शक्तियों सहित॥

फिर हृदय आदि छ: अंग तथा, शिव और शिवानीका अर्चन।

हो अग्निकोण से पूर्वदिशाओं में क्रमश: इनका पूजन॥

वामा आदिक शक्तियों सहित, वामादिक आठों रुद्रोंकी।

पूर्वादि दिशाओं में क्रमश:, वैकल्पिक पूजा हो इनकी॥

प्रथम आवरणका किया, वर्णन यथाप्रकार।

द्वितिय आवरणका सुनो, वर्णन यह सुखसार॥

पूरब दिशिके दलमें अनंतका, शक्ति-समेत करे पूजन।

दक्षिण-दिशिके दलमें सशक्ति, श्रीसूक्ष्मदेव का हो अर्चन॥

पश्चिम-दिशिके दलमें सशक्ति, पूजनहो पूज्य शिवोत्तम का।

जो एकनेत्र हैं शक्ति-सहित, उत्तर-दलमें पूजन उनका॥

ईषाणकोण वाले दलमें, एक रुद्र और उनकी तिय का।

फिर अग्निकोण वालेदलमें, पूजन त्रिमूर्ति उनकी त्रियका॥

नैऋत्यकोण वाले दलमें, श्रीकंठ और उनकी त्रिय का।

वायव्य कोण वाले दलमें, हो शिखंडीशाका सतिय तथा॥

चक्रवर्तियों का करे, पूजन और सम्मान।

इसी आवरण में इन्हें, पूजे यही विधान॥

आठों मूर्तियों का शक्ति-सहित, तृतीयावरण में हो पूजन।

पूर्वादिक अष्ट दिशाओं में, क्रमवार करे इनका अर्चन॥

भव, शर्व, इषाण, रुद्र, पशुपति, हैं उग्र, भीम, और महादेव।

ये ही वे अष्टमूर्तियां हैं, मूर्तियां हैं ग्यारह महादेव॥

ये महादेव, शिव, रुद्र, शंकर, ये नीललोहित, ईषाण, विजय।

ये भीम, देवदेव, भवोद्भव, और कपर्दिश सब मूर्ति सदय॥

ये ही हैं ग्यारह मूरतियां, हो प्रेम-सहित पूजा इनकी।

इनमें जो प्रथम आठ मूरतियां, पहलेहो पूजा उनकी॥

हो 'अग्निकोण' वाले दलसे, पूरबतक आठ-दिशाओं में।

तृतीयावरण का यह पूजन, है श्रेष्ठ सभी पूजाओं में॥

फिर पूरब-दलमें देवदेवका स्थापन पूजन और नमन।

ईषाणका पुन: अग्निकोण में, स्थापन पूजन और वंदन॥
फिर इन दोनों के बीच करे, भगवान भवोद्भवका पूजन।
और कपर्दीश का इन सबके, उपरांत करे पूजन वंदन॥
फिर वृषभराज का पूरबमें, दक्षिण-दलमें श्रीनंदी का।
हो अग्निकोण में शास्ता का, उत्तरमें महाकाल श्री का॥
हो मातृकाओं का दक्षिणमें नैऋत्यमें हो गणपति श्री का।
श्री कार्तिकेयका पश्चिममें, उत्तर-दलमें श्री गौरी का॥
वायव्य कोणमें ज्येष्ठा का, ईषाण- कोण में चंड का।
शास्ता और श्री नंदीश बीच, पूजनहो वृषभ मुनींद्र का॥

उत्तरमें महाकालके, पिंगल का हो स्थान।

बीच शास्ता मातृका, के भृंगीश्वर मान॥

वीरभद्रका मातृका और गणपतिके बीच।

सरस्वतीका गणपति, और कार्तिकके बीच॥

ज्येष्ठा और कार्तिकजी के बीच, शिव पदार्थिका श्रीदेवीका।
ज्येष्ठा और गौरीजी के मध्य, पूजनहो महामोटीजी का॥
गण अम्बा और चंडके बिच, हो दुर्गादेवी की पूजा।
फिर इसी आवरणमें शिवके, अनुचर-समूह की हो पूजा॥
अनुचरमें रुद्र, प्रमथ आदिक, भूतोंके हैं समुदाय बड़े।
सब विविध-रूप शक्तियों सहित, पूजन सबका मनलाय करे॥

सखियां हैं जो शिवाकी, उनका पूजन-मान।

सावधान होकर करे, सबका सुमिरण ध्यान॥

इसतरह तृतीय- आवरणके, देवोंका होनेपर पूजन।
चौथे आवरणका कर चिंतन, हो प्रथम वाह्य उसका पूजन॥
पूरब-दलमें हो भास्कर का, दक्षिण-दलमें चतुरानन का।
हो रुद्रका पश्चिम के दलमें, उत्तर-दलमें नारायण का॥
इन सबके पृथक आवरण हैं, और प्रथम आवरण में इनके।
छ: अंगों और दीप्तादि शक्तियों को श्रद्धा समेत पूजे॥
दीप्ता, सूक्ष्मा, जया, भद्रा, विभूति, विदिता, विमला, अमोघा।
पूर्वादिक सभी दिशाओंमें, क्रमश; इन सबकी हो पूजा॥
द्वितीया-वरणमें पूरबसे, उत्तरतक चार मूर्तियों की।
पूजनकर क्रमश: इन सबकी, फिर पूजन सभी शक्तियोंकी॥
आदित्य, भास्कर, भानु, -व-रवि, पूर्वादि चतुर्दिक पूजनीय।
फिर अर्क, विधाता, रुद्र, विष्णु, ये भी चारोंदिशि अर्चनीय॥
विस्तरा, सुतरा, बोधिनी और आप्यायिनिकी पूर्वादिक में।

फिर उषा, प्रभा, प्राज्ञा, संध्याकी हो इषाण-कोणादिक में॥

द्वितिय आवरण में इन्हें, पूजे इसी प्रकार।

कर इन सबकी स्थापना, पूजन और आभार॥

आवरण तृतियमें चंद्र, भौम, बुध, वीर, शुक्र, शनि, राहु, केतु।
पूर्बादि दिशाओं में पूजे, इनको महान कल्याण हेतु॥
द्वादश आदित्योंकी पूजा, शुभकरे द्वितीय आवरण में।
सादर बारहों राशियों को पूजे तृतीय आवरण में॥
फिर वाह्य-भागमें सात-सात, सब तरफ गणोंकी कर पूजा।
ऋषियों, गंधर्वों, देवों, नागों, अप्सरादिकों की पूजा॥
ग्रामणियों, यक्षों, यतुधानों, छंदोमय सातों अश्वों को।
जो बालखिल्य कहलाते हैं, श्रद्धा- समेत पूजे उनको॥
इसतरह तीन आवरणों में, कर सूर्यदेवका शुभ-पूजन।
तीनों आवरणों सहित करे, श्री ब्रह्मदेवजी का पूजन॥
हो हेमगर्भ का पूरब में, दक्षिण में हो विराट पूजन।
हो पश्चिम-दिशिमें काल और उत्तरमें करे पुरुष-पूजन॥
विधि हैं जो हेमगर्भ नामक, उनकी सुकांति उत्पल समान।
और काल जन्म से काले हैं, है अंग-कांति कज्जल समान॥
हैं पुरुष स्फटिक-मणिके समान, ये चारों हों हमसे सत्कृत।
फिर त्रिगुण रजो, तम, और सत्व, पूर्बादि तरफ से हों पूजित॥
द्वितीय आवरणमें पूरब आदिक-दिशि और दलके क्रमसे।
श्री सनक, सनंदन, सनतकुंअर, और कुंअर सनातनको पूजे॥
ग्यारहों प्रजापतियों का करे, फिर तृतिय आवरण में पूजन।
पूर्बादिक अष्ट- दिशाओं में, इनमें से आठों का पूजन॥
जो शेषतीन उनका पूजन, पूरब, दक्षिण, और पश्चिम में।
है अनुष्ठान यह अति विशिष्ट, उत्तममें नहीं न मध्यम में॥
श्री दक्ष प्रजापति, रुचि, श्रीभृगु, श्रीमरीचि, अंगिरा, पुलस्त्य, पुलह।
क्रतु, अत्रि, श्रीकश्यप, और वशिष्ठ, विख्यात प्रजापति ये ग्यारह॥

इनसबका पूजन करे, सब शक्तियों समेत।

ये सब नारी- रत्न हैं, पूजन मंगल- हेत॥

ये हैं प्रसूति, आकृति, ख्याति, सम्भूति, धृति, स्मृति, क्षमा, संनति।
अनुसुया, सुरोंकी मातु अदिति, ग्यारहवीं हैं श्रीअरुंधती॥
ऋषि प्रिया, सभी ये पतिव्रता, शिव-भक्ता सब हैं कांतिमती।
पूजन का फल अत्यंत प्रबल, सुमिरण तक देता इष्ट सभी॥
या प्रथम आवरण में चारों- वेदों का हो अर्चन-पूजन।

या द्वितिय आवरण में सादर इतिहास पुराणोंका अर्चन॥
सारी वैदिक- विद्याओं का, चारों ही ओर करे पूजन।
पूर्वादिक चार- दिशाओं में, चारों– वेदों का हो अर्चन॥
बांकी ग्रंथोंका निजरुचि से, शुचि आठ-या-चार विभाग करे।
सब ओर करे इनकी पूजा, पूरी श्रद्धा अनुराग करे॥
दक्षिण में तीन आवरण-युत, ब्रह्माजी की पूजा करके।
आवरण सहित दिशि-पश्चिम में, श्री रुद्रदेव का यजन करे॥

ईषाणादिक ब्रह्मपंच, हृदयादिक छ: अंग।

प्रथम आवरण रुद्रका यह है, विदित प्रसंग॥

विद्येश्वर-मय द्वितीयावरण है भेद तृतीय आवरण में।
आवश्यक विधि-निर्देश यहां, रह जाय न त्रुटि कुछ पूजन में॥
पूर्वादि दिशाक्रम से त्रिगुणादिक, चार मूर्ति का हो पूजन में।
हों पूर्वदिशा में पूजित शिव इनकी ही संज्ञा यहां त्रिगुण॥
'राजस' कहलाते जो ब्रह्मा, उनका हो दक्षिण में पूजन।
पश्चिम में 'तामस' पुरुष अग्नि, का हो श्रद्धा समेत अर्चन॥
जो राजस वे कहलाते 'भव' तामस ही 'हर' कहलाते हैं।
उत्तरमें 'सात्विक' 'विष्णु' पूज्य, ये ही 'मृड' बोले जाते हैं॥
पच्चीस तत्त्वके साक्षी जो, और तत्त्वरूप जो छब्बिसवें।
'शिवरूप' शम्भुके कहलाते उनका पूजन हो पश्चिममें॥

उत्तर में पूजित बने, सुखद विष्णु भगवान।

इनकी पूजाका सुनो, जो है श्रेष्ठ विधान॥

श्री वासुदेवका पूजन हो, पूरबमें प्रथम आवरण में।
अनिरूद्ध को दक्षिण में पूजे, पश्चिम प्रद्म्न हों पूजन में॥
संकर्षण पूजे उत्तर में, यह प्रथम आवरण बतलाया।
अब द्वितिय आवरण कहता हूं, जो ग्रंथों संतों नें गाया॥
श्री मत्स्य, कूर्म, वराह, नरसिंह, श्रीराम, कृष्ण और अश्वानन।
द्वितीय आवरण में होता इन सबका प्रेम सहित पूजन॥
तृतीया वरण में पूरब में, आदर से करे 'चक्र' पूजन।
अप्रतिहत जो 'नारायणास्त्र', उनका हो दक्षिण में पूजन॥
हो 'पांचजन्य' का पश्चिम में, उत्तर में "सारंग' धनुष पूजे।
जो युक्त तीन आवरणों से, उन महाविष्णु का यजन करे॥
सर्वत्र सदा जो व्यापक हैं, और 'विश्व' नाम है जिन हरिका।
उनको मूरति में मूर्त समझ, पूजन सादर हो मूरति का॥
इस तरह चतुर्व्युह के क्रमसे, कर चार मूर्तियों का पूजन।

चारों की चार शक्तियों की, फिर श्रद्धा-सहित करे अर्चन॥
कर अग्निकोण में प्रभार्चना, नैऋत्यमें करे सरस्वती का।
वायव्य कोण में गौरी और, ईषाण कोण में लक्ष्मी का॥

भानु आदिका हो यजन, हो शक्तियों समेत।

पूजित हों लोकेश सब, सादर स्नेह सहेत॥

ये इंद्र, अग्नि, यम, निऋति, वरुण, हैं वायु, सोम, कुबेर इषाण।
चौथे आवरण का इस प्रकार, सम्पन्न करे पूजन महान॥
फिर वाह्य-भाग में हों पूजित, सर्वायुध देव महेश्वर के।
ईषाण में हों पूजित त्रिशूल, पूरब में चक्र पूजन करके॥
हो अग्निकोण में फरसे की, दक्षिण में वाणकी हो पूजा।
नैऋत्य कोणमें खड्ग की हो, पश्चिम में पाशकी हो पूजा॥
वायव्य कोणमें अंकुश की, उत्तर में हो पिनाक पूजा।
फिर पश्चिमाभिमुख रौद्र-रूप हो क्षेत्रपालजी की पूजा॥

चौथ आवरणमें करे, अब पूजन बिश्राम।

पंचमावरण हो शुरु ले गणेश का नाम॥

श्री नंदिकेश का समातृका पूरबकी ओर करे पूजन।
सम्पूर्ण देवता योनियों की, चारोंही ओर करे पूजन॥
नभगामी ऋषिवर, सिद्ध दैत्य, राक्षस यक्षादि, अनंत नाग।
डाकिनि, भूत, बेताल, प्रेत, जिनका निवास पाताल भाग॥
पर्वत, समुद्र, वन, पशु, पक्षी, भैरव नायक मनुष्य तरुवर।
अनगिनत भुवन अनगिनत लोक, ब्रह्माण्डके जो भीतर बाहर॥
सबके स्वामी ब्रह्माण्ड ईश आधारभूत श्री रुद्रदेव।
जड़-चेतन सभी खड़े पीछे आगे हैं शैलजा महादेव॥
श्री शिवजी और शिवानी के दर्शनको सब करजोड़ खड़े।
साधक इस तरह जान सबका, सामान्य रूपमें यजन करे॥
इसतरह आवरण पूजन कर, विक्षेप शांति-हित शिव पूजन।
करके पंचाक्षर मंत्र जपे, फिर महाचरू शिवके अर्पण॥
बत्तीस आढकों का लगभग यह महा चरू तैयार करे।
व्यंजन सब उत्तम हों इसमें, अमृत से मीठे स्वाद भरे॥

बत्तिस आढक हुए एक, –सौ अट्ठाइस सेर।

कमसे कम हो एक यह जो होते चौसेर॥

करे पूर्ण श्रद्धा- सहित, महा-चरू तैयार।

उत्तम, मध्यम, या अधम, हो वैभव अनुसार॥

फिर अर्पण शिवको करे, जल, लबंग, ताम्बूल।

तदनंतर आरति करे, अर्पित कर दल-फूल॥
इस प्रकार पंचावरण- पूजन करे समाप्त।
करना चाहे भक्त यदि उत्तमही गति प्राप्त॥
तो उसे यजन-सामानों में, सब ही रखनाहै उचित उत्तम।
द्रव्यादिक भोजन वस्त्र आदि, सब के ही सबहो सर्वोत्तम॥
जो भक्तिमान हैं ऐसे जन, रखते न बुद्धि दकियानूसी।
धन रहते कमी नहीं करते, धन व्यय करने में कंजूसी॥
सठता, कंजूसी के कारण, करते जो कर्म हैं अंगहीन।
सत्पुरुषों का कहना है वे, होते न सफल होकर मलीन॥
फलकी आशा रखनेवाले, सर्वांग- पूर्ण शुभ करें काम।
पूजा समाप्तकर इसप्रकारशिव और शिवाको कर प्रणाम॥
फिरहो एकाग्र भक्ति-पूर्वक शिव-स्तुतियों का समुद पाठ।
श्रद्धा-समेत पंचाक्षरि का, जप कमहो तो सौ एक आठ॥
   विद्या और गुरुदेव का, कर पूजन उपचार।
   यज्ञ संत और विप्रभी, हों पूजित साभार॥
फिर आवरणों समेत शिवका, प्रार्थना समेत विसर्जन कर।
मख-उपकरणों समेत मन्डल, देवे गुरुजी को अर्पण कर॥
अथवा शिव-क्षेत्र को देवे या, शिव-भक्तों को करदे अर्पण।
या सभी सुरोंका पूजन कर, श्री इष्टदेव का करे हवन॥
   है त्रिलोक-विख्यात यह, शिव योगेश्वर योग।
   त्रिभुवन में इससे बड़ा, है न दूसरा योग॥
   वस्तु नहींजगमें कोई, जो रहजाय अप्राप्त।
   इससे दोनों-लोकमें, सब फल होते प्राप्त॥
जो भी फलचाहे जो मनुष्य, इससे वहसब पा जाता है।
यह तो है चिंतामणि इससे जो भी चाहे वह पाता है॥
इस परम श्रेष्ठसे छोटेसे फलकी आशा कोइ करे नहीं।
पाकर के दुग्ध- महासागर, छोटा लोटा कोइ भरे नहीं॥
जो नहीं औरसे सम्भव हो, उस परही इसे प्रयोग करे।
या शत्रु मृत्यु पर विजय-हेतु, साधक योगेश्वर योग करे॥
दुर्भिक्ष महामारी अथवा कोई भयभीत नितांत करे।
जब कोई अन्य उपाय न हो, तब इसी योगसे शांत करे॥
क्या कहें अधिक शिवनें इसको, वह निजी अस्त्र बतलाया है।
जो शैवोंके भारी विपत्ति, के नाश निमित्त बनाया है॥
अस्तोत्र-मात्रका जो प्रतिदिन, एक पाठ मात्र गा लेताहै।
अपने अभिष्टका अष्ठमांश, वह निश्चय ही पा लेताहै॥

उपवास-सहित यह स्तोत्र-पाठ, करते जो चिंतन अर्थ-सहित।
पूर्णिमाष्टमी -व- चतुर्दशि को, वे पाते आधा मन बांछित॥
जो अर्थ-समेत पाठ करते, पूरेही एक महीने तक।
तीनों- तिथियों में व्रत रखकर, पा लेते वे पूरा अभिष्ट॥

------------------------(अध्याय - 30)----------------------

   पंचावरणों में राजित देवोंकी वंदना।
   उनसे मन कामना तथा कल्याण कामना॥

   पंच आवरण मार्गसे, मार्ग हैं जो निष्पन्न।
   जिससे योगेश्वर-यजन, हो जाता सम्पन्न॥
जगदेक नाथ शम्भो जय जय, नित चित स्वभाव प्रकृति सुंदर।
निष्कलुष मलरहित शिव जय जय, मन बचन तर्क आदिकसे पर॥
स्वाभाविक आप सुनिर्मल हैं, चेष्टाएं सुंदर हैं जय जय।
समतुल्य आपकी महाशक्ति, शुभ-गुणोंके सागर जय जय जय॥
हैं आप अनंत कांति संयुत, हैं आप अतुल विग्रह जय जय।
महिमा के सागर हैं अतर्क्य, हे मंगल शांति-निलय जय जय॥
जय नित्य निरंजन निराधार, निष्कारण होते आप उदय।
नित परानंदमय परम शांति, और सुखके कारण जय जय जय॥
जय परमैश्वर्य करुण आकर जयकार आपकी सदा सदा।
सर्वस्व स्वतंत्र आपकी जय, आपके भूति की नहीं समता॥
कर रखे विश्वको व्याप्त आप, पर आप किसीसे व्याप्त नहीं।
हैं सर्वश्रेष्ठ आप जय जय, कोई भी आपसे श्रेष्ठ नहीं॥
जय-जय अद्वत जय-जय महान, जय-जय अक्षत अव्यय जय-जय।
जय-जय अमेय, जय-जयअमाय, जय जन्म-रहित निर्मल जय-जय॥
जय महाबाहु जय महासार, जय महत्कीर्ति जय गुणनिधान।
जय महाबली जय महामाय, जय महारसिक महारथ महान॥
जय परमदेव है नमस्कार, जय परमहेतु जय नमस्कार।
जय परमशांत शिव नमस्कार, कल्याण-रूप प्रभु नमस्कार॥
सुर असुर सहित सम्पूर्ण विश्व, परतंत्र आपके सदा सदा।
अनुशासन भंगकरे कोई, ऐसी किसमें सामर्थ्य कहां?
   इस सेवकके एकहैं, आश्रय आप महान।

करुणाकर इसकोकरें, आश्रय आप प्रदान॥
अम्बिके जगज्जननी जय जय, हे सर्व जगन्मयि तेरी जय।
हे परमैश्वर्य-शालिनी जय, निरुपम विग्रहश्री जय जय जय॥
मन, बचन, अतीते तेरी जय, चिद्ध्वांत-भंजिके तेरी जय।
जय जन्म-जरा से रहिते जय, जय कालोकृष्टे तेरी जय॥
तू स्थितहै सभी विधानोंमें, जय विश्वेश्वर चितहारिणि जय।
आराध्या सभीसुरोंकी जय, जयअखिल विश्व-विस्तारिणि जय॥
मंगल सुदिव्य अंगोंवाली, मंगल दीपिके आपकी जय।
मंगल-चरित्र युक्ते जय जय, मंगल दायिनी आपकी जय॥
सब इष्ट- गुणोंकी आप मूर्ति, जगदम्ब आपको नमस्कार।
उत्पत्ति पराभव इस जगका, होता है आपमें बार- बार॥
ईश्वर फल देनेमें समर्थ, होते न आपके बिना कभी।
'मोहन' है आपकी सदाशरण, मन-बांछित करिय प्रदान सभी॥
पंचानन दसभुज स्फटिक-कांति, शिवसदा विशुद्ध और निर्मल।
है वर्ण-ब्रह्म और कला-देह, विग्रह है सकल और निष्कल॥
शिव-मूरति व्याप्त आप रहते, हैं आप सदा शिव शांत्यतीत।
करके स्वीकार मेरा अर्चन, करिये प्रदान बांछित-प्रार्थित॥

<blockquote>

हे शिवांक-रूढा सदा, इच्छा शक्ति स्वरूप।

जगजननी दीजे मुझे, इच्छित वस्तु अनूप॥

शिव-गौरीके प्रियललन, गणपति तथा कुमार।

शिव-ज्ञानामृत तृप्त ये, बुधि, बल, तेज अपार॥

स्नेह-सिंधु भ्राता-युगल, शिवपद-प्रीति अपार।

जननि-जनक सुर-सर्वका, सदा करें सत्कार॥

</blockquote>

ये सतत जगत रक्षण तत्पर, करते स्वेच्छयावतार ग्रहण।
मुझको दे दैं मेरा बांछित, करके स्वीकार मेरा अर्चन॥
जो निर्मल-धवल स्फटिक-मणिसे, जिनका प्रसिद्ध ईषाण नाम।
मूर्धाभिमानिनी गंगास्थित, मूरतिको है मेरा प्रणाम॥
शिव अर्चनरत जो शांत-व-शांत्यातीत कलामें जो राजित।
पंचाक्षर अंतिम बीज रूप, जो पंच कलाओं में हैं स्थित॥
जो प्रथम आवरण में सशक्ति, सबसे पहले होकर पूजित।
वह परब्रह्म मुझको प्रदान करदे मेरा जो मन बांछित॥
है अंग-कांति बालार्क सरिस, तत्पुरुष नाम से जग वंदित।
शिवके पूर्वानन अभिमानी, और शांति कलामें जो हैं स्थित॥
वातायन शिव चरणार्चन रत, युत चारकला शिवबीज प्रथम।

जो पूजित सतिय पूर्वदिशि में, उनसे मन बांछित पाएं हम॥
जो अंजनादि से श्यामवर्ण, तन घोर अघोर नाम जिनका।
शिव दक्षिण-मुखके अभिमानी, नैष्ठिक पूजक शिवके पदका॥
जो हैं विद्यापद समारूढ, जो मंडलाग्नि में हैं राजित।
शिवबीज द्वितिय युत अष्टकला, जो वंद्रीय से हैं वंदित॥

<blockquote>

शिवके दक्षिण में किया, जिनका पूजन मान।

वे पवित्र पर ब्रह्म दैं, मुझको इच्छित दान॥

</blockquote>

कुम्कुम केसर सम वामदेव, है वर्ण लाल-पीला मिश्रित।
उत्तर-मुखके हैं अभिमानी, हैं कला प्रतिष्ठा प्रतिष्ठित॥
जलमंडल राजित शिवपूजक, शिवबीजोंमें जो हैं चतुर्थ।
दस तीन कलायुत जो पूजित, बांछित देनेमें हैं समर्थ॥
जो शंख, कुंद, शशि-धवल, सौम्य, है सद्योजात सुनाम ख्यात।
शिव पश्चिम-मुखके अभिमानी, शिवके पद-पूजक अहोरात॥
जो है निवृत्त पदनिष्ठ तथा, पृथ्वी-मंडलमें जो स्थित है।
शिवबीज तृतिय युत-अष्टकला, शिवपश्चिम सतिय सुपूजित है॥

<blockquote>

वह पवित्र परब्रह्म दे, मुझकोप्रार्थित दान।

युगल हृदय मूर्तियां दे, बांछित वस्तु महान॥

</blockquote>

शिव और शिवाकी शिखा-मूर्तियां, शिवाश्रिता शिव आज्ञा से।
मुझ पर होकर प्रसन्न देवे, मुझको मनबांछित फल सारे॥
शिव और शिवाकी कवच-मूर्तियां, शिव भावित शिव-आज्ञासे।
मुझ पर होकर प्रसन्न मुझको, मनबांछित वस्तु प्रदान करे॥
दोनोंकी नेत्र- रूप मूरति, युगलाश्रित युगलाज्ञा पाकर।
दें शीघ्र मनोरथ-दान मुझे, विनतीहै उनको सिरनाकर॥
मूर्तियां अस्त- रूपा इनकी, रह इनकी आज्ञा में तत्पर।
मनबांछित मुझे प्रदान करें, इनकी आज्ञा सिरपर रखकर॥
श्रीवाम, ज्येष्ठ, श्रीरुद्र, काल, विकरण, बल-विकरण, बल प्रमथन।
ये सभी मूर्तियां शिवजी की, अठवीं हैं सर्व भूत दमन॥
इन आठोंकी शक्तियां आठ, सब शिव-गिरिजाकी आज्ञासे।
मेरे ऊपर होकर प्रसन्न, मन बांछित वस्तु मुझे दे दे॥
फिर श्री अनंत, श्रीसूक्ष्म, शिवोत्तम, एकनेत्र, एक रुद्र तथा।
श्री तीन-मूर्ति, श्रीकंठ, शिखंडी, विघ्नेश्वर ये आठ यथा॥
वैसी ही आठ शक्तियां भी, इनकी इन संग पूजी जाकर।
शिव अनुशासन से मन बांछित, सुखसे दें मेरी झोली भर॥
'भव' आदि आठ मूर्तियां और, इनकी आठों शक्तियां तथा।

ग्यारह मूर्तियां महादेवादि को, त्रयावरणमें पूजा था॥
शिव-उमाकी आज्ञासे ये सब, हमको अभिष्टका दान करें।
शिवकी प्रसन्नतासे प्रसन्न, मुझको अभिलषित प्रदानकरें॥
वृषराज तेजनिधि मेघस्वर, गिरिवर से ऊंचे और अनुपम।
श्वेताभ्र-शिखरसम ककुद शुभ, शोभित सुपुच्छ नागेशोपम॥
हैं लाल-लाल द्‌ग श्रृंग चरण, मनहर गमनोत्तम शुभ-लक्षण।
प्रज्ज्वल, मणि-भूषण, शिवासक्त, शिव-प्रिय, शिवके ध्वज, शिववाहन॥
शिवपद-स्पर्शसे जो पवित्र, गोराज-पुरुष, वरशूल-धरण।
वे नंदिकेश शिव आज्ञासे, मेरे मन काम करें पूरण॥
नंदीश्वर तेजोमय अतिप्रिय, सुत-तुल्य मातु गिरिनंदिनि के।
नित पूजित हरि आदिक सुरसे, रक्षक शिवके अंत: पुर के॥
शिव भक्ताध्यक्ष सदा शिव-प्रिय, शिवके समान ये अरिमर्दन।
जो तेजस्वी त्रिशूल विश्रुत, करते वह वर आयुध धारण॥
शिव शरणागत पर जो स्नेहिल, शिव भक्तोंका जो मानकरें।
वे नंदीश्वर शिव आज्ञासे, मनबान्छित मुझे प्रदान करें॥

महाकाल जो वृहद भुज, दूजे शम्भु समान।
महादेव के भक्त को, रक्षण करें प्रदान॥
शिवप्रिय शिव अनुरक्त वे, शिवके भक्त महान।
शिव आज्ञासे वे मुझे, बांछित करें प्रदान॥
सर्व शास्त्र तत्त्वज्ञ जो, हरिके द्वितिय स्वरूप।
मधुफल आसवके रसिक, कद्रू सुत जनभूप॥
शिव आज्ञासे हो सदय, वे नागाधिप शेष।
पूर्ण करें मनकामना, करके कृपा विशेष॥

ब्रह्माणि, भवानी, कौमारी, वैष्णवि, वाराही, माहेंद्री।
चामुंडा, चंडविक्रमा ये, सातों ही लोकोंकी जननी॥
ये प्रार्थित मुझे प्रदान करें, पाकर शिवजीका अनुशासन।
जगजननी पूर्ण अभिष्ट करें, यहहै विनती कातर 'मोहन'॥
जो मत्त मतंग वदन गंगा, शिव-उमाके प्यारे लाल-ललन।
तन गगन, दिशाएं करजिनकी, जिनके रवि, शशिऔर अग्नि नयन॥
बहती शिव-ज्ञान धार सिरसे, ऐरावतादि से जो पूजित।
सुरगणके हरते विघ्न और, असुरोंको करते विघ्न व्यथित॥

शिवआज्ञा शिवभावसे, वे गणेश विघ्नेश।
इष्ट- पूर्ति मेरे करें, हरें अनिष्ट अशेष॥

जो षणमुख शिव सम्भूत प्रभु, करतेहैं शक्ति वज्र धारण।

आग्रेय, अपर्णा तनय, गंग, गणअम्बा और कृतिका ललन॥
रहते हैं घिरे भाइयोंसे, ये शाख, विशाख, व नैगमेय।
सुरराज जयी, सुर सेनापति, तारक संघारक जो अजेय॥
वेधक जो मेरु आदि गिरिके, कुंदन सी अंग-कांति जिनकी।
हैं नेत्र प्रफ्फुल्ल कमल जैसे, सुकुमार कुमार ख्याति जिनकी॥
शिवके प्रिय शिव अनुरक्त नित्य, करते जो शिवपदका अर्चन।
वे कार्तिकेय प्रार्थित देवें, पाकर शिवजीका अनुशासन॥
वंद्या-त्रिलोक उल्काकारा गण अम्बा नाम धराई जो।
संसार सृष्टि विस्तार हेतु, भ्रूमध्य शिवा प्रगटाई जो॥
जो दाक्षायिणी, सती, मेना, शैलजा उमा कहलाती है।
कौशिकी, भद्रकाली, आदिक, की जननी मानी जाती है॥

नित शिव-पूजन तत्परा, अर्चन वंदन ध्यान।
शिव आज्ञासे वे मुझे, बांछित करें प्रदान॥

शिवमुखसे जो उत्पन्न हुए, गणपालक चंड प्रसिद्ध नाम।
शिव-आज्ञासे बांछित देकर, मुझको कर देवें पूर्णकाम॥
शिवमें आसक्त भक्त गणधिप, शिवप्रिय गणपाल नाम पिंगल।
शिव और शिवाकी आज्ञासे, मनबांछित मेरे करें सफल॥
गणपाल शिवाराधन तत्पर, शुभ नामहै जिनका भृंगीश्वर।
वे मुझको मनबांछित देवें, शिवकी आज्ञा सिरपर रखकर॥
हिम कुंद इंदु से उज्ज्वलतम, तेजोमय भद्रकालिका प्रिय।
शिर छेदक दक्ष और मखके, नित मातृगणोंको रखें अभय॥
यम, इंद्र, उपेंद्र, अंग वेधक, शिव-शासनपालक शिव अनुचर।
वे 'वीरभद्र' शिव आग्यासे, दें मुझको मनबांछित मनभर॥

शिवमुखसे होकर प्रगट, शिव-पूजन आसक्त।
वे सरस्वती दें मुझे बांछित वस्तु समस्त॥
हरि हृदयस्थित लक्ष्मी, नित शिव-पूजन लीन।
मनबांछित देकर करें, मुझ दुर्बलको पीन॥
महादेवि के चरणकी, जो पूजिका महान।
मुझे महामोटी करें, बांछित वस्तु प्रदान॥

मां पार्वती की परम सुता, कौशिकी हैं व्याघ्रवाहिनी जो।
हरि निद्रा, वही महामाया, महिषासुर मृत्युदायिनी जो॥
संहर्त्री शुम्भ, निशुम्भ की जो, मधुफल रसरसिका श्रीदेवी।
वे पार्वती की आज्ञासे मुझको प्रार्थित दें सरस्वती॥
सब रुद्र समान रुद्रके गण, प्रख्यात पराक्रम प्रमथ सभी।

सब भूतगणों को नमस्कार, सब महादेव से महाबली॥
निरुपम, निरुपद्रव, नित्यमुक्त, निर्द्वंद्व सशक्ति सानुचर सब।
जग वंदित जगका सृजन और, संहार समर्थ परस्पर सब॥
एक-दूजे में अनुरक्त सभी, एक दूजे के हैं भक्त सभी।
सब प्रेम करें एक- दूजेसे, एक- दूजेमें आसक्त सभी॥
सब शिव-प्रियतम, शिव चिन्हांकित, सब सौम्य, घोर और सब मिश्रित।
ये नानारूप सुरूप कुरूप, द्विरूप, विरूप, रूप इच्छित॥

शिव-आज्ञा पालक सभी, सेवक सभी महान।

शिव-इच्छासे करें सब, प्रार्थित मुझे प्रदान॥

देवीकी प्रिय सब सखी वर्ग, देवीके लक्षण से लक्षित।
शिवके तीसरे आवरणमें, रुद्रजा और शक्तियों सहित॥
जो पूजित हुईं भक्ति संयुत, वे शिव-गौरीकी आज्ञा से।
सब होकरके मुझपर प्रसन्न, मुझको प्रार्थित मनबांछित दें॥
प्रभु सूर्य महेश्वर की मूरति, उनका है सुमंडल दीप्तिमान।
निर्गुण, मंगलगुण-युक्त तथा, सद्गुणके जो आश्रय महान॥
ये अद्वितीय ये निर्विकार, आदित्य आदि कारण सबके।
सामान्य जगत के सृजक वही, जग कारक, धारक, हारक वे॥
वे इस प्रकार हैं तीन, चार, और पांच स्वरूपोंमें विभक्त।
चौथे आवरण में शिवजी के, ये पूजित अनुचर-वर्ग युक्त॥

शिवप्रिय, शिवअनुरक्त ये, शिवपद-भक्तमहान।

शिव- आज्ञा से ये करें, बांछित मुझे प्रदान॥

जो जुड़े सूर्य से छहो अंग, दीप्ता आदिक शक्तियां आठ।
आदित्य, भानु, भास्कर, रवि, अर्क, अज, रुद्र, विष्णु, मूर्तियां आठ॥
विस्तरा, सुतरा, बोधिनीअरु, आप्यायिनि, उषा, प्रभा, प्राज्ञा।
संध्यादि, शक्ति, सोमादि केतु तक, सारे ग्रह रख शिव-आज्ञा॥

मुझपर करें सभी कृपा, शिवकी कृपा समान।

शिव आज्ञासे सब करें बांछित मुझे प्रदान॥

द्वादशादित्य शक्तियां सभी, ऋषि, सुर, गंधर्व, पन्नगादिक।
अप्सरा-समूह, ग्रामणी और जितने भी यक्ष राक्षसादिक॥
ये सात-सात संख्यावाले, गण बालखिल्य आदिक मुनिगण।
छंदोमय सातों अश्व सहित, सबके सब तत्पर शिव-पूजन॥

सबके सब शिव भावसे, उनकी आज्ञा मान।

मुझपर करके कृपा सब, मंगल करें प्रदान॥

ब्रह्माजी शिवकी मूरति हैं, वे भूमंडल के अधिपति हैं।

चौंसठ-गुणके ऐश्वर्य युक्त, वे बुद्धि तत्त्वहैं, वे मति हैं॥
निर्गुण मंगल गुण सद्गुण वे, वे निर्विकार हैं श्रेष्ठ हैं वे।
जग करने, धरने, हरने में, अपने कर्मोंसे ज्येष्ठ हैं वे॥
वे इस प्रकार हैं तीन, चार और पांच स्वरूपों में विभक्त।
आवरण में चौथे शिवजी के, पूजित हो चुके हैं ये सभक्त॥
ये शिव-प्रिय शिव-आसक्त तथा, नित तत्पर हैं शिवपूजन में।
शिव-आज्ञा से समस्त मंगल भरदें ये मेरे जीवन में॥
लोकेश हिरण्यगर्भ, विराट, श्रीकालपुरुष, और सनकादिक।
ग्यारहों प्रजापति सपत्नीक, संकल्प, धर्म, और दक्षादिक॥
सबके सब शिवके परम भक्त, रहते शिवपूजन अर्चन में।
शिव आज्ञासे मंगल समस्त, दे दें ये मेरे जीवन में॥

चार वेद इतिहास सब धर्म सुशास्त्र पुराण।

इन सबके प्रतिपाद्य हैं, शिवशंकर भगवान॥

तात्पर्य इन सबोंका आपस में अविरुद्ध।

देकर शुभ मंगल मुझे, करदें जीवन शुद्ध॥

सबसे गरिष्ठ मूरति शिवकी है महादेव श्रीरुद्र विदित।
वाह्येय मंडलाधीश हैं ये, पुरुषार्थों और ऐश्वर्य सहित॥
ये शिवाभिमान युक्त, निर्गुण होकरभी इनका रूप त्रिगुण।
इनमें ही केवल सात्विक भी, राजस भी है, और तामसगुण॥
पहले से हैं ये निर्विकार, सब सृष्टि के ये ही कारण हैं।
सृष्टिस्थितिलय के ये कारण, कर्मों से ये असाधारण हैं॥
ये ब्रह्मा के सरके छेदक, उनके भी पिता हैं, पुत्र भी हैं।
है यही नियंत्रक हरिके भी, उनके भी पिता हैं पुत्र भी हैं॥
उन दोनों ब्रह्मा- विष्णू को, ये देते ज्ञान कृपा करके।
ये हैं ब्रह्मांडके भीतर और बाहर भी यही व्याप्त रहते॥
दोनोंलोकोंके ये अधिपति, शिवप्रिय, शिवभक्त, शिवर्चन रत।
शिवकी आज्ञासे ये मुझको, दें मंगल सारे शत प्रतिशत॥

ईषाणादिक ब्रह्मपंच, हृदय आदि षडअंग।

विद्येशादिक आठ और मूर्तिभेद चतुरांग॥

शिव, भव, हर, मृड ये सभी, शिवके भक्त महान।

शिव आज्ञासे करें सब, मंगल मुझे प्रदान॥

उत्कृष्ट रूप हरि हैं शिवके, अधिपति हैं वारितत्त्व के ये।
अव्यक्त पदस्थित ये निर्गुण, अधिकांश सत्व सद्गुणमय ये॥
ये निर्विकार के अभिमानी, तीनों ही लोक कृति इनकी।

जगकारण, धारणके कारण, अद्द है कर्म-कृति इनकी॥
कर चुकेहैं स्पर्धा एकसमय, रुद्रोद्भव धीर स्वयम्भू से।
उत्पादित आदि विधाता से, उत्पादक आप स्वयं उनके॥
भीतर और बाहर हैं जगके इसलिये 'विष्णु' कहलाते हैं।
दोनों लोकों के अधिपति हैं, इंद्रानुज नाम धराते हैं॥
भृगुशाप वशात निजेच्छा से, भू-भार मिटाने आते हैं।
ये अप्रमेय बलशाली हैं, ये दसावतार कहाते हैं॥
ये महा-विष्णु, या सदा-विष्णु, निजमायासे 'जगमोहन' कर।
भक्तोंसे नित पूजित होते, ये ही त्रिमूर्तिमय आसन पर॥

शिवप्रिय शिव आसक्त ये, तत्पर पूजन ध्यान।

शिव- आज्ञासे ये करें, मंगल मुझे प्रदान॥

श्री वासुदेव अनिरुद्ध, तथा प्रद्म्न, और श्री संकर्षण।
हरिकी हैं चार मूर्तियां ये, विख्यात इन्हें जानें जन-जन॥
श्री मत्स्य, कूर्म, वराह, नृसिंह, रामत्रय, कृष्ण, विष्णु हयमुख।
श्री चक्र और नारायणास्त्र, श्री पांचजन्य और शारंग धनुष॥
ये सबके सब शिव और शिवाकी आज्ञाका सत्कार करें।
मुझपर होकर प्रसन्न मेरे शुभ- मंगल का विस्तार करें॥
श्री प्रभा, शारदा, गौरी, और लक्ष्मी शिव-भाव से हो भावित।
दें सभी शिवाज्ञा से मुझको, मंगलका दान सभी प्रार्थित॥
श्री इंद्र, अग्नि, यम, निऋति, वरुण, श्री वायु, सोम, कुबेर-धनधर।
धारक त्रिशूल ईषाणदेव, सबके ही सब शिव भक्त प्रवर॥

शिवपूजन रत ये सदा, भावित शिव सद्भाव।

मुझको मंगलदान दें, शिव आदेश- प्रभाव॥

त्रयशूल, वज्र, शर, परशु, षड्ग, पाशांकुश, और पिनाक-प्रवर।
ये आयुध सभी शिवा शिवके, मेरी रक्षामें हों तत्पर॥
वृषरूप महाबलि सौरभेय, --वरवानल से लेते टक्कर।
गोमातु पंच से घिरेहैं जो, जिनपर प्रसन्न गौरीशंकर॥
परमेश्वरि और परमेश्वरके वाहन जो बने तपस्या से।
वे इच्छा पूर्ण करें मेरी, छुट्टी दें विविध समस्या से॥
छंद=नंदा सुनंदा सुरभि, सुमना, और सुशीला नाम है।
ये पांच वे गोमातु हैं शिवलोक जिनका धाम है॥
शिवअर्चिका, शिवपूजिका, शिवअचल भक्ति परायणा।
शिवकी कृपा से ये करें पूरी मेरी मन कामना॥
हैं महातेज युत क्षेत्रपाल, नीलाभ है अंग-रंग उनका।

हैं लाल फड़कते हुए होठ, दांतों से मुख भयप्रद लगता।
है गोल लाल ही तीन नयन, भौंहें और आंखें भी टेढी॥
शशि सर्पिहैं आभूषण जिनके, वे भैरव नित नंगे रहते।
हाथोंमें पाश त्रिशूल, षड्ग, और मानव –मुंड खड़े रहते॥
योगिनियों, सिद्ध, भैरवों से, भैरव ये सदा घिरे रहते।
नत मस्तक शिव चरणों में ये, हर एक क्षेत्रमें ये रहते॥
शिव भावमें रहते भावित ये, रक्षक शिवके प्रिय भक्तों के।
ये क्षेत्रपाल शिव आज्ञा से सब मंगल मुझे प्रदान करें॥

पूजित प्रथमावरण में, तालजंघ ये चार।

शिव आज्ञासे ये बनें रक्षक मेरे उदार॥

जो भैरवादि और अन्य- लोग, शिवजी को घेरे रहते हैं।
वे सबके सब शिव-आज्ञासे, मुझ शरणागत पर दया करें॥
सुर-पूज्य नारदादिक मुनिगण, जनलोक निवासी सब सुरगण।
साध्यादिक महर्लोक वासी, सप्तर्षि तथा वैमानिक गण॥
शिव-अर्चन तत्पर सब नित-नित, सब शिव-आज्ञाका मान करें।
शिवके सद्भाव से हो भावित, मनबांछित मुझे प्रदान करें॥
गंधर्वों से पिशाच तक के, हैंदेव योनियां ख्यात चतुर।
विद्याधर, सिद्ध गगनचारी, जितने भी राक्षस और असुर॥
पाताल- तल निवासी अनंत, नभगेश गरुड़ आदिक पक्षी।
कुष्माण्ड, प्रेत, वेताल, भूत, ग्रह, डाकिनियां, शाकिनियां भी॥
योगिनियां उन जैसी सारी, आराम क्षेत्र गृह और तीरथ।
मंदिर समुद्र नद नदियां सर, द्वीपादि मेरु आदिक पर्वत॥
वन पशु पक्षी क्रिमि कीट वृक्ष, मृग सभी भुवन और भुवनेश्वर।
सावरण विश्व बारहोंमास, पद वर्ण तत्त्व और मंत्र- प्रवर॥
मंत्रेश दिगेश जगेश रुद्र, रुद्रान्य शक्तियां सब उनकी।
सब दृश्य श्रव्य अनुमान आदि, इच्छा की पूर्ति करें मनकी॥
पांचो पुरुषार्थ मयी होकर, पुरुषार्थ जो कहलाती है।
दिव्या पशु विद्यासे बाहर, पशुपाश से मुक्त कराती है॥
वह शैवी तथा पराविद्या, शिवशास्त्र-व- शिव संज्ञक पुराण।
शैवागम शैव धर्म फल सब, जो हैं पूजित शिवके समान॥
मेरे अभिष्ट सिद्ध्यर्थ सभी, इस कर्मका करके अनुमोदन।
यह सफल तथा सम्पन्न हुआ, ऐसा कर देवें उद्घोषण॥

श्वेतसे ले नकुलीश तक, शिष्य सहित आचार्य।

उनके कुलके श्रेष्ठ जन, मम कुल गुरु सर्वार्य॥

शैव तथा माहेश्वर, युक्त कर्म और ज्ञान।
सब मेरे इस कर्मको, सुसम्पन्न लें मान॥
ब्राह्मण क्षत्रिय वैश्य और, सांग वेद तत्त्वग्य।
सर्व शास्त्रके जो कुशल, सांख्यशास्त्र के विज्ञ॥
वैशेषिक, यौगा, नैयायिक, सौरा, ब्राह्मा, रौद्रा, वैष्णव।
नर-शिष्ट, विशिष्ट, शिवाज्ञा से, शुभ सफल कर्मको मानें सब॥
सिद्धांत मार्गी शैव सभी, पाशुपत शैव भी सबके सब।
सब शैव महाव्रत धारी और कापालिक, शैवभी सबके सब॥
ये सबही शिव- आज्ञा पालक, सब मेरे पूज्य और पूजित।
शिव-आज्ञा मुझपर करुणासे, इस कार्यको करें सफल घोषित॥
दक्षिणाचार के ज्ञाननिष्ठ, दक्षिणाचार पथके गामी।
अविरोध मंत्रका जाप करें, और बनें मेरे मंगलकामी॥
नास्तिक कृतघ्न पाखंडी सठ, तामस और पापी दूररहें।
आस्तिक सब संत कृपा करके, मेरा मंगल भरपूर करें॥

पंचावरण प्रपंचसे, आवृत सबके मूल।
उन सपुत्र शिव साम्बको, नमन रहें अनुकूल॥
ऐसा कह शिव साम्बको, गिरकर करे प्रणाम।
जपे एक माला पुन:, शिव पंचाक्षर नाम॥
शक्ति-मंत्र जपकर करे, अर्पण कर्म महान।
क्षमा मांग शिवसे करे, पूजन का अवसान॥

यह परम पुण्यमय आर्त्त विनय, प्रियहै अत्यंत शिवाशिव को।
सम्पूर्ण मनोरथ दायक यह, है भोग-मोक्ष साधक सबको॥
जो इसका नित्य कथन करता, या श्रद्धा से जो करे श्रवण।
वह धोकर सारे पापों को, करता शिवका सायुज्य ग्रहण॥
गौ तथा भ्रूण हत्यारा जो, जो अति कृतघ्न भ्राता घाती।
शरणागत मित्र आस घाती, निष्ठर पितु- माता का घाती॥
जो पापी और दुराचारी, सब त्याज्य हेय दुष्कर्म युक्त।
वह भी यह स्तोत्र पाठ करके, होता 'मोहन' सब पापमुक्त॥
दु:स्वप्न महा अनर्थ भयमें, इस स्तोत्रका जो करता कीर्तन।
भयको ही उससे भय होता, होता न कभी दुखके दर्शन॥
आरोग्य आयु ऐश्वर्य और, जो-जो भी जिसका मनबांछित।
इस स्तोत्रका जप करनेवाला, सब कुछ पालेता है इच्छित॥
जो स्तोत्र मात्रके पाठ का फल, वह थोड़ा सा ही कहा गया।
पूजाभी हो और पाठभी हो, उसका फल कहा न जा सकता।
इस स्तोत्रका कीर्तन करने पर शिव- पार्वतीजी आते हैं।

आकाश में इसको सुनने को, दोनों ही खड़े हो जाते हैं॥
इनकी पूजा करने पाठक, दोनों कर जोड़े रहे खड़े।
उनकी और अपनी तृप्ति निमित, इस स्तोत्रका 'मोहन' पाठकरे॥

----------------------(अध्याय-31)----------------------

लौकिक फलदायक कहे, विधि समेत कुछ कर्म।
शांति पुष्टि आदिक सभी काम्य कर्म के मर्म॥
शिव-पूजन विधिके सहित, हवन योग्य सामान।
इन सबके उपयोग का, कहा समस्त विधान॥32॥

लोक और परलोक में, करते सिद्धि प्रदान।
कहा स्तोत्र जिसमें क्रिया, जप, तप सम्यक ज्ञान॥
शिव-भक्तोंको देता जो यहीं, सब फल उसका मैं करूं कथन।
जप, ध्यान, तपस्या, दान कर्म, सद्य: शुभ फलद हवन पूजन॥
मिलती न सिद्धि बिन मंत्र-सिद्धि, पहले मंत्रानुष्ठान करे।
जिसमें अदृष्ट प्रतिबंधक हो, वह कर्म विज्ञ सहसा न करे॥
शकुनादि परीक्षा के द्वारा, उस प्रतिबंधक को दूर करे।
जिससे हो बाधक विघ्न दूर, ऐसे वह कार्य जरूर करे॥
श्रद्धा- विश्वास न हो जिसमें, उसके हों पूरे साध नहीं।
हो जावें किये कर्म निष्फल, तो देवोंके अपराध नहीं॥
करता जो मंत्र सिद्ध पहले, प्रतिबंधक दूर भगाता है।
श्रद्धा-विश्वास युक्तहै जो, वह निश्चय ही फल पाता है॥
फल-प्राप्ति हेतु रख ब्रह्मचर्य, भोजन हविष्य या फलाहार।
मनसे भी त्यागे हेय-कर्म, भस्मी शुभ वेष सुचित उदार॥

पालक बन आचार का, धारण कर शुभ वेष।
बाहर भीतर शुचि रहे, शिवको भजे विशेष॥

आचारवान बन इसप्रकार, शुभदिन शुभदेश का शोधन कर।
सुंदर अनुकूल वस्त्र पहिने, पुष्पादिक माला धारण कर॥
शुभलक्षण युक्त स्थानमें जा, उपलिप्त भूमि एक-हाथ करे।
भद्रासन पर कमलांकित कर, दल आठ पराग भी साथ करे॥
कर्णिका--युक्त रत्नालंकृत, आकार समान नाल भी हो।
उस कनक-कमलपर भावसहित, अणिमादि वास का ख्याल भी हो॥
उसपर कर वेदी-सहित लिंग, शिवजी का सादर सुस्थापित।
पार्षदों समेत साम्ब- शिवको, आवाहित और करे पूजित॥

भावमयी शिव-मूर्तिका, करे पुन: निर्माण।

चतुरानन हो चतुर्मुख, होभूषण परिधान॥
हों व्याघ्राम्बर सुस्मित मुख वे, वरदाभय मुद्रायुत द्वैकर।
तीजे करमें हो मृग मुद्रा, और टंक रखा हो चौथेकर॥
या पूजक अष्ट भुजा मूरतिका भाव करे अपनी रुचि से।
त्रयशूल परशु और खंग वज्र, दाहिनी भुजाओं में उनके॥
बायें चारों ही हाथों में पाशांकुश, खेट नाग धारण।
बालार्क सरिस है अंग-कांति, प्रति मुखमें तीन-तीन लोचन॥
हैं सौम्य कांतियुत पूरब मुख, दक्षिण-मुख श्याम भयंकर है।
उत्तर-मुख मूंगे सरिस लाल, पश्चिम- मुख सौम्य चंद्रधर है॥
शिव-मूर्ति अंक में पराशक्ति, षोडसी शिवा हैं महेश्वरी।
वे सबके मनको मोह रही, विख्यात है नाम महालक्ष्मी॥

भावमूर्ति का इसतरह कर सप्रेम निर्माण।

आवाहन सकलीकरण, पूजन आदिक स्नान॥

कपिला गौ का हो पंचगव्य, हो इसी तरह का पंचामृत।
सविशेष अन्य वस्तुओं के भी हों बीज–चूर्णभी एकत्रित॥
पूरबदिशि मंडल कर निर्मित, कर रत्न-चूर्णसे समलंकृत।
अब करे सरोज-कर्णिका में, ईशाण- कलशको सुस्थापित॥
सद्योजातादि मूर्तियों कें, चहुंओर कलश स्थापना करे।
पूर्वादि अष्टदिशि अष्टकलश, विघ्नेश्वर के स्थापना करे॥
भरकर सब कलश तीर्थ-जलसे, फिर करे कंठमें सूत-ग्रथित।
फिर द्रव्य डालकर कलशों में, वस्त्रों से करदे आच्छादित॥
अब करे सुमंत्र- न्यास सब में, हो साथ मंत्रका उच्चारण।
फिर स्नान कराये शिवजी को, हो मंगल-शब्द वाद्य-वादन॥

पंचगव्य कुश-स्वर्ण और, रत्नोदक अम्लान।

सिद्ध सुवासित वस्तुसे, शिवजीका हो स्नान॥

फिर गंध, पुष्प दीपादि करे, श्रद्धा- पूर्वक शिवको अर्पण।
हो एकसे ग्यारह पल तकका, आलेपन अथवा हो उपटन॥
रत्नमय कनकमय पुष्पार्पण, हो नील लाल और श्वेत कमल।
शिवको अर्पित हो नील कुमुद, अधिकाधिक रहें बिल्वके दल॥
सर्वोत्तम धूप निवेदन कर, गौ घृतके दीपक दिखलाये।
फिर पांचो ब्रह्म छहो अंगों, पंचावरणों को सिर नाये॥
विधिवत सबका करके पूजन, उत्तम नैवेद्य निवेदन हो।
गुड़ घृतसे युक्त महाचरु भी, सादर इन सबको अर्पण हो॥
जल इन्हें सुवासित हो अर्पण, ताम्बूल सुगंधित हो अर्पण।
रंगीन विविध वारिक-वस्त्र, हो रत्न जड़ित स्वर्णाभूषण॥

सर्वोत्तम जो वस्तु हो, वही इष्टके योग्य।
गीत वाद्य कीर्तन करे, सेवा इतर सुयोग्य॥
कमसे कम एकलाख हो मूलमंत्र का जाप।
पूजन कमतो एक हो, अधिक का अधिक प्रताप॥
हों हवन-द्रव्य जितने उनसे, कमहो तो दस-दस आहुतियां।
हों अधिक तो सारे द्रव्योंसे, दे सौ-सौ गिनकर आहुतियां॥
मारण, उच्चाटन में शिवके, हो घोर रूपका ही चिंतन।
पौष्टिक या शांति कर्ममें हो, शिवजी के सौम्य रूपमें मन॥
सुक सुवा लौह का मारणादि कर्मों में ही उपयोग करे।
हो विहित सुक सुवा शांति आदि, कर्मों मे वही प्रयोग करे॥
घीसे मधुसे अथवा पयसे, हो मृत्यु-विजय के लिये हवन।
तिल-हवन, रोगकी शांति निमित, दारिद्र हरण घृत-दुग्ध हवन॥
मालती पुष्प घृतके समेत, हो वशीकरण के लिये हवन।
करवीर पुष्प घृत सहित हवन, कर ब्राह्मण करते आकर्षण॥
मधु आहुति से होता स्तम्भन, और तैलाहुति से उच्चाटन।
बट-बीज और तिल आहुति से, उच्चाटन और करे मारण॥
नारियल- तैल से विद्वेषण, रोही के बीज से हो बंधन।
सरसों हो लाल हवन उसका, कर देता है सेना स्तम्भन॥

निज स्वभाव अनुसार ही, करे हवनका कर्म।

तभी सफलता प्राप्त हो, यही हवनका मर्म॥

जो तैल-यंत्र कर चालित हो, उससे ही तैल तैयार करे।
उस तैलसे ही आहुति देवे, यदि कर्म कोई अभिचार करे॥
ज्वर शांति-निमित दुग्धाहुति दे, यह सुख-सौभाग्य प्रदायक है।
दुग्धाहुति दुग्धसालि आहुति, सब सिद्धि दिलाने लायक है॥
शांतिक हो या हो पुष्टिकर्म, समिधाएं सातकी दे आहुति।
लक्ष्मी आकर्षण वशीकरण में, बिल्व दलों की दे आहुति॥
खैड़ और पलाशकी समिधा से, सब शांति-कार्य में हवन करे।
आक और कनेर की समिधा से, अति क्रूर कर्म में हवन करे॥
हो बात लड़ाई झगड़े की, कंटक समिधों से करे हवन।
जिसकी पसंद के कर्म हो जो, वह उसी कर्म का करे चयन॥

शांत-चित्त नर ही करे, शांति पुष्टिके कर्म।

निर्दय क्रोधी के लिये, ही अभिचारिक कर्म॥

दुरवस्था चरम पर पहुंची हो, कोई हो शेष उपाय नहीं।
कैसा भी निर्दय हो तबतक, अभिचार-कर्म पर जाय नहीं॥
यह वैध है आततायियों पर, यह वैध है राष्ट्रद्रोहियों पर।

यह है अवैध राष्ट्रपति और सेवकों –व- राष्ट्रस्नेहियों पर॥
धर्मात्मा माननीय नरसे यदि ऐसी गलती हो जाये।
अभिचारिक कर्म-प्रयोग मगर फिरभी उनपर न किया जाये॥
शिव-आश्रित तथा राष्ट्रपति पर, इसका प्रयोग दूषित वर्जित।
इन पर प्रयोग करने वाला हो जाता पतित न प्रायश्चित॥

पूजे जिस शिवलिंग को, निर्धन या धनवान।
बाणलिंग स्थापित सुलिंग, वैदिक लिंग प्रमाण॥

इन लिंगों में देवाधिदेव – शिवशंकर जी की हो पूजा।
ऐसे लिंग प्राप्त न होने पर, हो कनक-रत्न लिंगमें पूजा॥
ऐसी सामर्थ्य न होनेपर, मानसिक- मूर्ति निर्माण करे।
आवाहन पूजनादि सेवा, मानसिक ही उन्हें प्रदान करे॥
इस कर्मका करके अनुष्ठान, फल नहीं दिखाई पड़े जहां।
आवृतियां दो या तीन करे, तो निश्चय हो फल प्राप्त वहां॥
पूजोपयोग में आयाहो, जो द्रव्य तथा जो स्वर्ण- रत्न।
दक्षिणा सहित वह गुरुको दे, ऐसा ही होवे प्रथम यत्न॥

यह सब लेनेको अगर, गुरू न हों तैयार।
तब शिव या शिव-भक्तको, यह देवे साभार॥

इसके अतिरिक्त किसीको भी, देनेका कोइ विधान नहीं।
निगुरे पूजक भी यही करें, उनके भी नियम हैं आन नहीं॥
शिव-अर्पित वस्तु स्वयं मतले, जो लोलुप यह करजाता है।
वह मूढ अभिष्ट श्रेष्ठ- फलसे, पूरे बंचित रह जाता है॥
अन्यार्चित शिवलिंग ले या नले, यह प्राणी की है इच्छापर।
यदि ले तो रोज करे पूजा, या करवाये वह प्रेरित कर॥
जो पुरुष शास्त्र- विधिसे इसको, है लगातार करता रहता।
वह कोटि गुणाफल पानेसे, हरगिज़ न कभी बंचित रहता॥
और अधिक बड़ाई क्या होगी, फिर भी महिमाका कुछ वर्णन।
संक्षेप में करता हूं जिसका, है धन्य कथन और धन्य श्रवण॥
इससे रिपुओं ब्याधियों तथा, मरणाधिक दुख टल जाता है।
कंजूस भी हो जाता उदार, निर्धन कुबेर बन जाता है॥
होता कुरूप भी रूपवान, बूढा जवान हो जाता है।
हो जाता अमृत गरल जैसा, विष सुधा सरिस हो जाता है॥
बन जाता क्षणमें शत्रु-मित्र, थल जल, जल थल हो जाता है।
गड्ढा हो जाता है पहाड़, पर्वत गड्ढा हो जाता है॥
बन जाती आग तुरत पानी, पानी दाहक हो जाता है।

उद्यान विपिन, और विपिन बाग, उलटा सीधा हो जाता है॥
मृग ब्याघ्र, ब्याघ्र मृग हो जाता, लक्ष्मी सुस्थिर हो जाती है।
वाणी दासी बन जाती है, और कीर्ति सभी तक जाती है॥
इच्छा अनुसार बुद्धि चलती, मन परम सूक्ष्म हो जाता है।
आंधी की तरह शक्ति होती, बल हाथी सा हो जाता है॥
हो जाता स्तब्ध शत्रु खेमा, उसका उद्योग विफल होता।
उसके सब मित्र शत्रु होते, वह मुर्दे सा निर्बल होता॥
और सिद्ध- पुरुष संकट से भी, क्षणमें छुट्टी पा लेता है।
उसका खाया अपथ्य तक भी, अतिशय सुपथ्य बन जाता है॥
अति रति सेवन करने पर भी, वह दिखता है नवीन जैसा।
उसको भविष्यका सभी ज्ञान, दिखता करमें है आमलक सा॥
उसको सारे फल देती है, इच्छानुसार सिद्धियां सभी।
इस कर्मकि शुभ-सम्पादक को, जो मिले नहीं, वह कहीं नहीं॥

------------------------(अध्याय - 32)----------------------

पर लौकिक फल देनेवाले कर्म निरूपण।
विधि शिव-लिंग महाव्रत की महिमा का वर्णन॥33-36॥

उस कर्मकी विधि बतलाता हूं, परलोकमें जो देतेहैं फल।
तीनों--लोकोंमें इस जैसा, कोई भी नहीं है कर्म प्रबल॥
इस विधिका सभी सुरगणोंने, आदर से किया है अनुष्ठान।
ब्रह्मा हरि हर सब लोकपाल, सूर्यादि नवग्रह जो महान॥
श्री विश्वामित्र, वशिष्ठ, श्वेत, मुनिवर अगस्त्य, मैं नंदीश्वर।
मुनिवर दधीचि और महाकाल, भृंगीशादिक सब गण ईश्वर॥
शेषादि नाग, गंधर्व, दैत्य, सब भूत, पिशाच, यक्ष, राक्षस।
सबने निज-निज पद पानेको, यह अनुष्ठान कर पाया यश॥

इस विधिसे सब देवने, पाया है देवत्व।
विष्णु लिये विष्णुत्व और, ब्रह्मानें ब्रह्त्व॥
इस विधिसे ही रुद्रनें, प्राप्त किया रुद्रत्व।
गणेशत्व गणईश नें, वासव नें इंद्रत्व॥

लिंगरूप शिवाशिव को सफेद चंदनयुत जलसे नहलाकर।
प्रप्फुल्ल श्वेत कमलों- द्वारा, पूजनकर पदमें सरनाकर॥
उपलिप्त भूमिपर शुभ-लक्षण, अति सुंदर डाले पद्मासन।

यह स्वर्ण-रत्नका बनबायें, यदि प्रभुनें दिया हुआहो धन॥
अब कमल केसरों के ऊपर, छोटा शिवलिंग करे स्थापित।
अंगुष्ठ बराबर हो शिवलिंग, हो सर्वगंध मय मनबांछित॥
वह दक्षिण भागमें कर स्थापित, फिर बिल्वदलोंसे कर पूजन।
उसके दक्षिण में अगुरु और उत्तर दिशिमें डाले चंदन॥
मैनसिल चढाये पश्चिममें, हरिताल पूर्वमें कर अर्पण।
सुंदर सुगंधयुत पुष्पों से, फिर श्रद्धा- सहित करे पूजन॥
गुग्गुल और काले अगुरू की, हर ओरसे धूप करे अर्पण।
घृत- मिश्रित खीर भोग देकर, देवे दीपक घृत से पूरण॥
सब वस्तु चढाकर मंत्र-सहित, अब सादर परिक्रमा करके।
स्तुतिपूर्वक कर प्रणाम शिवको, त्रुटियोंके लिये क्षमा मांगे॥

शिव पंचाक्षर मंत्रसे, शिव-लिंग सह उपहार।
प्रभु शिवको अर्पण करे, कर प्रणाम साभार॥

जो पंचगंधमय शिवलिंग की, हर दिवस अर्चना करता है।
हर पापों से छुट्टी पाकर, शिवलोक प्राप्त वह करता है॥
शिव लिंग महाव्रत यह सारे व्रतमें उत्तम और गोपनीय।
पर तुझ जैसे शिव-भक्तों में, कथनीय भी है है वर्णनीय॥
जिस-तिस को करना नहीं, इसव्रतका उपदेश।
शिव- भक्तों को यह मिले, है ऐसा आदेश॥
प्राचीनकालमें शिवनें ही, उपदेश किया था इस व्रतका।
फिर मुनिने माधव से लिंगकी, कारण रूपताकी की व्याख्या॥
फिर लिंग प्रतिष्ठा और पूजा की कर व्याख्या आगे बोले।
भावित शिवलिंग यदि मिले न तब, जल, अनल, सूर्य, नभमें भोले॥

--------------------(अध्याय - 33-36)---------------------

कहे योगके भेद आठ, छ: अंग विवेचन।
यम नियमासन प्राणायाम प्राणजय वर्णन॥
प्रत्याहार, धारणा, ध्यान वर्णन समाधि का।॥37॥

ज्ञान, क्रिया, चर्यादिका, मुझे सुनाया सार।
अंग, प्रयोजन, विधि सहित, कहे योग अधिकार॥
जिस योगादिक अभ्यास पूर्व, मरना कहलाता आत्मघात।
बतलावें वहसाधन जिससे, मिलजाय सिद्धियां शीघ्रतात॥

बनना न आत्मघाती होवे, वह अनुष्ठान उसका कारण।
उसके भेदोंका तारतम्य कहिये उपयुक्त समय साधन॥
बोले उपमन्यु कृष्ण तुम तो, हर तारतम्य के ज्ञाता हो।
शिवके और शिवके भक्तोंके, तुम प्रियहो और सुखदाता हो॥
तुमने जो सुनना चाहा है, मैं वह ही तुम्हें सुनाता हूं।
शिवमें जो निश्चल चित्तवृत्ति, वहही है 'योग' बताता हूं॥
इसके हैं पांच प्रकार हरे, पहला है इसमें 'मंत्रयोग'।
फिर 'स्पर्शयोग' फिर 'भावयोग' चौथा 'अभाव' फिर 'महायोग॥
जो मंत्रजाप अभ्यास सिद्ध, विक्षेप विहीन वृत्ति मनकी।
वाच्यार्थ में एकाकार हुई, है मंत्रयोग संज्ञा उनकी॥

मनकी वह ही वृत्ति जब, चुनले प्राणायाम।
तब होता इस योगका, 'स्पर्शयोग' है नाम॥

जब स्पर्शयोग हो मन्त्ररहित, तब 'भावयोग' कहलाता है।
हो जाता यही 'अभावयोग', जबरूप रहित हो जाता है॥
जिससे एकमात्र उपाधि रहित, शिव स्वभावका होता चिंतन।
शिवमयी चित्तकी वृत्ति बने, वह 'महायोग' है यदुनंदन॥
जो देखे सुने गए लौकिक-, परलौकिक विषयोंसे विरक्त।
अधिकार उन्हींका योगमें है, बांकी सारे इसमें असक्त॥
होती विरक्ति लौकिक परलौकिक, विषय-दोषके चिंतन से।
आती विरक्ति हैईश्वरके, अनगिनत गुणोंके दर्शन से॥

आठ या छ: ही अंगयुत, होते सारे योग।
'जुड़ना' ही तो योगहै, कहते उत्तम लोग॥
यम, नियमासन, प्राणायाम, पंचम प्रत्याहार।
धारणा, ध्यान, समाधिहै, आठ अंग निर्धार॥

आसन, प्राणायाम, प्रत्याहार, धारणा, ध्यान और है समाधि।
थोड़ेमें योगके छ: लक्षण, इसमें न शेष कोई उपाधि॥
शिवशास्त्र, शिवागम, योगशास्त्र, किंचित पुराणमें यह लक्षण।
अस्तेय, अहिंसा, ब्रह्मचर्य, सत्य, अपरिग्रह, यम वर्णन॥
संतोष, शौच, जप, तप समेत, प्रणिधान "नियम" कहलाता है।
आसनके आठों- भेदोंको, अब तुम्हें बताया जाता है॥
स्वतिक, पद्मासन, अर्धचंद्र, वीरासन, पंचम योगासन।
षष्ठम प्रसाधितासन, प्रयंक, अष्टम सुख या रुचिका आसन॥

तनमें प्रकटी वायु जो, उसको कहते प्राण।
उसे रोकना ही हरे, कहलाता आयाम॥

रेचक, कुम्भक, पूरक, इसके तीन प्रकार।

छोड़े, खींचे, रोकले, वायु सुरुचि अनुसार॥

नाड़ी-शोधन युत रेचकादि, जो प्राणायाम किया जाता।

उत्क्रमण तलक यह करे सदा, यह शास्त्रादेश दिया जाता॥

यह प्राणायाम कनिष्ठ आदिके, भेदसे चार कहा जाता।

मात्रा और गुणों के तारतम्यसे भेद ये इसमें आ जाता॥

चारोंमें कन्यक या कनिष्ठ, यह प्रथमोद्घात कहा जाता।

मात्राएं इसमें बारह हैं, अभ्यास से इसे गिना जाता॥

मध्यम में प्राणायाम जो है, कहते द्वितीय उद्घात इसे।

मात्राएं चौबिस हैं इसमें, अभ्यासी इसको भी गिनले॥

छत्तिस मात्रा युक्त है उत्तम प्राणायाम।

यह तृतीय उद्घात है, यहही इसका नाम॥

जो प्राणायाम चतुर्थ यहां, वह सर्वोत्कृष्ट गिना जाता।

बाहर भीतरके विषयोंका, क्षेपक भी उसे कहा जाता॥

आनंद जनित रोमांच, स्वेद, आनंदालय के खुलते पट।

आनंदअश्रु, -व-जल्प, कम्पन, मूर्च्छादिक होते भाव प्रकट॥

तदनंतर प्राणायाम में फिर, दो भेद बताया जाता है।

पहले को कहते हैं ‘अगर्भ’ दूजा ‘सगर्भ’ कहलाता है॥

जप ध्यानरहित जो कियाजाय, वह प्राणायाम ‘अगर्भ’ कहा।

जप कियाजाय जो ध्यानसहित, वह प्राणायाम ‘सगर्भ’ कहा॥

करते ही प्राण विजय तनकी, सब वायु जीतली जाती है।

हे केशव! तनकी सभी वायु, गिनतीमें दस कहलाती है॥

प्राण, अपान, समान ये, ये उदान, ये व्यान।

कृकल, कूर्म, अहि, देवव्रत, दसम धनंजय जान॥

करता है प्राण प्रयाण अत:, गुणके अनुरूप कहाय ‘प्राण’।

भोजन जो नीचे ले जाती, वह वायु कहाती है ‘अपान’॥

सब अंगोंका बर्धन करती रहती है अत: कहाय ‘ब्यान’।

मर्मस्थानों को उद्वेजित करती इसकारण यह ‘उदान’॥

समभावसे सारे- अंगोंका, करती ‘समान’ है संचालन।

मुखसे कुछ वस्तु उगलनेमें, बनतीहै ‘नागवायु’ कारण॥

पलकों के उठने- गिरनेमें, होती है ‘कूर्मवायु’ कारण।

छींकनेमें ‘कृकल’ जम्हाईमें, होते हैं ‘देवव्रत’ कारण॥

रहती व्याप्त शरीरमें, वायु ‘धनंजय’ नाम।

मृत तनके भी साथ यह, रहती आठोयाम॥

क्रमसे और अभ्यास से, साधित प्राणायाम।

करता अघको दग्ध और, तन रक्षाका काम॥

अब प्राणविजय करके साधक, पहचान चिन्हकी परख करे।

सबसे पहले जो दिखते हैं, उस प्रथम चिन्हको यह निरखे॥

कफ, विष्ठा, और मूत्र तीनों, मात्रामें घटने लगती है।

चलती है सांस देरसे और, भोजनकी इच्छा बढती है॥

तनमें हल्कापन तेजीसे, चलनेका बल बढ जाता है।

स्वरमें मिठास आ जाताहै, मनमें उछाह बढ जाता है॥

होतेहैं सारे रोग नष्ट, बल, तेज, कांति, बढ जाती है।

धृति, मेधा, यौवनमें वृद्धी, स्थिरता प्रसन्नता आती है॥

दान, यज्ञ, जप, व्रत, साधन सभी महान।

सब मिलकर होते नहीं प्राणायाम समान॥

अपने-अपने विषयोंमें रत, इंद्रियोंको शीघ्र हटाने को।

कहते हैं ‘प्रत्याहार’ इसे, अपने भीतर में लाने को॥

मन और इंद्रियां मनुष्योंको, पावन और पतित बनती है।

हो वशमें तो ले जाय स्वर्ग, अन्यथा नर्क ले जाती है॥

सुख चाहनेवाला ज्ञान और वैराग्याश्रय स्वीकार करे।

वशमें रख इंद्रियरूप अश्व, निज आत्माका उद्धार करे॥

हो ध्येय विषय या स्थान खास, चितको उसमे केंद्रित करना।

संक्षेपमें यही ‘धारणा’ है, तिलभर न शिथिल मनको करना॥

हैं स्थान विशेष एक शिवही, दूसरे स्थानमें दोष त्रिविध।

थक हारगये सुर, नर, मुनिगण, सब खोज-खोजकर स्थान विविध॥

नियत समयतक मनरहे, जब शिवमें तल्लीन।

डिगे नहीं तब जानिये, हुई साधना पीन॥

धारणासे ही मन स्थिर होता, इसलिये धारणाभ्यास करे।

आधे क्षण भी मन अलग न हो, यह बारंबार प्रयास करे॥

विक्षेप रहित चितसे शिवका, होता जो बार-बार चिंतन।

उसकोही ‘ध्यान’ कहा जाता, चंचल जिसमें न कभीहो मन॥

चितकी वह ध्येयाकार वृत्ति, जो ध्येयमें हीं स्थित रहती है।

वह वृत्ति ‘ध्यान’ कहलाती है, ऐसा श्रुति माता कहती है॥

दूजी सारी वस्तुएं छोड़ केवल शिवका ही करे ध्यान।

है अथर्ववेद की श्रुतिका यह, अंतिम निर्णयअच्युत प्रमाण॥

और इसीप्रकार शिवादेवी भी, परमध्येय हैं शम्भु प्रिया।

सम्पूर्ण-भूतमें व्याप्त हैं ये, श्रुति-स्मृतिसे है यह सुना गया॥

युगल प्रयोजन 'ध्यानके, रहे न लक्ष्य अप्राप्त।
मोक्ष प्रथम और दूसरा, सर्व सिद्धि हो प्राप्त॥
'ध्याता' 'ध्यान' 'ध्येय' और, ध्यान प्रयोजन जान।
करे योगवेत्ता पुरुष फिर योगानुष्ठान॥
श्रद्धालु, ज्ञान, वैराग्य-युक्त, उत्साही, निर्मम क्षमावान।
ऐसाही नर 'ध्याता' होता, उसकाही होता सफल ध्यान॥
जपसे थकने पर ध्यानकरे, जपकरे ध्यानसे थकने पर।
होता जल्दीसे योगसिद्ध, जप-ध्यानमें ऐसे लगने पर॥
बारह प्राणायामों की एक, 'धारणा' बताई जाती है।
और एक ध्यानमें बारहही 'धारणा गिनायी जाती है॥

लगते एक समाधि में, पूरे बारह ध्यान।

यह समाधि है योगका, अंतिम अंग महान॥
योगी जो ध्येयमें चित्त लगा, बस उसे देखता जाता है।
और बुझी आगसा शांतहै जो, वह समाधिस्त कहलाता है॥
सुनता न देखता न बोलता, संकल्प –विकल्प न भाता है।
'शिव-लीन चित्त' ऐसा योगी, ही 'समाधिस्त कहलाता है॥
हो वायु–विहीन स्थान में तो, हिलती न दीपकी लौ जैसे।
योगी समाधिसे क्षणभर भी, होता न कभी बिचलित वैसे॥

ऐसे उत्तम योगका, जो करते अभ्यास।

उस योगीके विघ्न सब मिटते बिना प्रयास॥

------------------(अध्याय - 37)------------------

क्रमशः वर्णन योगमार्गकि विघ्न आदिका॥
भू से बुधि ऐश्वर्य गुण, सिधि सूचक उपसर्ग।
महिमा वर्णन ध्यानका, शिवासहित प्रभु भर्ग॥38॥

व्याधियां, प्रमादालस्य, स्थान-संशय, अनवस्थित –चित्तता।
दुख दौर्मनस्य, भ्रांति-दर्शन, अश्रद्धा, -व-विषय-लोलुपता॥
ये योग-मार्ग के मुख्य विघ्न, वह धन्य जो इनसे बचा रहा।
तन-मन में व्याप्त अलसता जो, 'आलस्य' उसी को गया कहा॥
कफ, वात, पित्त वैषम्य-दोष, व्याधियां यही कहलाती है।
साधन में असावधानियां ही, संज्ञा 'प्रमाद' की पाती है॥
यह है या नहीं, यह भ्रमित-ज्ञान, कहलाता यही 'स्थान-संशय'।

चितकी चंचलता, 'अनवस्थित चित्तता' कहाते एक उभय॥
अनुराग-रहित जो वृत्ति मनकी, अश्रद्धा उसे कहा जाता।
विपरीत- भावना युक्त-ज्ञान, हे हरे! 'भ्रांति' पदवी पाता॥

दुख कहते हैं कष्टको, इसके तीन प्रकार।

दैहिक, दैविक, भौतिक, कहे शास्त्र अनुसार॥
अज्ञान-जनित चितके दुखको, 'दैहिक' या 'आध्यात्मिक' कहते।
होते जो रोग पूर्वकृत से, उसको 'भौतिक' दुखमें गिनते॥
विष विदतपात शस्त्र आदिकसे, जो दुख भोगे जाते हैं।
'दैविक' या यही 'आधिदैविक', परिताप बताये जाते हैं॥
इच्छा पर चोट पहुंचने पर, जो मनमें होता क्षोभ हरे।
वह 'दौर्मनस्य' कहलाता है, हर साधक इनसे बचा करे॥
कहते हैं विषय-लोलुपता जो, वह विषयों में सुखका भ्रम है।
वह साधक इनसे बचता है, जिसमें साहस है दम-खम है॥

विघ्न साधकों के हरे, जब यह होते शांत।

पुनः दिव्य उपसर्ग यह, आती तद उपरांत॥
ये प्रतिभा, श्रवण, वार्त्ता और दर्शन, आस्वाद, वेदना है।
उपसर्ग कहाने वाली यह छः की छः दिव्य सिद्धियां है॥
करती यह योग शक्ति कुण्ठित, थी, है, या होगी जो घटना।
इसका हो जाना ठीक ज्ञान, इसको ही कहते हैं 'प्रतिभा'॥
बिन सुनेभी सब कुछ सुन लेना, इसको ही 'श्रवण' कहा जाता।
हर जीव की बात समझ लेना, यह ही कहलाती है 'वार्त्ता'॥
दिख जाना दिव्य-पदार्थों का, बिन कोशिश 'दर्शन' कहलाता।
पा जाना स्वाद दिव्य-रस का, 'आस्वाद' इसे बोला जाता॥
गंधादिक दिव्य स्पर्शों के, अनुभवका नाम 'वेदना' है।
जो सिद्ध हो चुकेहैं योगी, हे हरि उनका क्या कहना है॥

रत्न स्वयं मिलकर उन्हें, करते इष्ट प्रदान।

सभी रसायन बूटियां, 'मोहन' मिले महान॥
पार्थिव ऐश्वर्यके आठ दिव्य, जो गुण बतलाये जाते हैं।
गुणहैं जलीय-ऐश्वर्य दिव्य, वे आठ गिनाये जाते हैं॥
तैजस ऐश्वर्यके आठों गुण, तीनों मिलकर चौबीस हुए।
हैं वायु-तत्त्वके, आठही गुण, मिलकर सारे बत्तीस हुए॥
हैं आठ अग्नि-तत्त्वके गुण, ये सब चालीस हुए मिलकर।
ये वायु-जनित ऐश्वर्यके गुण, ये ऐंद्र और ये ही आम्बर॥
इंद्रिय सम्बंधी गुणैश्वर्य भी आठ गिनाये जाते हैं।

इन सबसे युक्त श्रेष्ठ 'मोहन" चांद्रमस बताये जाते हैं॥

यह शशिमस ऐश्वर्य ही, है मानस ऐश्वर्य।

आगे बोले कृष्णसे, शैव श्रेष्ठ मुनिवर्य॥

इनसे भी श्रेष्ठ आठगुण जो वह 'प्राजापत्य' कहाता है।

ऐश्वर्य अहंकारिक है यह–यह कुल छप्पन हो जाता है॥

अतिशय समर्थ आठों गुणयुत, वह 'बौद्ध-ऐश्वर्य' कहाता है।

यह प्राजापत्य से मिलने पर चौंसठ गुणयुत हो जाता है॥

है बौद्धैश्वर्य ही 'ब्राहैश्वर्य', इससे बढकर है 'गौणैश्वर्य'।

प्राकृत भी नाम इसीका है, और यहही है 'वैष्णव ऐश्वर्य'॥

तीनों लोकों का पालन है, 'वैष्णवैश्वर्य' के अन्तर्गत।

इस वैष्णवपदको और तो क्या, कहसकते नहीं हैं ब्रह्मा तक॥

'पौरुषपद' भी कहते इसको, इससे बढकर 'गणपतिपद' है।

हे कृष्ण! इसी गणपतिपदका, शुभ नाम ख्यात 'ईश्वरपद' है॥

इस पदका श्रीविष्णुको, है थोड़ासा ज्ञान।

और नहीं ऐसा कोई, जो ले इसको जान॥

यह सब विज्ञान सिद्धियां हैं, बाधक हैं सभी परमपद के।

वहतो उसको ही मिलता है, जो इन्हें छोड़ आगे निकले॥

अब दत्तचित्त होकर सुनना, करता हूं योग-प्रयोग कथन।

शुभ देश कालमें जो अबाध, उस शिव-क्षेत्रका करे चयन॥

उपलिप्त सुभूमि सुवासित कर, सज्जित कर पुष्प चंदोवे से।

फल फूल मूल एकत्रित कर, प्रारम्भ योग अभ्यास करे॥

पावक, जलनिकट, शुष्क-तृणपर, सर्पादिक जहां निवास करे।

हिंसक रहतेहों जीव जहां, जन वहां न योगाभ्यास करे॥

हो चैत्य वृक्ष या मरघट हो, टूटे घर या चौराहे पर।

पथ मध्य, गोष्ठमें करे नहीं यह योगाभ्यास सिंधुतट पर॥

रोगग्रस्त तनहो शिथिल, लगी भूख और प्यास।

गुरु -सेवा को त्याग कर, करे न योगाभ्यास॥

आहार विहार उचित जिसके, जो समुचित कर्मोंमें तत्पर।

सुसमय जिसका सोना जगना, वह योगाभ्यास करे सत्वर॥

शुचिआसन पद्म, स्वस्तिकासन, पर बैठ योग अभ्यास करे।

गर्दन छाती सर रख सीधी, मस्तक थोड़ा ऊंचा रक्खे॥

दोनों जांघोंपर कर दोनों रक्खे साधक वह अविकल चित।

प्रजनन इंद्रिय -व- अंडकोष, दोनों एंड़ियों से कर रक्षित॥

दाहिनें हाथका पृष्ठभाग, फिर बाम हथेली पर रखकर।

फिर नासिकाग्र पर दृष्टि रखे, आखें न घुमाए इधर उधर॥

निश्चल हो पाषाण सा, रोक प्राण संचार।

मन-मंदिरमें अब लखे, शिवा समेत पुरार॥

मनके मंदिरमें हृदयकमल, के आसनपर शिवका चिन्तन।

हो ध्यान यज्ञमें उमा सहित, श्री शिवजीका मानस पूजन॥

चित मूलाधार चक्रमें हो, नासिका के अग्रभाग में हो।

तालूके दोनों छिद्रों में, भौंहोंके मध्यभाग में हो॥

शिवका चिंतन हो नाभीमें, हो कंठमें द्वार कपाट में हो।

या मनमाने तो मस्तकमें, अथवा शिवध्यान ललाटमें हो॥

हर द्विदल, चतुर्दल, और षटदल, दसदल, महिमामय द्वादश दल।

इनपर आसीन उमाशंकर, अथवा सुख आसन षोडस दल॥

इनका सुमिरणहो विधिसमेत, भ्रूमध्यभागमें द्विदल कमल।

'ह" क्ष' अंकित दोनों दल पर, दामिनि समानहैं ये उत्पल॥

षोडसदलके सोलह स्वरूप, 'अ' से 'अ:' तक ये वर्णांकित।

इस कमलमूलमें द्वादस दल, 'क' से 'ठ' क्रमश: हैं अंकित॥

रविसमान द्तिमान ये, करे हृदयमें ध्यान।

दसदल दुग्धसरिस धवल, चिंतन अमिय समान॥

'ड' से लेकर के 'फ' तकके, अक्षर अंकित ये दसदल हैं।

'ब' से 'ल' तक जिनपर अंकित, इनके नीचे वे षडदल हैं॥

जो स्थित है मूलाधार में वह है स्वर्ण समान कांति वाला।

'व' से 'स' तक का चार वर्ण, चारों दलमें दिखने वाला॥

सबमें से जिसमें मन माने, उसमें श्रीशिवका करे ध्यान।

अंगुष्ठ बराबर शिवस्वरूप, निर्मल और अतिशय दिप्तिमान॥

आकार की कई और उपमा, शास्त्रोंमें दिखी निराली है।

यह छबि छिति आदिक तत्त्वों पर, जय-विजय दिलाने वालीहै॥

पानाहो जिस तत्त्वपर, जय और विजय महान।

स्थूल मूर्ति तत्त्वेश की, उनका करले ध्यान॥

ब्रह्मासे स्वयं सदाशिव तक, शिवजीकी स्थूल मूर्तियां हैं।

भव आदिक आठ मूर्तियां ही, शिवजीकी स्थूल मूर्तियां हैं॥

हैं घोर शांत और मिश्र तीन, मुनियों ने इन्हें गिनाये हैं।

इनका चिंतन निष्काम करें, जो ध्यान-कुशल कहलाये हैं॥

हों घोर मूर्तियोंका चिंतन, तो शीघ्र रोग अघ मिट जाता।

और मिश्र-मूर्तियोंका चिंतक, चिरकाल में है सिद्धी पाता॥

शिव ध्यान शांत मूर्तियोंमें, है मध्य समयमें फल दाता।

यहतो विशेषत: मुक्ति शांति, और शुद्धबुद्धि है दिलवाता॥
होती है इस ध्यानसे, सभी सिद्धियां प्राप्त।
उतने होते प्राप्त जो, होते नहीं समाप्त॥

------------------------(अध्याय-38)---------------------

योग-धर्म शिव योगी के महत्वका वर्णन।
शैव या शिवके लिये प्राण कर देना अर्पण॥
शिव-क्षेत्र में मरण से, मोक्ष लाभ तत्काल।
पुरुष, नपुंसक, नारिहो, द्विजहो या चाण्डाल॥39॥

स्थूल रूपके चिंतन से, जब मन निश्चल हो जाता है।
तब सूक्ष्म रूपमें वह टिकता, ऐसा बतलाया जाता है॥
मन जिस-जिस रूपमें टिकता हो, उस-उसका चिंतन बार-बार।
रमता हो मन जिस-जिस छबिमें, उस-उसमें रमाये लगातार॥
होता है सविषय ध्यान प्रथम, -निर्विषय ध्यान फिर होता है।
होता न ध्यान निर्विषय कोई, ऐसा मत सत्पुरुषों का है॥
निर्गुण और निराकार में ही, निर्विषय बुद्धि लग पाती है।
साकार ब्रह्ममें कुशल बुद्धि, सविषयका लाभ उठाती है॥
इन दो के अतिरिक्त है, और न कोई ध्यान।
एक साकारका ध्यान एक, निराकार का ध्यान॥
साकार रूपका यह सविषय, अबलम्बन करने वाला है।
और निराकारका अनुभव ही, निर्विषय कहाने वाला है॥
सविषय निर्विषय यही दोनों, निर्बीज सबीज कहे जाते।
निर्गुण आश्रित निर्बीज सगुण, आश्रित सबीज संज्ञा पाते॥
पहले सबीज ध्यानकर पुन:, निर्बीज निर्विषय ध्यान करे।
शांत्यादि सिद्धियां प्राप्ति-निमित, शिवयोगी प्राणायाम करे॥
ये दिव्य सिद्धियां 'शांति' सहित 'प्रशांत' 'दिप्ति' और हैं प्रसाद।
जो करे आपदाओं का समन, वह 'शांति" दूर करती विषाद॥
अज्ञान का भीतर बाहर से, वह है 'प्रशांति' जो नाश करे।
वह 'दीप्ति' है जो भीतर-बाहर, निशिवासर ज्ञान प्रकाश करे॥
आत्मनिष्ठता बुद्धिकी, कहते इसे 'प्रसाद'।
सब प्रसन्न होते करण, निर्मल निर अवसाद॥

ध्याता, ध्यान, ध्येयऔर, ध्यान प्रयोजन जान।
इन चारोंको समझ कर, ध्याता धारे ध्यान॥
श्रद्धालु, ज्ञान, वैराग्य युक्त, जिसका चित सदा शांत रहता।
ऐसा साधक ही ध्याता है, चित चिंतनमें जिसका रहता॥
श्रद्धा समेत विक्षेप रहित, चितसे परमेश्वर का चिंतन।
इसको ही 'ध्यान' कहा जाता, शिवचिंतन प्राण, प्राण-जीवन॥
बुधिके प्रवाहमय ध्यानके जो, आश्रयहैं या हैं आलम्बन।
उसको ही 'ध्येय' बताते हैं, जो हैं ध्यानी, योगी मुनिजन॥
हैं सांब सदाशिव ध्येय स्वयं वे ही निर्वाण के कारण हैं।
अणिमा आदिक की प्राप्तीही, शिव 'ध्यान' के कहे प्रयोजन हैं॥
पाते सौख्य व मोक्ष भी साधक करके ध्यान।
करते ध्यान इसीलिये, साधक चतुर सुजान॥
होता नहीं त्रिकाल में, बिना ध्यान के ज्ञान।
बिना योग-साधन किये, सिद्ध न होता ध्यान॥
दोनोंको जिसने प्राप्त किया, वह पार हो गया भवसागर।
सब पाप उसीके भस्म हुए, वह पुण्यवान वह गुणआगर॥
जैसे छोटासा दीपक भी, कर देता महा तिमिर विनाश।
थोड़ासा योगाभ्यास भी त्यों, करता महान अघका विनाश॥
है ध्यान समान न तीर्थ कोई, तप नहीं ध्यान जैसा कोई।
है ध्यानसमान न यज्ञ कोई, क्यों करे न ध्यान सभी कोई॥
मृत्तिका काष्ठकी स्थूलमूर्ति, जैसे प्रत्यक्ष अयोगी को।
ईश्वरका सूक्ष्म स्वरूप प्रकट, वैसे प्रत्यक्षहै योगी को॥
अंत: पुरके चर प्रिय जितने, बाहर के न उतने नृपवर को।
वैसे योगी जितने प्रिय हैं, उतने प्रिय और न शंकर को॥
योगी मरे जो बीचमें, बिन साधे शिवयोग।
रुद्रलोक जाकर पुन:, करने आता योग॥
योगीके घर जन्म ले, साधन कर शिवयोग।
हो जाता भवपार वह, साधन कर शिवयोग॥
हे कृष्ण! योग जिज्ञासु तलक, जिस उत्तमगतिको पाता है।
सम्पूर्ण महान यग्य करके, यजमान न उसको पाता है॥
कोटिश: ब्राह्मणोंका पूजन, मख, अग्निहोत्र, तप, तीर्थ हवन।
इन सारे फलसे भी बढकर एक शिवयोगीको भीक्षार्पण॥
इन शिव योगियोंकी निंदाजो, वक्ता श्रोता को कहते हैं।
वे वक्ता श्रोता प्रलय तलक, नरकोंमें अति दुख सहते हैं॥

इन शिवयोगियों की प्रेम सहित सादर जो सेवा करते हैं।
जगमें सुख-भोग प्राप्त करके, शिवलोक प्राप्त वे करते हैं॥

शिव-योगी रहते जहां वह पवित्रतम देश।

करते योगाभ्यास जो, वे हैं चतुर विशेष॥

जिसने शिवयोग सिद्ध करली, घररहे या वह वनमें विचरे।
या भोग- त्याग वैरागी हो, कर्मों का भी परित्याग करे॥
दिख-दिखकर महा अनिष्टघोर, आसन्न मृत्यु जब बतलावे।
तब शिव- क्षेत्रका आश्रय ले, योगानुष्ठान में लग जावे॥
शिवक्षेत्रमें रहकर अंतसमय, जो शिव चिंतनकर सकता है।
रोगादि बिना वह चाहेतो, निज प्राण-त्याग कर सकता है॥
देकर शिवाग्निमें प्राणाहुति, या लगातार करके अनशन।
शास्त्रोक्त रीति या जैसे भी, जलमें ही करके प्राणार्पण॥

प्राणत्याग के ये सभी, हैं उपाय उपयुक्त।

प्राणी तजकर प्राण यह, हो जाताहै मुक्त॥

अथवा जो रोग विवशहोकर, शिवक्षेत्रमें आकर मरते हैं।
वे भी होते तत्काल मुक्त, शिव शास्त्र बड़ाई करते हैं॥
तीर्थोंमें इसीलिये प्राणी, निज मरण-कामना करते हैं।
शिव शास्त्र कह रहे हैं ऐसा, वे मरते नहीं हैं तरते हैं॥
शिवअथवा शिवभक्तोंके हित, जो अपने प्राण गंवाते हैं।
उनके जैसा कोइ मुक्त नहीं, वे पुन: न जगमें आते हैं॥
उपरोक्त उपायोंसे अथवा विधिवत षडध्व-शुद्धि करके।
मरता है यदि कोई मनुष्य, तो इसे न साधारण समझे॥

पशु जैसा उसका नहीं करे दाह संस्कार।

उसके पुत्रोंको नहीं, उचित अशौचाचार॥

ऐसे मनुष्य का मृत शरीर, छिति-जलमें गारे या डारे।
ढेले समान दे फेंक कहीं, अथवा शुचि पावक में जारे॥
सब उसके लिये बराबर है, दस गात करे या दान करे।
कुछ करने की इच्छा ही हो तो, दूजोंका कल्याण करे॥
शिवभक्तों को परितृप्त करे, सुविधानुसार सम्मान करे।
उसके धनको शिवभक्तों और शिवयोगीको ही दान करे॥
उसके बच्चे शिवभक्त हों तो, वे स्वयंभी कर सकते हैं ग्रहण।
अथवा शिवअर्पण करे किंतु, शिवभक्ति विमुख लेवे न सुअन॥

-----------------------(अध्याय-39)-----------------------

वायुदेव का तदनंतर अंतर्हित होना।
ऋषियोंका सुरसतिमें स्नान अवभृथ होना॥
काशी जाना दिव्य तेजका दर्शन पाना।
जाकर ब्रह्माजी से सारी कथा सुनाना॥
सिद्धि सुचनाके सहित देकर प्रेम अपार।
ब्रह्माने भेजा इन्हें, शिखर सुमेरु कुमार॥41॥

अक्रोधी उपमन्युसे, जिज्ञासू गोविंद।
ज्ञानयोग पाकरगये, निज गृह वे सानंद॥

बोले श्रीसूत सुनो मुनियो, ऋषियोंको दे उपदेश परम।
आशिषदेकर आज्ञालेकर, जा चुकेथे प्राणस्वरूप पवन॥
सत्रांतको प्रात: काल सभी, षड्कुलके मुनि हो एकत्रित।
नैमिषारण्यकी धरतीपर, अब करनाथा स्नान-अवभृथ॥
उससमय लगी बहने आकर, बनकर सरिता श्रीसरस्वती।
मुनियोंको जाकर धन्यकरो, यह ब्रह्माजीकी आज्ञा थी॥
होकर प्रसन्न कर-सत्रअंत, मुनिगण कर-करके अवगाहन।
करके सुर आदिकका तर्पण, और पूर्वकथाका कर सुमिरण॥
सबके सब काशीपुरी चले, गंगादर्शन कर स्नान किया।
फिर गंगातटके ही पथसे, वाराणसीको प्रस्थान किया॥

काशी आकर प्राप्तकर, पुरका दरस महान।

उत्तर--वाहिनि देवसरि, गंगामें कर स्नान॥

अविमुक्तेश्वर- लिंगका दर्शन, विधिपूर्वक कर उनका पूजन।
प्रस्थान समय उनको दीखा, अति अद्त तेजोद्दीप्त गगन॥
वह तेज करोड़ों रविसा था, आलोकित जिसमें दिग दिगंत।
होगए लीन उसमें जाकर, सैंकड़ों पाशुपत सिद्ध संत॥
होते ही लीन साधुओं के, वह तेज अद्रश्य हुआ तत्क्षण।
यह क्या था? समझ नहीं पाए, चल पड़े सोचते मनही मन॥
जा रहे थे ब्रह्म- भवन सारे, दर्शन की बड़ी शीघ्रता थी।
ब्रह्मासे मिलकर मारुतनें, इनकी सब कथा सुनादी थी॥

ले आज्ञा जा चुके थे, पवनदेव स्वस्थान।

आगेकी रसमय कथा, सुनिये साधु-सुजान॥

उस समय देवऋषि और तुम्बुरु, दरवारमें गान कररहे थे।
आपसमें इनकाथा विवाद, अद्त सुर-तान भर रहे थे॥

निर्णायक थे श्री ब्रह्मदेव, गंधर्व अप्सरा सेवित थे।
अंदर न कोई आ सकता था, रक्षकोंसे द्वार सुरक्षित थे॥
नैमिषवासी इन मुनियों को, रक्षक बिठलाए थे बाहर।
और इधर तुम्बुरुकी समता, पा चुकेथे नारद सुरमुनिवर॥
श्री ब्रहदेवने आज्ञा दी, नारद तुम्बुरुके साथ रहें।
इनके गायनमें सदा- सदा, परमात्माके गुण गाथ रहें॥
परिकर तुम्बुरुसहित नारद, कैलास-शिखर इसतरह चले।
कर छिन्न-भिन्न घनघोर घटा, ज्यों तेजोमय सूरज निकले॥
करके प्रणाम श्री नारदको, बोले षड्कुलके वे मुनिवर।
श्रीब्रह्माजी से मिलनेका, हमको बतलावे मार्ग सुघर॥

अच्छा अवसर है अभी, जाओ मिलने तात।

नारदजी चलते बने, कहकर इतनी बात॥

तब भृत्योंनें विधिको इनके, आनेका शुभ संदेश दिया।
सब साथ–साथ अंदर आए, जब ब्रह्माने आदेश दिया॥
गिरकर धरतीपर दंड-सरिस, ब्रह्माजीको प्रणाम करके।
आज्ञा पाकर सब बैठगये, चहुंओर से उन्हं घेर करके॥
कुशलादि पूछकर विधिबोले, है ज्ञात आगमनका कारण।
विस्तार सहित सारी बातें, बतलाके गये हैं देव पवन॥
क्या किया आपने बतलाओ, उनके अदृश्य हो जानेपर।
फिर बोले इन सबके द्वारा, सारीही कथा सुनाने पर॥

महर्षियो तुम सबों के, धन्य-धन्यहैं भाग।

धन्य तुम्हारी साधना, धन्य तुम्हारा याग॥

परमोत्तम सिद्धि पारलौकिक, तुम सबको मिलनेवाली है।
चिरकालिक महासत्र द्वारा, तुमने शिव-करुणा पा ली है॥
उस तेज पुंजके दर्शन की, घटना करती संकेत यही।
वहतो ज्योतिर्मय लिंगहीथा, कुछथा इसके अतिरिक्त नहीं॥
पाशुपत श्रौत व्रतके पालक, ऋषि मुनिके पातक क्षीण हुए।
वे स्वस्थ और हो गये मुक्त, जब तेज पुंजमें लीन हुए॥
है इसी मार्गसे तुम सबको, भी मुक्ति प्राप्त होने वाली।
वह प्रसन्नता कथनीय नहीं, मुनियोंने सुनकर जो पाली॥

दक्षिण शिखर सुमेरुका, है जो देवागार।

रहते मेरे सुत वहां, मुनिवर सनत्कुमार॥

नंदीश्वर की वे वहां, देख रहे हैं राह।

शीघ्र सभी जाओ वहीं, पूरी होगी चाह॥

उनके आनेके प्रथम, तुमसब जाओतात।
करप्रणाम सब चलपड़े, रोमांचित था गात॥

-----------------------(अध्याय-40)-----------------------

पर्वतराज सुमेरु-शिखर पर स्कंद सरोवर।
मुनियोंको श्री सनत्कुमरके दर्शन सुखकर॥
तदनंतर श्री नंदीश्वर भगवानका आना।
पाश प्रच्छेदन ज्ञानयोग दे वापस जाना॥
शिवपुराण की मधुरिमा, महिमा उपसंहार।
ग्रन्थदेवकी उमाकी, शिवकी जयजयकार॥

बोले श्रीसूत मेरुगिरि पर, सागर- समान एक सरवर है।
है अमृत समान सुशीतल जल, और उसका नाम स्कंदसर है॥
मणि-मंडित पुष्प फलाच्छादित, उसके सब घाट मनोहर हैं।
उसकी शोभा कहते न बने, सीढ़ियां रत्नमय सुंदर हैं॥
अवगाहन तर्पण जल अर्पण, करके मुनिगण सुख पाते हैं।
पूजन-निमित्त जल पात्रों में, जल नित्य-नित्य ले जाते हैं॥
स्नानार्थ इष्ट और शिष्ट पुरुष, देखे जाते हैं नित्य यहां।
देवार्पित पुष्प कुशाच्छत तिल, घाटोंपर दिखते नित्य यहां॥

सूर्य- अर्ध्य देते तथा पूजन करते भक्त।

दिखते ऐसे लोगभी, जो शिवमें अनुरक्त॥

उत्तर तटपर सुरतरुके तर, हीरक निर्मित शुभ वेदी पर।
कोमल मृग-चर्म बिछाकरके, बैठेथे मुनिवर सनत्कुमर॥
अविचल समाधिसे हो उपरत, साध्येश जगेथे इसीसमय।
नैमिषारण्य के मुनिगणभी, दर्शनको आये इसीसमय॥
दर्शनकर सादर कर प्रणाम, सब बैठगये आज्ञा पाकर।
फिर कहा आगमनका कारण, कुल, गोत्र, नामभी बतलाकर॥
इतने में नभमें तुमुल-नाद दुंदुभि आदिकका सुनकरके।
सब लगे देखने तेजोमय नभयान स्थानसे उठ करके॥
वह घिराथा गणराजों से और सुर तथा रुद्रकन्याओं से।
वीणा मृदंग ढोलक आदिक, वादकों और ज्ञाताओं से॥
था तना चंदोवा रत्नजड़ित, मोतियोंकी लड़ियों से शोभित।
चहुंओर बजाते गाते थे, गंधर्व आदि सुर- ताल मुदित॥

घेर के सारे चल रहे, करते वादन- गान।

उच्च वृषध्वज युक्त वह, शोभित बहुत विमान॥

नभयान मध्यमें छत्र दिव्य, नीचे में सिंहांसन सुंदर।

जिसपर देवी सुयशा समेत, बैठे प्रसन्न थेनंदीश्वर॥

निज देह तेज, त्रय लोचनसे, ये लगते थे इतने सुंदर।

मानो शिवरूप धरे नंदी, या नंदी रूप धरे शंकर॥

इनके दृढ करमें है त्रिशूल, ये विघ्नेश्वर गणराज नाथ।

फलमें शिव कृपाके ये फलहैं, बलमें ये दूजे विश्वनाथ॥

खिलउठा सभीका मुख उसक्षण, अतिशय प्रसन्नताके कारण।

ऋषियों समेत श्री विधिनंदन, करजोड़ उठे करने वंदन॥

उतरा धरती पर तभी, वह विमान द्रुतिमान।

कर प्रणाम मुनियों सहित, दे विशेष सम्मान॥

इन मुनियोंका परिचय देकर, विधिनंदन बोले मधुर बचन।

छ: कुलमें जन्मे ये मुनिजन, करने आये प्रभुका दर्शन॥

विधि आज्ञासे श्री चरणोंके, ये दर्शन करने आये हैं।

मेरी भी भूल क्षमा करके–वह दें प्रसाद जो लाये हैं॥

सुन आर्त्त बचन शिलाद-नंदन, कर दृष्टिपात नंदीश्वर नें।

पशुपाश काटकर इन सबके, उपदेश दिये शिवकिंकर नें॥

नंदीश्वर वापस चले गये, कह करके हर हर महादेव।

इच्छित-गतिपाई ऋषियोंने, और धन्यहुए श्रीसनतदेव॥

ब्रह्म-कुंमरसे पूर्वमें, हुई थी ऐसी भूल।

जिसने सब अनुकूलता, करदीथी प्रतिकूल॥

हो मोहग्रस्त प्रारब्ध विवश, इनने भारी अभिमान किया।

शिवजीको देख खड़े न हुए, और उचित न अभ्युत्थान दिया॥

तब कुपित हुए नंदीश्वर नें, दे शाप बनाया ऊंट इन्हें।

फिर ब्रह्मानें भारी तपकर, निज रूप दिलाया पुन: इन्हें॥

नंदीसे शिव हंसकर बोले, मिल गया दंड इसको तुमसे।

यह मुक्त तभी हो पायेगा, वरदान मिलेगा जब तुमसे॥

तब ज्ञान प्राप्त होगा इसको, जब तेरा शिष्य कहाएगा।

फिर गणाध्यक्ष से तुमको भी, यह धर्माध्यक्ष बनाएगा॥

आज वो अवसर प्राप्तकर, ब्रह्मपुत्र हैं धन्य।

नंदी धर्माध्यक्ष बन, शिवके बने अनन्य॥

यह ज्ञान समस्त मेरे गुरुने, इन ब्रह्मपुत्रसे पाया है।

संक्षिप्त रूपसे यही ज्ञान, गुरुदेव ने मुझे सिखाया है॥

इस ग्रंथ- रत्नका भूलसे भी, उससे न करे उपदेश कभी।a

जो वेदहीन हो, शिष्य न हो, जिसको न ज्ञात क्या झूठ सही॥

इसका उपदेश अपात्रों को, निश्चय ही नर्क दिलाता है।

सत्पात्रों में इसका वितरण, मनबांछित प्राप्त कराता है॥

इस पौराणिक पथके मिससे, हम दोनोंने उपकार किया।

सुनकर तुमने उपकार किया, कहकर मैंनें उपकार किया॥

सफल मनोरथ जारहा, अब मैं अपनी राह।

मंगल पायें आप सब, पूरी हो सब चाह॥

विद्वान सूतके जाने से, और यग्य सफल हो जाने से।

थे सुखी प्रयागी ये मुनिगण, दुखथा कलियुगके आने से॥

सब काशीजी के आस-पास, हो सावधान करते निवास।

व्रत किया पाशुपत अनुष्ठान, जिससे होवे पशुपाश नाश॥

सम्पूर्ण बोध पर समाधि पर, जब अनअधिकार समाप्त हुआ।

इन सभी अनिंद्य महात्माको, आनंद-परम फिर प्राप्त हुआ॥

भगवान व्यास बोले सादर यह शिव-पुराण सम्पूर्ण हुआ।

एकबार श्रवण से पापी का, पर्वत सा पातक चूर्ण हुआ॥

मिलती है भक्ति अभक्तों को, बढती है भक्तोंकी भक्ती।

दूसरी बार में श्रेष्ठ भक्ति, तीसरी बार में ही मुक्ती॥

करें मुमुक्षु पुरुष सदा, शिवपुराण का गान।

पांचबारके श्रवणसे, बांछित मिले प्रमाण॥

राजाओं विप्रों वैश्यों नें, कर सप्तावृतियां सप्तश्रवण।

प्राचीनकाल में पाया था, श्रीशिवजीके दुर्लभ दर्शन॥

यह शिवपुराण श्रीशिवजीको, अतिशय प्रिय आनंददायक है।

सुनने वालों को पूर्ण-भोग, और बांछित मोक्ष प्रदायक है॥

श्रीशिवजी श्रीपार्वती, दोनों पुत्र महान।

श्रोता वक्ताका करें, मंगल और कल्याण॥

------------------------(अध्याय-41)------------------------

निर्विघ्न ग्रंथकी पूर्ति हुई, विघ्नेश्वर श्री गणेश की जय।

जननी जगजननी उमाकी जय, जग-जनक पिता महेशकी जय॥

त्रुटियोंको करके क्षमा, कृपा किये सियनाथ।

'मोहन' "शिव चरितामृत" पूर्णकिया दे साथ॥

॥ श्रीशिवचरितामृत सम्पूर्ण॥